清华大学法学系列教材

国际经济法概要

PRINCIPLES OF
INTERNATIONAL ECONOMIC LAW

（第二版）

车丕照 车路遥 著

清华大学出版社
北京

本书封面贴有清华大学出版社防伪标签,无标签者不得销售。
版权所有,侵权必究。举报:010-62782989,beiqinquan@tup.tsinghua.edu.cn。

图书在版编目(CIP)数据

国际经济法概要/车丕照,车路遥著. —2 版. —北京:清华大学出版社,2023.5
清华大学法学系列教材
ISBN 978-7-302-63397-6

Ⅰ.①国… Ⅱ.①车…②车… Ⅲ.①国际经济法－高等学校－教材 Ⅳ.①D996

中国国家版本馆 CIP 数据核字(2023)第 066875 号

责任编辑:刘　晶
封面设计:刘旭东
责任校对:王荣静
责任印制:丛怀宇

出版发行:清华大学出版社
　　网　　　址:http://www.tup.com.cn,http://www.wqbook.com
　　地　　　址:北京清华大学学研大厦 A 座　　邮　　编:100084
　　社　总　机:010-83470000　　邮　　购:010-62786544
　　投稿与读者服务:010-62776969,c-service@tup.tsinghua.edu.cn
　　质量反馈:010-62772015,zhiliang@tup.tsinghua.edu.cn

印 装 者:三河市科茂嘉荣印务有限公司
经　　销:全国新华书店
开　　本:185mm×260mm　　印　张:28.25　　字　数:549 千字
版　　次:2002 年 5 月第 1 版　　2023 年 5 月第 2 版　　印　次:2023 年 5 月第 1 次印刷
定　　价:99.80 元

产品编号:070566-01

第二版前言

《国际经济法概要》初次出版以来,无论是国际经济法律制度,还是国际经济法学理论都发生了许多重要变化。修订后的这本教材在保持其原有框架的同时,力求反映这些变化。国际经济法目前还不是一套完整的法律规则体系,国际经济法学也远不是一个成熟的学科。建立起一套国际经济法本学科的理论体系,是《国际经济法概要》始终追求的目标。尽管这方面的努力还没有取得明显的效果,但这却是一项必须做的工作。

记得20年前的课堂,学生们的课桌上摆放着崭新的《国际经济法概要》(简称《概要》)。几年后,二手的《概要》逐渐替代了新书;再后来,二手的《概要》也少见了,学生手里多是厚厚的复印装订的《概要》。希望这本修订后的《国际经济法概要》会很快出现在同学们的手上,成为他们学习的好帮手,同时也接受他们的评判。

许多人为这本教科书的出版和再版付出了辛劳。首先应该感谢清华大学出版社的方洁老师和刘晶老师。她们热情而周到的工作,让我的写作轻松了许多。感谢30多年来听过我的这门课的学生们,与他们的讨论和争辩,使这本书的内容逐渐得以完善。我还要感谢两位不知姓名的来自外校的学生,这两位不同时期的旁听生研读这本教材如此仔细,以至于每个人结课后都给我留下了一份不长不短的"勘误表",列出她们认为表达更为恰当的文字。如果她们今天已经以研习和运用国际经济法为业,或依然对国际经济法感兴趣,或许她们会发现并喜欢上这本修订后的她们曾经细细读过的教科书。

本书的修订有新的作者加入。从2007年起,车路遥先后求学于吉林大学、中国人民大学和英国诺丁汉大学。从2017年开始,她执教于中国政法大学国际法学院,主要讲授国际经济法课程,对于这本《概要》的得失有切身体会。相信她的加入,会给本教材带来清新的气息。

车丕照
2022年12月于清华园

初版前言

这本《国际经济法概要》主要是为清华大学法学院本科生学习国际经济法课程而编写的。本人自1986年从事国际经济法教学工作以来,先后为本科生和研究生开设过国际经济法原理、国际技术转让法、国际投资法、国际经济条约与惯例等课程,并编写过《国际经济法原理》和《国际技术转让法》两部教材。1999年秋从吉林大学法学院转入清华大学法学院之后,又连续3年为本科生讲授国际经济法概论课程,从而有机会系统地将以前所积累的资料和心得加以整理,汇集成这本教材。

之所以将本书命名为"概要",是因为国际经济法实在是一个庞杂的法律体系,国际经济法学实在是一个难以充分了解的学科。我常在课堂上对同学们讲:国际经济法如同一片汪洋,在这片汪洋当中,我们只能看到我们视力所及的海域,我们只能了解我们曾经游过的海域。如果想了解得更多,我们必须不断地奋力前游。尽管从1982年师从高树异教授读硕士学位算起,我在国际经济法领域已走过了20年,但我知道我的国际经济法知识仍然是零零散散的。甚至对于这本书中所列入的一些问题我也不敢自认为已完全掌握了,而之所以列入这些内容只是为了教材体系的完整。

如果说这本教材有什么特色的话,我想它们可能体现在以下几个方面。第一,比较侧重国际经济法基础理论的分析。以往的国际经济法"概论"类的教材和专著对国际经济法基础理论的研究偏轻。尽管国际经济法学属于应用学科,但基本理论的阐述仍然是必要的。只有在掌握了基本理论的基础上,才可能对具体的规则有更为准确的把握。第二,注重以规则为脉络来介绍国际经济法的体系,强调国际经济法的规则属性。第三,反映国际经济法学的最新研究成果,对法律全球化与国际经济法的关系等问题做了分析和介绍。

北方交通大学法律系的张瑞萍教授通读了本书的初稿,并对书稿的修改提出了许多具体的、建设性的意见。本书稿的绝大多数内容均在课堂上讲授过。清华大学法学院法双8班、法双9班、法双0班、法双1班、法5班、法91班和法92班的同学在听课过程中所发表的意见对本书稿的完善也有很好的启示作用。清华大学出版社的方洁女士不辞辛劳担任了本书的责任编辑,为本书的出版付出了创造性的劳动。在此,谨向他们表示诚挚的谢意。

车丕照
2002年10月于清华园

目 录

上编 国际经济法总论

引言：一则故事话源流 …………………………………………………… 3

第一章 国际经济法的概念 …………………………………………… 9
第一节 国际经济法的界定 ………………………………………… 9
第二节 国际经济法与邻近法律部门的关系 …………………… 14
第三节 国际经济法的历史 ……………………………………… 16
第四节 国际经济法学 …………………………………………… 24

第二章 国际经济法的渊源 …………………………………………… 28
第一节 国际条约 ………………………………………………… 28
第二节 国际惯例 ………………………………………………… 35
第三节 国内立法 ………………………………………………… 38
第四节 判例法 …………………………………………………… 39
第五节 国际组织决议 …………………………………………… 42

第三章 国际经济法基本原则 ………………………………………… 47
第一节 概述 ……………………………………………………… 47
第二节 交易自由原则 …………………………………………… 48
第三节 适度监管原则 …………………………………………… 52
第四节 国家主权原则 …………………………………………… 58
第五节 国际经济法基本原则的作用 …………………………… 61
第六节 关于国际经济法基本原则的扩展性思考 ……………… 66

第四章 国际经济法体系 ……………………………………………… 71
第一节 国际经济法体系的两种认定 …………………………… 71
第二节 国际商事交易法 ………………………………………… 72
第三节 国际经济管理法 ………………………………………… 76

第四节　国际经济协调法 ··· 88
　　第五节　庞杂的规则与确定的秩序 ······································ 97

第五章　国际经济法主体 ··· 100
　　第一节　私人 ·· 100
　　第二节　国家 ·· 105

第六章　国际经济法律行为 ·· 111
　　第一节　国际经济法律行为的概念和特征 ···························· 111
　　第二节　国际经济法律行为的分类 ····································· 112

第七章　国际经济法律责任 ·· 118
　　第一节　国际经济法律责任的概念 ····································· 118
　　第二节　国际经济法律责任的构成要件 ······························· 119
　　第三节　国际经济法律责任的类型 ····································· 121

下编　国际经济法分论

第八章　国际货物贸易法 ·· 125
　　第一节　国际货物贸易法概述 ··· 125
　　第二节　国际货物买卖合同的订立 ····································· 128
　　第三节　国际货物买卖合同的基本内容 ······························· 131
　　第四节　买卖双方依法承担的义务 ····································· 135
　　第五节　合同履行及违约救济 ··· 140
　　第六节　国际货物贸易的政府管理 ····································· 148
　　第七节　世界贸易组织及其规则体系 ·································· 167
　　第八节　区域贸易协定及其规则创设功能 ···························· 195

第九章　国际技术贸易法 ·· 203
　　第一节　国际技术贸易法概述 ··· 203
　　第二节　国际技术贸易的标的 ··· 206
　　第三节　国际技术贸易合同 ·· 223
　　第四节　国际技术贸易的政府管理 ····································· 244

第十章 国际服务贸易法 259

- 第一节 国际服务贸易法概述 259
- 第二节 国际货物运输服务 264
- 第三节 国际保险服务 270
- 第四节 国际支付服务 273
- 第五节 国际工程承包服务 277
- 第六节 对国际服务贸易实施政府管理的基本原则 283
- 第七节 对国际服务贸易实施政府管理的基本措施 290

第十一章 国际投资法 295

- 第一节 国际投资法概述 295
- 第二节 国际投资的市场准入 299
- 第三节 国际投资方式 309
- 第四节 国际投资合同 317
- 第五节 国际投资的政府管理 326
- 第六节 国际投资保护 333

第十二章 国际金融法 347

- 第一节 国际金融法概述 347
- 第二节 国际货币制度 348
- 第三节 国际金融交易 357
- 第四节 政府对国际金融的管理 375

第十三章 国际税法 384

- 第一节 国际税法概述 384
- 第二节 税收管辖权 389
- 第三节 双重征税 393
- 第四节 国际逃税、国际避税及相关法律应对措施 401
- 第五节 国际税收合作 410

第十四章 国际经济争端解决制度 416

- 第一节 协商 416

第二节 调解 …………………………………………………… 417
第三节 仲裁 …………………………………………………… 420
第四节 诉讼 …………………………………………………… 433

第十五章 结语 ……………………………………………………… 435

第一节 贯穿国际经济法的三条主线 ………………………… 435
第二节 研习国际经济法的三重境界 ………………………… 437

上 编

国际经济法总论

引言：一则故事话源流

翻开成书于明末的《初刻拍案惊奇》，第一个故事题为"转运汉遇巧洞庭红 波斯胡指破鼍龙壳"。细细地读下去，会发现这原来是一个与国际经济法相关的故事：

……话说国朝成化年间，苏州府长洲县阊门外，有一人姓文名实，字若虚。生来心思慧巧，做着便能，学着便会。琴棋书画，吹弹歌舞，件件粗通。幼年间，曾有人相他有巨万之富，他亦自恃才能，不十分去营求生产。坐吃山空，将祖上遗下千金家事，看看消下来。以后晓得家业有限，看见别人经商图利的，时常获利几倍，便也思量做些生意，却又百做百不着。……不但自己折本，但是搭他作伴，连伙计也弄坏了，故此人起他一个混名叫"倒运汉"。不数年，把个家事干圆洁净了，连妻子也不曾娶得。终日间靠着些东涂西抹，东挨西撞，也济不得甚事。但只是嘴头子诌得来，会说会笑，朋友家喜欢他有趣，顽耍去处，少他不得……

一日，有几个走海泛货的，邻近做头的，无非是张大、李二、赵甲、钱乙一班人，共四十余人，合了伙将行。他晓得了，自家思想道："一身落魄，生计皆无。便附了他们航海，看看海外风光，也不枉人生一世。况且他们定是不却我的，省得在家忧柴忧米，也是快活。"正计较间，恰好张大踱将来。原来这个张大名唤张乘运，专一做海外生意，眼里认得奇珍异宝，又且秉性爽慨，肯扶持好人，所以乡里起他一个混名叫张识货。文若虚见了，便把此意一一与他说了。张大道："好，好。我们在海船里头，不耐烦寂寞。若得兄去在船中说说笑笑，有甚难过的日子？我们众兄弟料想多是喜欢的。只是一件，我们多有货物将去，兄并无所有，觉得空了一番往返，也可惜了。待我们大家计较，多少凑些出来，助你将就置些东西去也好。"文若虚便道："多谢厚情，只怕没人如兄肯周全小弟。"张大道："且说说看。"一竟自去了。

恰遇一个瞽目先生敲着报君知走将来，文若虚伸手顺袋里摸了一个钱，扯他一卦，问问财气看。先生道："此卦非凡，有百十分财气，不是小可。"文若虚自想道："我只要搭去海外耍耍混过日子罢了，那里是我做得着的生意？要甚么资助？就资助得来，能有多少？便直恁地财爻动？这先生也是混帐。"只见张大气忿忿走来，说道："说着钱便无缘，这些人好笑，说道你去，无不喜欢；说到助你，没一个则声。今我同两个好的弟兄，拼凑得一两银子在此，也办不成甚货？凭你买些果子船里吃罢。口食之类，是在我们身上。"若虚称谢不尽，接了银子。张大先行道："快些收拾，就要开船了。"若虚道："我没甚收拾，随后就来。"手中拿了银子，看了又笑，笑了又看，道："置得甚货么？"信步走去，只见满街上篚篮内盛着卖的：

红如喷火，巨若悬星。皮未皴，尚有余酸；霜未降，不可多得。元殊苏井诸家树；亦非李氏千头奴。较广似曰难兄，比福亦云具体。

原来乃是太湖中有一洞庭山，地软土肥，与闽广无异，所以广桔福桔，播名天下，洞庭有一样桔树绝与他相似，颜色正同，香气亦同。止是初出时，味略少酸，后来熟了，却也甜美，比福桔之价十分之一，名曰"洞庭红"。若虚看见了，便思想道："我一两银子买得百斤有余，在船可以解渴，又可分送一二，答众人助我之意。"买成装上竹篓，雇一闲的，并行李挑了下船。众人都拍手笑道："文先生宝货来也！"文若虚羞惭无地，只得吞声上船，再也不敢提起买桔的事。开得船来，渐渐出了海口，只见：银涛卷雪，雪浪翻银。湍转则日月似惊，浪动则星河如覆。三五日间，随风漂去，也不觉过了多少路程。忽至一个地方，舟中望去，人烟凑聚，城郭巍峨，晓得是到了甚国都了。舟人把船撑入藏风避浪的小港内，钉了桩橛，下了铁锚，缆好了。船中人多上岸打一看，原来是来过的所在，名曰吉零国。原来这边中国货物拿到那边，一倍就有三倍价。换了那边货物，带到中国也是如此。一往一回，却不便有八九倍利息，所以人都拼死走这条路。众人多是做过交易的，各有熟识经纪歇家通事人等，各自上岸，找寻发货去了。只留文若虚在船中看船，路径不熟，也无走处。正闷坐间，猛可想起道："我那一篓红桔，自从到船中，不曾开看，莫不人气冲坏了？趁着众人不在，看看则个。"叫那水手在舱板底下翻将起来。打开了篓看时，面上多是好好的。放心不下，索性搬将出来，都摆在艎板上面。也是合该发迹，时来福凑。摆得满船红焰焰的，远远望来，就是万点火光，一天星斗。岸上走的人，都拢将来问道："是甚么好东西呀？"文若虚只不答应，看见中间有个把一点头的，拣了出来，掐破就吃。岸上看的，一发多了。惊笑道："原来是吃得的。"就中有个好事的，便来问价："多少一个？"文若虚不省得他们说话，船上人却晓得，就扯个谎哄他，竖起一个指头，说："要一钱一颗。"那问的人揭开长衣，露出那兜罗锦红裹肚来，一手摸出银钱一个来，道："买一个尝尝。"文若虚接了银钱，手中掂掂看，约有两把重。心下想道："不知这些银子要买多少？也不见秤秤，且先把一个与他看样。"拣个大些的，红得可爱的，递一个上去。只见那个人接上手，掂了一掂道："好东西呀！"扑地就劈开来，香气扑鼻，连旁边闻着的许多人，大家喝一声采。那买的不知好歹，看见船上吃法，也学他去了皮，却不分囊，一块塞在口里，甘水满咽喉，连核都不吐，吞下去了。哈哈大笑道："妙哉！妙哉！"又伸手在裹肚里，摸出十个银钱来，说："我要买十个进奉去。"文若虚喜出望外，拣十个与他去了。那看的人见那人如此买去了，也有买一个的，也有买两个、三个的，都是一般银钱。买了的，都千欢万喜去了。

原来彼国以银为钱，上有文采，有等龙凤文的，最贵重；其次人物；又次禽兽；又次树木;最下通用的,是水草。却都是银铸的,分两不异。适才买桔的,都一样水草文的,他道是把下等钱买了好东西去了,所以欢喜,也只是要小便宜心肠,与中国人一样。须臾之间,三停里卖了二停,有的不带钱在身边的,老大懊悔,急忙取了钱转来,文若虚已此剩不多了,拿一个班道:"而今要留着自家用,不卖了。"其人情愿再增一个钱,四个钱买了二颗。口中唉唉说:"悔气!来得迟了。"旁边人见他增了价,就埋怨道:"我每还要买个,如何把价钱增长了他的?"买的人道:"你不听得他方才说,兀自不卖了。"正在议论间,只见首先买十个的那一个人,骑了一匹青骢马,飞也似奔到船边,下了马,分开人丛对船上大喝道:"不要零卖!不要零卖!是有的,俺多要买。俺家头目,要买去进奉克汗哩。"看的人听见这话,便远远走开,站住了看。文若虚是伶俐的人,看见来势,已自瞧科在眼里,晓得是个好主顾了。连忙把篓里尽数倾出来,止剩五十余颗。数了一数,又拿起班来说道:"适间讲过要留着自用,不得卖了。今肯加些价钱,再让几颗去罢。适间已卖出两个钱一颗了。"其人在马背上拖下一大橐,摸出钱来,另是一样树木纹的,说道:"如此钱一个罢了。"文若虚道:"不情愿,只照前样罢了。"那人笑了一笑,又把手去摸出一个龙凤做的来道:"这样的一个如何?"文若虚又道:"不情愿,只要前样的。"那人又笑道:"此钱一个抵百个,料也没得与你,只是与你要。你不要俺这一个,却要那等的,是个傻子!你那东西,肯都与俺了,俺就加你一个那等的也不打紧。"文若虚数了有五十二个,准准的要了他一百五十六个水草银钱。那人连竹篓都要了,又丢了一个钱,把篓拴在马上,笑吟吟地一鞭去了……[1]

应该说这是一个很生动的故事,既有情节,又有人物;更有意思的是,从这个故事当中,我们还可以感觉到当时的一些法律制度,例如:

——无论是大明还是吉零国,对国际贸易并无限制,张大等可以自行出口货物,吉零国的人也可以直接购买外国货物;

——国际贸易是自由交易,买卖出于自愿,价格随行就市;

——大明的水果抵达吉零国之后,不必缴纳关税即可直接销售;

——大明与吉零国实行不同的货币制度,尽管两国均以银铸币,但货币的价值基础不同。在大明,银钱的价值取决于银子的重量;而在吉零国,银币的价值取决于银币上的图案。

当然,历史的真相并非完全如此。事实上,从明朝中叶开始,大明即实行严厉的海禁政策,严禁民间开展海外贸易。至于关税,学者们的研究表明,至迟于春秋时期中国就出现了关税的征收,[2]唐宋时期的关税制度已经比较发达,唐宋元明四王朝持续设立市舶司用来检查出入海港的贸易船舶、征收关税、收购政府专买

---

[1] 凌濛初编著:《初刻拍案惊奇》,1~13页,天津,天津古籍出版社,1999。
[2] 黄天华:《试论中国关税制度的起源》,载《社会科学》,2008(8)。

品、管理进出口货物贸易以及其他对外事务。[1]

故事中的文若虚似乎只做了这一桩海外生意,此后便买房置地、娶妻生子去了。但他的这段经历却能引起我们对国际经济法源流的一些思考。假设后来没有大明的海禁,此后还会发生一些什么样的事情呢?

首先,张大和其他做海外生意的人会向吉零国出口很多的洞庭红橘子或其他品种的橘子或类似水果;其次,原先普遍实行的以物易物的易货贸易可能都要变成银货两讫的现货交易;再次,如果是现货交易,大明的生意人在回国之前一定会将各种其他图案的银钱统统换成水草图案的银钱。

再后来呢?再后来就是吉零国的白银大量外流,官府就会考虑对货物进口和银钱外输进行干预。官府最先想到的也许会是禁止橘子的进口。但这种东西实在是招人喜欢,于是官府会考虑限制橘子的进口。限制进口的方法大概首先是征收关税。征过税的橘子一定会比以前的橘子卖得贵。文先生曾成功地使橘子卖到每只两枚水草银钱,但随后橘子进口数量的增多会使价格下跌,而关税的征收则又会使橘子的零售价格上扬,从而抑制橘子的消费和进口。限制进口的另外一种可行的方法是确定一段时期内的进口数量,例如每年只准进口10万只橘子,超过此数量的橘子禁止进口,或者虽允许进口但须缴纳非常高的关税。为了确保这种制度的实施,官府还可能颁发一种叫"许可证"的文书,上面载明可进口的货物的品种和数量,海关官员凭许可证放行货物。为了取得这种许可证,进口商或许还要向官府缴纳一些银两。

官府还会采用其他一些方法来限制橘子的进口,例如,对橘子的质量设定标准。当时也许还检验不出橘子是否会有氯霉素或其他什么素的残留,但可能说太甜的橘子会引发龋齿,损害人的健康。

如果橘子的进口影响了吉零国本地的某种水果的销售,果农们也许会请求官府禁止或限制橘子的进口。于是官府可能说本国的果树种植业属于"幼稚产业",无法同外国的成熟产业相竞争,必须通过限制进口对其加以保护。

吉零国的这些做法很容易引起大明朝的不满,大明朝的商人们一方面会请求官府与吉零国交涉,另一方面也会试图跨越吉零国官府所设立的贸易障碍。例如,向吉零国的果农传授种植橘子的方法。当然,这种技术传授不会是免费的。双方可能约定,每教会一户果农收取1千个水草银钱,或者果农每收获10只橘子便向技术的传授者支付一枚水草银钱。于是,出现了新的银钱外流。因此,吉零国的官府又会考虑对这种新的贸易方式加以控制,比如,只有获得官府事先颁发的许可文书,才可以进行这种交易;未经官府许可,大明国的商人不得向吉零国的果农传授橘子种植技术,或者禁止大明国的商人将通过私下传授技术获得的银钱带离吉

---

[1] 陈尚胜:《论明代市舶制度的演变》,载《文史哲》,1986(2)。

零国。

假如向吉零国的果农传授种植技术也遇到阻碍,大明国的商人们可能还会想到直接到吉零国种植橘树,然后在当地销售。如果吉零国的官府考虑到大明国的人直接来吉零国种植橘树,不仅会减少,甚至替代橘子的进口,而且能提高本国种植业的水平,增加官府的税收,还能解决闲散人员的就业,那么就会允许甚至鼓励大明国的人来吉零国种植橘树。如从第一次收获橘子开始,两年之内官府免收所得税,第三年到第五年减半收税。

其实,吉零国为阻止银钱外流还可采取一个更为简单的方法,就是改变本国的币制。虽然吉零国的货币是由银子铸造,但却不是一种"银本位"(商品本位)的币制,因为一枚银钱的价值不是由银子的数(重)量决定的,而是由上面所铸就的图案所决定的。人们之所以接受一枚龙凤图案的银币具有更高的价值,是人们相信,这一枚龙凤图案的银币能换回100枚水草图案的银币。如果其他人拒绝这样交换,那么银币的发行者(官府)一定会承担这种兑换的义务。换句话说,吉零国的币制是一种"信用本位"的币制。既然是一种信用本位的币制,就没有必要以白银来铸币,政府可以发行纸币。发行纸币的直接后果是白银外流受到遏止,大明国的商人大概又要回到易货贸易中去,也就是直接进行货物交换,或者将收入的吉零国货币再换成货物带回大明国。

大明国的商人们肯将吉零国的纸币带回大明国吗?肯的,但前提是:第一,吉零国政府允许本国货币离境并重新入境;第二,带回的吉零国纸币在大明国会卖出好价钱。吉零国与大明国也许会考虑签署一项条约,保证两国货币之间的可兑换性并确定兑换的比率。稳定的汇率对商人们的国际商业交往显然会提供安全的保障。当然,问题仍不会完全解决。也许某一天吉零国政府会指责大明国有意压低本国货币的比价,以谋取国际贸易利益。于是双方的官员需要坐下来进行一轮又一轮的谈判,以求得一个"双赢的结果"。

事实上,相同或类似的故事一直都在上演着,并持续到今天。此类故事的人物关系大体上分为三个层面:商人们之间的交往,政府对商人行为的干预以及政府之间就此所做的协调。国际经济法就是以这三类关系来构建其基本框架的。商人之间的跨国交往是最基本的国际经济交往,交往中逐渐形成了商人的习惯规则,即商人法(law merchant),这种商人法后来又大都被并入各国的民商成文法当中。对商人的跨国经济交往,政府迟早会加以干预。政府管理国际经济交往所遵循的规则,今天被称作经济法或行政法。商人之间的交往和政府对商人行为的管理,迟早会将不同国家的政府拉到一起,使政府之间彼此约束的法律被称作国际法。在国际经济法这个术语出现之前,上述三类法律规则即早已存在了,国际经济法只是对已有法律规则的梳理和组合。

文先生的后人如果还做海外生意,那么与他们的先人相比,既可能有相同的地方,也可能有不同之处。他们可能依旧向国外销售洞庭红橘子,也可能教当地果农种植这种水果,或者带着树苗、资金与技术在当地创办一家公司,在当地种植和销售橘子。他们可能还需要缴纳关税、被要求申领许可证,并要时常面对变化的技术标准。与他们的先人不一样的当然更多。他们不必辛苦跟船出海,没有必要亲自在当地出售橘子,也没有必要带着沉甸甸的银币回国。更大的区别在于,他们必须面对一套他们的先人未曾遇到的繁杂的法律规则。他们需要懂得《联合国国际货物销售合同公约》,需要了解世界贸易组织规则,需要知道市场准入的国民待遇加负面清单,需要知道不同国家知识产权制度的不同。所以,他们的书柜上会有许多国际经济法方面的书籍,也许会有一本《国际经济法概要》。当然,如果文先生的后人实在没有精力与国际经济法打交道,那么,一定会有专业人士帮他们做相关的事情。这些专业人士被称作"涉外律师"或"国际商务律师"。也许正在读这本书的你现在或者将来从事的就是这样的工作,每天都要面对各种枯燥的法条和文件,同时又会遇见很多有趣的人,经历许多新奇的事。

第一章 国际经济法的概念

第一节 国际经济法的界定

一、关于国际经济法概念的两种观点

与民法学、刑法学等传统学科比较起来,国际经济法学还是一门相当年轻的学科。甚至对于什么是国际经济法人们都尚未达成共识。概括起来,关于"国际经济法"的概念主要有两种观点,一种观点认为:"国际经济法是调整国家间经济关系的国际法规范的总称";另一种观点则认为:"国际经济法是调整国际经济关系的各种法律规范的总称"。前一种观点认为国际经济法是调整国家间经济关系的,因而具有国际法(国际公法)的属性,是国际法的一部分;后一种观点则认为国际经济法所调整的国际经济关系并非仅指国家间的经济关系,因此,国际经济法规范并不均具有国际法的属性,所以无法被完全纳入国际法体系当中。依据前一种观点,国际经济法是"经济的国际法",因为范围较窄,可称其为"狭义的国际经济法";而依据后一种观点,国际经济法是"国际经济的法",范围较宽,可称作"广义的国际经济法"。持前一观点的属于"国际法派",持后一观点的属于"独立法派"。

英国学者施瓦曾伯格(Schwarzenberger)是国际法派的主要代表人物之一。他的主要观点是:国际经济法是国际公法的一个分支,是关于商品生产、流通、消费,以及与之相互交往有关联的实体的地位的法律规则。施瓦曾伯格于1966年在荷兰海牙国际法学院所讲授的题为"国际经济法的原则与标准"的课程中,主张国际法的发展已到了必需设立分支的阶段,否则人们便可能只见树木不见森林。国际经济法便是国际法的这样一个分支。他认为国际经济法涉及的领域包括自然资源的所有权和开发权、商品的生产和流通、具有经济或金融性的无形国际交易、货币与金融、服务以及从事上述活动的实体,但他明确主张国际经济法仅规范进入国际法领域的经济活动。[1]

日本学者金泽良雄也是持狭义说的主要代表人物。金泽良雄承认现实生活中的大量的国际经济活动是由私人所从事的,也不否认这些活动在接受有关国际条约的制约和调整的同时,也要受各有关国家的国内法的约束和调整,但他仍把国际

---

[1] 见高树异:《国际经济法总论》,33页,长春,吉林大学出版社,1989;王贵国:《理一分殊——刍论国际经济法》,载《国际经济法论丛》(第2卷),76页,北京,法律出版社,1999。

经济法界定在国际法的范围之内。根据他的解释,国际经济法所适用的国际社会可分为两个层次。国际社会的第一个层次,是直接由主权国家构成的;各种国际组织也可视为国际社会成员。这种意义上的国际社会所适用的法律,就是国家间、国际组织间或国家与国际组织间所订立的各种条约和协定。这些国际条约和协定就是国际经济法所籍以构成的分子。国际社会的第二个层次,是由各国的国民(自然人和法人)组成的。当各国国民超越国境进行经济交往时,上述条约和协定中的有关条款一般是通过相应的国内法规定而间接地适用于这些国民。既然这些国民并不是构成国际社会的第一层次的、直接的主体,而用以制约和调整其超越国界的经济活动的各国涉外经济法律规范实际上是由各国自行制定的国内法,因此,适用于这些非国际公法直接主体的各国国内法,都不应纳入国际经济法的范畴。因此,金泽良雄笔下的国际经济法属国际公法。

美国学者杰塞普(Jessup)于 20 世纪 50 年代提出了"跨国法"(transnational law)的概念。这一概念的提出为国际经济法从国际公法中分离出去提供了理论基础。杰塞普认为,国际法的本来含义是指调整"国家间"或"政府间"关系的法;而在分析国际社会中超越一国范围的各种问题以及处理这些问题的法律时,使用"国际问题"和"国际法"这样的术语显然是不确切的,因此,他主张在探讨用以处理国际社会中超越一国范围的各种问题的法律规范时,应使用"跨国法"这一概念。

美国哈佛大学法学院的斯泰纳(Steiner)和瓦格茨(Vagts)两位教授在其所著的《跨国法律问题——资料和文件》(*Transnational Legal Problems—Materials and Text*)一书中,对杰塞普的跨国法理论加以具体化。该书打破了国际法与国内法、公法与私法以及实体法与程序法的界限,以解决现实中存在的跨国问题为目标,从各个角度考察有关的国际法规范与国内法规范对这些跨国问题的约束和影响。

如果说上述美国学者为国际经济法同国际公法的分离提供了理论基础,那么另外一位美国学者——杰克逊(Jackson)则通过将跨国法的研究限定于经济领域而使国际经济法从跨国法中脱颖而出,成为一个相对独立的法律部门。在其所著的《国际经济关系的法律问题:案例、资料和文件》(*Legal Problems of International Economic Relations:Cases,Materials and Text*)一书中,杰克逊认为,国际经济交往以及与此相关的各种政府行为,往往要牵涉国际法、冲突法、宪法、行政法、合同法、公司法、税法、反垄断法及民事诉讼法等多个法律部门。根据他的分析,调整国际经济关系的法律规范大体上可分为三个层次:第一个层次是有关国家用以调整国际商务关系的私法,包括有关国家的合同法、货物买卖法、保险法、公司法和冲突法等;第二个层次是有关国家的政府用以管理上述商务往来的法律,包括有关国家的关税法、进出口管制法、商品质量和包装标准法、国内税法等;第三个层次是对上述商务往来发生影响作用的国际公法或国际经济组织机构法。因此,杰克逊认为国际经济法是涉及经济领域的国际法和国内法、公法与私法的综合与交融,不应该将其归入任何一个传统的法律部门。

在日本学者中,倾向于独立法派观点的有樱井雅夫和佐藤和男等。依照佐藤和男的观点,国际经济法是约束国家之间经济关系的法律,它具有跨国法和国内法两个领域的性质。他认为,国际经济法跨公法和私法两个法律部门;对国际经济关系具有约束力的国内法和国际法,通过经济所固有的逻辑联系在一起,虽然它们在法律渊源上存在着形式上的区别,实际上却存在着最紧密的联系。作为国际经济法的调整对象的国际经济关系,只要它在实质上作为有机的统一对象反映出来,就需要把基于经济逻辑的国际法和国内法作为一个整体系统地加以运用。因此,国际经济法不应局限于传统的国际公法的范围。[1]

在我国学界也存在着国际经济法的国际法派和独立法派之争。在老一辈学者当中,姚梅镇、高树异和陈安等持独立法派的观点。姚梅镇教授在其所撰写的《国际经济法是一个独立的法学部门》一文中集中地阐述了这一观点。他在文中写道:"国际经济法是国际社会中关于经济关系和经济组织的法律规范的总和,即关于国际经济交往中商品生产、流通、结算、信贷、投资、税收等关系及国际经济组织等法规和法制的总称。其范围包括国际贸易法、国际投资法、国际货币金融法制、国际税法及国际经济组织法,等等。国际经济法的特点,反映了商品和资本超越国境而流动的国际性,是一个包括国际法规范与国内法规范在内的新兴的独立的法学部门。"[2]

也有一些前辈学者持国际法派的观点。汪暄教授在其所撰写的《略论国际经济法》一文中说道:"国际经济法是调整国际经济关系的原则、规则和规章、制度的总和。国际经济法是国家之间的法律,是国际法的一个新的分支。"[3]王铁崖教授在其主编的《国际法》一书中,将国际经济法列为一章,[4]显然也是认为国际经济法是国际法的组成部分。

那么,应该如何看待两大学派关于什么是国际经济法的分歧呢?

首先,无论是持独立法派观点的学者还是持国际法派观点的学者,都已看到当今的国际经济关系已无法仅仅依据国际法或国内法加以调整;双方的分歧仅在于是否将调整国际经济关系的各种法律规范的总和视为一个独立的法律部门。

其次,将国际经济法确立为一个独立的法律部门有利于从总体上观察和处理国际经济关系的法律调整问题。在实践中,无论是一项国际货物买卖还是一项国

---

[1] 高树异:《国际经济法总论》,37页,长春,吉林大学出版社,1989。
[2] 姚梅镇:《国际经济法是一个独立的法学部门》,载《中国国际法年刊》,374页,北京,中国对外翻译出版公司,1983。
[3] 汪暄:《略论国际经济法》,载《中国国际法年刊》,395页,北京,中国对外翻译出版公司,1983。
[4] 王铁崖主编:《国际法》,411~450页,北京,法律出版社,1983。

际直接投资,都会涉及三个层次的法律规范,即调整私人之间交易关系的法律规范、调整国家与私人之间的管理关系的法律规范以及调整国家之间的合作与协调关系的法律规范。如果我们仅仅将调整国家之间的经济关系的法律规范称作国际经济法,而置其他规范于不顾,无疑是人为地割裂了相关法律规范之间的内在联系;而且,由于国际经济关系不可能仅由国际公法调整,因此,即使将其他法律规范排斥于国际经济法的体系之外,这些法律规范也依然要发挥作用。

最后,独立法派的观点虽然照顾到国际经济法调整对象(国际经济关系)对法律规范的总体性要求,具有便于操作的实用价值,但却由于将三个层面的法律规范归于一体而难以形成体系化的法学理论。国家与国家之间是平等的主权者之间的关系,国家与私人之间是主权者与被管理者之间的关系,而私人与私人之间则是地位平等的民事主体之间的关系。这三类社会关系性质的不同,必然导致它们所分别适用的法律规范的性质的不同。将三类法律规范置于同一学科,势必影响体系化的国际经济法理论的形成。从这个意义上讲,国际法派的学说则具有明显的长处。

正因为国际法派与独立法派的观点各有其合理之处,所以,尽管本书采取了独立法派的立场,但这并不意味着本书认为国际经济法的各种学说将最终归于独立法派。从理论上分析,除国际法派与独立法派之外,还有一种可能的学科划分方法,即将独立法派所坚持的国际经济法中的私法部分(调整私人之间的交易关系的法律规范)分离出去,从而使国际经济法完全成为公法,包括国际公法和国内公法。这种国际经济法将以政府对国际经济交往的管理和协调作为宗旨,而私人之间的跨国交易关系则交由国际商法加以调整。[1]

二、国际经济法的定义

本教材采用国内学界通说,将国际经济法界定为"调整国际经济关系的各种法律规范的总称"。

不同法律部门得以区分的标准在于法的调整对象的不同。国际经济法可以作为一个法律部门而存在,其根本原因在于它有其特定的调整对象,即国际经济关系。那么,什么是国际经济关系呢?

首先,同其他部门法一样,国际经济法所调整的关系也是一种社会关系。所谓社会关系,简言之,就是人与人的关系。法学意义上的人不仅是指自然人,也包括

---

[1] 作者在1996年出版的《国际经济交往的政府控制》一书中即做过这种尝试,并将这种只包含国际公法和国内公法的调整国际经济关系的法称作"狭义国际经济法"。国内近年来出版的一些国际经济法教材已经将私法内容剥离出去,如左海聪教授主编的《国际经济法》(武汉大学出版社,2010年4月第一版)即将国际经济法定位为"国际经济管制法",因而不包含私法内容。

拟制的人,例如公司、国家等。一种社会关系经法律调整即形成法律关系,即权利义务关系。权利义务关系的特征在于这种关系的内容依法确立,并以国家的强制力作为保障。

其次,国际经济法所调整的社会关系是一种经济关系,即具有经济内容的社会关系。这里所说的"经济"包括三种情形:一是平等地位主体之间的商事交易,二是国家对商事交易的管理,三是国家之间就商事交易管理所做的协调。因为它们都与经济利益相关,所以均属"经济"活动。与商事交易无关的关系不属于国际经济法意义上的"经济"关系。例如,某企业投资于外国的某一核电站项目因为是商事交易,因而会形成经济关系;政府对核技术进出口的控制是对商事交易的管理,因而也会形成经济关系;而国家之间关于核不扩散所进行的安排,尽管也会与"经济"有某种联系,但其主要目的不是经济方面的,因而不属于国际经济法意义上的经济关系。

再次,国际经济法所调整的经济关系是一种国际经济关系,所谓"国际",至少包括三种情形,一是不同国家之间的关系,例如政府间借贷,政府间关于税收管辖权划分的安排等;二是不同国家的当事人之间的关系,例如一家德国公司与一家中国公司共同在中国长春投资设立一家合资企业;三是其他的跨境交易所形成的关系,例如两家中国公司就一座位于美国纽约的房产的买卖所结成的关系。

国际经济关系可依据不同的标准加以分类。以国际经济关系的内容为标准,国际经济关系可分为国际货物贸易关系、国际技术贸易关系、国际服务贸易关系、国际直接投资关系、国际金融关系和国际税收关系等。

国际经济关系还可以从主体的角度加以分类。国际经济关系的参加者既包括自然人、法人和其他经济组织,也包括由某一政府所代表的国家,还有国际组织。自然人、法人与其他经济组织尽管各有不同,但在国际经济关系当中,它们的法律地位大体相当。无论是自然人还是法人或其他经济组织,它们都不具有公法上的管理权限,而只能基于私法规则参与国际经济交往。因此,自然人、法人和其他经济组织可统称为私人。国际组织也可以参加一定范围的国际经济关系。依据国际组织成员的不同,可将国际组织分为政府间国际组织和非政府间国际组织。这两类国际组织不仅成员构成不同,其法律地位也存在着很大差别。政府间国际组织通常可基于成员国的授权而具有国家才可以享有的权力,例如,对国际经济交往实施管理的权力;而非政府间国际组织则不具有公法上的权力,它们通常只能以法人的身份参加各种国际交往。基于上述认识,就本书所涉及的问题而言,可将政府间国际组织与国家划为同一类型的实体,而非政府间国际组织则应归入私人这一范畴。以国际经济关系的参加者为标准,国际经济关系可分为国家之间的国际经济关系、私人之间的国际经济关系以及国家与私人之间的国际经济关系。私人之间的国际经济关系主要表现为经济利益的交换,因而可称作交易关系,如国际货物买卖中的买卖关系；国家之间的国际经济关系主要表现为经济利益划分和国际经济事务合作，因而可称之为协调关系，如国家就税收管辖权的划分所结成的关系；私人与国家之间所结成的国际经济关系主要表现为国家对私人的跨越国界的经济活动的管理，因而可称之为管理关系，如东道国政府为保障本国的产业安全，就外国资本的进入而与投资者所结成的管理与被管理关系。

国际经济法是调整国际经济关系的各种法律规范的总称，只要是调整国际经济关系的法律规范，都属于国际经济法的范畴。因此，国际经济法既包括国际法，也包括国内法；既包括制定法，也包括习惯法和判例法。由此看来，将国际公法、国际私法和国际经济法统称为"国际法"（或"三国法"）是不准确的。如前所述，国际经济法是"调整国际经济关系的法"，而不仅是"调整经济关系的国际法"。

第二节 国际经济法与邻近法律部门的关系

从前面的内容可以看出，国际经济法与其他一些法律部门有着密切的联系。明确国际经济法与这些部门法的关系可以更好地理解国际经济法的性质与内容。

一、国际经济法与国际公法的关系

国际经济法与国际公法都以某种国际性的社会关系作为调整对象，而且，两者所调整的社会关系有重合的部分，即国家之间的经济关系。从这个意义上说，国际经济法含一定范围的国际公法，或者说国际公法含一定范围的国际经济法。除此之外，还应该从以下几个方面把握两者之间的关系。

第一，从法律关系的主体方面看，国际公法的主体只包括国家和政府间国际组织，私人只是国际公法的客体，而不是国际公法的主体。国际经济法是以国际经济关系为调整对象的，而国际经济关系的参加者既包括国家、政府间国际组织，又包括私人；当国际经济关系接受法的调整时，国家、政府间国际组织与私人都可以成为国际经济法律关系主体。所以，国际经济法的主体的范围要广于国际公法的主体的范围。

第二，从法律关系的客体方面看，由于国际经济法以国际经济关系作为调整对象，所以，国际经济法律关系的客体主要是经济行为（包括商业交易行为、经济管理行为和经济协调行为）；而国际公法以国家间的关系作为调整对象，所以，国际公法之下的法律关系的客体就不限于经济行为。

第三，从法律关系的内容方面看，由于国际公法的主体是国家和政府间国际组织，主体之间具有平等的法律地位，所以，其法律关系主体之间的权利义务关系具有平等性和约定性。而国际经济法的主体既包括国家，又包括私人，所以，国际经济法律关系主体之间的权利义务关系较为复杂:地位平等的主体之间的法律关系的内容仍具有平等性和约定性,而地位不平等的主体之间的法律关系的内容则并不基于双方的约定,因而可以说是不平等的。

第四,从法律渊源方面看,调整国家之间的关系的法不可能是国内法,因此,国际公法的渊源只能是国际性的规则,主要是国际条约和国际习惯;国际经济法调整的国际经济关系并不限于国家之间的经济关系,因此,国际经济法的渊源除了国际条约和国际习惯之外,还包括国内法。

二、国际经济法与国际私法的关系

关于国际私法的定义和范围,学术界也存在意见分歧。但可以肯定的是,国际私法的主要或基本的内容是调整涉外民事法律关系的冲突规范,这些冲突规范又可进一步划分为用于调整涉外经济关系和调整涉外人身关系的冲突规范。

从国际经济法与国际私法所调整的社会关系都具有国际性和经济性这一点上看,两者具有一致的地方,但这两个部门法的区别也是明显的。国际经济法主要是实体法,它直接确定法律关系主体之间的具体的权利义务关系;国际私法则是以冲突规范为主体,而冲突规范"是对特定的私法关系,规定应适用哪国法律的法律规范。"[1]当然,如果认为国际私法也包括实体法规范,或者认为国际经济法也包括解决国际经贸纠纷所必需的冲突规范,那么,国际经济法与国际私法也就会在一定范围内重叠。

三、国际经济法与国际商法的关系

国际商法通常是指调整国际商事关系的法。国际商事关系的本质是一种交易关系,发生在法律地位平等的私人之间,主要是通过合同而彼此约束。可见,国际商法是广义的国际经济法的组成部分。

如果将国际商法的内容从广义的国际经济法中剥离出去,那么国际经济法中将仅存公法性规范;如果再将国内公法剥离出去,国际经济法就只剩下"经济的国际法"了,即狭义的国际经济法。

四、国际经济法与经济法的关系

经济法是国内法,但可用来调整涉外经济关系,而涉外经济关系主要是涉外经济管理关系,因此,各国的经济法与国际经济法也有一部分是相互重叠的。

在经济法体系当中,有一部分是专门调整涉外经济关系的(例如出口管理法、

---

[1] 李旺:《国际私法》,63页,北京,法律出版社,2003。

反外国制裁法),被称作涉外经济法。涉外经济法是"调整涉外经济管理关系的法律规范的总称"。[1] 不管一个国家是否承认涉外经济法的概念,这种专门调整涉外经济关系的经济法都是存在的。即使一国没有专门调整涉外经济关系的法律规范,其涉外经济关系终究要有相应的法律规范来加以调整,这部分法律事实上也是"涉外的"经济法。

第三节　国际经济法的历史

一、国际经济法的产生与发展

人类社会出现了国家之后,就具备了产生国际经济关系的条件。但由于各种因素的限制,在很长的历史时期内,国际经济关系的发展非常缓慢。由于私人之间的国际经济交往只是一种偶然的现象,所以政府对私人的跨国经济活动的管理也不可能是一种经常性的活动,国家之间的经济关系的协调,或者由于互不相关而缺乏现实的基础,或者由于武力的使用而成为不必要。

国际经济关系成为一种日常的社会现象,是资本主义生产方式确立之后的事情。从 16 世纪中叶到 18 世纪中叶,西欧一些国家由于生产力的发展,普遍采用工场手工业方式,使社会分工逐步细化,商品生产不断扩大。在国内市场形成之后,这些国家的工商业开始突破国界向国外发展。在随后的 100 多年时间里,欧洲各先进国家相继完成了产业革命。在生产力的推动之下,国家之间的经济联系日益密切。人类社会进入 20 世纪之后,国际经济关系迈入了一个新的发展时期。各国之间的货物、技术、资金的交流不断扩大;国家之间、企业之间的相互依赖也不断增强。几乎没有哪一个国家可以脱离国际经济关系而独立地取得经济发展。

法是社会关系的调节器。国际经济关系的出现和发展,必然要求调整这类社会关系的法律规范的出现。事实上,国际经济法的历史是与国际经济关系的历史相一致的。"自从有了国家和法律并且有国际经济贸易交往以来,就必然有一些调整国际经济贸易关系的习惯和规则,这些习惯和规则,逐渐发展成原则、制度和规范,逐渐从简单到复杂,从孤立的、个别的发展到完备化、体系化。"[2]

作为罗马法体系中的重要组成部分的万民法中就有国际经济法的成分。万民法调整的是罗马人与外国人以及外国人之间的关系,主要是财产关系或经济关系。我国古代也存在着一些调整涉外民事、商事、经济关系的法律规范。

进入资本主义社会之后,由于国际经济关系的迅速发展,使得国际经济法律规

---

[1] 张瑞萍:《涉外经济法学》,12 页,长春,吉林大学出版社,1998。
[2] 高树异主编:《国际经济法总论》,14 页,长春,吉林大学出版社,1989。

范大量出现。不仅各国的国内立法中逐渐增加了调整国际经济关系的内容,国家之间所达成的调整国际经济关系的协议也大量出现。这些国际协议起初多是双边条约,用来规定两个国家之间经济贸易领域中的某类问题,如关税问题、最惠国待遇问题。由于资本主义生产方式首先在欧洲国家得以确立,所以,早期的双边条约多出现在欧洲国家之间。1862年,英国与法国签订了具有引领意义的双边自由贸易协定——《柯布登-舍瓦利埃条约》(Cobden-Chevalier Treaty)。随后,在欧洲出现了一系列双边自由贸易协定。随着国际经济关系的扩展,有关经济问题的多边国际公约从19世纪末开始出现,如1883年签订的《保护工业产权的巴黎公约》和1886年签订的《保护著作权的伯尔尼公约》等。

第二次世界大战结束以来,多边国际公约更是成为调整国家间经济关系的主要法律渊源。《关税与贸易总协定》(General Agreement on Tariffs and Trade,简称GATT、关贸总协定或总协定)、《国际货币基金组织协定》(Agreement of the International Monetary Fund,简称《IMF协定》)、《国际复兴开发银行协定》(Agreement of the International Bank for Reconstruction and Development)等国际公约对战后国际经济的发展所起到的稳定和推动作用是有目共睹的,乌拉圭回合谈判之后所达成的世界贸易组织(World Trade Organization,简称WTO或世贸组织)各项协议更是确立了当今国际贸易体制的基本框架。

二、当今的国际经济法

当今的国际经济法在本质上是经济全球化在法律上的反映。

经济全球化是当代国际社会的基本特征之一。经济全球化必然带来国际经济关系的变化,也必将对国际经济法产生重大影响。

如果将经济全球化定义为经济增长要素在市场规律的支配下日益突破国界限制的过程,那么,经济全球化已经历了一个相当长的发展历程。资本主义的生产方式已决定了该生产方式之下的经济必将是全球性的。对此,马克思和恩格斯早在一百七十多年前即已作出深刻的论述。[1] 然而,经济全球化规模的极速扩大和进程的迅猛增快则是最近几十年的事情。

既然经济全球化在过去的几十年中已得到蓬勃的发展,那么,以国际经济关系作为调整对象的国际经济法就不可能对此无动于衷。事实上,伴随着经济全球化的发展,国际经济法也一直在发生着相应的变化。可以说,国际经济法对经济全球

---

[1] 例如,马克思和恩格斯在《共产党宣言》中写道:"资产阶级,由于开拓了世界市场,使一切国家的生产和消费都成为世界性的了。……过去那种地方的和民族的自给自足和闭关自守状态,被各民族的各方面的互相往来和各方面的互相依赖所代替了。"见《马克思恩格斯选集》,第一卷,255页,北京,人民出版社,1972。

化早已作出,而且正在不断地作出回应。

国际经济法对经济全球化作出的回应之一是国际商事交易规则统一化进程的加快。

经济全球化首先意味着不同国家之间的商人的交易的增多。为了降低交易风险、保障预期利益,除了其他方面的努力之外,需要为商人之间的跨国交易设立规则,特别是推动世界范围内商法规则的统一。事实上,在过去几十年的时间里,国际商法的统一进程已取得快速发展,其主要表现为:第一,商人通过自己的机构创设或统一了大量的商事规则;第二,各国的民商事立法不断趋同;第三,国家以国际公约的方式制定出相当数量的统一商法规则。

国际经济法对经济全球化作出的另外一个重要回应是国家对国际商事交易管制法律的变化。

规范国家对国际商事交往的管理的法律是国际经济法的重要组成内容。回顾这部分法律规范在过去几十年间所发生的变化,可以得出这样一个结论,即国家对国际商事交往的管理呈放松趋势。在国际货物贸易领域,"二战"结束后所缔结的《关税与贸易总协定》以推动国际贸易自由化作为其核心宗旨。经过各国在关贸总协定和世界贸易组织体制下的多年努力,各国的关税水平大幅度下降,非关税壁垒措施受到越来越严格的限制。在国际直接投资领域,各国市场的准入条件也逐渐放宽。多数发展中国家已从排斥外资的立场转为以各种优惠政策吸引外国投资者前去投资。国家对国际商事交往的管理的放松,主要是基于以下两方面的原因:一是商人们在利益的驱动下,要求市场规律突破国家疆界的限制(其实是各国的管理措施的限制)而在全球范围内发挥作用;二是各国政府认为扩大的对外经济交往从总体上有益于本国的发展。此外,冷战的结束导致西方发达国家重新设计其因政治原因所实行的出口管理制度,显然也带有放松管制的色彩。当然,在放松管制的总的趋势之下,不排除在某些特定时期,某些国家为特定目的而收紧管理。

国际经济法对经济全球化作出的第三个重要回应是国家之间在经济领域中的法律约束不断扩展和加深。

国家对商人的跨国交易的管理,可以是一国单方面的行为,也可以是多个国家的协议行为。国家通过协议确定彼此在对外经济活动管理方面的权利义务关系,使得本来可由一国自行决定的事情须受其他缔约国的约束。近几十年来,国际条约所覆盖的国际经济领域不断扩大,而且其调整的经济关系也趋向具体,使得国家之间的彼此约束不断加深。例如,最初的《关税与贸易总协定》只涉及国际货物贸易的政府管理问题,而且主要是规定关税问题,对于非关税管理措施只作了笼统的规定。但在随后的几十年时间里,总协定条约体系所涉及的领域不断扩大。至乌拉圭回合谈判结束,世界贸易组织条约体系已从国际货物贸易扩展到国际服务贸易、国际投资、知识产权等领域;在贸易管理措施方面,已具体到反倾销、反补贴、政府采购、许可程序、海关估价、动植物检疫、技术标准等各个领域。目前,几乎所有国家的对外贸易管理制度和措施都已置于世界贸易组织的各类规则之下。一国已不能任意确定其关税水平,也不能任意行使配额、许可等进出口管理措施,除非其准备承担由此所产生的国际法后果。某些国家可以在经济一体化方向上走得更远。欧盟成员国之间已取消了商品、资本和人员流通上的限制;一些成员国甚至已放弃了货币发行权,采用了欧盟统一发行的欧元。

国际经济法在以上三个方面出现的变化,无疑是对经济全球化作出的积极回应。这些变化既是在经济全球化力量的推动下产生的结果,也是经济全球化进一步发展的保障和推动力量。如果没有经济全球化的客观要求,就不会产生今天这样的国际经济法;而如果没有相适应的法律制度,经济全球化也不会发展到今天这样的水平。

三、国际经济法的未来

(一)经济全球化的走向决定国际经济法的未来

国际经济的未来决定着国际经济法的未来。可预见的未来的国际经济仍将以全球化为基本特征,国际经济法的未来走向取决于经济全球化的发展趋势。

近年来,随着美、英等国退出某些国际组织和国际条约以及贸易与投资自由化进程的放缓,出现了"逆全球化"之说。其实,只要认真观察就可以发现,美国并非反对全球化,只是反对不符合美国利益的全球化;美国并非反对多边或全球性的规则,而是对某些现行的多边或全球性规则不满。

首先,市场经济的本性就是全球性经济,没有哪一个国家能够改变经济全球化的历史趋势。经济全球化其实是各种经济增长要素在市场规律的支配下日益突破国界限制的过程。资本主义的生产方式已决定了该生产方式之下的经济必将是全球性的。在上述情况难以发生根本性改变的情况下,美国政府无法"逆全球化"。

其次,对于市场经济最为发达的国家和当今全球第一大经济体美国来说,经济全球化符合美国的根本利益,因此,美国不可能真的反对全球化,尤其是不可能反对经济全球化。凭借其众多跨国公司的强大力量,美国无论在国际贸易领域还是在国际投资领域一直都占据相对优势,而国际贸易和国际投资为美国带来的利益更是显而易见的。而且,即使美国的个别政客试图逆潮流而动,美国的企业也不会容许美国政府"逆全球化",反而会要求政府进一步推动经济的全球化。

再次,美国政府近年来的种种行为也表明美国所追求的不是"逆全球化",而是符合美国利益的全球化。美国政府所要求的"公平、互惠"贸易其实是"对等"贸易,即其他国家的进口关税税率应该与美国的进口税率保持一致,其他国家的非关税措施不应该有别于美国的非关税措施;与此同时,美国却可以以维护"国家安全"为由,任意地对来自其他国家的商品征收高额关税,限制其他国家的投资者到美国投资,以保护知识产权为由对其他国家的商品任意征收惩罚性关税,并要求其他国家不断开放投资市场。

此外,从美元在全球经济中的地位也可以推断,美国不可能反对经济全球化。自"二战"结束以来,美元一直居于全球货币体系的中心。它是流通范围最为广泛的货币,是世界上最为重要的金融交易的计价和结算货币,又是全球大宗商品(包括石油、铁矿石、工业金属、贵金属和粮食等)交易计价结算的重要货币,还是各国外汇储备的主要构成部分。美国依其实力将美元挺为"世界货币",作为"世界货币"的美元也给美国带来巨大的经济利益,使美国成为全球金融市场的主导者和支配者。经济全球化离不开美元,美元也离不开经济全球化,这也决定了美国政府不可能逆全球化而动。

美国一方面给人以"逆全球化"的假象,一方面加紧重塑新的经济全球化规则。美国在这方面所采取的措施包括以下几方面。

第一,以国内立法影响全球规则的塑造,例如,通过资金援助、参与改革等方式,向其他国家,特别是"转型国家"输出美国的法治价值、美国的宪政原则和体制、美国的经济法和商事法并输出美国的立法技术。当美国法的内容在其他国家被广为接受之后,将美国法转化为国际规则的条件也就成熟了。

第二,以双边协定影响全球规则的塑造。美国以双边协定来塑造新的国际规则的最典型的例证大概是美国对其《双边投资协定》(Bilateral Investment Treaties,BITs)范本的推广。与国际贸易领域中的情形不同,关于国际投资,国际社会目前还缺少普遍性的国际条约。规范政府对投资活动管理的国际法主要是数以千计的双边投资协定及某些区域性自由贸易协定。在美国投入精力关注双边投资协定之前,其对外签订的双边投资协定的内容相当简单。从20世纪70年代开始,美国对外签订的投资协定从单一的政治风险防范转向投资自由化和高标准的投资保护。为实现这一目标,从1977年到1981年,美国花了4年时间准备用于谈判的投资协定范本。美国通过其制定的范本为国际投资创设了庞大的规则体系,并通过一个个双边投资协定的签订,逐渐将其推广到全球,使其有可能被未来的多边国际投资条约所吸纳,也有可能演变成习惯国际法。

第三,以区域协定影响全球规则的塑造。美国一直尝试通过缔结区域自由贸易协定来塑造全球性规则。《北美自由贸易协定》(North American Free Trade Agreement,NAFTA)就是一例。作为一项自由贸易协定,NAFTA不仅对投资问题做了专章的规定,为投资规则的"法典化"奠定了基础,同时,该协定也使某些投资规则的内容更加明确。2018年9月30日,美国、墨西哥与加拿大就NAFTA的更新达成一致。更新后的协定用了新的名称——"美国-墨西哥-加拿大协定"(United States-Mexico-Canada Agreement,USMCA),也增加或变更了一些重要内容。例如，USMCA 第 14 章的附件 C，取代并显著改变了 NAFTA 第 11 章"各方之间的投资者-国家争端解决"(Investor-State Dispute Settlement, ISDS)。新协议基本上废除了加拿大和美国之间的 ISDS 机制，限制了墨西哥和美国之间的 ISDS，并将加拿大和墨西哥之间的投资纠纷置于加拿大和墨西哥均为缔约方的《全面与进步的跨太平洋合作伙伴关系协定》(*Comprehensive Progressive Trans-Pacific Partnership*, CPTPP)里的 ISDS 机制当中。当许多国家都在考虑如何完善以国际投资争端解决中心(The International Center for Settlement of Invest Disputes, ICSID)为代表的投资争端仲裁解决机制的时候，USMCA 似乎传递出一个新的信号——限制仲裁在投资争端解决中的作用，这或许会影响未来国际投资法的走向。

总之，经济全球化的趋势不会改变，国际经济法会朝着便利经济全球化的方向发展。在这一过程中，大国的意志和能量不可忽视。

（二）塑造未来国际经济法的三支重要力量

经济全球化过程中各种社会力量的斗争、妥协将决定国际经济法的内容。在这一过程中，商人、国家和非政府组织将是对未来的国际经济法的发展产生作用的三大主要力量。

1. 商人是国际经济法发展的推动力量

在当今世界，商人力量的代表者应该是那几万家大型跨国公司。他们有足够的力量引导世界经济的走向。为了追求利润的最大化，商人将力求冲破各种自然的和人为的限制，将价值规律推向全球。为了更好地实现其追求的目标，商人也将推动国际经济法朝着有利于经济全球化的方向发展。在构造新的国际经济法律规则方面，商人自己可以做到的是编撰统一的商事规范并使其得到普遍运用和政府的承认，至于其他方面的国际经济法律规范的创设，商人则必须借助国家的力量，推动国家创设他们所需要的法律规则。可以预计，在未来相当长的一段时期，商人将主要推动国家在以下领域充实国际经济法的内容。

一是要求政府进一步放松对商品、资金和人员流动的限制。尽管在关贸总协定和世界贸易组织框架之下，商品国际流通的限制已大大降低，但无论在关税方面还是在非关税措施方面，政府的管制依然存在。所以，商人将继续对政府施加压力，以使商品进出口的政府限制进一步减轻。与商品的国际流通相比，资本的国际流通所受到的政府限制可能更为严格。特别是在直接投资领域，绝大多数国家都规定了产业领域的限制，对于关系到国家安全(包括经济安全)的产业领域，通常都禁止外国资本的进入。然而，由于资本全球化是经济全球化的核心，所以，对于商人来说，对资本流通的限制将是最不能容忍的限制。因此，在未来的经济全球化的过程中，商人将以推动政府削减资本流通障碍作为主要的努力方向。事实上，世贸易组织有别于原先的关贸总协定的一个重要特征,就在于将资本市场的准入问题纳入多边谈判领域。《服务贸易总协定》(General Agreement on Trade in Services, GATS)在确立各成员国管理国际服务贸易的一般规则的同时,开启了相关领域的资本准入的谈判;《与贸易有关的投资措施协议》(Agreement on Trade-Related Investment Measures, TRIMs)更是直接涉及了直接投资问题。尽管这两个协议都不是专门规定国际直接投资问题的协议,但是,这两个协议的签署已传达出明确的信息,即资本市场的准入问题将归入世界贸易组织的决策范围。

二是要求政府赋予其更为优惠的投资条件。大的投资者不仅有能力迫使发展中国家赋予其更为优惠的投资条件,"即使在北方,政府也无法控制跨国公司。如果某项法律有碍于它们的扩张,它们就威胁要离开,而且立即付诸行动。它们跑遍整个地球,自由选择到最好的地方去,那儿有最便宜的劳力、几乎不受法律保护的环境、最低的税收、最多的资助。"[1]在跨国公司的这种压力之下,政府有时不得不作出让步。

三是要求政府对本国商人的海外利益给予更为有力的保护。商人所要求的对其海外利益的保护将体现在货物贸易、技术转让、直接投资等各个领域。例如,随着世贸组织内容丰富的《与贸易有关的知识产权协定》的实施,商人的知识产权国外保护将成为一个重要问题。其他发达国家很可能步美国的后尘,以类似"301"条款之类的机制来保护本国知识产权权利人的利益。又如,认为在外国受到"不当的"反倾销、反补贴指控的商人,也可能求助本国政府通过外交手段寻求"公平的"或更好的结果。此外,在一些传统问题上,商人也会推动本国政府迫使外国政府作出新的让步,以使自己的利益得到更好的保护。众所周知,在外资国有化的补偿标准问题上,已有越来越多的发展中国家在越来越多的场合接受了发达国家的"充分、即时、有效"的补偿标准。在其他方面,例如在外国国家及其财产的司法管辖豁免问题上,采取相对豁免主义的国家(主要是经济发达国家)也可能迫使坚持绝对豁免主义的国家作出新的让步。

四是要求本国政府对来自国外的竞争加以限制。来自国外的竞争可分为正当竞争与不正当竞争两类。对于来自国外的不正当竞争,一国商人自然可以要求本国政府依法对自己加以保护。一国的反垄断法,世贸组织的反倾销、反补贴协议都可以提供这方面的法律依据。问题在于,对于来自国外的正当竞争,商人也可能寻求本国政府予以限制。在这里,我们需要将商人加以区分。有国际竞争力的商人希望市场不受国界的限制,他们不怕来自国外的竞争,并希望能够不受限制地竞争于其他国家的市场;而不具备国际竞争力的商人则希望以国界挡住外来的竞争。

---

[1] 见[美]阿兰·伯努瓦:《面向全球化》,载王列、杨雪冬编译:《全球化与世界》,17 页,北京,中央编译出版社,1998。

他们将推动本国政府在各种借口之下采取貌似合理、合法的措施（如环保措施），将强有力的竞争者挡在国门之外。可以看出，缺乏国际竞争能力的商人将是经济全球化的拦路者；在他们的影响下所形成的法律规则当属国际经济法演进过程中的一股暗流。

2. 国家是国际经济法发展的主导力量

国家是国际经济法的制定者，但国家在制定国际经济法的过程中必须要考虑商人的利益，反映商人的意志。经济全球化要求尽量扩大市场规律的作用范围，尽量减少政府对国际商业交往的限制。在最近几十年当中，政府的确在向市场力量让步，其表现就是政府对国际商业交往的管制的放松。

然而，国家对经济全球化也不能采取完全放任或一味支持的立场。这是因为：

第一，市场经济除具有优化资源配置和提高效率等优点之外，还同时具有盲目性、自发性和滞后性等缺陷。资本扩张可以带来经济发展，但不一定带来综合的社会发展，因为资本扩张的目的是高额利润。随着经济全球化进程的加快，社会财富在大量增加，但财富的集中程度也更为提高。因此，政府不会对资本过度放纵。

第二，经济全球化对国家权力的行使带来挑战。在相对封闭的社会中，一国的政治、经济的稳定，主要受国内因素的影响，而经济全球化则使维护国内政治、经济稳定的工作变得更加艰巨。例如，当今的"通信革命……打破了国家对信息的垄断，穿越国界，使人可以听到和看到外国人是如此以不同方式行事的。它也使富国和穷国之间比 50 年前更了解它们之间的差距，刺激人们进行合法的和非法的移民。这些变化使社会甚至整个国家都越来越难以控制本身的命运。"[1]

第三，在世界范围内，本来就缺乏政府对市场进行有效调节的机构和机制。经过近一百多年的实践，政府已建立起国内市场调控制度，并积累了相当的经验。政府可通过各种措施来纠正市场经济的缺陷给社会带来的不利影响，而在国际社会中尚不存在可对市场经济进行调有效调节的机构和机制。如果在这种情况下放弃必要的政府控制，经济全球化将意味着很大的社会风险。近些年一再出现的全球性金融危机更使各国政府强化了这种意识。

所有这些都决定了政府在推动经济全球化的同时，也会积极探求建立某种有效的调控机制，以减少经济全球化对国际社会带来的负面影响。

在考虑国家力量对国际经济法的走向的影响时，还应该意识到：不同国家具有不同的影响力，而且各种力量的作用方向也会不同。尽管依据主权原则、平等原则，每个国家在参与制定国际经济法的过程中均应享有平等的地位和权利，但事实

---

[1] 汪永成：《试论经济全球化对发展中国家行政管理的影响》，载俞可平、黄卫平主编：《全球化的悖论》，224 页，北京，中央编译出版社，1998。

上，国际经济法总是更多地表达了强国的意愿。"一般说来，国民经济最强大的国家总是要求最迅速、最广泛、最强烈地推进贸易、资本、人员、服务流动的自由化。"[1]尽管从法律角度看，任何国家都没有义务参加经济全球化的过程，然而，如果经济落后的国家不参与经济全球化的过程，则会处于被进一步边缘化的境地。因此，在经济全球化的过程中，在相应的国际经济法律制度的创建过程中，将充满不同国家间的利益冲突。

3. 非政府组织是国际经济法发展的制约力量

当今，无论是国内社会还是国际社会，非政府组织（Non-Governmental Organizations, NGOs）都已成为一种重要的社会力量。《联合国宪章》即已对非政府组织予以关注，该宪章第七十一条规定："经济暨社会理事会得采取适当方法，俾与各种非政府组织会商有关本理事会职权范围内之事件。此项办法得与国际组织商定之，并于适当情形下，经与关系联合国会员国会商后，得与该国国内组织商定之。"经过战后七十多年来的发展，非政府组织对社会生活的影响不断扩展和加深。

在国际经济领域，非政府组织也发挥着重要作用，这就不能不对国际经济法的发展产生影响。例如，1999年年底世贸组织在西雅图举行会议期间，美国的劳工团体与环保团体曾发动持续的、声势浩大的抗议活动，反对世贸组织的自由贸易政策。虽然当地警察向数千名示威群众发射了橡皮板子弹和催泪瓦斯，但大规模的抗议活动还是使得世贸组织的这次会议未能取得预期的成果。

对国际经济法的未来走向可产生重大影响的非政府组织当首推环境保护组织和工会组织，至少在国际贸易体制方面是如此。环境保护组织将进一步推动各国政府提高环境保护标准，而这些标准将成为限制自由贸易的屏障。发达国家的工会组织则将继续推动政府推行最低劳工标准，以增强自身的竞争力。由此所产生的法律制度也将对经济全球化发生影响。已有学者指出：在今后几十年，以世界贸易组织为核心的世界贸易体制所面临的"一项重要的挑战将是遏制在环境和劳工标准问题上保护主义的操控。"[2]而这种挑战之后的各种非政府组织的力量不可低估。

第四节 国际经济法学

一、国际经济法学理论的构成

国际经济法学是以国际经济法为研究对象的理论或学科。国际经济法学的作用在于解释国际经济法规范的含义、评价国际经济法规范的运作情况、揭示国际经

---

[1] 里斯本小组著：《竞争的极限》，张世鹏译，58页，北京，中央编译出版社，2000。
[2] [英]伯纳德·霍克曼、迈克尔·考斯泰基：《世界贸易体制的政治经济学》，刘平、洪晓东、许明德等译，275页，北京，法律出版社，1999。

济法的发展规律,从而为立法者、执法者和法律适用者提供理论支持。

各个部门法都有自己的理论或学科,而且,由于各个部门法都有自己特定的调整对象和调整方法,因此各个法律学科都有自己特定的理论体系。然而,与传统的法律学科不同,国际经济法学的理论构成比较特殊,它事实上是由两部分理论构成的:一部分是传统的其他相关法律学科理论;另一部分才是国际经济法自己的理论。

由于国际经济法被界定为"调整国际经济关系的法",而调整国际经济关系的法既包括民商法,也包括行政法或经济法,还包括国际公法,甚至包括程序法,因此,从规范层面看,国际经济法律规范体系只不过是调整国际经济关系的民商法、行政法或经济法、国际公法以及其他一些法律规范的总和。

虽然几乎国际经济法的所有规则都可以被分别归入国际公法、行政法、经济法或民商法等部门法,但这并不意味着我们不能把这些规则统称为国际经济法规则。尽管国际经济法的规则按其性质各有归属,但从其实际作用的角度着眼,我们仍然可以将调整国际经济关系的法律规则统而称之为国际经济法。当我们将国际经济法规则作为一组规则的时候,并不是说我们认为这是一组与民法规则或刑法规则并行的另外一套法律规则;我们只是说这样一组法律规则有其共同的功能,即调整国际经济关系。将本来分属国际法、经济法、行政法或民商法的规则统称为国际经济法,其出发点是为了解决现实问题的方便。陈安教授早就指出:在当代现实生活中,大量出现并日益增多的以个人或法人为主体一方或双方的国际经济法律关系,不但受有关的国际公法规则的调整和制约,而且也受有关的国际私法规则、各该交往国家的国内民商法规则以及国内涉外经济法规则的调整和制约。在调整和制约此类国际经济法律关系的过程中,国际法与国内法、"公法"与"私法"、民商法与涉外经济法往往同时发挥作用,并相互渗透,互为补充。因此,国际经济法是根据迫切的现实需要"应运而兴"的综合性法律部门。[1] 一项涉及国际公法、经济法和民商法规则的国际经济纠纷,完全可以由国际公法专家、经济法专家和民商法专家去分头解决;但是还可以有更为有效率的方法,即将案件交由通晓这三个部门法的国际经济法专家加以解决。综合不同法律部门的"大国际经济法"之所以在美国得到承认,大概是因为美国人更注重现实问题的有效解决,而不是法律部门或法律学科的系统性或严谨性。

当国际经济法将这些传统的法律部门的相关规范纳入自己的范围时,国际经济法学自然也要将与这些规范相关的法学理论纳入自己的体系。因此,国际经济法学或国际经济法理论中的大部分是传统的其他法律学科的理论。例如,我们用传统的民商法理论解释国际商事交易规则,我们用传统的行政法或经济法理论来

---

[1] 陈安主编:《国际经济法总论》,98页,北京,法律出版社,1991。

研究政府对国际商事交易的管理,我们用传统的国际公法理论来评价国家间的国际经济合作机制等。世界贸易组织规则是典型的国际经济法规则,但与此同时这也是一套典型的国际公法规则。因此,世界贸易组织规则的研究者一定会自觉不自觉地与进入国际公法理论领域,而世贸组织的每一场纠纷的解决过程均可概括为国际条约的解释过程。

如果对国际经济法的研究局限于某一制度或规范的研究,那么,这种研究难以脱离传统的民商法、经济法、行政法或国际公法理论。但如果将原先分属不同法律部门的法律规则联系起来进行国际经济法研究,就会发现一些我们先前所不曾考虑过的问题,因此,我们也就有可能提出并证成以前所不曾提出的判断。这些新的判断经过积累并不断地体系化,就会产生出逐渐完整的、新的、独立的国际经济法学。事实上,关于国际经济法学的基本特征,陈安教授曾有过精辟的概括:"它注重从国际法与国内法的联系、公法和私法的结合来分析研究国际经济法律现象和处理跨国交易的法律问题。"[1]因此,最有可能出现新的理论或学说的领域应该就在不同部门法的"联系"和"结合"方面。

二、国际经济法学科的未来发展

国际经济法学科体系的未来发展,取决于是否对国际经济法的概念和范围重新界定。目前看来主要有三种可能:一是沿袭目前我国多数学者所坚持的"大国际经济法";二是将"大国际经济法"中的民商法成分剥离出去,使其完全成为公法体系和学科;三是走向有的学者所设计的"第三条道路"。

我国绝大多数国际经济法学者目前仍坚持"大国际经济法(学)"的观点,即以调整国家之间经济关系的法、调整国家与私人之间跨国经济(管理)关系的法和调整私人之间跨国交易关系的法为研究对象。在过去的四十多年时间里,沿着这种研究思路,我国学者在国际经济法的各个领域做了大量的开拓性的工作,初步建成了我国的国际经济法学科,初步具备了与国外同行学者对话的能力,并为我国的涉外经济立法及参与国际经济造法作出了一定的贡献。如果沿着"大国际经济法"的路线继续前行,我们应更加关注国际经济法基础理论的研究,更加关注国际经济法新兴制度的研究,使我们的研究能够为政府和企业提供更为有效的服务,同时也使国际经济法学科更加完善。

我国国际经济法学发展的另外一个方向就是对"大国际经济法"进行"瘦身",使其成为严格意义上的关于国际经济的经济法。何志鹏教授在《国际经济法的概念反思与体系重构》一文中对公法性质的国际经济法学的建立进行了系统的、有说服力的分析论证。他将"大国际经济法"所调整的国际经济关系分为七种类型,随

---

[1] 陈安:《评对中国国际经济法学科发展现状的几种误解》,载《东南学术》,1999(3)。

后将两种交易关系排除在国际经济法所应调整的关系之外。"因为无论是私人之间的交易还是国家与私人之间的交易,其产生的法律基础是当事人地位平等,所遵循的规则是国内民商法或者与国内民商法规范没有实质差别的跨国交易规范。"由此,何志鹏教授将国际经济法最终界定为"国家和类国家经济主体之间协调经济关系和配置经济利益以及对国际经济交往行为进行调控和管理的国内法和国际法规范的总体",并指出,这种"国际经济法"实际上是"国际的经济法",也就是国家在调控国际经济交往的过程中所遵循和采用的原则、规范的总和,是国内经济法的国际化。[1] 王彦志教授也力主"公法与私法的分离",将国际经济法与国际商法一分为二,从而消解大国际经济法、大国际私法与传统国际公法的"初级争论"。[2] 与"大国际经济法"相比,"狭义国际经济法"的研究领域更为集中,作为其研究对象的法律规则均属公法性质的规范,因此,学科体系也更为合理。四十多年前,我国的经济法学者几乎一致地采纳"纵横兼容"说,将所有调整经济关系(包括商事关系)的法律规则都归入"经济法"的范畴,而今天的经济法学已经完全放弃了私法成分。经济法学的这一变化过程是值得国际经济法学者们借鉴的。

在"大国际经济法"与"狭义国际经济法"之外,还有学者在探寻"第三条道路"。徐崇利教授在其《走出误区的"第三条道路":"跨国经济法"范式》一文中认为,作为一个法律部门的"广义国际经济法"并不存在,但以"国际经济法律制度"为研究对象,完全可以形成一个"广义国际经济法学"之法学学科,依"跨国经济法"范式引入"第三条道路"。[3] 其实,徐崇利教授的"第三条道路"总体上看,仍属于"大国际经济法学"(虽然他不承认"大国际经济法")。如果说徐教授的"大国际经济法学"与一般的"大国际经济法学"有什么区别,那就是它的范围更大。徐教授的国际经济法学所研究的对象,不仅包括严格意义上的国际经济法规则,还包括政府间组织制定的以及国际商事机构编撰的"跨国软法"。这种国际经济法不仅打破了"公法"与"私法"的界限、"国际法"与"国内法"的界限,还进一步打破了"法"与"非法规则"的界限。这显然是一种以问题为导向的研究模式,具有很强的应用价值,但会使得国际经济法学科的体系化更加困难。

学科划分本来是人为的,是为了研究问题的方便。即使是那些传统的法学学科,虽然其学科体系已得到公认,但并不妨碍学者仅从事其中部分领域的研究或者与其他学科结合而进行交叉研究。重要的是研究问题,而不是拘泥于学科的划分。

---

[1] 何志鹏:《国际经济法的概念反思与体系重构》,载《国际经济法学刊》,第13卷第4期,90~92页。
[2] 王彦志:《国际经济法教科书体系的反思与重构》,载《当代法学》,2007(1)。
[3] 徐崇利:《走出误区的"第三条道路":"跨国经济法"范式》,载《政法论坛》,2005(4)。

第二章 国际经济法的渊源

任何法律都必须通过一定的形式表现出来,这在法学上被称作法的渊源。之所以被称作法的渊源,是因为在那里可以找到我们需要的法律。例如,当我们说一国行政机关制定的规范性文件是经济法的渊源,那就是说我们可以从这些规范文件中找到经济法。法的渊源同时也是法的创设方式。某种法律可以表现为某种形式,那么,这种法律自然可以通过这种方式创设出来。国际经济法的渊源是指国际经济法的表现形式,同时,也是国际经济法的创设方式。从当今的国际实践来看,国际经济法主要表现为国际条约、国际惯例和国内立法等。

第一节 国际条约

国际经济法是调整国际经济关系的法,国际条约可以调整国际经济关系,因此,国际条约构成国际经济法的渊源。

一、国际经济条约的概念

可以作为国际经济法渊源的国际条约是调整国际经济关系的条约,这类条约可称作国际经济条约。

从性质上看,国际经济条约与其他条约没有区别,仍然是指国家(及政府间国际组织)与国家(及政府间国际组织)之间所订立的、以国际法为准的、规定相互间权利义务关系的书面协议。

1. 国际经济条约是一种书面协议

首先,它是一种协议,是两个及两个以上的国家协商的结果,而不是某个国家单方面制定的。其次,它是一种书面形式的协议。为了使条约所确立的权利义务关系更为明确,条约应采用书面形式。最后,这种书面协议的名称如何或是否载于一项单独的文本并不重要。"条约""公约""协定"和"宪章"等都可用作条约的名称;多项内容相关的书面协议可共同构成一项条约。

2. 同其他条约一样,国际经济条约的缔结者也只能是国家或政府间国际组织,其他实体所参与订立的协议不是条约

一国政府与外国私人订立的协议(例如授权某外国公司在本国领土勘探和开

采自然资源的特许协议),尽管也具有"国际性",但这种国际性的协议只能定性为合同,而不是条约,这种协议适用的是合同法而不是条约法。

3. 国际经济条约的作用在于确定缔约者之间的权利义务关系

首先,国际经济条约必须以规定缔约者间的权利义务关系为内容,也就是说,条约必须包含缔约者的承诺;不涉及缔约者之间的权利义务关系的文件不能称之为条约。其次,国际经济条约中的权利义务关系必须与经济事务相关,否则就不属于经济条约。最后,国际经济条约只能规定缔约者之间的权利义务关系,即条约的效力不及于第三国。条约的效力不及于第三国不是说条约对第三国不产生影响,而只是说缔约国不得依据条约向非缔约国主张权利或提出抗辩,当然,条约更不能成为非缔约国提出主张或抗辩的法律依据。

4. 国际经济条约不得违反国际法强行规范

国际经济条约因其调整国际经济关系从而构成国际经济法渊源,但在这种规范之上,还存在着更高效力等级的法律规范,即国际法强行规范。根据《维也纳条约法公约》的规定,所谓国际法强行规范是指"国家之国际社会全体接受并公认为不许损抑且仅有以后具有同等性质之一般国际法规律始得更改之规律"。如果一项国际经济条约与国际法强行规范相抵触,则该条约无效。

二、国际经济条约的类型

从实践中可以看出,国际经济条约主要创设两类国际经济法规范:一类是约束国家行为的规范,或者说是确定缔约国之间的权利义务关系的规范,包括划分各自对国际经济交往的管辖权,确定对国际经济交往的管理方式以及就促进国际经济交往承担合作的义务等;另外一类是约束私人行为的规范,即通过缔约国的协商,为国际经济交往的当事人创设统一的民商法规则。因此,国际经济条约可分为为国家创设规范的条约和为私人创设规范的条约。前者可称为公法性条约,后者可称为私法性条约。

从历史上看,国际条约主要以国家之间的政治、军事、外交关系作为调整对象,因此,国际条约意在设立国家的行为规范而很少涉及私人的行为。国际经济关系以私人的跨国交易活动为基础。调整私人之间的跨国交易关系以往主要是由国内法来实现的。但不同国家就相同事项的立法会有不同,而这种法律上的差异会为私人的跨国交易活动带来不便,因此产生一种需求:国家以条约的形式为私人的跨国交易活动设定统一的规范。于是就出现了为私人创设行为规则的国际经济条约。

为私人的行为创设规范的条约和涉及私人的行为的条约是两个不同的概念。几乎所有的国际条约都会对私人的行为产生影响,例如航空条约可能涉及劫机者的行为,国界条约可能涉及边境居民的行为,但这些条约所创设的规范都是以国家的行为作为约束对象的(例如《反对空中劫持条约》所确定的"不引渡则起诉"规则,尽管涉及私人的利益,却是在规范国家行为),而只有国际经济条约才可能为私人的行为创设规范,例如《联合国国际货物销售合同公约》所确定的合同制度和买卖制度都是意图为私人创设规范。当然,以私人的行为作为约束对象的国际经济条约,首先也必须从程序方面为国家创设规范,只有通过约束国家,才可能达到约束私人的效果。

三、国际经济条约的适用

关于国际经济条约的适用有不同的理解。广义的适用是指实现缔约国通过条约所约定的权利义务关系;狭义的适用是指由裁判机关依据条约规则判定违反条约义务者所应承担的责任。这里所说的国际经济条约的适用是广义上的条约的适用。

不同类型的条约的适用方式有所不同。

1. 公法性条约的适用

公法性条约是规定缔约国之间的权利义务关系的,因此,条约的适用首先意味着各缔约国按照约定履行其义务,以使对方实现自己的权利,而这种权利义务通常是相对应的。如果一方未能履行条约义务,对方即可依据条约规定或一般国际法寻求救济,包括提交裁判机关加以裁决。例如,世界贸易组织各项协议的适用意味着各缔约方须遵守协议的各项规则,保障各方依据协议规定有权期待的利益得以实现。如果任一缔约方违反了协议规定,利益受到损害的缔约方可要求其加以纠正,如果双方无法通过磋商解决纠纷,则可将争端提交世贸组织的争端解决机构裁判解决。

为了履行条约义务,缔约国应保证其国内立法不与其条约义务相冲突。为此,缔约国通常需要将条约并入或转化为国内法。所谓并入(adoption)是指无须另行制定国内法,而是将整个条约纳入国内法体系;所谓转化(transformation)是指制定与条约内容相一致的国内法。并入和转化均可保证国内法与条约内容相一致,从而便于缔约国履行自己的条约义务,便于条约的适用。

我国缔结和参加的国际条约的并入和转化问题比较复杂。《中华人民共和国宪法》(以下简称《宪法》)、《中华人民共和国立法法》(以下简称《立法法》)和《中华人民共和国缔结条约程序法》(以下简称《缔约法》)对条约在国内的适用方式未作明确规定。

从实践看,对于公法性条约,我国通常采用转化的方式。例如,我国制定的《中华人民共和国领海及毗连区法》和《中华人民共和国专属经济区与大陆架法》,就是《联合国海洋法公约》相关内容转化的结果。当然,更为典型的例子是我国对世贸组织规则的转化适用。在我国加入世界贸易组织前后的一段时间,我国以世贸组织规则为参照,制定或修订了大量外经贸管理方面的法律、法规和规章,同时也废除了许多与世贸组织规则相冲突的规章制度。通过法律法规的"废、改、立",使我国的国内法与世贸组织规则相一致,或至少不影响我国政府对世贸组织项下的国际义务的履行。

虽然无论从理论上讲还是从实践中看,都不能排除通过并入方式使公法性条约在我国得以适用,[1]但从最高人民法院关于世贸组织规则在我国不能直接适用的最终表态来看,公法性条约不宜采用并入的方式。

由于公法性条约是调整国家间权利义务关系的,因此,如果某一缔约国向其他缔约国主张权利或追究责任,需要诉诸国际法律程序(协商、仲裁甚至诉讼)而不是国内法律程序。一国法院应该没有机会依据条约对缔约国之间的权利义务关系以及法律责任作出裁判。

2. 私法性条约的适用

私法性条约是为私人创设行为规范的条约,但条约适用于私人必须通过缔约国的行为加以实现,因此,私法性条约的适用有双重要求:一是缔约国履行条约义务,保证条约规则得以适用,二是当事人依据条约规定履行义务、主张权利。缔约国保证条约适用,是缔约国履行对其他缔约国的义务,因此,严格说来是国际公法上的义务;规定这种义务的条约条款其实是公法性质的条约条款,尽管其载于私法性条约之中。例如,《联合国国际货物销售合同公约》是一项私法性公约,该公约的适用在两个层面上展开。首先,缔约国彼此承诺在特定条件下适用公约的规定;其次,由于缔约国之间彼此的承诺,在特定情形下,该公约的相关条款成为判断国际货物买卖当事人的权利义务关系的法律依据。

对于私法性条约,我国总体上是采取并入的方式加以适用。原《中华人民共和国民法通则》(以下简称《民法通则》)第一百四十二条第二款曾经规定:"中华人民共和国缔结或者参加的国际条约同中华人民共和国的民事法律有不同规定的,适用国际条约的规定,但中华人民共和国声明保留的除外。"这是一种不需要将条约内容转换为国内法而可以直接适用的方式。除了原《民法通则》之外,我国的《海商法》《票据法》等法律也都有类似规定。我国最高人民法院1987年制定的《关于处

---

[1] 例如,第六届全国人民代表大会常务委员会第二十一次会议作出的《关于对中华人民共和国缔结或者参加的国际条约所规定的罪行行使刑事管辖权的决定》是我国实行"并入法"的又一个例证,该决定规定:"对于中华人民共和国缔结或者参加的国际条约所规定的罪行,中华人民共和国在所承担条约义务的范围内,行使刑事管辖权。"依据该项决定,我国可根据所缔结和参加的公约的规定,直接就某些罪行行使管辖权,而无须另行立法。

理涉外案件若干问题的规定》明确指出:"涉外案件应依照我国法律规定办理,以维护国家主权。同时亦应恪守我国参加和签订的多边或双边条约的有关规定。当国内法以及某些内部规定同我国所承担的条约义务发生冲突时,应适用国际条约的有关规定。根据国际法一般的原则,我国不应以国内法规定为由拒绝履行所承担的国际条约规定的义务。"最高人民法院1987年转发的《对外经济贸易部〈关于执行联合国国际货物销售合同应注意的几个问题〉的通知》规定:"我国政府既已加入公约,也就承担了执行公约的义务,因此,根据公约第一条第一款,自1988年1月1日起我国公司与上述国家,除匈牙利外的公司达成的货物买卖合同如不另做法律选择,则合同规定事项将自动适用公约的有关规定,发生纠纷或诉讼亦须依据公约处理。"

因为私人依据私法性条约主张权利或追究责任时只能诉诸国内法律程序,所以,调整私人间权利义务关系的条约需要国内法律程序的支持,也正因为如此,可以将私法性条约直接并入国内法。

3. 条约与国内法的效力等级

如果条约是在转化后适用,此时适用的是国内法而不是条约,因此也就不存在条约与国内法适用上的效力等级问题;而在条约并入的情况下,就可能出现条约规则与国内法规则的冲突问题。如果出现条约与国内法的冲突,能否一般地判断条约效力高于国内法的效力呢?回答应该是否定的。

由于条约既可以是以国家的名义缔结的,也可以是以政府的名义或政府部门的名义缔结的,因此,条约的生效条件不同,条约的效力等级也各不相同。例如,在美国,经参议院批准通过的条约是严格意义上的条约,总统对外签订的、无须参议院批准的条约只能算是行政协定。行政协定在效力上低于参议院批准的条约,对美国国会不构成约束。国会可以制定与行政协定相冲突的法律。

我国宪法或其他法律没有规定条约的效力等级问题,但从宪法和其他法律的相关规定我们可以作出推定。

我国《缔约法》将条约分为:"以中华人民共和国名义缔结的条约和协定""以中华人民共和国政府名义缔结的条约和协定"和"以中华人民共和国政府部门名义缔结的条约和协定"。如同国内立法程序中立法者的不同身份决定了法律文件的效力等级,条约的效力等级也是由决定其生效的机关的地位所决定的。根据《缔约法》的上述规定以及我国宪法和其他法律的相关规定,我们可对条约的效力等级做如下归纳。

第一,我国所缔结与参加的任何条约的效力都在宪法的效力之下,任何条约条款都不得与宪法规定相冲突。我国宪法并没有直接规定条约与宪法的关系,而只是规定:"一切法律、行政法规和地方性法规都不得同宪法相抵触。"但是从立法程序分析,宪法效力在条约效力之上。这是因为:"决定同外国缔结的条约和重要协定的批准和废除"是全国人大常委会的权力,而宪法的修改则是全国人民代表大会的专属性权力;而且,宪法的修改,须由全国人民代表大会常务委员会或者五分之一以上的全国人民代表大会代表提议,并由全国人民代表大会以全体代表的三分之二以上的多数通过;而法律和其他议案则只需由全国人民代表大会以全体代表的过半数通过,或由全国人大常务委员会全体组成人员的过半数通过。

第二,全国人大常委会批准的"条约和重要协定"[1]与全国人大及全国人大常委会制定的法律具有同等效力。我国《宪法》规定,全国人民代表大会和全国人民代表大会常务委员会行使国家立法权;全国人民代表大会有权制定和修改刑事、民事、国家机构的和其他的基本法律;全国人大常委会是全国人大的常设机关,有权制定和修改除应当由全国人民代表大会制定的法律以外的其他法律,有权在全国人大闭会期间,对全国人民代表大会制定的法律进行部分补充和修改。全国人大常委会制定的法律与其批准的条约和协定,其效力源自同一立法机关,因此应认为具有同等的效力。全国人大常委会所批准的条约、协定与全国人大制定的法律也应该认定具有同等效力。因为尽管全国人大与全国人大常委会制定法律的权限并不一致,但在我国宪法将批准条约的权限仅赋予全国人大常委会的情况下,全国人大常委会所批准的条约应解释为与全国人大所制定的法律具有同等效力。

第三,我国对外缔结的不须经全国人大常委会批准而须经国务院核准生效的条约和协定,与国务院制定的行政法规具有同等效力,因为其效力源自同一机关。

第四,基于同样道理,国务院各部委所制定的规章与各部委对外签署的协定具有同等效力。

由于我国缔结和参加的国际条约与协定的处于不同的效力等级,因此,笼统地说条约在我国法律体系中的地位和适用问题是不可取的。我们必须首先明确我们所说的条约或协定是处于什么效力等级上的条约或协定。同样被称作"协定"的国际协议,有的会与法律处于平等地位,有的则仅处于行政规章的地位,这当然会影响到国际协议在国内的适用。

国内立法的效力高于下一位阶的国际条约或协定的效力可能带来一个问题,即条约规定的义务在国内不能得到履行。如果出现这种情况,那是因为决定条约效力的机关违背了已有的上位法的规定,或者是上级机关认为必须制定与已有条约规定不一致的法律、法规。无论出现哪种情况,都不应简单地牺牲国内法的效力,而必须考虑变通条约的效力。例如,考虑修改或退出已有条约,或者对条约作

---

[1] 根据《缔约法》第七条的规定,须经全国人大常委会批准的条约和重要协定包括:(1)友好合作条约、和平条约等政治性条约;(2)有关领土和划定边界的条约、协定;(3)有关司法协助、引渡的条约、协定;(4)同中华人民共和国法律有不同规定的条约、协定;(5)缔约各方议定须经批准的条约、协定;(6)其他须经批准的条约、协定。

出与已有法律不相冲突的解释或作出其他安排。在这方面,我们已有先前的实践,例如,《中华人民共和国政府和美利坚合众国政府关于投资保险和投资保证的鼓励投资的协议及有关问题的换文》第四条即规定:"中华人民共和国法律如部分或全部废止或禁止承保者在中华人民共和国境内取得被保险的投资者的任何财产利益,中华人民共和国政府应允许该投资者和承保者作出适当安排,将上述利益转移给中华人民共和国法律所允许占有此项利益的实体。"这就属于当后制定的法律与原有的国际协定相冲突时所做的一种变通安排。

美国在加入世界贸易组织的时候,为了明确世贸组织与美国国内法的关系,美国国会于1994年年底制定了《乌拉圭回合协议法》(Uruguay Round Agreements Act),并在第3512节中以"协议与美国法律和各州法律的关系"为题,规定:当协议规定与美国法冲突时,美国法优先;即使州法与协议规定不符时,也不得宣布州法无效,除非联邦政府提出其无效。而且,"除美国之外的任何人都不得基于乌拉圭回合协议或国会对该协议的批准而提起诉讼或抗辩,也不得在依法提起的诉讼中以与协议不符为由而对美国、州或州的任何政治区划的任何部门或机构的任何作为或不作为提出质疑"。[1] 美国的该项立法并不违反国际法,但却为美国政府履行世贸组织项下的条约义务带来障碍。如果按照世界贸易组织的规定断定美国的某项法律措施违反了世贸组织的规定,在美国国内,世贸组织的规定并不减损国内法的效力,但根据一国不得援引国内法作为不履行条约义务的理由,美国政府的履约义务并不能得以免除。因此,美国行政部门或者说服国会修改法律,或者对世贸组织其他成员方承担违反条约义务的责任。

我国"入世"前后,关于世贸组织规则在我国的适用问题,主流观点是:我国法院应直接适用世贸组织规则,而且,当国内法与世贸组织规则不一致时,优先适用世贸组织规则。我国最高人民法院也曾表示,在中国加入世界贸易组织之后,各级法院在审理涉外民事案件时,如果世贸组织规则与中国法律发生冲突,应当优先适用世贸组织规则。但随后,其立场出现了明显改变。2002年9月12日,最高人民法院颁布了《关于审理国际贸易行政案件若干问题的规定》,该规定明确了:"人民法院审理国际贸易行政案件,应当依据中华人民共和国法律、行政法规以及地方立法机关在法定立法权限范围内制定的有关或者影响国际贸易的地方性法规",而不是世贸组织规则。我国法院不直接适用世贸组织规则主要有两层含义:其一是个人和企业不能直接援用世贸组织规则向法院起诉和抗辩;其二,法院在判决文书中不能直接援用世贸组织规则作为裁判依据。

---

[1] 就美国国会的这一立场,有学者评论道:"美国的原则是不允许世贸组织像美国能随心所欲违反国际法那样,也来干预美国的立法。"见[美]诺姆·乔姆斯基:《新自由主义和全球秩序》,徐海铭、季海宏译,59页,南京,江苏人民出版社,2000。

第二节 国际惯例

依据适用主体的不同,国际经济法中的国际惯例分为公法性国际惯例(国际习惯)和私法性国际惯例(国际商事惯例)。

一、公法性国际惯例

公法性国际惯例即国际习惯,是指"作为通例之证明而经接受为法律者"。[1] 国际习惯是以国家为约束对象的。国际习惯的确立需具备两个构成要件,即各国的反复的相同的实践和被各国认为具有法的约束力。

一项国际习惯规则能否无一例外地约束所有国家?这需要视习惯所包含的内容而定。一般地说,国际习惯规则不能约束一贯地反对这一习惯规则的国家,[2] 因为国际法规范从总体上说属于国家之间约定的规范,也就是说,在国际社会中,没有超越国家之上的立法机构可以不管个别国家的意志而制定必须由各国一体遵行的规则。但自从《维也纳条约法公约》正式提出了国际法强行规范的概念之后,我们就不能一概地说任何一项国际习惯规则都可因为某一国家的反对而对其不予适用。如果一项国际习惯规则反映的是一项国际法强行规范,那么,无论一个国家是否反对这一习惯规则,这一规则对其都是适用的。

当国家以主权者的身份在国际经济领域中行为时,国家所遵行的国际惯例为国际公法上的习惯。这方面的国际惯例在三种情况下约束国家:一是在国家相互交往时(例如在两国之间确定对对方的知识产权所有人的权利的承认和保护程序和措施时),国家可依据国际惯例来确定彼此的权利义务关系(例如彼此对对方国民在专利权申请方面给予国民待遇)。比如《区域全面经济伙伴关系协定》(*Regional Comprehensive Economic Partnership*,RCEP)第十章第五条"投资待遇"第一款特别声明:"每一缔约方应当依照习惯国际法外国人最低待遇标准给予涵盖投资公平公正待遇以及充分保护和安全。"二是在一国对其涉外经济活动实施管理时,可参照国际惯例来制定其有关的法律,使其涉外经济管理行为与世界上多数国家的实践相一致。三是当国家之间出现经济领域中的争端时,争端当事国或处理该项争端的机构依据可依据国际惯例来解决此项争端。例如在世贸组织争端解决中,《维也纳条约法公约》所编纂的关于条约解释的国际惯例规则以及《国家对

---

[1] 《联合国国际法院规约》第三十八条。
[2] 见联合国国际法院就英挪渔业案(Anglo-Norwegian Fisheries Case)和哥伦比亚诉秘鲁的庇护案(Colombia-Peru Asylum Case)所作的判决,分别见于《国际法院公报 1951 年》第 131 页和《国际法院公报 1950 年》第 211 页。

国际不法行为的责任条款草案》当中关于行为归因于国家的规则就时常被专家组和上诉机构作为论理的依据。

在国际经济领域,由于各国利益的直接冲突,国际习惯规则的确立十分困难。例如关于一国对外国投资进行国有化的补偿标准问题,尽管广大发展中国家都认为应适用适当补偿原则,并把该项原则视为国际习惯,但发达国家却并不将其看作国际习惯。许多发达国家的国际法学者还进一步指出,即使适当补偿原则是一项国际习惯,它也不能约束反对它的国家,因为不能证明它是一项国际法强行规范。[1] 值得注意的是,国际经济领域中的国际惯例的形成过程直接受到各国的经济实力的影响。仍以国有化的补偿标准为例,尽管多数发展中国家都主张适用适当补偿原则,但这些国家在同发达国家所签署的投资保护协议中却时常接受发达国家提出的补偿标准,即充分、有效、即时补偿。

二、私法性国际惯例

私法性国际惯例也称国际商事惯例或国际经贸惯例,是指经过国际经济交往的当事人的反复实践所形成的一些通行的规则,这些规则往往经过某些专业行会的编纂而表现为书面的规范,如经国际商会编纂出版的《国际贸易术语解释通则》及《跟单信用证统一惯例》等。

国家也可以以民事主体的身份从事国际经济交往,例如以政府的名义从外国商业银行借款。这时,国家与对方当事人自然可以选择国际商事惯例(而不是国际公法上的习惯)来确定彼此之间的权利义务关系。这种情况下所适用的惯例的性质和作用与私人之间的国际经济交往中所适用的惯例是一致的,除非参加该项经济交往的国家不放弃主权豁免的权利,从而拒绝第三方(外国法院)对该项惯例的强制适用。

国际商事惯例在效力上有别于国际公法上的习惯。如果一个国家不是一贯地反对一项国际公法上的习惯,那么该习惯对其便是有效的;而国际商事惯例对当事人的效力则通常要基于当事人的明示的同意。例如,《2020年国际贸易术语解释通则》(以下简称《2020年通则》)规定:"如果缔约双方希望《2020年通则》适用于他们的合同,最保险的做法是将该意图明确写入合同。"在通常情况下,国际经济交往的当事人不仅可以决定是否采用及采用何种国际惯例,而且可以在采用某一惯例时对其内容加以修改。所以说国际商事惯例事实上经常起着一种标准合同条款的作用。但也有另外一种情况。有时当事人没有选择适用国际惯例,但法官或仲裁员却可能主动地依其认为应适用的国际惯例来确定当事人之间的权利义务关系,这时所适用的国际惯例便更具法律规范(而不是合同条款)的性质。法官或仲

---

[1] Ignaz Seidl-Hohenveldern, *International Economic Law*, Martinus Nijhoff Publishers, 1992, pp. 33-39.

裁员之所以可以在当事人未加选择的情况下"强制性"地适用国际惯例,通常是由于法律的明确授权。例如,根据我国原《民法通则》的规定,在涉外民事关系的法律适用上,如果应该适用的我国法律或我国所参加的条约没有相关规定时,"可以适用国际惯例"。《联合国国际货物销售合同公约》也规定:"除非另有协议,双方当事人应视为已默示地同意对它们的合同或合同的订立适用双方当事人已知道或理应知道的惯例,而这种惯例,在国际贸易上,已为有关特定贸易所涉同类合同的当事人所广泛知道并为它们所经常遵守。"可见,国际商事惯例对当事人的约束来自当事人的同意或者国家的认可。

公法性的国际习惯源自国家实践,国家是国际法的创建者,因此,国际习惯自然具备法的属性。国际商事惯例规则并非有权机关创设而成,因此,其本身并非法律,但由于当事人的选择或国家的认可,惯例规则具备了法的约束力。如同合同条款并非法律,但基于当事人的同意和国家的认可却可以产生法律上的约束力。在当事人明确选择了惯例规则的情形下(例如合同中约定依据国际商会的价格术语规则解释合同中的价格术语),如同当事人将价格术语解释规则并入其合同之中,从而具备了合同其他条款一样的拘束力;在当事人没有明确选择适用惯例规则的情况下,法院或仲裁机构适用惯例规则,则是因为国内法或国际条约认可了惯例规则具有法的效力,如同国内法中认可习惯具有法律效力一样。[1]

三、国内法与国际惯例的一致性问题

人们通常所说的"与国际惯例接轨"具有误导性。

就公法性国际惯例而言,国际社会的广泛共识是,一个国家可以通过一贯的、明确的反对而排除一项国际习惯规则对自己的适用,至少是在国际习惯规则形成过程中可以如此。有学者将国际习惯规则划分为一般习惯规则和非一般习惯规则,一项一般的国际习惯规则不能对抗反对这一规则的国家,而非一般国际习惯规则只约束(明确)接受这一规则的国家。[2]也就是说,无论是什么样的国际习惯规则,都不能当然地约束一切国家。总体说来,一项国际习惯规则是否能约束某一特定的国家,归根到底取决于这一国家是否同意接受该项习惯规则。因此,要求国内法律与国际习惯保持一致,既没有法律依据,也不符合法理,并缺少国家实践的支持。

至于国际商事惯例规则,由于其是没有造法权的商人创设的规则,更没有理由要求国内法与其保持一致。既然国际商事惯例的约束力来自法律的认可和当事人

---

[1] 例如,《中华人民共和国民法典》(以下简称《民法典》)第十条规定:"处理民事纠纷,应当依照法律;法律没有规定的,可以适用习惯,但是不得违背公序良俗。"

[2] [英]詹宁斯、瓦茨:《奥本海国际法》,第一卷第一分册,王铁崖等译,18页,北京,中国大百科全书出版社,1995。

的选择,这种惯例规则就不是必须遵守的规则。一国立法可以不赋予其法律效力,或者在赋予其法律效力时加以限定。[1] 当事人也可以不选择适用某种惯例规则,甚至明确排除某种惯例规则的适用。具体而言,在当事人选择适用国际惯例的情况下,如果国际惯例与作为合同准据法的国内法的任意性规定相冲突,则国际惯例优先适用,其道理如同有效的合同条款的效力优于国内法任意性规范的效力;在当事人选择适用国际惯例的情况下,如果国际惯例与作为合同准据法的国内法的强制性规定相冲突,则强制性法律规范的效力优先,《民法典》所规定的"适用习惯时不得违背公序良俗",应解释为包括"不得违背强行性法律规定";在当事人没有选择适用国际惯例的情况下,如果有相应的法律规定,应优先适用法律规定;在当事人没有选择适用国际惯例的情况下,如果法律缺少相应规定,可适用国际惯例,此时不会产生国际惯例与法律的等级关系问题。在讨论《民法典》草案时,有的全国人大代表曾担心《民法典》草案第八百三十五条与航运惯例相悖。该条规定,货物在运输过程中因不可抗力灭失,未收取运费的,承运人不得请求支付运费;已经收取运费的,托运人可以请求返还;而按照国际惯例,预付运费概不退还。两种规则的不同是明显的,但问题并不难解决。按照前面的分析,如果当事人在合同中选择了该航运惯例,而《民法典》中的相关规定又不属于强制性法律规定,当然应优先适用国际惯例规则。如果当事人在合同中并未选择该项惯例规则,作为合同准据法的《民法典》的该项规定自然应该得到适,而不应该适用国际惯例,因为,只有在"法律没有规定"时,才可以适用国际惯例。

第三节 国内立法

国际经济关系在多数情况下是私人之间以及国家与私人之间所结成的关系,而这些类型的国际经济关系主要受有关国家的国内立法的调整,所以,国内立法可以说是国际经济法的重要渊源。

一、调整国际经济关系的国内法的类型

调整国际经济关系的国内法大体上可分为经济法和民商法两类。

经济法是规范政府与私人之间的经济管理关系的法,也可称之为行政法或经济行政法。作为国际经济法渊源的经济法则是调整国家与私人之间所产生的国际经济管理关系的法,其作用在于确定一国政府与国际经济交往的当事人之间的权利义务关系,例如,规定外国资本进入东道国市场的条件、外国投资者向东道国政

---

[1] 原《民法通则》曾在第一百五十条规定:"依照本章规定适用外国法律或者国际惯例的,不得违背中华人民共和国的社会公共利益。"

府的纳税义务、东道国政府对外国投资的保护,等等。作为国际经济法渊源的经济法可以是专门的涉外立法(如一国的外商投资法),这类立法专门调整涉外的或国际的经济管理关系;同时,它也可以不是专门的涉外立法(如一国的证券法),这一类立法既适用于国内经济管理关系,也适用于涉外或国际经济管理关系。经济法通常具有强行法的性质,从事国际经济交往的当事人不得规避其适用。

民商立法主要是规范私人之间的交易关系的法。作为国际经济法的渊源的民商立法是调整不同国家的私人之间所发生的交易关系的法。尽管私人之间就某项交易的权利义务关系的具体内容是通过他们订立的合同而约定下来的,但合同是否成立以及效力如何则是由法律确立下来的。而且,各国的民商立法还要就民商事主体的地位、民商事主体的行为规则加以规定。与经济立法不同,民商立法通常属于任意法规范,允许当事人选择适用或变通适用。

二、国内法所调整的国际经济关系的范围

一国的国内立法只能调整私人之间以及私人与国家之间的国际经济关系,而不能调整国家之间的关系,调整国家之间的关系的法律规范只能是以国际条约或国际习惯为主要表现形式的国际公法规范。

在国际经济法领域,一国的国内立法可以给其他国家及其私人的利益带来影响,却不能认为一国的国内立法可为其他国家创设法律规则。一国的国内立法对其他国家的影响可分为积极影响和消极影响两类。一国立法中关于普惠制的规定,会给某个发展中国家带来积极的影响;而一国立法中关于限制高技术出口的规定则会给其他国家带来消极的影响。但无论在哪种情况之下,一国的国内立法都不能约束其他国家。有时,一个国家的国内立法会试图影响其他国家的权利而不仅是利益,例如,某些发达国家关于有限主权豁免的立法便试图改变外国国家的主权豁免的地位,其实这种努力是不会产生其预期的效果的。以主权豁免规则为例,由于这一规则是在调整国家之间的关系,因此,从本质上看,它应该是一项国际法规则,而不可能是国内法规则。一个国家在这个问题上的国内立法,至多只能表明这一国家承认一项什么样的国际法规则。如果主权豁免不是一项国际强行法规则,那么,各国通过其国内立法或其他实践所表明的各种立场,只能看作是各国对不同的特别国际法规则的承认,不同的规则只约束表示接受这一规则约束的国家。承认限制主权豁免规则的国家不能依据其国内立法而强迫另外一个国家接受其国内法院的管辖。

第四节 判 例 法

一、国际经济法中的判例法

判例法是指英美法系国家的法官就某一案件所作的判决中所创设的规则。在英美法系国家,司法判决具有双重的作用:一是确定争议当事人之间的权利义务

关系和由此所产生的法律责任;二是为以后相同或类似争议的解决提供法律规则。判例法曾是英美法系国家的主要的法律渊源,而且至今仍在这些国家起着重要的作用,是这些国家的国内法的组成部分。在英美法系国家,在评价一项国际经济关系时,如果缺乏成文法的依据,那么,判例法就会起到替代的作用。因此,以一项判例规则来调整国际经济关系是可能的。但同成文法一样,判例法只能用来调整私人之间的国际经济关系以及国家与私人之间的国际经济关系;国家之间所发生的国际经济关系不受一国的判例法的调整。

在美国,判例法主要包含在上诉审法院所作的判决当中。一份判决通常由名称(以当事人的姓名或名称命名)、注解(headnote)、法庭意见(opinion)和法庭决定(decision)几部分组成。法庭意见通常是判决的主体部分。在法庭意见部分,通常要概括地说明案件的事实、经历的程序,并通过援引成文法、判例法和其他可适用的规则,说明法庭作出决定的理由。上诉审法院的判决可以维持、驳回或更改下级法院的判决,也可以指示下级法院采取下一步的诉讼程序。法庭决定根据多数法官的意见作出。同意法庭决定的法官的名字要列于判决之后;同意法庭决定,但不同意法庭意见的法官可以在判决后面写明自己的意见;不同意法庭决定的法官可以在判决后面写明自己的意见,也可以不写任何意见。

美国最高法院和各州的上诉审法院都出版自己的判决汇编(统称案例报告),它们属于官方的判决汇编;此外,还有非官方的判决汇编,其中最为重要者是"全国案例报告"(National Reporter System)和"美国法律报告"(American Law Reports)。在援引一项判例时,通常既要指明官方判决汇编的出处,又要指明非官方判决汇编的出处。例如:

"Wangen v. Ford Motor Co., 97 Wis. 2d 260, 294 N.W. 2d 437, 13 A.L.R. 4th 1(1980)"是指这一案件是于1980年作出判决的,可在3个判决汇编中找到这一案例,即:

威斯康星州官方判决汇编,第二系列,第97卷,第260页;

全国案例报告,西北地区,第二系列,第294卷,第437页;

美国法律报告,第四系列,第13卷,第1页。[1]

对于一个案例,可以按三方面的线索查找,即:按关键词查找、按已知案例名称查找和按主题词查找。目前,案例查找工作基本上是通过计算机进行的。美国用途最广的计算机服务系统是 LEXIS 系统和 WESTLAW 系统,系统中含有联邦和各州案例全文、法规、行政规章和其他有关的法律信息。系统将所含信息分为大

---

[1] E. Allan Farnsworth, *An Introduction to the Legal System of the United States*, Oceana Publications, Inc., 1983, p.43.

类,如按州分,然后再具体分成若干小类,依此就可以查到有关的案例,甚至查到某一法官就某一问题在不同案例中的看法。[1]

二、国际裁判机构裁决的效力

国际裁判机构的裁判也可能创设新的规则,因为在缺乏法律规定的情况下,这些裁判机构有可能基于"公允及善良"原则来裁判案件,但裁判机构的裁决通常无法成为"先例",即无法对日后的案件处理提供法律依据。例如,联合国国际法院在当事国同意的情况下,即可依照"公允及善良"原则裁判案件。但国际法院的判决只能确定当事方的权利义务关系及由此所产生的责任,而不能为以后的相同或类似的争议创设法律规则。《国际法院规约》第五十九条明确规定:"法院之判决除对于当事国及本案外,无拘束力。"但联合国国际法院在判决中所表述的规则对于国际经济法仍可能产生影响,这种影响不仅表现为国际条约、国内立法对这种规则的吸收,也表现在可以将这种规则作为某项国际习惯规则存在的证明资料。

当今国际社会中唯一具有创设"先例"功能的国际裁判机构可能就是国际刑事法庭了。依据《罗马国际刑事法庭规约》第二十一条第一款的规定,该法庭可以适用其先前裁判中解释过的法律原则和法律规则(may apply principles and rules of law as interpreted in its previous decisions)。

近年来,随着世界贸易组织的建立及其作用的逐渐扩展,一些人提出世界贸易组织争端解决机构就个案所作出的决定具有"先例"作用或造法功能。[2] 其实,世界贸易组织争端解决机构的裁决并不具有"先例"的性质;世贸组织争端解决机构的裁决只是对现有规则的解释;同时,也不应赋予世贸组织争端解决机构裁决"先例"的地位。

首先,世贸组织并没有赋予争端解决机构创设"先例"的权限。世贸组织相关法律文件明确排除了争端解决机构具有创设"先例"的权限。《建立世界贸易组织协定》第九条第二款规定:"部长级会议和总理事会拥有通过对本协定和多边贸易协定所作解释的专有权力",而且,通过一项解释的决定应当由全体成员的四分之三多数作出。《关于争端解决规则与程序的谅解》(Understanding on Rules and Procedures Governing the Settlement of Disputes,DSU)第三条第二款指出:"各成员认识到该体制适用于……依照解释国际公法的习惯规则澄清这些协定的现有规定。"而且,如果争端当事方对专家组或上诉机构所作出的解释不满,可以向部长

---

[1] 龚柏华:《美中经贸法律纠纷案例评析》,280页,北京,中国政法大学出版社,1996。
[2] 国内外学界都有关于世贸组织争端解决机构裁决性质的讨论。多数人的观点是承认此类裁决不具有英美法中"先例"的性质,但通常会论证此类裁决"事实上"具有"先例"的作用,或者主张在未来的实践中确认此类裁决的"先例"作用。

会议或总理事会申请作出正式解释(DSU 第三条第九款)。

其次,争端解决机构的自身实践表明,争端解决机构的裁决意见不具有"先例"性质。在"日本酒类税"案(Japan-Taxes on Alcoholic Beverages)中,上诉机构明确指出,缔约方全体在作出通过专家组报告的决定,并非想使它们的决定成为对 1947 年《关税与贸易总协定》有关条款的正式解释;同时,上诉机构也不认为可以对 1994 年总协定作此设想。而且,世贸组织专家组在裁判实践中也并非总是"遵循先例"。

因此,世贸组织争端解决机构的裁决只是对现有规则的解释。世贸组织争端解决机构的裁决事实上起着重要影响。一个重要表现就是专家组及上诉机构在裁决意见中经常援用以前的专家组或上诉机构的裁决意见。也正因为如此,争端解决的裁决才被许多人认作具有"先例"的作用。然而,只要在世贸组织体系内不具有"遵循先例"的原则和实践,就不能认为世贸组织争端解决机构的裁决具有"先例"的作用。专家组和上诉机构的裁决意见,并非"先例",而是"先理",即属于对世贸组织现存规则的解释或说明。

事实上,任何法律适用机构都必须对适用的法律规则作出解释。首先,任何法律规范,无论表述的多么具体,仍旧属于对社会现实的高度抽象,因此,必须经过法律适用机关(实际上是通过法官、仲裁员等裁判人员)的解释,才可能对具体的社会关系予以适用。其次,在某些情况下,法律规范不得不作出笼统、模糊的表述,例如,某些法律原则或立法宗旨的表述,在这种情况下,法律的适用,更需要法律适用机关的法律解释。再次,与现实生活相比,法律规范总是具有一定的滞后性。对于立法之后所出现的新的社会现象,如果还没有达到必须制定新的法律或改变已有法律的地步时,就必须通过法律解释的方法,将新的现实纳入原有的法律体系之下。

因此,法律解释是法律适用的必经环节。无论是国内法的适用,还是国际法的适用,一项裁判文书的推理过程必须包含法律规范的解释过程。所不同的是,在英美法系国家,允许法官通过法律解释来创设新的法律规范(创设"先例"),而在其他法律体系(包括整个国际法体系),法律解释只能对现存法律的含义加以明确,而不允许通过解释来创设新的法律规范。

国际商事仲裁机构对国际商事纠纷所作的裁决也只对当事方有效,而不能约束他人,因此也不能从中产生判例法规则。

第五节　国际组织决议

一、国际组织决议法律性质的判断

这里所说的国际组织决议是指政府间国际组织的特定机构所制定的意图影响国际经济关系的规范性文件。

"二战"结束之后出现的一个值得注意的国际现象,就是政府间国际组织的广泛出现并对国际事务产生着日益重要的影响。国际组织影响国际事务的一个重要途径即是制定和实施某些规范性文件(可统称为决议),而国际组织的决议能否成为国际经济法的渊源一直是一个比较有争议的问题。问题的核心在于国际组织决议是否具有法的性质。

判断某一国际组织所制定或通过的决议性文件是否具有法律性质,应考察该国际组织或该组织的特定机构是否具有造法权。如果该组织或该组织的特定机构具有造法权,那么它所制定的规范性文件自然具有法律性质;如果该组织或该机构不具有造法权,那么所它所制定的文件当然就不具备法的约束力,而不管这一决议从字面上看如何具备法的特点。

那么,如何判断某一国际组织或该组织的特定机构是否具有造法权呢?简单的方法是查阅这一国际组织所据以设立的宪章性文件,即成员国为设立这一国际组织所制定的国际公约,如《联合国宪章》。该宪章性文件的国际法性质是不容质疑的,它是规定成员国间的权利义务关系的一项国际条约;同时,该宪章性文件也确立了该组织以及该组织的各个机构的法律地位,包括它们所制定的文件对成员国是否具有约束力。例如,《联合国宪章》第二十五条规定:"联合国会员国同意依宪章之规定接受并履行安全理事会之决议",因此,联合国安理会的决议即具有法的效力。又如,根据《欧盟条约》的规定,欧盟部长理事会可基于《欧盟条约》的授权、欧盟委员会可基于欧盟部长理事会的授权制定具有约束力的、称为规定(regulation)的规范性文件;欧盟部长理事会可基于《欧盟条约》的授权制定具有约束力的、称为指令(directive)的规范性文件。规定不仅可以约束各成员国政府,也可以约束成员国的个人和企业组织;指令虽不能直接约束个人和企业组织,却也可以通过约束成员国政府而间接地约束成员国的个人和企业组织。显然,欧盟上述机构被成员国通过《欧盟条约》授予了造法权,它们所制定的规范性文件具有法的效力。

我们说某一国际组织或该组织的某一机构具有造法权,是指该组织或该机构所制定的规范性文件对该组织的成员国具有约束力量。这里有两层含义:第一,该组织或该机构所制定的规范性文件对各成员国均具有约束力,而不论某一成员国是否赞成该项文件;第二,该组织或该机构所制定的文件不能约束非成员国,除非该文件所设立的规则被认定为具有国际强行法的性质。

二、联合国大会决议的"建议"属性

关于联合国大会决议的法律效力主要有两种观点,一种观点认为由于联合国大会不具有造法权,因此大会所通过的各项决议也不可能具有法律的效力,这些决议至多也只能被认为是一种"软法"。所谓软法,按照这些学者的解释,是指倾向于形成但尚未形成的规则,或者说是一些纲领性的规定。软法的共同特点包括:第一,软法是由不具有造法权的国际组织所制定的;第二,软法的条文通常是用条件式语句写成的,或是用"应该"或"尽可能"一类词句表达的;第三,软法通常为原则性的、笼统的规定,缺乏具体的内容;第四,软法规则的实施需要各国根据本国情况制定国内法来完成;第五,软法多为自愿遵守的规范,不遵守软法规定并不构成违法或非法行为;第六,软法不拥有制裁手段,通常只具有舆论的压力;第七,软法一是种过渡性、试行性的规则,只有通过某种程序才能转变为真正意义上的法。[1]

另一种观点认为联合国大会决议(至少是那些体现了成员国的"法律确信"的决议)具有法的性质。陈安教授曾指出:"从根本上说,法律是国家意志的体现。国际法之所以是法律,因为它体现了国际社会成员的协调意志,至少是国际间斗争获得妥协后的各国的意志。国际法之所以具有法律效力,重要的是在于人们对它具有法的确信,'自愿遵守'是人们的法的确信的表现,所以不能否认'自愿遵守法'的法律效力。联合国大会的决议,根据《联合国宪章》的确是一种所谓'建议',然而《建立国际经济新秩序宣言》和《行动纲领》以及《各国经济权利和义务宪章》这样一些决议,是分别在联合国大会第 6 届特别会议和联合国大会第 29 届会议上通过的,它体现了会员国的协调意志,而且这些文件的制定,绝大多数国家特别是所有发展中国家,对它是有法的确信的。这将使得这些决议成为超越'建议'范围,建立'国际经济关系制度的有效文件',具有法律效力,而不能把它们指为什么'软法'。"[2]

从某种意义上可以说,判断联大决议是否具有法律效力的标准是国家是否对其具有"法律确信"。在国际法领域,法律确信的含义应为:作为国际社会成员的国家对某项意图约束国家的规则具有约束力的肯定。如同前面所分析的那样,国际法规则可分为两类:一类为强行法规则,一类为约定法规则。强行法是一种不因个别国家的意志而影响其约束力的规则,但这种规则也必须建立在国家对其具有"法律确信"的基础上,因为它必是"国家之国际社会全体接受并公认为不许损抑且仅有以后具有同等性质之一般国际法规律始得更改之规律"。"国家之国际社会全体接受"即是指某一强行法规范之所以是一种国际法规则,是因为整个国际社会(不一定包括国际社会的每一个国家)表示出对该项规则的"法律确信"。约定法规范是基于个别国家的同意而对其具有约束力的规范。除强行法规范之外,一项国际法规范若要对一个国家构成约束,必须基于这一国家对该项规范的明示或默示的接受。在国际实践中,明示的接受即为国际条约的签署,默示的接受即为对国际

---

[1] 李泽锐:《略论国际经济软法与建立国际经济新秩序的斗争》,载《法学研究》,1983(6)。
[2] 陈安主编:《国际经济法总论》,145 页,北京,法律出版社,1991。

习惯法的认可。无论是明示的接受还是默示的接受,都可以看作国家对某一规则具有"法律确信"。

某些国际组织的决议或其他形式的规范性文件具有法律效力,也是因为该组织的成员国对其具有"法律确信"。这种"法律确信"的产生是成员国通过条约的方式表示愿意接受某类决议或其他规范文件的约束,即赋予该国际组织或其特定机构造法权。《联合国宪章》第二十五条规定:"联合国会员国同意依宪章之规定接受并履行安全理事会之决议",即表明联合国各成员国通过条约确立了对联合国安理会的决议的法律确信,也即表明各成员国授予联合国安理会造法权。

联合国大会是不具有造法权的,因为《联合国宪章》对联合国大会的权限的规定主要是"讨论"和"建议",也就是说,联合国会员国在制定《联合国宪章》这一国际公约时,无意将联大决议作为具有法律约束力的文件,因此,联大决议基本上只属"建议"性文件,无法对会员国产生法律约束力,很难被视为法律性文件。1945年旧金山制宪会议上曾讨论过是否赋予大会制定对会员国有拘束力的国际法规则的权力,但有关提案都被绝对多数的反对票所否决。[1]

否认联大决议是一种法律渊源并不等于否认联大决议具有法律上的意义或可以产生一定的法律后果。[2] 那么,如何评价联大决议和其他一些不具有造法权的国际组织或机构所通过的决议的法律上的意义呢?首先,如果一项决议是对某项国际习惯法规则的宣示,那么该决议表明投赞成票的国家对一项习惯法规则的法律确信,从而可以明确这一习惯规则对哪些国家是适用的;其次,如果一项决议并没宣示国际习惯规则的作用,那么,对于赞成该项决议的成员国而言,尽管它们在该项决议中表达了创设某种规范的共同意志,并采用了书面的形式,但只要该决议没有履行条约的缔结程序,它就不具备条约的约束力。但由于该项决议毕竟表达了投赞成票的国家承认某种规则的允诺,因此,也不能否认该决议对这些国家具有某种道义上的约束力量;对于不赞成该项决议的成员国而言,由于它从未承诺接受该机构所通过的决议的约束,所以没有理由认为它必须接受其他一些成员国所通过的决议的约束;再次,从发展的角度分析,国际组织所制定的决议对某些国际经济法规范的最终形成可能具有推动的作用。某些国际组织的决议所意欲创设的规则可能被日后通过的国际条约所接受,从而演变为真正的法律规范;另外一些国际组织决议所意欲设立的规则则可能由于被国际社会普遍接受而成为国际习惯规则。

论证联大决议和其他一些不具有造法权的国际组织或机构所通过的决议具有

---

[1] 秦娅:《联合国大会决议的法律效力》,载《中国国际法年刊》(1984年),164页。
[2] [英]詹宁斯、瓦茨:《奥本海国际法》,第一卷第一分册,王铁崖等译,75页,北京,中国大百科全书出版社,1995。

法的性质,反映出广大发展中国家依靠多数力量来影响国际经济秩序的努力。在联大这样一些国际组织或机构中,发展中国家占据多数,因而比较容易通过一些反映发展中国家意志的决议。但是,在当今的国际社会中,还没有形成"多数裁决"这一国内法上的惯用立法规则;除非是国际法强行规范出现的场合,任何国家或国家集团都无法将某种规则强加给一个不愿意承认该项规则的国家。因此,如果通过一项决议的国际组织或机构不具有造法权,那么,无论这一决议如何反映着国际社会的发展前途,也无论赞成这一决议的国家如何对该项决议"具有法的确信",该项决议终究不会在事实上产生法的约束力量。道义是一回事,法律是另外一回事。对于这类决议的约束力量盲目乐观,并不会给发展中国家带来任何实际的利益。

  有学者不赞成否认联合国大会的造法能力,并批评道:"既然可以承认商人(团体)造法能力,那么为什么就不承认这么多发展中国家(通过联大)的造法能力呢?这未免太厚彼薄此了!"[1]对此,需要作出解释的是:商人通过其实践而创设商事惯例规则,并不是因为商人或商人团体具有造法权或造法能力,而是因为这样一些规则基于当事人的选择而对其适用,或者是因为国内立法或国际条约的授权而使之成为有约束力的规则。如果联合国大会决议所载的规则被有关国家在其双边协议中援用,或被有关的国际公约所确认,这些规则自然也就可以成为协议或公约的缔结国之间的法律规则。

---

[1] 朱学山:《经济全球化与中国的国际经济法学》,载陈安主编:《国际经济法论丛》第5卷,3页,北京,法律出版社,2002。

第三章 国际经济法基本原则

第一节 概 述

法律原则通常被视为"可以作为规则的基础或本源的综合性、稳定性原理和准则"。[1] 可以说,法律原则是法律规则的规则。法律体系应该是法律规则的总和,作为法律体系的重要组成部分以及作为法律规则的基础或本源的法律原则也应该是一种规则。

国际经济法的基本原则可表述为:集中反映国际经济法价值取向并构成国际经济法规则体系基础的根本性规则。

首先,国际经济法基本原则是一种根本性规则。任何一项被称作国际经济法基本原则的内容都可以表述或者还原为一项规则,例如"国家主权"原则的完整表述应为"尊重国家主权"。显然,并非所有的国际经济法规则都可以称作国际经济法基本原则,可称作国际经济法基本原则的只能是一些根本性的规则,或最为重要的规则。

其次,国际经济法基本原则应能集中反映国际经济法的基本精神或价值取向。国际经济法基本原则之所以能区别于国际经济法的一般规则,就在于国际经济法基本原则能集中体现国际经济法的基本精神,即价值取向。简单地说,法的价值取向就是法的价值选择或价值取舍。例如,在秩序与自由之间是选择秩序还是选择自由,在国家利益与私人利益之间是选择国家利益还是选择私人利益,都反映着法的基本精神或选择模式。国际经济法教科书通常都会将国家主权原则作为国际经济法基本原则,这意味着现存国际经济法规则体系的价值取向或基本精神,至少在这些教科书的作者看来,确立了国家在国际经济关系中的主导地位,强调了国家对国际商事交往的监管或控制。

再次,正因为国际经济法基本原则集中反映了国际经济法的价值取向,所以,国际经济法的基本原则应统辖国际经济法的各个分支领域,并体现在调整各类国际经济关系的法律制度和法律规则中。一方面,国际经济法基本原则应适用于国际贸易法、国际投资法等国际经济法的各个分支领域。例如,无论是国际贸易法还是国际投资法,均强调对国家主权的尊重,进而强调国家对国际贸易活动和国际投

---

[1] 张文显:《法学基本范畴研究》,56 页,北京,中国政法大学出版社,1993。

资活动的管理；另一方面，调整各类国际经济关系的法律制度和法律规范都应该体现国际经济法的基本原则。国际经济法的调整对象是国际经济关系，国际经济关系除了根据交易领域的不同分为国际贸易关系、国际投资关系和国际金融关系等之外，还可以依据主体的不同，分为国家与国家之间的国际经济关系、私人与私人之间的国际经济关系以及国家与私人之间的国际经济关系。据此，国际经济法即应分为调整国家与国家之间的经济关系的法、调整私人与私人之间的国际经济关系的法以及调整国家与私人之间的国际经济关系的法，而这些不同类型的法都必须受国际经济法基本原则的统辖。例如，如果承认国家主权原则是国际经济法中的一项基本原则，那么，无论是调整国家之间经济关系的法，还是调整私人之间的国际经济关系的法，抑或是调整国家与私人之间的国际经济关系的法，都应该反映出对国家主权的尊重。在具体情景下，可表现为私人之间的契约安排不得违背相关国家的强行法，政府有权对私人之间的交易施加管理，以及国家之间应基于主权平等原则协商制定相应的法律规则以对国际商事活动加以管理。

可见，国际经济法基本原则是国际经济法的"纲"，它挈领着整个国际经济法的规范体系。

那么，国际经济法的基本原则究竟应该包括哪些呢？基于前面对国际经济法基本原则的界定，交易自由原则、适度监管原则和国家主权原则应作为国际经济法的基本原则。

第二节 交易自由原则

一、交易自由原则的内涵

国际经济法中的交易自由原则是指国际经济法对私人的跨国交易尽量地宽容并提供便利。这里的宽容是尽量减少制度上的限制；这里的便利是尽量地提供制度上的支持。

市场的本质是商品交换，因此，交易自由是市场经济对法律制度的基本要求。资产阶级对人类法律文明所做的重大贡献之一是将财产权不可侵犯以及契约自由确立为法律原则。契约自由即为交易自由，而确立财产权不可侵犯的地位是交易自由的前提条件。然而，资产阶级早期所推动的交易自由主要局限在一国市场之内，当商品与资本冲出国界之后，商人们面临着不亚于自然条件限制的制度限制，例如从关税壁垒到完全的禁运。于是，商人们开始推动交易自由原则在全球的确立。一方面，契约自由成为各国合同法所遵循的基本原则；另一方面，各国政府对跨国交易的限制呈现递减趋势，从而使得调整国际经济关系的国际经济法整体上体现出交易自由的价值取向，并被各种制度和规则所细化。

"二战"结束以来,国际经济法律制度的构建深受自由主义的影响。自由主义在经济方面的基本主张就是放松甚至取消政府对经济事务的干预。"二战"之后发展起来的国际经济法正是体现出这样的追求。[1] 以重构战后国际经济秩序为契机,以国际条约和国际组织为手段,自由主义的立法"自上而下"地从条约渗透到国内立法。

世界贸易组织可以说是当今世界贸易自由化的推进器和维护者。《马拉喀什建立世界贸易组织协定》在序言中明确宣称,将"通过达成互惠互利安排,实质性削减关税和其他贸易壁垒,削除国际贸易关系中的歧视待遇"。世界贸易组织所要建立的是一个"确认以往贸易自由化努力结果"的"完整的、更可行的和持久的多边贸易体制"。[2] 为了实现上述目的,世界贸易组织制定了庞大的规则体系,并主要从五个方面来推动贸易自由化。一是进一步推动关税减让。从关贸总协定到世贸组织一直都致力于削减关税。乌拉圭回合谈判之后,关税总水平进一步降低,一些国家还承诺取消某些领域的所有关税。二是通过采取"逐步回退"办法,逐步减少配额和许可证;从取消数量限制向取消其他非关税壁垒延伸;把一般地取消数量限制原则扩大到服务贸易领域。三是严格管理措施透明方面的纪律,要求各成员将有效实施的有关管理对外贸易的各项法律、法规、行政规章、司法判决等迅速加以公布。四是扩展非歧视待遇原则的适用领域。世贸组织将最惠国待遇原则写进许多新的协议,如《服务贸易总协定》和《与贸易有关的知识产权协定》(Agreement on Trade-Related Aspects of Intellectual Property Rights, TRIPS)中,国民待遇原则也在特别承诺的情况下加以适用。五是要求不得采取不公正的贸易手段,进行或扭曲国际贸易竞争,尤其不能采取倾销和补贴的方式在他国销售产品。上述规则的确立,使得各国商人在进出口贸易方面处于前所未有的宽松环境。

世界贸易组织不仅要求各成员方放松对进出口贸易的管制,还将其管辖范围渗透到国际投资领域。《关税与贸易总协定》并不规范投资事宜。在启动乌拉圭回合谈判时,美国提议有必要将扭曲贸易的投资措施纳入关贸总协定纪律约束,并建议谈判应包括影响外国直接投资流动的政策问题。美国的建议得到一些发达国家的支持,但发展中国家并不感兴趣。上述分歧导致谈判被限定在"与贸易有关的投资措施"这一相对狭窄的范围,并最终达成《与贸易有关的投资措施协议》(TRIMs)。TRIMs第二条规定,在不影响关贸总协定规定的其他权利和义务的情况下,成员国不得适用任何不符合关贸总协定第三条或第十一条规定的与贸易有关的投资措施。根据TRIMs附件的规定,不符合关贸总协定第三条国民待遇原则

---

[1] 有学者断言:"第二次世界大战以后时代的整个贸易体系,是根据市场自由主义哲学的原则建立起来的。"见里斯本小组著:《竞争的极限》,张世鹏译,57页,北京,中央编译出版社,2000。

[2] 见《马拉喀什建立世界贸易组织协定》序言。

的投资措施包括当地成分(含量)要求(要求外商投资企业生产的最终产品中必须有一定比例的零部件是从东道国当地购买或者是当地生产的)和贸易(外汇)平衡要求(规定外商投资企业为进口而支出的外汇,不得超过该企业出口额的一定比例);不符合关贸总协定第十一条取消进口数量限制原则的投资措施包括贸易(外汇)平衡要求(对外商投资企业的进口作出一般的限定,或规定不得超过该企业出口量或出口值的一定比例)、进口用汇限制(规定外商投资企业用于生产所需的进口额应限制在该企业所占有的外汇的一定比例内)和国内销售要求(规定外商投资企业要有一定数量的产品在东道国销售)。综合起来,TRIMs禁止使用的投资措施有四类,即当地成分要求、贸易平衡要求、进口用汇限制和国内销售要求。上述要求使得相关成员有义务修改自己与TRIMs规定不一致的立法,为各国商人的海外投资消除相应障碍。

在世贸组织体制下,与投资有关的协定还包括《服务贸易总协定》。虽然《服务贸易总协定》是规定各成员方在服务贸易管理方面的权利义务关系的,但由于《服务贸易总协定》所界定的"服务贸易"包括通过"商业存在"所提供的服务,因此,《服务贸易总协定》也在一定范围为国际投资管理设定规范。虽然《服务贸易总协定》为成员方所规定的"市场准入"义务和"国民待遇"义务,都属于成员方"具体承诺"的义务而非一般义务,但由于谈判力量悬殊,有实力的成员方尽可以使对方"自愿"地"具体承诺"开放其服务市场,并赋予进入其市场的服务提供商以国民待遇。而且,《服务贸易总协定》第十六条第二款还规定,各成员方除了在具体承诺减让表中列明的限制条件外,对其他成员的服务和服务提供者不得再采取其他限制措施,包括:不得限制服务提供者数量;不得限制服务交易或资产的总值;不得限制服务交易的总数或以指定数量单位表示的服务产出量;不得限制特定服务部门或提供者为提供具体服务而需雇用自然人的总数;不得采取措施限制或要求服务提供者通过特定类型法律实体或合营企业提供服务;不得限制外国股权最高比例或限制外国投资总额等。

由于世贸组织只规定了"与贸易有关的"投资问题,而没有提供一揽子的有关国际投资的法律框架,所以,美国等西方发达国家又试图以双边投资协定(Bilateral Investment Treaty,BIT)的方式来推进投资的自由化。其主要表现为:第一,投资与投资者的范围被扩大,以使更多的投资和投资者被纳入投资保护机制;第二,国民待遇和最惠国待遇从营运阶段延伸适用于市场准入阶段,使外资可以更容易地进入东道国;第三,禁止东道国对外资施加业绩要求的范围逐渐扩大,使外资所受到的限制逐步减少。[1]

---

[1] 陈安主编:《国际投资法的新发展与中国双边投资条约的新实践》,20~21页,上海,复旦大学出版社,2007。

为了与其承担的条约义务相一致,许多原先对外资采取限制性政策的国家开始根据投资自由化的原则对其外资法进行修改。在外资准入方面,多实行原则上自由,禁止和限制属于例外,并以"负面清单"列出例外的产业领域。在外资进入审批上,则减少审批环节,缩小审批范围,由所有项目的无条件审批转向部分项目的有条件审批。

与公法方面的自由化相适应,私法方面则以私法统一化的途径来为私人消除法律障碍,促进交易自由。在过去的几十年的时间里,私法的统一化进程取得快速发展。一方面,商人通过自己的机构创设或统一了大量的商事规则,例如,国际商会编订的《国际贸易术语解释通则》《跟单信用证统一惯例》和《托收统一规则》等已被公认为最重要的商人自己的造法;另一方面,各国通过国内立法使商事法律规范趋向统一,例如,本来存在于社会主义国家与资本主义国家之间的民商法方面的重大差别,由于苏联和东欧国家社会制度的改变和中国、越南等国从计划经济转向市场经济而迅速缩小。此外,私法的统一还在很大程度上借助于近几十年来大量的国际公约的制定,这些公约在国际商法统一进程中所起的作用是不应忽视的。

二、交易自由原则的主要表现

交易自由原则主要通过以下制度和规则表现出来。

第一,保护财产权。交易的本质是财产的交换,因此,交易自由的前提是交易主体的财产权得到法律的承认和保护。资产阶级革命之后所确立的最重要的几项法律规则就包括财产权不可侵犯。随着国际经济交往的增多,各国不仅要承认和保护依据本国法律所取得的财产权,也需要承认和保护依据外国法律所取得的财产权。

知识产权作为财产权的一种,其特有的"地域性"属性使得根据一国法律所取得的知识产权在其他国家无法当然地得到承认和保护。这种地域性限制虽有其合理性,但却成为财产权保护制度中的一块短板,使得以知识产权为对象的交易在法律上具有很大的不确定性,给当事人带来较大风险。因此,战后的几十年当中,知识产权的"国际保护"日益受到重视。世贸组织条约体系中的《与贸易有关的知识产权协定》(TRIPS)是国际社会在这方面的重要成果。知识产权的"国际保护"在当下还是以各国的国内法为基本手段,只不过是通过条约等国际机制安排,使各国的知识产权保护成为一种国际义务。

第二,契约自由。交易在法律地位平等的主体之间展开,因此,交易必须借助合同的形式加以实现。如果交易是自由的,那么,契约必须是自由的。契约自由是各国私法制度中最为重要的原则之一。受各种政治、经济、外交等因素的影响,国际社会中的契约自由一直比国内社会中的契约自由受到更多的限制。贸易、投资等领域中普遍存在的进出口许可制度、审批备案制度等,经常使当事人之间的契约自由难以实现。

随着经济全球化的发展和商人们交易便利化呼声的高涨,政府对国际经济交往中契约自由的限制也在放松。原先的合同审批制改成了合同备案制,甚至不须备案;纳入许可证管理的交易的范围逐渐减小;政府对进出口的限制更加规范化、透明化。所有这些都促进了国际经济交往中契约自由原则的实现。

第三,降低交易壁垒。国际经济交往不仅要克服自然条件的障碍,更要克服各国的制度壁垒。障碍与壁垒越少,交易就越自由。克服自然条件的障碍主要依靠科学技术的发展;制度壁垒的克服则要靠制度壁垒的制造者自己去"解铃"。如前所述,"二战"结束以来关税的降低、非关税措施的削减、国民待遇的实施前移到投资的市场准入阶段等,都大大扩展了交易自由的适用空间。

第四,排除对自由竞争的限制。交易自由还意味着交易不受其他市场主体的不法限制。在国内社会,这种限制主要来自垄断和其他限制竞争行为;在国际社会,除了传统意义上的垄断和其他限制竞争行为之外,还有倾销和补贴等行为。从关贸总协定时代人们就对此类问题予以关注,到世贸组织阶段,反倾销和反补贴等方面的制度日臻成熟,使得"交易自由"具有了"交易公平"的色彩。

第三节 适度监管原则

一、适度监管原则的内涵

国际经济法中的适度监管原则是指政府对国际经济交往须进行必要的和有限度的监管。

交易自由原则并不意味着商人们的国际经济交往是不受任何限制的。为了社会公共利益,政府必须对国际经济交往施加一定程度的管理。现实告诉我们,商人们的交易活动总是在政府的监管之下进行的。即使是进口一宗免关税、无配额、不必申领许可证的货物,也须履行海关申报、质量检验和卫生检疫等程序。

事实上,即使在国内市场,交易也并非是完全自由的,政府的干预无处不在。从可交易的商品的范围到商品的质量标准,从商品的制作方法到商品制作者的劳动环境等,商人们都在接受政府的监管。无论是对私人财产权利的保护还是对契约自由的尊重,都不能没有界限。

适度监管原则体现在国际经济法的各个领域,无论是在国际贸易法领域还是在国际投资法或其他领域,各项制度与规则都体现出政府的适度监管。无论是调整商人之间交易关系的私法,还是调整政府与商人之间管理关系的公法,抑或是调整不同国家之间关系的国际条约和国际习惯,都体现出政府对跨国交易活动进行适度监管的价值取向。

适度监管原则在申明政府对跨国商事活动监管的必要性的同时，还强调政府监管的适度性。从字面看，"适度"似乎是一个主观标准，事实上却是由各种客观因素所限定的。

首先，监管的适度性要受到一国所承担的国际义务的限定。对国际经济交往的监管是否适度的一个经常性的判断标准是其是否与该国所承担的条约义务相冲突。例如，如果一国已经通过条约承诺向其他缔约国开放其零售业市场，就不能援引其国内有关禁止外商进入本国零售业市场的法规而禁止外商进入。

需要注意的是，关于国际贸易监管，世界贸易组织确立了庞大的规则体系，世贸组织成员方对国际贸易的监管必须与世贸组织规则相一致，否则这种监管就是不适度的。例如，就欧共体、美国、加拿大诉中国的"影响汽车零部件进口的措施案"（China-Measures Affecting Imports of Automobile Parts，WT/DS339、340、342），专家组和上诉机构分别于2008年3月20日和12月15日作出裁决，认定中国的相关管理措施违反了1994年《关税与贸易总协定》关于国民待遇或遵守减让表义务的规定，以及中国依据《中国加入世界贸易组织工作组报告书》第93段所承担的义务。本案所涉及的中国颁布的影响进口汽车零部件的三项政策措施分别是：《汽车产业发展政策》《构成整车特征的汽车零部件进口管理办法》以及《进口汽车零部件构成整车特征核定规则》。根据这些文件的规定，如果中国汽车生产中使用的进口汽车零部件具备"整车特征"，则需对这些进口零部件征收25%的关税。该税率与《中国加入世界贸易组织议定书》附件8第Ⅰ部分"货物减让表和承诺"中适用于汽车整车的平均关税率相当，而高于适用于汽车零部件的平均关税率10%。虽然中国政府采取上述措施是针对商人规避汽车进口关税的行为，因而具有正当性，但由于上述措施至少在字面上违反了总协定的相关规定，并与中国在《工作组报告书》中的承诺不一致，因而上述措施的颁布难以认定为"适度"的监管。

其次，监管的适度性要受制于经济规律的约束。政府对国际经济交往的监管从本质上看是对市场机制的干涉。政府干预市场的正当性在于经济学界关于"市场缺陷"理论的普遍认同。所谓市场缺陷主要表现为市场的功能缺陷（市场失灵）、收入分配的不可接受性和市场调节的滞后性。[1] 然而，经济学的研究结果告诉我们，政府对市场的规制也会失灵，因此，政府不可对市场进行过度的干预或管制。"政府对微观经济的规制是克服市场失灵的一种制度安排。现实中，政府规制在很大程度上发挥了校正市场配置资源缺陷的作用。但是，政府规制在校正、克服市场

---

[1] 马昕、李泓泽等编著：《管制经济学》，2～4页，北京，高等教育出版社，2004。

失灵的同时,又产生了新的失灵——政府规制失灵或规制失败,并引发了政府规制放松的浪潮。"[1]当然,由于各个国家的经济和社会发展水平不同、文化传统不同以及政府所信奉的经济理论不同,究竟政府对市场规制到什么程度或放松到什么程度,难以确立一般的标准,但各国可以根据自身的条件摸索出适宜的或适度的政府干预市场的模式。

二、适度监管原则的主要表现

适度监管原则主要通过以下制度和规则表现出来。

第一,有管理的市场准入。市场准入是指一国政府允许外国货物、技术、资金等进入本国市场。市场准入是国际经济交往的前提。没有市场准入,就没有国际经济交往,也就没有国际经济法。然而,市场准入从来都不是无条件的。某一领域(不仅是地理概念)是否准入以及如何进入,都在一国政府的掌控之下,并通过国内立法和国际条约加以实现。

从国家主权及属地管辖原则出发,一国政府有权完全禁止外国商品和资本进入本国市场,或规定市场准入条件。也就是说,从国际法角度看,一国政府并不当然承担市场准入方面的法律义务。中国政府在最初接触现代西方国际法规则和理念的时候即已得知:"各国皆有禁止外国货物,不准进口的道理。"[2]一国政府之所以会在市场准入方面承担法律义务,是因为该政府通过条约而对他国政府作出了允诺。

如果市场准入已成为一项法律义务,那么它的含义应包括:第一,它是一项政府的义务,而不是其他任何实体的义务,其他任何实体都无权就市场准入问题对外作出承诺;第二,它是一国政府对外国政府的义务,而不是一国政府对外国公司或个人的义务,一国政府不必向外国的商人们作出市场准入的承诺,而只需向他们的政府作出这种承诺;第三,它是一项可由政府自己履行的义务,以政府制定和修改贸易和投资措施为基本表现形式;第四,它是一项基于国际条约所产生的义务,没有特别的承诺就不必承担此项义务。

正因为市场准入义务是通过条约而商定的义务,而不是依据一般国际法所产生的义务,所以,市场准入义务总是有特定的内容,因而并不具有普遍标准。一个国家究竟承担了什么样的市场准入义务,要看这个国家对其他国家究竟作出了什么样的承诺。我国在加入世界贸易组织时,是就市场准入问题向世贸组织的其他

---

[1] 谢地主编:《政府规制经济学》,19 页,北京,高等教育出版社,2003。
[2] 此为林则徐的幕僚袁德辉为林则徐翻译的瓦泰尔(Emmerich de Vattel)《国际法》(*The Law of Nations, or Principles of the Law of Nature*)中的部分文句。转引自田涛:《国际法输入与晚清中国》,26 页,济南,济南出版社,2001。

成员方作了承诺的,这些承诺不仅体现在《中华人民共和国加入 WTO 议定书》的有关条款中,也体现在议定书的各项附件当中。[1]

与市场准入相对应的还有一个"市场准出"的问题。市场准出的含义是允许本国的商品和资本进入他国市场。虽然各国的贸易和投资管理制度都以"奖出限入"为基本特征,但事实上,许多国家在不同的历史时期都曾实施过宽严程度不同的"市场不准出"的政策和措施。我国历史上曾多次颁发"禁海令",实行海禁,虽然采取这些措施的主要目的不在于限制国际贸易,[2]但其直接后果则是阻止了本国商品(也许还有资本)的输出。当今各国也大都实行某些禁止或限制商品或资本输出的措施。

从后果上看,市场准出措施与市场准入措施对国际经济交往的影响同样重要。如果政府不允许本国的商品和资本自本国输往他国市场,市场是否准入也就毫无意义了。但在实践中,人们似乎更关注市场准入问题。这是因为在各国的法律制度中,控制商品或资本的输入属一般措施,而限制商品或资本的输出属于特别措施;只是在特定情况下,政府才会禁止或限制商品或资本的输出。尽管如此,对市场准出的限制毕竟是实现贸易自由化的障碍,因此,自《关税与贸易总协定》制定以来,各相关国家在市场准出方面的政策和措施的实施已受到一定程度的限制和监督。例如,1947年关贸总协定关于国营贸易企业的规定,就是限制缔约方以外贸垄断的方式对市场准入和市场准出施加障碍。

第二,有例外的非歧视待遇。国际经济法中的非歧视待遇原则是通过国民待遇原则和最惠国待遇原则来实现的。国民待遇原则,是指一国政府给予其他国家的自然人、法人及其他实体或来自其他国家的货物、服务和投资等不低于其给予本国自然人、法人及其他实体或本国货物、服务和投资等的待遇;最惠国待遇原则是指一国政府给予对方国家的自然人、法人及其他实体或来自对方国家的货物、服务和投资等不低于其给予第三国的自然人、法人及其他实体或第三国的货物、服务和投资等的待遇。

非歧视待遇原则反映了"平等""公平竞争"等与市场经济相一致的理念,已成为各国政府处理对外经济事务的一般立场,也是交易自由的重要保障机制。

然而,从国际法角度来看,除非一个国家对其他国家作出允诺,否则它是没有

---

[1]《中华人民共和国加入 WTO 议定书》(以下简称《议定书》)只是对我国政府的市场准入义务作了一般性规定,具体承诺的义务则规定在《议定书》的各项附件当中。例如,关于非关税措施问题,《议定书》只是规定"中国应执行附件3包含的非关税措施取消时间表。在附件3所列期限内,对该附件中所列措施所提供的保护在规模、范围或期限方面不得增加或扩大,且不得实施任何新的措施,除非符合《协定书》的规定"。《议定书》附件3(非关税措施取消时间表)则就各类产品所适用的进口许可证、进口配额和进口招标产品的取消时间作了明确的规定,并就各类相关产品进口配额的年增长率作出承诺。

[2] 例如,明初和清初所采取的海禁措施,分别针对"倭寇"骚扰和汉民反抗。可参见中国对外贸易概论教材编写组:《中国对外贸易概论》,9~11页,北京,对外贸易教育出版社,1985。

义务对其他国家的人、物和投资等给予国民待遇和最惠国待遇的。因此,非歧视待遇通常是基于国家之间的协定。

关贸总协定的最初文本即已在国际货物贸易方面确立了国民待遇原则和最惠国待遇原则。总协定的第三条规定:"一缔约国领土的产品输入到另一缔约国领土时,不应对它直接或间接征收高于对相同的国内产品所直接或间接征收的国内税或其他国内费用";"一缔约国家的领土的产品输入到另一缔约国领土时,在关于产品的国内销售、兜售、购买、运输、分配或使用的全部法令、条例和规定方面,所享受的待遇应不低于相同的国内产品所享受的待遇"。这些规定可保障外国进口产品在进口国免遭歧视待遇。总协定的第一条规定:"一缔约国对来自或运往其他国家的产品所给予的利益、优待、特权或豁免,应当立即无条件给予来自或运往所有其他缔约国的相同产品。"这一规定旨在消除缔约国之间以及缔约国与非缔约国之间在进出口贸易管制方面的差别待遇,使所有缔约国都获得同等的贸易条件和机会。

乌拉圭回合谈判所达成的《与贸易有关的知识产权协定》和《与贸易有关的投资措施协定》也都在不同的范围确立了国民待遇和最惠国待遇原则。例如,《与贸易有关的知识产权协定》第三条规定:除了某些例外情况,"每一成员国在知识产权保护方面对其成员国的国民所提供的待遇不得低于对其本国国民所提供的待遇";协定的第四条规定:"就知识产权的保护而言,一个成员国向任何其他国家的国民所给予的任何利益、优待、特权或豁免都应立即无条件地适用于所有其他成员国的国民。"通过确立国民待遇和最惠国待遇标准,可使得一个缔约国的国民和产品,在特定范围内,在另一缔约国获得不歧视待遇。

然而,无论是国民待遇原则还是最惠国待遇原则,都有适用范围的例外。这意味着各国政府均保留差别地对待不同国家的当事人的权力,从而体现出监管的适度性。例如,中、加两国政府于2012年9月签署的《中华人民共和国政府和加拿大政府关于促进和相互保护投资的协定》第五条一般地规定了最惠国待遇原则,随后,在第八条又规定:"第五条不适用于:(1)一缔约方根据下述任何现存或将来的双边或多边协定给予的待遇:①建立、强化或扩大自由贸易区或关税联盟;或②与航空、渔业或海事相关的事项,包括海难救助;(2)根据1994年1月1日前生效的任何双边或多边国际协定给予的待遇。"

当然,非歧视原则适用中的例外也是可以变化的。例如,按照以往的国家实践,一国在给其他国家的自然人和法人等国民待遇时,通常隐含着一个限制,即只有在对方的自然人和法人等进入本国之后,才能给予其国民待遇;对货物和投资等也是如此。例如,2005年11月14日签署的《中华人民共和国和西班牙王国关于促进和相互保护投资的协定》第三条第二款规定:"缔约一方应给予缔约另一方投资者在其境内的投资及与投资有关活动不低于其给予本国投资者的投资及与投资有关活动的待遇。"这里的国民待遇显然是指市场准入之后所享有的待遇。然而,美国等国家一直致力于将投资的国民待遇从市场准入之后提前到市场准入阶段,被称作"准入前的国民待遇"。

然而,将外资的国民待遇前移到市场准入阶段,并不意味着外国投资者和外国投资在市场准入阶段即可以享受与东道国的投资者和投资完全相同的待遇。从当今的国家实践来看,还没有哪一个国家向其他国家允诺过,可以就市场准入给予外国投资者和外国投资以完全的国民待遇。因此,"市场准入阶段的国民待遇"必须与"负面清单"相结合,即对那些不能在市场准入阶段给予外国投资者和外国投资国民待遇的产业列出一个清单。"负面清单"制度构成了国际投资领域中的国民待遇适用的另外一个层面上的例外。

第三,有限度的行政执法。国际对国际经济交往的监管主要是通过行政机关加以实现的。为了保障监管的适当性,必须明确对行政机关的授权,约束其权力的行使。

由于政府对国际经济交往的监管已成为一种经常性的现象,所以各国都以法律的形式对政府监管问题作出规定。这类立法的主要内容通常包括:

1. 立法宗旨

各国法律往往会表明立法的宗旨,而这种立法宗旨都或详或简地宣称政府有权而且必须对国际(涉外)经济交往施加监管。

2. 实施政府监管的机构

代表国家对涉外经济交往实施监管的应为一国的行政机关,例如我国的对外贸易法中规定的国务院对外经济贸易主管部门、美国出口管理法中规定的美国总统。法律在授权这些政府部门可对国际经济交往活动进行管制的同时,也应该对其权力加以限定,设立必要的监督制约机制,以防止行政机关滥用权力,对国际经济交往造成不应有的扭曲。这种监督制约机制至少可通过三种方式予以实现:一是要求行政机关向立法机构负责,要求政府在实施重大决策时应及时与立法机关沟通,听取立法机关的建议;二是要求实施政府控制的行政机构与其他的行政机构建立必要的工作关系,例如,外经贸主管部门拟以贯彻本国外交政策而实施政府监管时,应与外交等部门进行磋商;三是要求行政部门在进行决策之前广泛听取商界人士的意见,以防止政府控制牺牲过多的商业利益。

3. 对国际经济交往施加限制的条件

各国法律对于限制交易的条件一般也都作出明确规定。例如,《中华人民共和国对外贸易法》(以下简称《对外贸易法》)第十六条规定:国家基于下列原因,可以限制或者禁止有关货物、技术的进口或者出口:(1)为维护国家安全、社会公共利益或者公共道德,需要限制或者禁止进口或者出口的;(2)为保护人的健康或者安全,保护动物、植物的生命或者健康,保护环境,需要限制或者禁止进口或者出口的；(3)为实施与黄金或者白银进出口有关的措施,需要限制或者禁止进口或者出口的；(4)国内供应短缺或者为有效保护可能用竭的自然资源,需要限制或者禁止出口的；(5)输往国家或者地区的市场容量有限,需要限制出口的；(6)出口经营秩序出现严重混乱,需要限制出口的；(7)为建立或者加快建立国内特定产业,需要限制进口的；(8)对任何形式的农业、牧业、渔业产品有必要限制进口的；(9)为保障国家国际金融地位和国际收支平衡,需要限制进口的；(10)依照法律、行政法规的规定,其他需要限制或者禁止进口或者出口的；(11)根据我国缔结或者参加的国际条约、协定的规定,其他需要限制或者禁止进口或者出口的。

4. 政府监管的方式

对国际经济交往进行政府监管可表现为对交易主体资格、交易领域的限制,也可以表现为对交易本身的限制,例如禁运、进口许可、外商投资审查,等等。

既然是对国际经济交往进行监管,那么政府监管的效果自然要及于其他国家,在多数情况下,会给其他国家的利益带来消极的影响。如果一个国家的行为对另外一个国家的利益造成损害,那么行为国显然不能以其国内法来证明其行为的合理性,因此,它必须要寻找国际法上的理由。所以,尽管国内法与国际法均为一国实施政府监管的法律依据,但两者的地位是不一样的。可以说,在对国际经济交往实施政府监管方面,国内法要受到国际法的约束。

第四节 国家主权原则

一、国家主权原则的内涵

主权(sovereignty)通常被界定为国家固有的在国内的最高权力和在国际上的独立的权力。然而,主权这一概念所表达的内容,与其说是国家的权力,不如说是国家的身份。

权力与身份是两个不同的法律概念。权力通常是指某主体从事某项可以产生法律效力的行为的能力;而身份则是指某一个体与共同体的其他成员的法律关系。在谈论国家主权的时候,我们所关注的通常并不是国家的某项行为是否会产生法律效力,我们关注或强调的是国家与其他国内社会成员或国际社会成员之间的关系,因此,我们关注的其实是国家的身份。

国家的身份应该首先产自于国内社会。按照历史唯物主义的观点,国家是阶级分化的结果。在经济上占优势地位的阶级为了维护自己的利益、巩固自己的地位,创设出军队、监狱、法庭等国家机器。虽然统治阶级将自己的意志表述为国家意志,或将其解释为全社会的意志,但国家的本质特征是和人民大众分离的公共权力。这种与人民大众相分离并且必须由人民大众予以服从的"公共权力"即是主权,行使这种"公共权力"的机构即是国家机器。

各国主权平等这一国际法中的基本原则在当代国际法律文件中也一再得到重申。《联合国宪章》第二条明确规定,各会员国"主权平等"。联合国大会1970年10月24日通过的《关于各国依联合国宪章建立友好关系及合作之国际法原则之宣言》规定:"各国一律享有主权平等。各国不问经济、社会、政治或其他性质有何不同,均有平等权利与责任,并为国际社会之平等会员国。主权平等尤其包括下列要素:(a)各国法律地位平等;(b)每一国均享有充分主权之固有权利;(c)每一国均有义务尊重其他国家之人格;(d)国家之领土完整及政治独立不得侵犯;(e)每一国均有权利自由选择并发展其政治、社会、经济及文化制度;(f)每一国均有责任充分并一秉诚意履行其国际义务,并与其他国家和平相处。"显然,该宣言对国家主权原则的阐述也着眼于国家的地位或身份的平等,也是从国家之间的关系的角度申明了国家主权的含义。

国家因享有主权而地位平等,主权的概念确立了各国在国际社会中的平等身份。"各个国家按照它们的性质在权力、领土等方面肯定不是平等的。但是,作为国际社会的成员,它们在原则上是平等的,尽管它们可以有任何差异。这是它们在国际范围内的主权的结果。"[1]

由于主权仅表明一国在国际社会中具有与其他国家平等的身份,因此,主权这一概念即已表明它所受到的限制,即一国的权力不能超越其他国家之上。

国家还可以通过国内立法等单方行为和与其他国家订立条约等双方或多方行为,自愿地约束自己。当国家自愿作出上述选择时,不应将这种选择视为"主权限制",恰恰相反,这正是国家自主行使主权的表现。

国际条约的大量产生及其覆盖领域的扩大使得国家不能再像先前一样独立地进行决策,因为它必须考虑已经通过条约所承担的国际义务。但能否就此认为国际条约在限制或剥夺国家主权呢?回答应该是否定的。这是因为:首先,对外订立条约是国家主权的一项具体内容。正因为主权使得各个国家在国际社会中地位平等,国家才拥有对外订立条约的资格。前常设国际法院于1923年曾声明:"法院拒绝承认,国家在缔结任何承允采取或不采取某种特定行动的条约时是放弃了它的主权……参加国际协定的权利,是国家主权的一种属性。"[2]其次,条约对国家的约束是国家之间的彼此约束,而不是其他实体对国家所施加的约束。通过缔结条约,国家虽然承受某种新的约束,但同时也获得了它先前不曾获得的利益。再次,条约对国家的约束并非是绝对的,且不说每个条约都可能包含例外条款、免责

---

[1] [英]詹宁斯、瓦茨《奥本海国际法》,第一卷第一分册,王铁崖等译,275页,北京,中国大百科全书出版社,1995。

[2] 转引自[英]M.阿库斯特:《现代国际法概论》,汪暄等译,19页,北京,中国社会科学出版社,1981。

条款,即使是那些条约所要求的必须履行的义务,也并没有一种外来的力量可强制国家实际地履行这一义务。国家可以选择是实际地履行某一条约义务,还是不履行义务而接受他国的报复或对其他国家提供补偿。最后,国家既然可以缔结和加入条约,也就可以在其认为适当的时候退出条约。当国家认为它参加条约所获得的利益小于它基于条约所付出的代价,它自可以依照条约所设定的程序退出该条约。

同理可证,政府间国际组织也不会损伤国家主权。首先,尽管国际组织在主体资格方面可以同成员国的资格相分离,但它毕竟是成员国的合意的产物,成员国不会因为创设了国际组织的人格而使其自身的人格受到减损。其次,成员国让渡给国际组织的只能是主权者的某些权力或权利,而不是主权本身。最后,即使是欧盟这种高度发达的国际组织,也没有产生销蚀成员国主权的后果。2016年6月,英国通过全民投票决定脱离欧盟,提供了一个主权国家退出一个高度发达的国际组织的最新例证。正如有的学者所指出的那样,对于国际组织,既然有加入和退出的自由,就不能说是对主权的限制。[1]

总之,主权是无法"让渡"的,可以让渡的只能是主权权利或主权者的权利;主权也并没有被"弱化"或"消逝",实际发生的只是主权行使方式的改变。在全球化不断演进的今天,国家只是承受着更多的条约义务的约束,而其主权者的身份并没有出现任何改变。

二、国家主权原则的主要表现

国际经济法中的国家主权原则主要表现在以下几个方面。

第一,一国有权自主选择其经济制度,任何其他国家和其他实体都无权加以干涉。根据《联合国宪章》等普遍性国际公约的规定,每个国家均主权平等,各国及各国际组织均不得干涉他国内政,因此,每个国家都有权选择自己的经济制度。对于其他国家所选择的经济制度,一国无权横加指责,更无权动用经济制裁甚至武力手段以试图改变他国的经济制度。

第二,一国对其境内的自然资源和全部财富享有最终的处置权。根据习惯国际法,一国对其境内的一切资源均享有主权;联合国《海洋法公约》等国际法律文件也明确规定,一国的主权及于陆地领土、内水、领海及其上空、底土和海床。联合国大会于1962年通过的《关于天然资源之永久主权宣言》规定:"各国必须根据主权平等原则,互相尊重,以促进各民族及各国自由有利行使其对自然资源之主权;""侵犯各民族及各国对其自然财富与资源之主权,即系违反联合国宪章之精神与原则"。联合国大会于1974年通过的《建立新的国际经济秩序宣言》也规定:"各国

---

[1] [日]寺泽一、山本草二:《国际法基础》,朱奇武、刘丁等译,148页,北京,中国人民大学出版社,1983。

对本国的自然资源以及一切经济活动拥有完整的、永久的主权。为了保护这些资源,各国有权采取适合本国情况的各种措施,对本国的资源及其开发事宜进行有效的控制管理"。上述决议均明确地表述了习惯国际法规则。一国对其自然资源和全部财富享有永久主权,也意味着一国对其境内的全部财富拥有最终的处置权,包括对外国投资实行国有化的权力,尽管这种国有化也须遵循一定的国际法规则。

第三,一国有权对有关的国际经济交往实施管理或控制。一国对国际经济交往施加控制是行使经济主权最常见的形式。国家主权首先意味着管辖权。管辖权的基本类型有两种,一是属地管辖权,即一国对其领土内的一切人和事物行使管辖的权利;二是属人管辖权,即一国对一切位于国内和国外的本国人进行管辖的权利。这两种管辖权已经为各国对国际经济交往实施政府控制提供了国际法上的依据。一国可根据属地管辖权对本国领土上的一切资源、经济活动及从事这些活动的主体进行管理,即使这些主体并非本国国民;依据属人管辖权,一国又可以对本国国民的各类活动实施管理,即使从事这些活动的国民位于国外。但国家仍可能感觉到管辖权的不充分。一个国家可能会遇到这样一种情况:某一外国国民在国外从事了一项活动,而该项活动对本国的利益构成了不当的影响。这时,不论是基于传统的属地管辖原则还是属人管辖原则,这个国家都无法对这一外国国民行使管辖权。针对这种情况,许多国家开始对国家管辖原则重新进行审视,提出了广义的属地管辖原则。该项原则的出发点是把"地域"划分为行为地和效果地。传统的属地管辖原则只考虑行为地问题,即只对发生于本国领土的行为行使管辖权;而广义的属地管辖原则则把行为效果所涉及的地域也作为实施管辖的标准。这样,即使是外国人在国外从事的一项行为,只要其效果及于本国,那么,这个国家仍可基于属地管辖原则对其主张管辖权。由于实施这一管辖原则的目的是更好地保护本国的利益,因此,这一原则又被称为保护管辖原则。许多国家的进出口管理法、反托拉斯法都明确主张其保护管辖原则,尤其是以美国和西欧国家的有关立法最为典型。基于国家主权和由此所产生的管辖权,一国自然可以对有关的国际经济交往实施管理和控制。但是,国家主权并非不受任何限制的权利,国家的管辖权也并非不受任何约束。一国在享有主权的同时必须尊重他国的主权,一国在对国际经济交往行使管辖权时也应注意他国基于国际法所享有的权利。

第五节 国际经济法基本原则的作用

关于法律原则的作用,张文显教授曾经指出:"在制定法律规则,进行司法推理或选择法律行为时,原则是不可缺少的。"[1]据此,法律原则的效用可归纳为三

---

[1] 张文显:《法哲学范畴研究》(修订版),54页,北京,中国政法大学出版社,2001。

点:第一,制定法律的依据;第二,解释法律的依据;第三,日常行为的依据。

学者们关于部门法原则的效用的归纳基本上不超出以上范围。例如,有民法学者将合同法原则的作用归纳为:合同立法的准则;解释和补充合同法的准则;解释、评价和补充合同的依据;指导人们行使权利和履行义务的规范作用。[1] 有刑法学者认为,刑法基本原则"对于正确适用刑法,在刑事司法中坚守法治立场具有积极影响。"[2] 有民事诉讼法学者提出,民事诉讼法基本原则的功能包括:指导诉讼主体正确适用民事诉讼法的具体规定;克服民事诉讼法的有限针对性;为民事诉讼法的局部修改和调整提供依据。[3]

国际经济法基本原则的作用也应体现在以下三个方面。

一、国际经济法基本原则作为制定法律的依据

由于国际经济法基本原则体现了国际经济法的价值取向,因而应成为制定国际经济法的依据。无论是交易自由原则,还是适度监管原则,或是尊重主权原则,在当代国际经济法的制定过程中都起到了依据的作用。

我们以交易自由原则为例,看一下国际经济法基本原则作为立法或造法依据所发生的作用。

首先,交易自由原则很早就在西方国家的国内立法中得以体现。这不仅表现为私法中契约自由原则的确立,也表现为公法领域政府对上市活动的尽可能少的干预。

其次,20世纪80年代以来,许多社会主义国家实行了不同方式的经济体制改革,破除了传统的计划经济体制,走上市场经济之路。在这一过程中,它们无一例外地在法律上承认了生产资料的私人占有,承认了私人的市场主体地位,大幅度降低了政府对私人交易的干预。

再次,国际社会以公约方式进行的私法统一化运动对交易自由原则给予充分的尊重,私法性质的国际条约,如《联合国国际货物销售合同公约》承袭国内法中的契约自由精神,尽可能地尊重交易当事人的自行选择。

最后,国家间所缔结的公法性质的条约,也尽可能地为私人创造自由交易的空间。在国际贸易领域,《关税与贸易总协定》及其承继者世界贸易组织通过长期的谈判,大幅度削减关税和非关税壁垒,为商人们的自由交易开辟了广阔空间,各缔约方政府通过接受贸易监管规则的约束而避免或减轻了对国际贸易行为的干涉,从而也贯彻了交易自由原则。在国际投资领域,通过确立市场准入的国民待遇原

---

[1] 韩世远:《合同法总论》(第二版),28页,北京,法律出版社,2008。
[2] 周光权:《刑法总论》(第二版),29页,北京,中国人民大学出版社,2011。
[3] 张卫平:《民事诉讼法》,23页,北京,中国人民大学出版社,2011。

则,使得这一原则有了完整的适用范围,使得外国投资者具备了与东道国的投资者几乎完全相等的地位,从而免受歧视,免受政府不当干预之苦,享受到交易自由的法律保障。

适度监管原则在世界贸易组织规则中也得到了充分体现。世贸组织规则在承认各成员方有权对国际贸易施加管理的同时,也对成员方的贸易管理措施确立了规则,从而使各成员方的监管措施处于适当的限度之内。处于世贸组织规则约束之下的政府监管行为包括:装船前检验管理、进口许可、普通关税征收、反倾销税征收、反补贴税征收、保障措施税征收、海关估价、原产地确认、卫生检疫、技术标准实施以及可能影响贸易的投资管理行为等。中国虽然在入世之前就已开始了改革开放的进程,但总体上看,中国在提出恢复在关贸总协定中的席位时,其外贸监管尚处于严格监管的状态。经过长期的谈判,中国在入世时承诺大幅度放松对外贸活动的监管,并在入世后履行了其各项承诺,根据中华人民共和国国务院新闻办公室2018年6月28日发表的《中国与世界贸易组织》白皮书,中国自入世以来,大幅降低进口关税。截至2010年,中国货物降税承诺全部履行完毕,关税总水平由2001年的15.3%降至9.8%。其中,工业品平均税率由14.8%降至8.9%;农产品平均税率由23.2%降至15.2%,约为世界农产品平均关税水平的四分之一,远低于发展中成员56%和发达成员39%的平均关税水平。农产品的最高约束关税为65%,远远低于美国、欧盟和日本的关税水平。中国还显著地削减非关税壁垒,减少不必要的贸易限制。截至2005年1月,中国已按加入承诺全部取消了进口配额、进口许可证和特定招标等非关税措施,涉及汽车、机电产品、天然橡胶等424个税号产品;对小麦、玉米、大米、食糖、棉花、羊毛、毛条和化肥等关系国计民生的大宗商品实行关税配额管理。中国还全面放开外贸经营权。自2004年7月起,中国对企业的外贸经营权由审批制改为备案登记制,民营企业进出口发展迅速。民营企业和外商投资企业进出口占全国进出口总额的比重由2001年的57.5%上升到2017年的83.7%。

此外,从相关的国内立法、双边投资协定和世贸组织协定等法律文件可以看出,尊重主权原则同样也发挥了法律制定依据的作用。

二、国际经济法基本原则作为解释法律的依据

任何法律规则的适用都可能需要对该法律规则作出解释。这是因为,首先,任何法律规范,无论表述得多么具体,仍旧属于对社会现实的高度抽象,因此,必须经过法律适用机关(实际上是通过法官、仲裁员等裁判人员)的解释,才可能对具体的社会关系予以适用。其次,在某些情况下,法律规范不得不作出笼统、模糊的表述,例如,某些法律原则或立法宗旨的表述,在这种情况下,法律的适用,更需要法律适

用机关的法律解释。再次,与现实生活相比,法律规范总是具有一定的滞后性。对于立法之后所出现的新的社会现象,如果还没有达到必须制定新的法律或改变已有法律的地步,就必须通过法律解释的方法,将新的现实纳入原有的法律体系之中。因此,法律解释是法律适用的必经环节。无论是国内法的适用,还是国际法的适用,一项裁判文书的推理过程必须包含法律规范的解释过程。不同的是,在英美法系国家,允许法官通过法律解释来创设新的法律规范(创设"先例"),而在其他法律体系(包括整个国际法体系),法律解释只能对现存法律的含义加以明确,而不允许通过解释来创设新的法律规范。

法律解释应有一定的遵循,依据法律基本原则对法律作出解释应为法律解释的基本方法之一。有学者提出,法律解释的一般方法包括语法解释、逻辑解释、系统解释、历史解释、目的解释和当然解释等。其中的目的解释是指从法律的目的出发对法律所作的说明。"根据立法意图,解答法律疑问,是法律解释的应有之意。"[1]由于法的基本原则体现法的价值取向,同时也是立法的依据,因此,根据立法意图进行法律解释也即依据法律原则进行解释。

《维也纳条约法公约》第三十一条第一款就条约"解释之通则"规定:"条约应依其上下文并参照条约之目的及宗旨所具有之通常意义,善意解释之。"这里的"条约之目的及宗旨"无疑相当于前述"立法意图",因此,与依据基本原则进行法律解释是相通的。

世界贸易组织专家组和上诉机构在裁判案件时经常会"忆及"某协定的序言条款中所表达的缔约目的和宗旨,其实是在依据协定中确立的基本原则强化其对相关条款含义的解释。例如,在"智利—农产品限价制度保障措施"案(Chile-Price Band System and Safeguard Measures Relating to Certain Agricultural Products)中,上诉机构指出:"我们忆及《农业协定》的序言阐明了该协定的目的和宗旨是'确立公平的、以市场为导向的农业贸易体制',并'应通过支持和保护承诺的谈判及建立增强的和更行之有效的《关税与贸易总协定》规则和纪律发动改革进程。'该序言进一步阐明,为实现该目的,有必要削减保护,通过达成'具体约束承诺',尤其在市场准入领域,'从而纠正和防止世界农产品市场的限制和扭曲'。"[2]上述机构"忆及"(recall)的缔约"目的"(objective)其实正是我们前面所讨论过的交易自由原则和适度监管原则。

三、国际经济法基本原则作为日常行为的依据

虽然国际经济法基本原则并非具体的行为规则,但依然能够发挥规范国际经

---

[1] 张文显主编:《法理学》(第二版),326页,高等教育出版社、北京大学出版社,2009。
[2] Chile-Price Band System and Safeguard Measures Relating to Certain Agricultural Products, Appellate Body Report, WT/DS207/AB/R, 23 Sep. 2002, para. 196.

济法主体行为的作用。以尊重主权原则为例，对于国家来说，由于每个国家都具有主权者的身份，因而，无论国家的领土面积、人口、财富、历史、行为表现等方面有何不同，每个国家在国际社会中的法律地位都是平等的。正因为各国地位平等，所以在国家之间的交往中，任何一个国家都不能将自己的意志强加给其他国家。也正因为各国地位平等，所以一国可以自主地处理自己的国内事务。在自己的领域之内，每个国家都有最高的权力，排除任何其他国家对自己内部事务的干涉。而且，也基于各国地位平等，所以，国家必须以彼此的约定来确定其相互间关系的内容。一国可以根据自己的意志决定是否与其他国家建立某种关系，而一旦某种关系依据约定得以建立，该国就要接受约定的约束，不得单方面地改变这种关系，除非准备接受违背约定可能给自己带来的不利后果。

有学者对国际经济法基本原则的效用持悲观态度，认为"国际经济法基本原则实际的法律影响不容乐观。"[1]对这一判断应该进行具体的分析。由于国际经济法既可以表现为国内法，又可以表现为国际法，因此，就国际经济法基本原则作为行为规范被遵守的情况也应分别考察。在国内法层面，由于统一的立法机构、行政机构和司法机构的存在，基本原则被遵守或不被侵犯的情况应该是常态。在国际法层面，由于缺少"世界政府"，一国可能凭借实力而漠视或挑战国际经济法基本原则的效力。如同如何看待一般国际法的效力一样，历史地看和总体地看，国家还是承认国际经济法基本原则的效力的。例如，在当今世界，无论哪个国家至少都会在公开场合表示接受尊重主权原则，而且，这一原则在实践中也基本上得到了遵守。

从上述分析可以看出，国际经济法基本原则绝非一个空洞的理论问题，它是国际经济法的组成部分，而且反映着国际经济法的价值取向，因而在实践中受到国际经济法主体，特别是国家的重视。例如，美国特朗普政府此前一直宣扬以"对等"为内容的"互惠"原则，并据此认为中国所施行的某些贸易管理措施相对于美国而言是非"互惠"的，因而要求中国政府作出让步。"互惠"(reciprocity)在国际法律文件中经常出现。例如，《马拉喀什建立世界贸易组织协定》在序言中明确宣称，将"通过达成互惠互利安排，实质性削减关税和其他贸易壁垒，削除国际贸易关系中的歧视待遇"，从而建立一个"确认以往贸易自由化努力结果"的"完整的、更可行的和持久的多边贸易体制"。然而，从以往的国家实践看，"互惠"的内涵是不同主体之间利益的相互给予，强调的是"相互给予"，而不是要求相互给予的利益的对等性。表现在法律上则是权利义务的对应性，即任何主体在享有权利的同时应承担义务，而并不要求权利义务的对等性。从1947关贸总协定的形成与实施来看，其从未要求各缔约方按同一标准实施国际贸易管理。某一缔约方将汽车进口关税税率降至5%，并不意味着其他缔约方也一定要将汽车进口关税税率降至5%。美国政府这

---

[1] 曾华群：《国际经济法导论》，159页，北京，法律出版社，1997。

种对"互惠"的单方面解读无法得到国际社会的支持。

第六节 关于国际经济法基本原则的扩展性思考

学者们还提出了其他一些国际经济法的基本原则。因为这关系到对现行国际经济法的基本判断,因此,有必要作一些扩展性分析。

一、关于公平

有学者将"公平原则"列为国际经济法的基本原则之一。

"公平"大概是最难界定的概念之一。能够较好地表达公平理念的是这样一句话:"公平是特定情形下的公正"(equity is the fairness in a particular situation[1])。由于公平通常要看后果或效果,因此,难以确立一般的标准,只能视具体情况而定。正因为如此,公平往往意味着一般规则或原则的放弃,通过设立不平等的规则来寻求公平的法律后果。英国的衡平法的原意即为"公平"(equity),而衡平法恰恰是要背离"普通法"(common law)的普通规定,为寻求公平结果而创设出新的规则。

在当今的国际经济法体系中,也出现了某些代表公平价值取向的制度或规则,主要代表即为国际贸易法中的普惠制。普惠制虽反映出国际经济法中的平等原则向公平原则过渡的趋势,但普惠制自身尚未形成为稳定的国际经济法律制度。普惠制要求发达国家单方面向发展中国家提供优惠的关税待遇而不要求发展中国家给予回报,并且不得将这种优惠待遇给予其他发达国家,这冲破了以互惠制和最惠国待遇制度所体现的平等原则,为实现国家之间利益分配上的公平创造了条件。但也应该看到,目前国际社会中所实行的普惠制还远非理想。按照有关国际文件的设计,普惠制应该是普遍的和非歧视性的。但在实践中,并不是所有的发展中国家都从发达国家那里获得了优惠关税待遇和其他待遇,许多给惠国以种种借口否认某些发展中国家的受惠国地位;同时,即使是在已享受普惠制待遇的发展中国家之间,非歧视待遇的原则也没有得到彻底贯彻。而现实中的普惠制之所以不能使人满意,关键在于这种制度还未能形成为真正含义上的国际经济法律制度;而之所以不能认定普惠制为真正含义上的国际经济法律制度,是因为这一制度的两类主体之间,即给惠国与受惠国之间的权利义务关系缺乏稳定的法律基础。

从表面上看,普惠制的法律依据颇为充分,既有众多的国际组织决议、宣言,又有关贸总协定的相关条款;既有给惠国的国内立法,又有给惠国(集团)与受惠国(集团)之间的双边协议。但是,如果我们能从国际经济法的渊源的角度对普惠制

---

[1] Daniel Oran, *Oran's Dictionary of the Law*, p152, West Publishing Co., 1983.

进行认真的分析,就会发现,普惠制的法律基础其实是相当薄弱的。

首先,并不是所有的国际组织的决议都具有法律约束力。尽管许多国际组织的决议,包括联合国大会通过的《建立国际经济新秩序宣言》《各国经济权利和义务宪章》,都对普惠制问题提出了不同程度的要求,但这些国际组织的决议通常都不具备法律效力。就联合国大会的决议的效力而言,《联合国宪章》并未规定这种决议具有强制约束力。所以我们不能期待国际组织所通过的这类文件会实际约束普惠制之下的各方。

其次,我们也看到,像《关税与贸易总协定》这样的具有确定的约束力的国际条约也对普惠制问题作了规定。但是,并不是一项法律文件的所有条款都可以为人们创设具体的权利义务关系。我们可以看到,关贸总协定这类法律文件在规定普惠制问题时,都在使用十分笼统、模糊的语言。纲领性的规定可以指出立法的方向;但仅是纲领性的规定并不足以建立起完整的法律制度,因为根据这样的规定,任何一方都无法向他方提出确定的权利主张。

再次,一国的国内立法当然可以调整国际经济关系,但其所调整的国际经济关系只能是私人之间的国际经济关系,以及本国政府同国际经济交往的当事人所发生的管理关系,而不能调整国家之间的关系,因为平等的国家之间不能产生管辖权,一国不会接受另一国的国内立法的约束。普惠制所涉及的是国家之间的权利义务关系,这种权利义务关系不能以国内立法作为基础。作为权利方,它不可能通过本国的立法来给它方设置义务;作为义务方,义务的内容不应该通过本国单方面的立法来加以确定和变更。当美国宣布某个国家从其普惠制方案中"毕业"时,被宣布"毕业"的国家无法就此提出什么主张,因为其原先的未"毕业"的资格本来就是美国的国内立法所单方面确定的。现在美国自可以撤回其单方面作出的允诺,而不必承担任何法律责任。

最后,国家(集团)之间的条约当然具备法的约束力;而且,由于双边条约对普惠制内容的规定多较为具体,因而这类法律文件应该认为是普惠制作为一项国际经济法律制度而存在的比较确定的法律基础。但是,国际条约法中最重要的原则之一便是自由同意原则。任何国家不得强迫他方接受自己的意志,任何国家都可以自己决定如何通过条约来争取自己的权利和确定自己的义务。因此,在是否向其他国家提供单向的优惠待遇问题上,每个国家仍是根据自己的意志来作出最后的决定。2019年7月26日,美国就发展中国家地位及发展中国家享有的"特殊与差别待遇"问题发布了一份题为《关于改革WTO中的发展中国家地位的备忘录》的文件,其中就发展中国家地位认定提出了严苛的标准,并要求尽快改变世贸组织规则,否则将以单方面终止对特定发展中成员的优惠待遇的方式来贯彻自身主张。美国的这一主张使得普惠制在世界贸易组织的贯彻和推行方面又面临了新的不确定性和障碍。

在体现公平原则的范例——普惠制自身的法律属性都十分脆弱的情况下,很难说公平原则已成为国际经济法的基本原则。

二、关于国际合作

随着国际经济交往的发展,国际合作的重要性日显突出。因此,有学者认为"国际合作"应作为国际经济法的一项基本原则。然而,将国际合作作为国际经济法中的一项基本原则恐怕还缺少现实基础,其主要原因在于我们还难以证明国家负有相互合作的法律义务。

现实告诉我们,国家的确承担着大量的法律意义上的合作义务。例如,向他国提供对外经济贸易管理方面的法律信息、放弃某种税收管辖权、履行国际组织就特定事项作出的决议,等等。那么,国家的这些合作义务是如何产生的呢?一项法律义务的产生无非基于两种情况:法律规定和符合法律规定的当事人之间的约定。国家的合作义务也只能基于国际法的规定或国家之间的符合国际法的约定而产生。

国际法是否一般地规定了国家具有同他国合作的义务呢?对此很难给出肯定的判断。由于国家都是平等的主权者,因此,并不存在超越国家的"世界政府"或立法机关。除非存在国际强行法规则,国际法规则只能基于国家之间明示或默示的约定产生,每个国家只接受自己所愿意接受的规范的约束。我们目前还无法证明存在着这样一条国际强行法规则:每个国家都必须与其他国家合作。由此,国家如果承担着合作义务,那么,这种合作义务或者产生于它所明确接受的条约规范,或者产生于它所明示或默示接受了的习惯法规则。所以,国家的合作义务,尽管具有法律约束力,但从性质上看,应属于约定义务,而非法定义务。

我们有时所说的"国际合作义务"可能只是一种国际道德义务,而非法律义务。在没有习惯法依据和条约约定情况下的合作义务,只能是道德义务。国际道德规范的一个古老的例子是:在其他民族发生饥馑的情况下,有予以救助的义务。[1]

同国内社会的情况一致,国际社会中的道德标准通常会高于法律标准,因此,如果某种国际道德规范已转化为国际法律规范,则表明国际法的进步。法律意义上的合作义务自然要比道德意义上的合作义务更加确定和更易于履行。由于环境问题具有跨国性,因此在环境保护方面各国应相互合作,这一直是人们的共识。但在有关的国际条约达成之前,国家在环境保护方面的合作义务只是道德义务。随着各国共同保护和治理环境的需求日渐迫切,国际社会终于在上个问题上达成了一系列的公约,这是国家间的合作的法律化。同时,从道德角度考量,由于发达国家对国际环境的恶化应承担更多的历史责任,而发展中国家治理环境的能力又十

---

[1] [奥]阿·菲德罗斯:《国际法》,李浩培译,41页,北京,商务印书馆,1981。

分有限,因此,许多环境公约确立了"共同但有区别的责任",要求发达国家在环境治理方面作更多的努力。1990年修正的《蒙特利尔议定书》和1992年制订的《生物多样性公约》均规定发达国家要作出特别安排,向发展中国家提供额外的资金和转让有关的技术;1992年制订的《联合国气候变化框架公约》则进一步明确:"各缔约方应在公平的基础上,并根据它们共同但有区别的责任和各自的能力,为人类当代和后代的利益保护气候系统。因此,发达国家缔约方应当率先对付气候变化及其不利影响。"1997年制订的《联合国气候变化框架公约京都议定书》更是在温室气体排放方面为发达国家规定了特别的义务。

即便如此,我们也很难认定"国际合作"已成为国家的一项义务。美国政府总统特朗普于2017年6月宣布退出前任美国总统代表美国签署的《巴黎协定》,显示出美国新一届政府在全球环境治理方面的"不合作",但对这种不合作难以作出法律层面的否定性评价。当国际合作尚不能构成国家的一项国际法意义上的义务时,很难将国际合作看作是国际经济法的基本原则。

此外,所谓的国际合作,在通常语境下说的是国家之间的合作,而覆盖不到私人之间的关系和国家与私人之间的关系,因而,不具备统辖国际经济法各个分支或领域这一国际经济法基本原则的必备条件。

三、关于可持续发展

有的教科书都将可持续发展作为国际经济法的一项基本原则。

自20世纪80年代以来,可持续发展的理念在国际社会逐渐得以普及。1987年,世界环境与发展委员会发表了《我们共同的未来》的报告,正式使用了可持续发展概念。1992年6月,联合国在里约热内卢召开的"环境与发展大会",通过了以可持续发展为核心的《里约环境与发展宣言》和《21世纪议程》等文件。2002年在南非约翰内斯堡举行的可持续发展世界首脑会议则通过了《约翰内斯堡可持续发展宣言》及《约翰内斯堡执行计划》。上述国际文件确立了可持续发展的基本内涵,即兼顾与协调经济发展、环境保护和社会发展。

可持续发展作为一种法律原则,首先以上述国际文件等"软法"形式表现出来,随后,也被国内立法和国际法律文件所确认。由于可持续发展原则的主要内容是兼顾与协调解决发展、环境保护和社会发展,因此,与经济贸易、环境气候与社会发展有关的国际条约对可持续发展原则都有所体现。例如,晚近出现的许多国际投资协定都会在序言部分申明可持续发展的理念。美国的《投资协定范本》(2012)中明确提出协定目标的实现方式要与"保护健康、安全和环境,以及促进国际公认的劳工权利相一致"。许多国家签署的投资协定都包含类似的表述。可持续发展理念不仅表现在投资协定的序言部分,也出现在一些具体条款当中。例如,许多投资协定规定,缔约国有权基于下述原因而对来自对方的投资采取必要的措施:保护人类、动物或植物的生命或健康所必须,或为保护可枯竭的生物或非生物自然资源。[1]

虽然国际经济法中包含着一些反映可持续发展理念的规则和制度,然而,可持续发展的理念尚未普遍地体现在国际经济法的规则和制度中。从前面的举例可以看出,反映可持续发展理念的制度或规则主要存在于调整国家之间关系的国际公法规范领域中,并由此可进入各国的经济法或行政法,以调整国家和私人之间的国际经贸管理关系。而在私法领域中,反映可持续发展理念的规则和制度尚属罕见。而且,即使在公法领域中,反映可持续发展理念的规则也并不系统和完整,经常以孤立的状态呈现。有学者将《关税与贸易总协定》第二十条"一般例外"条款中"与保护可用尽的自然资源有关的、与限制国内生产或消费一同实施的措施",看作可不遵守总协定项下的普遍义务,看作世界贸易组织看重可持续发展的证明。但成功援引"一般例外"的前提是证明该措施不具有不合理的武断的歧视性,亦不构成对贸易的变相限制,这仍然是将贸易自由看作比可持续发展更重要(至少是并重)的目标。综上,可持续发展尚难以被列为国际经济法的基本原则。

---

[1] 美国、加拿大和墨西哥三国基于《北美自由贸易协定》而修订的《美墨加协议》(*United States-Mexico-Canada Agreement*)第十四条十六款就此作出类似规定;此外,该协议第十四条十七款关于公司社会责任的规定,也体现出了可持续发展的理念。

第四章 国际经济法体系

国际经济法是一个规则体系。体系内的各项规则又依功能的不同而组成不同的规则群。这样的规则群可称其为子体系。认识国际经济法的体系,其实是了解国际经济法是由哪些子体系构成的,以及其相互间关系如何。

第一节 国际经济法体系的两种认定

任何一个部门法都是一套法律规则体系。在这个体系之内,各法律规则按照其内在逻辑排列组合在一起,共同发挥其效能。国际经济法也是这样一套规则体系。

同其他的法律体系一样,国际经济法的体系既有客观性,也有主观性。所谓客观性是指国际经济法体系有其自身的形成和发展规律;所谓主观性是指任何法律体系事实上都是人们基于对客观现实的认识所作的划分。

因为国际经济法是调整国际经济关系的法,所以,国际经济法的体系取决于国际经济法所调整的国际经济关系的体系。由于国际经济关系以其所涉交易的性质为标准,可分为国际货物买卖关系、国际技术转让关系、国际服务贸易关系、国际直接投资关系、国际金融关系和国际税收关系等,所以,国际经济法的体系也就应该由国际货物贸易法、国际技术贸易法、国际服务贸易法、国际直接投资法、国际金融法和国际税法等所组成。

由于国际经济关系从其主体的角度看,又可分为私人之间的经济关系、国家与私人之间的经济关系以及国家之间的经济关系,所以,国际经济法又应包含调整私人之间的经济关系的法、调整国家与私人之间的经济关系的法和调整国家之间的经济关系的法。调整私人之间的经济关系的法可称作国际商事交易法,具有民商法的性质;调整国家与私人之间的经济关系的法可称作国际经济管理法,具有经济法或行政法的性质;调整国家之间的关系的法可称作国际经济协调法,具有国际公法的属性。依此界定的国际经济法体系可称之为"三分法体系"。

由于认识国际经济法体系的后一种方法更能揭示出法律规则的属性,更能明确法律规则所调整的社会关系的特点,因此,是一种更有意义的认识国际经济法体系的方法。依据前一种方法对国际经济法体系的界定是以交易的类型为基础的,而交易的类型可以是千变万化的,因此,以此为基础的国际经济法体系永远是不确定、不统一的。而"三分法体系"由于穷尽了国际经济法所调整的各类社会关系,因而其体系是完整的、确定的。虽然为了与通行教材保持最低限度的一致性,本书"分论"的体系仍然遵循前一种体系,但在每一章的内容上还是能够看得出"三分法体系"的认识方法。

第二节 国际商事交易法

一、国际商事交易法的概念

国际商事交易法是调整私人之间的跨国交易关系的各种法律规范的总称。

由于交易关系总是要通过合同加以确定,因此,国际商事交易法的核心部分是合同法。

除了合同法之外,国际商事交易法还应包括与其他一些调整国际商事交易关系的法律规范,例如国际货物运输、货物运输保险以及资金支付方面的法律规范。在这些交易之中贯穿着合同关系,但又并非完全靠合同法加以调整。例如,《联合国国际货物销售合同公约》除了包含合同法,还包含买卖法。还有一些交易虽然本质上仍然是一种合同关系,但已经衍生出新的形态,例如从借贷合同演化出的债券,已经无法以合同法加以规范,而要服从证券法的调整。

最广泛意义上的国际商事交易法应该包括从事国际商事交易的商业组织从其设立到其终止以及其存续期间所有商事活动的法律,包括公司法和破产法以及所有规范其商事活动的法律。例如,一家中国公司去百慕大注册一家全资子公司,此时所适用的法律也应属于国际商事交易法。虽然严格意义上的交易尚未开展,但却是国际商事交易的起点。如果这家中国公司与一家韩国公司在百慕大注册了一家合资公司,那么,这一过程本身即是一桩国际商事交易。

二、国际商事交易法的形式与内容

(一)国际商事交易法的形式

国际商事交易法主要表现为各国的国内民商事立法。在英美法系国家还有以判例行书方式存在的调整交易关系的规则。

为了消除各国国内法之间的差异给国际商事交易带来的障碍,一些国际组织还推动着"统一民商法"的创建。《联合国国际货物买卖合同公约》就是这种努力的一个突出成果。

此外,一些民间组织也在推动着合同管理规则的体系化。国际统一私法协会制定的《国际商事合同通则》就是一个典型的实例。

1. 国内民商法

尽管存在着一些调整国际商事交易关系的国际条约和国际惯例，国际商事交易关系通常也还是处于国内法的约束之下。

国内民商法对国际商事交易关系的调整主要通过三个途径得以实现：第一，交易的当事人可协议选择某一国内法作为其交易关系的准据法；第二，在当事人没有作出这种选择的情况下，法院或仲裁机构可依据"最密切联系原则"确定某一国内法作为一项国际商事交易关系的准据法；第三，国家可能要求某类国际商事交易必须以本国法律作为准据法，从而排除了其他法律的适用。

在通常情况下，一国的民商法既可以调整国内商事交易关系，也可以调整国际商事交易关系。但国家有时会要求某些国际（涉外）商事交易适用特别的规则，例如要求跨国并购适用专门的法规、要求某些特许经营协议必须以本国法作为准据法等。

2. 国际条约

国家可以通过签订条约的方式创设统一的国际商事交易法。前面所列举的《联合国国际货物销售合同公约》以及《联合国1978年海上货物运输公约》等，都包含大量的调整国际商事交易关系的规范，从不角度调整国际商事交易关系。

由于国际条约可使得成员国基本使用基本相同的规则（因为这类国际条约通常允许成员国对条约的内容作出保留，因此，不同的成员国仍可能在一定范围内适用不同的规则），所以，通过国际条约来确立国际商事交易法应是一种最为理想的方式，因为由此可以消除由各国法律规则的不一致而给国际商事交易当事人带来的障碍。然而，国际社会在民商事统一立法的进程上所取得的进展仍十分有限。这不仅表现为有关国际商事交易的公约多局限在国际货物买卖同和国际海上货物运输等为数不多的几个领域，还表现在有的公约允许合同当事人排除公约对其合同关系的适用。例如，《联合国国际货物销售合公约》第六条即明确规定："双方当事人可以不适用本公约，或在第十二条的条件下，减损本公约的任何规定或改变其效力。"

与此同时，我们也应该看到，有关国际商事交易的国际条约不仅可以约束缔约国的自然人和法人所参加的国际商事交易，也可以适用于非成员国的自然人或法人所参加的国际商事交易，只要当事人选择条约作为其合同所适用的法律。前面所援引的《联合国1978年海上货物运输公约》即明确规定，如果提单或证明海上运输合同的其他单证规定，该公约各项规定或实施该公约的任何国家的立法应约束该合同，那么，该公约即可适用于该项合同关系。《联合国国际销售合同公约》尽管只规定了公约适用范围之内的合同当事人可以排除该公约的适用，而没有规定公约适用范围之外的合同当事人是否可以选择适用该公约，但按照一般的原则，这种选择适用应该是被允许的。《最高人民法院关于适用〈中华人民共和国涉外民事关系法律适用法〉若干问题的解释(一)》第九条规定:"当事人在合同中援引尚未对中华人民共和国生效的国际条约的,人民法院可以根据该国际条约的内容确定当事人之间的权利义务,但违反中华人民共和国社会公共利益或中华人民共和国法律、行政法规强制性规定的除外。"该项规定说明非缔约国的当事人是可以援引条约的规定来确定他们之间的权利义务的。

3. 国际商事惯例

国际商事惯例规则主要是国际商事交易规则;这些规则产生于商人们的实践,经由商人们的援引或法律的确认而对商人们的交易构成约束。

国际商事惯例规则通常由商会等非政府机构编撰成文,如国际统一私法协会编撰的《国际商事合同通则》、欧洲合同法委员会通过的《欧洲合同法原则》、国际商会制定的《跟单信用证统一惯例》和《见索即付保函统一规则》等。

还有一类国际商事合同范本有时也被看作国际商事惯例,例如国际咨询工程师协会与欧洲国际建筑工程联合会共同编制,经美洲承包商联合总会、美洲建筑工业联合会、亚洲及西太平洋承包商协会国际联合会推荐,并由国际工程承包合同当事人所广泛采用的《土木建筑工程(国际)合同条件》。这类文件其实构成合同的基本条件,而并非规范合同或交易的规则,因而不应被视为国际商事惯例。

从统一规则、便利交易的宗旨出发,许多国际商事惯例都在努力扩大其适用范围。例如,《国际商事合同通则》的前言在肯定通则的适用条件是合同当事人的共同选择的同时,又规定:如果当事人同意其合同受"法律的一般原则""商事规则"或类似的措辞所指定的规则管辖时,亦可适用通则。当无法确定合同的适用法律对某一问题的相关规则时,通则可对该问题提供解决办法。通则可用于解释或补充国际统一法的文件。

一些国际公约也在扩大国际惯例的适用范围。《联合国国际货物销售合同公约》第九条第二款即规定:"除非另有协议,双方当事人应视为已默示地同意对他们的合同或合同的订立适用双方当事人已知道或理应知道的惯例,而这种惯例,在国际贸易上,已为有关特定贸易所涉同类合同的当事人所广泛知道并为他们所经常遵守。"国内立法也可为国际惯例的适用扩大机会。原《民法通则》第一百四十二条规定,如果涉外民事关系所应适用的我国法律或我国所缔结或参加的国际条约"没有规定的,可以适用国际惯例"。虽然《民法典》未能保留这一条款,但《民法典》中关于"习惯"的适用的规定,也应适用于国际商事惯例。

(二) 国际商事交易法的内容

1. 国际商事交易法的核心内容是合同法

由于几乎所有的国际商事交易都需要借助合同的方式,因此,合同法自然成为国际商事交易法的核心内容。

国际商事合同,作为合同的一种,其主要特征在于它的"商事性"和"国际性"。

第一,国际商事合同是一种商事合同,是当事人为了获取商业利益所订立的合同。实践中,商事合同(commercial contract)是与消费者合同(consumer contract)相对应的一个概念。所谓消费者合同,是指至少有一方当事人是消费者的合同。消费者作为合同的当事人并非出于职业或行业的需要,而是为了本人或家庭消费。而所谓商事合同,应该是商人所订立的合同,或者是为了商业目的(利润)所订立的合同。可见,商事合同的范围是非常广泛的,除了常见的买卖合同之外,还包括技术许可合同、服务合同、投资合同、借贷合同、承包合同,等等。

国内法中会区分商事合同与消费者合同。区分商事合同与消费者合同的主要理由是消费者在订立合同时,由于缺乏职业或行业经验而处于不利的地位,因此,需要给予特别的法律保护。《联合国国际货物销售合同公约》也将消费者合同排除在公约适用范围之外。该公约第二条规定:"本公约不适用于以下的销售:(a)购供私人、家人或家庭使用的货物的销售……"

从商事合同的性质可以推断出,商事合同的主体也是非常广泛的。除了公司或其他商业组织可作为商事合同的主体之外,政府以及自然人也都可以与他方当事人订立商事合同。政府作为商事合同的主体,经常出现在政府采购合同和特许协议当中;而自然人作为主体则可能在更为广泛的领域订立商事合同。

第二,国际商事合同是具有国际因素的商事合同。实践中,人们主要依据国籍标准和营业地标准来判断一项合同是否具有国际因素。如果一项合同的双方或多方当事人具有不同的国籍,则该合同即可被视为国际合同;如果一项合同的双方或多方当事人的营业地或住所地分别处于不同国家,那么,该合同即可被视为国际合同。例如,《联合国国际货物销售合同公约》规定:"本公约适用于营业地在不同国家的当事人之间所订立的货物销售合同。"一些有关合同问题的国际条约试图尽量扩大自己的适用范围,从而使得国际合同的外延尽量广泛。例如,《联合国1978年海上货物运输公约》第二条规定:"本公约的各项规定适用于两个不同国家间的所有海上运输合同,如果:(a)海上运输合同所规定的装货港位于一个缔约国内,或(b)海上运输合同所规定的卸货港位于一个缔约国内,或(c)海上运输合同所规定的备选卸货港之一为实际卸货港,并且该港位于样缔约国内,或(d)提单或证明海上运输合同的其他单证是在一个缔约国内签发的,或(e)提单或证明海上运输合同的其他单证规定,本公约各项规定或实施本公约的任何国家的立法应约束该合同。"

国际商事交易是国际经济法产生和存在的前提性条件,而国际商事交易必须借助合同的形式,以合同订立来确认交易,以合同履行来实现交易,以合同责任来处理受阻交易。

一国的合同法通常既适用于国内合同关系,也适用于涉外合同关系,但就涉外合同多少总会有一些特别的规定，例如关于合同的准据法问题的特别规定。以国际条约和国际惯例为表现形式的合同法，有的适用于各种合同关系，如《国际商事合同通则》；有的则仅适用于某种类型的合同关系如《联合国国际货物销售合同公约》和《国际贸易术语解释通则》都是仅适用于货物买卖合同的。然而，无论调整国际商事合同关系的合同法的表现形式如何，其规则体系一定会包括合同成立制度、合同效力制度、合同履行制度和违约救济制度。

国际商事合同在约定当事人之间的权利义务关系的同时，也可以对可适用的国际商事交易法加以取舍。由于调整国际商事交易关系的法律规范总体上均属任意法规范，所以，当事人可以通过选择某种规范而排除其他规范的适用，除非后者具有强行法的性质。例如，当事人可以选择某一国家的民商法而排除其他国家民商法的适用；可以通过选择国内法而排除国际条约的适用；可以通过选择国际商事惯例而排除国内法和国际条约的适用。当然，人们最终可以通过合同条款的约定而排除任何与其相冲突的任意法规范的适用。许多民商法规定的"除当事人另有约定"就是承认合同条款可以排除或变通法律规范的适用，从而影响国际商事交易法的适用范围。从这个意义上讲，虽然国际商事合同条款并非法律，却可以限缩法律的作用。因此，对于一项国际商事交易，除了要关心可适用的国际商事交易法，更要注意合同条款的设计。

2. 国际商事交易法的其他内容

国际商事交易的类型极为丰富，国际商事交易法的内容也极为繁杂，无法一一列举。但我们可以列出几个有关国际商事交易法的基本判断。

第一，由于有什么样的国内商事交易就会有什么样的国际商事交易，因此，有什么样的调整国内商事交易的法律，就会有什么样的调整国际商事交易的法律。

第二，国际商事交易毕竟不同于国内商事交易，因此，要注意找寻那些专门适用于国际商事交易的特殊法律规则。

第三，由于国际商事交易通常是任意法规范，因此，国际商事交易的当事人可以选择其愿意适用的法律，同时排除其他可能适用的法律。

第四，基于国际商事交易的特殊性，国际商事交易法会存在一些强行法规范，这样一些规范是必须遵行的，无法排除适用。

第三节 国际经济管理法

一、国际经济管理法的概念

国际经济管理法是规范政府对国际商事交易管理的各种法律规范的总称。

从调整对象看，国际经济管理法调整的是政府与国际商事交易当事人之间的关系；从法律渊源上看，国际经济管理法主要是国内法。

自多数西方发达国家在19世纪末和20世纪初完成了从自由资本主义阶段向帝国主义阶段的过渡后，国家对社会经济生活的干预便日益加深。由于国际经济活动涉及经济利益在不同国家的分配，因而很早就成为国家干预和管理的对象。"二战"结束以来，国家对国际经济活动的监管发生了很大的变化。首先，国际货物买卖以外的其他各种形式的国际经济交往，包括国际技术贸易、国际服务贸易、国际直接投资和国际金融活动等得到了迅速的发展，相应地，国际经济交往的政府管理的范围和方式也不断扩展。其次，由于《关税与贸易总协定》和后来的世界贸易组织框架下的关税减让谈判使关税对国际货物进出口的影响不断降低，各国政府越来越多地以非关税措施来对货物的进出口加以管理，使得进出口贸易的控制方式花样翻新。再次，"二战"结束之后国际政治格局的变化使得国际经济交往中的政府管理深受国际政治因素的影响，并在一定程度上脱离经济利益，这也对政府的管理目的和管理方式产生了影响。最后，以自由贸易区和关税同盟为主要表现形式的区域性国际经济组织的不断出现，使得国际经济交往的政府管理由单边向多边发展。

国家对国际经济活动实施管理的原因可以列举很多，但概括地说，这些原因可分为经济方面的原因和非经济方面的原因两大类。

维护或扩大本国的经济利益通常是各国政府对国际经济交往实行管理的首要原因。美国的第一部和平时期的出口管理法——《1949年出口管制法》(*Export Control Act of 1949*)第二条第一款规定，对出口进行限制是为了保护国内经济的发展，强化美国的外交政策和保障美国的国家安全；美国随后制定的《1969年出口管理法》和《1979年出口管理法》又一再将维护本国的经济利益作为其进行出口管理的主要原因。

出于经济目的而对国际经济活动施加管理的具体原因通常有以下几种。一是保护国内稀有资源。美国的《1969年出口管理法》(*Export Administration Act of 1969*)的第二条在列举立法理由时即明确指出，某些物质在国内外的分布明显不同，因此美国对这些物质的出口及其分布会影响国内的经济利益，并且会对美国外交政策的实现产生重大影响。一些国家限制稀有矿产出口即属于此种情形。二是为了保证本国产业的合理结构。各国政府通常都力求防止出现本国就某些产品对外国形成依赖，以免当国际市场发生重大变动时，本国经济难以适应和调整。为此，它们就会通过实行某种贸易政策，限定进口货物的种类结构，以保护国内某些产业的发展。在国际直接投资方面，许多国家对外资的进入领域持谨慎态度，以使本国需要扶持的幼稚产业得以避开实力雄厚的外国资本的竞争而得以发展。西方的经济学家很早就提出了幼稚产业保护理论。19世纪德国经济学家李斯特进一步从理论上阐述了如何运用保护贸易的政策与措施来保护本国的幼稚的但有发展希望的工业。三是增加本国的就业机会。从总体上说，国际经济交往的扩大有利于增加世界的总产量，从而增加就业的机会，但就个别国家及个别产业而言，不加管制的国际经济交往则会减少就业机会。国际贸易的扩大会使一国的出口部门的生产扩大，创造出新的就业机会；但其他一些部门则可能面临外国产品的竞争，有些企业就可能被淘汰，从而造成工人的失业。资本的输出也会减少本国的就业机会，因为本国的资本输出到海外就等于生产转移到海外，使得本国失去了就业机会；同时，由于海外直接投资可能带来很有竞争力的产品返销，从而进一步危及本国的就业机会。四是保证公平的交易。国际经济交往是法律地位平等的民商事主体之间的商事交易，各方可自由表达自己的意志，因此这种交易应具备公平的性质。但事实上，法律地位的平等并不能消除实力的影响，因此，政府必须制定和实施相应的规则，以保证交易更加公平。以附加关税来抑制倾销和补贴即属此种情形。

出于非经济目的而对国际经济活动施加管理的具体原因主要有保障国家安全和贯彻本国的外交政策。

历史上的经济学家早就论证过为保障国家安全而对国际贸易进行限制是正当的。"二战"结束以来，由于不同国家集团之间的意识形态的冲突十分尖锐，所以以保障国家安全而对国际经济交往实施的管理相当普遍。东西方两大阵营的出现和对抗，导致美国国会通过了第一个全面控制出口贸易的法律，即《1949年出口管制法》。这种出口管制不可能不具有浓厚的政治色彩，即把非经济因素作为实施出口管制的主要原因。美国战后的各项有关管制国际贸易和其他国际经济交往的立法几乎毫无例外地将保障国家安全作为其重要的立法理由之一。各国政府对国际直接投资活动所施加的控制一般也都以保障国家安全为主要原因。

所谓贯彻本国的外交政策主要有两层含义：一为履行本国基于条约或国际组织决议所产生的义务；二为在国际社会上表明本国对某些国际事件的立场。外交政策的贯彻与本国的国家安全通常没有直接的关系，而且一般也并不直接着眼于经济利益，甚至有时还会给本国的经济利益带来直接的损失。但由于一国的外交政策反映着该国政府的基本的价值取向，所以各国都会通过对国际经济交往的干预和控制来保证其外交政策的实现，例如，为了执行联合国安理会的决议，联合国会员国会禁止本国人向遭受制裁的国家出售某种物品。

二、国际经济管理法的形式与内容

（一）国际经济管理法的形式

与国际商事交易法相比，国际经济管理法的形式比较单一，基本上是一国的国内法。

首先，商人们的实践会产生国际商事惯例，但不会产生政府管理交易的惯例；而现代法治原则又使得政府必须依法行政，不允许政府无法律依据而行事，因此也就消除了从政府的实践中形成惯例规则的可能。

其次，尽管国际条约可以创设国际经济管理规则，但各国政府很少直接依据条约对国际经济施加管理，而通常都要将条约内容转化为国内法，依据国内法对国际经济实施管理。例如，世贸组织规则基本上都是政府管理国际经济的规则，但各成员方政府不会依据世贸组织规则去对国际贸易活动施加管理，而是依据本国相关法律进行贸易管理活动。因此，世贸组织规则严格说来并不是各缔约方对国际贸易施加管理的法律依据，而是各成员方就国际贸易进行管理而彼此约束的法律依据。

因此，我们需要从有关国家的国内法中寻找国际经济管理法。

与属性为国际商事交易法的国内法不同，属性为国际经济管理法的国内法通常是强行法。当事人对这类国内法既不能排除适用，也不能变通适用。而且，由于行政机关是在执行法律规定的职责，不是在实现自己的私利，因此，原则上，行政机关无权与当事人绕开法律规定而协议解决问题。

（二）国际经济管理法的内容

国际经济管理的对象是国际经济活动（国际商事交易）。由于这种活动或交易是超越国界的，因此必然会表现为进入他国市场和进入他国市场之后两大阶段，所以，国际经济管理法的内容可分为市场准入管理法和市场准入后管理法两大部分。

1. 市场准入管理法

任何一项国际商事交易对一方当事人来说都是进入对方国家的市场的过程。对方国家由此被称作"输入国"。如果对方国家不允许外国货物或资本的输入，那就是"市场不准入"；如果对外国货物或资本没有任何限制，那就是"市场准入"；如果需要满足一定的条件才能进入，那就是"有限制的市场准入"。因此，"市场准入"与否是一国对国际经济活动施加管理的事实上的起点。

由于国际经济交往的基本类型是贸易与投资，因此，市场准入主要包括商品的市场准入和资本的市场准入。清朝末期，西方列强用重炮利舰打开了我国一个又一个的通商口岸，目的是让它们的商品和资本可以自由地进入我国市场。如今，凭借武力获取市场准入承诺的血腥实践已经大为减少，更多的是通过和平谈判的方法，依国家的相互同意而向对方开放自己的商品和资本市场。

"二战"结束之后出现的《关税与贸易总协定》通过降低关税、削减非关税壁垒，使得各缔约方的商品进入其他缔约方的市场的机会大大增加。关于投资的市场准入则是通过大量的双边协定和区域性安排来实现的。在"自由化"和"便利化"呼声的引导下，无论是贸易还是投资领域中，进入外国市场大概比历史上的任何一个时期都容易得多。但同时也应该看到,市场准入的过程仍存在着不少的障碍,这些障碍是用制度、措施构建起来的。

在国际货物贸易领域,常见的市场准入阶段的管理制度与措施包括关税、数量限制和技术标准等。

关税是国家就进出口货物所征收的一种税赋。征收关税的意义在于允许外国商品进入本国市场的同时,为外国商品的进口设置一定的障碍。由于国际货物买卖曾是国际经济交往的基本形式,所以关税征缴曾是国家管理国际经济交往的最基本的手段。虽然由于各国关税税率近几十年的大幅度削减和各种非税壁垒措施的广泛运用,使得关税的作用已相对降低,但作为外贸管理的重要手段,关税的作用仍不可忽视。美国对他国发动贸易战时最先祭起的武器往往就是高关税。

各国除对进口商品征收一般的进口税外,往往还为了某种目的再加征某种特别的关税,通常被称之为特别关税。最常见的特别关税是反倾销税和反补贴税。征收特别关税的目的在于以特别手段消除商品输入对本国带来的不利的经济影响。由于各种特别关税可根据不同的情况临时增设,因而它比一般的关税更具有灵活性,也更容易被用作贸易保护的手段。尽管关贸总协定所主持的后几回合的多边谈判中一直将反倾销、反补贴问题作为重要议题,一再修订其主持通过的反倾销和反补贴规则,并将它们纳入世贸组织条约体系之中,但反倾销与反补贴的滥用仍然是目前人们所关注的国际经济法的重要问题之一。

数量限制(对进口商品所施加的数量限制)是指一国政府对一定时期内的进口商品的数量或金额,事先地或随机地、一般地或个别地予以限制。从实践中看,最常采用的数量限制措施为进口配额制和进口许可制。《关税与贸易总协定》订立以来,通过若干回合的多边谈判,各国的关税税率得到大幅度的削减,在这种情况下,各国更会倾向于采用数量限制措施,从而减弱关税降低之后进口商品对本国工业的竞争压力。这样,数量限制措施也就成为国际贸易领域中的一个颇受关注的问题。关贸总协定的基本原则之一是以关税作为控制进出口的主要手段,尽量消除各种数量限制措施。总协定的许多条款都禁止以配额和许可证等形式对来自其他缔约方的产品施加限制,但由于这些条款都规定在总协定的第二部分,而根据加入总协定的议定书中的"祖父"条款,各缔约方对总协定的第二部分仅承担在与国内现行立法不相抵触的最大限度内予以适用的义务,所以,总协定中关于取消数量限制的规定在实际适用过程中受到很大限制。

对于进入本国市场的外国商品,各国通常都要求其必须符合一定的技术标准。要求进口商品须达到一定的标准,主要是为了保护本国消费者的合法权益,但也应该看到,某些国家经常以苛刻的技术标准来限制外国商品的进口,复杂多变的技术标准常使得进、出口商无所适从。由于技术标准对国际贸易的发展具有一种可能的阻碍作用,所以关贸总协定在东京回合即已制定了技术贸易壁垒协议。在乌拉圭回合的谈判中，又对该协议进行了若干修改，达成了新的技术贸易壁垒协议，成为规范各成员国有关实践的基本法律文件。

国际经济交往往往要通过合同关系实现。有关当事人之间的权利义务关系一定要通过合同的签订来加以确认，以合同的履行来加以实现。因此，一国政府可通过合同审批来贯彻其市场准入制度。合同审批登记制度主要应用在国际技术转让和国际投资领域，以是否获得政府批准作为合同是否生效的条件。

在国际投资领域，市场准入阶段的管理制度与措施已由审批管理转向"市场准入阶段的国民待遇＋负面清单"模式。

在很长一段时期，是否允许外资进入本国市场的决定权掌握在东道国手中。东道国政府可以通过审批制度或备案制度来逐一审查外国投资者的投资申请，在此基础上决定是否准许外资进入。然而，近些年，在美国等资本输出大国的强力推进下，外资在市场准入阶段即可享受国民待遇。美国的《双边投资协定范本》对这个问题的表述是："缔约方给予另一缔约方投资者的待遇应不低于其在国内类似情形下在设立、获取、扩大、管理、实施、运行、出售或其他形式的投资处置给予国内投资者的待遇"；"各缔约方给予的投资待遇不应当低于在类似情形下给予在其领土内本国投资者在设立、获取、扩大、管理、实施、运行、出售或其他形式的投资处置方面的待遇。"这里的关键词是"设立"（establishment）、"获取"（acquisition）和"扩大"（expansion）。"设立"就是新建投资（绿地投资），"获取"等同于通过并购所进行的投资，而"扩大"则是增加投资。要求缔约国在对方投资者"设立""获取"和"扩大"时即给予国民待遇即意味着在投资者和投资进入对方国家的市场时（市场准入时）即给予国民待遇。因为美国《双边投资协定范本》所要求的国民待遇从市场准入后迁移至市场准入前，因此，被许多人称作"准入前的国民待遇"。

严格说来，这种国民待遇应称作"市场准入的国民待遇"，而不是"市场准入前的国民待遇"。"待遇"总是与特定事项相联系的。当国家之间约定，或一国向其他国家允诺给予对方的投资者或投资以"国民待遇"时，一定要明确在何种事项上给予这种待遇。传统上所说的，东道国给予进入本国市场之后的外资以"国民待遇"，是指外资进入东道国之后，在管理、实施、运行以及出售或其他形式的投资处置方面（也即美国双边投资协定范本所列的 management、conduct、operation、sale 或 other disposition of investments）享有不低于东道国给予其本国国民的待遇。所谓的"市场准入前的国民待遇"也必须明确在何种事项上给外国投资者和外国投资以国民待遇，而这些事项按照美国《双边投资协定范本》的表述即是"设立"（establishment）、"获取"（acquisition）和"扩大"（expansion）。如果不与特定的事项相联结，而只是从时间角度的"之前"或"之后"来表述，是难以确定相关国家在"国民待遇"问题上的权利义务关系的。

将外资的国民待遇前移到市场准入阶段，并不意味着外国投资者和外国投资在市场准入阶段即可以享受与东道国的投资者和投资完全相同的待遇。从当今的国际实践来看，还没有哪一个国家向其他国家允诺过，可以就市场准入给予外国投资者和外国投资以完全的国民待遇。因此，"市场准入阶段的国民待遇"必须与"负面清单"相结合，即对那些不能在市场准入阶段给予外国投资者和外国投资国民待遇的产业列出一个清单。上海市人民政府于上海自贸区设立之初颁布的《中国（上海）自由贸易试验区外商投资准入特别管理措施（负面清单）（2013年）》就是这样一份清单。

一个国家就外国资本可以进入的产业领域是列"负面清单"还是"正面清单"似乎区别不大："正面清单"未列入的产业就应该属于"负面清单"的内容，而"负面清单"未列入的产业即应属于"正面清单"的内容。如果有100个产业，是列出允许外资进入的80个产业，还是列出不准外资进入的20个产业，效果应该是一样的。既然如此，为什么在制度设计上会有"正面清单"与"负面清单"之争呢？原因主要有两点：第一，产业类型并非固定不变，因此，当出现一个新的产业时，在实行"正面清单"的情况下，它不在清单之内，东道国可自主决定是否允许外资进入这一产业；而如果实行的是"负面清单"制度，那么，未列入"负面清单"的产业即应为外资可以进入的产业领域。所以，实行"正面清单"制度对东道国来说显然是更为主动和稳妥的一种方式。第二，"正面清单"通常是一个国家自行设立和维持的，而"负面清单"则是两个或更多的国家之间谈判的结果。因此，一个国家可自行变更其单方面制定的"正面清单"，却无法变更以条约形式确定下来的"负面清单"（除非条约有相应约定）。如果是单方面制定"正面清单"，则制定者可自行就清单作出解释，而如果是以条约形式确定的"负面清单"，则需要缔约方一致的解释或者由争端解决机构加以解释。可见，"负面清单"使得一个国家在外资准入的产业领域事项上，将原本可以自行决定的问题转换为必须与缔约对方协商确定的事项。《中国（上海）自由贸易试验区外商投资准入特别管理措施（负面清单）（2013年）》规定："根据外商投资法律法规和自贸试验区发展需要，负面清单将适时进行调整。"2019年12月12日国务院制定的《中华人民共和国外商投资法实施条例》（以下简称《外商投资法实施条例》）第四条规定：外商投资准入负面清单由国务院投资主管部门会同国务院商务主管部门等有关部门提出，报国务院发布或者报国务院批准后由国务院投资主管部门、商务主管部门发布。国家根据进一步扩大对外开放和经济社会发展需要，适时调整负面清单。与此相适应，将来我国与其他国家签署双边投资协定时，需要在协定中明确规定这种"调整权"。

2. 市场准入后管理法

无论是商品还是资本，在进入他国市场之后仍然会面临输入国的监管，相关的法律可称作市场准入后管理法。当然，严格说来，在商品或资本进入输入国的市场之后，其母国（输出国）也保有对其实施管理的权力，不过是相比之下，输入国的管理更为日常,也更为重要。

原则上说,一国的商品或资本进入他国市场之后,应该享有与当地商品或资本大体相同的待遇(国民待遇),与当地商品和资本接受同样的政府监管。2019年3月15日制定的《中华人民共和国外商投资法》(以下简称《外商投资法》)第三十一条规定:"外商投资企业的组织形式、组织机构及其活动准则,适用《中华人民共和国公司法》《中华人民共和国合伙企业法》等法律的规定。"第三十二条规定:"外商投资企业开展生产经营活动,应当遵守法律、行政法规有关劳动保护、社会保险的规定,依照法律、行政法规和国家有关规定办理税收、会计、外汇等事宜,并接受相关主管部门依法实施的监督检查。"第三十三条规定:"外国投资者并购中国境内企业或者以其他方式参与经营者集中的,应当依照《中华人民共和国反垄断法》的规定接受经营者集中审查。"相比此前大量存在的针对外商投资企业的特别法律法规,现在在我国的中外投资者和中外投资大体上接受着同样的政府监管。

当然,毫无差别的国民待遇是不存在的。在进入他国的市场之后,无论是商品还是资本都会面临着一些特别的监管法律。例如,《外商投资法》第三十四条规定:"国家建立外商投资信息报告制度。外国投资者或者外商投资企业应当通过企业登记系统以及企业信用信息公示系统向商务主管部门报送投资信息。外商投资信息报告的内容和范围按照确有必要的原则确定。"第三十五条规定:"国家建立外商投资安全审查制度,对影响或者可能影响国家安全的外商投资进行安全审查。依法作出的安全审查决定为最终决定。"上述规定仅适用于外国投资者或外商投资企业,是针对外来投资的特殊情况所确立的脱离国民待遇标准的差别待遇。

竞争法或反垄断法是国际经济管理法的核心内容。市场经济的获利在于各市场主体之间生产经营行为的相互竞争,因此,消除各种限制性商业行为,维护市场的竞争性是各国政府对经济活动施加管理的主要内容。而且,从国际经济法视角观察,政府这方面的管理覆盖市场准入和市场准入后两大阶段。

所谓限制性商业行为或限制性贸易做法(Restrictive Business Practices),是指那些限制其他市场主体的商业行为而妨碍市场自由竞争的行为。在国际经济交往中,限制性商业行为时有发生,例如,国际货物买卖中的卖方会禁止买方将购得的货物转售到特定的国家或地区;外国投资者会要求东道国的合资者不得从事与合资企业所经营的业务相同的其他业务。在西方发达国家,很早就确立了竞争法或反垄断法体系。这些国家可以依据其反垄断法或竞争法来禁止和控制国际经济交往中的限制性商业行为。发展中国家的反垄断法或竞争法出现得较晚,并且通常是随着技术引进的立法而发展起来的,或者说发展中国家的反垄断法或竞争法在很大程度上是针对技术引进过程中的限制性商业行为的。

在考虑某项限制性商业行为对市场竞争的实际影响时,有一个必须首先解决的问题,即如何确定相关市场(relevant market),也即某一市场的范围,因为没有确定的市场,也就无法确定某项限制性商业行为的实际后果。确定相关市场也就是确定哪些商品构成同一市场。在这个问题上,美国联邦政府诉杜邦公司一案的判决为我们提供了比较明确的答案。在判断杜邦公司是否具备包装材料市场的垄断力量时,里德(Reed)法官在判决中指出:如果杜邦公司占支配地位的玻璃纸市场是一个单独的市场,那么可以说杜邦对这个市场是具有垄断力量的。然而,尽管在事实上,在没有充分掌握杜邦公司的技术之前,任何其他人都不能开始进行玻璃纸的生产,杜邦公司却没有力量阻止来自其他类型的包装材料生产厂家的竞争,因此,法庭应该确认,来自其他包装材料的竞争是否阻止了杜邦占据垄断地位。在本案中,尽管玻璃纸有其独特的优点,但在各项用途上它都面临着其他包装材料的竞争,因此,法庭认定,玻璃纸与其他软包装材料处于同一市场,这些产品之间具有高度的可互换性。里德法官认为,一个需要特别考虑的因素是一种商品的销售对另一商品的价格的影响。如果玻璃纸的轻微降价就能导致许多其他软包装材料的买主转向玻璃纸,那么就表明,这些产品在需求方面存在着互换性,表明这些产品竞争于同一市场。[1]从这一著名的判决可以看出,确定哪些产品构成同一市场(相关市场),关键在于这些产品之间是否存在着可互换性。如果若干产品是可以相互替代的,那么其中某种产品的价格的轻微变化就会导致买主对这几种产品的需求量的重新调整。反之,从买主对需求量的这种调整上,也可推断出这些产品之间具有可互换性。如果某种产品在性能上和效用上可由其他产品替代,那么即使它具有某些特性,也不能认为这种产品单独地构成一个市场。

在被允许的限制性商业行为与被禁止的限制性商业行为的划分方面,以及被允许的垄断与被禁止的垄断的区分上,美国的判例法确定了一个非常有名的标准——"合理原则"(The Rule of Reason)。依据该项原则,在判断一项似乎为反垄断法所禁止的现象或行为是否应予以禁止时,其标准是看其是否"合理"。美国反垄断法中的合理原则的确立,在很大程度上是受到最高法院法官怀特(Justice White)的思想的影响。在较早的两个案件——美国诉跨密苏里铁路运输协会(1897)和北方证券公司诉美国(1904)的审理中,怀特已表达了这样的思想,即衡量是否允许某种限制性商业行为存在的标准是看其后果是否危害公共利益。也就是说,限制性商业行为存在本身不足以证明其违法;这种行为是"附带行为"还是"基本行为"也不是确定应否对该行为加以禁止的依据。怀特指出,从法的发展历史看,它一直所关心的是垄断的危害性后果而不仅是垄断存在自身。对商业的不当限制或不合理的限制性商业行为,从广义上说,是一些在本质上或意图上具有掠夺性和剥削性的、可导致抬高价格这类邪恶后果的行为。据此,怀特不同意其他法官的意见,因为他认为这两件案子所涉及的公司没有伤害公共利益的意图和倾向,因

---

[1] 见 United States v. Du Pont de Nemours and Company, U.S. Supreme Court, 351 U.S. 377, 1956.

此它们的行为不属于不当限制性商业行为,被指控的公司有权通过合并来免受致命的竞争所带来的惨重的损失。美国的上述立法和司法实践对其他国家的反垄断法或竞争法产生了深刻的影响,我们几乎在每个国家的反垄断法或竞争法的实施中都可以看到"合理原则"的适用。应该承认,在将反垄断法的一般性规定具体化方面,在划分允许的竞争方式与不被允许的竞争方式方面,"合理原则"是可以发挥一定的作用的。但也应该看到,"合理原则"本身同"限制商业""不当竞争方式"等概念一样具有不确定性。

限制性商业行为的主要恶果是削弱市场竞争,从而窒息市场经济发展的活力。国际经济交往中的限制性商业行为也具有同样的性质,所不同的是国际经济交往中的限制性商业行为与一般的国内市场中出现的限制性商业行为的影响范围有所区别。一般的国内交易的双方当事人同属一个国家,交易的影响通常限于双方当事人的本国市场,所以各国政府对国内交易中存在的限制性商业行为都十分关注;而国际经济交往的双方当事人分属不同的国家,这类交易中的限制性商业行为通常也仅对一方国家的市场竞争产生影响,所以,受到这种影响的国家更注意国际经济交往中的限制性商业行为问题。随着经济全球化的不断进展,国家间的经济联系日益密切,一项限制性商业行为的影响会波及许多国家,竞争法的域外效力问题于是就经常显现。美国是较早关注反垄断法的域外效力的国家。尽管谢尔曼法的最初文本即已规定该法约束一切有碍州际贸易及美国对外贸易的行为,但美国法院起初并不承认谢尔曼法的域外效力。美国法院的这一立场被随后的实践所扭转。在美国诉美洲铝业公司一案中,[1]法官指出,任何国家都可以对在其境外从事其法律所禁止的行为并对其国内产生影响的人追究责任,而不管行为人是否为其国民。也就是说,即使某项违反美国反垄断法的行为不是发生在美国的领土上,即使行为人不是美国的公司或公民,只要该项行为的实施影响了美国的商业,那么美国法院就可以主张美国的反垄断法的适用,这就是所谓的"效果原则"(Effect Test)。这种"效果原则"没有说明在产生何种程度的影响时才主张反垄断法的域外效力,而如果毫无限制地主张域外效力显然会引起他国的抵制。于是,美国的司法实践中又产生出"管辖上的合理原则"(Jurisdictional Rule of Reason)。依据该项原则,在主张反垄断法的域外效力时必须认定:第一,美国的对外贸易已受到某些实际的或企图达到的影响;第二,有足够的证据表明这种影响足以对原告带来应由法院予以审理确定的损害并由此构成违反反垄断法的民事案件;第三,通过美国利益与其他国家的利益的比较,由于某一案件对美国利益的影响如此重要,以致使美国有理由伸张其域外管辖权。这一管辖上的合理原则按照通常的解释就是:如果一项发生在国外的行为对美国的商业产生了或意图产生实质性的和可预见的影

---

[1] 见 United States v. Aluminum Co. of America,148 F. 2d 416,2d Cir. 1945.

响,美国就可以主张其反垄断法的域外效力。

美国反垄断法以及其他经济管理法的域外适用经常引起其他国家的不满,甚至对抗;然而其他国家的经济管理法通常也都具有域外适用的特性,因此,各国的经济管理法的冲突就成为一个现实问题。

三、国际经济管理的管辖冲突

国家在对国际经济交往进行管理时经常出现管辖冲突,即不同的国家对同一国际经济交往均行使管辖权所产生的冲突。由于国家对国际经济交往的管理主要是由行政机关进行的,所以,这里所说的"管辖"主要不是指司法管辖,而是行政管辖。例如,一国的税务机关对本国投资者的海外投资所得要行使税收管辖权,而资本输入国的税务机关对同一投资者的同一所得也要行使税收管辖权,这就产生了两个国家在税收管辖权方面的冲突。管辖冲突产生的根源主要在于国家管辖权类型的不同。如果各个国家对特定种类的国际经济交往行使同一类型的管辖权,那么在通常情况下就不会产生管辖冲突。例如,对于跨国投资所得,如果每个国家都基于属地原则来行使管辖权,那么,跨国投资者就会在税收方面仅接受东道国的管辖,而不会有管辖冲突。但事实上,每个国家几乎都对各种形式的国际经济交往同时主张属人管辖权和属地管辖权,这就不可避免地产生管辖冲突。例如,对于跨国投资所得,几乎每个国家都同时主张居住国税收管辖权和收入来源税收管辖权。基于前一种管辖权,一国可就本国纳税居民的所有所得征税,而不管这种所得是在本国取得还是在外国取得;而基于后一种管辖权,一国可就所有在本国取得的收入征税,而不管取得收入者是本国人还是外国人。当然,也应该看到,即使各国对同一类型的国际经济交往行使同一类型的管辖权,也不能完全排除管辖冲突的可能性。例如,就一项国际货物买卖合同而言,合同双方当事人的属国都可依据属人管辖权而对合同关系实施管辖。于是就可能出现这样一种情况:根据一方当事人的属国的法律,合同是有效的,当事人必须予以履行,否则就须承担违约责任;而根据另一方当事人的属国的法律,合同是无效的或者说合同是不允许被履行的,这样,当事人就没有义务履行合同。

由于管辖冲突产生于不同国家对同一国际经济交往同时行使管辖权,所以这类冲突可通过国家之间的协议划分管辖权,或一国对他国的管辖优先的承认或默认来加以解决。

国家之间通过协议来划分彼此的管辖权是解决管辖冲突的最为理想的方式。因为这种方式体现了国际法中的国家主权原则和平等互利原则;而且由于协议划分管辖权是有关国家通过国际条约的方式对彼此的权利义务关系的确认,所以也容易得到实现。国家之间通过协议来划分管辖权的成功例证是国家之间通过条约对税收管辖权的划分。各类国际税收协定最基本的作用是确定各缔约国在有关税收方面的管辖权的范围。通过税收协议来划分有关国家的税收管辖权是一种解决税收方面的管辖冲突的成功方法。它带来三方面的积极后果：第一，确认了缔约各方的税收管辖权的范围，减少了管辖方面的冲突，表现出缔约各方对对方主权的尊重；第二，比较合理地划分了缔约各方的税收利益；第三，使得国际投资者或其他当事人的税负趋向合理，便利了国际投资和相关国际经济交往的发展。

通过协议来划分管辖权的做法在其他领域也取得了一定的进展。例如在国际投资保护方面，在订有双边投资保护协议的国家之间，其实是肯定了东道国的属地管辖优先原则。只有当东道国对外国投资者的管辖违背了国际法原则或规范，投资者的属国才可以依据属人管辖原则，向东道国提出权利主张。

协议划分管辖权的方式也可以适用到其他一些领域。例如可以考虑在竞争法领域中也确立属地管辖优先的原则，由不当竞争行为的发生地所在国来受理和解决纠纷；只有当行为地所在国对案件的处理违背了它所承担的国际义务时，才可由被害人的属国依据属人管辖原则来行使权利。当然，这样做的前提是各国的有关实体法的内容大体一致，或者说存在最低国际标准，不然的话，不同国家对同一案件的处理就会出现不同的后果。

在国家之间无法或尚未就管辖权的划分达成协议的情况下，应倡导管辖让步原则。所谓管辖让步不是指有关的国家均放弃管辖，而是指在两个或两个以上的国家对同一国际经济交往的当事人的行为均有管辖权的情况下，承认某一国家的管辖权的优先地位，而其他国家放弃管辖权。那么，如何确认某一国家的管辖的优先地位呢？比较可行的标准就是"最密切联系"原则，即考虑哪个国家与特定的国际经济交往当事人的特定行为有最密切的联系。在国际合同的准据法的确认方面存在着国际公认的最密切联系原则，即当合同当事人未就合同的准据法作出选择时，或当事人对准据法的选择被认定无效时，由合同争议的处理机构挑选出与该合同有最密切联系的那个国家的法律作为合同的准据法。确立这一原则的基本假设就是每一国际合同关系都在某一特定的法律的支配之下，如果合同的当事人对这一法律没有明确指出，那么它就应该是与该合同有最密切联系的那个国家的法律。这一原理同样也应适用于政府对国际经济交往的控制方面。当两个或两个以上的国家同时对某一实体或行为具有管辖权时，应该由与该实体或该行为有最密切联系的那个国家来行使管辖。国际社会中应存在着一种客观要求，即一国不应该在任何情况下都无条件地主张自己的管辖权。当由其他的国家行使管辖权更为合理时，一国应尊重其他国家的管辖权的行使，而放弃自己的管辖权。在适当的时候作出管辖上的让步，并不简单地意味着一国权利或利益的丧失，就如同四处主张管辖权并不一定带来权利或利益的增大一样。有效的规则的确立不仅会带来国际社会总体利益的增长，也会带来各个成员国家的利益的增长。

如果国家之间无法或尚未就管辖划分问题达成协议,而且又都不肯作出管辖让步,那么在管辖冲突出现的时候,就只能确立属地管辖优先的原则,即:当两个或两个以上的国家对同一国际经济交往的当事人的同一行为同时主张管辖权时,依属地原则行使管辖权的国家应优先行使管辖。确立属地管辖优先,主要有两方面的理由:第一,一项行为通常对行为地产生的影响最大;第二,行为地所属国家对行为人的管辖通常最为有效。这里所说的行为地指的是行为发生地,而不是行为结果地。当一项行为的结果地与发生地不一致时,应该是存在着两个或两个以上的行为结果地。因为一项行为对发生地总是有影响的,所以,行为发生地也总是行为结果地或结果地的一部分。这样,如果以行为结果地作为属地管辖的标准,那么,某一行为结果地不一定是受该项行为影响最大的地域;该地域所属的国家也不一定能对该项行为或行为人行使最为有效的管辖。属地管辖优先也许是各国必须接受的现实。一个国家可以对他国的属人实行管辖,但却很难对他国的属地行使管辖。属地管辖应该是最初的管辖原则。领土是国家存在的物质基础,又是国家权力的行使空间。在国际交往不很发达的时候,国家管辖权的含义应该等同于一国在其疆域之内的最高权力。即使在今天,从各国的立法和司法实践我们也可以看出,属地管辖占据主要地位,而属人管辖则是辅助性的。

第四节 国际经济协调法

一、国际经济协调法的概念

国际经济协调法是协调有关国家之间经济关系的法律规范的总称。

首先,国际经济协调法的调整对象是国家之间的关系。国家是国际社会的基本构成单位,是规范国际经济交往的主体,因此,世界范围的经济治理必须依靠国家间的合作。在某些情况下,国际经济协调法也将某些非国家实体纳入自己的调整范畴,这是由国际经济协调法所调整的对象的属性决定的。例如,将中国的香港特别行政区吸收为世界贸易组织的成员,是因为香港是中国所属的单独关税区,而世贸组织所管辖的事务是以国际贸易的关境管理为基础的;再如,作为国家组织的欧盟经常作为国际经贸易条约的签约一方,那是因为欧盟已经形成了一个统一的大市场,在经贸管理方面已近似一个国家。

其次,国际经济协调法的调整对象是国家之间的经济关系,这种关系主要是贸易与投资管理关系。国际经济交往的主要形式是贸易与投资;国际经济管理主要是国家对私人的贸易活动所施加的管理;而国际经济协调主要是协调各国对国际贸易和国际投资的管理活动的。可以说,国际经济管理是政府对私人的国际经济交往的管理;而国际经济协调是对政府的管理行为的管理。人们经常将世贸组织法称作国际贸易法,但严格说来,世贸组织法不是私人从事国家贸易的法,也不是政府管理国际贸易的法,而是规范政府对国际贸易进行管理的法。

再次,由于国际经济协调法是协调国家之间经济关系的法,而调整国家间关系的法律只能是国际法规范,因此,国际经济协调法只能以条约、国际习惯和一般法律原则的形式存在。

二、国际经济协调法的形式与内容

(一)国际经济协调法的形式

调整国家间关系的法在很长的历史时期内发展缓慢。国家间的经济关系一度由强国单方面决定。西方列强用大炮轰开一个又一个弱国的大门,将它们的国际贸易理念和制度强加给其他国家。以中国为例,"自鸦片战争起,所有政治条约签订之后,一定是在指定时段之内另行议定通商约章。贯通晚清七十年的中外关系史,并无一次例外"。[1]

以法律地位平等为基础的规范国家间经济关系的条约只可能最先出自西方国家之间。1862年,英、法两国签订了具有引领意义的双边自由贸易协定——《柯布登-舍瓦利埃条约》(Cobden-Chevalier Treaty)。随后,在欧洲出现了一系列双边自由贸易协定,形成了国际经济协调法的雏形。而且,由于"最惠国待遇条款"的运用,"非歧视待遇"在欧洲成为一项盛行的法律原则。然而,19世纪70年代欧洲出现的经济衰退,动摇了欧洲各国对自由贸易原则的信心。1879年,德国大幅度提高其进口关税,与自由贸易原则分道扬镳。德国的做法被英国之外的其他一些欧洲国家所效仿。1892年,法国终止了其与英国签订的《柯布登-舍瓦利埃条约》。[2] 进入20世纪之后,连续两次世界大战使得20世纪的前50年无法为国际经济协调法的发展提供客观条件。

"二战"结束后所缔结的《联合国宪章》《国际货币基金组织协定》及《关税与贸易总协定》为当代非国际经济协调法搭建出基本框架。《联合国宪章》不仅在政治上是维持国际和平与安全的最为重要的国际法律文件,同时也是确立"二战"之后国家间经济关系的重要法律文件。它所确立的国家主权平等、不干涉内政、和平解决国际争端等原则,无疑构成了当今国际经济协调法的基石。《国际货币基金组织协定》及由此所创设的国际货币基金组织,是国际货币体系的主要支柱。《关税与贸易总协定》及其继任者世界贸易组织则承担着协调各成员方的国际贸易管理的职能。尤其是世界贸易组织成立以来,其确立的各项制度得到有效遵守,国家间经

---

[1] 王尔敏:《晚清商约外交》,12~13页,北京,中华书局,2009。
[2] 参见 Michael J. Trebilcock & Robert Howse, *The Regulation of International Trade*, Routledge, 1995, pp.17-19。

济关系更趋向于透明和稳定。

　　国际组织是国际条约机制的升级。在国际经济协调法方面也是如此。任何一个国际组织的首要职能就是监督各缔约方对条约义务的履行。联合国的首要职能是保证《联合国宪章》的履行,世界贸易组织的首要职能是保证世贸组织规则的履行。国际组织对国际条约的超越表现为它可以制定新的规则。可以以何种机制订立新的规则反映出某一国际组织的发达程度。如果一个国际组织不能以自己的名义作出决定并以自己的名义与其他国家或政府间国际组织进行交往,那么,它还不能算是一个真正的国际组织。如果一个国际组织的所有决策都需要成员国的一致同意,那么,这个国际组织只能算是一个条约安排,它的任何一项决策,都不过是成员国之间达成了一项新的协议而已。只有当一个国际组织可以依据"多数裁决"的原则作出决定时,这个组织才从人格上脱离了成员,成为一个真正独立的组织。联合国发达到了这种程度,世贸组织还没有发达到联合国的程度。

　　为了改变不合理的国际经济秩序(关系),广大发展中国家曾努力通过联合国大会决议等方式来创设国际经济协调法。如前所述,这些以"宪章""宣言"和"行动纲领"等冠名的联大决议自身还不具备国际法的效力,但它们毕竟表达了国家的意愿并构成一种国家实践,因此,对于国际法规则的形成是有作用的。国际贸易条约中的"普惠制"、国际环境条约中的"共同而有区别的责任"以及世贸组织协定中的有关发展中国家的特别规定,在很大程度上是这些联大决议及相关国家实践推动的结果。

(二) 国际经济协调法的内容

　　由于国际经济协调法主要是以国家的国际经济管理活动为规范对象的,因此,国际经济协调法的内容应该与国际经济管理法相对应。作为政府管理国际贸易的法律依据的国内法会有海关估价、反倾销、反补贴、货物检验检疫、知识产权海关保护等内容,作为协调和规范政府的上述管理行为的法律依据的世贸组织条约体系也包括这些内容。

　　理想的状态应该是国际经济协调法的内容与国际经济管理法的内容相互对应,因为这意味着各国政府的经济管理行为不仅要有国内法的依据,还会受到国际法的约束,从而不仅使得政府的管理行为更加合理,而且还有助于减少基于政府管理而产生的国家间冲突。但实践中更为常见的应该是国际经济协调法滞后于国际经济管理法。其主要原因应该是国际造法的难度通常高于国内立法,因为国家数量较多,相互间的利益冲突更难以协调。

三、国际经济条约的特别问题

　　国际经济条约与其他的条约相比,没有质的区别。但国际经济条约也确有某些值得关注的特殊问题。

（一）国际经济条约的软约束

国际经济条约除在效力范围方面具有某些特殊之处以外，在其可适用的范围之内的实际约束方面也存在某些可以探讨的问题。尽管每一项国际条约对其成员的约束都可能存在一定的弹性，但从总体上看，一般的国际条约的约束力通常都是较为确定的，而相比之下，国际经济条约却经常存在着"软约束"的情况。所谓"软约束"，对于国家来说，主要是指相当数量的例外条款的存在，从而使得缔约国在许多情况下可以免受条约的约束。国际经济条约在约束效力方面的这种特殊性显然值得注意和研究。我们可以以《关税与贸易总协定》为例，对条约的软硬约束问题作一观察。

《关税与贸易总协定》是当今世界涉及范围最广、影响最大的多边贸易协定。该协定所确立的各项原则、规则不仅约束着各个缔约方的对外贸易管理活动，而且也影响着许多非缔约国。作为"二战"之后调整国际货物贸易关系的基础性公约，总协定为各成员国创设了许多确定的规则和制度，实际地约束着各国政府对国际贸易所实施的管理行为；但与此同时，总协定中又存在着大量的例外条款，使其对各成员国的约束又具有很大的弹性，从而出现软硬约束并存的现象。

总协定的宗旨是减少贸易障碍，培育自由贸易。为实现这一宗旨，总协定规定了如下原则：(1)无差别待遇原则。总协定所确定的无差别待遇原则是通过最惠国待遇标准和国民待遇标准来实现的。最惠国待遇标准可避免来自不同的国家的商品之间出现差别待遇，而国民待遇标准则可消除进口商品与本国商品之间的差别待遇。无差别待遇原则可以说是总协定的基石。相互提供无差别待遇是总协定施加给每一缔约国的基本义务，每个缔约国都有权要求其他缔约国纠正其违背这一基本义务的做法。(2)关税减让原则。总协定无意统一各缔约国的关税税率，而只是追求通过各缔约国间的互惠的关税减让来普遍降低贸易壁垒。关税减让是通过总协定所主持的谈判进行的。各国的税率一经约定即不得随意提高。(3)取消进出口数量限制原则。总协定要求：任何缔约国除征收税捐或其他费用以外，不得设立或维持配额、进出口许可证或其他措施以限制或禁止其他缔约国领土的产品输入，或向其他缔约国领土输出或销售出口产品。确立该项原则的理由是，数量限制之下的贸易仅基于政府的决定而不反映市场规律要求，而且数量限制往往对进口产品来源造成歧视，从而违背自由贸易原则。

然而，如前所述，为了协调各缔约国在不同领域中的利益冲突，《关税与贸易总协定》在确立上述各项原则的同时，又规定了大量的例外，主要包括：(1)关税同盟和自由贸易区的例外。总协定虽然规定了无条件的最惠国待遇原则，但同时又规定最惠国待遇不适用于关税同盟和自由贸易区。也就是说，关税同盟和自由贸易区的成员国相互给予的优惠待遇可以不依据最惠国待遇条款而授予其他国家。(2)国际收支平衡例外。总协定规定,任何缔约国为了保障其对外金融地位和国际收支平衡,可以限制商品准予进口的数量或价值,但采取此类限制措施时必须与缔约国全体协商;不得采取歧视立场;不得超过为了防止货币储备严重下降的迫切威胁或制止货币储备严重下降所必需的程度。(3)发展中国家的例外。总协定第十八条规定:凡是只能维持低生活水平,处在发展初级阶段的缔约国,有权暂时背离总协定的有关规定。根据这一规定,发展中国家可在关税结构方面保持足够的弹性,并可为某一特定工业的建立提供需要的关税保护。同时,发展中国家还可为收支平衡而实施数量限制。(4)保障条款。总协定的第十九条通常被称作保障条款。该条规定:如因意外情况的发生或因一缔约国承担本协定义务而产生的影响,使某一产品输入到这一缔约国领土的数量大为增加,对这一领土内相同产品或与它直接竞争产品的国内生产者造成重大损害或产生重大威胁时,这一缔约国在防止或纠正这种损害所必需的程度和时间内,可以对上述产品全部或部分地暂停实施其所承担的义务。

  同其他一些国际经济条约一样,除例外条款之外,总协定的软约束还体现在它的一些笼统的、原则性的规定上面。例如,在广大发展中国家的努力下,总协定于20世纪60年代初所增加的第四部分中规定了非互惠原则:"发达的缔约各国对它们在贸易谈判中对发展中的缔约各国的贸易所承诺的减少或撤销关税和其他壁垒的义务,不能希望得到互惠。"这种表述模糊的规定显然不会为缔约国创设任何确定的义务。

  问题在于,为什么国际经济条约同其他类型的国际条约比较起来有更大的弹性?这一问题的答案大概还是需要从国际经济条约的特殊的调整对象那里寻找。当国际经济条约是以创设国家的行为规范为宗旨时,这种条约基本上是以国家对国际经济交往的管理作为调整对象的。各国的经济发展水平的不同以及各国的经济制度的不同必然决定了各国在对国际经济交往实施管理方面的利益的不同。例如,工业发达国家显然会要求在国际货物贸易的管理方面尽量降低关税壁垒,从而扩大本国的工业制成品的出口,而工业欠发达国家则需要通过关税等措施限制某些外国商品的进口,从而扶持国内相关产业的发展。又例如,科技水平比较发达的国家通常具有较为完善的知识产权保护制度,同时希望其他国家也设立严格的知识产权保护制度,从而使本国权利人的知识产权在其他国家也能得到完善的保护,而科技水平不够发达的国家则倾向于维持一种较为随和的知识产权保护制度,以期以较低的成本从发达国家获得先进的技术。在各国的经济利益相互对立(尽管也相互依存)的情况下,在世界经济区域化、集团化趋势日渐强化的今天,要求制定一套细密完整的、对各缔约国施加十分确定的约束的法律框架几乎是不可能的。从国际法的角度看,国际社会无法将某一主权国家所不愿接受的规则强加给这个国家,除非能证明该项规则属国际法中的强行规范。因此,尽管关贸总协定可为百余个缔约国设置一般的行为规则,而更具体的权利义务关系则更可能通过双边的或少量国家参加的多边协定予以确定,尽管这种通过个别协商而确定的规则会更多地反映出有关国家实力的差异和由此带来的妥协性而并不完全体现正义与公平。相比之下,其他类型的国际条约所确立的规则与制度,因为与各缔约国的不同的经济发展水平没有直接的联系,所以,就这些规则与制度的实施,各国的利益相互冲突的机会就会减少,从而使得这些条约可以不具备较大的弹性。例如,关于外交关系的条约和关于条约关系的条约就可以不具备较大的弹性。保护外交馆舍不受侵犯、情势变更可以终止条约的效力这样一些规则,并不会因为某些缔约国经济发展水平的不同或其他一些原因而为这些国家带来特别的利益或特别的负担。

国际经济条约的软约束与条约保留并不相同。条约保留是一项确定的国际法律制度,而软约束只是国际经济条约实践中的一种现象;条约保留制度是指条约中的某些规则或制度对某一缔约国根本不产生约束效力,而国际经济条约的软约束则是指条约所确立的规则或制度的适用具有较大的弹性。

(二)国际经济条约对非缔约方的影响

事实上,非缔约国有时可基于其他国家所订立的条约而享受某些利益,有时也会因为其他国家所订立的条约而遭受利益上的损失;国际条约通常以缔约国作为约束对象,但通过约束缔约国,国际条约也可约束私人。由于国际经济交往主要是私人之间的交往,所以,许多以国际经济交往为规制对象的国际条约,如《联合国国际货物销售合同公约》,事实上是在为私人设立行为规则。但国际条约只有通过约束国家才能约束私人。从任何国际条约都为缔约国创设权利和施加义务的角度看,每一项国际条约对缔约国来说都是国际法规范。虽然历来就有将国际条约分为"造法性条约"和"契约性条约"之说,但除非"造法性条约"创立了国际法强行规范,这种区别只能说明条约所创设立的两类规范的作用范围,而不表明这两类规范在性质上有任何不同。

《维也纳条约法公约》肯定了"条约效力不及于第三国"这一传统的国际习惯法规则:"条约非经第三国同意,不为该国创设义务或权利。"该公约还进一步规定,只有当某一第三国以书面方式明确接受某项义务时,一项条约的当事国才可以为第三国创设义务;也只有当某一第三国同意接受某项权利时,一项条约的当事国才可以为第三国创设权利,只不过是在第三国若无相反的表示时,可推断其接受该项权利。这些规则同样适用于国际经济条约。

在实践中,一项国际经济条约对非缔约国的利益产生影响是经常性的现象,但在并不表明条约的当事国可以不经第三国同意而为其创设权利或(和)义务。

一项条约的非缔约国可能由于该项条约的缔结而获得权利,例如,甲乙两国所缔结的关于关税减让的条约会使丙国的出口商品也取得按照新的、较低的税率缴纳关税的待遇。其实,这种结果的出现不外乎两种原因:一是条约为第三国创设了权利,只要第三国不表示反对,就意味着接受该项权利;二是丙国与甲国和(或)乙国原先订立的条约中规定了最惠国待遇问题。在后一种情况下,非缔约国并不是依据其他国家之间的条约而享有权利,而是根据其先前订立的条约而享有权利。后一个条约对该国来说,不是产生权利的法律依据,而是产生权利的法律事实。

若干国家可以通过条约而创设一个及于各成员国全部领土的自由贸易区、关税同盟或统一市场。这一条约将使得非缔约国在关税待遇等方面无法享受到与缔约国同等的待遇。如果非缔约国以前享有同等待遇,那么,新的条约显然是剥夺了它(们)已有的权利。但这种现象也不能否定"条约效力不及于第三国"的原则。除非已承担了确定的国际义务,任何国家都没有义务向其他国家提供最惠国待遇。一国及其国民在其他国家所享有的最惠国待遇必须基于条约的约定。就国际贸易领域而言,绝大多数的国家彼此给予最惠国待遇,是因为总协定规定了普遍的、无条件的最惠国待遇原则。但总协定所确立的最惠国待遇原则也有适用上的例外,其中即包括关税同盟和自由贸易区的例外。因此,总协定各缔约方在接受最惠国待遇原则的同时,也接受了上述例外。一项关税同盟或自由贸易区条约使得非缔约国在关税同盟或自由贸易区地域内不再享有最惠国待遇,并没有脱离这些国家之间在总协定中的约定。

若干国家之间可能通过条约而共同限制向特定国家(目标国)出口特定的技术。这一条约显然会对目标国的利益带来消极影响,但这并不能说明一项条约未经第三国同意而对其施加义务,或损害其权利。国际法只认定违背国际强行法规则的条约是无效的,而没有认定给其他国家的利益带来不利影响的条约无效。如果缔约国共同限制某类技术出口的条约没有违背国际强行法规则,也没有违背其先前承担的国际义务,那么该项条约就是有效的。目标国虽然受到不利的影响,但无法向缔约国主张权利。因此,在这种情况下,不存在条约为第三国创设义务或权利的问题,而只存在条约对第三国利益的影响问题。

(三)国际经济条约与私人的连接点

国际经济条约不仅可以通过缔约国将效力传递给私人,从而成为约束私人的规范,而且还可以通过非缔约国的私人的选择而对其适用。私人参加国际经济活动,通常要与其他的私人结成合同关系。对于支配合同关系的准据法,各国通常都允许合同关系的当事人自行选择,除非这种选择与有关国家的强行法相冲突。意图为私人的行为创设规范的国际条约可以看作与各国的国内法相平行的另一类法律,对于这类法律也应该允许合同当事人选择适用,在这种情况下,国际经济条约就可以对非缔约国的私人发生效力。

一些国际经济条约本身即已规定：非缔约国的私人可以适用该条约。例如，《联合国1978年海上货物运输公约》第二条在规定其适用范围时即明确指出："本公约的各项规定适用于两个不同国家间的所有海上运输合同,如果：……(e)提单或证明海上运输合同的其他单证规定,本公约各项规定或实行本公约的任何国家的立法应约束该合同。"《关于国际货物买卖统一法公约》第四条也明确规定：本法在被合同当事人选择为合同的法律时将被适用,无论当事人的营业地或习惯住所是否位于不同国家,也无论这些国家是否为公约的缔约国,只要合同当事人对统一法的选择不影响本来应予以适用的强行法规范的适用。

另外一些国际经济条约对非缔约国的当事人是否可以主动适用公约所创设的规范没有明确规定,但这并不妨碍非缔约国的私人选择条约作为其合同的准据法。《联合国国际货物销售合同公约》没有包含与《关于国际货物买卖统一法公约》第四条相类似的规定,但正如有的专家所阐述的那样,从《联合国国际货物销售合同公约》的制定过程分析,公约没有明确规定非缔约国的私人可以选择适用公约,并不是试图禁止非缔约国的私人在其合同中以公约作为准据法,而是认为《关于国际货物买卖统一法公约》第四条中的"强行法"(mandatory law)的概念过于含混,从而会产生解释上的困难。[1]非缔约国的私人主动适用条约的规定,即使条约本身未作此类规定,其法律基础是各国所普遍公认的合同当事人意思自治原则。意图为私人设立行为规范的国际经济条约的立法宗旨之一是为各国私人的商事行为确立统一的实体法规范,尽量扩大条约的适用范围当是这类条约的本意。从这个意义上讲,也应该允许非缔约国的私人主动适用条约所确立的规范。

国际经济条约对缔约国的私人发生效力是因为私人与缔约国之间存在着某种特定的联系,即两者之间存在着某种联结因素。这种联结因素主要有两类：一是国籍,二是所在地。因此,这里所说的条约对"成员国的私人"的效力,不仅包括对具有成员国国籍的私人的效力,也包括对位于成员国的私人的效力。

在通常情况下,某一条约对私人产生作用或影响,是因为这一私人是某一缔约国的自然人或法人,基于属人原则,国家所承认的条约规则进一步适用于私人。《保护工业产权巴黎公约》第二条规定："任何本同盟成员国的国民,在工业产权保护方面,在其他本同盟成员国内应享有各该国法律现在或今后给予该国国民的各种便利；本公约所特别规定的权利不得遭受任何损害。"《服务贸易总协定》第二条规定："关于本协定所涉及的任何措施,每个成员国应当立即和无条件地给予任何其他成员国的服务和服务提供者的待遇,不得低于其给予任何其他国家的相同服务和服务提供者的待遇。"将国际经济条约所设立的规则的效力通过"国籍"这一纽

---

[1] 见 John O. Honnold, *Uniform Law for International Sale under the 1980 United Nations Convention*, Kluwer Lawand Taxation Publishers, 1987, p.79.

带传递给私人,能够反映缔约国与其国民的利益相一致这一事实。私人因其所属国家就某一条约所作的承诺,而享有该条约所创设的权利并承担相应的义务。

在另外一种情况下,某一条约对私人产生作用或影响,是因为这一私人位于某一缔约国境内,基于属地原则,国家所承认的条约规则进一步适用于私人。《联合国国际货物销售合同公约》第一条规定:"本公约适用于营业地在不同国家的当事人之间所订立的货物销售合同;(1)如果这些国家是缔约国;或(2)如果国际私法规则导致适用某一缔约国的法律。"《国际货物买卖时效期限公约》也规定:"本公约仅在订立合同时,国际货物买卖合同当事各方在缔约国有营业所的情况下适用。"在国际经济法领域,有时会更加注重参与国际经济交往的当事人的实际存在,而不是他们的国籍,体现了国家对经济利益的关心。

除国籍和所在地这两个联结因素之外,国际经济条约还可能通过其他联结点,将条约所设立的规则的效力传递给私人。例如,关于避免双重征税的条约通常将"缔约国一方居民"定义为"按照该国法律,由于住所、居所、管理场所或其他类似性质的标准,负有纳税义务的人。"根据这类规定,税收条约所涉及的私人便可能与国籍和居所均无关联。此外,有些国际经济条约为了扩大其适用范围,会规定多项联结因素,只要私人通过任一联结因素而与缔约国相关,条约所设立的规则便是适用的。如《联合国1978年海上货物运输公约》第二条规定:"本公约的各项规定适用于两个不同国家间的所有海上运输合同,如果:(a)海上运输合同所规定的装货港位于一个缔约国内,或(b)海上运输合同所规定的卸货港位于一个缔约国内,或(c)海上运输合同所规定的备选卸货港之一为实际卸货港,并且该港位于一个缔约国内,或(d)提单或证明海上运输合同的其他单证是在一个缔约国内签发的,或(e)提单或证明海上运输合同的其他单证规定,本公约各项规定或实行本公约的任何国家的立法应约束该合同。"

国际经济条约所创设的规范对私人的约束程度取决于条约缔结的宗旨。如前所述,国际经济条约可分为以创设国家行为规范为宗旨的条约和以创设私人行为规范为宗旨的条约。前一类国际经济条约以国家的行为作为约束对象,但通过约束国家的行为却可使私人的利益受到影响,甚至约束私人的行为;后一类国际经济条约主要是为私人创设规范,某一国家参加这一条约的后果,主要是使私人承受条约所创设的规范的约束。由于这类条约以创设私人的行为规范为宗旨,所以,同前一类条约相比,对私人具有更为深刻和广泛的约束效力。

需要指出的是,这里所说的条约对私人的约束程度的高低是在条约对私人的行为适用的前提下而言的。在谈到国际经济条约对成员国的私人的约束力的时候,我们还必须注意到,那些意图为私人的行为创设规范的条约经常允许私人排除这类规范的适用。例如,《联合国国际货物销售合同公约》第六条规定:"双方当事人可以不适用本公约,或在第十二条的条件下,减损本公约的任何规定或改变其效力。"《统一提单的若干法律规则的国际公约》第六条也规定:"虽有前述各条规定,只要不违反公共秩序,承运人、船长或承运人的代理人得与托运人就承运人对任何特定货物应负的责任和应尽的义务,及其所享受的权利与豁免,或船舶适航的责任等,以任何条件,自由地订立任何协议。"国际经济条约允许私人排除条约所设立的规范的适用也是一种可以理解的法律现象。在国内法体系中,即有强行法规范和任意法规范之分。对于任意法规范,私人是可以减损其效力,甚至完全排除其适用的。国际经济条约允许成员国的私人排除条约中的部分或全部条款的适用,意味着这些规范属于任意法规范。无论在国内法体系还是在国际法体系中,任意性规范通常为民商法律规范。私人所从事的民商行为通常仅涉及当事人的利益,所以,有关的法律规范通常只起着示范或补充的作用,只有当私人的行为对社会构成重大影响,必须通过法律来对其加以规范时,才会禁止私人对某类条款的效力的排除。国际经济条约中所设立的民商法规范绝大多数属于任意性规范,但也有一些规范是不允许私人排除适用的,如《统一提单的若干法律规则的国际公约》第二条即规定:"除遵照第六条规定外,每个海上货物运输合同的承运人,对有关货物的装载、搬运、配载、运送、保管、照料和卸载,都应按照下列规定承担责任和义务,并享受权利和豁免。"这时,条约规定对私人即具有不可排除的、确定的约束力。

第五节 庞杂的规则与确定的秩序

国际经济法的跨国法和跨部门法的特点决定了国际经济法必然是一个庞杂的法律规则体系。所谓的"庞",是指国际经济法的体系远远大于其他的法律体系。由于国内法亦可用来调整国际经济关系,因此,至少从理论上说,各国的相关法律都是国际经济法体系的组成部分;所谓的"杂",是指国际经济法体系包含内容不同,甚至相互冲突的法律规则。由于国际社会中缺少统一的造法机构,因此,会有不同的规则通过不同的方式被创设出来。不仅会出现不同国家的国内法之间的冲突,也会出现国内法与国际法的冲突和国际法规则与国际法规则之间的冲突。在某些领域中的法律规则相互候重叠、相互冲突的同时,另外一些领域则可能存在法律的空白。这些现象被称作法律的"碎片化"(fragmentation),也有人将这种法律碎片化称作法律"不成体系"。

其实,法律"碎片化"这个表述在传达一个容易让人误解的信息,似乎法律正在变得更加"碎片",而事实并非如此。就此而言,"碎片状"也许是一个更加符合现实的表述。由于国际经济法体系非常庞杂,因此,它的"碎片化"会更加明显。然而,"碎片化"并不意味着对国际经济法的一个否定性的描述。"有碎片状的法律总比没有法律要好,而且,'法律碎片'的增多会使零星的法律规范逐渐相连,使得法律制度逐渐完善。"[1]即使是某一法律制度真的被"碎片化"了,也不一定不是一件好事。以《关税与贸易总协定》第二十四条为例,虽然经该条授权,部分缔约方可以背离最惠国待遇原则而另做小范围的贸易自由化的安排,从而"碎片化"了整体制度,但这种"碎片化"使得部分缔约方可以朝着更加自由化的方向先行一步,从而更符合总协定的宗旨。而且,随着区域性安排的逐渐增多,随着多数缔约方在贸易自由化方面的不断进步,更多的缔约方会就新的规则达成新的共识,从而形成新的一体化的制度。前进一步的"碎片化"要优于僵化的"体系化",而且,"碎片化"的下一步就应该是更高层面的"体系化"。

法律的首要价值是确立秩序。那么,内容庞杂的国际经济法体系还具有确立秩序的功能吗?回答应该是肯定的。

首先,国际经济法中存在着某些共同的规则,即各个国际经济法主体同意接受或必须接受的规则。这些共同的规则保障着国际经济关系中的基本秩序。例如,尊重国家主权就是这样一种共同的规则。在这一规则之下,任何国家都不能将自己的意志强加给其他国家,任何私人都必须接受特定国家的管辖。信守约定也属于这种共同的规则。在这一规则之下,任何国家不得违背自己所允诺承担的国际义务,任何私人都必须履行自己的合同义务。正是这样一些共同且重要的规则撑起了国际经济法的体系,确立和维持了国际经济秩序。

其次,除了适用于整个国际社会的共同规则之外,还存在着适用于部分主体之间的局部的共同规则,这些规则也在一定的范围内维系着国际经济秩序。例如,在对外资实行国有化的补偿问题上,若干国家一致承认"充分、即时、有效"的补偿标准,这样,在这一领域内,在这些国家之间,就可以适用这一共同的规则,就可以有确定的秩序。欧盟、东盟及北美自由贸易区等区域性经贸安排,使得这种局部的共同规则的数量大大增加,在不同领域中发挥着确立秩序的功能。当我们还无法创设更多的全球普遍适用的共同规则时,局部的共同规则的创设不失为一种"次佳选择"。

再次,法律秩序总是特定范围的秩序,因此,任何法律的制定和实施总会具有秩序方面的意义。法律的作用是在确立某种权利义务关系,而这种权利义务关系就是一种社会秩序。共同规则的适用当然可以确立秩序,个别规则的适用也可确立一定范围的秩序。法院和仲裁庭员在处理国际商事纠纷时所适用的法律规范不一定是某种共同的规则,但是个别规则的适用仍可维系或实现着某种秩序。一国政府在处理与国际经济交往的当事人之间的关系时,适用的往往是与他国的法律相冲突的规则,但这种规则的适用也在确立着某种秩序。可见,冲突的规则并不影响秩序的建立,只不过是在这种情况下所确立的秩序不是一种大一统的秩序。

---

[1] 车丕照:《法学视野中的国际经济秩序》,13页,北京,清华大学出版社,2021。

研究或使用国际经济法的困难主要在于国际经济秩序通常是个别规则之下的秩序，而不是共同规则之下的秩序，从而经常给人一种不确定的感觉。但是，只要我们找到了应适用的法律规范，也就可以预见到这种法律规范的适用后果，也就可以明了某种特定的秩序。国际经济秩序是共同规则之下的秩序与相互冲突的规则之下的秩序的统一体。

第五章　国际经济法主体

国际经济法主体是指能够参加国际经济法所调整的社会关系并能以自己的名义享有或承担国际经济法上的权利或义务的实体。国际经济法所关注的行为是国际经济法主体的行为，国际经济法所确立的权利义务由国际经济法主体享有或承担。

国际经济法的主体种类繁多，但大致可分为两类：私人与国家。前者的基本身份是国际商事交易者，后者的基本身份是国际商事交易的管理者。

第一节　私　　人

一、私人主体地位的取得

国际经济法主体中的私人，是指那些不具有公共管理职能，仅从事国际商事活动的实体，主要包括法人和自然人。虽然在民商法中法人与自然人的法律地位、权利义务会有所不同，但在国际经济法领域中这种区别经常是可以忽略的。由于国际商事交易通常是由私人完成的，因此，私人是常见的国际经济法主体。

私人的国际经济法主体地位是依据其本国法所取得的。

私人能够参加国际商事交易是其取得国际经济法主体地位的前提条件。无论是法人还是自然人，依据其本国法均享有民商事主体身份，可在国内参与民商事交往。至于其能否参加国际商事活动，则要看其国内法有无特殊规定。有的国家可能实行外贸垄断，于是除了被特许了外贸经营权的公司，任何其他实体均不具有从事国际贸易的资格；有的国家可能一般地禁止本国公司在海外上市或发行债券，那么这些公司便不具有海外筹措资金的资格。值得说明的是，近年来，越来越多的国有企业参与到国际商事交往当中来。这些国有企业虽然接收了来自政府的投资，并且由政府设立或委托的机构通过履行出资人职责的方式对其进行治理，但它们已经在本国公司法等私法性质的法律规范之下被公司化，取得了独立的私法人格。这些国有企业以自己的名义而非政府名义参与民商事法律关系，并与其他私人进行平等的民商事法律交往。这意味着这些国有企业在法律上的地位实为私人，而非政府或国家。

可见，私人是否具有国际经济法主体资格其实是个国际私法问题。依据通行的国际私法规则，判断自然人和法人有无能力或资格参与民事交往，应依据自然人或法人的属人法。从本质上看,国际商事交往是民商事交往的一种形式,因此,其能力或资格也应依据其属人法加以判断。

那么,一国法律规定对外国私人的国际经济法主体资格会有什么样的影响呢?

首先,一国法律可能扩大外国人的参与国际经济交往的能力,从而肯定其国际经济法主体资格。现代国际私法规则允许以行为地法作为确认行为人的行为能力的准据法。因此,如果一个外国人依其本国法为无行为能力或限制行为能力,而依据行为地法为有行为能力,则可断定其有行为能力。

其次,一国法律不能否认外国人依据其本国法所取得的参与国际经济交往的能力。一个国家可以禁止外国私人在本国从事经济活动,例如禁止其在本国投资,但却不能一般地否认外国人的从事国际经济交往的能力或资格。

二、私人受国家管理

私人依据本国法而取得国际经济法主体资格,可从事广泛的国际商事活动。与此同时,私人必须接受相关国家的监管。即使是富可敌国的跨国公司也必须置于国家的管理权之下。

所谓跨国公司,通常是指在一国设立总部,同时控制在多国的生产、销售及开发机构,并按照利润和效率最大化原则在全球范围统一协调配置资金、技术、劳务与资源,从而形成以总部为中枢的全球网络和集团。[1] 从法学角度看,此类定义忽视了两个要素:其一,跨国公司是以股权为联结纽带的公司群;其二,跨国公司的各个成员公司处于不同国家的管辖之下。首先,跨国公司是以股权为联结纽带的公司群。跨国公司不是单一的公司,而是一群公司。这一群公司之所以可以区别于其他的公司,是因为它们可以按照母公司的旨意实施全球性的经营战略;而它们之所以可以做到这一点,是因为母公司因为直接投资而对子公司形成股权控制。其次,跨国公司的各个成员处于不同国家的管辖之下。跨国公司在东道国设立了公司之后,该子公司即取得东道国的国籍,必须服从东道国的法律。而且,不但公司的国籍国有权对公司进行管辖,公司的所在地、行为地、行为影响地的国家也都有权对公司的行为加以控制。可见,跨国公司与国家间关系的本质特征在于跨国公司经营行为的全球性和法律从属上的国别性。一方面,跨国公司的行为突破了国家的疆界,母公司可以按照自己的整体经营目标控制成员公司的行为,在全球范围内实现货物、资金、人员和其他生产要素的配置,而忽视相关国家的利益;另一方面,跨国公司的各个成员又必须服从相关国家的法律控制。

如前所述,国家对私人的管理可分为市场准入的管理和市场准入后的管理。这种管理或限制是对私人的交易权的限制。所谓交易权可被概括为私人与他人进

---

[1] 郑通汉:《经济全球化中的国家经济安全问题》,202页,北京,国防大学出版社,1999。

行商业交往的权利,而交易权的基础则是财产权。虽然各国都将财产权的保护作为最重要的法律原则之一,但从来不存在不受任何限制的财产权。例如美国《宪法》第十四条修正案第一款所规定的"不经正当法律程序,不得剥夺任何人的生命、自由或财产"既是保障财产权的条款,也是依法限制财产权的条款。私人之间的经济交往对国家利益的影响随着经济交往的数量增多和频率增快而日益突出这一事实,使得西方各国自19世纪末开始,普遍加强了对私人的经济活动的干预和控制。

三、私人受国家保护

原则上说,对于私人合法的国际商事交往各国都承担着予以保护的义务。相比之下,私人的母国更倾向于对其私人的权益加以保护。当一国国民的海外利益受到侵犯时,其母国通常可以采取的应对措施是向有责任的国家主张外交保护权。

传统的国际法理论认为,外交保护权是国家的权利,而不是个人的权利。例如,《奥本海国际法》一书中即写明:"按照国际法,一个国家没有保护其在国外的国民的义务,实际上各国对国外的国民往往拒绝行使保护的权利,这是每一个国家自由决定的事情。虽然它的国民的人身或财产在国外受到了侵害,它毫无疑问有权保护这样的国民,但是依据国际法,所在国外的国民没有权利要求其本国给予保护,尽管依据国内法他可能有这样的权利。"[1]著名国际法学者王铁崖先生更是明确指出:"如果一国国民受另一国违反国际法的行为的侵害而不能通过通常途径得到解决,该国民所属的国家有权对其实行外交保护,这是国际法的一项基本原则。国家为其国民采用外交行动,该国实际上是主张自己的权利——保证国际法规则受到尊重的权利。"[2]

然而,近年来,一些学者从强化保护人权、强调国际法的"人本化"出发,开始挑战外交保护的"国家特征"。"传统上那种认为外交保护是国家权利的观点在更加注重人权保护的历史背景下已受到了各国的质疑。在2000年第52届国际法委员会年会上,一些对这一传统观点持反对意见的委员认为'这一立场是国际法中一个令人感到遗憾的地方……'"[3]

其实,强调人权的国际保护,没有必要,也不可能否认外交保护权的"国有"属性。人权与外交保护权虽然密切相关,但它们分属不同的主体,其法律依据不同,主张对象也不尽相同。人权的权利主体是私人而不可能是国家。人权产生的法律依据主要是国内立法,权利人可依据国内法的规定向侵权人要求救济。在个别情

---

[1] [英]詹宁斯、瓦茨:《奥本海国际法》,第一卷第一分册,王铁崖等译,332页,北京,中国大百科全书出版社,1995。
[2] 王铁崖:《中华法学大辞典》(国际法学卷),572页,北京,中国检察出版社,1996。
[3] 王秀梅、张超汉:《国际法人本化趋向下海外中国公民保护的性质演进及进路选择》,载《时代法学》,2010(2)。

况下，私人也可以基于国际条约向有关国家提出权利主张。当私人可以直接依据国际条约的规定向国家主张权利的时候，私人已经在某种程度上具备了国际社会成员的身份，成为特殊的国际法主体。然而，私人无论如何不可能成为外交保护权的权利主体，因为私人不可能以国家的身份同其他国家进行外交交涉。只有政府才能以国家的名义向其他国家提出交涉，以保护本国处于海外的国民的利益。外交保护权的请求对象只能是另外一个国家。一国向另一国家行使外交保护权的法律依据必须是国际法。

　　一些学者试图淡化外交保护权的"国家特征"，无非是希望在保护本国海外公民的人权方面给国家确立更为明确的义务。由于外交保护权是一项国家的权利，而既然是一项权利，就可以不予行使，因此，有学者才认为，为了使人权得到保护，必须给国家创设外交保护的义务。事实上，许多国家的法律都规定了政府有义务保护其海外国民的利益。外交保护可以既是权利又是义务吗？可以，只不过是在不同法律层面上。外交保护作为一项权利，是国际法层面上的权利，是一国基于条约或习惯国际法的规定向另一个国家提出主张的权利；而外交保护作为一项义务，则是国内法上的义务，一国政府有义务遵循国内法的规定对其位于海外的国民予以保护。现在似乎有人倾向于将外交保护确定为国家的国际法上的义务，对此，需要慎重考虑。首先，从法学理论上讲，权利与义务是两个内涵完全相对的概念。在同一项法律规范之下，一项作为或不作为不可能同时是权利又是义务。如果法律关系的主体必须为或不为一项行为时，这只能是义务，而不能同时又是一项权利。反之亦然。如果我们将外交保护在国际法上同时确定为国家的权利和义务，那么，国家到底是有权利实行外交保护，还是有义务实行外交保护？如果是一项权利，国家可以放弃，如果是一项义务，国家则不能放弃。其次，从实践中看，如果我们将外交保护作为国家的一项国际法义务而规定下来，那么，权利的主体是谁呢？有两种可能：一是将海外国民作为权利主体，如果本国政府不行使外交保护权，除了可以依据国内法（传统的法律依据）向本国政府主张权利之外，还可以依据国际法向本国政府主张权利；二是其他国家作为权利主体，当一国发现另一国家没有行使外交保护时，向后者提出权利主张。可以推断，无论是哪种情形，各国政府目前大概都还很难接受。因此，在当今国际社会，外交保护只能是国家的一项权利。

　　正因为行使外交保护是国家的权利而不是私人的权利，因此，外交保护权也不是私人可以放弃的。卡尔沃主义（Calvo doctrine）[1]与外交保护权的冲突可以很好地说明这个问题。卡尔沃主义是一些南美国家坚持的一种主张。依据该主张，

---

[1] 卡尔沃主义（Calvo doctrine）源自阿根廷外交官和历史学家 Carlos Calvo（1824—1906）的名字。他在1868年出版的一本书（*Derecho internacional teórico y práctico de Europa y América*）中首倡卡尔沃主义。

外国人在东道国的权利义务应根据东道国的法律予以确定;外国人应放弃寻求本国政府予以外交保护的权利。在一些南美国家与外国投资者所签订的投资协定中包含此种约定,被称作卡尔沃条款(Calvo clause)。对于这种由私人与东道国政府协议放弃本国政府对其进行外交保护的尔沃条款的效力问题,一直存在着争议。发展中国家及其学者通常会肯定卡尔沃条款的效力,其理由包括:第一,国家代表国民提出的国际请求是一种从私人请求中派生出来的请求,故若无私人的请求也就不应有国家的请求;第二,外交保护是以国家因其国民受到侵害而间接受到侵害的理论为依据,因此,如果私人投资者未受到侵害,其本国也就没有行使外交保护权的理由;第三,外交保护权是以东道国存在国家责任为前提,如果东道国无国家责任,投资者本国当然也不得行使外交保护权。[1]

其实,卡尔沃条款真正的效力是使得投资者承担了不向本国政府请求外交保护的义务,而不能剥夺投资者的本国行使外交保护的权利。首先,外交保护权是国家的一项权利,可以脱离私人意志而行使。国家是否行使、如何行使以及在什么情况下终止行使外交保护都不以受害人的意志为转移。其次,外交保护以国家利益受到间接损害为依据;国家是否受到损害不是可由本国国民同东道国协商确定的。再次,外交保护是以东道国存在国家责任为前提,但东道国有无责任也不是可由投资者与东道国协商确定的。

就此问题,北美疏浚公司案(United States in behalf of North American Dredging Co. v. The United Mexican States)可以给我们以启示。1912年,美国北美疏浚公司(North American Dredging Co.)与墨西哥政府签订了一项合同,由该公司承包疏浚墨西哥的萨利纳·克鲁斯港。合同第十八条规定,有关合同的解释及适用,疏浚公司不得向美国政府提出任何行使外交保护权的请求。另外,合同第一条第一款还规定疏浚公司可以向本国政府提出请求的事项,对于这些事项,可以排除用尽当地救济的国际法规则。之后,北美疏浚公司以墨西哥毁约为由向墨美两国政府依1923年9月8日协定设立的总求偿委员会(General Claims Commission)提出赔偿请求。北美疏浚公司认为墨西哥政府违反合同,并应承担赔偿责任。墨西哥政府则认为根据合同中的卡尔沃条款,不履行合同的问题不应由总求偿委员会管辖。关于卡尔沃条款的效力问题,总求偿委员会认为,一国政府对其本国国民行使外交保护权是该国的权利,而卡尔沃条款的作用在于防止滥用外交保护权而侵犯当地国家的领土主权。因此,在私人与外国政府签订合同的情况下,该私人放弃请求本国政府行使外交保护权,并不等于该国政府不能对其本国国民的利益加以保护。当外国政府出现违反国际法的情况时,即使合同中规定了卡尔沃条款,也不能排除该私人的本国政府行使外交保护权。总求偿委员会最后裁定它对本案无

---

[1] 余劲松:《国际投资法》,358~359页,北京,法律出版社,1994。

管辖权,不是因为卡尔沃条款可以排除一国的外交保护权,而是因为北美疏浚公司的索赔请求不属于根据合同规定可以排除适用"用尽当地救济"原则的事项之列。因此,该公司应首先请求墨西哥政府给予国内救济,只有在墨西哥拒绝司法求助后,才能请求本国保护。[1]

第二节 国　　家

一、国家是更为重要的国际经济法主体

尽管日常的国际经济交往不是由国家完成的,但国家却是更为重要的国际经济法主体。

第一,国家的意志决定着私人从事国际商事活动的范围和程度。例如,一国的关税制度、许可制度和配额制度会对进出口货物的种类、数量等产生直接影响;一国的外商投资法将决定外资能否进入本国市场,以何种方式进入以及可从事何种国际经济活动等。

第二,国家之间的交往不仅使得国家彼此约束,而且会给有关国家的私人设定权利和义务。例如,两国签署的投资保护协议可使缔约国一方的投资保险机构在约定条件成就时向对方缔约国行使代位求偿权;而投资保护协定中关于征收补偿争议以仲裁方式解决的约定则使投资者有权将东道国告到相应的争端解决机构。

二、国家的三重身份

由于国家既可以参加国际经济法所调整的国家之间的关系,又可以参加国际经济法所调整的国家与私人的管理关系和交易关系,所以,在国际经济法体系中,国家可以以三重身份出现。首先,当国家之间进行具有经济内容的交往时,各国都是平等的主权者;除非存在国际法强行规范,每个国家只接受自己所作的允诺的约束。其次,当一国依据其公法上的权限对跨国经济活动进行管理时,国家是处于支配地位的主权者,对方是被管辖者;国家可以单方面确定与对方当事人的权利义务关系,但要接受自己所承担的国际义务的约束。再次,当国家以自己的名义依据私法原则与外国人(包括个人、法人和其他经济组织)进行经济交往时,国家大体上同对方处于平等的地位;一国可以通过坚持绝对主权豁免原则排除外国法甚至国际法对其与对方当事人的契约关系的支配,却不能单方解除其依契约准据法向对方当事人所承担的义务,以及依据国际法应向对方属国所承担的义务。

---

[1] United States in behalf of North American Dredging Co. v. The United Mexican States, General Claims Com. Docket No. 1223(1926).

（一）国家对国家的关系

在处理国家间的经济关系时，须遵循国际法的一般原则、制度和规则。在多数情况下，国家之间的经济关系要通过条约的形式予以确认。依据现代国际法，国际条约实践须体现自由同意原则、条约必须遵守原则以及国际法（强行规范）的效力高于条约效力的原则。这三项原则可引导我们比较全面地理解一国在同他国的经济交往中所处的地位。

如前所述，在国际社会中，约束国家的行为规则大致可分为两类：一为不以国家的同意作为对其具有约束力的前提的规则；二为须经国家明示或默示的同意才能对其具有约束力的规则。前一类规则可谓真正意义上的或狭义的国际法，它不管国际社会个别成员的意志如何而一体适用。这类规则在《维也纳条约法公约》中被表述为国际法强行规范，即"国家之国际社会全体接受并公认为不许损抑且仅有以后具有同等性质之一般国际法规律始得更改之规律。"后一类规则虽然从一般意义上（国内法理论上）看，欠缺法的普遍强制性，但却是广义上的国际法的最常见的渊源。这类规则的表现形式主要是国际条约。国际条约可以说是国家之间的契约。国家之间基本的权利义务（如相互尊重国家主权）产生于狭义的国际法（当然可以通过国际条约予以重申），而国家之间具体的权利义务（如互派使节、相互承认对方国家法院所作的民事判决）则产生于国际条约。任何国家都没有权利要求他国同自己签订条约，也无权强使对方在条约中接受某类条款，这便是国际条约实践中的自由同意原则。这一原则反映了国际条约的本质属性，体现了国际法的基本精神。尽管一国在签订国际经贸条约时会感到某种压力的存在，但只要其签约行为不是基于对方的武力或武力威胁，或因为其代表受到某种强迫，那么，就应该认为这仍然是主权行为的表现，是主权在特定界限内的行使。主权的自我约束可以认为是行使主权的一种表现。一国在某些情况下自我限制主权，是为了使本国获取更大的利益。例如，国际区域经济集团的建立往往要求各成员国向集团组织移交相当的立法、司法或行政权，或在成员国之间进行某些权力的分配，从而使得某些原来纯属国内管辖的事宜须受他国意志的影响，但在整体利益和长远利益的推动下，国家仍然愿意接受这种约束。"二战"结束以来区域性国际经济组织的不断增多和内部一体化进程的加快便说明了这一点。

国际条约成为国家行为的常见规则是由于"条约必须遵守"（pacta sunt servanda）这一国际法基本准则的存在。如果国家之间的约定可以随意毁弃，那么条约就失去了存在的意义。正因为如此，许多国际法学者都将条约必须遵守作为国际法的一项基本原则或基本规范（我们或许可将其认定为一项国际法强行规范）。汉斯·凯尔森（Hans Kelsen）曾指出，由习惯所创设的国际法规范（被凯尔森称为"一般"国际法规范）在效力上高于条约所创设的国际法规范；而在这些一般的国际法规范中,条约必须遵守这一规范尤为重要,因为它使得国际社会的主体得以凭借条约来约束彼此的行为。[1]

条约是基于有关国家的约定而形成的一种行为规则,这种规则只对缔约国有效;与此同时,也不是说国家之间的任何约定都可以成为有效的规则。国家之间的约定形成为国家行为规则的前提是这种约定必须合法。这里所说的法即应为我们前面所提到的狭义国际法或国际法强行规范。如果我们把那些只在有约定的国家之间有效的规则称为"约定法",那么,这些不以国家的明确约定作为有效的条件,不管个别国家的意志如何而普遍适用于国际社会,而且不得以"约定法"予以损抑的规则,可称之为"自在法"。当然,这种"自在法"也并不是脱离国家意志而先天存在的,说到底,其实质仍为国际社会绝大多数成员国家的集合意志,表现为以国家为成员的国际社会的最基本的规则。

从自由同意原则和条约必须遵守原则我们可以看出,各个国家在国际社会中的地位应该是平等的;从合法原则或国际法强行规范高于国家之间的约定这一原则来看,我们又可以说,国际社会的整体意志高于个别国家的意志。当作为国际社会成员的全体国家或绝大多数国家承认了国际法强行规范的存在时,每个国家的主权就不再是一种毫无限制的权利。但在国际经济法中的强行规范的内容还较难以确定的今天,各国所经常和直接感到的还是自身所作的允诺的约束,而不是"自在法"的约束。

(二) 国家对私人的管理关系

在国际经济领域中,国家经常是跨国经济活动的管理者,同国际经济交往的当事人结成管理和被管理的关系,而这种关系是国际经济法的主要调整对象之一。规定和调整一国同本国或他国的国际经济交往的当事人之间的关系的国际经济法规范主要表现为各国的国内立法,同时也存在于一些国际条约和国际惯例之中。

依据国家主权原则,一国有权通过国内立法来规制其涉外经济贸易活动。国家主权包含着属地优先权和属人优先权。根据属地优先权,一国可对发生于其境内的一切经济交往,包括外国人所从事或参与的经济交往进行管理,例如一国可以要求外国公司就其在该国境内的所得向其交纳所得税;根据属人优先权,一国可对本国人在国外所从事的经济活动加以管理,例如一国可要求本国人定期报告其位于国外的公司的外汇资金的收支情况。此外,许多国家还时常依据"效果原则"对某些国际经济活动主张管辖权,即只要某一国际经济活动可能对本国利益带来一定程度的影响,则不管这一活动是否发生于本国境内,也不管这一活动是否有本国人的参与,本国都可以对其行使管辖。

---

[1] Hans Kelsen, *The Essence of International Law*, in *The Relevance of International Law*, edited by Karl Deutsch and Stanley Hoffman, Schenkman Publishing Company, 1968, page 118-119.

在国家与国际经济交往的当事人之间的关系中,由于一方是主权者,而另一方是私人,所以,国家处于支配地位,私人无法对国家构成约束。但也不是说一国可以随心所欲地规定和改变这种关系。首先,国家在确定和改变与当事人的关系时,必须考虑自己的行为与先前承担的国际义务是否一致。例如,当两个国家已就税收管辖问题签署了协定时,每一缔约方就只能根据协定的规定来对有关的跨国所得征缴所得税,而不能对纳税人的范围、税种及减免税的条件等随意加以变更。在这里,尽管一国对国际经济交往的当事人不得另行施加限制,但应该看到,这并不是国家对私人承担的义务,而是国家对国家承担的义务,私人只是由于国家间权利义务关系的存在而享受到一定的利益。因此,当缔约国的一方违背条约的规定,对缔约对方的公民或法人的跨国经济活动施加了不当限制时,只能由缔约对方追究违约方的国家责任,而不能由其公民或法人来直接主张权利。其次,一国在确定其与国际经济交往的当事人的关系时,还必须考虑自身的行为可能带来的影响,否则很难取得预期的效果。

(三)国家对私人的交易关系

国家作为国际经济法的主体还可以直接从事国际商事活动,与外国的当事人(不包括外国国家)进行经济交往,例如,由政府机构从国外采购国防物资,以政府的名义从外国银行借款。在这种情况下,一国同外国的当事人之间就不是一种管理与被管理的关系,而是一种比较特殊的契约关系。这种以国家为一方当事人的契约被称作国家契约(State Contract)。前述的具有私人身份的国有企业与其他私主体之间所缔结的商业契约关系并不在此类,因为此时的国有企业系以自身名义独立参与法律关系,而非以政府的名义进行活动。

国家契约不同于一般的契约。因为,第一,契约的一方为主权国家,而一个主权国家通常是不能置于其他国家的司法管辖之下的,这样就可能使得国家契约的效力仅依据作为缔约一方的那个国家的法律予以评价,从而可能影响契约的确定性,甚至公平性。第二,契约的另一方当事人为私人,因而国家契约不能认定为国际条约,所以,当作为契约当事人一方的国家违反契约的规定时,对方当事人很难将纠纷诉诸国际法。国家契约的上述两方面的特征,引发出无论在理论上还是实践中都长期难以解决的两个问题,即国际商事活动中的主权豁免问题以及国家契约中的国家违约责任问题,而我们恰好可以从这两个问题上看出国家在与外国的当事人的交往中的地位。

从国家主权原则和平等者之间无管辖权原则可以得出这样的结论,即一个国家不能对另一国家行使管辖权,这就是通常所说的国家主权豁免。国家主权豁免在历史上曾作为一项公认的国际法准则而普遍得到遵守。但后来,由于国家参与通常属于私人经营范围的事务逐渐增多,一些国家开始对国家主权豁免予以限制,出现了国家主权豁免问题上的绝对主义和限制主义的分歧。这种分歧自第二次世界大战结束以来日趋明显。1976年,美国国会通过了《外国主权豁免法》。该法虽首先肯定了主权国家享有管辖豁免,但随后却大量地列举了外国国家不享有豁免的例外情况,如自愿放弃豁免、从事商业活动以及由于侵权行为而产生损害赔偿请求权等。随后,英国、加拿大、新加坡等国也都通过立法明确表示了限制国家主权豁免的立场。国家主权的绝对豁免和国家主权的限制豁免经常发生冲突的焦点是当一国从事商业活动时是否当然地丧失豁免的资格。我国政府和绝大多数学者目前仍坚持国家主权绝对豁免的立场。近年来在处理"湖广铁路债券案"和"光华寮案"的过程中,我国政府和学者就一再表明了上述立场。问题在于如何在实践中解决绝对豁免主义和相对豁免主义的冲突。在这个问题上,我们的看法大致如下。

第一,在许多国家、特别是那些在国际经济领域中比较活跃的国家已明确表示采取相对豁免主义的今天,我们很难继续将国家主权的绝对豁免认定为一项普遍适用的国际法准则或规范。当一些国家提出或转向相对豁免主义时,尽管其他一些国家提出了异议,但整个国际社会并未认为相对主义是对国际法强行规则的违反,因而我们不能证明国家主权绝对豁免是一项国际法强行规范。而根据前面的分析,如果一项国际法规范不是强行规范,那么它只能是国家之间通过明示或默示的行为所约定的规范,并只在有约定的国家之间施行。因此,应该认为,绝对豁免主义和相对豁免主义都属特别国际法规范,只在分别承认其一的效力的国家之间适用。任何国家都有权决定在国家主权豁免问题上采取何种立场。

第二,正因为绝对豁免主义和相对豁免主义都只是特别国际法规范,而非普遍适用的国际法准则,所以,就像坚持绝对豁免主义的国家不能指责那些以国内立法表明其相对豁免主义立场的国家违反国际法一样,持相对豁免主义的国家也不能依据其所承认的特别国际法规范,更不能依据其国内立法来对坚持绝对豁免主义的国家行使管辖权。

第三,由于坚持绝对豁免主义的国家仅仅是拒绝接受其他国家单方面施加的司法管辖,而不是拒绝承担其依据条约或契约所产生的义务和责任,因此,绝对豁免主义和相对豁免主义在实践中直接冲突的机会并不是很多,而且,这种冲突会因为下列措施的采用而大大减少。首先,坚持绝对豁免主义的国家通常并不主张所有国家财产在国际经济交往中都享有豁免的资格,对于那些国家所有但由法人经营的财产,各国一般并不主张外国司法管辖的豁免。其次,坚持不同立场的国家可以通过条约就某些特定领域中的国家豁免问题作出规定,逐步减少两种立场之间的分歧。再次,私人在同国家签署契约时可要求国家就此次交易放弃主张国家主权豁免的权利。如果国家接受这种交易条件,便是准备接受某一对此类交易有管辖权的外国法院的管辖。

通过以上分析可以看出,如果一国在同他国的私人的经济交往中明示或默示地、一般或特别地放弃了主张豁免的权利,那么,在此次交易中,它与对方当事人大致处于平等地位,即对方当事人可以通过诉诸契约当事人之外的强制机构(某一外国法院)来使契约规定的内容得以实现或得到司法救济;而如果作为契约当事人的国家并未放弃其主张主权豁免的权利,那么,这时的国家契约虽然也具备契约的形式,但却与一般的契约存在着很大的差异,即作为当事人的国家所作出的允诺不能由契约当事人之外的机构予以强制实施。同坚持绝对豁免主义的国家从事经济交往的私人必须承担"主权豁免"的风险;但坚持绝对主权豁免的国家也必须为此付出一定的代价,即外国的当事人由于顾忌"主权豁免"风险而拒绝与其交易。

关于国家契约的另一争议较多的问题是国家契约的性质问题,而这一问题的核心又在于,当作为当事人的国家不履行自己的契约义务时是否应承担一定的责任。对于这个问题,我们的看法如下。

首先,不应该笼统地把国家契约分为或认定为国内法上的契约或国际协议。我们认为应该把国家契约分为两类,一类是作为契约当事人的国家已放弃主权豁免请求权的,可称之为均衡型国家契约;另一类是作为当事人的国家未放弃主张主权豁免权利的,可称之为非均衡型国家契约。就前一类国家契约而言,由于它满足契约的一般条件,所以应认定其为一般意义上的契约。这种契约同国内法上的以国家作为当事人一方的契约的区别在于,这种契约可不以国内法作为适用的法律,而是适用有关的国际经贸条约和惯例。而后一类的国家契约由于缺乏来自第三方的可强制其实施的力量,所以并非一般意义上的契约。

其次,不论是哪种类型的国家契约都不应认定为国际协议。国际协议是主权国家之间、政府间国际组织之间以及国家和国际组织之间所缔结的书面协定。在均衡型的国家契约中,作为当事人的私人一方并未上升到主权者的地位;作为另一方当事人的国家却"降格"为民事主体。所以,它们之间的协议是国际经济合同,而不是国际经济条约。至于非均衡型的国家契约,由于它排除了契约之外的第三方对作为契约当事人一方的国家的行为进行法律评价的可能性,因此更难认定其为国际协议。许多人力图将国家契约(特别是非均衡型国家契约)认定为国际协议,无非是追求对弱者(契约的私人一方)利益的保护,限制国家方任意毁约。但在无法强使国家放弃绝对豁免立场的情况下,来自契约当事人之外的第三方的力量对非均衡型国家契约的影响只能是非主导性的。

再次,在作为契约当事人一方的国家违背国家契约的情况下,如果该契约为均衡型国家契约,对方当事人自可对违约的国家提起诉讼,寻求违约救济;如果该契约为非均衡型国家契约,则对方当事人只能在违约国家的法律体系内寻求救济。在违约国家法律体系内寻求救济自然不如在该体系之外寻求救济更令人放心,但如果违约国家拒绝对受害方施加救济,或虽施加救济但有重大缺陷,则受害方的属国可以行使外交保护权。因此,无论在哪种情况下,国家契约中的私人一方都可以获得相应的法律保障,而不论是否把国家契约认定为国际协议。

第六章　国际经济法律行为

第一节　国际经济法律行为的概念和特征

一、国际经济法律行为的概念

国际经济法是调整国际经济关系的法,而国际经济关系是基于国际经济法律行为而联结起来的,因此,国际经济法学无法回避国际经济法律行为。

在明确国际经济法律行为的概念之前,必须首先明确法律行为的概念。经学者考究,中文的"法律行为"一词是由日本学者首先使用的。日本学者借用汉字中的"法律"和"行为"两个词,把德文 rechtsgeschaft 译为"法律行为"。由于德文中 rechts 兼有"公平""合法"等意思,所以,法律行为的原初语义是合法的表意行为。在民法学中,"民事法律行为"大都是在这种意义上使用的。[1]

其实,法律所关心的行为并非仅指合法行为;法学所研究的行为既包括合法行为也包括非法行为。如果只将合法行为称作法律行为,而将同样具有法律意义的非法行为排除在外,显然不如将合法行为与非法行为作为法律行为的基本分类更符合逻辑。事实上,我国多数法理学者是在广义上使用法律行为这一概念的。《中国大百科全书》对法律行为下的定义是:"能发生法律上效力的人们的意志行为,即根据当事人的个人意愿形成的一种有意识的活动,它是在社会生活中引起法律关系产生、变更和消灭的最经常的事实。"[2]

国际经济法律行为可概括为具有国际经济法意义的行为,即为国际经济法所调整,从而可产生国际经济法上的效果的行为。

二、国际经济法律行为的特征

国际经济法律行为具有如下特征。

第一,国际经济法律行为是国际经济法主体的行为。国际经济法是调整国际经济关系的法,国际经济关系是国际经济法主体结成的关系,而国际经济关系又是基于国际经济法律行为所联结起来的,所以,国际经济法律行为应该是国际经济法主体的行为。反之,也可以说,由于国际经济法律行为是受国际经济法调整的行

---

[1]　张文显:《法学基本范畴研究》,129页,北京,中国政法大学出版社,1993。
[2]　《中国大百科全书·法学》,102页,北京,中国大百科全书出版社,1984。

为,所以,国际经济法律行为的主体应为国际经济法的主体。

第二,国际经济法律行为是国际经济法所调整的行为。国际经济法的主体十分广泛,作为国际经济法主体的国家、私人除可以以自身的行为参与国际经济法所调整的社会关系之外,还可以从事其他各类行为,而只有它们的行为在受到国际经济法调整时,才是国际经济法律行为。一项行为受国际经济法所调整,是指该项行为受国经济法关心,为国际经济法所评价;而只有当一项行为可产生、变更或消灭一项国际经济法所调整的社会关系(国际经济法律关系)时,它才能被国际经济法所关心或评价。

第三,国际经济法律行为是可以产生国际经济法律后果的行为。由于国际经济法律行为是被国际经济法所关心和评价的行为,所以,国际经济法律行为必然会产生国际经济法律后果。国际经济法律行为所能够产生的法律后果可分为三类:一是产生国际经济法上的权利,例如中国加入世界贸易组织的行为使得中国有权要求世贸组织的其他缔约国就从中国进口的商品适用最惠国关税税率;二是产生国际经济法上的义务,如合同当事人的缔约行为使其承担了履行合同的义务;三是产生国际经济法上的责任,如合同当事人违反合同的行为使其承担违约责任。

三、国际经济法律行为的法律效果

无论是在国内法体系中还是在国际法体系中,关注法律行为都是在关注法律行为的法律意义或法律后果。国内法体系是一元化的法律体系,体系之内的各项规范不存在(至少不应存在)刚性的冲突,所以,一项特定的法律行为应该产生特定的法律后果。而国际经济法是一个多元体系,因此,国际经济法律行为的法律后果就比较复杂。例如,依据某一国家的合同法,当事人之间的某一国际货物销售合同可能是没有成立的,而依据另一国家的合同法,该合同的效力则可能没有任何问题。因此,在国际经济法领域,在判断一项法律行为的法律后果时,必须首先确定该项法律行为在国际经济法体系中的位置,然后才能依据可适用的法律对其作出法律上的评价。由于一项法律行为会涉及不同主体的利益,所以,不同的主体便可能以不同的国际经济法律规范来对该项行为进行判断,在这种情况下,行为人更须全面考虑该项行为的不同法律后果,以使自己的行为最大限度地满足其利益要求。

第二节 国际经济法律行为的分类

国际经济法律行为可依据不同的标准进行分类。同一国际经济法律行为可以从不同角度加以观察。通过对国际经济法律行为的分类,可进一步把握国际经济法律行为的特征和作用。

一、合法行为与非法行为

依据法律行为是否为法律所肯定,国际经济法律行为可分为合法行为与非法行为。

法律行为的这种划分直接表明国际经济法对某一法律行为的评价,也直接涉及一项行为的法律效力。

合法行为可产生行为人所期待的法律效果,例如,当事人的符合法律规定的缔约行为可使得他们所期待的对彼此构成约束的合同关系得以成立。非法行为,也可产生一定的法律后果,例如,进口商逃避关税的行为可使其承担相应的法律责任。从这个意义上说,无论是合法行为还是非法行为都是具有法律效力的行为。我们通常将非法行为说成是无效行为,并不是说该非法行为不产生法律后果,而是指该非法行为不能产生行为人所期待的法律后果。对于非法行为所产生的法律后果,当事人也不是无法预见,他很可能已经预见到他的行为将导致某种对其不利的法律后果的产生,只是基于侥幸心理才从事了某项不符合法律规定的行为,或者决定即使接受不利的法律后果,也必须从事一项违背法律规定的行为。

合法行为与非法行为的区分标准是国际经济法的规定。由于国际经济法既包括国际条约、国际惯例,又包括各国的有关立法甚至判例法,而这些法律规定之间可能是相互冲突的,所以,在判断一项法律行为属合法行为还是非法行为之前,必须确定应适用的法律。

二、单方行为和双方行为

依据法律行为的成立对行为主体数量的要求,国际经济法律行为可分为单方行为和双方行为(多方行为)。

区分单方行为和双方行为是为了便于判断一项行为在法律上是否成立。

单方行为是指仅以行为人一方的行为,不需他人的合作就可产生一定的法律后果的行为,如关税征缴行为、许可证颁发行为等。国家对国际经济交往的管理行为均属单方行为。

双方行为是指须以两个国际经济法主体的共同的意思表示才可产生一定的法律后果的行为,如订立合同的行为。因为私人之间法律地位平等,所以,若想彼此约束,就只能采取订立合同的方式;而且在合同订立过程中也必须遵守平等自愿原则,任何一方都不能仅凭其单方面的意思表示而确定与他方当事人的权利义务关系。国家之间的关系与私人之间的关系在性质上基本相同,因此,国际条约的缔结也是双方法律行为。合同行为与条约行为通常为双方行为,但有时也会是多方行为。在国际条约实践中,条约的参加国越多,国际实践就越趋统一,因此,多方行为应该是倍受鼓励的行为。

说合同行为与条约行为是双方行为,是指合同或条约的成立必须依据两个(或多个)当事方的共同的意思表示,而不是说在合同或条约的缔结与履行过程中没有单方行为;相反,无论是在合同或条约的缔结过程中,还是在合同或条约的履行过程中,总是单方行为占据绝大多数。以国际货物买卖合同为例,要约是单方行为,反要约是单方行为,承诺也是单方行为;在合同的履行过程中,无论是申请开证行为还是装运行为或是付款行为,都是单方行为,即只以行为人一方的行为就可产生一定的法律后果的行为。条约实践与合同实践基本相同。因此,可以说,双方行为主要发生在使合同或条约成立这一环节,在其他场合下,国际经济法律行为几乎都是单方行为。

三、积极行为和消极行为

依据法律行为的成立是否需要积极的作为,可将国际经济法律行为分为积极行为与消极行为。

积极行为是指行为人必须以积极的作为才可产生一定的法律后果的行为,如承诺行为、批准行为等。消极行为是指行为人的缄默或不行为就可产生特定的法律后果的行为,例如,受要约人在要约的有效期内保持沉默就可使要约失去效力。

一般说来,法律更关心人们的作为而不是不作为,所以,法律行为通常为积极行为。若想取得权利、承担义务,就要实施一定的积极的作为。消极的不作为通常既不能使人获得权利,也不会使其承担义务。只有在特殊情形下,法律才赋予某种不作为以法律意义,例如,法律规定政府对某类国际商事合同的审批期限,同时规定,如果政府在该期限内不作任何意思表示,则视为批准了合同。

需要注意的是,只有国家才可以通过立法将某类不作为确认为法律行为,私人则不具备此种权力,因此,如果某人在向他人发出要约时说明,如果后者在若干天内不表示反对,就视为接受了要约,那么,后者的不作为并不能产生这种法律后果,除非后者以积极的行为接受了前者的意思表示。

四、私人行为与国家行为

依据法律行为主体的不同,国际经济法律行为可分为私人行为与国家行为。

区分私人行为与国家行为的意义在于:对私人行为和国家行为需采用不同的法律评判标准。

如前所述,国际经济法既是跨国法,又是跨部门法。作为跨部门法,国际经济法规范从性质上看分别属于国际公法规范、国际商法规范和涉外经济法规范。评价私人行为的标准是国际商法规范;评价国家行为的标准是国际公法规范;一国的涉外经济法规范是调整国家与私人之间的关系的,所以,既可以用来评价私人的行为,又可以用来评价国家的行为。

在国际经济法领域,私人的行为主要是交易行为,即与地位平等的其他国际经济法主体之间的商事交往行为。由于当事人之间的地位平等,所以国际商事交往通常体现为一种合同关系,私人的交易行为主要是缔结国际经济合同的行为和履行国际经济合同的行为。例如,就一项国际货物买卖而言,买卖双方之间自然是一种合同关系,买方与开证行之间是就开立信用证而结成的一种合同关系,开证行与受益人(卖方)之间是就交单付款而结成的一种合同关系,买方或卖方同承运人之间是就货物运输而结成的一种合同关系,买方或卖方同保险人之间是就货物运输保险而结成的一种合同关系,买方或卖方同公证行之间是就货物检验而结成的一种合同关系。上述各方当事人之间就上述业务所进行的活动,从法律角度看,都属于订立合同和履行合同的行为。从其他类型的国际商业交往(如国际技术贸易、国际直接投资、国际借贷、国际服务贸易)中,我们也都可以抽象出大量的合同关系。由于私人行为主要是合同行为,所以衡量私人行为的法律主要是合同法。这里的合同法是广义的合同法,既包括专门的合同法(典),也包括其他法律中具有合同法性质的规范,如买卖法、代理法、保险法中的调整相应的合同关系的法律规范。

合同法的主要作用在于保证合同当事人的彼此允诺的实现,因此,对私人行为的评判除了要依据合同法之外,还要依据当事人之间的合同。由于合同法通常并不直接规定当事人之间就个别交易的具体的权利义务,所以,合同条款往往是衡量当事人的行为的直接的和决定性的标准,除非合同约定违背了法律的规定。

由于私人的交易行为须接受国家的管理,所以,私人行为除交易行为之外还包括私人在国际经济交往中接受国家管理而向国家行政机关所实施的各项行为,这类行为可称之为相对人行为。相对人行为主要包括:申请行为,即私人为从事某种国际经济交往而申请政府予以许可的行为;申报行为,即私人向政府报告其所从事的国际经济交往的内容并接受政府审查的行为;缴纳行为,即私人就其所从事的国际经济交往而向政府缴纳税费的行为。对私人的这种相对人行为的评判标准主要是各国的有关立法,同时,国家之间所缔结的某些公约与协议也可作为评判私人的相对人行为的标准。

在国际经济法领域,国家行为主要是对国际经济交往实施管理的行为(简称管理行为)和就国际经济交往与其他国家进行协调的行为(简称协调行为)。

对国家的管理行为的评判标准首先是各国的国内立法,例如一国关于关税征收的法律、关于技术进出口合同审批的法律。用其本国的法律来评判一国的管理行为在通常情况下是用一国的立法来评判该国的行政机关的管理行为。国家对国际经济交往所施加的管理基本上是由一国的行政机关实现的。各国的权力机关

(立法机关)通常以立法的方式,将对国际经济交往实施管理的权力赋予行政机关(如总统或内阁)。国家权力机关在赋予行政机关这种管理权限的同时,也会确定行政机关的职责。所以,行政机关在对国际经济交往实施管理时并不能任意行为,而必须接受某种约束。因此,以国内立法来评判一国的管理行为是具有实际意义的。

对国家的管理行为的另一评判标准是有关国家之间所签订的条约。由于一国对国际经济交往的管理不仅涉及当事人的利益,也涉及其他国家的利益,所以,国家之间就需要就国际经济交往的管理彼此约束,这种约束的法律表现形式就是国际条约的签署和履行。于是,国家的管理行为的评判就不能仅依据一国的国内立法,还要依据国家间所签订的条约。作为国家的管理行为的评判标准的国内立法与国际条约在内容上应该是一致的,因为一国的国内立法不应与其所参加的国际条约相冲突。例如,在对外国投资的管理方面,一国政府既要执行本国的立法,也要执行它所参加的条约的规定;如果它的国内立法与其所参加的条约的规定不同,那么它应执行条约的规定。当然,在实践中,这种冲突极少发生。各国通常会注意使其立法与其所参加的国际条约相一致,一些国家更是通过立法的方式将其所参加的国际条约直接转化成本国法律,从而避免出现冲突的可能。如果一国的管理行为违背了国内法的规定,那么,受到这种行为的不利影响的当事人通常可通过行政复议程序和司法审查程序使得这种不当管理行为得以纠正,或者使自己因此而受到的损害得到补偿;如果一国的管理行为违背了国际条约的规定,条约的其他成员国便可基于条约的规定,要求其对不当行为作出纠正,或者要求采取其他救济措施。

国家的协调行为是指国家就国际经济交往的管理,为实现某种共同的目标所从事的行为。如果说国家的管理行为是在影响国家与私人的权利义务关系,那么国家的协调行为则是在影响国家之间的权利义务关系。国家管理行为与国家协调行为密切相联,有时甚至难以区分。例如,国家之间关于税收情报的交换属于比较典型的国家协调行为;国家之间相互承认与执行对方国家所作出的商事仲裁裁决也属比较典型的国家协调行为。这些行为不会与国家管理行为相混淆。但另外一些国家行为则可能既属管理行为又属协调行为。例如,一国依据同特定国家的有关协议,对出口到特定国家的特定商品实行配额管理,从国家与私人的关系上看这属于管理行为,从国家与国家的关系上看则属于协调行为。由于协调行为影响的是国家之间的关系,所以,对国家的协调行为的评判标准只能是该国所参加的国际条约和一般国际法规范。评判国家协调行为的直接标准应该是一国所参加的国际条约,因为,协调行为应该是具体的行为,国家在具体事项上的权利义务关系如果有特别约定,则应从其约定,除非这种约定违反国际强行法。在国家之间没有特别约定的场合,如果需要确定国家之间的权利义务关系,则只能依据一般国际法规范。

谈到国家行为时，不能不谈到"国家行为主义"问题。所谓国家行为主义（Act of State Doctrine），是指一国法院对于外国政府在其领土内的主权行为的有效性不予裁定的一种主张。对于国家行为主义，美国最高法院在1897年的"昂德希尔诉赫南德兹案"（Underhill v. Hernandez）中作了经典性的表述："每一主权国家均有义务尊重任何其他主权国家的独立；我国法院将不裁判另一个国家的政府在其领土内所作的行为。对这种行为不满的救济只能通过主权国家之间公开提供的方式而取得。"[1]国家行为主义在西方发达国家曾得到广泛的接受。但随着国家主权有限豁免的主张的盛行，国家行为主义的内容也在发生变化。目前，按照西方学者的解释，国家行为主义的适用应满足下列条件：第一，国家行为应涉及国家公共权力的行使，国家在商业活动中的行为不适用国家行为主义；第二，国家行为的效力应限于国家管辖范围之内，"如果外国立法被认为影响外国领土外的财产或利益，该外国立法就可以被质疑"；第三，国家行为本身并不违反国际法，"外国法律是否符合国际法，是可以加以审查的"。[2]

可见，国家行为主义所涉及的不仅是对国家行为的评判问题，而是涉及一国法院是否可以否认外国的国家行为在本国的效力问题。我们认为：首先，国家行为是可以评判的，但评判的标准只能是国际法，包括一般国际法和特别国际法；其次，一国的法院未经其他国家同意，不能就其他国家的行为作出裁判，即使是依据国际法作出裁判，因为平等者之间无管辖权；第三，就一国的国家行为对其他国家所造成的不利影响，只能通过国家间的争端解决机制加以解决，而不能诉诸国内司法程序，除非得到外国国家的同意。

由于在国际经济法领域，私人的行为主要是合同行为；国家的行为主要是对国际经济交往实施管理的行为和国家之间就国际经济交往的管理所进行协调的行为，所以，国际经济法律行为的基本类型为国际经济条约行为、国际经济管理行为和国际经济合同行为。从这个意义上说，国际经济法律制度的内容应包括国际经济条约制度、国际经济管理制度和国际经济合同制度。

---

[1] 转引自[美]亨金等著：《国际法：案例与资料》（英文版），124页，美国西方出版公司，1980。
[2] 见[英]詹宁斯、瓦茨：《奥本海国际法》，第一卷第一分册，王铁崖等译，第三章第112目及注释，北京，中国大百科全书出版社，1995。

第七章 国际经济法律责任

第一节 国际经济法律责任的概念

法律责任,通常被认定为义务人违反其义务时所应承受的法律处罚;也有学者将法律责任归结为法律义务,认为"法律责任是由于侵犯法定权利或违反法定义务而引起的、由专门国家机关认定并归结于法律关系的有责主体的、带有直接强制性的义务,也即由于违反第一性法定义务而招致的第二性义务。"[1]

这里,我们将国际经济法律责任表述为:国际经济法主体违反法律义务所应依法承担的强制性的后果。

第一,国际经济法律责任是违反法律义务的后果。这里的法律义务是指依据国际经济法所承担的义务;而国际经济法既可以表现为国际立法也可以表现为国内立法。从义务的产生途径来看,法律义务既可以表现为法律所直接规定的义务(如货物进口人交纳关税的义务),也可以表现为不同主体之间所约定的义务(如卖方在特定期限内向买方交货的义务)。约定的义务之所以成为法律义务,是因为这种约定符合法律所规定的条件而具有可依法强制执行的效力。

第二,国际经济法律责任是一种强制性的后果。所谓强制性后果是指法律责任对其承担者具有不利的影响,因而它并不是法律责任的承担者所愿意接受的,只是基于法律的规定,法律责任的承担者必须承担这种后果。

第三,国际经济法律责任是依法承担的责任。法律责任的内容应该是确定的,因为法律责任必须基于法律的规定。尽管国际经济法的渊源比较复杂,依据不同的规则可能产生不同的责任,而一旦确定了应适用的法律,那么法律责任的内容就应该是确定的。

第四,国际经济法律责任是国际经济法主体所承担的责任。法律责任是法律关系主体的责任,国际经济法律责任是国际经济法主体的责任。只有当某一实体参加国际经济法所调整的社会关系而没有履行其依照国际经济法所应履行的义务时,才可产生国际经济法律责任。

研究国际经济法律责任主要应研究什么人在什么情况下应承担法律责任、依据何种方式确认责任是否存在,以及承担什么样的法律责任这样三个问题。

---

[1] 张文显:《法学基本范畴研究》,187页,北京,中国政法大学出版社,1993。

作为法律运行的保障,法律责任是法律体系的重要组成部分。国际经济法作为一个部门法,也必须有自己的法律责任制度。由于国际经济法具有跨部门法的特性,国际经济法律责任既可能是公法性质的法律责任,也可能是私法性质的法律责任;既可能是依据国内法规范所承担的责任,也可能是依据国际法规范所承担的责任,从而使得国际经济法律责任制度更为复杂。以往的国际经济法教科书通常将法律责任的论述分散到有关章节(如"国际经济争端解决")当中,这当然是一种得体的安排,但在国际经济法基础理论部分对国际经济法律责任制度作一概括还是必要的和可能的。

第二节 国际经济法律责任的构成要件

国际经济法律责任的构成要件是指国际经济法律责任产生的必要前提。只有当各项构成要件或必要前提均已具备时,才会产生国际经济法律责任。国际经济法律责任的构成要件包括:责任主体、违背法律义务的行为和过错。

一、责任主体

国际经济法律责任的承担者须为国际经济法主体。无论是国家还是私人(自然人与法人),在参加国际经济法所调整的社会关系时都会依法承担相应的义务;如果不履行或不适当履行这种义务,就要依法承担相应的责任。由于国际经济法主体具有广泛性,所以,国际经济法律责任主体也十分广泛。凡能够参加国际法律关系并有独立人格者,均可成为国际经济法律责任主体。

由于国家与私人在国际经济法中处于不同的地位,所以,它们所承担的法律责任的性质也有区别。国家除在个别情况下参与同私人之间的商事交往,从而可能对私人承担私法上的责任之外,在通常情况下,国家只是与私人结成经济管理关系,或与其他国家就国际经济活动的管理而结成某种权利义务关系,所以,国家在国际经济法上的责任通常属公法上的责任。私人作为国际经济法的主体主要是参与国际商事交往,与其他私人结成合同关系,所以,私人在国际经济法上的责任主要是私法上的责任。当然,私人在参加国际商事交往的同时,必须接受国家的管理,因此,私人的责任也可表现为公法(行政法或经济法)性质的责任。

由于国际经济法的主体十分广泛,而且,它们又可以参加国际经济法所调整的不同性质的社会关系,所以,在确定某一实体承担国际经济法律责任的主体资格时,必须首先明确:它是否具有独立的人格并且以自己的名义参加国际经济法律关系,以及它参与的是何种性质的国际经济法律关系。

二、违反法律义务的行为

同其他法律责任一样,国际经济法律责任产生的前提必须存在某种行为;仅仅是一种心理状态是不应产生责任的。法律意义上的行为既包括积极的作为,也包括消极的不作为。由于国际经济法律责任的承担者是国际经济法的主体,所以,违背法律义务的行为既包括国家的行为,也包括私人的行为。

因为法律义务是法律所规定或法律所确认的义务,所以,违背法律义务的行为通常又被称为违法行为。由于国际经济法的渊源属多元性质,因此国际经济法意义上的违法行为也比较复杂。首先,违背法律义务的行为既可能是违背国内法规范的行为,也可能是违背国际法规范的行为;既可能是违背条约或惯例的行为,也可能是违背制定法或判例法的行为。其次,违背法律义务的行为是违背特定的法律规范的行为。如前所述,国际经济法渊源的多元化可能意味着规范之间的冲突。依据某一规范被视为违法的行为,依据另一规范则可能属于合法的行为。因此,选择应适用的法律在确定国际经济法律责任时十分重要。再次,违背法律义务的行为既可以是直接违背法律规定的行为,也可以是违背当事人之间的约定的行为。违背约定之所以被认为违法,是因为一项约定被赋予了法律效力。私人之间的约定为契约,国家之间的约定为条约。

违背法律义务的行为通常会对他人或社会产生损害后果,但损害后果不必作为国际经济法律责任的一项构成要件。从某种意义上说,违背法律义务的行为本身就是一种后果,至于损害后果是否已经发生或将会发生,以及损害后果的范围,只是对于确定法律责任的内容具有意义,而并不对责任成立与否产生影响。当法律要求或禁止当事人为一定的行为,而当事人拒绝遵守这一法律规定时,法律责任即应该产生;当事人不能以尚未实际造成损害后果为由逃避法律责任。

三、过错

国际经济法律责任的成立通常以行为人的主观过错作为一项成立要件。在讨论过错这一构成要件时应注意如下几个问题。

首先,作为一般的原则,如果行为人对其行为没有主观过错,则不应就其行为承担法律责任。所谓过错,包括故意与过失两种心理状态。对于自然人之外的实体的过错,应从该实体的代表人或代理人的心理状态中去寻找。

其次,在确认行为人是否应承担国际经济法律责任时,人们通常并不刻意考察行为人在实施其行为时是否具有故意或过失的心理状态,这是因为通常所适用的原则是"过错推定"原则,即首先推定行为人在违背其法律义务时是有过错的,除非行为人能够证明他当时是无过错的。这样一来,过错在确定国际经济法律责任时的意义便相对降低。

再次,国际经济法律责任的成立并不永远要求行为人的过错的存在,在某些情况下适用的是无过错责任原则。无过错责任原则的产生基础是在现代社会中许多行为(例如从事化学、核反应、航天等行为)具有高度的危险性,因此,行为人必须尽到最大的谨慎以避免损害后果的发生;同时,如果不要求无过错的行为人承担责任,而将损害后果推到同样无过错的受害者身上,显然更加有悖于法的公平精神。一些国际、国内立法已明文规定了某些情况下的无过错责任制度,例如《空间实体造成损失的国际责任公约》第二条规定:"发射国对其空间实体在地球表面,或给飞行中的飞机造成损害,应负有赔偿的绝对责任。"

第三节　国际经济法律责任的类型

由于国际经济法调整不同层面的国际经济关系,各类主体在不同层面的国际经济关系中处于不同的法律地位,所以,国际经济法律责任的表现形式会因为承担责任的主体的不同而有所区别。

一、国家对国家的责任和国家对私人的责任

国家在国际经济法上的责任又可分为国家对国家的责任和国家对私人的责任两类。

国家对国家的责任从性质上看,与国际公法上的国家责任完全相同。从表现形式上看,国家责任主要分为恢复原状、赔偿损失和赔礼道歉三类。

恢复原状是指由违反法律义务的国家消除由于其不当行为而对其他国家所带来的不利后果,从而使事态恢复到原先的状况。例如,如果某一缔约方违背其依据《关税与贸易总协定》所承担的义务,对来自另一缔约方的某种进口商品征收了一项特别的税(费),从而使进口商品受到歧视待遇,另一缔约方就可以通过某种程序要求该缔约方取消这一税(费)的征收,使事态恢复到原先的状况。

赔偿损失是指由违反法律义务的国家赔偿对方国家由于其不当行为所受到的经济损失。例如,根据世界贸易组织《关于争端解决规则与程序的谅解》第二十二条的规定,如果有关成员国未能在合理期限内实施争端解决机构的裁决或建议,该成员国,如经请求,应不迟于合理期限结束时与投诉方进行谈判,力求达成双方均能接受的补偿措施。

赔礼道歉是指由违反法律义务的国家向对方国家以口头或书面形式表示歉意。赔礼道歉通常适用于给对方国家造成精神损害的场合。

除上述责任形式之外,还存在着其他类型的责任形式,例如,根据《国际货币基

金组织协定》第二十六条的规定,如果某一会员国不履行协定义务,协定可宣告该国丧失使用基金组织普通资金的资格;如经过一合理期限后,该会员国仍不履行协定义务,经理事会85%总投票权的表决,得要求该会员国退出基金组织。

国家对私人的责任主要产生于两类场合:一是国家在与私人从事国际商业交往时因违反约定义务而须向私人承担法律责任;二是国家在对从事国际经济交往的私人行使管理权时,因行为不当而须向私人承担责任。

国家在与私人从事商业交往时可能承担违约责任。如前所述,即使某一国家坚持绝对主权豁免原则,也不意味着这一国家拒绝承担违约责任。如果一国主张相对主权豁免原则,愿意在同私人所进行的国际商业交往中接受某一外国法院的管辖,那么,国家的违约责任便更容易确定和履行。

依据国际和国内立法,一国有权对私人所从事的国际经济交往实施管理,但如果一国所实施的管理违背了法律规定,也会产生国家责任问题。此时往往会产生双重的国家责任,即国家对私人的责任和国家对国家的责任。例如,当一国对外国投资者的投资不当地实施了国有化措施时,外国投资者就可以依据东道国的法律或者与东道国政府签署的协议要求东道国政府承担赔偿责任;同时,投资者的母国也可基于与东道国的条约或者基于习惯国际法而要求东道国承担责任。

基于上述分析可以推断出,国家对私人的责任主要表现为恢复原状和赔偿损失。由于国家行为主要是由国家的行政机关所完成的,所以,国家责任通常由一国的行政机关承担。

二、私人对国家的责任和私人对私人的责任

私人在国际经济法上的责任也可分为私人对国家的责任和私人对私人的责任两类。

私人对国家的责任如果产生于私人同国家的国际商业交往,那么这种责任就属于私法上的责任,主要是违约责任。如果私人对国家的责任产生于国家对私人的跨国经济活动的管理,那么这种责任则具有行政责任的性质。在后一种情形下,私人所承担的责任主要表现为:向国家机关(行政机关)承认错误、支付罚金、履行法定义务和赔偿损失等。国家在要求私人向自己承担国际经济法上的责任时,应注意自己所承担的国际义务。例如,根据《国际防止海上油污公约》的规定,每一缔约国政府在对违章案件课以罚款时均应向政府间海事协商组织报告。

私人对私人的国际经济法上的责任通常为违约责任,这类责任的形式主要包括赔偿损失、支付违约金和实际履行合同义务。

✦ 下 编 ✦

国际经济法分论

第八章 国际货物贸易法

第一节 国际货物贸易法概述

一、国际货物贸易

狭义的国际货物贸易也即国际货物买卖，是卖方与买方的货物交易关系。

广义的国际货物贸易不仅包括国际货物买卖，也包括政府对国际货物买卖的管理。世界贸易组织中的"贸易"并非国际货物买卖自身，而是政府对国际货物买卖的管理。

国际货物买卖是指货物所有权跨越国界的有偿转让。

首先，国际货物买卖的标的物是货物，而货物在法律上的含义是有形动产。无形财产的交易（例如商标使用许可）和有形不动产的交易（如土地使用权转让）不属于国际货物买卖。

其次，国际货物买卖的实质是标的物所有权的转让。从表面上看，国际货物买卖表现为标的物的交付，表现为标的物占有的转移；但的占有的转移并不一定是买卖，例如，租赁也表现为标的物的占有的转移，但并非买卖。货物买卖一定要发生货物所有权的转让，从卖方转移到买方手中，其后果为买方可自主地处分该项货物。

再次，国际货物买卖所涉及的货物所有权的转让是有偿转让，买方要为货物所有权的取得支付对价，这种对价在通常情况下表现为货币，但也可以完全地或部分地以非货币财产作为对价。无偿的货物所有权的转移也可能发生，通常表现为赠与。

最后，国际货物买卖与国内货物买卖的区别在于国际货物买卖必须是跨越国界的买卖。这里的"国界"应解释为"关境"或"边境"。在通常情况下，国际货物买卖一定要表现为货物的进出口，而货物的进出口必须经过报关程序，因此，国际货物买卖的国际性表现为货物要进出"关境"，在消除了"关境"的共同体成员之间所进行的货物买卖的国际性则应体现为货物进出"边境"。

历史上，国际贸易基本上都是国际货物贸易。因此人们可以以"国际贸易"替代"国际货物贸易"。但当今的国际贸易至少应包括国际货物贸易、国际技术贸易和国际服务贸易。将国际贸易等同于国际货物贸易的时代已经过去了。

二、国际货物贸易法

国际货物贸易法是调整因国际货物贸易所产生的各种社会关系的法律规范的总称。

由国际货物贸易所产生的社会关系主要有以下三种类型。

第一,私人之间的交易关系,即卖方与买方之间的货物买卖关系。

第二,国际货物买卖的当事人与有关国家所结成的管理与被管理关系。国际货物买卖是在有关国家的干预和管理之下进行的,国家与有关当事人之间必然要结成管理与被管理的关系。

第三,国家之间因国际货物买卖所结成的关系。由于各国对国际货物买卖的干预和管理会产生冲突,而这种冲突可能对国际货物买卖的进行形成阻碍,所以有必要对国家的这种干预管理行为加以协调,这样就出现了国家之间因国际货物买卖所结成的关系。这种关系不仅会涉及有关国家的利益,也会影响到国际货物买卖当事人的利益。

调整上述社会关系的法律规范都属于国际贸易法的范畴,其中,仅调整狭义的国际贸易关系的法可称作狭义的国际贸易法或国际货物买卖法。

国际货物贸易法既包括国际法也包括国内法。虽然各国都制定有调整私人之间的交易关系的法律,这种法律通常既适用于国内交易关系也适用于国际交易关系,但相当数量的国际货物买卖已置于国际条约和国际惯例的支配之下。《联合国国际货物销售合同公约》(the United Nations Convention on Contracts for the International Sale of Goods,CISG)、《国际贸易术语解释通则》等在很大范围内调整着私人之间的国际货物贸易关系。各国对国际货物贸易的干预管理首先是依据本国法律所进行的,因此,国家与私人之间就国际货物贸易所结成的管理与被管理的关系主要是由有关国家的国内法所调整;但由于国家在这一领域中接受了越来越多的国际条约的约束,所以,国家在对国际货物贸易实施管理时所依据的国内法越来越多地受到国际法规范的制约。国家之间因国际货物贸易所结成的关系自然只能接受国际法的调整,国际条约(例如世界贸易组织的各项协定)是这类国际法的基本表现形式。对于那些试图以本国的国内法来约束其他国家的行为的做法应坚决予以反对。

国际货物贸易法既包括私法也包括公法。从国内法来看,调整交易关系的国内法属于私法,调整管理关系的国内法属于公法。在国际法层面也是这种情况。

联合国国际贸易法委员会组织起草并于1980年3月维也纳外交会议上通过的《联合国国际货物销售合同公约》(本节以下部分简称《公约》)是调整国际货物买卖关系的重要的私法性公约。《公约》自1988年1月1日起首先在阿根廷、埃及、法国、中国、意大利、美国等缔约国生效。至 2022 年年底,《公约》已有 95 个缔约方。《公约》具有很强的包容性。从第一批适用该《公约》的缔约国的名单可以看到,这里既有典型的大陆法系国家,又有典型的普通法系国家;既有典型的市场经济国家,又有典型的计划经济国家;既有典型的发达国家,又有典型的发展中国家。这意味着该《公约》的谈判过程包含着大量的妥协,而就那些无法妥协的问题则只能选择放弃。

该《公约》共分四个部分,其中第二部分和第三部分是《公约》的实体部分。第二部分是合同法的内容,为国际货物买卖合同的订立确立了规则;第三部分是买卖法的内容,规定了卖方和买方的主要义务以及违背这些义务的救济措施。关于《公约》的适用条件,其第一条规定,"本公约适用于营业地在不同国家的当事人之间所订立的货物销售合同:(1)如果这些国家是缔约国;或(2)如果国际私法规则导致适用某一缔约国的法律。"但中、美等国对第二种情形的规定均作了保留。关于"货物销售"的含义,《公约》未作界定,但《公约》的第二条明确排除了其所不予适用的销售,它们是:(1)购供私人、家人或家庭使用的货物销售(除非买方在订立合同前任何时候或订立合同时不知道而且没有理由知道这些货物是购供任何这种使用);(2)由拍卖方式进行的销售;(3)根据法律执行令状或其他令状进行的销售;(4)股票、投资证券、流通票据或货币的销售;(5)船舶、气垫船或飞机的销售;(6)电力的销售。此外,根据《公约》第三条的规定,其也不适用于"供应货物一方的绝大部分义务在于供应劳力或其他服务的合同。"也即该《公约》并不涉及国际货物销售的所有问题。《公约》第四条规定:除《公约》另外明确提及,《公约》与合同的效力无关;与合同任何条款的效力无关;与任何惯例无关;与合同对所售货物所有权可能产生的影响无关。《公约》第五条规定:该《公约》不适用于卖方对于货物对任何人所造成的死亡或伤害的责任。《公约》的另外一个显著特征在于,其允许有关当事人整个地排除《公约》对其合同关系的适用,或减损《公约》任何条款(第十二条除外,该条允许缔约国以《公约》保留的方式要求合同采用书面形式)的效力。

世界贸易组织规则是调整国际贸易管理关系的公法性条约。依据国家主权原则,各国政府有权自行制定自己的政策与法律,对相关的国际货物贸易施加管理;依据信守约定原则,一国的对外贸易管理措施又不得违背自己的国际义务,也就是说,政府的管理活动又须接受另外一个层次的"管理"。

各国政府在国际贸易管理方面彼此约束,是因为一国的外贸管理活动可能损害其他国家的利益,甚至损害国际社会的共同利益。政府对国际贸易活动实施管理的本质是在世界范围内扭曲市场规律。尽管在某些情况下这种扭曲是必要的,但无限制的扭曲,将扩大国际社会的交易成本,阻碍国际经济的发展。此外,各国在国际贸易管理方面的彼此约束也可表现为一种国际合作,通过这种国际合作也可消除或减少无限制的市场经济对国际社会的某些负面影响。从法律角度看,一国政府在外贸管理方面所接受的来自国际社会的约束,或国际法的约束,主要是条约约束。这种约束的结果是使一国的国内法与国际法(国际条约的规定)保持一致,使各国的外贸管理措施在最低限度上达到统一。

目前,世界上绝大多数国家在国际贸易管理方面均接受世界贸易组织规则的约束。世界贸易组织之下的一系列条约为各成员方设立了国际贸易管理方面的行为规则。在这个条约体系里,建立世界贸易组织协议是主导性文件,各项具体规则则包含在各项附录当中。

第二节 国际货物买卖合同的订立

一、概述

如同其他交易一样,国际货物买卖也必须借助合同的方式加以实现。因此,合同是否有效订立对于判断当事人的权利、义务和责任是否存在具有重要意义。

国际货物买卖合同的订立方式大致分为两类:一类是当面签约,即买卖双方就交易内容达成一致意见之后当面签署单一的合同文本,通常适用于比较复杂的交易,或与新客户的交易;另一类是隔地签约,即由买卖双方通过信函往来的方式就交易内容达成一致意见,但完整的合同是由多份文件共同组成的,通常适用于简单的交易或老客户之间的交易。隔地签约曾经采用信函、电报、电传、传真等形式,目前则可以利用电子邮件等更快捷和简便的方式。由于隔地签约会遇到比当面签约更为复杂的问题,因此,我们以隔地签约为例来说明有关国际货物买卖合同订立的法律规则。这里的法律规则,除特别表明,是指《联合国国际货物销售合同公约》所确立的规则。

二、要约邀请

国际货物买卖合同的订立通常是由一方当事人向另一方当事人探询交易条件开始的。一方向另一方发出的探询交易条件的意思表示在实践中被称作询盘(inquiry)或发价邀请,在合同法上被称作要约邀请(invitation for offer)。虽然询盘也表达了欲与对方当事人订立国际货物买卖合同的意图,但并不期待着对方的回答即可使合同得以成立。因此,询盘的内容尽管也可以包含某些交易条件,但通常是不完整或不确定的。也正因为如此,询盘无论对发出方还是对接受方均无法律拘束力。

《联合国国际货物销售合同公约》对询盘未作正面表述,而只是在第十四条第二款规定:"非向一个或一个以上特定的人提出的建议,仅应视为邀请作出发价,除非提出建议的人明确地表示相反的意向。"

三、要约

无论事先是否发出过询盘，如果一方当事人向特定人提出特定的交易条件并期待着当对方接受这些条件时即承受约束，那么，这一意思表示就构成发价（offer），即要约。一项有效的发价应同时具备以下条件。

第一，必须向特定的人发出。发价可以向单个人发出，也可以向多个人发出，但发价的接受者（被发价人）必须是特定的人，除非发价人另有相反的意思表示。例如，公司通过媒体向不特定的人（社会公众）传播产品的性能、价格等销售条件通常被视为要约邀请（询盘）；但如果某公司在向不特定的人传播这种信息的同时，表示愿意在任何不特定的人接受其交易条件时承受约束，则不适用"特定人"规则。

第二，必须表明同对方订立合同的意图，即必须明示或默示地表达如果对方接受其交易条件，发价人将承受约束。某些词语，如"发盘"（offer）、"实盘"（firm offer）、"订购"（order）可表明一项意思表示是一项发价；另外一些词语，如"以我方确认为准"（subject to our confirmation），"以货未售出为准"（subject to unsold）则可以表明作出意思表示的人并不准备受其提出的交易条件的约束，因此并非一项发价。实践中有"实盘"与"虚盘"之说。所谓实盘即为发盘或发价，是一项要约；而所谓虚盘则是指具有某种保留条件的订立合同的意思表示，即意思表示者并不期待着当对方接受其交易条件时即承受约束。因此，虚盘并不是发价，而只是一项询盘。

第三，必须表明主要的交易条件。由于发价人期待着对方作出接受的意思表示时即承受约束，因此发价中应包含主要的交易条件。实践中，一项发价通常会包括商品的品质、数量、包装、价格、交货和支付这样一些重要的交易条件。依据《联合国国际货物销售合同公约》第十四条的规定，作为一项发价的意思表示至少应包含货物、数量和价格这三项交易条件。需要注意的是某些交易条件既可以是明示出来的，也可以是暗示出来的。该公约规定：一项订立合同的建议只有十分确定，才能构成发价，而"一项建议如果写明货物并且明示或暗示地规定数量和价格或规定如何确定数量和价格，即为十分确定"。

第四，必须到达被发价人。一项订立合同的意思表示在到达被发价人之前并不产生任何法律效力。《联合国国际货物销售合同公约》第十五条规定：发价于送达被发价人时生效。

发价到达被发价人时生效并不意味着发价可对被发价人产生任何约束效力。被发价人既可以接受发价，也可以拒绝发价，还可以保持沉默。在没有其他约定的情况下，被发价人对发价保持沉默并不会为其设置任何义务。

发价对发价人的约束效力则比较复杂。首先，由于发价在到达被发价人之前并未生效,所以,发价人可在发价到达被发价人之前阻止其生效,从而不被其发价中所作的允诺所约束。按照《联合国国际货物销售合同公约》的规定,只要发价人撤回发价的通知先于发价到达或与发价同时到达,发价即被撤回(withdraw),发价人即不再受到发价的约束;其次,在发价到达被发价人之后,但被发价人尚未接受发价之前,发价人也可以通过撤销(revoke)发价而使发价失去效力,从而免除发价对自己的约束。但是,按照《联合国国际货物销售合同公约》的规定,在下述两种情况下,发价人不能撤销其发价:一是发价已表明发价的有效期或以其他方式表明发价是不可撤销的;二是被发价人有理由信赖该项发价是不可撤销的,而且已本着对该项发价的信赖行事。在许多情况下,发价都明示或暗示地表达出发价的有效期,这时,发价人就要在有效期内承受约束;一旦被发价人接受了发价,发价人与被发价人的合同关系即告成立。

除了发价人的撤回、撤销行为会阻止发价生效或使发价失效之外,其他的一些法律事实也会使发价失去效力,这些法律事实包括:发价的有效期届满、被发价人拒绝发价、被发价人就发价提出修改建议和发价人失去行为能力等。

四、反要约

实践中,被发价人在接到发价之后往往会就发价的内容同发价人进行磋商,希望变更发价中的某些交易条件或加入新的条件,这样的意思表示即为还价,也称还盘或反要约(counter-offer)。

发价人承受发价条件约束的前提是被发价人接受发价的条件,被发价人对发价中的任何条件的拒绝或不接受,都使得发价人原先所作出的任何允诺均归于无效,从而使双方当事人处于重新磋商的地位。还价在性质上是一项新的发价,原先的被发价人成为发价人,而原先的发价人则成为被发价人。除非原发价人同意,原被发价人不得在还价之后再接受原先的发价。

一项国际货物买卖合同往往要经过多次的还价之后才能订立。

五、承诺

被发价人在发价的有效期内以特定方式作出的同意发价的全部内容的意思表示被称作接受,也即承诺(acceptance)。接受使合同成立。

一项有效的接受应同时具备如下条件。

第一,接受只能由被发价人作出,其他人作出的接受表示不能使合同成立。

第二,接受必须在发价的有效期内作出;如果发价未规定有效期,则必须在合理期间内作出。有效期届满后所作出的同意发价的意思表示不是有效的接受,而只能被视为一项新的要约。《联合国国际货物销售合同公约》规定:逾期的接受如果得到发价人的认可并及时通知接受人,则该项接受仍然有效;但实质上发价人的"认可"及"通知"才是真正的接受。《联合国国际货物销售合同公约》还规定:如果载有逾期接受的信件或其他书面文件表明,它是在传递正常且能及时送达发价人的情况下寄发的,则该项接受仍然有效,除非发价人毫不迟疑地将相反意见通知被发价人。

问题在于何为"有效期内"? 在隔地签约的情况下,接受的意思表示自发出至到达总会有时间上的差异,这种差异在采用信函方式时尤为明显。在发价规定的有效期内发出的接受于到达发价人时可能已超过了有效期。因此,接受在发出时即已生效还是在到达时方能生效就成为一个关键的问题。在接受的生效时间问题上,一些国家实行到达生效原则,即接受的函电只有实际到达发价人时才能生效;而英美法系国家则通常坚持投邮主义,即接受的通知一经投邮,接受即告生效,除非当事人另有约定。《联合国国际货物销售合同公约》采纳了到达生效原则。按照这一原则,接受的通知只有在发价规定有效期内到达发价人,才算是在有效期内作出的接受。同时,依据到达生效原则,如果撤回接受的通知于接受到达之前或与接受同时到达发价人,则可发生阻止接受生效的后果。

第三,接受须以特定的方式作出。接受应以发价人所要求的方式作出。如果发价人对作出接受的方式没有特别的要求,则接受应以作出发价的方式作出。各国的合同法或买卖法通常会要求接受须以明示的方式作出,除非当事人之间另有约定。《联合国国际货物销售合同公约》明确规定:"缄默或不行动本身不等于接受。"

第四,接受须为同意发价的内容。如果被发价人在表示接受的同时对发价的内容加以修改,如扩充、限制或变更,那么这种意思表示就是一项还价,而不是接受。但有些国家法律规定,如果被发价人所提出的修改是不重要的(immaterial)或轻微的(trifling),而且发价人又没有及时提出异议,则不影响接受的成立,合同以更改后的为准。《联合国国际货物销售合同公约》在这个问题上的规定是:(1)对发价表示接受但做了更改的,构成还价;(2)但如果这种更改在实质上并不变更发价的条件,除发价人在不过分迟延的期间内以口头或书面通知反对其间的差异外,这种更改后的接受仍为有效,合同的条件以发价的条件以及接受通知所载的更改为准;(3)对发价的实质性更改包括对货物价格、付款、货物质量和数量、交货地点和时间、赔偿责任范围及争端的解决等条件的更改。

第三节　国际货物买卖合同的基本内容

国际货物买卖当事人的权利义务源自两类条文:一类是合同约定,另一类是法律规定。由于国际货物买卖是当事人处置自己的货物和金钱,因此,根据"意思自治""契约自由"等法律原则,只要不违背强行法,当事人可以自行作出任何约定,而法律条文则往往是为了补充当事人的约定。从这个意义上说,合同约定比法律规定更为重要。

一、约首

在约定具体的合同条款之前,合同中会有一个"约首"部分,该部分通常会载明合同的名称、编号、缔约日期、缔约地点、双方当事人的名称及地址等。这部分内容虽然并不直接规定双方当事人的权利义务,却可以对双方的权利义务产生重大的影响。例如,缔约日期通常即为合同生效的日期,这意味着双方的权利义务关系已经产生;缔约的地点可能成为日后确定合同准据法的依据之一。

二、品质条款

商品的品质条件在合同中通常被列为"品名及规格",是国际货物买卖合同中的一项主要条款,是卖方交货和买方验收货物的依据。由于商品特性不一,因此实践中有多种表示商品品质的方法,如以等级或标准表示,以样品表示,以说明书表示,以商标或牌号表示等。在订立商品的品质条款时,既要避免笼统含糊,以防止出现不必要的纠纷,又要注意不要订得太绝对化和太烦琐,以防止增加执行中的困难。

三、数量条款

数量条款也是买卖双方交验货物的依据,因此要订得具体明确。在约定商品数量时应注意:第一,要根据具体情况合理规定好溢短装条款(more or less clause),即规定允许溢装或短装合同规定的商品数量的特定比例。但应注意对方可能利用溢短装条款故意多装或少装,以讨取价格变动时可能带来的便宜。第二,要注意约数的使用。一般不要在数量前使用"约"(about)字,如要使用,最好双方能在合同中对"约"的幅度作具体规定,因为不同的当事人以及在不同的国家对约数的解释并不一致。

四、包装条款

包装条款主要规定商品包装的方式、材料、费用负担和运输标志。商品包装通常被视为构成商品品质的组成部分,如果包装与合同有重大不符,则买方有权拒收货物,索赔损失。包装费用通常包括在货物的价格之内,除非当事人另有约定。

五、价格条款

国际货物买卖合同中的价格条款十分重要,它除了表明商品的价格,还反映出买卖双方所分别承担的某些义务和风险。价格条款包括单价与总价两个部分,货物单价乘以货物总量即为总价。单价一般由四部分构成,即:计量单位、单位价格金额、计价货币和价格术语。例如:每公吨 800 美元 FOB 大连(US $ 790/MT FOB DALIAN)。所谓价格术语,是商人们惯常采用的表明商品的价格构成、双方某些义务的分担以及货物风险转移的界线的英文单词缩写。价格术语由某些非政府机构依据商人的实践所整理编撰,价格术语所确立的规则具有国际惯例的性质。在实践中被广为采用的价格术语是由国际商会整理编撰的《国际贸易术语解释通则》(以下简称《通则》),《通则》的最新版本是国际商会于 2019 年 9 月 10 日推出的 2020 版本,含 11 种价格术语。其中前 7 种适用于所有运输方式,而后 4 种仅适用于海运和内河运输。

适用于任何运输方式的规则包括:EXW(Ex Works,工厂交货)、FCA(Free Carrier,货交承运人)、CPT(Carriage Paid to,运费付至)、CIP(Carriage and Insurance Paid to,运费和保险费付至)、DAP(Delivered At Place,目的地交货)、DPU(Delivered at Place Unloaded,卸货地交货)和 DDP(Delivered Duty Paid,完税后交货)。

仅适用于海运和内河运输的规则包括:FAS(Free Alongside Ship,船边交货)、FOB(Free on Board,船上交货)、CFR(Cost and Freight,成本加运费)和 CIF(Cost Insurance and Freight,成本、保险加运费)。

同以往一样,2020 年版《通则》就每种价格术语下买卖双方的某些权利义务作出了解释。例如,在采用 FOB 价格术语的情况下,卖方的主要义务包括:按约定将货物交到指定的船上,并通知买方;承担交货前的风险和费用;自费办理出口手续;提供单证。买方的主要义务则包括:租船并告知卖方船名等交货信息;承担交货后的风险和费用;自费办理进口手续。

六、装运条款

装运是指将货物装上运输工具。在国际贸易中,由于在采用 FOB、CFR、CIF 等价格术语时,买方只要将货物装上船就算交付了货物,因此,装运一词常被用来代替交货的概念。合同中的装运条款主要包括装运时间、装运港、卸货港、装运通知等内容。装运条款只涉及买卖双方在货物装运方面的有关权利义务,至于买方或卖方与承运人之间的权利义务则要由运输合同加以约定。

七、保险条款

国际货物买卖中的保险主要是指货物运输保险。货物买卖合同中的保险条款与价格术语相关。如果是以 FOB 或 CFR 条件成交,由于卖方与货物保险事宜无关,因此,买卖合同无须订立保险条款,或只需规定"保险由买方自理"。如果保险需由卖方办理(如依 CIF 条件成交),双方就需要在保险条款中对保险公司、保险类别和保险金额等进行规定。有关货物运输保险其他方面的权利义务关系则要由买方或卖方与保险公司在保险合同中加以规定。

八、支付条款

支付条款是买卖双方就货物价款的支付所作的约定,通常包括支付时间、支付地点和支付方式。在实践中经常采用的支付方式包括汇付、托收和信用证支付。国际货物买卖的货款支付通常需要银行或其他金融机构的介入方能实现,从而会在买方或卖方与金融机构之间结成另外一层贸易关系:金融服务贸易关系。

九、商检及索赔条款

关于商品检验,可以有三种安排:一是以卖方在装运港的检验证明作为交货品质、数量的最后依据,原则上排除了买方对货物品质、数量提出异议的权利;二是以目的港的商检机构所签发的品质、数量证书为最后依据,这种做法显然对买方有利;三是以装运港的检验证书为货款支付依据,同时保留买方的货到目的港后的复验权,买方有权凭目的港商检机构所出具的证明向卖方索赔。实践中通常采用的是第三种安排。在这种安排之下,买方收取(receive)货物不等于接受(accept)货物,它可以在检验或察看货物之后再决定是否接受该批货物。《联合国国际货物销售合同公约》第三十六条和第三十八条肯定了上述实践。

索赔通常是因为货物品质、数量问题由买方向卖方提出,在这种情况下,索赔与检验是密切相关的。但也有时是由卖方向买方提出索赔,如买方无理拒付货款。任何一方违约都可引起索赔问题。双方当事人应就索赔的依据、期限及赔偿损失的方法在合同中作出规定。

十、不可抗力条款

不可抗力条款是约定在合同签订之后如因发生了人力不可抗拒的意外变故,致使一方当事人无法履行或无法如期履行其合同义务时,可免于承担违约责任的条款。不可抗力可以是某种自然现象,也可以是某种社会现象,但无论怎样,它都应该是当事人在订立合同时所无法预见的,这种现象的发生是无法避免的,其造成的后果是无法克服的。不可抗力发生后,当事人可按事先约定解除合同或推迟合同的履行。不可抗力条款除了约定不可抗力事故的范围及其对合同履行的影响之外,还应规定发生事故后通知对方的方式、期限以及出具事故证明的机构。

十一、争议解决和法律适用条款

国际货物买卖总有出现纠纷的可能,因此要在合同中订立有关争议解决的条款。国际货物买卖争议的解决主要有协商、仲裁和诉讼三种方式。如果在合同中订立仲裁条款,应具体规定提交仲裁解决的争议的范围、仲裁机构、仲裁所适用的规则以及仲裁裁决的效力。

合同当事人可以在国际货物买卖合同中约定该合同所适用的法律,这便是法律适用条款。如果当事人没有在合同中约定准据法,仲裁或司法机构则通常以与该合同有最密切联系的国家的法律作为该合同的准据法。

实践中,许多商家都备有格式合同。这种格式合同一般分为"特定条件"和"一般条件"两部分。特定条件是由双方当事人另行商定的条件,而一般条件则是由备有格式合同的一方事先拟就的条件。格式合同内容完整,可节省谈判时间,避免可能出现的疏漏;但格式合同中的任何条款都只有经双方当事人同意后方能采用。格式合同只构成谈判的基础,而不能由一方强加给另一方。

第四节 买卖双方依法承担的义务

国际货物买卖双方的义务应主要依据合同约定,在合同缺少约定或约定不清的情况下,就需要依据相关法律(主要是合同法和买卖法)来判断各方的义务。

一、卖方的基本义务

在国际货物买卖交易中,卖方的基本义务即为向买方移交货物及其所有权。依据《联合国国际货物销售合同公约》的规定,卖方交付货物的义务包括以下几方面。

(一)卖方须按合同规定的时间、地点交付货物及有关单据

交付货物,在法律上意味着转移货物的占有或控制,是转移货物所有权的基本方式(尽管交付并不总是意味着货物所有权的转移)。所以,卖方的首要义务是在约定时间和地点向买方交付货物。

如果合同中约定有特定交货期或从合同规定中可以确定交货期,卖方就应该在该特定日期交付货物;如果合同规定一段交货期或可从合同中确定一段交货期,

则卖方可在该期间内的任何时间交货,除非买方在该段期间内选定某一日期;在其他情况下,卖方则应于合同订立后的一段合理期间内交货。

如果合同约定了交货地点,卖方应于该特定地点交货;如果合同没有约定特定的交货地点,但涉及货物运输,卖方则应将货物移交第一承运人运交买方;如果买卖的是特定货物或特定库存中提取的货物或是待生产而未特定化的货物,而且双方知道该特定货物的存在地点或生产地点,若无其他约定,卖方则应于该地点交付货物;其他情况下,如果合同没有交货地点的规定,卖方则应于它订立合同时的营业地交货。

如果卖方有义务移交与货物有关的单据,它还必须按照合同规定的时间、地点和方式移交这些单据。

(二) 卖方交付的货物必须与合同规定的数量、质量和规格相符,并须按合同规定的方式包装

卖方交付的货物(包括包装)必须符合合同的规定。如果合同中没有特别规定,则卖方交付的货物应适用于同一规格货物通常使用的目的,也即一些国家的法律所要求的"可销性"(saleable)、"可转销性"(resaleable)或"商销性"(merchantability);如果订立合同时,买方曾明示或暗示地使卖方知道所需货物的特定用途,并合理地依赖于卖方的技能和判断力,则卖方交付的货物还必须适用于该特定用途。《联合国国际货物销售合同公约》第三十五条规定:"(1)卖方交付的货物必须与合同所规定的数量、质量和规格相符,并须按照合同所规定的方式装箱或包装。(2)除双方当事人业另有协议外,货物除非符合以下规定,否则即为与合同不符:①货物适用于同一规格货物通常使用的目的;②货物适用于订立合同时曾明示或默示地通知卖方的任何特定目的,除非情况表明买方并不依赖卖方的技能和判断力,或者这种依赖对它是不合理的;③货物的质量与卖方向买方提供的货物样品或样式相同;④货物按照同类货物通用的方式装箱或包装,如果没有此种通用方式,则按照足以保全或保护货物的方式装箱或包装。"

判断卖方交付的货物是否与合同约定相符,必须首先确定某一时间点,因为不能要求卖方无限期地对其交付的货物承担义务。对此,《联合国国际货物销售合同公约》规定:卖方应对货物的风险转移到买方时所存在的任何不符合同的情形承担责任,即使这种不符合同情形在该时间后方始明显,如果不符合同的情形是由于卖方违反其某项义务所致,那么,即使它是发生在风险转移于买方之后,卖方也须承担责任。

这里所说的风险,指的是货物风险,也即货物本身在生产、储存、运输和装卸过程中所可能遭受到的毁损灭失的可能性。所谓风险转移,是指货物风险的承担由卖方转向买方。关于货物风险转移的时间,历来有两种主张,一是把风险转移与所

有权转移联系在一起,即当货物发生毁损灭失时,由货物的所有人承担损失;二是把风险转移与货物的交付联系到一起,即交货的同时风险便从卖方转至买方。《联合国国际货物销售合同公约》基本上采纳了交货时间决定风险转移的原则。该公约规定:第一,如合同规定卖方须在某一特定地点把货物交付给承运人,则在货物于该地点交付给承运人时起,风险转至卖方;如果合同中没有规定货物的交付地点,则自货物交付给第一承运人起,买方便负担风险。但在货物非特定化之前,买方不承担风险;第二,如果成交的货物已在运输途中,则从订立合同时起,风险便转由买方承担。但如果情况表明有此需要,风险于货物交付给承运人时转至买方;然而在订立合同时卖方已知道或理应知道货物已经遗失或损坏,而又未告知买方,则这种遗失或损坏的风险仍由卖方承担;第三,如果买方有义务在卖方营业地点以外的某一地点接收货物,当交货时间已到而买方知道货物已在该地点交给它处置时,风险转至买方;第四,在其他情况下,从买方接收货物时起,或如果买方不在适当时间内这样做,则从货物交给它处置但他不收货物从而违反合同时起,风险转至买方承担。

依照《联合国国际货物销售合同公约》的规定,货物在风险转到买方承担后遗失或损坏的,买方支付价款的义务并不因此解除,除非这种遗失或损坏是由于卖方的行为或不行为所造成;但如果卖方已根本违反合同,则风险的转移并不影响买方因此种违约而可采取的各种补救方法,如要求退还货物,要求赔偿损失等。

国际贸易惯例中的价格术语,大都指明了风险转移的时间,因此,如果当事人在合同中采用某一种价格术语,必须注意货物风险的转移时间。各国法律通常准许当事人在风险转移问题上作出与一般法律规则和有关惯例不一致的规定。

(三)卖方所交付的货物必须是第三方不能提出任何权利或要求的货物

卖方所交付的货物必须是第三方不能提出任何权利或要求的货物,除非买方同意在存在这种权利或要求的情况下收取货物(见《联合国国际货物销售合同公约》第四十一条)。据此,卖方对其向买方出售的货物应有权出售,而且在该货物之上不存在买方所不知晓的抵押权、留置权等担保物权;除非买方同意在前述情形下接受货物,如果第三人就买方所收到的货物向买方提出权利或要求,则应认定卖方违背了它所承担的义务。

这里需要明确"权利"与"要求"这两个法律术语的区别。权利(right)是经法律所确认的利益;而要求(claim)则是对权利的主张。权利一定是可要求的;而要求的"权利"并不一定被法律所认可。根据《联合国国际货物销售合同公约》的规定,即使第三方提出的要求不能得到支持,也应认定买方违背了自己的义务;如果买方因此受到损失而要求卖方补偿,这一要求是应该得到支持的。当然,没有过错的卖方可以通过其他途径寻求救济。

《联合国国际货物销售合同公约》第四十三条规定,买方如果不在已知道或理应知道第三方的权利或要求后一段合理时间内,将此一权利或要求的性质通知卖方,就丧失了援引上述条款规定的权利;但卖方如果知道第三方的权利或要求以及此一权利或要求的性质,就无权援引前一款的规定。

(四)卖方交付的货物必须是第三方不能根据知识产权提出权利或要求的货物

卖方交付的货物必须是第三方不能根据知识产权提出权利或要求的货物。

根据《联合国国际货物销售合同公约》第四十二条的规定,卖方所交付的货物,必须是第三方不能根据工业产权或其他知识产权主张任何权利或要求的货物,但以卖方在订立合同时已知道或不可能不知道的权利或要求为限,而且这种权利或要求根据以下国家的法律规定是以工业产权或其他知识产权为基础的:如果双方当事人在订立合同时预期货物将在某一国境内转售或做其他使用,则根据货物将在其境内转售或做其他使用的国家的法律;在任何其他情况下,则根据买方营业地所在国家的法律。《联合国国际货物销售合同公约》第四十二条还规定,卖方在前一款中的义务不适用于以下情况:一是买方在订立合同时已知道或不可能不知道此项权利或要求;二是此项权利或要求的发生,是由于卖方要遵照买方所提供的技术图样、图案、程式或其他规格。

同第四十一条一样,《联合国国际货物销售合同公约》第四十二条也要受第四十三条的限制:买方应在已知道或理应知道第三方的权利或要求后一段合理时间内,将此一权利或要求的性质通知卖方,除非卖方已知道第三方的权利或要求以及此一权利或要求的性质。

需要特别指出的是,这里所说的关于卖方就其货物侵犯他人知识产权的"免责",是相对于买方的"免责",即买方无权向买方追求责任,而并不表明卖方对知识产权权利人也可以主张免责。

卖方交付货物和有关单据的法律意义在于转移货物的所有权,但货物的所有权于何时转移,各国的法律规定并不一致。虽然大多数国家的法律都规定,买卖合同的标的物在未特定化之前,其所有权不能转移于买方,但究竟何时转移却没有一致的规定。有的国家规定货物所有权于买卖合同成立时转移;有的国家规定货物所有权于交付货物时转移;还有的国家要求货物所有权的转移必须依据与买卖合同相分离的物权合同。

由于各国法律对所有权转移问题的规定相差很大,因此,在讨论制定《联合国国际货物销售合同公约》时,未能达成一致协议,而只能在该公约的第四条规定,公约与"合同对所售货物所有权可能产生的影响"无关,并在第三十条笼统地要求卖方依合同与该公约移交货物及其所有权。此外,公约对所有权的转移问题未作任何具体规定。各种国际贸易惯例通常也不涉及所有权转移问题。因此,在实践中,或者应于合同中明确规定货物所有权转移的时间(各国法律通常都允许双方当事人对此问题作出具体安排),或者应对相关国家的有关法律及通常实践有明确的了解。

二、买方的基本义务

在国际货物买卖中,买方的基本义务为支付货款和收取货物。

(一)买方有义务支付货款

《联合国国际货物销售合同公约》规定,买方支付货款必须按照合同的规定和有关法规的要求而采取相应的步骤和手续。合同中有价格规定的,依规定付款。如果价格是按照货物的重量规定的,如有疑问,应按净重确定。如果合同没有明示或暗示规定价格或规定如何确定价格,除有相反表示,应认为当事人已默示地引用订立合同时此种货物在有关贸易的类似情况下销售的通常价格。

货款的支付地点,如果合同中未作规定,买方应在卖方的营业地,或在移交货物或单据的地点向卖方交付价款。卖方应承担因其营业地在订立合同后发生变动而增加的支付方面的费用。

买方必须按合同规定的时间,或从合同中可以确定的时间支付货款。如果合同未规定货款支付的时间,买方必须在卖方移交货物或控制货物处置权的单据时支付货款。卖方得要求在买方支付货款后移交货物或将控制货物处置权的单据给对方。但买方如未有机会检验货物,则无支付货款之义务,除非另有协议。

买方支付货款的方式主要有汇付、托收和信用证支付。

汇付(remittance)是由买方通过银行将款项汇交卖方的一种支付方式。按汇付手段的不同可分为信汇(mail transfer)、电汇(telegraphic transfer)及票汇(demand draft)三种。在采用汇付方式时,要在合同中写明汇付的时间、具体的汇付方式及汇付金额等事项。

托收(collection)是由卖方委托银行从买方代收货款的一种结算方式。其具体步骤是:卖方在装运货物之后,根据货物买卖合同的规定开出以买方为受票人的汇票,委托托收行代收货款;托收行将委托书与汇票(通常附货运单据)寄交受票人所在地的代收行,由代收行凭票向受票人收款;代收行收到款项后,将该款项寄交托收行,再由托收行将款项交给卖方。托收以是否要求附上有关单据为准,可分为跟单托收和光票托收。跟单托收又可根据向受票人交付单据的时间的不同而分为付款交单和承兑交单。托收是建立在商业信用的基础上的,因而具有一定的风险,特别是在光票托收与承兑交单的情况下。

信用证(letter of credit)支付是一种以银行信用为基础的支付方式。在采用信用证支付的情况下,首先由买方按照买卖合同的规定向开证银行提出申请,请开证行按申请书内容向卖方开出信用证,并委托卖方所在地的分行或代理行(统称通知行),请其交与卖方;卖方在发运货物,取得信用证所要求的装运单据后,按信用证规定向通知行或其他议付行议付;议付行经过审核,向卖方承兑或支付货款,然后凭从卖方手中取得的有关单据向开证行索偿;开证行审单之后向议付行偿款,并通知买方付款赎单。

由于有银行从中起保障作用,信用证支付减少了货款支付方面所可能出现的风险,因而在国际贸易中被广泛采用。调整信用证支付关系的法律规则主要是由国际商会编撰的《跟单信用证统一惯例》(Uniform Customs and Practice for Documentary Credits,UCP),该惯例于1930年制定,以后经过多次修改。目前采用的是2007年7月1日开始实施的600号版本(即UCP600)。同世界上绝大多数国家的银行一样,我国银行在开具信用证时通常也援引该惯例以确定与相对方的权利义务关系。

(二)买方有义务接收货物

依照《联合国国际货物销售合同公约》的规定,买方须采取一切应采取的行动,以期卖方能交付货物;在卖方交付货物时,买方应接收货物。所谓"理应采取的行动"是指接收货物所需的各种配合工作,如申领进口许可证、派船,等等;所谓"接收货物",则是要求买方按合同规定的时间、地点、方式收取货物,并承担相关费用。如果没有法定或约定的情况出现,买方不得随意拒收货物。

第五节 合同履行及违约救济

一、国际货物买卖合同履行的基本程序

合同订立之后,卖方的履约程序主要包括以下几方面。

(1) 备货。即按合同规定的品质、规格、数量和包装准备货物,要特别注意关于交货时间的约定。

(2) 催证、审证和要求改证。在采用信用证支付的情况下,应催促卖方按时开来信用证,对开来的信用证应进行认真的审核,如发现有误,应要求对方予以修改。

(3) 报验。向商品检验机构提出商品检验申请。检验合格后领取检验证书。

(4) 安排运输。在依CFR和CIF等条件订立合同时,卖方应负责租船订舱或与其他承运人订立货物运输合同。

(5) 投保。在依CIF等条件订立合同时,卖方应就货物的运输办理保险手续。

（6）报关装运。出口货物在装运前须按照有关法律规定向海关申报。需缴纳关税和其他税款的商品还必须按照规定缴纳各项税款。海关放行后，出口货物即可装运。

（7）制单结汇。货物装运后，卖方应按合同和信用证规定备制各种单据，并及时持单向银行办理结汇手续。

买方的履约程序主要包括以下几方面。

（1）申请开证。在采用信用证支付的情况下，买方应按合同规定，在约定的时间内申请银行开出信用证并通知卖方。

（2）安排运输。如果合同是依FOB等条件订立，买方需与承运人签订货物运输合同，并将运载工具的名称及装运期等及时通知卖方。

（3）投保。如果合同是依FOB、CFR等条件订立，买方需自己承担费用为货物运输办理保险手续。

（4）审单付款。接到银行的付款赎单通知后，应对卖方提供的各种单据进行审核，审核无误后，付款赎单。

（5）报关提货。货物到达后，应及时向海关办理申报手续。须缴纳关税和其他税款的，还须在提货前缴清各项税款。

（6）检验与索赔。提货之后应及时对货物进行检验，并请有关机关出具有效检验证明。如需索赔，应依合同的有关规定在有效期内提出。

二、违约类型

国际货物买卖中的违约行为，可以依据违约程度，将其分为根本性违约和非根本性违约。所谓根本性违约，是指由于合同当事人没有履行合同或履行合同有缺陷，致使对方当事人无法得到该项交易的主要利益。依照《联合国国际货物销售合同公约》第二十五条的规定，根本性违约是指"一方当事人违反合同……使另一方当事人蒙受损害，以至于实际上剥夺了它根据合同规定有权期待得到的东西……除非违反合同一方并不预知而且一个同等资格、通情达理的人处于相同情况中也没有理由预知会发生这种后果。"所谓非根本性违约，是指合同当事人在履约中有缺陷，但对方当事人已从中得到该项交易的主要利益。区别根本性违约与非根本性违约的意义在于，只有一方当事人的违约行为属于根本性违约时，对方当事人才可以要求解除合同。

从违约行为发生的时间上看，违约行为还可分为实际违约和预期违约。实际违约是指发生在履约期届临之日或届临之后的违约；预期违约是指发生在履约期届临前的但可以推断出在履约期届临时必然出现的违约。确立预期违约制度的意义在于使非违约方获得及早寻求违约救济的机会，阻止对方违约导致的损失的扩大,节约社会资源。

三、损害赔偿

损害赔偿是指违约方以金钱赔偿对方因其违约行为所受到的损失。损害赔偿是各国法律普遍确认的一种违约救济方式。人们相信损害赔偿这种救济方式,在绝大多数情况下,是可以使受损失方在经济上处于合同得以履行时的同样地位。损害赔偿又是最后一种救济方式。也即当其他救济方式不足以使非违约方得到救济时,损害赔偿是可以采取的最后的救济方法。

在国际货物买卖领域,损害赔偿也是一种基本的违约救济方式。无论是卖方违约还是买方违约,无论是履行迟延、不完全履行、不适当履行、拒绝履行还是履行不能,也无论是根本性违约还是非根本性违约,非违约方都可以要求违约方赔偿其损失。在买方违约的情况下,赔偿损失通常表现为向卖方支付应付款项及延迟付款的利息;在卖方违约的情况下,赔偿损失的内容则可能是多种多样的,因为卖方违约的表现要比买方违约复杂得多。

关于赔偿范围,大陆法系国家通常认为,应包括违约所造成的实际损失(现实损失)和所失利益(可得利益损失)两部分。所谓实际损失,是指合同所规定的合法利益由于可归责于违约人的事由所受到的损害;所谓所失利益,是指违约人的违约行为使对方丧失的本来可以获得的利益。英美法通常认为,确定赔偿范围的原则应为:使非违约方处于假使该合同得以履行时他所应处于的地位。因此,英美法上的赔偿范围,实质上也包括实际损失和所失利益两部分。

《联合国国际货物销售合同公约》第七十四条规定:"一方当事人违反合同应负的损害赔偿额,应与另一方当事人因他违反合同而遭受的包括利润在内的损失额相等。"

上述赔偿原则可称作充分赔偿原则。对于充分赔偿原则有两项重要的限制:一是合理预见原则的限制,二是尽量减损原则的限制。

所谓合理预见原则是指违约方承担赔偿责任的范围不得超过他订立合同时应当预见到的违约可能带来的损失。合理预见原则最早出现在法国民法中。1804年《法国民法典》第一千一百五十条规定,只有在订立合同时已经预见或能够预见的损失才可以考虑赔偿。19世纪中叶之后,这一原则通过判例在英国得以确立,随后就在英美法系国家得到了普遍的适用。尽管不断有学者对合理预见原则进行批评,认为这一原则难以操作,有时对违约人过于宽容,但这一原则还是不断地扩展着被接受的范围。《联合国国际货物销售合同公约》第七十四条规定:"损害赔偿不得超过违反合同一方在订立合同时,依照他当时已知道或理应知道的事实和情况,对违反合同预料到或理应预料到的可能损失。"

所谓尽量减损原则是指一方当事人在对方违约之后应及时采取措施尽量防止损失的扩大,否则无权就扩大的损失要求赔偿。《联合国国际货物销售合同公约》第七十七条规定:"声称另一方违反合同的一方必须按情况采取合理措施,减轻由于该另一方违反合同而引起的损失,包括利润方面的损失。如果他不采取这种措施,违反合同一方可以要求从损害赔偿中扣除原本可以减轻的损失数额。"

我国《民法典》第五百八十四条规定:"当事人一方不履行合同义务或者履行合同义务不符合约定,造成对方损失的,损失赔偿额应当相当于因违约所造成的损失,包括合同履行后可以获得的利益;但是,不得超过违约一方订立合同时预见到或者应当预见到的因违约可能造成的损失。"《民法典》第五百九十一条规定:"当事人一方违约后,对方应当采取适当措施防止损失的扩大;没有采取适当措施致使损失扩大的,不得就扩大的损失请求赔偿。当事人因防止损失扩大而支出的合理费用,由违约方负担。"上述规定与《联合国国际货物销售合同公约》的有关内容相一致。

四、违约金

违约金是当事人在合同中约定的或法律所规定的,一方违约时应向对方支付的一定数额的金钱。

违约金的作用也在于赔偿非违约方的损失,但违约金也可以同时具有威慑或惩罚的作用。而且,从实际效果来看,在违约金数额已定的情况下,违约造成的损失越大,违约金惩罚的性质越弱;违约造成的损失越小,违约金惩罚的性质就越强。

英美合同法允许当事人在合同中约定一方违约时支付给对方一定数量的金钱,称为约定赔偿金(liquidated damages)。这种违约金必须是对违约所可能造成的损失的合理估计,不得用来胁迫对方履约或作为对对方违约的制裁。如何认定对违约金的约定是否合理,不是看约定的数额与实际损失的接近程度,而是看约定的数额与当事人缔约时预见到的损失的距离。如果法院认为某一约定违约金具有惩罚的性质,便可否定这一约定的效力。

我国《民法典》第五百八十五条规定:"当事人可以约定一方违约时应当根据违约情况向对方支付一定数额的违约金,也可以约定因违约产生的损失赔偿额的计算方法。约定的违约金低于造成的损失的,人民法院或者仲裁机构可以根据当事人的请求予以增加;约定的违约金过分高于造成的损失的,人民法院或者仲裁机构可以根据当事人的请求予以适当减少。当事人就迟延履行约定违约金的,违约方支付违约金后,还应当履行债务。"

《联合国国际货物销售合同公约》对违约金这种救济方式未作规定,但为了便于在违约出现时非违约方可以迅速得到救济,当事人可以在国际货物买卖合同中对违约金加以约定,例如约定,"如卖方未能按照合同规定的时间交付货物,则须按下列比例向买方支付违约金:第一周至第四周,每迟交一周违约金为合同总价的____％;第五周至第八周,每迟交一周违约金为合同总价的____％;超过第八周者,每迟交一周违约金为合同总价的____％。违约金的总额不得超过合同总价的____％,不足一周时,违约金按一周计算。"

五、实际履行

实际履行也称强制履行,是指要求违约方依据约定实际履行其合同义务。

对于金钱债务,各国法律均支持债权人提出实际履行的要求;而对于非金钱债务的实际履行主张,各国的立场并不一致。在大陆法系国家,实际履行是一种可供选择的违约救济方式。在违约出现时,只要实际履约尚属可能,非违约方即可要求违约方实际履行其合同义务。但在英美法系国家,实际履行则是一种很少采用的违约救济方式。只有在采用损害赔偿的方法不足以对非违约方进行救济时,法院才会要求违约人实际履行其合同义务。依据英美的司法实践,只有在下列情况下,法院才可能发布强制实际履行令:合同的标的是独一无二的,如土地、专利权、艺术珍品;违约造成的损失难以估计;其他只有责令违约人实际履约才能使受害方得到公正待遇的情形。对于下列几类合同,法院一般会拒绝要求违约方实际履约:个人提供劳务合同;需要法院长期监督执行的合同;含糊不清的合同;当事人一方为未成年人的合同;强制实际履行会对违约方造成过分苛刻的负担者;金钱赔偿足以补偿受害方所受损失者。

我国《民法典》第五百八十条规定,"当事人一方不履行非金钱债务或者履行非金钱债务不符合约定的,对方可以请求履行,但是有下列情形之一的除外:(1)法律上或者事实上不能履行;(2)债务的标的不适于强制履行或者履行费用过高;(3)债权人在合理期限内未请求履行。"《民法典》第五百八十一条规定:"当事人一方不履行债务或者履行债务不符合约定,根据债务的性质不得强制履行的,对方可以请求其负担由第三人替代履行的费用。"

考虑到各国在实际履行这一救济方式上的不同立场,《联合国国际货物销售合同公约》第二十八条规定:"如果按照本公约的规定,一方当事人有权要求另一方当事人履行某一义务,法院没有义务作出判决,要求具体履行此一义务,除非法院依照其本身的法律对不属于公约范围的类似销售合同愿意这样做。"

因此,从理论上讲,在国际货物买卖领域,当事人也可以要求违约方实际履行其合同义务,但在实践中,强制履行并非通常采用的违约救济方式。这不仅是因为在英美法系国家通常很难得到支持,还因为实际履行通常会带来不合理的负担和费用,而对于增大的损失,是无权要求违约方予以赔偿的。

六、解除合同

解除合同,在《联合国国际货物销售合同公约》中被表述为"宣告合同无效",是指合同一方当事人基于法律规定或合同约定,宣告合同效力归于消灭的一种单方面法律行为。对方当事人违反合同,是一方当事人解除合同的经常性原因。在此种情况下,解除合同是一种积极的自我救济措施,因为它可以及早明确合同当事人之间的权利义务关系,防止违约造成的损失的扩大。但并不是说只要一方违约,对方当事人就可以解除合同,否则,合同关系将丧失其稳定性,而无法被人们所依赖。根据多数国家的实践,行使解约权的条件通常包括:一方当事人违反合同,以致严重影响了对方当事人订立合同所期望的经济利益;一方当事人在合同约定的期限内没有履行合同,在被允许推迟履行的合理期限内仍未履行;合同中约定的作为解除合同条件的其他违约行为已经出现。

根据《联合国国际货物销售合同公约》的规定,非违约方主要可在下述三种情形下解除合同:第一,违约方违约达到根本违约的程度。第二,推迟履行合同义务的宽限期满。例如《联合国国际货物销售合同公约》第四十九条规定,如果卖方不交付货物,而且在买方所规定的合理的宽限期内仍不交付货物,或声称在此期限内将不交付货物,买方可宣告合同无效。第三,预期违约达到根本违约的程度。例如《联合国国际货物销售合同公约》第七十二条规定,如果在履行合同日期之前,明显看出一方当事人将根本违反合同,另一方当事人可以宣告合同无效;如果时间允许,打算宣告合同无效的一方当事人必须向另一方当事人发出合理的通知,使他可以对履行义务提供充分保证,除非另一方当事人已声明他将不履行其义务。

为了避免一方的违约行为给对方当事人造成更大的损失,国际货物买卖合同的当事人可事先约定解除合同的条件,例如在合同中规定:"如卖方迟延交付货物超过____日,买方有权解除合同。"即使合同中没有约定解除合同的条件,一方当事人也可以基于法律的规定而宣告解除合同。宣告解除合同通常只是最初的违约救济方式,解除合同并不影响解约人要求违约方赔偿其损失的权利。《联合国国际货物销售合同公约》规定,宣告解除合同即解除了双方在合同中的义务,但应负责的损害赔偿仍应负责;合同解除不影响合同中关于解决争端的任何规定,也不影响合同中关于双方在解除合同后的权利和义务的任何其他规定。

除上述救济措施之外,非违约方也可以通过要求违约方降低价金、更换不合格的设备零部件等方式,以弥补对方违约给自己带来的不利后果。

七、违约请求的抗辩

对于对方当事人提出的违约救济,一方当事人可依据合同约定或法律规定提出抗辩,抗辩的理由主要包括"无请求权""无约""无违"和"无责"四种类型。所谓"无请求权",是基于主体、时效和管辖等原因主张对方不具有请求权;所谓"无约",是主张合同不成立或合同无效;所谓"无违",是主张虽然有约但并未出现违约行为;所谓"无责",是主张虽然"有约""有违",但却不应承担责任。其中,"无责"的抗辩是更为复杂的抗辩,涉及英美法系的"合同落空"和大陆法系的"情势变更"制度。

合同落空是英美法中的概念。按照早期的英国合同法,合同一经缔结,即使以后所发生的与义务人的过错无关的情况导致合同不能履行,义务人也须承担违约责任。但自19世纪中叶起,英国合同法中逐渐确立了一项"履约不可能"原则(impossibility of performance),该原则所包含的内容是:由于某些超出合同当事人控制能力以外的突发事件导致某种允诺不可能再被履行时,这种允诺就应当被解除,允诺人自然也不应承担违约责任。

20世纪初,英国合同法中又出现了"目的落空"(frustration of purpose)原则,其含义是:如果合同订立后出现的与当事人的过错无关的某种情形改变使得合同订立时所追求的目的无法达到,或订立合同所基于的理由已不复存在,那么义务人即可以不履行其合同义务,尽管这种履行仍属可能。在随后的实践中,英国法很少再区别"履约不可能"和"目的落空",而将二者统称为"落空"(frustration),也可称之为广义的落空原则。

美国合同法先后接受了英国法中的"履约不可能"和"目的落空"原则,但当今美国的合同法已用"履约不可行"(impraticability of performance)代替了"履约不可能"的概念,而且仍将其与"目的落空"并列。依据美国《合同法重述》(Restatement of Contracts)的解释,之所以用"履约不可行"取代"履约不可能",是因为在许多情况下,尽管义务人的义务不是绝对无法履行,也应解除其履约义务。如果按合同规定履行义务会给义务人带来异常不合理的困难、花费、伤害或损失;或可能危及当事人或非当事人的人身及财产安全,而这与履约所要达到的目的是不相称的,那么,履约便是"不可行的"。

为什么要在法律上确认"履约不可行"和"目的落空"原则呢?传统的解释是每一合同都含有一项默示条款,即异常的情况不会发生。一旦出现了某种异常的情况,当事人即可要求解除合同。美国在制定其《统一商法典》时则采用了一个新的概念——"基本假设"(basic assumption)。依据这一理论,每一合同都基于某个基本假设,即某种情况不会发生;而一旦出现了这种特定的情形,那么合同所据以存在的"基本假设"即被推翻,合同即可被解除。

美国《合同法重述》在阐述"履约不可行"与"目的落空"时,对义务人解除合同约束的权利作了限制:假设不会出现的情形出现使得履约不可行或目的落空时,义务人履约的义务即可解除,除非有相反的言辞或情形的证明。也就是说,当事人可通过某种言辞等担负起绝对的履约义务,而不管可能发生什么样的意想不到的情况。如果是这样,他的履约义务即不能解除。即使实际履约已不可能,他也要承担赔偿损失等违约责任。有时当事人并没有明确作出这种表示,但法官在审理案件时从各方面的证据中可推断出义务人已承担了绝对履约的风险。

在大陆法中,与英美法的广义落空原则具有近似作用的是情势变更原则(clausula rebus sic stantibus)。依据此项原则,在合同成立后,因不可归责于双方当事人的原因发生情势变更,致使合同的基础动摇或丧失,若继续维持合同原有效力显失公平,则允许变更合同内容或解除合同。情势变更原则在一些国家的法律中有明确的规定,而其他一些国家则是通过适用诚实信用原则来解决因情势变更所发生的法律问题,将情势变更原则作为诚实信用原则的一种体现。

适用情势变更原则所应满足的条件通常包括:第一,必须有情势变更的事实;第二,情势变更必须发生于法律行为成立之后和消灭之前;第三,情势变更须未被当事人所预料,并且有无法被预料的性质;第四,情势变更须因不可归责于当事人的事由而发生;第五,因情势变更,使得维持原有合同关系的法律效力会显失公平。因情势变更而改变合同效力有两种情况:一是在维持原合同关系的前提下,仅就不公正之处予以变更,如增减给付、延期给付等;二是当部分纠正仍不足以排除不公平的结果时,终止原合同关系。

我国《民法典》同时设立了不可抗力和情势变更两种制度。《民法典》第五百九十条规定:"当事人一方因不可抗力不能履行合同的,根据不可抗力的影响,部分或者全部免除责任,但是法律另有规定的除外。"《民法典》第五百三十三条规定:"合同成立后,合同的基础条件发生了当事人在订立合同时无法预见的、不属于商业风险的重大变化,继续履行合同对于当事人一方明显不公平的,受不利影响的当事人可以与对方重新协商;在合理期限内协商不成的,当事人可以请求人民法院或者仲裁机构变更或者解除合同。"

在实践中,不可抗力事件的出现是适用情势变更原则或合同落空原则的经常性的原因,而合同中约定的不可抗力条款则是当事人对情势变更原则或合同落空原则的一种主动的适用。某种事变是否可导致合同落空或是否构成情势变更往往是不很确定的,因此,对合同当事人来说,比较积极的方法是事先在合同中规定,当发生某种意外事件时,免除当事人的履约义务,而不管这种事变在法官眼中是否构成情势变更或导致合同落空。因此,约定不可抗力与情势变更及合同落空既非同一原则,也不是并列关系。如果以法律的方式规定,因不可抗力致使履约不能时,得免除债务人的履约义务,则可称之为法定不可抗力。法定不可抗力其实即为英美法中的履约不可能。如前所述,大陆法系国家的法律通常规定,因不可归责于债务人之事由,致使给付不能的,债务人免给付义务。这种规定实质上也属法定的不可抗力。

第六节 国际货物贸易的政府管理

一、政府管理国际货物贸易的关税措施

(一) 关税对国际货物贸易的影响

关税是国家就货物进出口所征收的一种税赋。

关税对国际货物贸易的影响是非常明显的。在其他条件不变的情况下,关税税率高,货物进出口就会减少;而关税税率低,货物进出口就会增多。

关税征缴曾是国家管理或干预国际货物贸易的最基本的手段。虽然由于近几十年来各国关税税率的大幅度削减和各种非关税壁垒措施的广泛运用,使得关税的作用已相对降低,但作为外贸管理的基本手段,关税的作用仍不可忽视。而且,当一国对另一国发起"贸易战"时,其常见形式就是"关税大战"。2018年3月,美国政府对我国发起贸易战,先后三轮对中国数千亿美元的商品加征高额关税,使中美贸易严重受挫,并恶化了国际贸易环境。

关税可从不同的角度进行划分。从征收目的上看,关税可分为财政关税和保护关税。财政关税主要是为增加财政收入而征收的关税。这种关税的税率不高,以增加进出口从而带来更多的关税收入。保护关税是为保护国内市场而征收的关税。这种关税税率较高,以达到限制进口的目的。从征税商品的流向来看,关税可分成进口税、出口税和过境税。出口税是对出口商品所征收的关税。因为出口税不利于商品的出口,所以很少开征。过境税是对通过本国国境的商品所征收的关税。由于过境税不利于国际运输、港口、仓储等行业的收入,因此也很少征收。进口税是对进口商品所征收的关税,是最重要的关税。通过进口税的征收,可以限制商品进口,保护国内市场。通常所说的关税壁垒指的就是保护性进口关税。从计税方法上看,关税又可分为从量税和从价税。从量税是指按照进出口商品的重量、体积等数量单位而计征的关税;从价税是按进出口商品的价格而征收的关税,实践中各国所适用的通常都为从价税。从税则的适用上看,关税又可分为单一税和复式税。单一税是对某一类商品只规定一个税率,适用于来自任何国家的商品;而复式税则对来自不同国家的同一种商品适用不同的税率,其中,对于享有最惠国待遇的国家的商品适用较低的税率;对于来自与本国有特殊关系的国家适用特惠税率。

关税征收,一方面可增加国家的财政收入,实现一国的经济政策,同时彰显国家主权,因此,没有任何国家会完全放弃关税制度;但与此同时,关税的征收毕竟对国际贸易构成障碍。因此,"二战"结束后建立的《关税与贸易总协定》对关税的基本立场是允许各国以关税调节进出口贸易,同时又以削减关税为主要目标。总协定所主持的多边关税减让谈判首先是以互惠为基础在缔约方双边之间进行。按出

口缔约方产品占进口缔约方市场份额的大小来确定主要供应者。谈判参加者邀请主要供应者就某些产品逐项对等地进行关税减让谈判,谈判的结果由于普遍最惠国待遇原则的作用而适用于所有成员方。在总协定主持的八轮多边谈判中,前五轮谈判可以说是以关税减让为唯一议题。"肯尼迪回合"之后,由于关税得到大幅度削减,一些缔约方开始使用非关税壁垒取代关税来推行贸易保护主义。"东京回合"后,关税减让谈判开始同削减非关税壁垒的谈判并列进行。每次的多边谈判都使得关税税率得到大幅度削减。

(二) 商品分类、海关估价及原产地规则

商品分类、海关估价和原产地规则是关税税率之外影响关税缴纳数额的三个重要因素。

1. 商品分类

由于各国对不同种类的进出口商品规定不同的进出口关税税率,对原产自不同国家的商品可能适用不同的汇率,而且在通常情况下是基于商品的价格来征收关税,所以,关税征缴额的确定,除了取决于关税税率的高低之外,还取决于进出口商品的种类、该种商品的价格以及商品的原产地。在上述几个因素中,税率是确定的,而商品的分类、商品的价格和商品的原产地在某些情况下需要进行解释和认定。一方面,从事国际贸易的当事人可能利用商品分类的解释来争取适用较低的关税税率,或通过低报价格、谎报原产地以求少纳关税;另一方面,海关机构也可能有意或无意地将商品错误地分类、对商品进行不合理的估价,或者错误地认定货物的原产地,导致征缴不合理的关税,成为国际贸易的一种人为障碍。

美国海关法院曾审理过一起海关分类方面的案件。在此案中,原告为美泰公司(Mattel,Inc.),被告方为美国海关。双方的争议焦点为:玩具娃娃的假发究竟应该适用何种税率。美泰公司进口的这种玩具娃娃假发是专门用来装扮一种被称作"新潮皇后芭比"的高档"芭比"娃娃的。美国海关在征收进口关税时认定这种假发应属于玩具的部件,因而应适用税则第 373.20 目的规定,征收 35% 的进口税。而美泰公司则认为其所进口的假发应适用税则第 790.70 目的规定,该目所排列的商品名称中包括假发,而该目商品的进口关税税率仅为 14%。在法庭审理过程中,海关方面撤销了原先的分类,即不再把争议中的假发认定为玩具部件,而是把它归入"其他玩具",适用税则的第 737.90 目,该目所规定的税率仍为 35%。这个案件的核心问题在于,争议中的假发究竟是不是"玩具部件",因为美国的税则解释通则规定:"关于某种物品的部件的规定,适用于只能或主要作为该物品的部件的产品,但如果对该种部件有专门的规定,则该项专门规定优先适用。"如果认定争议中的假发为玩具"部件",则不能适用税则第 737.20 目的税率,因为税则的第 790.70 目对这种部件(假发)有特别的规定。在庭审过程中,美国海关方面认为,争议中的

假发不是玩具的"部件"(parts),而是玩具的"附件",因而不能适用税则的第790.70目,而应作为"其他玩具"适用税则第737.90目所规定的税率。但审理案件的法官认为,争议中的假发应被认定为玩具的"部件"。因为,第一,这种假发除了用于"新潮皇后芭比"娃娃没有其他的用途;第二,设计这种假发就是为了与"新潮皇后芭比"同时销售的,而且实际上它们也总是同时出售的;第三,这种假发对于"新潮皇后芭比"的主要预定功能是必不可少的,假发的变换是这种新潮芭比的主要特色。基于上述理由,法官判定原告方胜诉,美泰公司进口的玩具假发按照假发而不是按照玩具部件交纳关税。[1]

2. 海关估价

目前各国的进口关税基本上都是从价税,通常都以海关审定的正常成交价格为基础的到岸价格作为完税价格。如果进口货物的到岸价格经海关审查未能确定,则由海关按照一定的规则估定完税价格,这就是海关估价。

《中华人民共和国进出口关税条例》(以下简称《进出口关税条例》)第十八条规定:进口货物的完税价格由海关以符合规定条件的成交价格以及该货物运抵中华人民共和国境内输入地点起卸前的运输及其相关费用、保险费为基础审查确定。进口货物的成交价格,是指卖方向中华人民共和国境内销售该货物时买方为进口该货物向卖方实付、应付的,并按照规定调整后的价款总额,包括直接支付的价款和间接支付的价款。进口货物的成交价格应当符合下列条件:(1)对买方处置或者使用该货物不予限制,但法律、行政法规规定实施的限制、对货物转售地域的限制和对货物价格无实质性影响的限制除外;(2)该货物的成交价格没有因搭售或者其他因素的影响而无法确定;(3)卖方不得从买方直接或者间接获得因该货物进口后转售、处置或者使用而产生的任何收益,或者虽有收益但能够按照规定进行调整;(4)买卖双方没有特殊关系,或者虽有特殊关系但未对成交价格产生影响。

如果进口货物的成交价格不符合前述条件,或者成交价格不能确定的,根据《进出口关税条例》第二十一条的规定,海关经了解有关情况,并与纳税义务人进行价格磋商后,依次以下列价格估定该货物的完税价格:(1)与该货物同时或者大约同时向中华人民共和国境内销售的相同货物的成交价格。(2)与该货物同时或者大约同时向中华人民共和国境内销售的类似货物的成交价格。(3)与该货物进口的同时或者大约同时,将该进口货物、相同或者类似进口货物在第一级销售环节销售给无特殊关系买方最大销售总量的单位价格,但应当扣除《进出口关税条例》规定的项目。(4)按照下列各项总和计算的价格:生产该货物所使用的料件成本和加工费用,向中华人民共和国境内销售同等级或者同种类货物通常的利润和一般

---

[1] 转引自 Ralph H. Folsom 等 *International Business Transactions*, West Publishing Co., 1991, pp. 290-294.

费用,该货物运抵境内输入地点起卸前的运输及其相关费用、保险费。(5)以合理方法估定的价格。上述五种方法应顺序使用,只有当前一种方法无法实施时,才可采取下一种方法。

为了防止海关估价被滥用,《关税与贸易总协定》第七条对海关估价问题作了专门的规定,要求各缔约方的海关在对进口商品进行估价时,应以进口商品或相同商品的实际价格,而不得以国产品的价格或者以武断的或虚构的价格作为计征关税的依据。而这里的"实际价格"是指在进口国立法确定的某一时间和地点,在正常贸易过程中,在充分竞争的条件下,某一商品或相同商品出售或兜售的价格。可以看出,总协定的规定是比较笼统的,它把与估价密切相关的"某一时间和地点"的确定权给了各个缔约方,而且也没有要求各缔约方采用特定的估价方式,从而使得各缔约方可以自行采用各种不同的估价标准。"东京回合"中已把海关估价列为重点议题并达成协议;在"乌拉圭回合"的谈判中,各缔约方又在新的水平上达成了海关估价协议。但至今为止,国际社会仍然缺乏一套平等、统一、中立和符合商业实际的海关估价系统,海关估价仍可被用来作为限制进口贸易的手段。

3. 原产地规则

由于对原产自不同国家的商品可以适用不同关税税率,因此,原产地规则就会直接影响关税的实际征缴。实践中,各国通常以两项标准来确定进口商品是否属于原产品:一为完全原产品标准;二为实质改变标准。符合完全原产品标准的是指完全使用一国的原料、零部件生产或制造的产品,例如从该国领土或海域开采的矿产品、从该国收获的植物产品、在该国繁殖和饲养的动物及其制成品、在该国狩猎或捕捞的产品等都属于该国的完全原产品。实质加工标准是指,虽然来自一国的产品全部或部分地使用了进口的,包括来源不明的原料或零部件,只要这些原料或零部件在该国经过充分加工或制作,其性质和特征达到了实质性改变的程度,那么该产品也可被认定为该国的原产品。针对如何确定某一产品是否经过实质性改变,一些国家又以税目改变标准、加工工序标准和百分比标准将实质性改变标准具体化。

《中华人民共和国进出口货物原产地条例》第三条规定:"完全在一个国家(地区)获得的货物,以该国(地区)为原产地;两个以上国家(地区)参与生产的货物,以最后完成实质性改变的国家(地区)为原产地。"根据该《条例》的第四条,"完全在一个国家(地区)获得的货物"是指:(1)在该国(地区)出生并饲养的活的动物;(2)在该国(地区)野外捕捉、捕捞、搜集的动物;(3)从该国(地区)的活的动物获得的未经加工的物品;(4)在该国(地区)收获的植物和植物产品;(5)在该国(地区)采掘的矿物;(6)在该国(地区)获得的前述第(1)项至第(5)项范围之外的其他天然生成的物品;(7)在该国(地区)生产过程中产生的只能弃置或者回收用作材料的废碎料;(8)在该国(地区)收集的不能修复或者修理的物品,或者从该物品中回收的零件或者材料;(9)由合法悬挂该国旗帜的船舶从其领海以外海域获得的海洋捕捞物和其他物品；(10)在合法悬挂该国旗帜的加工船上加工本条第(9)项所列物品获得的产品；(11)从该国领海以外享有专有开采权的海床或者海床底土获得的物品；(12)在该国(地区)完全从本条第(1)项至第(11)项所列物品中生产的产品。根据该《条例》第六条，"实质性改变的确定标准，以税则归类改变为基本标准；税则归类改变不能反映实质性改变的，以从价百分比、制造或者加工工序等为补充标准。"上述规定需多数国家的相关实践相一致，且符合世界贸易组织原产地协议的要求。

(三) 关税的最惠国待遇和优惠待遇

1. 关税的最惠国待遇

最惠国待遇是指一国允诺将其现在和将来给予第三国的优惠和豁免都给予对方国家。关税征缴是最惠国待遇的重要适用领域。

最惠国待遇一般通过条约的方式予以确定，其意义在于使缔约一方及其国民在缔约另一方与第三国与其国民享有同等的待遇。最惠国待遇可分为有条件的最惠国待遇和无条件的最惠国待遇。前者是指缔约国一方在接受对方的优惠和豁免时，也须像第三国那样向对方提供一定的报偿；而后者则是指缔约国一方现在和将来给予第三国的一切优惠待遇都应自动地、无报偿地给予缔约对方。最惠国待遇又可分为相互的最惠国待遇和单方面的最惠国待遇。前者是缔约双方相互给予最惠国待遇；后者是缔约一国单方面地享有最惠国待遇，这种不平等的单方面的最惠国待遇已成为历史的陈迹。最惠国待遇的适用范围是有限定的，其范围通常包括贸易、航海、公民法律地位等方面。

最惠国待遇问题在历史上多通过双边条约加以规定，"二战"之后所缔结的《关税与贸易总协定》则是一个多边的最惠国待遇的安排。总协定第一条即明确规定，缔约方对来自和运往其他国家产品所给予的利益、优惠、特权或豁免，都应立即、无条件地给予其他缔约方的相同产品。总协定中的最惠国待遇原则的适用范围是一切与进出口有关的关税、税费、规章手续、销售和运输等，尤其在关税征收方面的适用最为明显和直接。这一原则使得两个缔约方之间的关税减让谈判的结果自动地适用于其他缔约方。由于世界上已有160多个国家和地区成为世界贸易组织的成员方，所以最惠国待遇关税是当今一种最普遍的关税。

对于非世界贸易组织成员的国家或地区来说，仍只有通过缔结双边条约，才能与其他国家就最惠国待遇问题作出安排。中国"入世"之前，中美两国在最惠国待遇问题上经常产生摩擦，就是因为中国没有恢复在总协定中的成员方地位(后来是因为中国没有加入世贸组织)，无法基于关贸总协定的原则享受美国的最惠国待遇。依据美国的关税税则，进口商品的税率分为三类。第一类是普通税率，税率较高；第二类是最惠国待遇税率，这类税率大大低于普通税率；第三类是特惠税率，这类税率适用于同美国有其他特别安排的国家的商品,这些国家或者是与美国订有自由贸易协定的国家,或是由美国给予普惠制待遇的国家。特惠税率比最惠国待遇税率还要优惠。中国虽然之前长期置身于关贸总协定和世贸组织之外,但根据中美两国政府于1979年签署的《中美贸易关系协定》,中美双方相互给予最惠国待遇。问题在于,根据美国《1974年贸易法》第402节的规定,任何非市场经济的国家如果在1975年1月3日仍未获得美国给予的最惠国待遇,则必须经美国总统认定这些国家准许公民自由移民之后,才可获最惠国待遇,并且,国会对总统的决定有否决权。《中美贸易关系协定》生效之后,美国方面依据其法律的规定每年对中国的最惠国待遇问题进行审议。但在1989年之前,这种审议只不过是履行程序而已。美国方面从来未对是否延续对中国的最惠国待遇提出过疑问。后来,随着苏联和东欧国家的社会制度的变化,美国国会的一些人开始在中国的最惠国待遇问题上制造争端。他们把一些政治问题与最惠国待遇问题挂钩,提出各种议案,力图阻止美国总统无条件延续中国的最惠国地位。尽管这些人的企图一再遭到挫败,但美国向中国提供最惠国待遇的问题却一直是笼罩在中美经贸关系之上的一层阴影。既然最惠国待遇是国家之间约定的一项权利,那么,国家之间的这种约定就应该遵循国际条约法的一般原则。国际条约法的基本原则包括缔约自由、信守约定和国家之间的约定不得违背国际法强行规范。也就是说,国家之间在约定最惠国待遇问题的时候,首先应尊重对方主权者的身份,不得将自己的意志强加给对方。对于相互之间所存在的分歧,应通过友好而务实的谈判予以解决。动辄以制裁相威胁不仅无助于问题的解决,而且也不符合处理国家之间关系的惯例。其次,无论是以国家名义还是以政府名义对外签定的国际协议,缔约方都应竭尽全力加以履行,而不应寻找借口向对方施加压力。中国已于2001年12月正式加入了世界贸易组织,美国应依据世贸组织规则无条件地赋予中国最惠国待遇,而不应再寻找任何借口违背这一国际条约义务。

2. 关税的优惠待遇

由于最惠国待遇下的关税只是一种非歧视的关税,因此,它并非优惠关税,更不是"最优惠"的关税。比最惠国待遇关税更优惠的关税待遇产生于自由贸易区这种特别安排,比自贸区更为优惠的关税待遇是普惠制。

早期的优惠关税主要适于宗主国与殖民地、附属国之间的贸易。现阶段的自贸区安排施具有互惠的性质。各成员国之间通过相互给予优惠的关税待遇,可改善集团内部的贸易环境,降低交易成本,并增强与其他区域经济组织在国际市场上的竞争能力。

普惠制是一种特殊的优惠关税制度。所谓普惠制(Generalized System of Tariff Preference, GSP),是指发达国家向发展中国家允诺,对输自发展中国家的制成品和半制成品普遍给予优惠关税待遇,并不要求回报。普惠制的基本特点在于：第一，它应该具有普遍性，即所有的发达国家应该向所有的发展中国家提供关税方面的优惠待遇；第二，它应该具有非歧视性，即应使所有的发展中国家都无差别地享受到这种优惠待遇；第三，它应该具有非互惠性，即发达国家应单方面地给予发展中国家出口商品特别的关税减让，而不要求发展中国家对发达国家也给予同样的优惠。普惠制之下的关税税率不仅低于一般税率，而且低于最惠国税率。虽然减免税的直接受益者为进口商，但却改善了出口国的出口贸易条件，使其受惠产品具有更强的竞争能力，从而扩大出口。

　　普惠制的出现是广大发展中国家为建立新的国际经济秩序而不懈努力的结果，也表明发达国家已认识到其自身经济的发展离不开发展中国家的经济和社会的进步。20世纪60年代初，随着越来越多的前殖民地、附属国摆脱束缚而成为独立的国家，建立新的国际经济秩序便成为广大发展中国家的一致要求。1962年7月，发展中国家通过了《开罗宣言》，敦促早日召开有关会议。同月，联合国经社理事会通过决议，要求召开"联合国贸易和发展会议"。同年冬天，联合国大会通过决议，批准召开贸易和发展会议。1964年3月至6月，第一届联合国贸易和发展会议在日内瓦举行。在这次大会上，会议秘书长罗尔·普雷比查（Raul Prebisch）在其向会议提交的报告中呼吁发达国家排除不利于发展中国家出口的障碍，给予来自发展中国家的商品以普遍的、非互惠的和非歧视的关税优惠待遇，从而明确地提出了建立普惠制的设想。对这一设想，各国家的立场不尽相同。美国是坚决反对建立普惠制的，主张国际贸易关系不能脱离《关税与贸易总协定》所确立的最惠国待遇原则；大多数发展中国家要求尽早确立普惠制；一部分原英联邦和原法属殖民地国家因已享有关税优惠待遇而对普惠制反应冷淡。虽然首次联合国贸发会议未能就普惠制问题达成协议，但会议所通过的宣言已初步确立了普惠制的基本原则。同年10月，关贸总协定缔约国全体会议对总协定作了一次实质性修改，在新增加的以"贸易与发展"为标题的协定的第四部分中规定了非互惠待遇原则，为普惠制的建立铺设了一块重要的基石。总协定第三十七条第八款规定："发达的缔约各国对它们在贸易谈判中对发展中的缔约各国的贸易所承诺的减少或撤销关税和其他壁垒的义务，不能希望得到互惠。"总协定的第三十七条规定了发达国家所承诺的义务，主要包括：优先降低和撤除与发展中的缔约国目前或潜在的出口利益特别有关的产品的壁垒，包括其初级产品和加工产品之间的不合理差别关税和其他限制；对与发展中的缔约国目前或潜在的出口利益特别有关的产品，不建立新的关税或非关税进口壁垒，或加强已有的这些壁垒；不实施新的财政措施和在调整财政政策时，优先放宽和撤除财政措施，如果这些财政措施会阻碍或已经阻碍那些完全或主要来自发展中的缔约各国领土的未加工或已加工的初级产品的消费的显著增长，并且系针对这些产品而实施的。但发达国家在这里所承诺的义务没有具体化，而且也不具有强制性，因为总协定在规定这些义务之前使用了"软约束"的语言：

"发达的缔约各国——除因被迫原因(也可能包括法律的原因)——应尽可能实施以下条款。"因此,普惠制的原则虽已写进总协定这一具有普遍约束作用的国际法律文件,但其实际施行在一开始的时候即是以发达国家的单方面的意愿为前提的。1966年,总协定同意澳大利亚背离最惠国待遇原则,对发展中国家实施普惠制待遇。当时,对这一决定表示反对的只有美国。这表明多数发达国家已经接受了普惠制的原则。到了第二年,连美国也开始改变其立场。在1967年4月举行的拉美国家首脑会议上,美国总统表示,美国同意由发达国家对发展中国家提供临时性的关税优惠待遇。1968年,第二届联合国贸发会议在印度举行。发展中国家与发达国家就普惠制问题达成了初步的协议,一致通过了关于建立对发展中国家出口制成品和半制成品给予普惠制的第21号决议,并在贸发会下设立了"优惠问题特别委员会"。1970年10月,优惠问题特别委员会就普惠制的各方面问题都作了相互之间可以接受的安排,贸发会议理事会第四届特别会议还据此作出了第75号(S-IV)决议,决定由每个发达国家制定各自的普惠制实施方案,对发展中国家出口的制成品和半制成品给予普惠制待遇,有效期为10年。1971年6月,总协定通过了一项决议,允许发达缔约国在10年的期限内背离最惠国待遇原则,对原产于发展中国家和地区的商品给予关税优惠待遇。

1971年7月,欧洲共同体开始对发展中国家实施普惠制。随后,日本、挪威、美国、加拿大、波兰等国也先后颁布并实施了各自的普惠制方案。在实施普惠制的第一个10年期限临近的时候,总协定于1978年通过决议,授权发达国家对发展中国家实行优惠和发展中国家之间相互实行优惠,而不将优惠待遇扩大到发达国家。据此,有关发达国家相继修改和延长了各自的普惠制方案。目前,已有20几个国家对150多个国家和地区给予普惠制待遇。

普惠制下的给惠国是单方面给予来自发展中国家的商品优惠的关税待遇的发达国家;受惠国(也称合格的国家,eligible country)则是享受发达国家单方面给予的优惠关税待遇的发展中国家。根据普惠制的原意,所有的发展中国家都应该无差别地成为普惠制的受惠国。但由于没有一套普遍强制适用的普惠制方案,所以,哪些发展中国家可以成为受惠国实际上是由每一个普惠制方案分别决定的。确定一个国家应否成为受惠国,本来应该采用经济标准,但事实上,一些发达国家总是把受惠国的确定与政治问题纠缠在一起。美国曾以下列标准来衡量一个发展中国家是否可享受其普惠制待遇:是否为国际共产主义运动所主宰;是否参加了石油国输出组织的石油禁运;是否对美国财产实施了国有化;是否拒绝承认国际仲裁裁决;是否支持恐怖主义活动。针对上述问题,如果通过对一个国家的考察得出肯定的回答,那么,美国就会拒绝向这个国家提供普惠制待遇。

普惠制下的受惠产品(也称合格的产品,eligible product),是指被列入给惠国的普惠制方案,可享受优惠关税待遇的产品。按照一系列国际文件的要求,发达国家对发展中国家出口的全部工业制成品和半制成品都应给予免税或减税待遇,但事实上,各给惠国对哪些进口商品可享受优惠待遇都有特殊的限定。许多发达国家都依进口商品同国内同类商品的竞争能力的不同而将其分为敏感性、半敏感性和非敏感性三类。对于非敏感性商品,通常准于免税进口;对于半敏感性商品则减征一定的关税;而对于敏感性商品则拒绝给予关税优惠待遇。在美国,被列为敏感性商品的包括:纺织品、手表、某些电子产品、某些钢铁制品、某些鞋袜制品和玻璃制品。各有关当事方(如进口商、外国政府、出口商和行会组织)可申请将一些新的商品列入受惠产品清单。美国的贸易代表署(Trade Representative's Office)可受理这方面的申请。同时,有关当事人也可申请将某种商品从受惠产品清单上撤销。在考虑是否增加或撤销一种商品时,主要的依据仍是该项商品的敏感性。

普惠制还必须辅之以原产地规则以及直运规则。几乎所有的给惠国都要求受惠产品的直接运输。但考虑到国际运输的实际情况,各给惠方案也都允许受惠产品在一定条件下经过第三国领土,包括转换运输工具,其条件是货物一直处于过境国的海关的监督之下,未进入当地市场或在当地进行再加工。

给惠国单方面地赋予受惠国优惠关税待遇,其直接效果是扩大了受惠国向本国的商品输出,这就可能对本国的相关产业产生一定的影响。尽管各给惠国在确定其给惠方案时,特别是在确定受惠产品时已充分地考虑到这一点,将那些敏感商品排除在受惠产品之外,但考虑到目前的非敏感或半敏感商品可能变成敏感商品,考虑到某些商品进口量的激增会对本国的有关产业造成不利影响,各给惠国在确定其给惠方案时都要制定一些保护措施。常见的保护措施包括例外条款、预定限额和"毕业"条款。

依据各给惠国的例外条款,当从受惠国进口某类产品的数量增加到对给惠国的相同产品或与其直接竞争的产品的生产者造成或可能造成严重损害时,给惠国可以对该类产品完全或部分地取消优惠关税待遇。例外条款的规定有利于在特定情况出现时,保护给惠国内工业的利益;与此同时,当然也减少了受惠国依据普惠制所期待的利益。

预定限额是某些给惠国根据本国和受惠国的情况,对特定的商品的进口数量预先加以限定,对于超过限额的进口商品停止给予优惠关税待遇。欧盟国家、美国、日本等国家都采用了预定限额类型的保护措施。

"毕业制度"(graduation program)又称"竞争需要限制"(competitive need limitation),是指当某些受惠国的产品在给惠国的市场上显示出较强的竞争能力时,由给惠国取消其享受普惠制的资格。美国是最典型的实行"毕业制度"的国家。在最初的时候,美国的"毕业制度"是针对个别产品的,当来自某个国家的某种产品在美国市场上显示出较强的竞争能力时,美国就可以对这个国家的这种产品免除适用优惠关税税率的资格。这种"毕业制度"脱离了最惠国待遇原则,因为适用这一制度的后果,只是对某一特定国家的某种产品有效,而不是对所有国家的这类产品都同等对待。1984年,美国制定了新的《贸易与关税法》(The Trade and Tariff Act of 1984),对其"毕业制度"又作出了新的规定。按照这一法律的规定,"毕业制度"既适用于特定的产品,也适用于特定的国家。当来自某一国家的某种产品的进口数量超过该种产品的进口总量的一定百分比,或者超过一个确定的数额时,那么来自这个国家的这类产品就可以按"毕业"处理;当某一国家的人均国民生产总值超过一个特定的数额时,那么这个国家就可以被宣布"毕业",不再享受美国的普惠制待遇。

如何评价普惠制呢?

第一,普惠制反映了国际经济法中的平等理念向公平理念的过渡。平等理念的出发点在于确认各国主权平等,否定任何国家在国际经济法律人格上的特殊地位,这对于建立和完善公平的国际经济关系显然是极其重要的。但平等不等于公平。如果说平等理念侧重于法律关系主体的资格和地位的确定,那么,公平理念则是要强调各个主体最终的实际利益。要求各国地位的平等和权利的平等体现了最基本的公平,也是寻求尽可能公平的前提条件,但这并不一定导致实质性的公平。从国际关系发展史来看,现存的国际经济秩序是以往的历史事实的积存。而这些历史事实的很大一部分是强者对弱者的政治压迫、军事侵略和经济掠夺。在这种前提下,如果仅确立各国地位的平等,仅要求各国等同地相互赋予利益,那么这显然是对一种不公平的现实的确认。而且,这种对不公平的现实的确认还会导致更大的不公,贫者越贫、富者越富就会成为一种不可扭转的趋势。正因为如此,广大发展中国家在争取建立新的国际经济秩序的努力中才逐步打出了"公平"的旗帜,不再满足于形式上的平等,而要寻求实质上的公平。普惠制可以说是国际社会在向公平原则迈进时走出的第一步。普惠制要求发达国家单方面向发展中国家提供优惠的关税的待遇而不要求发展中国家给予回报,并且不得将这种优惠待遇给予其他发达国家,这就冲破了互惠制和最惠国待遇制度所体现的平等原则,为实现国家之间利益分配上的公平创造了条件。普惠制的非互惠性在表面上看是不公平的,但这种不公平是对既存的不公平的矫正,因而在实质上是公平的。另外,从长远的角度看,发达国家目前通过普惠制向发展中国家所作出的单方面的让与,在将来一定会得到实际的回报,因为发达国家的经济繁荣离不开发展中国家的经济增长。广大的发展中国家的长期的经济贫困肯定不会符合发达国家的长远利益。正因为如此,发达国家才会接受普惠制方案,而且也正从普惠制的实施中得到相应的利益。

第二,普惠制对各国的利益产生不同的影响。任何一项国际法律制度都会在不同的领域和不同程度上对各国利益产生不同的影响,而普惠制在这个问题上更具典型意义。从大的方面看,普惠制对发达国家与发展中国家的利益是一种重新分配。这种单向的非互惠的安排,实质上是要求发达国家向发展中国家作出利益上的让步。这种让步的作用和影响,正如我们前面所谈到的那样,是对不公正的国际经济秩序的某种程度上的矫正,而且从长远的角度看,发达国家的这种单向的给予在实质上是可以得到回报的,这种回报至少可表现为发达国家的经济随着发展中国家的经济的增长而增长。普惠制对不同的发达国家的利益也在起着一种调节的作用。由于目前不同的国家(集团)都在实施自己的给惠方案,各国可以通过对受惠国的范围及受惠产品的范围的调整,来贯彻自己的对外经济政策,增强对有关国家的影响,扩大自己的实际收益。例如,美国从坚决反对发达国家实施与非歧视原则相冲突的普惠制到后来完全改变了自己原先的政策,同其他发达国家一样对发展中国家提供单向的优惠待遇,主要原因就在于其不想在广大发展中国家面前孤立自己,不想让其他发达国家侵入自己传统的势力范围。而欧盟国家通过向非洲、加勒比地区和太平洋地区国家提供普惠制待遇,也确保并扩大了在这些国家中的经济利益,在与其他发达国家的竞争中处于优先地位。普惠制对不同的发展中国家的利益也产生着不同的影响。对于那些本来就基于历史、地理等原因而从发达国家那里享受特别优惠待遇的国家来说,普惠制的实行不见得是一件好事,至少没有大的吸引力。因为普惠制的实行使得其他发展中国家取得了原先不曾有的优惠待遇,有了同自己竞争的优势,这样必然会引起自己原先的出口市场份额的减少。当然,这些国家原先所享有的特殊待遇毕竟只来源于有限的个别国家,而普惠制的实行则可以使给惠国的范围大为拓宽,这大概是为什么这些国家没有特别反对实行普惠制的原因。由于各个给惠国都按照自己的方案确定受惠国的范围,这样就使得发展中国家的受惠地位出现了差别。某一发展中国家可能同其他发展中国家一样成为某一给惠方案的受惠国,但就另一给惠方案则可能没有受惠的资格,这当然会损害这个国家在国际市场上的竞争能力。某些给惠国所实行的"毕业制度"同样会产生在不同的发展中国家之间重新进行利益分配的后果。例如,美国宣布"亚洲四小"从其普惠制中"毕业",其直接后果便是"亚洲四小"的出口商品在美国市场上的竞争能力的削弱,而其他一些可继续享受美国的普惠制的发展中国家则可就此机会扩大自己的出口商品在美国市场上的份额。因此,即使是在发展中国家之间,在普惠制问题上也存在着一定程度的利益冲突。

第三,惠制尚未形成稳定的国际经济法律制度,目前所实行的普惠制还远非理想。按照有关国际文件的设计,普惠制应该是普遍性的和非歧视性的。所谓的普遍性应指所有的发达国家向所有的发展中国家提供非互惠的关税优惠待遇,所谓的非歧视性应指发达国家向发展中国家提供的这种待遇应该是一致的、无差别的,而现实中的情况并非如此。首先,不是所有的发展中国家都从发达国家那里获得了优惠关税待遇。许多给惠国以种种借口剥夺了某些发展中国家的受惠国地位。其次,即使是在已享受普惠制待遇的发展中国家之间,非歧视待遇的原则也没有得到彻底贯彻。普惠制要求给惠国在发达国家与发展中国家之间实行差别安排,对于发展中国家则应该提供非差别的待遇。但在实践中,给惠国通过预定限额、竞争需要限制等措施,实际地在发展中国家之间实行差别待遇。尽管这种差别安排可能对一部分发展中国家,特别是最不发达国家产生特别的利益,但广大发展中国家(包括最不发达国家)还是对这种安排提出了不满,因为这不符合发展中国家的整体利益。此外,还应该看到,虽然普惠制的设立有其条约基础,但给惠国都是按照自己的方案实施普惠制的,这意味着在给惠国与受惠国之间并无法律约束,给惠国可以单方面确定其普惠制安排。

将普惠制完善成为稳定的国际经济法律制度,最理想的途径当然是制定多边国际公约。这种公约应该有广泛的缔约方,而且条约的内容应该是明确而具体的,不应该是一种原则性的规定。每个缔约方就普惠制所享有的权利和承担的义务,都可以根据公约来确定其范围。问题在于发达国家大概不会同意承受这么明确的约束。他们当然愿意将自由裁量的权利保留给自己。因此,我们大概不应期待这类公约会在短期内出现。

自普惠制诞生以来,先后累计有40个国家对中国给予了普惠制待遇。随着我国经济的快速发展,多个普惠制给惠国在近几年陆续宣布取消给予我国普惠制待遇。在给惠国通报取消给予普惠制待遇后,我国出口商品已经不能凭借普惠制原产地证书享受关税优惠。相应地,海关的相关签证措施也将随之发生调整。2021年12月1日起,欧盟成员国、英国等32个国家也不再给予中国普惠制待遇。

(四)特别关税的征缴

各国除对进口商品征收一般的进口税外,往往还会为了某种目的再加征某种特别的关税,通常称之为特别关税。最常见的特别关税是反倾销税、反补贴税和保障措施税。征收特别关税的目的在于消除商品输入对本国带来的不利影响。由于各种特别关税可根据不同的情况临时增设,比一般的关税更具有灵活性,也更容易被用来作为贸易保护的手段。

1. 反倾销税

反倾销税是一国针对倾销的进口商品所征收的一种进口附加税。设立反倾销税的本意应该是抵制外来商品的不正当竞争,保护本国竞争者的正当权益。但在一般关税水平大幅度降低后的今天,反倾销税的征收经常起着增高关税壁垒的作用。

加拿大1904年修订其关税法时所增加的有关征收反倾销税的规定通常被认为是世界上最早的反倾销法。美国也是较早制定反倾销法的国家,它的第一部反倾销法是1916年制定的。各国的反倾销法是其征收反倾销税的国内法依据;与此同时,各国的反倾销行为还需接受国际法规则的约束。《关税与贸易总协定》第六条和依据该条制定的反倾销守则就是这样的以条约为表现形式的国际法规则。可以说,国内反倾销法是指向商人的倾销行为,而《反倾销协定》这类国际法规范则是约束缔约方政府的反倾销行为的。

根据现行国内法和国际法的规定,一国对进口商品征收反倾销税必须基于"倾销"和"损害"这两个条件。

所谓倾销是指商品的出口价格(export price)低于正常价值(normal value)的销售。正常价值可以通过三种方式予以确定,即国内市场售价、成本估算价和出口至第三国的价格。"国内市场售价"是通常的判断标准:如果一项产品从一个国家输往另一国家的出口价格,低于相同产品用于国内消费时在正常贸易过程中所形成的可比价格,那么,该项产品的出口就会被认为是倾销。只有在缺少这种可比价格时,一般才会使用成本估算价和出口至第三国的价格以确定正常价值。

所谓损害,通常被分成三种类型:对进口国领土内已建立的某项工业造成实质性损害或产生实质性损害威胁,或对某一国内新建的工业产生实质性阻碍。在确定损害存在的同时还必须确认损害与倾销之间存在着因果关系。通常并不要求倾销必须是发生损害的主要原因。但如果倾销只是损害发生的微不足道的原因时,各国政府通常不会采取反倾销措施。

2. 反补贴税

补贴是指政府向企业提供特别的利益。倾销总是企业的行为,而补贴总是政府的行为。

在国际贸易中,补贴的作用十分明显。首先,政府对某种出口产品提供补贴可增强本国产品的出口能力;其次,享受政府补贴的出口产品可以比其他国家的出口产品具有更强的竞争能力,从而夺得其他国家的出口商的市场份额;再次,政府补贴可以增强本国产品同进口产品的竞争能力,从而挡住进口。这时即使享受补贴的产品全部在国内销售,其他国家的出口商仍会感到利益受到侵害。政府补贴在这里实际上起到了与关税同样的作用。

大概没有人会一概地反对所有的政府补贴。那么什么样的补贴才是应予反对的补贴呢?问题的关键似乎在于如何平衡实行补贴的国家与因此而受到利益影响的国家之间的利益,于是有了"可申诉补贴"(actionable subsidies)这一概念。当一国政府的补贴行为对其他国家造成了"实质性损害"时,这种补贴即应属于可申诉补贴,受到不当影响的国家便可采取征收反补贴税等反报措施。

也有人试图给可申诉补贴确定更详细的标准,例如,有人主张,在确认一项补贴是否为可申诉补贴时,应考察政府为此是否有实际的支出(cost),但这一标准受到许多人的反对。反对者认为,首先应予以考虑的是企业是否得到了正常市场条件下不应得到的优惠,而不是政府是否有实际的支出。例如,在市场利率为10%的情况下,政府按6%的利率获得了贷款,又以8%的利率贷给企业,这时,依据后者的观点,尽管政府没有为此作出支出,但如果这一措施给其他国家造成损害,那么它依然是可申诉补贴。也有人主张,在认定是否存在可申诉补贴时,应看政府的行为是否扭曲了正常的市场活动(normal market activity),但这一标准也同样遭到反对。一种反对意见认为,什么是正常市场活动很难确定;另一种反对意见认为政府有权扭曲正常的市场活动,只要这种扭曲并不实质上影响其他国家的利益,就不应认定为可申诉补贴。例如,某一商人意图在港口城市建立一座工厂,而政府从发展内地经济考虑,鼓励商人将工厂建在内地。政府所给予的各种优惠恰好抵偿了工厂建在内地所要付出的额外费用,例如运费花销。在这种情况下,尽管政府补贴扭曲了正常的市场活动,尽管该工厂所生产的产品完全出口,但由于政府的补贴并未对他国造成损害,因而不能认定为可申诉补贴。还有人提出了"个别标准",即只有那些提供给个别企业的补贴才可被认定为可申诉补贴。这一标准得到许多人的赞同,但也存在明显的缺陷。因为在许多情况下,尽管从法律上说,补贴是针对全社会或全行业的,但事实上实际享受优惠的仍只是个别企业;而且什么是"个别"也只是个相对的概念,有时很难确定。例如,政府对农业的补贴相对于其他产业而言属于个别补贴;但如果是着眼于农业内部,它又是非个别的,因为农业内部又可划分为各个部门。由此看来,在现阶段认定是否为可制裁的补贴的比较可行的标准只能是"实质性损害"标准。

如果一国的有关当局最终确认了补贴的存在,确认了受补贴的进口正在造成危害,那么,在与有关方面的磋商尽到合理的努力之后,就可以征收反补贴税。

在很长一段时期,美国对于来自"非市场经济国家"的进口产品,原则上不适用反补贴法,因为美国政府认为,在这些国家,一切经济活动都有政府的支持,因而确认一项产品是否受到以及受到什么样的补贴是困难的,也是无意义的。1983年11月,美国乔治城钢铁公司指控从捷克斯洛伐克、波兰进口的碳钢条得到了各自政府的补贴,但美国商务部后来的裁定是:反补贴法不适用于"非市场经济国家",因而驳回了上述申诉。申诉方对商务部的裁定不服,起诉到美国国际贸易法院。审理此案的法官认为,反补贴法是对美国工业提供的一种救济,应适用于来自所有国家的补贴出口品,当然包括来自"非市场经济国家"的产品;确定非市场经济国家的出口补贴的困难是如何测量补贴,而不在补贴本身。美国政府对国际贸易法院的判决不服,上诉到美国联邦巡回上诉法院。上诉法又驳回了国际贸易法院的判决,支持了商务部的意见,认为既然"非市场经济国家"的资源、财产归政府所有,它们的分配不由市场机制决定,价格及工资水平由政府决定,亏损由政府负担,投资及信贷也由政府决定,那么申诉人所指控的补贴不等于政府自己补贴自己吗?最后,联邦上诉法院裁定,美国的反补贴法不适用于来自"非市场经济国家"的进口产品。然而,美国的立场随后出现转变。2006年,美国首次对中国出口的铜版纸发起反倾销反补贴调查,开始向"非市场经济国家"的产品适用反补贴措施。当前,美国已经成为发起针对中国的反补贴调查最多的世贸组织成员。据世贸组织统计，截至2022年6月，美国发起了104起针对中国出口的反补贴案件。美国针对所有世贸组织成员进行的反补贴调查总数为309起，这意味着美国发起的反补贴调查中有超过1/3是针对中国的。在104起调查中，美国调查当局对88项调查作出肯定性裁决，并实施反补贴税，占全部调查的84.6%。而其他国家和地区也纷纷跟随美国加入对我国采取反补贴措施的行列。同样截至2022年6月，中国出口商已经遭到了来自各世贸组织成员发起的199起反补贴调查，这个数字使得中国成为第一大反补贴目标国。为此，我国需要调整补贴政策；取消为世贸组织规则所禁止的补贴；清理和优化低效的补贴；用事后事中补贴取代事前补贴；减少补贴的专向性；增加补贴的透明度；对各级政府对企业补贴行为加以规范；各级政府在制定相关政策时，要考虑与世贸组织补贴规则的一致性。同时，也需要注意到，美国等成员在针对我国企业进行反补贴时，保留了诸多已经被裁判为与世贸组织反补贴规则不一致的做法，如凭借国有股认定国有企业为"公共机构"、使用"外部基准"计算补贴利益授予额度等。我国也应当利用世贸组织的规则谈判、贸易政策审议和争端解决等平台来维护我国出口企业的合法利益。

3. 保障措施税

保障措施(safeguard measure)是指当某项产品进口急剧增长并造成进口方国内相关产业严重损害或严重损害威胁时，进口方政府可对该进口产品实施的限制措施。加征特别关税是经常采取的保障措施。

实施保障措施与实施反倾销、反补贴措施不同，它所指向的并非违法或不当行为，而是正常的贸易行为；它所保护的是正常情况下缺乏竞争力的产业。保障措施要求无歧视性；而且采取保障措施是要付出代价的，要给出口方以"实质相等"的补偿，否则将面临报复。由于保障措施是对正常的国际贸易的一种扭曲，因此它只能是一种临时性的措施。保障措施的宗旨应该是保障产业结构的调整而不是相关产业的保护。美国在其《1974年贸易法》中规定，总统应在其职权范围内采取一切适当的行动以便利国内产业进行积极调整，适应进口竞争，并提供更大的超出所付代价的经济和社会收益。甚至这种调整并不要求国内产业恢复到调查开始的规模，只要在行动终止后，国内产业可以成功地与进口产品竞争，或者国内产业已经实现了将资源有序地转移到其他生产经营中，或者受到影响的工人已经有序地转移到了其他生产经营中，均可视为积极调整已经实现。

在实施保障措施之前，既要证明存在着进口产品数量与国内生产相比绝对或相对增长，又要证明这种增长对生产同类或直接竞争产品的国内产业造成了严重损害或严重损害威胁。要对采取保障措施的成本，即补偿和报复作出认真评估，全面衡量实施保障措施的得失。

二、政府管理国际货物贸易的非关税措施

（一）非关税措施对国际货物贸易的影响

除了关税之外，各国政府还可以采取关税以外的措施对国际贸易施加管理，这些措施可以统称为非关税措施。由于采取这些措施的同时即可以大体知晓对进出口商品的产生的数量限制的后果，因此，人们也会称之以"数量限制措施"。

数量限制措施与关税措施相比既有共同之处，又有重大区别。其共同之处在于，两者都可对商品的进出口起到阻碍作用；其区别在于，关税措施只是起了改变国际市场机制的作用，而数量限制措施则可以切断国际市场与国内市场的联系。某一进口商品的关税税率通常不应超过该商品的国内价格与国际市场价格的差额。在进口关税税率确定的情况下，国内需求的增加不会引起国内生产的增加或价格的变化，但会引起进口的增加；而在采取数量限制的情况下，国内需求的增长并不能使国外低价格的商品进入本国市场，而只能引起国内价格的增长。由于数量限制可以切断国内市场与国际市场的联系，所以可以更好地起到保护国内工业的作用。《关税与贸易总协定》缔结以来，通过若干回合的多边谈判，各国的关税税率得到大幅度的削减，在这种情况下，各国更会倾向于采用数量限制措施，从而减弱关税降低之后进口商品对本国工业的竞争压力。这样，数量限制措施也就成为国际贸易领域中的一个颇受关注的问题。

（二）进口配额制与进口许可制

进口配额制是指一国政府在一定时期内对某种商品的进口规定一个数量或金额的限制，超过限额的商品不准进口，或对其征收较高的关税。

进口配额可分为单边配额和协议配额。单边配额是进口国事先不与有关国家进行磋商而单方面确定限额。单边配额又可分为综合性配额和分摊性配额两类。综合性的单边配额只限制总的进口量，而不考虑进口商品来自哪一国家和地区，也不确认从事此类商品进出口的进出口商。分摊性单边配额是进口国依据先前有代表性的一段时期的某种商品的进口情况，将限额按一定比例分配给不同的国家或本国的进口商或外国的出口商。不管是哪种形式的单边配额，其实际操作都存在一定的困难，而且会引起其他国家的不满，甚至遭到其他国家的反报。比较合理一些的是协议配额。所谓协议配额是指进口国和出口国或出口国的出口商通过协商而确定分摊的限额。进口国与一个出口国协商确定的配额是双边协议配额；进口国与多个国家通过协商而确定的配额为多边协议配额。

进口配额制的另外一种形式是自愿出口限制。所谓自愿出口限制（Voluntary Export Restraint，VER），是指出口国家或地区在进口国家或地区的压力下，"自愿"承诺本国的某些种类的商品在一定期间内出口到对方国家或地区的限额，对超

过限额部分的商品则禁止出口。自愿出口限额从表面上看是出口国自愿采取的措施,但实际上则是在明显的强制之下产生的。进口国往往以商品的大量进口使本国的有关工业受到严重损害为由,而要求出口国"自愿"地对其商品的出口施加限制,并以单方面施加限制为要挟。早在20世纪30年代,日本就曾在美国的压力下对其出口到美国的纺织品"自愿"加以限制。自20世纪60年代以来,自愿出口限制逐渐成为一种常见的数量限制方式。受到自愿出口限制保护的市场主要是美国、欧盟国家和其他发达国家。自愿出口限制又可分为两种情况,即协定自愿出口配额制和非协定自愿出口配额制。所谓的协定出口配额制是指由进出口双方经过谈判,签定自愿出口限制协定。在协定规定的期间内,出口国对配额内的商品出口实施出口许可制或签证制;进口国则根据海关统计,对配额商品的进口情况进行检查。绝大多数的自愿出口配额属于协定自愿出口配额。所谓非协定出口配额制是指出口国迫于进口国的压力,自行规定出口限额,并予以公布。出口商出口限额项下的商品,必须先向政府有关部门提出申请,在领取了出口许可证或其他授权证书之后才可出口有关的商品。

美国是经常要求其他国家"自愿"实行出口限制的国家。20世纪80年代,美国曾几次迫使日本"自愿"限制其向美国的汽车出口。在1981年双方所达成的协议中,日本"自愿"将对美国的汽车出口从1980年的180万辆下降到每年不超过162万辆的水平。美国对来自发展中国家主要纺织品供应国的纺织品,也通过签定双边限额协议的方式予以限制。至今,美国已与40个左右的国家签定了纺织品双边协议。1980年1月1日,中美两国签署了第一个双边的纺织品协议。随着中美两国间贸易的发展,特别是随着我国出口到美国的纺织品的数量的逐年增加,美国对我国输美纺织品的限制也逐渐增多。

进口许可制是指一国政府规定某些商品的进口须事先申请领取政府有关机构,通常是外贸主管机关颁发的许可证,否则不准进口。进口许可制也可分为两种。一种是与进口配额制配合实施,对配额以内的进口商品发给许可证。例如,欧共体自1981年10月1日起对蘑菇罐头的进口实行数量限制。每年在一定的数量范围之内签发特别许可证,这一数额在各出口国之间进行分配。配额内的商品在进口时必须出示证书;超量进口的商品则要交纳特定的附加税。另一种进口许可制则与配额无关,每笔进口都只在个别申请的基础上考虑是否发给进口许可证。由于进口许可制可以控制商品的每一笔进口,既便于控制,又易于灵活掌握,因此为各国政府所乐于采用。由于进口许可证是建立在单项申请的基础之上的,所以进口国可以此进行差别安排,对来自不同国家的商品实施不同的控制。

(三)《关税与贸易总协定》关于数量限制措施的立场

《关税与贸易总协定》的基本原则之一是以关税作为控制进出口的主要手段,

尽量消除各种数量限制措施。总协定的许多条款都禁止以配额和许可证等形式对来自其他缔约方的产品施加限制,但由于这些条款都规定在总协定的第二部分,而根据加入总协定的议定书中的"祖父"条款,各缔约方对总协定的第二部分仅承担在与国内现行立法不相抵触的最大限度内予以适用的义务,所以,总协定中关于取消数量限制的规定在实际适用过程中受到很大限制。

总协定第十一条的标题即是"数量限制的一般取消"。该条第一款规定:"任何缔约国除征收税捐或其他费用以外,不得设立或维持配额、进出口许可证或其他措施以限制或禁止其他缔约国领土的产品的输入,或向其他缔约国领土输出或销售出口产品。"

考虑到数量限制在实践中不可能被完全消除,总协定的第十三条又确定了数量限制不得歧视性地实施的原则。该条第一款规定:"除非对所有第三国的相同产品的输入或对相同产品向所有第三国的输出同样予以禁止或限制以外,任何缔约国不得限制或禁止另一缔约国领土的产品的输入,也不得禁止或限制产品向另一缔约国领土输出。"为了保证实施数量限制中的非歧视性,总协定第十三条第二款又进一步要求,各缔约国对任何产品实施进口限制时,应旨在使这种产品的贸易的分配尽可能与如果没有这种限制时其他缔约各国预期可能得到的份额相接近,并为此而确定了几项具体的规则:第一,尽量固定准许进口的配额并予以公布;第二,如不能采用配额办法,可采用无配额的进口许可证或进口凭证方式实施限制;第三,不得只规定从某一特定国家或来源输入有关产品须用进口许可证或进口凭证;第四,如果配额系在各供应国之间进行分配,实施限制的缔约国可谋求与供应有关产品有实质利害关系的所有缔约国就配额的分配达成协议。如果不能采用这种方法,在考虑了可能已经影响或正在影响有关产品的贸易的特殊因素的情况下,有关缔约国应根据前一代表时期供应产品的缔约国在这一产品进口总量或总值中所占的比例,将份额分配给予供应产品有实质利害关系的国家。

总协定第十三条规定了实施数量限制的缔约国提供有关配额的材料及进行协商的义务。依照这些规定,在为实施进口限制而签发进口许可证的情况下,如果与某产品的贸易有利害关系的任何缔约国提出请求,实施限制的缔约国应提供关于限制的管理、最近期间签发的进口许可证及在各供应国之间的分配情况的一切有关材料,但对进口商或供应商的名称,应不承担提供资料的义务;在进口限制采用固定配额的情况下,实施限制的缔约国应公布今后某一特定时期内将要准许进口的产品的总量或总值及其可能的变动;当配额系在各供应国间进行分配的情况下,实施限制的缔约国应将最近根据数量或价值分配给各供应国的配额份额,迅速通知与供应产品有利害关系的所有其他缔约国,并应公告周知。

总协定关于取消数量限制的规定不仅受到"祖父"条款的限制,也受到总协定自身的一些例外规定的限制。这些例外规定主要包括:

1. 为保护粮食、农渔产品市场而施加的数量限制

对此,《关税与贸易总协定》第十二条第二款规定的三种情况是:为防止或缓和输出缔约国的粮食或其他必需品的严重缺乏,而临时实施的禁止出口或限制出口。为实施国际贸易中商品分类、分级和销售的标准及条例,而必须实施的禁止进出口或限制进出口。对任何形式的农渔产品有必要实施的进口限制,但这种限制必须满足下列条件。第一,对本国相同产品的生产或销售数量也加以限制;第二,应按照与进口产品大致一样的比例对国内产品进行限制;第三,准于进口的数量应事先予以公布,实施限制的缔约国应与认为该限制不符上述要求的其他缔约国进行协商。

2. 为保护本国国际收支平衡而实施的数量限制

《关税与贸易总协定》第十二条规定,任何缔约国为了保障其对外金融地位和国际收支,可以限制商品准许进口的数量或价值,但必须遵守下列条件。第一,缔约国根据此条规定所建立、维持或加强的进口限制不得超过为了预防货币储备严重下降的迫切威胁或制止货币储备严重下降所必须的程度;对货币储备很低的缔约国来说,这种数量限制则不得超过为了使储备合理增长所必须的程度。第二,各缔约国根据前项规定所实施的数量限制,在货币储备严重下降或很低的情况有了改善时,应逐步予以放宽;如果情况改变,已无必要建立或维持上述数量限制,则应立即取消这种数量限制。第三,各缔约国根据本条规定而实施数量限制时,还必须承担其他一些义务,其中包括:对任何其他缔约国的贸易或经济利益,避免造成不必要的损害;实施的限制不无理地阻碍任何完全禁止其输入即会损害正常贸易渠道的那种最低贸易数量的输入;实施的限制不阻碍商业货样的输入或阻碍专利权、商标、版权或类似程序的遵守。

3. 发展中国家为促进其经济发展而实施的数量限制

根据《关税与贸易总协定》第十八条第三节的规定,如果某一发展中国家发现,为了提高人民的一般生活水平,有必要对某一特定工业的加速建立提供政府援助,但是采取符合总协定其他规定的措施却无法达到这一目的时,可以背离总协定其他各条的有关规定。这里虽然没有明确提到数量限制措施,但数量限制措施应包括在本条所说的特别措施之内当是毫无疑问的。发展中国家根据此条规定而采取数量限制措施时,也要遵行一些特定的条件,其中包括要通知缔约国全体,说明实现经济发展目标而面临的特殊困难,并说明准备采取什么样的可能影响进口的措施以克服这些困难;发展中国家在采取上述数量限制措施之前,须与缔约国全体协商,并取得缔约国全体的同意。

第七节　世界贸易组织及其规则体系

一、世界贸易组织

依据国家主权原则，各国有权自行制定自己的政策与法律，对相关的国际货物贸易施加管理；依据信守约定原则，一国的对外贸易管理措施不得违背自己的国际义务，也就是说，政府的管理活动又须接受另外一个层次的"管理"，尽管这一管理是由有关国家通过参加条约或默认国际习惯而自愿接受的。

各国政府在国际贸易管理方面彼此约束，是因为一国的外贸管理活动可能损害其他国家的利益，甚至损害国际社会的共同利益。政府对国际贸易活动实施管理的本质是在世界范围内扭曲市场规律。尽管在某些情况下这种扭曲是必要的，但无限制的扭曲，将扩大国际社会的交易成本，阻碍国际经济的发展。此外，各国在国际贸易管理方面的彼此约束也可表现为一种国际合作，通过这种国际合作也可消除或减少无限制的市场经济对国际社会的某些负面影响。

世界贸易组织成立于1995年1月1日，总部设在日内瓦，其前身是1947年创立的《关税与贸易总协定》。

世界贸易组织与《关税与贸易总协定》的主要区别是：第一，总协定是一套规则而不是一个正式的国际组织；而世贸组织是一个具有国际法律人格的国际组织。第二，总协定的规则范围局限在货物贸易方面；而世贸组织不仅涉及货物贸易，还把服务贸易、与贸易有关的知识产权和投资措施纳入多边贸易体制中。第三，总协定的许多重要协议（如"东京回合"达成的6个非关税措施协议）仅对该协议的签字国生效，世贸组织管辖的是统一的一揽子协议，所有成员必须遵守，不能提出保留。第四，世贸组织的争端解决机制更快、更有效，更具有权威性和自动性。

作为一个普遍性政府间的国际组织，世界贸易组织的功能包括：组织实施各项多边贸易协议；为各成员提供多边贸易谈判场所；解决成员间发生的贸易争端；对各成员的贸易政策与法规进行定期审议；协调与国际货币基金组织和世界银行等国际经济组织的关系，以保障全球经济政策的一致性。

世贸组织的组织机构包括部长会议（The Ministerial Conference）、总理事会（The General Council）、各专门理事会和委员会（The Committees）以及秘书处和总干事（The Secretariat and General Director）。

部长会议是世贸组织的最高权力机构，由各成员主管外经贸的部长、副部长级官员或其全权代表组成。部长会议至少每两年举行一次，有权就世贸组织管辖的一切重大问题作出决定，包括：对协定、协议作出修改和权威性解释（其他任何机构都没有这种权力），对成员之间所发生的争议或其贸易政策是否与世贸组织相一致等问题作出裁决,豁免某个成员在特定情况下的义务以及批准非世贸组织成员国提出的取得世贸组织观察员资格的申请。

总理事会也由各成员方派出的代表组成。在部长会议休会期间由总理事会代行其职能。总理事会可随时召开会议以履行其解决贸易争端的职责和审议各成员贸易政策的职能。总理事会同时又是成员方的贸易政策审议机构和争端解决机构(Dispute Settlement Body, DSB)。当成员方之间出现属于世贸组织管辖范围内的争端时,由总理事会组织专家组和上诉机构予以解决。

总理事会下设很多理事会,主要包括:货物贸易理事会、服务贸易理事会、知识产权理事会等。部长会议下设若干专门委员会,包括贸易与环境委员会、贸易与发展委员会、国际收支平衡限制委员会、预算、财务与行政委员会和区域集团委员会等。各专门理事会和委员会执行由世贸组织协议及多边贸易协议赋予的职能,执行由总理事会赋予的其他职能。

世贸组织的日常办事机构为秘书处,由部长会议任命的总干事领导。总干事的权力、职责、服务条件和任期由部长会议确定。总干事有权指派其所属工作人员。世贸组织秘书处设在瑞士日内瓦。秘书处工作人员由总干事指派,并按部长会议通过的规定决定他们的职责和服务条件。

鉴于世界贸易组织具有成员的广泛性和组织的严密性等特点,许多人将其称作"经济联合国"。其实,将世贸组织比作联合国只在一个层面上是可接受的,即它们都是普遍性政府间国际组织。从国际组织法的角度观察,世贸组织在许多重要方面有别于联合国。第一,世贸组织的每个成员均可参加世贸组织的各个机构,而联合国的成员并不能当然成为联合国各机构(特别是安理会)的成员;第二,世贸组织的决策权集中于由全体成员组成的类似于"大会"的机构(部长会议和总理事会),而联合国的决策权则集中于由少数成员组成的"理事会"(安全理事会);第三,世贸组织的决策机制主要为协商,而联合国的决策机制则表现为投票(尤以安理会"五大国一致"原则为特色);第四,世贸组织新制定的规则只能约束同意这一规则的成员方,而联合国通过安理会所订立的新规则可以约束所有的成员国;第五,世贸组织的基本职责在于监督现有规则的实施,而联合国的基本职责则不限于监督现有规则的实施,它有权考虑与决定所有的国际和平与安全问题。总之,从国际组织法角度看,尽管世界贸易组织与其前身——《关税与贸易总协定》相比已经更为组织化,但它并未发达到联合国那样的程度。

世界贸易组织通过监督落实其庞大的规则体系来影响各成员方的贸易管理制度,从而影响国际贸易。

二、世界贸易组织规则体系

(一) 世界贸易组织规则体系及基本原则

目前,世界上绝大多数国家在国际贸易管理方面均接受世界贸易组织规则的约束。世界贸易组织之下的一系列条约为各成员方设立了国际贸易管理方面的行为规则。在这个条约体系里,建立世界贸易组织协议是主导性文件,各项具体规则则包含在各项附录当中。这些规则内容如下。

附录1——最庞大的体系,包括:

附录1A——货物贸易多边协定(包含工业品、农产品、纺织品等的关税减让;与贸易有关的投资措施;技术性贸易壁垒;进口许可程序;反倾销、反补贴措施;海关估价;原产地规则;实施动植物卫生检疫措施;装船前检验;保障措施;贸易便利化等)。

附录1B——服务贸易总协定。

附录1C——与贸易有关的知识产权协定。

附录2——关于争端解决规则与程序的谅解,规定了货物贸易、服务贸易及与贸易有关的知识产权问题这三大领域的争端解决统一程序。

附录3——贸易政策审议机制,是确保各成员方的贸易政策保持透明的机制。

附录4——诸边贸易协定(政府采购;民用航空器等)。

附录1至附录3为一揽子协议,不允许成员方选择性参加,也不允许进行条约保留;但附录4允许成员方自行决定是否参加。

世界贸易组织并没有在国际贸易管理方面取代各成员方的地位,也无意以其各项协定取代各成员方的国内法,而只是为国际贸易的政府管理设立统一的、最低的标准。世贸组织的各项协议集中体现了下列原则。

1. 关税减让原则

关税减让是 GATT/WTO 规则体系中最为传统的原则。关税是总协定和WTO 允许其成员使用的保护国内产业的政策工具。关税具有较高的透明度,能够清楚地反映保护的水平,从而可以使贸易竞争建立在较明晰、较公平和可预见的基础上。因此,WTO 主张其成员将关税作为唯一的保护手段。从总协定到世贸组织都一直致力于削减关税。经过多边贸易体制下的八轮谈判,全球关税水平逐步得到较大幅度的降低,从"二战"后初期平均的 45% 左右降到了目前的 5% 左右,大大提高了市场准入程度。"乌拉圭回合"之后的关税减让呈现出的几个特点:一是关税总水平进一步降低;二是征收高关税的产品数量变得更少;三是更多数量的产品受到关税的约束;四是出现了所谓的零关税领域,包括药品、农用机械、建设设备、医疗器械和玩具等。

2. 一般禁止数量限制原则

1947年《关税与贸易总协定》和世贸组织坚持一般地取消数量限制的原则。与关税相比,数量限制措施对国际贸易的危害更大。因为,第一,数量限制缺乏透明度,保护效果难以估量;第二,数量限制隐蔽,容易使贸易发生扭曲;第三,数量限制使企业缺乏正确的国际市场导向,不利于市场经济的发展;第四,数量限制滞缓贸易自由化的进程,使谈判复杂化。世贸组织在一般地取消数量限制方面取得的进展,具体表现为:首先,采取"逐步回退"办法,逐步减少配额和许可证。其次,从取消数量限制向取消其他非关税壁垒延伸。在世贸组织负责实施的货物贸易协定,诸如原产地规则、装船前检验、反倾销、贸易的技术壁垒、进口许可证程度、补贴与反补贴、海关估价、政府采购等协议中,通过制定新规则和修订原规则,约束各种非关税壁垒实施的条件。最后,把一般地取消量限制原则扩大到其他有关协定。如服务贸易总协定,该协定在市场准入部分规定,不应限制服务提供者的数量,不应对服务的地域实行限制,不应采取数量配额方式要求限制服务的总量等。

3. 管理措施透明原则

世贸组织的管理措施透明原则要求各成员须将有效实施的有关管理对外贸易的各项法律、法规、行政规章、司法判决等迅速加以公布,以使其他成员政府和贸易经营者加以熟悉;各成员政府之间或政府机构之间签署的影响国际贸易政策的现行协定和条约也应加以公布;各成员应在其境内统一、公正和合理地实施各项法律、法规、行政规章、司法判决等。管理措施的透明显然会便利国际贸易的发展。

4. 非歧视待遇原则

非歧视待遇又称无差别待遇,它要求成员方在实施某种优惠和限制措施时,不要形成歧视。世贸组织的非歧视原则由最惠国待遇原则和国民待遇原则体现出来。所谓最惠国待遇是指成员一方现在或将来给予任何第三国在贸易上的特权、优惠和豁免,也同样给予其他成员方。1947年《关税与贸易总协定》首次使最惠国待遇建立在多边协议的基础上。在世贸组织中,最惠国的待遇扩及新的协议中,如原产地规则协议,装船前检验协议,与贸易有关的投资措施协议,动植物卫生与检疫措施协议,服务贸易总协定和与贸易有关的知识产权协定。与此同时,世贸组织也保留和扩大了最惠国待遇的例外。国民待遇的基本含义是指成员方保证其他成员方的公民、企业和船舶等在本国国境内享受与本国公民、企业、船舶等所享受的待遇。1947年《关税与贸易总协定》所规定的国民待遇适用范围较窄,只适用于货物贸易及由此而产生的其他相关行为,而世贸组织则把国民待遇拓展到货物贸易中的原产地规则、技术法规和动植物卫生检疫等领域。

5. 公平贸易原则和贸易自由化原则

所谓公平贸易原则是指各成员方及其贸易经营者不得采取不公正的贸易手段,进行扭曲国际贸易的竞争,尤其不能采取倾销和补贴的方式在他国销售产品。

以倾销或补贴方式出口本国产品,给进口方国内产业造成实质性损害时,该进口方可采取反倾销和反补贴措施。同时,世贸组织强调,反对成员滥用反倾销和反补贴措施达到其贸易保护的目的。确立上述原则的目标是实现贸易的自由化。贸易自由化就是各成员方通过多边贸易谈判,降低和约束关税,取消其他贸易壁垒,消除国际贸易中的歧视待遇,扩大本国市场准入度。自由贸易政策允许货物和生产要素的自由流动,在国际价值规律作用下,可以刺激竞争,鼓励发展,提高经营管理水平,促进世界性的分工和贸易发展,扩大市场;同时消费者得到物美价廉的商品和服务。考虑到各成员的发展不平衡,世贸组织倡导的贸易自由化呈现以下特点:第一,不是绝对的贸易自由化;第二,贸易自由化是个渐进的过程;第三,允许发展中国家成员方贸易自由化进程低于发达国家成员方;第四,鼓励计划经济朝向市场经济的转变。

(二) 反倾销制度

1. 建立反倾销制度的宗旨

建立反倾销制度的本意应该是抵制外来商品的不正当竞争,保护本国产业和企业的正当权益。但在一般关税水平大幅度降低后的今天,反倾销税的征收经常起着增高关税壁垒的作用。为了不使反倾销措施成为扭曲正常国际贸易的手段,从1947关贸总协定开始,国际社会就试图通过制定统一的反倾销规则来约束各国的反倾销行为。

《关税与贸易总协定》第六条规定,各缔约国认为:用倾销的手段将一国产品以低于正常价值的办法输入另一国的商业,如因此对某一缔约国领土内已建立的某项产业造成重大损害或产生重大威胁,或对某一国内产业的新建产生严重阻碍,这种倾销应该受到谴责;缔约国为了抵制或防止倾销,可以对倾销的产品征收数量不超过这一产品的倾销差额的反倾销税。

上述规定表明了各缔约国对倾销问题的基本立场,但由于规定的比较模糊,因而在实践中出现了不同的解释,无法起到统一各缔约国反倾销立法的作用。1967年6月30日,总协定的成员国于日内瓦讨论通过了第一个《反倾销守则》(1967 *GATT Antidumping Code*)。该守则对总协定第六条的内容进行了细化,特别是对反倾销调查程序规定了具体的标准,因而是反倾销国际立法的一大进步。但美国、加拿大等反倾销大国此时仍有条件地适用该守则,因为它们的国内立法与该守则存在着相当大的差异,而根据加入总协定的议定书中的"祖父条款",各缔约国可以在与本国现行立法不相抵触的最大限度内适用总协定的第二部分。在总协定的"东京回合"谈判期间,各缔约国经过多种努力,于1979年4月1日又通过了一个新的反倾销守则,即《关于执行关税与贸易总协定第六条的协定》,该协定的第十六条第六款规定,一个国家在加入了该守则之后,就应采取一切必要步骤确保其国内法律、规定和行政程序与该协定的各项规定相符合。由于新反倾销守则调和了原守则与一些国家的国内立法的冲突，具备了被广泛接受的基础。1979年，美国国会通过了贸易协定法。该法吸收了美国历次反倾销修订法的基本规定，也接受了新的反倾销守则的内容。在"乌拉圭回合"谈判中，反倾销守则的修改再次成为一个重要的议题。经过各缔约国的反复磋商，最终达成了又一个专门的反倾销协定，即《关于执行1994年关税与贸易总协定第六条的协定》(Agreement on Implementation of Article VI of GATT 1994，以下简称《反倾销协定》)。《反倾销协定》对反倾销程序规定了更为细致和严格的标准，特别是对倾销的确定制定了更为客观的标准。

2. 征收反倾销税的条件

一国对进口商品征收反倾销税必须基于"倾销"和"损害"这两个条件。

(1) 倾销的确定。对于如何确定倾销的存在，现行《反倾销协定》第二条作了比较详细的规定，概括起来，主要包括如下几点：

第一，如果一项产品从一个国家输往另一国家的出口价格，低于相同产品用于国内消费时，在正常贸易过程中所形成的可比价格，那么，该项产品即将被认为是倾销，即以低于正常价值输入另一国的商业。

第二，如果出口国的国内市场的正常贸易过程中不存在相同产品的销售，或者由于出口国国内市场的特定情况或低销售额，使得其销售不允许进行适当比较，那么，倾销幅度则应通过与相同产品出口到适当的第三国时的可比价格（如果这一价格是具有代表性的）的比较来加以确定；或通过与原产地国的生产成本加合理数额的管理费、销售费、其他成本以及合理的利润的总额的比较来加以确定。

第三，如果不存在出口价格，或在有关当局看来，由出口商与进口商或第三方之间的联合或补偿安排而使出口价格不可靠时，出口价格则可基于进口产品首次转售给独立的买主的价格加以确定；如果产品不是转售给独立的买主，或者不是在进口的状态下转售，有关当局可依合理的基础确定出口价格。

第四，对出口价格和正常价值应进行公平比较。这种比较应该是同一贸易水平上的比较，通常应为出厂水平上的比较，而且，所比较的销售应尽可能在相同的时间内作出；影响价格比较的各种差异，包括销售条件、税收、贸易水平、数量以及物理特性的不同，都应根据具体的情况予以适当的扣除。

第五，如果产品不是直接从原产地国进口，而是从一个中间国向进口国出口的，则该产品从出口国向进口国销售的价格通常应与出口国的可比价格进行比较，但在某些情况下也可以与原产地国的价格进行比较，例如，当产品仅仅是通过出口国转运，或出口国不生产此类产品，或出口国不存在可比价格。

第六，《反倾销协定》中所说的"相同产品"(like product)应解释为同样的产品，即在各方面与所涉及的产品都一样；如果没有这种产品，则是指虽然并非在所有的方面都与所涉及的产品一样,但却与所涉及的产品有着非常近似的特性的其他产品。

从以上规定可以看出,在确定是否存在倾销时,关键在于出口价格(export price)与正常价值(normal value)的比较。正常价值可以通过三种方式予以确定,即国内市场售价、成本估算价和出口至第三国的价格。《反倾销协定》显然倾向于以出口国的国内售价来确定正常价值;只有当国内售价不具有可比性时才应采用其他方法。《反倾销守则》在规定了"正常价值"的确定方法的同时,也对出口价格的调整问题作了规定,即当有关当局认为出口价格不可靠时,可依合理的方式确定出口价格。

西方发达国家在确定是否存在倾销时基本上遵循与《反倾销协定》大体相同的规则。不同的是,西方发达国家对来自"非市场经济国家"的产品,一般要用其他方法来确定其正常价值。以美国为首的西方国家认为,在"非市场经济"条件下,生产资料属于国家所有,原材料、动力的价格及工资水平由国家决定,货币不能自由兑换,因而这些国家的国内售价不能反映产品的正常价值,所以也不能以此为基础来确定倾销是否存在。美国《1930年关税法》第711条(18)款(A)项定义"非市场经济国家"为"管理当局所作出的决定并不基于成本或价格结构的市场原则,导致该国产品的销售并不能反映该商品的公平价值。"随即(B)项确立了认定"非市场经济国家"的六项判断标准。[1] 与美国不同,在2017年以前,欧盟的做法为,首先用法律直接规定一些国家或地区为"非市场经济国家",但这些国家或地区可以向反倾销主管机构申请"毕业",随后经法律修改从"非市场经济国"名单中除名。此外,来自"非市场经济国家"的供应商还可以申请"市场经济待遇",为获得这种待遇,供应商需要自证自己满足获得"市场经济待遇"的标准。美国和欧盟等国家和地区在确定所谓"非市场经济国家"的产品的正常价值时所经常采用的方法主要有"替代国价格""结构价格"和"第三国对进口国的出口价格"。所谓替代国价格是指由进口国选择一个属于市场经济体制的国家作为替代国,以该国的同类产品的成本或售价为基础来确定非市场经济国家出口产品的正常价值;所谓结构价格是指用一个市场经济国家的价格来确定非市场经济国家生产出口产品的成本,然后再加上管理费用和利润,以此作为出口产品的正常价值;所谓第三国对进口国的出口价格是指进口国以来自市场经济国家的同类产品来确定非市场经济国家的出口产品的正常价值。美国和欧盟的法律都规定,如果替代国价格和结构价格均不能提供一个充分的基础,正常价值将选择市场经济国家的同类产品在美国或欧盟的销售价格。

---

[1] 根据美国《1930年关税法》第711条(18)款(B)项,具体标准为:(1)货币可自由兑换程度;(2)雇员与雇主谈判工资的自由程度;(3)允许合资及外资准入程度;(4)政府对产品产量、定价和资源配置的管制程度(即政府对生产方式的所有和控制程度);(5)对资源分配、企业的产出和价格决策的控制程度;(6)调查当局认为需要考虑的其他因素。

西方发达国家对"非市场经济国家"的出口产品的正常价值的确定不以其国内售价为基础,并非毫无道理,而且至少在形式上能够找到世贸组织体系中的规则依据。其中一个依据为《关税与贸易总协定》缔约方于1955年对总协定第六条第一款的解释文本第二段,其内容为:"应当承认,对全部或大体上全部由国家垄断贸易并由国家规定国内价格的国家进口的货物,在为第一款的目的决定可比价格时,可能存在特殊的困难,在这种情况下,进口缔约方可能发现有必要考虑这种可能性——与这种国家的国内价格作严格的比较不一定经常适当。"但在当今已经几乎难以找到"全部或大体上全部由国家垄断贸易并由国家规定国内价格"的情况,故上述规则所规定的不进行与国内价格作严格比较的前提条件难以满足。而中国《入世议定书》第十五条第(a)项则一度为这条现今难以援引的规则针对我国的适用提供了可能性,因为该项允许反倾销调查机构不经调查取证,就推定中国国内价格不具可供公平比较的品性,由此可不基于中国国内价格来确定正常价值。然而第十五条安排具有过渡性质,已于中国加入世贸组织15年后即2016年12月终止。这使得其他成员方不得再推定中国符合前述允许非严格比较国内售价方法来计算正常价值规则的援引条件。但是,这种排除国内售价确定正常价值的做法还存在另一项法律依据,即《反倾销协定》第二条第二款,该条规定在"正常贸易过程中不存在同类产品的销售,或如由于出口国国内市场的特殊市场情况或低销售量"的情况下,可以使用成本估算价格或出口至第三方的价格作为正常价值。为应对《入世议定书》第十五条安排的过期,欧盟还在2017年修改了其反倾销法规,允许在针对来自经济"严重扭曲"国家的商品进行反倾销时,使用经过调整后的"未被扭曲的价格"来作为正常价值。欧盟的新反倾销法规即是在试图满足《反倾销协定》所允许使用的成本估算方法。但这一做法同样有违反《反倾销协定》的风险,因为该协定所要求的成本估算方法系基于企业真实记录的成本的方法,而非经调查机构调整后的成本。综上,西方国家若想保持其实践的合法性,必须满足两个条件:第一,允许排除国内售价以确定正常价值规则的援引条件;第二,在使用不以国内售价为基础的正常价值时符合世贸组织规则对确定正常价值的要求。否则,反倾销的认定便很容易成为推行贸易保护主义政策的工具。而就目前的实践情况而言,这两项条件均较难满足。

(2)损害的确定。倾销的存在是进口国政府对进口产品采取干预措施的条件之一;同时所应具备的另外一个条件是"损害"的存在。关于"损害"的含义,《关税与贸易总协定》第六条第一款作了概括性的规定:"损害"包括对进口国领土内已建立的某项产业造成实质性损害或产生实质性损害威胁,或对某一国内产业的新建产生实质性阻碍三种情形。《反倾销协定》第三条规定,为实施《关税与贸易总协定》第六条的规定而作出的损害确定必须基于确实的证据,并基于对下述两方面的客观审查:(a)倾销产品的数量和倾销产品对国内市场相同产品的价格的影响,以及(b)这些进口产品对国内的相同产品的制造商所带来的影响。

对于什么是实质性损害,无论是《关税与贸易总协定》还是《反倾销协定》,均未作出明确限定,但《反倾销协定》的第三条第四款较为详细地(但并非穷尽地)列举了考察是否造成实质性损害时所应该考虑的因素。该款规定,就倾销产品对国内有关产业的影响的审查,应包括对影响该产业状况的各种相关的经济因素和指标的评估,包括销售量、利润、产量、市场份额、生产能力、投资收益以及生产能力利用的实际的和潜在的下降;影响国内价格的各项因素;倾销的幅度;对资金流动、库存、就业、工资、增长、资金筹措和投资能力的实际的和潜在的消极影响。

关于实质性损害威胁,《反倾销协定》规定:实质性损害威胁的认定应该基于事实,而不应仅依据宣称、推测或模糊的可能性。倾销可能导致损害的情况的改变必须是可清楚预见,并且是急迫的。在作出存在实性损害威胁的认定时,有关当局应考虑的因素包括:倾销产品以很大的增长比例进入国内市场,表明进口产品出现巨大增长的可能性;出口商可自由处置急剧增长的能力,表明倾销产品向进口国出口急剧增长的可能性,但同时应考虑其他市场吸收另外的出口产品的能力;进口产品的进价是否具有足够的压抑国内价格的作用,并使得对进口产品的需求进一步增长;受调查的产品的库存情况。《反倾销协定》进一步规定,上述每一单个的因素并不一定具有决定性的影响,但所有这一切因素的考察必须要导致出一项结论,即进一步的倾销迫在眉睫,如果不采取保护措施,实质性损害便会发生。

对于如何确定"对某一国内产业的新建产生实质性阻碍",《关税与贸易总协定》和《反倾销协定》均未作出规定。在实践中,这类损害通常不应理解为倾销的产品阻碍了建立一个新产业的设想或计划,而应该是一个新产业的实际建立过程受阻。

在确定损害存在的同时还必须确认损害与倾销之间存在因果关系。《反倾销协定》第三条第五款规定,必须有证据表明倾销进口正在造成本协定所指的损害。倾销进口与国内产业遭受损害之间的因果关系的证明必须是基于有关当局对所有相关证据的审查。有关当局也应该审查所有已知的对国内产业正在造成损害的除倾销进口之外的其他因素,而且,其他因素所造成的损害不得归咎于倾销进口。这方面可能有关的因素包括:并非按倾销价格售出的进口产品的数量和价格,国内需求的减少或消费模式的改变,外国与国内制造商之间的竞争及限制性贸易做法,技术的发展以及国内产业的出口状况和生产能力。《反倾销协定》并没有要求进口倾销必须是发生损害的主要原因。尽管该协定也要求各有关当局在确定倾销与损害之间的因果关系时要充分考虑其他的导致损害发生的因素,却并没有指明这些因素与倾销之间的"比重关系"。从立法技术上看,《反倾销协定》不计较各种原因对损害发生的"过错程度",而是在损害的范围中排除并非由倾销所引起的部分。欧盟的做法与《反倾销协定》的规定基本一致。美国虽通过判例确认倾销不必是损害的主要原因,但当倾销只是损害发生的微不足道的原因时,美国政府通常不会采取干预措施。

确定损害存在的另外一个相关问题是损害发生的领域。《关税与贸易总协定》第六条所规定的三种类型的损害都是针对某一国内产业(domestic industry)的损害,因此,国内产业的范围的确定就成为确认损害不能回避的一个问题。《反倾销协定》第四条第一款对什么是国内产业作了专门的规定:国内产业应指国内生产相同产品的全部制造商,或者是其产品占全部国内产量的大部分(major proportion)的制造商,除非:第一,制造商与出口商或进口商之间存在着关系,或他们自身就是被指控为倾销产品的进口商。在这种情况下,"国内产业"则应将这些制造商予以排除。第二,在特殊情况下,成员国的地域可能分成两个或更多的竞争市场,这时,每一市场的制造商都可被视为独立的产业。其条件是,每一市场的制造商在这一市场上出售其全部或绝大多数产品,而且,这一市场上对争议中的产品的需求,主要不是由其他地域的制造商予以满足的。在这种情况下,即使国内产业的主要部分没有受到损害,只要倾销产品集中地进入这一孤立的市场,而且对这一市场的全部或绝大多数产品的制造商造成损害,那么损害就是存在的。

3. 征收反倾销税的程序

《反倾销协定》对反倾销调查及反倾销税的征收等程序问题作了比较详细的规定。按照该协定第五条的规定,反倾销指控一般应由国内产业或其他实体代表国内产业提出书面申诉,申诉书中应有证据表明倾销、损害以及两者之间的因果关系的存在。一国的有关当局在接到申诉之后,应审查证据的准确性和充足性,以决定是否发起反倾销调查。在特殊情况下,如果有关当局有充分的证据表明倾销、损害和因果关系的存在,它也可以不经国内产业的申请而自行发起反倾销调查。在发起调查之前,有关当局应通知出口国的政府。如果有关当局发现倾销幅度小于2%,或者倾销产品的进口数量不足相同产品的总进口量的3%(除非来自个别国家的进口量不足3%,但来自几个国家的进口量的总和超过7%),则应立即终止这种调查。

在整个调查过程中,各有关当事人(包括调查中的产品的出口商、外国制造商、进口商、其多数成员为调查中的产品的制造商、出口商或进口商的商业行会;出口国的政府;进口国的相同产品的制造商或其多数成员为相同产品的制造商的商业行会)均应给予充分的机会以维护自身的利益。在征得企业和其他国家同意的前提下,调查也可以在其他国家进行。在作出最终决定之前,有关当局应将所有与其作出决定有关的基本事实通知所有的有关当事人,并使其有充足的时间来维护自身的利益。

在调查过程中,有关当局可以采取征收临时税和要求提供担保金等临时性的措施,但采取临时措施必须符合特定的条件,即调查是依据《反倾销协定》的规定发起的;已初步确定倾销及其损害后果的存在;当局认定采取临时措施对防止正在发生的损害是必不可少的。临时措施只能在发起调查的 6 个月之后采取,而且采取临时措施的时间不得超过 6 个月。

在调查过程中,如果出口商自愿向有关当局提出修改其价格,或者停止按倾销价出口其产品以消除倾销所带来的损害影响(即所谓的"价格承担",price undertakings),而且有关当局对出口商的建议是满意的,那么,有关当局可不经采取临时措施或征反倾销税而中止或终止调查。进口国当局可以建议采用价格承担,但不能强迫出口商这样做。对于同意采取价格承担的出口商,有关当局可以要求他们定期报告其义务的履行情况。对于违背其义务的出口商,当局可征收惩罚性关税。

对于符合条件的倾销产品是否征收以及是否按照全部倾销差额征收反倾销税是由一国或关税区域的有关当局来决定的。《关税与贸易总协定》第六条规定,缔约国为了抵销或防止倾销,可以对倾销的产品征收数量不超过这一产品的倾销差额的反倾销税;《反倾销协定》则建议反倾销税在数额上小于倾销差额,只要其足以消除倾销对国内产业的损害。一旦决定对某种进口商品征收反倾销税,那么这种税的征收就必须是非歧视的,也就是说,对来自各方面的这种产品,只要其构成倾销并造成损害,都要对其征收反倾销税,除非有关当局已经接受了价格承担的安排。

(三) 补贴与反补贴制度

1. 补贴的分类

向企业提供补贴可以说是国家行使主权的一种方式。一国可以根据自己的经济和社会发展目标制定相应的补贴措施;但另一方面,一国在行使其主权时不应损害他国的正当利益。因而,如果一国的补贴政策使他国遭受损害,他国自可采取相应的反报措施。

《关税与贸易总协定》对于补贴和反补贴的基本立场主要体现在第六条和第十六条的规定中。总协定第十六条把补贴区分为一般补贴和出口补贴。关于一般补贴,总协定的要求是,任何缔约方如果给予或维持任何补贴,包括任何形式的收入支持或价格支持在内,以直接或间接增加从它的领土输出某种产品或减少向它的领土输入某种产品,它应将这项补贴的性质和范围,这项补贴对输出、输入的产品数量预计可能产生的影响以及这项补贴的必要性,书面通知缔约方全体。如这项补贴经判定对另一缔约方造成重大损害或产生严重威胁,给予补贴的缔约方应在接到要求后与有关的其他缔约方或缔约方全体讨论限制这项补贴的可能性。对于出口补贴,总协定提出了更为严格的要求。总协定第十六条第二节规定,缔约各方认为:一缔约方对某一出口产品给予补贴,可能对其他的进口和出口缔约方造成有害的影响,对它们的正常贸易造成不适当的干扰,并阻碍本协定的目标的实现。因此,缔约各方应力求避免对初级产品的输出实施补贴。但是,如一缔约国直接或间接给予某种补贴以求增加从它的领土输出某种初级产品,则这一缔约方在实施补贴时不应使它自己在这一产品的世界出口贸易中占有不合理的份额。总协定的第六条则对如何征收反补贴税作了原则性的规定。其主要内容为:一缔约方对另一缔约方领土的产品的进口,除了断定其补贴后果会对国内某项已建的产业造成实质性损害或产生实质性威胁,或实质性阻碍国内某一产业的新建以外,不得征收反补贴税;反补贴税在金额上不得超过这种产品在原产国或输出国制造、生产或输出时,所直接或间接得到的奖励或补贴的估计数额。

　　总协定对补贴与反补贴的规定经过了几次补充,并于"东京回合"谈判中制定了《反补贴守则》。在"乌拉圭回合"谈判中,又达成了一个新的反补贴守则——《补贴与反补贴措施的协定》(Agreement on Subsidies and countervailing Measures,以下简称《反补贴协定》)。《反补贴协定》首先为补贴下了定义。该协定从两个方面确定补贴的含义:第一,在某一缔约方领土内由政府或某一公共机构提供财政支持(financial contribution),即政府的行为涉及某项直接的资金转移(如赠与、贷款和资金投入),潜在的资金或债务的直接转移(如贷款担保);或政府预定的收入的扣除或免征(如税收减免等财政鼓措施);或政府提供基础设施之外的物品或服务,或购买物品;或政府向资金机构或信托机构进行支付或指示私人机构从事前述通常由政府所从事的行为,而且在实际效果上与政府的行为无大的差别。第二,《关税与贸易总协定》第十六条所指的任何形式的收入支持或价格支持。

　　《反补贴协定》进而对补贴的种类作了划分。

　　首先,依据补贴是否具有专向性,《反补贴协定》把不可申诉的补贴(non-actionable subsidies)同禁止性补贴(prohibited subsidies)和可申诉的补贴(actionable subsidies)区分开来。不具有专向性的补贴为不可申诉的补贴;而被禁止的补贴和可申诉的补贴必须是具有专向性的补贴。那么,如何确定专向性是否存在呢? 协定提出了若干项标准。第一,如果补贴的授予当局或当局所依据的立法将补贴的获得明确限于特定的企业,则该项补贴即具有专向性。第二,如果补贴的授予当局或当局所依据的立法对补贴的获得和补贴的数量规定了客观的标准和条件,则该项补贴便不具有专向性,但这些标准和条件必须是以法规或政府文件的形式明确规定的,并且是被严格遵守的,而且一经符合条件补贴便应自动生效。第三,如果一项补贴按照前两项标准似乎不具有专向性,但有理由相信其在事实上是专向的,则可以进一步考虑其他因素:补贴项目只被有限的企业利用;特定的企业优先使用补贴;向特定的企业提供不成比例的大量的补贴;补贴授予当局决定补贴授予的方式。第四,补贴授予当局对其管辖下的特定地区的特定企业所授予的补贴是专向性的,但各级政府在其权限范围内制定或变更普遍适用的税率则不能认定为专向性的补贴。

不具有专向性的补贴为不可申诉的补贴;一些具有专向性的补贴也被《反补贴协定》第八条确认为不可申诉的补贴,包括依据一定的条件对科研活动提供的补贴和对不发达地区提供的补贴。对不可申诉的补贴,各缔约方不能依据《反补贴协定》第三部分和第五部分的规定采取反补贴措施;而只能依据第四部分的规定,同有关国家进行磋商,或将争议提交依据该协定设立的反补贴委员会,或通过世界贸易组织的争端解决机制予以解决。但是,《反补贴协定》为第八条不可诉补贴规则设立了5年的适用期,该协定生效5年后,由于各成员方未能就其续期达成一致,该制度已经过期。中国在2018年11月提交至世贸组织的《中国关于世贸组织改革的建议文件》中主张恢复不可诉补贴,并扩展其适用范围。其后中国也多次连同若干发展中国家提出倡议,将为了促进科研活动、应对疫情等公共健康危机、减轻贫困等目的而实施的补贴列作不可诉补贴,而不问其专向性如何。

其次,对具有专向性的补贴,《反补贴协定》又将其分为禁止性补贴和可申诉的补贴。该协定第三条明确规定了被禁止的补贴的两种情形:第一种是依据出口业绩而提供的补贴,不论这种补贴是法律规定的还是实际中存在的,也不论是单独授予的还是与其他措施同时存在的;第二种是对使用进口替代物品所提供的补贴,无论这种补贴是单独授予的还是与其他措施同时存在的。该协定要求各缔约方不授予也不维持上述被禁止的补贴。如果某一缔约方认为另一缔约方在授予或维持某项被禁止的补贴,则可要求同另一缔约方进行磋商。如果经过磋商,不能在协定规定的期限内达成协议,参与磋商的任何一方都可将争议提交反补贴委员会。如果委员会经审议认定争议中的补贴为被禁止的补贴,委员会将建议实施补贴的一方立即取消该项补贴。如果委员会的建议在规定的期限内未被执行,则委员会可授权申诉方采取相应的措施。

不可申诉的补贴与被禁止的补贴之外的补贴便是可申诉的补贴。《反补贴协定》的主体部分是针对可申诉的补贴而规定的。各缔约方可依据该协定的规定对可申诉的补贴发起调查和采取征收反补贴税等反补贴措施。

2. 补贴及损害的认定

反补贴调查通常应基于国内产业或其代表的书面申诉而发起,但如果有关当局对补贴及其损害后果的存在有充分的证据时,有关当局也可自行发起调查。如果有关当局认为没有足够的证据表明补贴或损害的存在,或者补贴的幅度在1%以下,或者进口的补贴货物的数量很小,或损害的程度十分轻微,则应终止调查。调查程序不应阻碍通关。调查的期限通常不得超过1年,在任何情况下都不得超过18个月。在调查过程中,有关的缔约方和当事人都应有机会以书面的方式提供其认为与调查有关的情况和意见。对反补贴调查问题作回答的人,至少要给予其30天的答复时间。如果有关的缔约方和当事人在合理的期间内拒绝接受或提供必要的情况,或严重阻碍调查,有关当局可在已掌握的事实的基础上作出裁决。在接受反补贴申诉之后和发起调查之前,有关当局应尽早邀请其产品被申诉调查的缔约方进行磋商,以澄清事实并寻求各方所能接受的解决方法。在不影响提供合理的磋商机会的义务的情况下,有关磋商的规定并不妨碍缔约方的当局依据《反补贴协定》的规定尽快发起调查,作出肯定的或否定的、初步的或最终的决定,或采取临时的或最终的措施。

关于如何确认《关税与贸易总协定》第六条所要求的"损害","东京回合"所达成的《反补贴守则》已经作了较为详细的规定,《反补贴协定》在这方面没有太多的变更;而且,在"损害确认""国内产业的定义"等问题上,《反补贴协定》的规定与《反倾销协定》有很多相似之处。根据《反补贴协定》第十九条的规定,如果一国的有关当局最终确认了补贴和补贴额的存在,确认了受补贴的进口正在造成危害,那么,在与有关缔约方进行磋商方面尽到合理的努力之后,就可以依据《反补贴协定》的规定征收反补贴税,除非补贴已被取消。在征收反补贴税的要件已经具备的情况下,是否征收反补贴税,以及反补贴税的税额是按照补贴全额征收,还是以低于此额征收,都由作为进口国的缔约方的有关当局自行决定。如果以低于补贴额征收反补贴税即可防止发生对本国产业的损害,那么《反补贴协定》建议征收这种非全额的反补贴税。

在最终决定征收反补贴税之前,有关当局还可在调查过程中采取临时措施。采取临时措施的条件为:第一,已根据《反补贴协定》的规定发起了调查并对此已予以公布,而且有关的缔约方和当事人已得到充足的机会来提供情况和表示意见。第二,已初步确定补贴的存在,而且受补贴的进口产品对国内产业已造成重大损害或损害威胁。第三,有关当局认定为防止在调查期间继续造成危害,采取临时措施是必要的。临时措施可采用临时反补贴税的方式,临时反补贴税由交存同暂时确定的补贴额相等的现金或保函予以担保。采取临时措施不得早于发起调查之后的六十天,而且实施临时措施的时间不得超过四个月。

《反补贴协定》也规定了"承担"(undertaking)问题。如果出口国的政府同意取消或限制补贴,或为此而采用其措施;或者出口商同意修改其价格以消除对进口国产业的损害,那么,进口国的有关当局可以接受这种自愿的自我约束,暂停或终止调查。在接受了"承担"之后,基于出口商的要求或进口国的决定,可继续对是否存在补贴和损害进行调查。如果最终的结论是否定性的,那么"承担"将自动失效;否则"承担"继续有效。

同"东京回合"形成的《反补贴守则》一样,《反补贴协定》对发展中国家的补贴问题作了特别的规定,例如,对于《反补贴协定》中被禁止的补贴的条款,最不发达的国家可不予适用;其他发展中国家则可享有八年的宽限期;对于那些正从计划经济向市场经济转变的发展中国家,被禁止的补贴可在协定生效后的七年内逐渐予以取消。

(四) 保障措施制度

保障措施(safeguard measures)制度,在世贸组织体制下,是指在出现进口激增并给国内产业带来严重损害或严重损害威胁的情况下,缔约方有权暂时中止履行其承担的义务而限制进口。世贸组织保障措施制度由《关税与贸易总协定》第十九条(保障措施条款)、《保障措施协定》、《农产品协定》第五条(特殊保障条款)、《纺织品与服装协定》第六条(过渡性保障措施)和《服务贸易总协定》第十条(紧急保障措施)构成。其中,《关税与贸易总协定》第十九条和《保障措施协定》居于核心地位。

与反倾销和反补贴制度相比,保障措施的特点在于它所应对的是没有过错的进口。加入世界贸易体系意味着进出口贸易的迅速增加,但贸易(特别是进口贸易)的迅速增加也会带来风险,因此必须有一种制度安排将风险降到一国可以承受的地步。保障措施就是这样一种制度安排,它可使各国在加入贸易自由化进程的同时,部分地消除对其负面影响的担忧,有助于其实现通过贸易自由化获得边际效益最大化的目标。

《关税与贸易总协定》第十九条规定:"如因未预见的发展或因一缔约方承担本协定义务(包括关税减让在内)而产生的影响,使某一产品输入到这一缔约方领土的数量大为增加,对这一领土内相同产品或与它直接竞争产品的国内生产者造成严重损害或产生严重损害威胁时,这一缔约方在防止或纠正这种损害所必需的程度和时间内,可以对上述产品全部或部分地暂停实施其所承担的义务,或者撤销或修改减让。"根据该项规定,采取保障措施必须具备以下三个条件:一是进口产品的数量激增。这种增长既包括绝对数量增长,也包括与国内生产比较的相对增长。这种增长的发生的原因在于未预见的发展和承担包括关税减让在内的总协定的义务造成的。二是对生产相同产品或与它直接竞争产品的国内生产者造成严重损害或产生严重损害威胁(threaten serious injury)。三是进口的激增与损害或威胁的发生之间存在因果关系。

对于《关税与贸易总协定》第十九条所规定的"未预见的发展"(unforeseen developments),不仅《保障措施协定》未加规定,大多数世贸组织成员方的保障措施立法也都未明确规定,但在争端解决的实践中,当事方为论证进口方实施的保障措施不符合世贸组织协定的规定时,往往会提出某一保障措施未能满足未预见的发展的要求。而且,这种主张迄今一直获得世贸组织争端解决机构的支持,认为未预见的发展虽不构成实施保障措施的独立条件,但为了实施保障措施,进口成员方必须将其作为一种事实状态予以证明。之所以设计"未预见的发展"的规定,主要是为了防止保障措施被滥用,这与"情势变更"原则的要求是完全一致的。

关于"进口增长",总协定第十九条并没有作出解释,但《保障措施协定》已对进口增长作出了明确规定,其将增长分为绝对增长和相对增长,而且这种增长是"数量增长",而非进口价值或金额的增长。有学者认为"相对增长"这一概念不尽合理,因为在相对增长的情况下,进口量可能不变甚至减少,此时仍将进口产品列为保障措施管制的对象,这样做等于把国内产业调整的负担转移到外国产品身上,是贸易保护主义的一种体现。但从另一角度分析,如果国内产业生产下降,进口产品的确对其造成严重损害或严重损害威胁,此时若仅因外国产品数量上的不变或略有减少而不允许进口成员方采取保障措施,对国内产业予以产业调整的保护,也有悖于保障措施的主旨。因此,"相对增长"概念的提出是合理的。对于什么是"大量增长",《关税与贸易总协定》第十九条与《保障措施协定》都没有规定具体的量化标准,争端解决机构对此未作出明确结论,各国的判断标准也不尽相同。问题的实质在于进口产品数量是否已绝对或相对地增加了,至于增加到何种程度才能成为进口国发动保障措施的要件,则取决于国内产业是否已因此而遭受严重损害或严重损害之威胁。因此,可不必过分在意增加幅度的量化指标。

关于"国内产业",《保障措施协定》第四条将其界定为"一成员领土内进行经营的同类产品或者直接竞争产品的生产者全体,或指同类产品或直接竞争产品的总产量占这些产品全部国内产量主要部分的生产者"。与《反倾销协定》不同的是,《保障措施协定》没有对"占这些产品全部国内产量主要部分"的具体百分比的下限进行规定。把握"国内产业"这一概念的关键是要理解"同类产品"与"直接竞争产品"的含义。但《保障措施协定》对此并未作出解释。参照《反倾销协定》第二条第六款在解释"同类产品"时,认为是"与有关产品在各方面一样或者近似,倘若不存在这种产品,即指另一种虽然在所有方面并非一致,但却具有与有关产品极为相似的特征的产品"。与《反倾销协定》和《反补贴协定》相比,《保障措施协定》在对国内产业的界定中增加了"直接竞争产品"的概念。到目前为止,对于同类产品与直接竞争产品的区别还没有权威性的裁定。根据国际贸易的实践,一般认为,"直接竞争产品"可理解为"替代品",即具有同样的用途,可以达到同样的目的,因价格相近在市场上形成竞争关系,并可以替代进口品使用的产品。各国对此规定得比较笼统,如果将直接竞争产品的范围放宽,那么实施保障措施的国家对本国产业的保护将有更大的法律空间。

关于"严重损害"与"严重损害威胁",《保障措施协定》第四条规定,"严重损害"应理解为对一国内产业状况的重大全面减损;而"严重损害威胁"是明显迫近的严重损害。保障措施中的"严重损害"比反倾销中的"实质性损害"程度更为严重,实施条件更加严格。这是因为反倾销或者反补贴针对的是不公平竞争手段,而保障措施是对正常贸易下进口激增对国内产业造成损害或者损害威胁时的救济手段。要对公平竞争的产品实施限制,条件应当更加严格。

关于"因果关系",由于《保障措施协定》规定的原则性,对因果关系的认定是从一系列世贸组织争端解决实践中发展而来的。因果关系的构成包括三个方面:首先,进口增加的趋势要与损害因素下降趋势偶合;其次,进口产品与国内产品之间存在竞争;最后,进口增加之外的其他因素造成的损害不得归因于增加的进口。在确定因果关系时有两种方式。一是单独式,不考虑其他因素,只需证明进口增加是造成损害的原因即可;二是综合式,是通过比较进口增加与其他造成损害因素的强度来判断因果关系的存在。《保障措施协定》更趋向于综合式认定因果关系的方法。

《保障措施协定》本身对于调查程序仅有原则性规定,而将调查具体程序的规制权交给各个成员方。《保障措施协定》关于调查程序的基本要求是调查应该给予利害关系方发表意见的机会和将调查报告予以公布,希望借此保证调查程序的透明和公正。这种不同于《反倾销协定》或《补贴与反补贴协定》对调查程序作出详细规定的做法,是与保障措施自身作为贸易自由制度特殊例外的性质相联系的。各成员方关于调查程序的具体规定大都包括启动立案、调查和保障措施裁决三个阶段。主管机关的调查权限并不限于对利害关系方提交的信息的真实性的被动审查,但是也并不负有调查与案件有关所有相关事实的义务。

关于保障措施的通知和磋商。《保障措施协定》对此作出了明确和比较详细的规定,因此成为成员方在实施保障措施时需要遵守的最低标准。从相关的典型案例来看,专家组和上诉机构对于通知和磋商的时间均没有作出具体的量化的标准,但是明确否定了实施保障措施的决定必须在保障措施生效之前通知的观点;就内容要求而言,应该说其对于通知的内容作出了相对更加严格的解释,即有一个可以量化的客观最低标准,而非出口方的主观裁量必须满足。相比来讲,磋商的内容要求则相对模糊——只要能够提供"充分的磋商机会"即可,无须确保充分详细,因为在磋商过程中可能得到额外信息;无须确保通过正式方式使得利害关系方获得信息,只要相关出口方实际上获取了信息即可。这与通知和磋商的性质有一定联系。通知的目的在于监督和促进保障措施程序本身尤其是调查程序的透明和正义;而磋商的功用之一表现为保障措施实施后相关出口方寻求补偿和报复做准备。

我国入世后,不仅要接受一般的保障措施制度的约束,还需要接受针对我国的特殊保障措施。针对我国的特保措施主要有以下两种:一是针对一般产品的特保措施。包含在《中国入世协定书》第十六条和《中国加入工作组报告书》第245—250段中。上述条文规定,自中国加入世界贸易组织开始直至2013年,如果来自中国的某项产品的进口快速增长——无论是绝对增长还是相对增长,从而构成对生产同类产品或直接竞争产品的国内产业造成实质损害或实质损害威胁的一个重要原因,则进口方可对中国产品采取限制措施。二是仅针对中国纺织品的特保措施。包含在《中国加入世界贸易组织工作组报告书》第242段。该段规定自中国入世时起至 2008 年 12 月 31 日,进口方可在认定中国出口的纺织服装产品产生市场扰乱的情况下,对中国已经取消配额限制的产品重新进行数量限制。这两种特保之间具有一定的联系。首先,一般特保与纺织品特保在适用条件上部分相同,它们都需要确定造成或威胁造成市场扰乱。其次,由于《中国入世协定书》第十六条是针对所有产品实施的,所以各国针对纺织品的特保调查既可依据一般特保,又可依据纺织品特保条款进行。也就是说,只要世贸组织某成员国制定了一般特保的国内立法,即使无纺织品特保的国内立法,也可援引对一般产品的特保措施对纺织品进行调查。但是,不得对同一产品同时适用一般特保和纺织品特保。当然,两种特保之间的区别也十分明显。一是有效期不同,纺织品特保将在 2008 年 12 月 31 日失效,而一般特保直至 2013 年才失效;二是最长限制期限不同,纺织品特保最长限制期限为 12 个月,且除非另有协定,不得重新实施,而且后者对实施期限无具体的规定。三是在实施条件和具体适用方面,纺织品特保规定更模糊,任意性也更大。

(五) 技术标准制度

为了保护本国消费者的利益,各国通常都要求进口商品须符合一定的技术标准。这些标准主要包括安全标准和卫生标准。安全标准主要是针对机电产品,而卫生标准则主要是针对食品、饮料、药品和化妆品等。要求进口商品须达到一定的标准,这本来是无可非议的,但实际的情况是许多国家以苛刻的技术标准来限制外国商品的进口,复杂多变的技术标准常使得进出口商无所适从。如果一国政府要求外国商品须达到的标准高于对本国商品的要求,这显然是一种歧视性的措施,属于非关税壁垒。即使一国政府对进口商品和本国商品要求同样的标准,这也很可能是在施行贸易保护主义,因为本国可能根本不生产此类商品,或虽生产此类商品,但已达到标准的要求。这样,尽管从表面上看,提出某种标准并非出于对外国商品的歧视,但实际效果仍是排斥外国商品的。

由于技术标准对国际贸易的发展具有一种可能的阻碍作用,所以《关税与贸易总协定》在"东京回合"即已制定了《技术贸易壁垒协议》。在"乌拉圭回合"的谈判中,又对该协议进行了若干修改,达成了新的《技术贸易壁垒协议》,成为规范各成员国有关实践的基本法律文件。

《技术贸易壁垒协议》首先要求在技术法规的适用方面实行国民待遇和最惠国待遇。该协议的第二条规定:在技术法规方面,各成员国应当保证其所给予从任何成员国进口的产品的待遇,不得低于其给予本国生产或任何其他国家生产的同类产品的待遇。该协议的第四条要求各成员国在制定、采纳和实施各种技术标准时,也应按照协议的附件 3(关于制定、采纳和实施标准的良好行为规则)的规定,实行国民待遇和最惠国待遇。

《技术贸易壁垒》要求在制定、采纳和实施技术法规时,不应对国际贸易制造障碍。那么什么样的技术法规才算是未给国际贸易制造障碍呢？该协议的第二条第五款为此设立了条件，即该项法规符合国际标准，而且是为了实现合法的目的。所谓合法的目的，按照该协议第二条第二款的解释，主要包括：国家安全需要、防止欺诈行为、保护人类健康或安全以及动、植物的生命、健康和环境。

《技术贸易壁垒协议》以大量的篇幅规定了成员国中央政府机构在评审进口商品是否符合本国的技术法规和技术标准时的程序规则。该协议的第五条规定，各成员国应保证，当要求确保进口商品与技术法规或标准的一致性时，应对来源于其他成员国的产品适用以下规定。

第一，制定、采纳和实施统一的评审程序，以便在可比较的条件下，向其他成员国的供应商提供不低于向本国的生产同类产品的供应商所提供的条件。

第二，制定、采纳和实施评审程序的目的和效果，不得为国际贸易制造不必要的障碍，也就是说，技术法规和标准只需严格到这样一种程度，即进口成员国有信心地认为，由于不符合标准要承担一定的风险，所以进口商品会符合技术法规和标准，而不应该制定更严格的法规和标准，或更严厉地予以执行。

第三，评审程序应尽可能地迅速进行并完成，并给予来自其他成员国的产品与本国生产的同类产品以相同的待遇。

第四，每一评审程序运行的标准期限应予以公布，或者经申请人的请求而将标准期限通知申请人；一经接到申请书，相应机构应立即审查文件是否完备，并准确、全面地将所有不足之处通知申请人；相应机构应尽快地将评审结果准确、全面地送达申请人，以便其作出必要的改正；即使申请书有缺陷，如果申请人要求，相应机构也应尽可能作出切实可行的评审。

第五，当一种产品在证明符合现行的技术法规或标准后改变了产品的规格，对改进后的产品进行评审时，应仅限于审查该产品是否还符合技术法规和标准。

第六，当需要确保产品符合技术法规或标准，以及国际标准化组织所公布的有关指南或建议（无论是现有的还是即将完成的）时，各成员国应保证其中央政府机构采用它们或它们的有关部分，以作为评审程序的基础，除非这些指南或建议由于国家安全、防止欺诈、保护人类健康或安全、动植物的生命或健康，以及重大的气候或其他地理因素、重大的技术或基础设施问题等原因，对于该成员国来说是不适用的。

《技术贸易壁垒协议》的第十条至第十二条规定了有关信息的交流、技术援助和向发展中国家成员国提供特殊待遇等问题。

关于信息交流，该协议要求每一成员国都设立咨询站，以便能够答复其他成员国及其有关当事人就以下问题等提出的所有的合理的询问，并提供有关文件：中央政府机构和其他有关机构已经采取的和将要采取的技术性法规；中央政府机构和其他有关机构已经采取和将要采取的技术标准；中央政府机构和其有关机构已经采用和将要采用的评审程序。

关于技术援助,该协议规定,各成员国在其他成员国的请求下,应就拟定技术法规问题以及就如何建立国家标准化机构和参加国际标准化机构问题向其他成员国,特别是发展中国家成员国提供咨询;各成员国在其他成员国的请求下,应采取一些合理而又可行的措施安排其领土内制定法规的机构,就建立技术法规的立法机构或评审机构以及达到技术立法要求的最佳方式向其他成员国,特别是发展中国家的成员国提供咨询,并根据双方商定的条件向其提供技术援助;各成员国在其他成员国的请求下,应就其他成员国的生产商采取什么步骤才有可能通过接到请求的国家的政府或非政府机构的评审提供咨询,并根据双方商定的条件向其提供技术援助;各成员国在向其他成员国提供咨询和技术援助时,应优先满足最不发达国家成员国的需要。

关于向发展中国家成员国提供特殊待遇问题,《技术与贸易壁垒协议》要求各成员国在制定和实施技术法规、标准及评审程序过程中,应考虑发展中国家成员国在发展、财政和贸易方面的特殊需要,以保证这些技术法规、标准及评审程序不至给发展中国家成员国出口产品制造不必要的障碍;考虑到发展中国家成员国在其发展和贸易方面的特殊需要及其技术发展状况,可能妨碍它们充分履行该协议规定和义务的能力,该协议授权技术贸易壁垒委员会在特定的期间内免除发展中国家成员国依据该协议所应承担的全部或部分义务。根据该协议规定成立的技术贸易壁垒委员会由每个成员国的代表组成。该委员会每年至少应举行一次会议,以便各成员国就协议的执行情况及目标的实现情况进行磋商。

在商品的技术标准方面,发达国家的规定通常要严于发展中国家,所以在国际贸易实践中,严格的技术标准经常成为发展中国家的商品进入发达国家市场的一道障碍。在多数场合下,只要发达国家不是歧视性地适用其技术法规和标准,其他国家及其出口商就无法对其提出质疑。尽管技术壁垒协议试图在合理的和不合理的技术标准之间划一道界线,但从前面的介绍中可以看到,这一界线自身都是含混不清的。所以,比较现实的立场是熟悉这些国家的各种技术法规和标准,尽量使自己的产品符合这些标准;同时注意维护自身的合法利益,发现有关当局有背离国际协议或其国内立法的行为时,应及时主张自己的权利。

(六) 进口许可证手续制度

在关贸总协定所主持的后几轮多边谈判中,包括数量限制在内的非关税壁垒措施成为重要议题。"东京回合"结束后,即已达成《进口许可证手续协定》。该协定的目的是尽量避免许可程序成为国际贸易的不当阻碍。经过"乌拉圭回合"的谈判,该协定又得到了进一步的完善,并成为现行多边贸易体制中有关数量限制问题的重要法律文件之一。

《进口许可证手续协定》的立法宗旨在于规范各缔约国在进口许可证管理方面的行为，尽量避免缔约国对许可证手续的不当运用以阻碍国际贸易的发展，同时也提供一个可尽快地、有效地和公平地解决因许可证手续所产生的各种争端。这些立法宗旨表现在该协定的前言和总则的规定中。《进出口许可证手续协定》的第一条首先将许可证定义为"为实施进口许可证制度需向有关管理机构递交申请书或其他单证，作为进口到该进口国海关管辖地区的先决条件的行政管手续"；然后就要求各缔约国在实施进口许可证制度时所使用的行政管理手续符合关贸总协定（包括附件和议定书）的各项有关规定，以防止这些手续不适当使用而给贸易带来损害。

《进出口许可证手续协定》特别强调许可证手续的透明性、简易性和合理性。该协定的第一条第四款规定，有关提出申请手续的规则及其一切资料都应予以公布，并通知根据该协定所设立的进口许可证委员会，以使各国政府和商人对此有所了解；申请表格及展期表格应尽可能地简化；申请手续和展期手续也应尽可能地简化；对于不改变单证基本条件的、有微小差错的任何申请都不得予以拒绝；在由于运输、散装过程中发生的误差以及符合一般商业做法的其他小的误差，而使许可的进口货物与许可证所载价值、数量或重量有小出入时，不应拒绝此种货物进口。

《进出口许可证手续协定》将进口许可证区分为自动进口许可证和非自动进口许可证。所谓自动进口许可证，按照该协定的解释，是指免费核准申请的进口许可证；除此之外的进口许可证即为非自动进口许可证。《进出口许可证手续协定》对非自动进口许可证的规定更为严格、具体。例如，根据该协定的第三条，各成员国在对有关产品贸易有利害关系的任一成员国的要求下，都应提供下述资料：各项限制的管理、最近时期发给的进口许可证、这种许可证在供应国间的分配情况，在切实可行时，提供属于进口许可证范围的产品的进口统计。用许可证方式管理配额的成员国，应公布所实行配额的数量或价值总额，配额的迄止日期及其他任何变化。对在供应国之间分配的配额，实行限制的成员国应尽快将最近分配给各供应国配额的份额按数量或价值通知对供应有关产品感兴趣的所有其他成员国。凡符合进口国家法律要求的个人、商号和机构应同样有资格申请和获得许可证。如果许可证申请未获批准，应于请求时将其原因告知申请人，并且申请人应有权根据进口国家的国内立法或程序提起上诉或申请复核。

《进出口许可证手续协定》还规定了进口许可证委员会的设立、组成和职能，为有关争议的解决提供了机构上的保障。该协定在其最后条款中要求各成员国政府，在不迟于世界贸易组织协定生效之日，使其本国的法律、规章和行政手续与协定的规定相一致；并要求各成员国将其与该协定有关的法律和规章及实施此种法律和规章的任何变化，通知进口许可证委员会。

(七) 贸易便利化制度

贸易便利化是指通过简化海关手续和其他贸易程序促进货物跨境流动。对外贸易经营者在面对海关时，往往需要面对烦冗的手续和程序，被要求提交大量文件。在进出口以及过境时，若所面对的各国海关缺乏协调合作，可能需要重复办理种种手续，同样的文件则要多次提交。这些现象均会提高进出口贸易的成本。在信息化程度逐步提高的现今，只要加强政府间国际合作，这些进出口成本就可以大幅度削减，从而促进跨境商品的自由流动，以带动国际货物贸易发展。

关贸总协定和世界贸易组织一直在为提高贸易便利化程度而作出努力。《关税与贸易总协定》第五条规定了过境自由，第八条规范了各方的进出口规费和手续，第十条则要求各方对贸易法律法规予以公布即保持透明度。这些规范均涉及简化贸易手续、提高对外贸易经营者对海关程序的可预见性等问题。然而上述规范就推动贸易便利化而言过于概括和零散，欠缺系统性和实践指导性。2013年12月7日，世贸组织巴厘第九次部长级会议结束了关于《贸易便利化协定》（Agreement on Trade Facilitation）的谈判，并通过了《关于〈贸易便利化协定〉部长决议》，将前述协定列作决议附件。《贸易便利化协定》成为世贸组织建立以来通过的首个多边协定。[1] 2017年2月22日，《贸易便利化协定》获得了112个世贸组织成员批准，这个数字达到了总成员数量的三分之二，满足了生效条件，该协定正式生效。截至2022年9月，共有156个成员批准了该协定。据世贸组织估算，全面实施《贸易便利化协定》可使全球范围内的贸易成本平均降低14.3%。

《贸易便利化协定》首先要求各成员方提高政策透明度水平。该协定第一至第五条补充和澄清了《关税与贸易总协定》第十条关于透明度要求的内容，要求成员以非歧视和易获取的方式迅速公布十类信息，如进出口和过境程序、对于进出口征收各种类关税和国内税适用税率等信息。《贸易便利化协定》还要求各成员在相关法规生效前给予贸易商和利益相关方评论和磋商的机会。

《贸易便利化协定》还要求各成员简化海关手续并限制边境收费。该协定第六至十条所对应的是《关税与贸易总协定》第八条关于进出口规费和手续的内容。具体而言，该协定要求成员方在新增或修订的规费和费用的公布与生效之间应给予足够的时间。在海关处罚方面，处罚应根据案件的事实和情节实施，并应与违反程度和严重性相符。在货物放行与结关问题上，《贸易便利化协定》要求各成员允许货物抵达前即开始办理过关业务、允许电子支付等，以切实缩短过关时间。在简化进出口手续问题上，成员应审议手续和单证要求，酌情保证手续和单证要求系以快速放行和结关为目的而通过和适用；成员还应推行"单一窗口"，降低单证复杂度。

---

[1] 自世界贸易组织成立以来，目前总共仅通过两个多边协定，分别为2013年第九次部长级会议通过的《贸易便利化协定》和2022年第十二次部长级会议通过的《渔业补贴协定》。

各成员海关及其他边境机构还应当开展合作并协调行动,共同简化手续和程序。

《贸易便利化协定》也明确了保证过境自由的具体规则。其第十一条扩展了《关税与贸易总协定》第五条关于过境自由的内容。关于成员实施的与过境运输有关的任何法规或程序,如该法规或程序原本所满足的目标已不复存在,或者存在以更少限制的方式达到该目标的方法,则该法规或程序则不得继续维持;且成员不得以对过境运输构成变相限制的方式适用该法规或程序。该协定还在原则上要求过境运输不得以收取对过境征收的规费或费用为条件。

《贸易便利化协定》第十条至第二十二条在贸易便利化方面给予了发展中国家成员和最不发达国家成员的特殊和差别待遇。依照该协定规定,发达国家成员自该协定对其生效时起就必须履行该协定所规定的所有义务,但发展中国家和最不发达国家成员可以根据自身实际情况设定履行义务的时间表。该协定还要求为发展中国家成员提供能力建设方面的援助和支持。

2015年9月4日,我国完成了《贸易便利化协定》的国内批准程序,成为了第16个批准该协定的成员。为履行在《贸易便利化协定》下的承诺,自2017年2月协定正式生效以来,中国政府积极落实协定对各项贸易便利化措施的要求。2020年1月,中方向世贸组织通报提前实施协定中"确定和公布平均放行时间"等措施,其中表示,中国对《贸易便利化协定》规定的各类措施实施率已达到100%。在2021年12月9日中国商务部召开的例行新闻发布会上,商务部称,截至2021年6月,中国海关进口整体通关时间为36.7小时,较2017年即《贸易便利化协定》生效以来压缩了62.3%;出口整体通关时间为1.8小时,较2017年压缩了85.2%。进出口环节需要核验的证件也大幅度精简,从2018年的86种精简至2021年的41种,减少了52.3%之多。

(八)政府采购制度

在当代社会中,随着政府职能的不断增强,特别由于政府在社会经济生活中发挥着日益重要的作用,各国政府的开支都在不断提高,政府所采购的物资的数量也越来越多。在这种情况下,政府的采购政策便会对国际贸易产生重大影响。政府在进行商品采购时,尽管其法律地位可能与私人的地位相一致,但政府的采购行为却可以成为实现特定的政治和经济目标的重要方式。国家实践已经表明,政府在进行商品采购时,总是倾向采用歧视性的政策,即倾向于采购本国的商品,这种实践往往得到本国法律的支持。

政府在商品采购中对外国商品予以歧视而选用本国商品是有多种原因的,其中包括以下几方面。

第一,购买本国商品与购买外国商品相比有许多实际的方便之处,例如,交易中不存在语言的障碍、不必担心支付中的汇率风险、可获得及时的维修服务等。

第二,购买本国商品不必支付外汇,从而有助于保持国际收支的平衡,这一点对外汇短缺的发展中国家尤为重要。

第三,购买本国商品有助于保障本国的国家安全。政府采购的商品经常与国防有关。如果在军事和国防领域中大量地使用外国商品,无疑增添了许多风险。这不仅是因为商品的供应国可能是潜在的敌国,其掌握该项商品的性能,从而会在将来的冲突中处于比较有利的地位,而且还由于在国防军工领域中对外国商品的严重依赖会阻碍本国相关产业的发展,使本国在将来可能卷入的突发事件中处于被动的地位。

第四,大概也是最重要的原因,购买本国商品是把经济利益留给了本国。对企业来说这意味着利润的增多,对工人来说则意味着就业机会的增多。政府的行为不能不受各种利益集团的影响,国内的制造商和销售商当然要竭力向本国政府推销自己的商品;与此同时,作为社会的代表者,一国政府还要全面考虑本国的利益,特别是从保护本国的特定产业的角度来制定自己的采购政策。

歧视性的政府采购可有多种表现方式,除了通常所见的价格上的歧视,还有下列常用方法:对提供本国商品的供货商给予折扣;只向本国的商号招标;要求外国的承包商购买本国的商品,并以此作为确定中标人的条件。此外,还有一些较为隐蔽的歧视性政府采购政策,例如制定比较繁杂苛刻的招标程序规则,使得外国商人很难有机会中标;对采购的物品或服务规定只有本国投标者才可能达到的标准,从而实际上排除了外国投标者的中标机会等。

歧视性政府采购的副作用也是比较明显的。正如人们所指出的那样,歧视性的政府采购其实是对本国缺乏竞争能力的企业予以补贴,从而使政府和纳税人以更高的代价来获取相同的商品;同时,由于歧视性的政府采购为正常的国际贸易添设了一道人为的障碍,因而它必将影响各种生产要素的合理配置,从而影响本国企业在国际市场上的竞争能力的培养。尽管如此,各国对歧视性的政府采购政策仍不肯放弃。

《关税与贸易总协定》对政府采购政策最初采取的态度是非常宽容的。总协定的第三条(国内税与国内规章的国民待遇)第八款规定:"本条的规定不适用于有关政府机构采购供政府公用、非商业转售或非用以生产供商业销售的物品的管理法令、条例或规定;本条的规定不妨碍对国内生产者给予特殊的补贴,包括从按本条规定征收国内税费所得收入中以及通过政府购买国内产品的办法,向国内生产者给予补贴。"也就是说,《关税与贸易总协定》允许歧视性的政府采购构成国民待遇原则的例外。又因为《关税与贸易总协定》在第一条规定最惠国待遇时将第三条第二款和第四款所述事项列为适用最惠国待遇的范围,所以也可以推论歧视性政府采购也构成最惠国待遇的例外。

《关税与贸易总协定》实施之后,歧视性的政府采购日益成为人们关注的焦点,广泛的歧视性的政府采购已构成对《关税与贸易总协定》所确定的自由贸易原则的威胁。于是,在"东京回合"谈判中通过了《政府采购协议》。制定《政府采购协议》的目的是规范各成员国在政府采购方面的实践。该协议要求在政府采购领域中适用国民待遇原则,并要求建立透明的政府采购程序规则,以保障外国供应商能享受到公平的待遇。《政府采购协议》并不适用于所有的政府机构进行的采购,而只是适用于该协议的附件所列的政府实体所进行的采购。这是一种比较务实的立场。如果一开始就试图包罗所有政府机构的采购是很难行得通的;而有了一个初步的清单就可以从能够做到的地方做起,并通过以后的谈判逐渐拉长这个单子。根据同样的道理,这个协议也不是把所有的采购不分轻重地同等对待的,它只规范那些标的额超过 130 000 特别提款权(Special Drawing Rights, SDR)的政府采购。此外,对于那些涉及国家安全和国防的政府采购,该协议也不予调整。

《政府采购协议》的主体部分是关于政府采购的招标程序的详细规定。该协议提倡公开的招标,但也允许选择性招标和单一招标。该协议要求进行采购的政府实体应选择报价最低的投标者;如果在招标时即已表明特定的评标标准时,则应选择在该特定标准方面可提供最优惠的条件的投标者。该协议还要求政府采购中所要求的技术规格应该是性能(performance)方面的,而不是设计(design)方面的,并且要尽可能采用国际标准。

《政府采购协议》所确定的核心原则是国民待遇原则,期望以此来消除政府采购方面的歧视性做法,使自由贸易的原则能在更广的范围得到实现。但该协议所确定的国民待遇原则在实施过程中仍存在着一定的障碍。首先,由于《政府采购协议》只在签字国之间相互适用,只有这些签字国范围内的供应商才可以享受其他签字国在政府采购方面的国民待遇,所以,国民待遇的适用涉及原产地规则的运用。其次,外国的供应商即使可以主张国民待遇,也仍不能消除关税所设置的阻碍。再次,依据该协议,各国政府仍可要求外国的供应商在采用本国产品、进行技术转让等方面作出让步,并以此作为选定外国供应商的一项条件。

在"乌拉圭回合"的多边谈判中,政府采购问题再次成为重要议题之一,并经谈判达成了新的《政府采购协议》。新的协议适用于与协议附件所列政府实体(包括代理机构)的产品采购有关的任何法律、规则、程序和措施。采购合同的价值应等于或大于 150 000 特别提款权。如与提供产品有关的劳务价值不超过产品本身的价值,则包括有关产品的劳务,但不包括劳务合同本身的价值。关于例外领域,新协议规定:该协议的任何内容不得解释为禁止任一缔约方的武器、弹药或军用物资的采购,或在为国家安全或国防目的所需的采购方面为保护其根本安全利益而采取其认为必需的行为或不泄露任何资料;该协议的任何内容也不得解释为禁止任何一方施行或实施为保护公共道德、秩序或安全,保护人类、动植物生命及健康,保护知识产权所需的措施或施行或实行有关残疾人、慈善机构或监督劳动产品的措施。新的《政府采购协议》重申了国民待遇原则和不歧视待遇原则,并依旧申明这种原则不适用于进口关税以及所征收的进口或与进口有关的各种费用,征收这种关税和费用的方法,以及其他进口条例和手续。新协议允许发展中国家实行某些特殊的措施,例如,允许发展中国家与其他国家协商,共同确定将其实体名单中的某些实体或产品排除适用国民待遇原则;发达缔约方在接到请求时,应向发展中缔约方提供它们认为合适的一切技术援助,以解决这些国家在政府采购方面的问题。

同原协议一样,新的《政府采购协议》用大量的条款规定了政府采购所应适用的程序规则。关于供应者的资格,新协议要求各实体在审查供应者的资格时,不应在外国供应者之间或本国和外国供应者之间进行区别对待。资格审查程序应符合下列规定:第一,参加投标程序的条件应尽早公布,使有兴趣的供应者有机会参加资格审查程序;第二,在资金担保、技术资格等方面均不得对本国供应者宽而对外国供应者严;第三,供应者资格审查过程及所需时间均不得用来防止外国供应者进入供应者名单。

新协议要求各实体在特定的刊物上公布每一拟议采购的通知,采购通知应载明产品的性质与数量、交货日期、索取有关资料的地址、供应者所应提供的资金担保和资料等。各实体所规定的投标期限应使国内外供应者有足够的时间在投标程序截止前准备和提出投标。在开标和签定合同之间,不得因给予投标人改正由于粗心造成错误的机会而产生任何歧视性做法。

按照新协议的要求,由各实体按公开投标和选择性投标程序所征得的一切投标,应根据保证正常开标和可得到开标资料的程序和条件,予以接受和开标。接受投标和开标也应符合国民待遇和非歧视规定。除非某一实体根据公共利益决定不签定合同,否则应与投标人签定合同。被实体所选定的投标者应是报价最低者,或者按照通知或投标证书规定的具体估价标准是最有利的投标者。

新的协议仍把投标分为公开投标、选择性投标和单独投标。所谓公开投标,是指所有有兴趣的供应者均可参加的投标。公开投标是新协议最为倡导的。所谓选择性投标,是指有关实体按照新协议确定的条件邀请特定的供应者进行投标。为实行选择性投标,各实体可保持合格供应者固定名单,以便从中挑选受邀参加投标的供应者。但是,实体应每年公布其名单的细目、可能的供应者列入名单所需满足的条件和有关实体审核这些条件的方法。如果未被列入名单的供应者要求参加一项选择性投标,实体则应立即对其资格进行审查。所谓单独投标是指只审查一个供应者的投标。按照新协议的规定,可进行单独投标的情形包括:在公开投标或选择性投标程序中无人投标时,或提供的投标有串通情况或不符合投标的主要要求时;由于专有权等原因,当产品只能由一个特定供应者供应,而且没有合理的选择或代用品时;在紧急情况下,用公开投标或选择性投标程序未能及时取得产品时。新协议禁止以单独投标作为在外国供应者之间进行歧视的手段,或作为保护国内生产者的手段。为了防止单独投标的滥用,新协议要求各实体对通过单独投标所签定的合同必须写出一份书面报告,列明购买实体的名称、所购货物的价值和种类、原产地国以及进行单独投标的理由,以便其他缔约方查阅。

新的《政府采购协议》还设立了政府采购委员会,为有关争端的解决提供了方便条件。

在世贸组织规则体系中,《政府采购协议》属于诸边贸易协议,因此,仅约束该协议的缔约方。

一些区域性国际经济组织也就政府采购问题作出了规定。这些规定在许多方面与《政府采购协议》相一致,但也都有自己独特的地方。美国、加拿大和墨西哥三国签署的《北美自由贸易区协定》(NAFTA)关于政府采购的规定比《政府采购协议》覆盖了更为广阔的范围,而且,对于合同额的要求较低。欧盟对政府采购的规定在适用范围(包括合同额的要求)方面窄于北美自由贸易区的规定,但欧盟的规定在实施过程中的效用可能更为明显,因为持有异议的供应者可以请求欧盟成员国的国内法院直接适用欧盟关于政府采购的规定。

(九) 如何看待世界贸易组织规则

除极少数的专家之外,我们无法将浩如烟海的世贸组织文献完全读懂。但我们可以知道如何来看待世贸组织规则。

首先,世贸组织各项协议是为国家创设行为规范的公法性质的多边条约。现今的国际条约可分为为国家创设行为规范的条约(可将其称为公法性质的条约)和为私人(包括自然人、公司等非政府实体)创设行为规范的条约(可称为私法性的条约)。世贸组织规则显然属于前一类性质的条约。这类条约虽然可对私人的行为或利益带来影响,却并不直接对私人构成约束。私人也不能依据此类规则主张权利。

其次,世贸组织规则是约束国家对外经济贸易管理行为的规则。条约可在各个领域为国家创设行为规范,而世贸组织规则只是在贸易管理方面对成员方加以约束。虽然与关贸总协定相比,世贸组织规则已扩展到投资、知识产权等领域,但也只限于"与贸易相关"的部分。当前,以美国和欧盟为首的世贸组织成员在多种场合表示世贸组织规则具有局限性,体现在无法有效应对气候变化、环境保护、人权、性别平等领域的问题,并认为世贸组织应开启规则改革议程来对这些议题予以回应。对于世贸组织部分成员不断扩张世贸组织管辖领域的努力,我们需要保持警惕。夸大世贸组织规则的作用,热衷于按照世贸组织规则确定本国的法律体系并不一定是明智的选择。我们也应注意到,个别成员方会借助议题的多样化来推行其"价值观贸易",然而价值观贸易的实质是以其价值观为理由来单方面实施贸易管理措施,它可能被滥用为单方面减损其贸易管理方面承诺的手段。

最后,世贸组织规则是适应市场经济的国际规则。世贸组织规则的核心理论是市场经济理论。它要求尽可能多地发挥市场机制的调节作用,尽可能少地进行政府干预。从这个意义上讲,普及世贸组织知识即是在普及市场经济知识。或许可以调换一下顺序:先来了解市场经济理论,再来研读世贸组织规则。

(十)加入世界贸易组织对我国的影响

在关税与贸易总协定成立之初,中国就是23个原始缔约国之一。但在很长的时间里我国中断了与关贸总协定的联系。从20个世纪70年代起,我国开始与关贸总协定重新建立联系。1986年7月,中国正式要求恢复缔约国地位。1987年6月,关贸总协定"中国的缔约方地位工作组"成立。1988—1989年,中国问题工作组召开了8次会议,讨论中国复关问题。1994年11月28日,中国政府向缔约各方提出了年内结束实质性谈判的建议,但缔约方未能最终达成协议。

1995年1月1日,世界贸易组织正式成立,中国成为世界贸易组织观察员。1999年11月15日,中美双方就中国加入世贸组织达成协议。2000年的5月19日,中国与欧盟达成协议。2000年7月,世界贸易组织中国工作组第10次会议在日内瓦结束。2001年11月11日,中国签署《入世议定书》。30天后,中国正式成为世界贸易组织成员。

加入世界贸易组织之后,我国享有的权利包括:我国的产品和服务及知识产权在其他成员中享受无条件、多边、永久和稳定的最惠国待遇以及国民待遇;我国对大多数发达国家出口的产业品及半制成品享受普惠制待遇;享受发展中国家成员的大多数优惠或过渡期安排;享受其他世贸组织成员开放或扩大货物、服务市场准入的利益;利用世贸组织的争端解决机制,公平、客观、合理地解决与其他国家的经贸摩擦;获得国际经贸规则的决策权;享受世贸组织成员利用各项规则、采取例外、保证措施等促进本国经贸发展的权利。与此同时,我国也须承担相应的义务,其中包括:在货物、服务、知识产权等方面,依世贸组织规定,给予其他成员最惠国待遇、国民待遇;依世贸组织相关协议规定,扩大货物、服务的市场准入程度,即具体要求降低关税和规范非关税措施,逐步扩大服务贸易市场开放;进一步规范知识产权保护;按争端解决机制与其他成员公正地解决贸易摩擦;增加贸易政策、法规的透明度;规范货物贸易中对外资的投资措施;按在世界出口中所占比例缴纳一定的会费。这些义务既包括世贸组织一揽子协议中的规则所设定的义务,也包括中国依照《入世议定书》额外承诺的义务。

在加入世贸组织后的二十多年间,中国积极地履行了入世承诺。首先,中国大幅度地削减关税水平。中国在积极争取入世时,货物进口关税总水平为15.3%,在入世谈判时承诺入世后降到9.8%,而如今已经降低至7.4%的关税总水平,远低于其他发展中国成员的15%。而且,中国仍在进一步削减关税,促进贸易自由。其次,中国努力使其法律法规保持与世贸组织规则的一致性。为此,中国清理和废止了2300余件与世贸组织规则不符的法律法规以及多达19万件的地方性政策法规。在履行透明度要求方面,中国依照世贸组织要求,实现了法律、行政法规、部门规章、地方性法规乃至一般规范性政策文件的全部公开,提高了国际贸易条件的可预见性,创造了透明的营商环境。

第八节　区域贸易协定及其规则创设功能

一、区域贸易协定及其创设的新兴规则

区域贸易协定(Regional Trade Agreements,RTAs)可以被定义为若干个国家或地区之间缔结的旨在削减成员方之间的贸易壁垒、推动区域贸易自由化的国际条约。[1] 区域贸易协定具有极为宽泛的外延,根据不同的分类标准,它可以被划分为不同的类型。依照缔约方数目的不同,区域贸易协定可以划分为双边的区域贸易协定和多边的区域贸易协定。最为普遍的分类标准是缔约方之间合作的紧密程度。根据该标准,区域贸易协定可以被划分为如下几个类别:优惠贸易安排(Preferential Trade Arrangements,PTAs)、自由贸易区(Free Trade Areas,FTAs)、关税同盟(Customs Unions,CUs)、共同市场(Common Markets,CMs)、经济和金融联盟(Economics and Monetary Unions)以及政治和经济联盟(Economic and Political Unions)。[2] 这些类别是根据合作程度的由浅及深排列的,从最初步地给予其他缔约方贸易优惠,到完全消除关税和其他贸易壁垒。目前,区域贸易协定最普遍的形式是关税同盟和自由贸易区。

区域贸易协定的历史可以追溯到殖民时期。当时殖民地与其宗主国之间常常存在给予宗主国特殊贸易优惠的安排,这种安排被视为区域贸易协定的前身或最早期版本。[3] 第二次世界大战结束后,西方各国家之间开始积极尝试缔结自由贸

---

[1] Ildikó Virág-Neumann, "Regional Trade Agreements and the WTO" (2009) 7 the International Conference on Management, Enterprise and Benchmarking. http://kgk.uni-obuda.hu/system/files/32_Neumann-Virag.pdf. accessed 26 August 2013, 382.

[2] Rolf Mirus and Nataliya Rylska, "Economic Integration: Free Trade Areas vs. Customs Unions" [2001] Western Centre for Economic Research. http://www.international.alberta.ca/documents/International/WCER-FTA_custom_unions_shortversion_Aug01.pdf. accessed 31 August 2013, 2. See also, Government of Canada Publications. "Stages of Economic Integration: From Autarky to Economic Union" (2003). http://publications.gc.ca/site/eng/289482/publication.html. accessed 31 August 2013.

[3] World Trade Organization, *World Trade Report* 2011: *The WTO and Preferential Trade Agreements: From Co-Existence to Coherence* (2011) 48.

易区和关税同盟。世界贸易组织于 2001 年 11 月在卡塔尔首都多哈举行的第四次部长级会议启动"多哈回合"贸易谈判后,迟迟未产生新的多边规则,一定程度上打击了各方以多边方式来推进贸易规则发展的信心。不过,各种区域性安排却得到快速发展。

根据世界贸易组织公布的数据,截至 2022 年 12 月 1 日,世贸组织收到过通知的区域贸易协定(含双边协定)共有 582 项,其中有 355 项正在实施当中。[1] 中国目前签订的正在生效中的区域贸易协定就有 21 项,并正在进行中国与海合会、中日韩三方等共计 10 项区域贸易协定的谈判。[2]

区域贸易协定不仅数量猛增,其内容也产生了新特点。首先,区域贸易协定的缔结不再限于地缘上相接的国家之间。传统上,区域贸易协定容易产生于地理上临近的国家,即"区域"一词指代的是完全的地理含义。现今,区域贸易协定受地理因素的束缚逐渐减弱,更多地寻求其他的区位优势,如劳动力、科学技术等区位要素。其次,区域贸易协定的合作程度加深。最早的区域贸易协定仅规定一些关税事宜,而现今产生了共同市场,甚至政治上的联合体。最后,当今的区域贸易协定不仅局限于与贸易相关的规则本身。传统的区域贸易协定一般涵盖市场准入、待遇、关税、征收、原产地规则、反倾销、反补贴、保障措施、例外条款、争端解决等,[3] 这些规定大多与世贸组织所创设的规则有重叠关系。如今的区域贸易协定,也渗透到了其他经济活动领域,如投资等;同时还注重一些非经济性的问题,如人权、劳工利益等。

美、加、墨三国于 1993 年签署的《北美自由贸易区协定》(*North American Free Trade Agreement*, NAFTA)已就投资问题、竞争政策等问题作出规定。美国近年来与其他国家签订的自由贸易协定进一步细化了对相关问题的规定。例如,在 NAFTA 当中,关于竞争政策、垄断和国有企业的专章(第 15 章)规定共有 5 项条款,而美国与秘鲁于 2006 年 4 月签署的自由贸易协定中关于同一事项的规定已有 11 条之多。

在近年来诞生的区域贸易协定中,《全面与进步跨太平洋伙伴关系协定》(*Comprehensive and Progressive Agreement for Trans-Pacific Partnership*, CPTPP,2018 年 12 月 30 日生效)、《美国、墨西哥、加拿大协定》(*United States-Mexico-Canada Agreement*, USMCA,2020 年 7 月 1 日生效)和《区域全面经济伙

---

[1] 见 WTO 官方网站,https://www.wto.org/english/tratop_e/region_e/region_e.htm#facts. 最后访问日期:2022 年 12 月 23 日。

[2] 见中国自由贸易区服务网,http://fta.mofcom.gov.cn/fta_tanpan.shtml. 最后访问日期:2022 年 12 月 23 日。

[3] 根据 WTO 官方网站中的 RTA 数据库总结。见 Regional Trade Agreements Information System, http://rtais.wto.org/ui/PublicMaintainRTAHome.aspx. 最后访问日期:2022 年 12 月 23 日。

伴关系协定》(Regional Comprehensive Economic Partnership, RCEP, 2020年11月15日签署, 2022年1月1日生效)尤其引人关注。

CPTPP脱胎于《跨太平洋伙伴关系协定》(Trans Pacific Partnership, TPP)。美国自2009年加入TPP谈判后就一直发挥着主导作用。2017年,特朗普就任美国总统的当天便宣布美国退出TPP。此后,只签署但未生效的TPP开始由日本主导。在搁置了包括知识产权在内的5%左右的条款后,11国最终达成协议,形成了今天的CPTPP。该协议被认为是目前世界上高水平的区域贸易安排。据测算,CPTPP覆盖4.98亿人口,国内生产总值之和占全球经济总量的13%。[1]此前中国没有参加TPP和CPTPP的谈判。一方面因为美国有意排斥中国的参加,另一方面也因为当时中国对协议文本中的某些内容,包括国有企业和指定垄断、劳工标准、竞争政策、环境保护等规则存在一定的担忧。如今,随着中国近年来在相关领域的深层次改革和高水平开放的推进,协议中与这些内容相关的规则已经变得不再是难以对接和实施的严苛标准。[2] 2020年11月20日,国家主席习近平以视频方式出席亚太经合组织(Asia-Pacific Economic Cooperation, APEC)领导人非正式会议时明确表示:"中方将积极考虑加入全面与进步跨太平洋伙伴关系协定。"CPTTP的一些成员也表达了欢迎中国加入该协定的意向。2021年9月16日,商务部部长王文涛向CPTPP交存方新西兰政府提交了中国申请加入CPTPP的书面信函,标志着我国正式提出申请加入CPTPP。

美国、墨西哥和加拿大三国在其原有的NAFTA基础上经重新谈判所形成USMCA在许多方面超出了原先NAFTA的规定。在USMCA的全部34个章节中有25个章节可以在原NAFTA中找到对应章节;USMCA中的劳工和环境这两个章节在NAFTA中有相关附加协议;而USMCA中的部门附件、数字贸易、中小企业、竞争、反腐败、良好监管实践、宏观经济政策与汇率事项7个章节,在NAFTA中并无对应。[3]值得警惕的是USMCA包含了所谓的"毒丸条款"。USMCA第32节第10条规定:"如果一国被协议签署国的任何一方认定为非市场经济国家,同时该国与美墨加三方均没有签订自贸协定,三方中任何一方与该国开始自贸协议谈判之前至少3个月,需要通报其他各方。如果任何一方与非市场经济国家签订自贸协定,其他各方有权在提前6个月通知的条件下终止协定。"据此,USMCA的任一缔约方与所谓"非市场经济地位国家"展开自由贸易谈判都将面临限制。

RCEP是由中国、日本、韩国、澳大利亚、新西兰和东盟十国共15方成员签署的自由贸易协定。15个成员国总人口22.7亿,国内生产总值合计26.2万亿美元,

---

[1] 李高超:《被中央提到的CPTPP是个啥?》,载《国际商报》,2020年12月21日,第002版。

[2] 章玉贵:《中国与CPTPP:高标准开放对接与区域繁荣共生》,载《第一财经日报》,2020年11月26日,第A11版。

[3] 龚柏华:《USMCA如何冲击全球经贸规则》,载《第一财经日报》,2020年7月13日,第A11版。

总出口额 5.2 万亿美元，均约占全球总数的 30%。成员国中既有发达国家，也有发展中国家和最不发达国家，该协定最大限度兼顾了各方诉求，给予最不发达国家差别待遇，帮助发展中国家加强能力建设，促进本地区开放、包容、普惠、平衡、共赢发展。中国商务部部长曾撰文指出："RCEP 以全面、现代、高质量和普惠的自贸协定为目标，对标国际高水平自贸规则，形成了区域内更加开放、自由、透明的经贸规则，涵盖货物贸易、服务贸易和投资领域等，协定文本长达 1.4 万多页。货物贸易零关税产品数量整体上超过 90%，大幅降低区域内贸易成本和商品价格。服务贸易开放承诺涵盖了大多数服务部门，显著高于目前各方与东盟现有自贸协定水平。投资方面，15 方均采用负面清单对制造业、农林渔业、采矿业等领域投资作出较高水平开放承诺，政策透明度明显提升。各方还就中小企业、经济技术合作等作出规定，纳入了知识产权、电子商务、竞争政策、政府采购等现代化议题，适应知识经济、数字经济发展的需要。"[1] 在该协定的谈判过程中，中方始终支持东盟中心地位，全程参与谈判并发挥了积极的建设性作用。当谈判面临困难的时候，中方积极协调各方立场，提出中国主张、中国方案，促进各方形成共识、达成一致。中国通过自身深化改革、扩大开放，带动和提升了区域贸易投资自由化、便利化水平。

二、区域贸易协定与多边贸易体制的关系

区域贸易协定具有强烈的两面性：一方面，它体现出自由化的性质。区域经济体极大程度上地削减了其成员方之间的贸易壁垒，使得商品能够在自由地在各成员方之间流动。但另一方面，由于区域贸易一体化仅由特定的少数国家参与，它又自然地具有"区域性"（regional）。"区域性"有两个层次上的含义。对单个的非成员方而言，"区域性"体现为歧视性。区域贸易协定所促进的自由化仅限于经济体内部，即其成员方之间；而对外，它造成了对非成员方的歧视。[2] 当区域经济体对内削减了各成员方的贸易壁垒时，就不可避免地使得各成员方提供给非成员方的待遇低于成员方相互之间的待遇，这使得成员方和非成员方的交易大大地流向成员方内部，造成非成员方的经济损失。这一现象在经济学上被称为"贸易转移"（trade diversion）。于作为整体的多边贸易体制而言，"区域性"则体现为不同区域贸易协定之间的无法整合和统一，即"不一致性"。调整同样的贸易行为或解决同样问题的规则被零碎地涵盖在不同的区域贸易协定之中，这使得规则之间具有发生适用上的冲突的可能性，也使得多边贸易法律规则缺乏系统性。这种贸易规则

---

[1] 钟山：《开创全球开放合作新局面》，载《人民日报》，2020 年 11 月 24 日，第 011 版。

[2] Richard Baldwin and Caroline Freund, "Preferential Trade Agreements and Multilateral Liberalization" in Jean-Pierre Chauffour and Jean-Christophe Maur (eds), *Preferential Trade Agreement Policies for Development* (The International Bank for Reconstruction and Development/The World Bank, Washington 2011) 212.

的不一致、缺乏系统性的状态也被称为"碎片化"状态。

区域贸易协定的这种两面性决定了世界贸易组织法下的多边贸易体制与它们的关系。在区域经济一体化对多边贸易体制的作用的探讨中,学者们的观点也可以分成对立的两个阵营:一些学者认为,区域经济一体化趋势是对多边贸易体制的威胁,而区域经济体是多边贸易体制的"绊脚石"(stumbling blocks)。依照巴格瓦蒂[1]和莱维[2]等学者的观点,区域贸易协定推进区域贸易自由化的过程,就是给外部国家树立更多贸易壁垒、使得国际贸易更为无序的过程。这些学者主张控制和减少区域贸易协定的数量,致力于恢复多边贸易谈判以促成 WTO 框架下国际性贸易条约的缔结。同时,也有学者持有不同观点,他们认为,区域经济体在多边贸易体制中也可以发挥"砌砖"(building blocks)的作用。虽然区域贸易协定中的各规则仅适用于其成员方,但其创制的规则可以逐渐推广到他国,直至成为多边贸易体制中通行的规则。

综合了两个阵营的观点,世贸组织规则所体现的态度是:区域经济一体化的高度自由化的特征有利于多边贸易自由化的推进,但是同时,其区域性也可能对目前的多边体制造成威胁。[3] 由此,世贸组织允许其成员国通过区域贸易协定建立区域经济体,但对这些区域贸易协定施以必要限制。世贸组织法律体系中最重要的法律渊源是《关税与贸易总协定》第二十四条,它规定了区域贸易协定的两个基本要素:第一,区域贸易协定必须旨在促进区域内部的自由化。第二,该协定必须不能提高对外的歧视。由于区域贸易协定不可避免地给其成员以比非成员而言更优的待遇,缔结区域贸易协定会使得一国不可避免地无法履行其在世贸组织中所承担的最惠国待遇义务。因而,《关税与贸易总协定》第二十四条的性质其实是最惠国待遇规则的例外。《服务贸易总协定》第五条几乎与《关税与贸易总协定》第二十四条的规定完全相同,但其规定的是服务贸易中的区域贸易协定例外问题。除《关税与贸易总协定》第二十四条和《服务贸易总协定》第五条以外,世贸组织还制定了《关于1994〈关税与贸易总协定〉第二十四条解释的谅解》以及一系列关于区域贸易协定的议定书,从而形成了一系列配套机制,如透明度机制和缔结区域贸易协定的报告机制。

---

[1] See Jagdish N. Bhagwati and Arvind Panagariya, *Preferential Trading Areas and Multilateralism: Strangers, Friends or Foes?*, in Jagdish N. Bhagwati and Pravin Krishna and Arvind Panagariya (eds), *Trading Blocs: Alternative Approaches to Analyzing Preferential Trade Agreements*, MIT Press, Cambridge, Mass 1999, pp.77.

[2] Philip I. Levy, "A political-economic analysis of free-trade agreements" (1997) 87 *The American Economic Review* 506, 518.

[3] 见世界贸易组织网站,*Regionalism: Friends or Rivals?*, http://www.wto.org/english/thewto_e/whatis_e/tif_e/bey1_e.htm. 最后访问日期:2022年12月23日。

三、对区域贸易协定的国际经济法律规范创设功能的理解

区域贸易协定早已超出了"贸易"的范围,它们创设了诸多的多边贸易体制中尚未形成的新兴规则。应当如何看待这种现象?

从理论上讲,国际经济秩序的发展不可能是一个直线过程。按照马克思主义哲学,世上万物都是依照否定之否定的规律演进的。"辩证法在对现存事物的肯定的理解中同时包含对现存事物的否定的理解,即对现存事物的必然灭亡的理解;辩证法对每一种既成的形式都是从不断的运动中,因而也是从它的暂时性方面去理解。"[1]如果我们只观察事物发展的某个阶段,那么它的发展可能是直线的;但如果全过程地考察,我们就会发现这种直线经常会改变。"从发展过程来看,事物总是沿着某一特定轨迹向前发展的。有时,这种轨迹可通过一条现行的路径达到平衡状态;有时,这种轨迹可能陷入一个简单循环的模式;还有时,在特定条件下,这种轨迹会陷入杂乱无章、不可预测、不可重复的状态;但更多的时候,事物的发展轨迹是循着螺旋式上升,破浪式前进,迂回曲折的非线性发展的。"[2]

回顾历史,我们可以看到,《联合国宪章》《建立世界贸易组织协定》这样的普遍性规则只是最近几十年才出现的。只有各国可以分享共同的价值时,才可能出现共同的规则。如果没有19世纪的双边贸易协定的积累,就不会出现"二战"之后的布雷顿森林体系。同样道理,今天以各种区域安排所表现的"碎片化"的造法,正在为未来的"完整化"造法积蓄能量。

"二战"结束以来的国际经济秩序基本上都朝着一个方向发展的。这个方向就是:跨国交易应该是被鼓励的,交易应主要由私人企业而不是国有企业进行,政府对交易的干预必须遵守相应的规则。[3]但如果我们回溯一下历史,就可以看到,20世纪的前一半(两次世界大战时期及期间)则是贸易保护主义盛行的一个阶段;而更早的一个阶段——19世纪,则是贸易相对自由的阶段。与此相对应,19世纪的欧洲存在着数量可观的以削减贸易壁垒为目标的双边协定。[4]从19世纪的双边协定到20世纪的多边协定是一个规则创设方式的转变,而从20世纪上半段的贸易保护主义到20世纪下半段的贸易自由主义则是规则内容的转变。

国际经济秩序的近期发展可能出现一个转变,即法律规则从自由主义向保护

---

[1] 马克思:《资本论》第一卷第二版跋,马克思、恩格斯:《马克思恩格斯选集》(第2卷),218页,北京,人民出版社,1972。

[2] 严黎昀、洪明:《非线性发展是科学发展过程的重要向度》,载《湖北大学学报》(哲学社会科学版),2010(5)。

[3] 参见 ANDREAS F. LOWENFELD. International Economic Law. Oxford: Oxford University Press,2002.

[4] 参见 JACK L. GOLDSMITH & ERIC A. POSNER. The limits of international law. New York: Oxford University Press,2005:140.

主义的转变。"二战"结束以来的贸易(后来又有投资等)的自由化已经持续了70多年。自由的经济体制当然会带来很多利益,但利益在不同人群中的分配却是不均衡的。而且,一些人的利益在这一过程中还受到了损害。因此,在经济全球化的进程中,反全球化的呼声一直是存在的。1999年在西雅图举行的世贸组织部长级会议,自开幕式起就遭到劳工、环境与动物保护组织和其他团体的谴责。示威者们抗议世贸组织倡导的全球自由贸易给劳工、环境和动物带来的危害。2005年在香港举行的世贸组织部长级会议,也同样持续地受到示威抗议活动的干扰。有学者指出,一个"后全球化"时代可能正在到来,而"后全球化则意味着,以促进自由贸易为特征的国际经济秩序,以及各国政府的政策范式,都向限制这些流动的方向转变。"[1]有观察人士惊呼"贸易保护在悄然回归"。有学者通过长期的历史考察指出,在过去的两个世纪,贸易限制一直是世界经济的普遍特征。在历史上,自由贸易是例外,保护主义才是惯例。[2]"后全球化"时代是否正在来临,目前还很难定论,但国际经济规则的内容出现转变的可能性似乎是存在的。

总之,国际经济秩序的发展不会是线性的,我们对国际经济法律规则的非线性发展应有所准备。在积极维持世贸组织多边贸易体制的同时,我们更应该对区域体制正在培育的新规则予以关注。

虽然区域贸易协定对多边贸易体制的"绊脚石"和"砌砖"作用之争仍然存在,但不可否认区域贸易协定已经在国际经济法律规范创设中发挥了积极作用。[3]这体现在以下几方面。

第一,多数国家在缔结了区域贸易协定后,仍不断追求多边贸易安排的达成。很多人担忧区域经济一体化的成员国在享受到区域中的优惠贸易安排后,会安于这些优惠,从而对构建多边贸易体系失去兴趣。但事实证明,在成功建立区域经济体以后,国家更愿意将经济体所建立的制度推广到多边体制中去。比如,在2022年的世界贸易第十二届组织部长级会议中,经区域贸易协定实践的环境保护、性别平等、知识产权保护豁免等就被纳入了多边对话当中。

第二,成功的区域贸易协定时常成为其他条约谈判和起草时所借鉴的对象,致使各区域贸易协定之间的差异不断缩小。比如,NAFTA中的规则经常被各种条约模仿,甚至直接借用。这些协定被借鉴的原因是,它们通常是规定详细具体、经过充分的实践检验的条约,借鉴这些条约可以有效地保证规则的合理性。同时,这些较为成功的协定的缔约国多是市场开放、经济发展水平相对先进的经济体,具有

---

[1] 高柏:《奥巴马政府与正在到来的后全球化时代》,载《观察与交流》,2010(54)。

[2] [美]罗伯特·吉尔平:《全球政治经济学——解读国际经济秩序》,杨宇光、杨炯译,178页,上海,世纪出版集团、上海人民出版社,2006。

[3] 车路遥:《论区域经济一体化对多边贸易体制的碎片化作用》,载《武大法律评论》,第16卷第2期。

更强的影响力。

第三,成功的区域贸易协定也会吸引更多的国家加入其中,成为协定的参加国。由此,协定中的规则的适用范围也被扩大,其普遍性也会增强。缔结区域贸易协定的积极程度往往与一国经济的发达程度成正比,这从侧面可以说明,当各国的经济逐渐发展,它们就更有望参与到更多的区域贸易一体化的实践当中,并将这些实践的成果代入多边谈判议题当中。

从这个意义上说,CPTPP等区域性经济贸易安排是未来新的多边贸易体制的探路者。中国应与其他国家合作,总结包括CPTPP在内的各种区域合作模式的经验。一方面,"在WTO提出'多边化'的建议,为WTO的发展注入新的活力";[1]另一方面,以区域合作的创新推动多边体制的演进。

应该看到,在相当长的时间里,我国也在持续地实行改革开放,这会在很大程度上减轻CPTPP等安排可能对我国带来的不利影响。例如,在外资的市场准入问题上,我国已于2013年8月设立了中国(上海)自由贸易试验区。在国务院批准和印发的《中国(上海)自由贸易试验区总体方案》中,明确要求上海市人民政府"探索建立投资准入前国民待遇和负面清单管理模式","对外商投资试行准入前国民待遇"。上海市人民政府颁布的《中国(上海)自由贸易试验区管理办法》也明确规定:"自贸试验区实行外商投资准入前国民待遇,实施外商投资准入特别管理措施(负面清单)管理模式。"2013年9月,《中国(上海)自由贸易试验区外商投资准入特别管理措施(负面清单)》发布。根据该项清单,除列明禁止和限制外资进入的行业,外国投资者与中国投资者在市场准入上享有同等待遇。类似的改革措施当然也会减少CPTPP等安排可能对我国带来的冲击。

---

[1] 杨国华:《论〈跨太平洋伙伴关系协议〉(TPP)与我国多边和区域一体化战略》,载《当代法学》,2016(1)。

第九章 国际技术贸易法

第一节 国际技术贸易法概述

一、国际技术贸易

国际技术贸易,也称国际技术转让,是指技术的所有者或持有者通过某种特定的形式将其所持有的生产、经营技术以及相关的权利有偿让与他国的技术需求者的过程。

从该定义可以看出国际技术贸易具有以下特点。

第一,国际技术贸易是一个过程。严格说来任何一种交易都是一个过程。强调国际技术贸易是一个过程是因为:首先,国际技术贸易同国际货物买卖等交易类型相比,需要更长的时间,几年甚至十几年的合同期在实践中是十分普遍的。其次,国际技术贸易不仅期限较长,而且在此期限之内存在复杂的当事人之间的权利义务关系。例如,技术的出让方可能需要按照约定持续地将其更新后的技术许可给技术受让方使用。强调国际技术贸易是一个过程还因为这种交易通常是一种期限长久、内容丰富的合作关系。

第二,国际技术贸易的供方既可以是技术的所有者(owner),也可以是技术的持有者(holder)。货物买卖必须转移货物的所有权,因此,卖方必须是货物的所有人;而技术交易虽然也有转移所有权的情况,但在多数场合下并不涉及所有权的转让,因此就可能出现非技术所有者与技术的需方达成交易的情形。例如,甲公司将其从乙公司受让的技术的某一部分许可给丙公司使用。当然,技术的持有者出让其所持有的技术时,必须有技术所有者的授权。因此,国际技术交易被称作国际技术贸易而不是国际技术买卖;出让技术的一方被称作出口方、出让方或供方,而不是卖方;受让技术的一方被称作引进方、受让方或受方,而不是买方。

第三,国际技术贸易的标的既包括生产技术,也包括经营技术。所谓生产技术是指有关产品的制造和加工方面的技术;所谓经营技术是指与企业的经营管理有关的知识和经验,以及凝结此种知识和经验的商标、商号等无形资产。科技水平相对落后的国家通常更注重生产技术的引进,但在实践中,经营管理方面的知识与经验对经济发展的作用正变得越来越明显,因而得到越来越多的关注。例如,2020年1月签署的《中华人民共和国政府和美利坚合众国政府经济贸易协议》(即《中美第一阶段经贸协议》)用专门一节规定了商业秘密和保密商务信息(Trade Secrets and Confidential Business Information)问题。

第四,国际技术贸易是围绕着转让标的相关的权利的转让。从法学角度来看,任何一项商业交易都涉及权利的转让,如买卖的实质是特定的货物所有权的转让,租赁是特定物的使用权的转让。那么,为什么要强调国际技术贸易是相关的权利的转让呢?其原因在于:首先,国际技术贸易在通常情况下并不涉及技术所有权的转让,供方向受方出让的仅为技术的使用权。其次,国际技术贸易在通常情况下甚至并不带来完整的使用权的转让。供方在向受方出让某种技术的使用权时,往往要严格限定这种使用权的范围,例如,要求受方只能以受让的技术生产某种特定的产品;要求受方所生产的产品只能在特定的地域内销售,等等。强调国际技术贸易只是相关权利的转让,意在指明这种国际经济交往的权利义务关系的特定性。至于"相关权利"的范围究竟如何,在通常情况下取决于合同双方当事人的约定。

第五,国际技术贸易以特定的方式进行。由于国际技术贸易通常不涉及所有权的转让,因此,它无法采用传统的贸易方式,即买卖的方式进行,于是技术许可(licensing)、特许经营(franchising)这样一些特定的交易方式便发展起来。这些交易方式的基本特征就在于只对技术使用权的转让作出安排。虽然国际工程承包、国际合作经营等都可实现技术贸易,但这里的技术贸易仍然需要通过许可的形式确定下来。例如,某一中外合资企业的建立可能是意图从外国投资者处受让某些技术来生产某种产品,但其中的技术贸易必须通过签订许可协议的方式才能实现。

第六,国际技术贸易必须是跨国的技术贸易。判断一项技术贸易是否具有国际性,既可依据属人标准(当事人的国籍),又可依据属地标准(当事人的住所地)。

第七,国际技术贸易是有偿的技术转让。严格说来,国际技术转让可分为两种情况:一种是无偿的、非商业性的技术转让;另一种是有偿的、商业性的技术转让。前一种技术转让主要表现在政府间的相互援助方面,在实践中是少量的,而有偿的技术转让则是大量发生的,它同普通货物买卖一样普遍地发生于不同国家的企业之间。我们通常所说的国际技术转让实际上是指有偿的国际技术转让,因此其才被称作国际技术贸易。

自"二战"结束以来,国际技术贸易出现空前的发展,其增长速度远超货物贸易和服务贸易。国际技术贸易不仅受到了企业的青睐,也受到了各国政府的关注。对于技术出口国来说,技术贸易不仅可以带来可观的收入,同时也可形成技术进口国对它们的依赖;对于技术进口国来说,技术贸易可帮助它们快速缩小与发达国家在科技和经济方面的差距。与此同时,由于技术对国家安全等非经济利益具有重大影响,所以各国对技术的进出口也都实行比较严格的监管。

二、国际技术贸易法

国际技术贸易法是指调整因国际技术贸易所产生的各种社会关系的法律规范的总称。

虽然国际技术贸易所产生的各种社会关系十分广泛且复杂，但概括起来可以分为以下三种。

其一是国际技术贸易的当事人，也即技术供方与受方因技术贸易而结成的关系，这是国际技术贸易法所调整的最基本的一类社会关系。国际技术贸易法的首要作用就在于明确国际技术贸易中供方与受方的法律地位及其权利义务关系，使当事人在进行技术贸易之前，对自己行为的后果便能有所预见，在技术贸易过程中又能有一定的遵循，发生纠纷时能以其作为解决纠纷的依据。某一具体的技术贸易中的当事人的具体的权利义务多由当事人协商确定并规定到合同中，但这些具体的权利义务的约定是以不违反法律规定为前提的，而且在若干情况下，法律条款会直接规定当事人之间的权利义务关系，使得当事人在特定方面的权利义务没有另行约定的必要或可能。

其二是国际技术贸易的当事人与有关国家政府之间的关系。国际技术贸易作为涉外经济活动的一种，必然要受到相关国家的干预或管理，从而在技术贸易当事人与有关国家政府之间结成某种关系，而这种关系也要由相应的法律规范来加以调整。这方面的法律规范大致可分为两类：一类是规定本国公民、法人在参加国际技术贸易活动时与本国政府的权利义务关系，例如各国对参加国际技术贸易的主体的资格限定、对引进技术的审查、对出口技术的许可以及外汇管理、海关监管方面的规定都是在调整一国政府与本国当事人之间的关系；另一类则是关于一国政府与技术贸易的双方当事人之间的权利义务关系的规定，例如关于合同中不得含有限制性条款的规定等。国家与当事人因国际技术贸易活动而结成的各种关系由于体现了国家对社会经济活动的干预或管理，因而明显体现出国家的单方面意志。调整这方面关系的法律规范也多为强制性规范，当事人不得另立协议排除其适用。

其三是各国政府因国际技术贸易而结成的关系。这种政府间的关系并不是指政府作为技术贸易的当事人所相互结成的关系；政府作为国际技术贸易的当事人的情形极为有限，而且作为技术的供方或受方，它们之间的关系在本质上是一种交易关系。政府因国际技术贸易所结成的关系，主要是指为保证国际技术贸易活动的顺利进行，各国政府通过彼此允诺而结成某种权利义务关系。例如各国相互保证给予对方的国民在申请专利方面的国民待遇，给予对方国家的投资者以工业产权的形式在本国的投资以法律保护等。规定这类关系的法律规范通常以国际条约的形式出现。

在国际技术贸易领域,不存在《联合国国际货物销售合同公约》这样普遍适用的调整私人之间的交易关系的统一法,也缺少世界贸易组织规则这样普遍适用的调整政府之间的管理关系的国际公约,因此,国际技术贸易法是"碎片状"的。调整国际技术贸易当事人之间关系的法主要是有关国家的国内私法,例如一国的合同法、专利法;调整国际技术贸易当事人与政府之间的关系的法主要是有关国家的国内公法,例如有关国家的进出口管理法;而调整政府之间与国际技术贸易相关的关系的法主要是双边协议和区域性贸易协定,例如《中华人民共和国政府和美利坚合众国政府经济贸易协议》和《全面与进步跨太平洋伙伴关系协定》(CPTPP)中有关技术贸易或知识产权事项的规定。

第二节 国际技术贸易的标的

国际技术贸易及相关法律、法律关系的特殊性均源自国际技术贸易标的的特殊性。

国际货物贸易的标的是有形动产,是看得见摸得到的实物;而国际技术贸易的标的则是无形财产。一方面,这种财产是无形的,是某种思想或想法;另一方面,这种无形的思想或者想法之所以能够成为财产,是因为它们具有财产价值,而这种价值来自法律的确认。

国际货物贸易的标的是有形物,因此需要特别提醒有形物后面无形的所有权;国际技术贸易的标的是无形物,因此需要特别提示不要将无形财产的有形物载体看作标的本身。如果你花了100元钱从对方手里买了一本关于如何实施专利技术的手册,那么,你获得了一本书和它的所有权;而这本书中所包含的无形财产(例如某项有专利权的技术),你并没有取得一分一毫,如果你使用了这一无形财产,便构成侵权。但如果你花了100万元从对方手里获得了某种专利技术的使用权,对方通过合同给了你一项许可,尽管你也可以得到一本如何实施该专利技术的手册,但这本手册不是你们交易的标的,标的是有形的手册中所包含的无形的技术。

国际技术贸易的标的形形色色,但最常见的主要有三种:专利技术、商标和未披露信息。

一、专利技术

技术贸易产生的原因往往是因为某项拟使用的技术是他人的专利技术,因此,必须通过贸易的方式取得专利权人的使用许可。

专利技术是指具有专利权的技术。专利权是一国政府主管部门根据发明创造人的申请,认为其发明创造符合法律规定的条件,而在一定期间内授予发明创造人的一种专有权。专利权人在规定的期限内享有就该项发明创造制造、使用和销售其产品的专有权,未经专利权人的同意而擅自使用其专利技术,就是侵犯专利权的行为。

专利权既包括财产权,也包括人身权。就其财产权部分而论,与一般的物权相比,专利权具有以下特点:第一,这种权利的客体是一种无形财产,而一般物权的客体为有形财产。第二,专利权人的这种无形财产的所有权,必须经过法定的批准或登记手续方能产生;而一般物权的产生通常不必履行批准或登记手续。第三,专利权具有独占的性质,在一定的期限和地域,就某一项技术的专利权,不允许存在第二个所有权人;而就一般的物权来看,所有权人并不能以自己是某物的所有人来对抗他人对相同的另一物的所有权。第四,专利权具有时间的限制,超过法定期限,专利权人便丧失了对其专利技术的独占性的权利;而一般财产的所有权则没有时间上的限制。第五,专利权具有地域性,在一国取得的专利权在他国不能当然地受到承认和保护,若想使该项权利在他国也得到承认和保护,还必须履行他国的批准或登记手续;而各国对在他国获得的一般物权通常都是予以承认的。

世界贸易组织多边协定《与贸易有关的知识产权协定》(TRIPS)第二十七条规定:原则上"专利可授予所有技术领域的任何发明,无论是产品还是方法,只要它们具有新颖性、包含发明性步骤,并可供工业应用。"但各成员可拒绝对某些发明授予专利权,如在其领土内阻止对这些发明的商业利用是维护公共秩序或道德,包括保护人类、动物或植物的生命或健康或避免对环境造成严重损害所必需。各成员可拒绝对下列内容授予专利权:一是人类或动物的诊断、治疗和外科手术方法;二是除微生物外的植物和动物,以及除非生物和微生物外的生产植物和动物的主要生物方法。

关于可授予专利权的范围,2020年10月修订的《中华人民共和国专利法》(以下简称《专利法》)第二十五条规定:"对下列各项,不授予专利权:(1)科学发现;(2)智力活动的规则和方法;(3)疾病的诊断和治疗方法;(4)动物和植物品种;(5)原子核变换方法以及用原子核变换方法获得的物质;(6)对平面印刷品的图案、色彩或者二者的结合作出的主要起标识作用的设计。"但"对前款第(4)项所列产品的生产方法,可以依照本法规定授予专利权。"相比之下,1984年的《专利法》规定:对于(1)科学发现;(2)智力活动的规则和方法;(3)疾病的诊断和治疗方法;(4)食品、饮料和调味品;(5)药品和用化学方法获得的物质;(6)动物和植物品种;(7)用原子核变换方法获得的物质,不授予专利权[但对第(4)项至第(6)项所列产品的生产方法,可以授予专利权]。可见,关于可授予专利权的范围,我国现行专利法比以前做了很大扩展。随着科技在经济及社会发展方面的重要性的日益凸显,扩大专利权的授予范围应该是必然趋势。

关于专利权人的权利,TRIPS第二十八条规定,专利权人的权利包括:如一专利的客体是产品,则防止第三方未经所有权人同意而进行制造、使用、标价出售、销售或为这些目的而进口该产品的行为;如一专利的客体是方法,则防止第三方未经所有权人同意而使用该方法的行为,并防止使用、标价出售、销售或为这些目的而进口至少是以该方法直接获得产品的行为。同时,专利权人还有权转让或以继承方式转移其专利并订立许可合同。

我国现行《专利法》第十一条规定:发明和实用新型专利权被授予后,除该法另有规定的以外,任何单位或者个人未经专利权人许可,都不得实施其专利,即不得为生产经营目的制造、使用、许诺销售、销售、进口其专利产品,或者使用其专利方法以及使用、许诺销售、销售、进口依照该专利方法直接获得的产品。外观设计专利权被授予后,任何单位或者个人未经专利权人许可,都不得实施其专利,即不得为生产经营目的制造、许诺销售、销售、进口其外观设计专利产品。第十二条规定:任何单位或者个人实施他人专利的,应当与专利权人订立实施许可合同,向专利权人支付专利使用费。被许可人无权允许合同规定以外的任何单位或者个人实施该专利。

根据 TRIPS 第三十三条的规定,发明专利权的保护期限不得低于二十年,自申请之日起计算。我国《专利法》第四十二条规定:发明专利权的期限为二十年,实用新型专利权的期限为十年,外观设计专利权的期限为十五年,均自申请日起计算。

二、商标

商标是特定商品或服务的特定标记,它使得某一商品或服务的生产者或提供者所生产或提供的商品或服务,区别于其他的生产者或提供者所生产或提供的商品或服务。商标的所有者可基于法律的规定而对其商标的使用享有独占性的权利,即商标权。商标权的产生通常需要通过政府登记程序:申请人将其在特定的商品或服务上使用的特定商标向政府主管部门登记注册,经批准后,即取得商标权。商标所有人在一定时期内对某一特定商标的使用享有专有权或独占权。已经注册的商标除了商标所有人及被许可人之外,任何人都不得使用,而且也不得使用与注册商标近似的商标,否则就构成侵权行为。

商标是商品经济的产物,是商品和服务的生产者和提供者进行竞争、拓展市场和牟取利润的手段。国际市场上大致有两种类型的商标:一种是生产厂家的商标,例如日本东芝公司使用的东芝商标。另一种是经销商的商标,商品的生产者不具有商标权,而只是根据经销商所定的商标进行生产;经销商将收购或订做的产品冠以自己的商标加以销售。

商标作为国际技术贸易的标的有两种情形:一是与技术同时进行转让,既转让技术使用权的同时,也转让商标的使用权。另一种情形是单独转让商标的使用权。有时,一家公司的产品已达到较高的质量标准,但由于消费者不熟悉其品牌,所以很难打开市场。这时,该家公司就可能考虑获取某一著名商标的使用权,以此来促进本公司产品的销售。

从法律性质上看,商标权与专利权具有共同但区别于一般的财产权的特点:权利的客体是一种无形财产;这种无形财产的所有权,必须经过法定的批准或登记手续方能产生;这种财产权具有独占的性质,在一定的期限里和地域内,不允许存在第二个所有权人;这种权利受到地域的限制,在一国所取得的权利在他国不能当然地受到承认和保护;这种权利受到时间的限制,超过法定期限,权利人便丧失了其独占性的权利。二者不同的是:各国的商标法通常都允许商标所有人在注册商标有效期届满前的一段期间内及其随后的宽展期内申请续展注册,而且对续展注册的次数不加限制,因此,商标权的时间限制并不像专利权的时间限制那么严格。

《与贸易有关的知识产权协定》第十五条规定:"任何标记或标记的组合,只要能够将一企业的货物和服务区别于其他企业的货物或服务,即能够构成商标。此类标记,特别是单词,包括人名、字母、数字、图案的成分和颜色的组合以及任何此类标记的组合,均应符合注册为商标的条件。"《与贸易有关的知识产权协定》还规定,上述条款不得理解为阻止一成员以其他理由拒绝商标的注册,只要这些理由不背离《巴黎公约》(1967)的规定(《巴黎公约》对商标注册有限制性规定,例如国徽、官方检验印章和政府间组织徽记等不得注册为商标)。并规定各成员可以将使用作为注册条件。但是,一商标的实际使用不得作为接受申请的一项条件。

关于商标权,《与贸易有关的知识产权协定》规定:注册商标的所有权人享有专有权,以阻止所有第三方未经该所有权人同意在贸易过程中对与已注册商标的货物或服务的相同或类似货物或服务使用相同或类似标记,如此类使用会导致混淆的可能。

《与贸易有关的知识产权协定》还规定,各成员可对商标的许可和转让确定条件,不允许商标的强制许可,且注册商标的所有权人有权将商标与该商标所属业务同时或不同时转让。

1982年8月,我国的第一部商标法——《中华人民共和国商标法》(以下简称《商标法》)正式颁布,随后,《中华人民共和国商标法实施细则》也颁布实施。1993年、2001年、2013年和2019年,我国又先后对《商标法》作了几次大的修改。我国日益完善的商标制度为商标使用权的国际转让提供了前提条件。

根据我国《商标法》第八条的规定,任何能够将自然人、法人或者其他组织的商品与他人的商品区别开的标志,包括文字、图形、字母、数字、三维标志、颜色组合和声音等,以及上述要素的组合,均可以作为商标申请注册。但下列标志不得作为商标使用:同中华人民共和国的国家名称、国旗、国徽、国歌、军旗、军徽、军歌、勋章等相同或者近似的,以及同中央国家机关的名称、标志、所在地特定地点的名称或者标志性建筑物的名称、图形相同的;同外国的国家名称、国旗、国徽、军旗等相同或者近似的,但经该国政府同意的除外;同政府间国际组织的名称、旗帜、徽记等相同或者近似的,但经该组织同意或者不易误导公众的除外;与表明实施控制、予以保证的官方标志、检验印记相同或者近似的,但经授权的除外;同"红十字""红新月"的名称、标志相同或者近似的;带有民族歧视性的;带有欺骗性,容易使公众对商品的质量等特点或者产地产生误认的;有害于社会主义道德风尚或者有其他不良影响的。同时,下列标志不得作为商标注册:仅有本商品的通用名称、图形、型号的;仅直接表示商品的质量、主要原料、功能、用途、重量、数量及其他特点的;其他缺乏显著特征的。

商标注册人享有注册商标的专用权。下列行为均属侵犯注册商标专用权:未经商标注册人的许可,在同一种商品上使用与其注册商标相同的商标的;未经商标注册人的许可,在同一种商品上使用与其注册商标近似的商标,或者在类似商品上使用与其注册商标相同或者近似的商标,容易导致混淆的;销售侵犯注册商标专用权的商品的;伪造、擅自制造他人注册商标标识或者销售伪造、擅自制造的注册商标标识的;未经商标注册人同意,更换其注册商标并将该更换商标的商品又投入市场的;故意为侵犯他人商标专用权行为提供便利条件,帮助他人实施侵犯商标专用权行为的;给他人的注册商标专用权造成其他损害的。

我国商标法还规定,转让注册商标的,转让人和受让人应当签订转让协议,并共同向商标局提出申请。受让人应当保证使用该注册商标的商品质量。

三、未披露信息

有一种无形财产曾长期被称作"专有技术"。这一概念大概形成于20世纪六七十年代,在英文中通常被称作"know-how";在中文中则通常称作专有技术,也有称其为技术秘密、技术诀窍、专门知识,甚至音译为"诺浩"的。

专有技术至今缺乏一个各国普遍接受的定义。1964年国际知识产权组织国际局在其制定的《发展中国家发明样板法》中曾对专有技术下过如下的定义:"所谓专有技术是指有关制造工序以及产业技术的使用及知识。"1969年保护工业产权国际联盟会议也对专有技术下过一个定义:"所谓工业专有技术是指有一定价值的、可以利用的、为有限范围专家知道的、未在任何地方公开过其完整形式和不作为工业产权取得任何形式保护的技术知识、经验、数据、方法,或者以上对象的组合。"

《与贸易有关的知识产权协定》以"未披露信息"(undisclosed information)统一了先前各种不同的表述。然而,《与贸易有关的知识产权协定》并没有对"未披露信息"给出定义,而只是列出了该类信息的特征:(1)属秘密,即作为一个整体或就其各部分的精确排列和组合而言,该信息尚不为通常处理所涉信息范围内的人所普遍知道,或不易被他们获得;(2)因属秘密而具有商业价值;并且(3)由该信息的合法控制人,在此种情况下采取合理的步骤以保持其秘密性质。

尽管未披露信息缺乏一个统一的定义,但它的一些特点还是得到了公认:第一,未披露信息是与生产或经营有关的某些诀窍、知识和经验,即具有商业价值;第二,未披露信息是不公开的,只在一定的范围内秘密使用,即具有秘密性;第三,未披露信息是未申请专利的技术,不受专利法的保护,即非专利性;第四,未披露信息必须是能进行鉴定、辨别的,能以文献资料等形式加以转让的,即具有可传授性。未披露信息通常可表现为图纸(drawing)、设计方案(designs)、技术说明书(instruction)、技术示范(show-how)、具体指导(how-to)等。

同专利技术一样,未披露信息也是一种财产权,但这种财产权的法律性质与专利技术并不一致,相反,它更近似一般的物权,原因如下。

第一,未披露信息虽然是一种无形财产,但其所有权的产生并不以法定的批准或登记手续为前提。

第二,未披露信息的所有权同有形物的所有权一样,不具有法定的独占性,权利人并不能对抗他人对相同的未披露信息的正当占有、使用、收益和处分。

第三,未披露信息的所有权没有时间上的限制;只要其有存在的价值,权利人就可以继续保持他的所有权;

第四,未披露信息的所有权也没有地域上的限制;在一国获得的未披露信息的所有权在另一承认未披露信息的国家一般都能获得承认的保护,而不必像专利技术那样须另行履行批准或登记手续。

未披露信息的上述特征表明各国对其所持的一般法律评价。一方面,各国都不承认未披露信息具有法定的独占性,不肯依据传统的知识产权法对其加以保护;另一方面,各国又往往依据其他法律,如侵权行为法、合同法等对未披露信息所有人的既得权利予以肯定,侵害这种权利也要承担法律责任。于是未披露信息便呈现出这样的基本特征:一方面,未披露信息在法律上不是独占的,同一项未披露信息允许有多个所有人(不仅仅是持有人),只要他们的所有权不是非法获得的;另一方面,不窃取、不扩散他人的未披露信息是一种法定或约定的义务,不履行这种义务便要承担侵权或违约等责任。正因为未披露信息受到这种保护,未披露信息的转让才成为有安全感的交易。

《与贸易有关的知识产权协定》将未披露信息纳入其中,意在赋予其知识产权法下的财产地位,但这种财产与传统的知识产权法下的财产相比仍有明显区别。

TRIPS要求各成员方对未披露信息加以保护,至于如何保护,TRIPS仅笼统地规定:"自然人和法人应有可能防止其合法控制的信息在未经其同意的情况下以违反诚实商业行为的方式向他人披露,或被他人取得或使用。"因此,未披露信息的具体保护方法需要由国内法加以规定。

目前,各国似乎都还没有制定出有关保护未披露信息的专门法律。许多国家是把未披露信息作为商业秘密(trade secrets)加以保护的。什么是商业秘密呢？美国《侵权法重述》(Restatement of Torts)指出:"商业秘密是指人们用于业务中的任何一项公式、模型、设计、信息汇编,这些公式、模型、设计、信息汇编可使人们在与不了解或不使用它们的同行业的对手的竞争中占据优势。商业秘密可以是一种化合物的公式,一种生产、处理、保存物品的程序,一种机器的模型或其他设计,或者是一份客户名册。"

从这个定义中可以看到,商业秘密包括的范围是广泛而又庞杂的,几乎一切与经营有关的秘密都包括在内。我们可以把这些商业秘密大致分为如下几类。

第一,有关组织机构方面的秘密,如企业组织结构变更计划、企业合并计划等。

第二,有关财务方面的秘密,如资产购置计划、资信情况等。

第三,有关人事方面的秘密,如企业人员改组计划、重要人员调动计划等。

第四,有关经营方面的秘密,如推销计划、广告计划、客户名册等;

第五,有关制造技术方面的秘密。

在承认商业秘密的国家,大都给予商业秘密以明确的法律保护。美国的《侵权法重述》指出,未经特许而泄漏或使用他人的商业秘密者,应承担民事责任。但由于各国对商业秘密也没有专门的法律保护体系,因此,当商业秘密受到侵害时,也只能援引其他法律以求保护,其主要形式有以下几种。

第一,合同法保护。在实践中,对商业秘密的侵害通常是由企业的雇员进行的,这些雇员未经雇主的许可,使用或泄漏企业的商业秘密,就会使企业受到损害。在西方发达国家,企业雇用职工时,通常都会在雇佣合同中明确规定,雇员有保守企业的商业秘密的义务,甚至在雇员离开该企业之后也不得泄漏或使用前雇主的商业秘密。在这种情况下,如果雇员未经特许而泄漏或使用了企业的商业秘密,雇主就可以控告雇员违约。此外,企业也可以同其交易伙伴(如贷款银行)约定保密事宜,以防止其商业秘密的泄露和擅自使用。

第二,侵权法保护。各国通常都认为以不正当手段获取他人的商业秘密构成侵权行为。侵权行为者应负停止损害和赔偿责任。依据侵权法起诉的好处在于不必证明有合同关系的存在,只要证明有侵权事实即可请求救济。

第三,竞争法保护。各国的反不当竞争法通常都禁止对其他企业的名称、产品、商标及广告的模仿、盗用等不当行为,其中也包括对商业秘密的保护。当然,严格说来,竞争法的保护也是一种侵权法保护。

我国是在实行改革开放政策之后才在法律上确认未披露信息这类无形财产的地位的。1981年制定的《技术引进和设备进口暂行条例》在解释"技术"时指出,它包括设计、流程、配方、设备制造图纸和工艺、检验方法等。1983年9月制定的《中华人民共和国中外合资经营企业法实施条例》明确使用了专有技术的概念并确定了专有技术的法律地位。该条例规定，合营者可以用货币、建筑物、厂房、机器设备或其他物料、工业产权、专有技术、场地使用权等作价出资。这一规定的意义在于承认专有技术也是一种财产，承认专有技术所有人的财产权。1985年制定的《中华人民共和国技术引进合同管理条例》对专有技术的内容作了更为具体的规定，在确定"技术"的范围时，该条例规定，引进的技术包括"以图纸、技术资料、技术规范等形式提供的工艺流程、配方、产品设计、质量控制以及管理等方面的专有技术"。据此，专有技术已不局限于制造技术，同时也包括管理技术。1993年制定的《中华人民共和国反不正当竞争法》(以下简称《反不正当竞争法》)又确立了"商业秘密"的法律地位。根据该法的规定，所谓"商业秘密，是指不为公众所知悉、能为权利人带来经济利益，具有实用性并经权利人采取保密措施的技术信息和经营信息"。以不正当的手段侵犯他人的商业秘密受到该法的禁止。

目前，我国法律中的"商业秘密"的概念大体上等同于"未披露信息"。《反不正当竞争法》第九条规定："本法所称的商业秘密，是指不为公众所知悉、具有商业价值并经权利人采取相应保密措施的技术信息、经营信息等商业信息。"因此，我国对未披露信息的保护也主要是通过对商业秘密的保护加以实现的，而且，也是通过多种部门法得以实施的。

首先，我国的合同法可为未披露信息提供保障。如前所述，最有机会对未披露信息构成侵害的是权利人的雇员和交易伙伴。为此，未披露信息的所有人就可以通过合同来约束其雇员和交易伙伴，使他们承担不泄露、不擅自使用其未披露信息的合同义务。如果对方违背这一义务，未披露信息的所有人就可以依据合同法寻求救济。

其次，我国的侵权法也可以从制止侵权的角度来对未披露信息施加保护。《民法典》第一百二十三条规定："民事主体依法享有知识产权。知识产权是权利人依法就下列客体享有的专有的权利：(1)作品；(2)发明、实用新型、外观设计；(3)商标；(4)地理标志；(5)商业秘密；(6)集成电路布图设计；(7)植物新品种；(8)法律规定的其他客体。"既然商业秘密是一种财产，侵犯财产所有人权益的行为就应该认定为侵权行为，应该受到禁止。

最后，我国的竞争法也可以对未披露信息提供保护。《反不正当竞争法》第九条规定："经营者不得实施下列侵犯商业秘密的行为：(1)以盗窃、贿赂、欺诈、胁迫、电子侵入或者其他不正当手段获取权利人的商业秘密；(2)披露、使用或者允许他人使用以前项手段获取的权利人的商业秘密；(3)违反保密义务或者违反权利人有关保守商业秘密的要求，披露、使用或者允许他人使用其所掌握的商业秘密；(4)教唆、引诱、帮助他人违反保密义务或者违反权利人有关保守商业秘密的要求,获取、披露、使用或者允许他人使用权利人的商业秘密。"该条还同时规定:"经营者以外的其他自然人、法人和非法人组织实施前款所列违法行为的,视为侵犯商业秘密。第三人明知或者应知商业秘密权利人的员工、前员工或者其他单位、个人实施本条第一款所列违法行为,仍获取、披露、使用或者允许他人使用该商业秘密的,视为侵犯商业秘密。"

美国近年来愈加看重对未披露信息的保护,不仅扩展了"商业秘密"的范围,还通过条约的方式强化缔约国在未披露信息保护方面的义务。例如,2020年1月签署的《中华人民共和国政府和美利坚合众国政府经济贸易协议》(《中美第一阶段经贸协议》)规定:"保密商务信息是涉及或与如下情况相关的信息:任何自然人或法人的商业秘密、流程、经营、作品风格或设备,或生产、商业交易,或物流、客户信息、库存,或收入、利润、损失或费用的金额或来源,或其他具备商业价值的信息,且披露上述信息可能对持有该信息的自然人或法人的竞争地位造成极大损害。"从而将"商业秘密"(trade secrets)放在一个更大的范畴"保密商务信息"(confidential business information)之内,并同时规定:"双方同意,确保对商业秘密和保密商务信息的有效保护,以及对侵犯上述信息行为的有效执法。"该协议还特别规定中方"应列出构成侵犯商业秘密的其他行为,尤其是:(1)电子入侵;(2)违反或诱导违反不披露秘密信息或意图保密的信息的义务;(3)对于在有义务保护商业秘密不被披露或有义务限制使用商业秘密的情形下获得的商业秘密,未经授权予以披露或使用。"对未披露信息的严格保护将对这类财产提供价值保障,增强以此为标的的国际服务贸易的安全性。

四、知识产权的国际保护

(一)知识产权为何需要国际保护

为什么人们通常只谈论知识产权的国际保护,而很少谈论一般物权或债权的国际保护?其根本原因还是在于知识产权的地域性。一般有形物的财产权,无论是依据何国法律所取得,在其他国家通常会获得承认和保护。但知识产权的效力范围仅限于该项财产权得以成立的那个国家。一家公司依据某国法律而取得的对某种商标的专用权,只在那个国家是有效的,超过这一领域,该项商标权不会当然得到承认。为了使自己已经取得的商标专用权在他国也获得承认和保护,该公司就必须到其他国家另行办理注册申请手续。

知识产权的地域性对国际技术贸易构成一种障碍。如果一家公司意图向外国的另一家公司转让某一专利技术的使用权,那么,它首先要做的是使这项技术在受让方国家也被赋予专利权,否则这项技术就不能按专利技术出让给受让方,专利所有人依据专利法所享有的种种权利就无法行使。

目前,大概所有的国家都建立了知识产权制度,而且也都允许外国人在本国申请获得知识产权。在这种情况下,如果各国对知识产权的取得条件和保护方式都遵循同一规则,那么,知识产权的地域性也不会对国际技术贸易构成大的障碍。问题在于,不同国家对知识产权的成立条件的规定各不相同,各国对知识产权所提供的保护措施也存在着差异,从而,使得知识产权在世界范围内仍呈现出很大的不确定性。

各国在知识产权保护问题上的不同立场是由多方面的原因造成的,其中最主要的原因应该是各国经济发展水平的不平衡。总体说来,经济发达国家赋予知识产权的领域更为广泛,对知识产权的保护也更为严格;而发展中国家则更倾向于维持一种较为随和的知识产权制度,因为只有在这种情况下,才可能以较低的代价从发达国家获得比较先进的技术,使本国的产业通过大量的模仿而跟随发达国家的产业发展。发达国家与发展中国家的这种利益冲突在最近几十年间表现得更为明显,而"乌拉圭回合"谈判则是集中表现这一冲突的舞台。

美国是发达国家中倡导严格的知识产权国际保护制度的最为积极者。从 20 世纪 80 年代起,美国就不断地通过国内立法和同他国作出双边或多边安排的方式,来推行其知识产权的国际保护方面的主张。在世界知识产权组织内,美国坚持严格的知识产权保护的立场,促使该组织制定了《有关计算机软件保护的国内法示范条款》,并于 1989 年缔结了《有关集成电路之知识产权条约》。美国还极力推动使"与贸易有关的知识产权"成为"乌拉圭回合"的一个谈判议题,以利用关贸总协定/世界贸易组织的机制来强化知识产权的国际保护。同时,美国还通过国内立法来强化其知识产权的域外保护,当认为外国对美国的知识产权保护不力时,可予以制裁。美国《1930 年关税法》的第 337 条即已规定,凡外国所有人、进口商、受托人和代理人对其输美产品于进口或境内销售时采取不公平竞争方法或行为,其效力或趋势足以摧毁或严重损害美国境内有效而健全经营中的产业,或妨碍此类产业的建立,或限制、垄断美国商业交易者,该不公平竞争方式或行为即被认为违法,美国可通过发布禁止进口令或停止侵权令等方式予以制裁。该项条款所针对的不公平竞争行为十分广泛,既包括传统的反托拉斯法所管制的价格歧视、联合抵制、拒绝交易等行为,也包括侵犯专利权、商标权、著作权以及商业秘密等行为。在实践中,该条款经常被用来提起对侵犯知识产权行为的指控。美国的《1988 年贸易与竞争综合法》为了加强对知识产权的保护,对《1930 年关税法》337 条款作了重大修改,大大放宽了关于知识产权诉讼中证明"国内工业存在"的要求,并且也不要求证明损害事实的存在。这样就使得对外国当事人提起的有关知识产权侵权的指控极易成立。美国的《1984 年贸易和关税法》首次将《1974 年贸易法》中的 301 条款的适用领域扩大到知识产权方面。1988 年制定的《贸易与竞争综合法》对 301 条款又进行了修改,并增加了对"拒绝给予知识产权以充分有效保护"的国家进行贸易制裁的特别301条款。根据特别301条款,美国贸易代表在每年向国会提交"国际贸易评估报告"后的30天内,应确定那些拒绝提供充分有效的知识产权保护或拒绝依赖于知识产权保护的美国人公平地进入其市场的国家为重点国家。被列入重点国家的条件是:该国具有最繁杂或恶劣的法律、政策或做法,拒绝充分有效的知识产权保护或拒绝依赖于知识产权保护的美国人公平的市场进入,而上述法律、政策或做法对美国国内有关产品具有现实的或潜在的最为不利的影响,并且该国尚未同美国开始诚实信用的谈判,或在双边或多边谈判中未就知识产权保护取得显著进展。在确定某一国家为重点国家之后,贸易代表即可开始对该国的法规、政策或做法进行调查。在调查过程中,贸易代表可代表美国就调查所涉及的事实与被调查的国家进行磋商。如果在特定的期间内,不能就争端的解决达成一致,贸易代表就可决定实施制裁措施。制裁的方式首先是提高进口关税,也可采取其他限制进口的方式。实践中,美国多次动用特别301条款,逼迫其他国家在知识产权保护方面作出让步。

(二)"乌拉圭回合"之前知识产权的国际保护

"乌拉圭回合"谈判前的知识产权的国际保护,除依据各国有关知识产权的立法之外,也借助于若干具有普遍适用范围的国际公约,其中最为重要的国际公约包括《保护工业产权的巴黎公约》(以下简称《巴黎公约》)和《保护文学艺术作品伯尔尼公约》(以下简称《伯尔尼公约》)等。这些公约在知识产权的国际保护方面所取得的成就主要集中在以下两个方面。

第一,确立了知识产权保护中的国民待遇原则。根据《巴黎公约》的规定,在工业产权的申请取得方面和知识产权的保护方面,公约各成员国应给予其他成员国的国民相同于其给予本国国民的待遇;即使是非成员国国民,只要他在公约某一成员国内有住所,或有真实有效的工商营业所,也应给予相同于本国国民的待遇。《伯尔尼公约》也将国民待遇原则作为它的一项重要原则。而且,《伯尔尼公约》除以当事人的国籍为基础外,还把作品的出版地作为施行国民待遇的基础,使得不具备公约成员国国籍的作者的作品也可享受成员国依据公约所给予的保护。

第二,确立了知识产权保护中的最低标准原则。《巴黎公约》和《伯尔尼公约》等都规定了知识产权保护方面的最低标准,要求各成员国在其国内法中予以确认。例如《伯尔尼公约》要求版权保护的期限为作者有生之年再加50年的最低期限;《巴黎公约》要求成员国对各成员国国民保证给予制止不正当竞争的保护。这些公约所设定的最低标准往往随着公约的修改而逐步提高水平,扩大范围,例如前面所引用的《伯尔尼公约》关于作品保护期限的规定就是1948年布鲁塞尔文本所增加的;《巴黎公约》也在后来的修改过程中把工业品外观设计列入知识产权的保护范围。在公约中设立最低标准,其用意也是比较明显的,那就是避免因适用国民待遇原则而在各成员国之间就知识产权的保护产生严重的不平衡。例如，如果两个成员国的国内立法对某种知识产权的保护期限的规定差别过大，那么，国民待遇原则的适用就可以使得一个成员国的国民在对方国家所享受的待遇同在本国所享受的待遇相比，过于优厚或过于低下，并带来国家之间利益的不平衡；而通过制定最低标准，就可以在很大程度上缓解甚至避免出现这种不平衡。可以看出，最低标准的确立实际上是在某种程度上起着统一各国国内立法的作用。最低标准由于得到各成员国的广泛采用，因而可称得上是国际标准或正在形成中的国际标准。

如果从希望建立严格的、统一的、高标准的知识产权国际保护制度的立场出发，"乌拉圭回合"之前的知识产权国际保护机制也存在着某些不足。首先，国际公约在知识产权保护方面的作用还比较有限。尽管有关知识产权的国际公约已为数不少，但除了《巴黎公约》《伯尔尼公约》和《世界知识产权组织公约》的成员国比较广泛之外，其他公约的成员国都不是很多；而且，由于公约与公约之间的内容相互交叉、各公约的成员国又不一致，使得公约的总体效力的发挥受到限制。其次，各国的知识产权法的内容仍存在着很大的差别。虽然有国际公约所确立的最低标准，但最低标准无法使各国的法律完全一致。在最低标准之上，各国的法律仍可以千差万别；对于那些不是公约的成员国的国家，最低标准不能直接发挥作用，在这些国家之间，以及这些国家同公约成员国之间，差别会更加突出。最后，各类知识产权公约普遍缺乏有效的争端解决机制，因而使得国家之间有关知识产权的争议无法得到合理有效的解决。

（三）知识产权保护被纳入世界贸易组织规则体系

关贸总协定与知识产权的国际保护问题本来并无太多的联系，总协定文本中涉及知识产权的也只有为数不多的几项条款。但从 20 世纪 80 年代起，一些发达国家就开始试图将关贸总协定作为其推行知识产权国际保护的工具。在筹备关贸总协定第八轮多边贸易谈判时，美国和其他一些发达国家提议将"与贸易有关的知识产权问题"作为该轮谈判的新议题之一。按照发达国家的设计，"乌拉圭回合"的知识产权谈判所涉及的内容应包括：扩大并统一知识产权的保护范围；延长并统一知识产权的保护期限；反对实施强制许可，主张实行自愿许可；对知识产权保护不力的国家修订、补充立法，尤其须加强版权、商业秘密、计算机软件、集成电路芯片和生物新品种等方面的保护；在知识产权保护方面运用总协定的争端解决机制，并在知识产权领域适用总协定中的最惠国待遇、国民待遇和透明度原则；假冒商品贸易应与知识产权问题一揽子解决。广大发展中国家原本反对把知识产权问题列入新一轮多边谈判。直到 1986 年召开埃斯特角城特别缔约国大会，发达国家与发展中国家在这个问题上的冲突才得以协调，"与贸易有关的知识产权问题，包括冒牌货贸易问题"才被确定为"乌拉圭回合"的谈判议题。《关于启动乌拉圭回合的部长宣言》就此作了如下授权:"为了减少对国际贸易的扭曲和障碍,考虑到促进充分有效地保护知识产权的必要性,并保证实施知识产权的措施和程序本身不对合法贸易构成障碍,谈判应旨在澄清关贸总协定的规定,并视情况制定新的规则和纪律。谈判应旨在拟定处理国际冒牌货贸易的多边原则、规则和纪律的框架,同时应考虑到关贸总协定已进行的工作。这些谈判不得有碍于世界知识产权组织和其他机构在处理这些问题方面可能采取的其他补充行动。"

此后,发达国家与发展中国家之间就知识产权问题的谈判仍不断地出现分歧。针对发达国家在知识产权保护问题上对发展中国家提出的过高要求,发展中国家认为,如果要求它们承担与发达国家同样的义务,就会超出它们的承受限度,使它们丧失按本国社会经济发展状况建立自己的知识产权制度的权利和能力。新的知识产权制度的建立应照顾到发展中国家的特殊情况,给发展中国家以特别的优惠。在1988年12月蒙特利尔举行的"乌拉圭回合"中期审评会上,发展中国家表达了下述立场:有关知识产权的实质性问题应在世界知识产权组织、联合国教科文组织和联合国贸发会内解决;谈判应限于与贸易有关的,不应涉及实质性规范,发达国家建立知识产权实质规范的建议,实际上超出了《关于发动乌拉圭回合部长宣言》的授权;关贸总协定应明确其实施知识产权的措施和程序不致成为合法贸易的障碍,应注意避免以保护知识产权为由达到限制贸易的目的。尽管发展中国家对发达国家在谈判桌上的步步紧逼不断地进行抗争,但这场谈判还是以发展中国家作出让步而告终。1991年12月18日,谈判各方终于初步达成了《与贸易有关的知识产权协议》,并于1994年4月15日在马拉喀什最后签署。

(四)《与贸易有关的知识产权协议》(TRIPS)的主要内容

按照 TRIPS 第一条第二款的规定,协议中所说的知识产权包括协议第二部分1—7节中所涉及的各种类型的知识产权,它们是著作权、商标权、地理标记、工业品外观设计、专利权、集成电路布图设计和未公开的信息。协议的第二部分对各类知识产权的保护都确定了或简或繁的最低标准。除了前面介绍过的有关专利、商标和未披露信息的规定外,TRIPS 还就著作权等问题作出规定。

关于著作权,协议规定了以下内容。

第一,著作权的保护应延展到表达方式,但不应延展到思想、程序、操作方法或数学概念。

第二,计算机程序应作为《伯尔尼公约》意义下的文学作品予以保护。

第三,数据或其他资料的汇编,只要其选取或编排构成了智力创造,就应对其予以保护。

第四,除摄影作品和应用艺术作品之外,一件作品的保护期限,如果不是依据自然人的生命进行计算,不得短于自授权发表之年年底起的50年,如果没有在自作品制作之年起50年内授权发表,则保护期限为自作品制作之年年底起的50年。

第五,关于在录音制品上录制表演者的表演,表演者应能制止未经他们同意而进行的下述行为:对他们尚未录制的表演进行录制,以及复制已录制的内容,通过无线手段进行播放,以及向公众传送他们的表演实况;录音制品的制作者有权同意或禁止对其录音制品的直接或间接的复制。广播组织应有权制止未经其同意而从事的下述行为:录制、对录制品的复制、通过无线广播手段重新播放,以及通过电视播放将这样的内容传送给公众,如果成员国不授予广播组织这样的权利,则应根据《伯尔尼公约》的规定,让播放内容的著作权人能够制止上述行为。

关于地理标记,协议规定了以下内容。

第一,地理标记(geographical indication)是指能够指示出一种商品是在一成员国的领土内或者在上述领土的一个地区和地点所生产的原产产品的标记,而该产品的特定质量、声誉或其他特性在很大程度上取决于其产地。

第二,关于地理标记,各成员国应对利益方(interested parties)提供制止下述行为的法律手段:在产品的名称或表述上采用任何方式表示或暗示该产品是由不同于真实产地的其他地理区域生产的,并会使公众对产品的产地产生误解;任何根据《巴黎公约》第十条的规定构成不正当竞争的使用行为。

第三,当一个商标包含地理标记或由地理标记构成,但使用该商标的产品却不是在所指示的领土上生产的时候,如果在一个成员国使用这种商标会使公众对该产品的真实原产地发生误解,则该成员国在其法律允许的情况下,或在利益方提出请求的情况下,应拒绝该商标的注册或宣告该商标的注册无效。

第四,上述规定也适用这样的地理标记,即该标记虽在文字上指明了产品的真实产地,却让公众错误地认为该产品是在其他地方生产的。

此外,协议还对葡萄酒和烈性酒的地理标记的特殊保护问题作了规定。

关于工业品外观设计,协议规定了以下内容。

第一,成员国应该对独立创作的新的或原创的工业品外观设计给予保护。但成员国可以规定,如果一件外观设计与已知的外观设计或已知外观设计特征的组合相比没有足够的区别,则该外观设计就不是新的或不是原创的。

第二,受到保护的工业品外观设计的权利所有者应有权禁止未经其许可的他人为商业目的而制造、出售或进口采用与受保护的设计相同或基本相同的外观设计的物品。

第三,成员国可以对工业品外观设计的保护规定有限的例外,但这种例外不得不合理地与受保护的外观设计的正常开发相冲突,不得不合理地损害受到保护的外观设计的所有者的合法利益,并应考虑第三方的合法利益。

第四,工业品外观设计的保护期限至少应为10年。

关于集成电路布图设计,协议规定了以下内容。

各成员国在根据《有关集成电路的知识产权条约》(*Treaty on Intellectual Property in Respect of Integrated Circuits*)对集成电路布图设计进行保护的同时,还应遵守以下规定。

第一,各成员国应将未经权利人同意而进行的下述行为认定为非法的行为:为了商业目的而进口、出售或经销受到保护的布图设计、采用了受到保护的布图设计的集成电路或采用了上述集成电路的产品,只要它仍然包括非法复制的布图设计。

第二,对于前款所提及的采用非法复制的布图设计的集成电路或采用这种集成电路的产品的行为,如果进行或安排进行该行为的人在获得该集成电路或装有这种集成电路的产品时不知道而且也不应知道采用了非法复制的布图设计,则任何成员国都不得将其行为认定为非法。成员国应当规定,行为人在已被明确告知其采用的布图设计是非法复制的之后,可就其库存件或预订件继续从事上述行为,但须向权利人交纳合理的费用。

第三,关于布图设计的保护期限,如果成员国以注册为保护条件,那么保护期限不得短于自注册申请日起或在世界上任何地方进行的首次商业性使用之日起的10年;如果成员国不要求以注册作为保护的条件,则对布图设计的保护期限不得短于自在世界上任何地方进行的首次商业性使用之日起的10年。

TRIPS不但规定了各类知识产权的取得条件和权利的范围,而且还明确规定了知识产权的保护措施。协议要求各成员国保证其国内法律能够提供协议所规定的保护程序,因而为知识产权的保护设立了最低程序标准。

关于知识产权保护方面的民事和行政救济与程序,TRIPS规定,各成员国应为权利所有者提供施行(enforce)协议所涉及的任何知识产权的民事诉讼程序。当一方当事人提供了足以支持其请求(claim)的证据,并指出了处于对方当事人控制之下的与支持其请求有关的证据时,司法机关应有权责令对方当事人提供这样的证据。司法机关应有权责令一方当事人停止侵权行为,包括在海关批准进口之后,立即禁止侵权的进口商品在其管辖范围之内进入商业渠道。司法机关还应有权责令侵权者向权利所有人支付充分的损害赔偿金,以补偿侵权行为给权利所有人所造成的损害。为了对侵权行为产生有效的威慑作用,司法机构应有权责令将侵权物品在商业渠道之外处理掉而不给予任何补偿,以避免侵权行为对权利人造成任何损害。如果某一权利所有者有正当的理由怀疑进口商品是采用假冒商标的商品或盗版商品,该权利人应能够向司法或行政机关提交书面请求,要求海关中止放行,不让这种商品进入自由流通领域,有关机关可以要求请求人提供相应的担保。如果一方当事人滥用程序而使对方当事人受到不当的禁止或限制,则司法机关有权责令该当事人赔偿对方因此而受到的损失。

关于知识产权保护方面的刑事程序,协议要求各成员国至少应在以商业规模蓄意假冒商标或盗版案件中适用刑事诉讼程序和刑事处罚。可采用的法律补救措施应包括足以起到威慑作用的监禁和罚金。在适当的案件中，还可采用没收、销毁侵权物品等措施。

TRIPS 在第五部分规定了成员国间知识产权争端的预防和解决。协议要求各成员国公开其与知识产权协议有关的法律、规则以及具有普遍适用性的终审司法判决和行政裁定。每一成员国在接到其他成员国的书面请求后，均应向其提供上述资料。成员国还应将上述法律和规则通告于与贸易有关的知识产权理事会（Council for Trade-related Aspects of Intellectual Property Rights，依据 TRIPS 第六十八条而设立）。关于争议的解决程序，协议规定，关贸总协定第二十二条和第二十三条及依此而达成的"关于争端解决的规则与程序的谅解"适用于协议项下的协商和争端解决，除非另有规定。

（五）对《与贸易有关的知识产权协议》（TRIPS）的简要评价

"乌拉圭回合"谈判所达成的《与贸易有关的知识产权协议》是国际社会在知识产权立法方面取得的重大进展。同已有的知识产权公约比较起来，TRIPS 无论在范围上还是在深度上都大大地前进了一步。

首先，TRIPS 对知识产权的范围作了很大的扩展。按照传统的知识产权法体系，知识产权主要包括著作权、商标权和专利（发明、实用新型和外观设计）权。虽然某些国际公约已将知识产权的范围进行了一定的扩展，但还没有哪一个公约像 TRIPS 这样，几乎把所有的人类智力成果都确认为知识产权。TRIPS 对商业秘密的保护尤其值得人们注意。在协议的谈判过程中，许多发展中国家曾明确指出，商业秘密不属知识产权范畴，不应在 TRIPS 中予以规定。虽然协议的最后文本没有明确提到商业秘密这一概念，但协议中所规定的"未披露信息"其实就是各国国内法中的商业秘密。从协议对商业秘密的限定可以看出，商业秘密不具备知识产权的一般特点，不具有地域性、时间性和法定的独占性。正因为如此，在传统上，即使在西方发达国家，对商业秘密的保护也只是通过侵权法、合同法和竞争法，而不是通过知识产权法来进行的。但由于商业秘密也是一种智力成果，所以在最近的二三十年，出现了一种将商业秘密列为知识产权的范围的倾向，连世界知识产权组织似乎也开始接受这种变化。在其草拟的各种示范法和国际条约中，经常把商业秘密列在其中，似乎在暗示商业秘密也属知识产权的范畴。现在，TRIPS 明确将其称作"未披露信息"的商业秘密划入知识产权的项下，增大了知识产权的范围。由于商业秘密与其他类型的知识产权相比存在着很多的区别，所以将其确认为知识产权势必会给知识产权法理论带来许多新的问题。例如，知识产权法对权利人的特定时期内的独占性的权利的肯定，是以权利人向社会公开其智力成果的内容（或主要内容）为代价的，而对商业秘密的保护却不需要这种公开，这就出现了一个问题,即如何平衡权利人的利益与社会利益的关系。知识产权范围的扩大,意味着社会个别群体(权利人)的利益受到了确认和保护,但与此同时,这也意味着其他人的义务的增加,意味着知识产权使用费用的增加,即生产成本的增加。知识产权法的价值在于通过在特定时期赋予智力成果创造者以垄断性的权利来促进整个社会的技术进步,但智力成果创造者由此所获得的利益也应有所限制,否则就可能出现社会不公。

其次,TRIPS 提高了知识产权保护的最低标准,并规定了各种保护程序。协议的主体部分是关于知识产权的范围和内容的规定,这些规定起着统一各成员国国内立法的作用,因而是确定了知识产权保护的最低标准。例如,协议第二十七条规定,所有技术领域中的任何发明,无论是产品发明还是方法发明,只要其具有新颖性、创造性和实用性,均可申请专利权,不得因发明地点不同、技术领域不同或进口产品与本地制造产品的不同而予以歧视;第二十八条规定,权利人不仅有权禁止未经允许的第三人使用专利方法,也有权禁止其使用、销售和进口依据专利方法而直接获得的产品;协议第三十条将专利权的保护期限规定为不短于自申请之日起的 20 年。

TRIPS 还就知识产权的保护规定了具体的程序法上的措施,既包括民事的、行政的措施,也包括刑事的措施;既规定了一般措施,也规定了特别措施,如协议第五十条所规定的临时措施和第五十一条至第六十条所规定的边境措施。协议的这些规定使得各成员国在知识产权保护方面彼此承担了确定的义务;通过确立国家的义务而强化了知识产权所有人的权利。

TRIPS 对知识产权保护的最低标准的设立,使国际社会在新的起点上统一各成员国的有关立法。尽管协议的成员国还不包括世界上的所有国家,对一些比较棘手的知识产权问题(如视听制品的自由流通问题、动物新品种的专利权问题)作了回避,但协议对知识产权法的国际化、统一化进程仍起着重要的推动作用。

再次,尽管 TRIPS 对发展中国家的特殊地位给了相应的考虑,并允许发展中国家在协议的实施上享有较长一段的宽限期,但总体上看,协议更多地反映了发达国家的利益,而对发展中国家的利益考虑不够。如前所述,在国际社会中,扩大知识产权的范围、提高知识产权的保护标准意味着技术落后国家必须为其经济的发展付出更高的代价。从工业发达国家完全无代价地获取智力成果的使用权当然算不得公平,但要求发展中国家完全接受发达国家的知识产权标准,势必会对这些国家的经济发展增加更多的障碍,从而延缓世界经济的发展步伐。在过去的几十年时间里,发达国家曾多次在国际文件(如《建立新的国际经济秩序的行动纲领》)中允诺,要帮助发展中国家发展技术、要扩大对发展中国家的技术援助,但它们现在对此一字不提,更不愿在协议中就此承担任何具体的义务。相反,发展中国家则要为协议的实施而就知识产权的保护承担严格的义务,否则就可能遭到来自发达国家的贸易报复。如果这样来考虑问题,那么,扩大知识产权的范围和提高知识产权的保护标准,显然是更有利于发达国家,而对于发展中国家,乃至对全球经济的发展来说,这未必是一件好事。当然,也不是说 TRIPS 只对发达国家有利,对发展中国家仅意味着义务的增加,不然就无法解释为什么广大发展中国家会在协议的最后文本上签字。TRIPS 虽主要反映了发达国家的利益,但也在一定程度上照顾了发展中国家的利益。而且,从长远角度考虑,协议的履行有利于发展中国家完善本国的知识产权制度,有利于鼓励本国国民进行发明创造,有利于吸收外国的资金和先进技术,从而可在某种程度上促进本国经济的发展。强化知识产权保护制度也许是发展中国家谋求更大的经济发展所必须支付的代价。

还应该看到,发展中国家与发达国家在知识产权方面的利益协调是一个变化的过程。经过成员方的长期磋商,世界贸易组织总理事会于 2005 年 12 月 6 日通过了《修改〈与贸易有关的知识产权协定〉议定书》,对 TRIPS 第三十一条的规定进行修改,允许成员方在符合有关条件的前提下授予其企业生产并出口特定药品专利的强制许可。在修改前,TRIPS 第三十一条允许成员方针对特定药品采取强制许可,但该药品只能在国内市场供应。而修订后,强制许可下的药品不仅可以在国内市场销售,还可以销售至"最不发达国家"成员以及其他欠缺药品生产能力的合格进口方。这一修改重在平衡知识产权与公共健康的关系,在一定程度上帮助世界贸易组织发展中成员解决其所面临的公共健康问题。2007 年 10 月 28 日,我国全国人大常委会批准了该项议定书。2017 年 1 月 23 日,议定书正式生效。这是世贸组织成立以来,首次经世贸组织成员三分之二以上同意,成功修改的协定。2022 年 6 月 22 日,世贸组织第十二届部长级会议通过决议,决议表明为应对"新冠"(COVID-19)大流行之需,"符合条件的成员"可以对其企业授予生产和供应新冠疫苗所需专利的强制许可,而所有发展中国家成员均属"符合条件的成员";可以适用这一安排的期限为该决议作出后的 5 年内。

第三节 国际技术贸易合同

一、国际技术贸易合同的订立

同其他任何商事交易一样,国际技术贸易也必须借助合同加以实现。当事人需要通过合同的订立来确定彼此的权利义务关系,并通过合同的履行来实现这种权利义务关系。目前,世界上并不存在专门调整国际技术贸易合同关系的国际条约,因此,国际技术贸易合同事实上处于各国的国内法的管辖之下。如今,我国专门用以规制技术贸易合同的主要渊源为《民法典》第三编"合同"第二分编"典型合同"第二是章"技术合同"下的规定。

从总体上看,国际技术贸易合同的订立与其他类型合同的订立并无实质性差别,它也是先由一方当事人发出要约,经过磋商,形成双方当事人的合意而使合同成立的。但由于国际技术贸易合同的标的比较特殊、合同履行期限较长、当事人之间的权利义务关系比较复杂,所以,同国际货物买卖合同相比,国际技术贸易合同的订立过程也更为复杂。

国际技术贸易合同的磋商,通常被称作国际技术贸易谈判。这一谈判通常又被分成技术谈判与商务谈判两个阶段。

所谓技术谈判是谈判双方通过磋商来确定所交易的技术的具体内容。双方应着重明确的技术的内容包括:拟转让的技术可生产的产品的质量;每个工作日或工作时的产品产量(劳动生产率);产品的合格率;原材料的利用率;原材料的成本的高低;能源消耗水平;环境保护程度;综合利用水平;生产管理水平等。

在技术谈判中,对供方比较关键的问题是如何既能使得对方选择自己的技术,又不过多地泄漏技术中的秘密部分。受方在技术谈判中所感兴趣的正是技术的秘密核心,不了解这部分技术的内容,就无从评价整个交易,就不能坚定签署协议的信心;而供方在没有成交的把握下,也不愿意透漏技术中的关键内容。较好的解决办法是由双方先签订定一份技术保密协定,要求受方承担保密义务,即使合同没有订立,受方也不得向外泄漏或自己采用这些技术。供方还可以要求受方为此付一笔"预先透漏费",在日后成交时将该笔费用计入合同的总价金中。联合国贸发会议提出的《国际技术转让行动守则草案》曾提到,在技术转让的谈判过程中,双方均应相互提供与该谈判项目有关的资料,并应对由对方提供的一切机密资料承担保密的义务。如果技术供方不愿在谈判阶段泄漏技术的关键部分,受方还可要求供方对关键性指标作出保证,待合同签定之后,再公开这部分技术的内容。

技术谈判的任务完成后就要进行商务谈判,所谓商务谈判即就技术之外的其他交易条件的谈判,主要是围绕着价格、付款方式、资料交付、产品验收以及索赔、仲裁、法律适用等合同条件所进行的谈判。只有通过技术谈判确定了技术的内容之后,其他交易条件的谈判才是有意义的。

双方在达成一致意见之后,应尽快以书面合同将谈判的结果确定下来。合同通常是由一方当事人起草的,另一方在签署合同之前一定要确信,将要签署的合同的内容与谈判中达成的协议完全一致。

国际技术贸易可以通过多种方式实现,但典型的合同类型当属国际许可协议和国际特许经营协议。

二、国际许可协议的特征与内容

(一)国际许可协议的特征

国际许可协议(international licensing agreement)是一国的技术许可方

(licensor)许可另一国的被许可方(licensee)使用其技术的合同。我国《民法典》第八百六十二条定义了"技术许可合同",即"合法拥有技术的权利人,将现有特定的专利、技术秘密的相关权利许可他人实施、使用所订立的合同"。《民法典》第八百六十三条第三款要求技术转让合同必须采用书面形式。

国际许可的标的既可以是生产制造技术,也可以是经营管理技术;既可以是一类技术,也可以是几类技术。例如,在实践中,专利技术的使用权往往与未披露信息的使用权同时转让,因为未披露信息往往构成专利技术的核心内容。如果不获得未披露信息的使用权,被许可人很难掌握一项专利技术。有时,一项许可交易又同时以专利技术和商标的使用权作为转让标的,以使得被许可人利用受让的技术所生产的产品能够迅速地打开市场。这种把专利技术和非专利技术结合在一起,或者将专利技术与商标结合在一起订立的许可协议,可称作混合协议(mixed agreement)。

从法律性质上看,许可协议是一种双务有偿合同,表现为一方出让标的,另一方支付价金。许可协议又是一种诺成合同,即它不需要一方作出某种实践(如支付价金),而是双方当事人的意思表示达成一致即告合同的成立。由于许可贸易标的的特殊性,同货物买卖合同相比,许可协议具有如下特点。

第一,货物贸易合同是以某种有形物作为双方权利义务的指向对象的,而许可协议则是以无形物作为合同的标的。虽然这些标的可以体现为图纸、文字说明、磁盘、光盘等,但这些有形物自身并不是国际技术许可协议的标的,技术许可协议的标的是这些图纸、文字资料、磁盘、光盘里所包含的技术知识与经验。

第二,货物贸易合同是以转移物的所有权为中心内容的,而许可协议则约定特定技术的使用权的转移。货物买卖合同履行后,买方可以全权支配购入的货物,他可以行使占有、使用、收益、处分等权利;许可协议中的受方只得到某项技术的使用权及与此相联的占有权和收益权,而不是完整的所有权。因此,除有特别约定,被许可人只能自己使用许可协议项下的技术,而不能将它转让给任何第三人,否则就构成违约。

第三,如果不考虑相对短暂的质量保证期和索赔期,货物贸易合同通常是以交货和付款来结束当事人之间的合同关系,而许可协议则是确定一种长期交易。许可方不仅要向被许可方转让某种技术的使用权,还要帮助被许可方掌握该项技术并生产出合格的产品。因而合同双方的关系不是简单的买卖关系,而是一种长期的合作关系。

根据许可人对被许可人所受让的技术的使用权的限定,可把许可协议分为以下三种。

1. 独占许可协议(exclusive licensing agreement)

根据这种协议,被许可人在一定地域内对被许可的技术享有独占性的使用权。

许可人不得再许可任何第三方在该地域内使用该项技术、制造和销售产品,而且许可人自己也不得在该地域内使用该项技术。

2. 排他许可协议(sole licensing agreement)

根据这种协议,被许可人在一定地域内对被许可的技术享有排他性的使用权。许可人不得再许可任何第三方在该地域内使用该技术制造和销售产品,但许可人仍保留在这个地域内使用该项技术,制造和销售产品的权利。

3. 普通许可协议(simple licensing agreement)

根据这种协议,许可人在规定的范围内允许被许可人使用协议中所指的技术,同时,在上述地域内许可人仍保留使用该项技术的权利,并且还可以将该项技术在上述地域内的使用权出让给任何第三方。

上面几种许可协议都包含有许可人、被许可人及第三人之间的关系。但从实质上分析,这三种许可协议都仅调整许可人与被许可人两者之间的权利义务关系。在第一种协议的情况下,被许可人不仅有权在一定范围内使用某项技术,而且有权要求许可人不得在该地域使用该项技术,也不得将该项技术转让给意在该地域使用该项技术的第三人;在第二种情况下,被许可人有权使用该技术,许可人除自己有权在该地域内使用该技术外,无权将该技术转让给第三人;在第三种情况下,被许可人有权使用该项技术,许可人也有权使用该项技术,而且有权将该项技术再转让给第三人。在这三种许可协议中,供方的权利依次增大,受方的权利依次减小,因此,受方付出的价金也是不一样的。一般地说,独占许可协议的合同价金最高,排他许可协议次之,而普通许可协议的要价通常较低。至于缔结哪种形式的许可协议,对于许可方来说,如果对方的市场容量不大,提供独占许可比较合适,因为,在市场容量不大的情况下,如以普通许可的方式与几个不同的被许可人签订协议,必然形成竞争,使产品价格下跌,从而影响许可的报酬金额,尤其是以使用技术所获得经济效益计算酬金时更是如此;而对于能够大量生产和大量消费的商品,以及具有广阔国内市场的国家,则以提供普通许可为宜,因为,由于市场广阔,即使形成竞争,也不至于影响产品的销售和许可人的收益。

对于被许可人来说,选择哪种形式的许可较为合适呢?一般来说,也应该考虑技术的种类和市场的容量及自身的条件。如果从价格方面考虑,当然应选择普通许可。但在选择普通许可时,最好能具备一定的保障条件,以免将来面对竞争而丧失可得利益。在考虑保障条件是否具备时,受方首先应考虑潜在竞争对手进入特定市场的难易程度。如果市场进入的障碍较小,就会面临较大的竞争压力;如果他人很难进入市场,则可以较放心地选择普通许可。市场进入的难易程度是由多种因素所决定的,如投资规模、市场需求等。此外,政府的产业政策无疑也对市场进入的难易起着重要的作用。例如,政府可能决定在一定期限内只保持几家大型汽车生产厂家,不再批准新的汽车项目。这时,引进汽车制造技术的受方就可以考虑接受普通许可(如果普通许可与其他类型的许可在价格方面存在差距)。因为,虽然依据普通许可供方有权将该项技术的使用权另行转让他人,并且其自己仍有权在该地域内使用该技术,但政府的产业政策已构筑了市场壁垒,使其他人无法再进入该领域,因而也就阻止了受方可能面临的竞争。其次,受方在决定是否选择普通许可时,还应考虑计价方式。如果合同选择一次总算这种计价方式,那么,选择普通许可对受方来说便有较大风险;因为在这种计价方式之下,供方的收益已得到确切的保证,而与受方的经营及收益状况无关,供方可以放心地将该项技术的使用权再次转让出去,以获得额外的利益。如果合同中采用提成方式,那么,受方选择普通许可便可获得一定程度的保障。在提成这种计价方式下,供方的收益与受方的经营及收益状况相联。如果供方将其技术再转让给第三人,则可能影响现存受方的生产和收益,从而影响供方自己的收益。

除了前面三种形式的许可协议之外,还有分许可和交换许可两种比较特殊的许可协议。所谓分许可(sub-licensing)是指在供方有明确授权的情况下,受方将其从供方获得的技术使用权(通常是其中的一部分)再许可给第三方使用。例如,A公司从B公司获得某种类型的汽车制造技术的使用权,而A公司又不可能制造汽车的全部零部件,于是,经B公司的许可,A公司就可以将B公司的某些技术,例如制造轮胎的技术,再许可给C公司使用,以使C公司可以按照B公司的技术标准向其提供汽车轮胎。对此,我国《民法典》第八百六十七条规定:专利实施许可合同的被许可人应当按照约定实施专利,不得许可约定以外的第三人实施该专利,并按照约定支付使用费。所谓交换许可(cross-licensing)是指技术交易双方互为供方与受方,彼此授予不同技术的使用权。在合作生产的情况下,就可能出现交换许可的情况。彼此交换使用许可的技术可以是等值的,也可以是不等值的。

(二) 国际许可协议的主要内容

国际许可协议通常包含如下条款。

1. 序文

合同的序文应写明合同的名称、合同当事人的名称、地址以及合同签订的时间和地点。合同名称应能确切地反映技术贸易的内容及转让方式。合同的当事人可简称为许可人、被许可人,或供方、受方,或甲方、乙方。合同的签字时间通常即为合同的生效时间,合同的签字地点可能涉及合同准据法的选定,因此都应慎重对待。

国际可协议的序文通常会包含"鉴于文句"(也称叙述性文句,即 whereas clause)。所谓鉴于文句是指以"鉴于"两字开头的说明合同当事人的缔约背景、缔约目的和愿望的语句。鉴于文句通常表现的内容包括:供方拥有合同中所规定的具有工业产权的技术或未披露信息;供方有权并愿意按合同规定的条件向受方出让该项技术;受方愿意按合同约定的条件从供方获得该项技术。鉴于文句的作用通常是有助于合同的解释。但某些鉴于文句也可确定双方之间的权利义务关系。例如,当鉴于文句已表明供方对所转让的技术享有所有权时,供方就承担了保证受方可不受干扰地使用该项技术的义务;如果第三方对该项技术的使用提出质疑,供方就有义务排除这种质疑。

2. 关键性词语定义条款

由于国际许可协议的当事人分处不同国家、使用不同语言、具有不同的文化和法律背景,因此,对协议中较为重要的、双方又可能有不同理解或法律有不同解释的名词术语,应明确规定其含义。国际许可协议中经常需要下定义的名词术语有:专利技术、未披露信息、技术改进、技术服务、合同部件、合同产品、设备、工艺、质量标准、销售地区、关联公司、子公司、第三方,等等。对这些关键性词语的含义作出明确规定,不仅有利于双方准确履行协议,而且一旦产生纠纷,也有利于争议的解决。此外,关键性词语定义条款也可简化合同文本,例如,可以用"合同部件"一词来代表多种部件,而不需要在有关条款中一一对其加以列举。

3. 范围条款

范围条款是许可协议的中心内容。该条款规定供方把什么样的技术许可给受方使用,以及受方可在什么范围内对该项技术享有使用权(包括产品的制造和销售)。在范围条款中通常要确定:技术贸易的标的和技术要求;受方可以把该项技术用于何种目的及其应用的范围;受方可以在哪些地域内使用该技术制造和销售产品。在范围条款中,尤其要注意明确转让的标的和技术要求,如转让某种机器的制造技术,就应明确产品的系列、型号、规格,以及要求达到技术指标和技术参数。对这些内容还可以以合同附件的形式作出详细规定。在范围条款中还要明确受方在本国内是否为该项技术的唯一使用者,是否允许供方在受方所在国使用该项技术,以及供方是否允许第三方在受方国家使用该项技术。《民法典》第八百六十四条允许技术许可合同当事人约定实施专利或者使用技术秘密的范围,但是要求"不得限制技术竞争和技术发展"。

4. 知识产权条款

知识产权条款应明确供方所提供的技术在哪些国家、哪段时期拥有知识产权。供方有义务保证其拥有的知识产权的有效性,否则,受方可要求其退还技术转让费(提成费)、赔偿损失或终止协议。如果作为标的的知识产权受到第三人侵犯,或者被第三人提出质疑时,供方应对侵权人提出指控,或对第三者的质疑提出答辩。在争议期内,受方可暂停支付或减少支付提成费。

5. 资料交付条款

技术资料交付是技术转让的具体表现形式之一,所以,要在许可协议中对技术资料的交付时间、交付条件,以及出现技术资料的丢失、缺页等情况时如何处理,明确加以约定。《民法典》第八百六十六条规定：专利实施许可合同的许可人应当按照约定许可被许可人实施专利，交付实施专利有关的技术资料，提供必要的技术指导。

6. 继续提供技术援助和技术反馈条款

在国际许可协议的有效期内，无论是技术的供方还是受方，对于合同中所约定的技术都有可能进行改进和发展，在这种情况下，就产生了一个新的问题，即对于这种在原有技术基础上所作出的改进，双方的权利义务关系如何。所谓继续提供技术援助条款，就是约定当供方对原来的技术作了改进时，有义务把这些改进通知受方，允许其使用；所谓技术反馈条款，是约定当受方对原来的技术有了改进时，有义务把这些改进通知供方，并允许供方使用。这种使用可以是有偿的，也可以是无偿的。但这两项条款应该是对等的，也就是说，当一方要求继续提供技术援助时，也应承担技术反馈的义务；要求技术反馈的一方，也应承担继续提供技术援助的义务。如果继续提供技术援助是有偿的，那么技术反馈也应该是有偿的。

另外，如果改进后的技术可以申请专利权，对于哪一方有资格申请专利权也应该在协议中作出约定。

7. 保密条款

保密条款在以未披露信息作为标的的许可协议中尤为重要，因为未披露信息不受专利法的保护，没有法定的独占性，其本身的价值取决于知晓该项技术的人员的多少。保密条款通常要规定下列问题：(1)需要保密的技术的范围。哪些技术需要保密，需要在合同中明确规定下来，对一般性的技术也要求受方承担繁重的保密义务是不公平的。(2)对哪些人保密。从理论上讲，对人的保密范围应为当事人之外的一切第三人，但事实上，不可能要求受方承担对一切第三人保密的义务。首先，对于已经知晓该项秘密的第三人（如供方的关联公司），受方不应承担保密义务；其次，对于受方的必须掌握该项技术的员工，受方不能承担保密义务，但供方通常会要求受方以协议约束其员工，并经常检查其员工的保密义务的履行情况；再次，对于分被许可人(sub-licensee)，受方不能承担保密义务。复杂的技术交易通常使得受方必须将某些技术分许可出去，使分被许可人成为其稳定的供货商。被许可人就这部分技术，对分被许可人自然无法承担保密义务。当然，在这种情况下，供方也会要求受方以协议的方式向分被许可人施加保密的义务。(3)保密期限。原则上说，受方的保密义务不应超过许可协议的有效期；但如果一项技术具有较强的生命力，也应该允许当事人在合同中约定，在许可协议期满之后，受方仍承担保密的义务，只要该项技术仍有保密的必要。这时就会出现许可协议已经期满，而受方仍承担一定的合同义务的情况。法律对这类合同条款的独立性是予以承认的。某些合同条款的效力不受合同总体效力影响的情况是常见现象。如合同中的仲裁条款即属于这种情况。(4)泄密责任。泄密责任通常表现为金钱赔偿。

8. 技术培训与技术服务条款

所谓技术培训是指供方对受方指定的人员就转让的技术进行培养与训练；所谓技术服务是指供方向受方派遣专家提供具有技术含量的服务。对技术贸易过程中所需要的技术培训、设计和工程服务、管理服务、计划研究与发展服务以及销售和商业服务等应在合同中作出约定。没有上述技术培训与技术服务，受方很难消化吸收所引进的技术。因此，需要进行技术培训的项目应在合同中明确规定培训时间、培训地点、培训人员、培训目标、培训费用等；需要进行技术服务的项目也应作相应规定。复杂的国际技术贸易通常需要单独订立技术培训协议和技术服务协议，作为许可协议的附件。

9. 计价与支付条款

国际技术贸易主要有三种计价方式，即一次总算、提成以及入门费加提成。

所谓一次总算(lump-sum payment)，是指交易双方根据各技术项目的费用确定一个总金额，一次或在短期内分期付清。在比较简单的技术贸易中，由于受方在获得供方的许可之后即可掌握并使用供方的技术，并且可以不要求供方继续提供技术援助，所以可采取一次总算这种计价方式。由于这种计价方式不涉及信贷因素，不考虑银行利息，所以较提成支付通常费用较低。

提成支付(royalty)，是指不规定技术使用费的确定数额，而只规定一个支付比例。通常是由受方使用供方的技术并制造出产品之后，依照产品产量、净销售额或销售利润，按约定的比例向供方支付报酬。与一次总算比较起来，提成支付对受方来说，比较安全，因为受方至少是以生产出合格的产品作为向供方支付费用的条件的。在提成支付这种计价方式中，以不同的参数作为提成的基数，对不同的当事人也具有不同的意义。对于供方来说，当然是以产量作为提成的基数最为理想；而对于受方来说，当然愿意选择利润作为提成的基数。所以在实践中，以净销售额作为提成的基数就成为最为常见的约定。所谓净销售额是指产品的销售价扣除包装费、保险费、仓储费、运输费、商业折扣以及各种税收等费用之后的数额。

所谓入门费加提成，是指双方约定，在技术贸易合同签署后或在受方收到供方的技术资料后的若干天内，受方先向供方支付一笔约定的金额——入门费或初付费(initial payment)，然后，再按照约定的比例逐期提成。可以看出，这是前两种计价方式的一种折中。

技术的价格是通过合同当事人的谈判确定下来的。在确定技术的价格时，双方当事人通常会考虑下列因素：(1)技术的生命周期。技术的生命周期可分为开发阶段、试制阶段、应用开始阶段、用途增长阶段和技术成熟阶段。一般说来，处于开发阶段和试制阶段的技术价格较低，而处于用途增长阶段的技术则价格较高。(2)技术受方的预期收益。受方的预期收益越大，则技术的价格越高。在考虑受方的预期收益时，还必须考虑技术的应用范围。有的技术可用于多种目的，如果只允许受方将技术用于某一特定目的,技术价格可相对低些;如果允许受方将技术用于多种目的,则技术的价格会相应提高。(3)技术供方的利润损失。供方向受方出让技术之后,通常会损失一定的市场份额;这部分利润损失也会通过技术转让费而得到补偿。(4)直接费用。所谓直接费用是指技术供方为达成技术交易所必须支出的费用,包括合同签订前进行准备工作的费用、派遣谈判人员费用、资料费、接待技术考察费用等。这些费用都需供方事先垫付,然后再转移到技术使用费中。(5)许可的类型。如果技术受方要求供方在特定地域内不得将技术再许可他人,那么,技术的价格必然偏高;反之,技术的价格便会相应降低。(6)技术供方的保证责任。技术的受方通常会要求供方对其所提供的技术作出保证,不仅要保证技术资料的准确性、完整性、合法性,而且要保证依据此项技术所生产的产品必须达到某种标准。对于供方来说,提供这些保证必将增大风险、增加责任,因此,也会通过增加技术使用费的方法使自己得到补偿。此外,技术受方所在国的政局稳定情况、法制健全情况等,也会对技术的价格产生一定的影响。

如果合同约定的是提成支付,那么,应对开始提成的时间(通常是从第一批合同产品销售后)、每年的提成次数及时间等作出约定。即使合同规定的是一次总算,也很少要求受方将所有的技术转让费一次性地支付给供方,因而也需要就每次支付的时间、金额等作出约定。另外,对于每次付款前供方应向受方提交的单证,也要作出具体约定。

10. 验收条款

验收主要是指对合同产品,即受方以引进的技术所生产的产品的验收,是技术贸易合同履行的关键步骤。如果验收合格,即证明供方所提供的资料、技术培训和技术服务等符合合同的要求,受方引进技术的目的即可达到;如果验收不合格,双方则需考虑相应的补救措施,或者由供方向受方提供补偿,因此,合同中必须对验收问题作出规定,特别应明确需要验收的产品、验收标准、验收时间、验收地点、参加验收的人员等。合同中通常还应约定:一次验收不合格时还可安排以后的验收,如果双方对验收的结果有不一致意见,可通过友好协商解决或提交仲裁。验收合格后,双方应签署验收合格证书。

11. 违约责任条款

该条款应对一方不履行合同或不适当履行合同时,所应承担的责任作出约定。例如,可在合同中写明,如果供方不提供技术、不提供协助,受让方有权解除合同、可要求退款并要求支付违约金;如供方延迟提供技术与服务,也应向受方支付违约金;如果所提供的技术或服务未能达到合同约定的要求,则受让方有权要求终止合同,并要求供方赔偿其损失;如果受方延迟付款,则供方有权中止履约或终止合同并索取利息。

合同中还应对由不可抗力事件导致合同无法履行应如何处理作出约定。

12. 税费条款

关于由技术贸易所产生的税费缴纳问题,通常约定供方在受方境内获得的收入,须按受方国家的税法纳税;而发生在受方国家以外的一切税费应由供方负担。

13. 争议解决和法律适用条款

国际许可协议通常约定在履行合同的过程中发生争议时,双方首先应通过友好协商的方式加以解决;协商不成时,可通过仲裁的方式解决。如果合同中没有仲裁条款,事后又未能就仲裁问题达成协议,则可通过诉讼途径解决。在制定仲裁条款时,必须明确仲裁事项和仲裁机构。

关于合同所适用的法律,当事人也可在合同中作出约定,应该注意的是这种约定不得违反有关国家的强行法规定。关于国际许可协议的准据法的确定,国际上主要有两类实践。发达国家通常认为在国际许可协议的准据法的确定上,也应适用当事人意思自治原则,即允许以合同当事人所选定的法律作为合同的准据法;而发展中国家则通常认为国际技术贸易合同应以技术引进国的法律为准据法。出现这种分歧的原因在于:发展中国家在国际技术贸易领域中主要居于输入国的地位,所以希望能够以自己的法律来支配国际技术贸易合同关系。如果技术贸易合同当事人一方所属国家的法律要求必须以本国法作为合同的准据法,那么,当事人就无法在合同中另行选定合同的准据法。

14. 合同的生效、期限、延长与终止条款

国际许可协议经双方当事人签署即可生效;但有的国家规定,技术进出口合同必须经过政府的批准,在这种情况下,合同被批准的日期即为合同的生效日期。

合同的期限原则上应由合同的当事人协商确定,但应注意的是,有的国家对技术进出口合同规定了期限。有的国家规定不得超过特定年限,有的国家则规定不得超过合同所涉及的技术的知识产权的保护期。如果当事人约定的合同期限超过了政府规定的期限,须得到政府的允许。我国《民法典》第八百六十五条针对专利实施许可合同专门规定:"专利实施许可合同仅在该专利权的存续期限内有效。专利权有效期限届满或者专利权被宣告无效的,专利权人不得就该专利与他人订立专利实施许可合同。"

合同期满后是否可以延长,各国规定也不相同。有的规定合同期满后不得延长,也有的规定期满后可以延长,但须经过批准。

合同可因期满而终止,也可因一方当事人违约或不可抗力事件的出现等原因而提前终止,但无论属于哪种情况,都会产生一定的法律后果,如提成费是否停止支付,技术可否继续使用及能否公开等,对此类问题都应在合同中加以约定。

15. 正本条款

正本条款约定合同所使用的文字及各种文本的效力,其主要作用在于对合同条款的解释出现异议时,确定以何种文本为准。

16. 杂项条款

杂项条款主要是指合同中应该规定但又未单独列项的内容,如合同附件、合同当事人之间的通讯方式及通讯地址等。

三、国际特许经营协议的特征与内容

(一)国际特许经营协议的特征

国际特许经营协议(international franchising agreement)是指一国的企业将某些与其所经营的商品和服务相关的知识产权和其他技术的使用权,有偿地转让给他国的需求者,从而使后者可以使用与其相同的商标、商号、经营相同的商品和服务的合同。《中华人民共和国商业特许经营管理条例》(2007年1月31日国务院第167次常务会议通过,2007年5月1日起施行,以下简称《商业特许经营管理条例》)第三条规定:"本条例所称商业特许经营(以下简称特许经营),是指拥有注册商标、企业标志、专利、专有技术等经营资源的企业(以下称特许人),以合同形式将其拥有的经营资源许可其他经营者(以下称被特许人)使用,被特许人按照合同约定在统一的经营模式下开展经营,并向特许人支付特许经营费用的经营活动。"

从这一定义可以看出,特别经营具有以下特点。

第一,特许经营是一种双务、有偿的合同关系。出让技术的一方通常被称为授予人或特许人(franchiser),接受技术的一方通常被称为被授人或被特许人(franchisee)。根据特许经营协议,授予人应准许被授人使用其商标、商号、专利或非专利技术、经营管理技巧,并有权收取被授人为此所交纳的特许费(franchise fee);相应地,被授人则有权从授予人那里获得商标、商号、技术的使用权,同时有义务交纳特许费。

第二,特许经营合同的标的是商标、商号、专利及非专利技术、经营技巧的使用权,被授人只得到使用权,而不是所有权,不得随意对其加以处置。特许经营这种交易所转让的技术的内容,从理论上讲,可以包括专利和非专利技术、商标、商号、服务标志等。但在实践中,特许经营合同所涉及的标的主要是商标、商号和商业秘密(未披露信息)。这是因为特许经营主要发生在商业领域,所以很少涉及专利技术使用权的转让。在美国等特许经营比较发达的国家,特许经营往往被限定在转让商标及商号的使用权的范围。

第三,授予人与被授人在经营方面具有高度的同一性。由于被授人通过特许协议获得了授予人的商标、商号及相关技术的使用权,所以,他可以经营与授予人相同的商品和服务。为了保证自己的商誉不受影响,授予人也不会允许被授人经营其他的商品和服务,并要对被授人所经营的商品和服务的质量加以监督。特许经营这种技术贸易方式之所以在商业领域中受到青睐,主要是因为良好的商誉对企业经营的成功起着关键性的作用,而为了维持这种商誉,就必须确保各个被授人在经营模式上与授予人保持严格的一致性。这种严格的一致性甚至要求每个被授人都不能有自己的广告语言。由于被授予人有义务严格按照授予人所维持的经营模式来经营,有些国家的法律也会对授予人施加资格上的要求。比如《商业特许经营管理条例》第七条规定:"特许人从事特许经营活动应当拥有成熟的经营模式,并具备为被特许人持续提供经营指导、技术支持和业务培训等服务的能力。特许人从事特许经营活动应当拥有至少2个直营店,并且经营时间超过1年。"

第四,授予人与被授人在法律上和经济上具有独立性。特许经营合同是两个独立的企业之间的合同。尽管授予人与被授人使用同一商标、商号,经营相同种类的商品,提供相同的服务,甚至店面的装潢都如出一辙,但被授人的企业不是授予人企业的分支机构或子公司,各个被授人之间也互不隶属。每个企业都是独立经营、自负盈亏的企业,授予人并不保证被授人的企业一定盈利。

特许经营主要发生在商业领域,又可分为两种类型,即产品专销和提供服务方面的专营。

产品专销是一种比较简单的特许经营方式。在这种方式下,被授人只能经销授予人所指定的某类商品,双方的权利义务关系主要体现为:授予人应保证货源供应,允许被授人使用其商号(这种商号往往与其所经销的商品的商标相同),并应向被授人传送一定的市场信息或销售经验;同时,授予人往往又有权利对被授人商店地点的选择、商店门面的布置等方面提出建议,这种建议往往具有约束力。在国际市场上,产品专销与产品包销极为相近,有时甚至可以不加区分。因为产品专销与产品包销都是指被授人享有在某一时期、某一地域内专营某一类商品的权利;两者的区别在于,在产品专销的情况下,授予人要授权被授人使用其商标、商号和销售经验,而在包销情况下,则一般不涉及这些问题。此外,产品专销合同期限通常较长,而包销合同期限相对较短。

提供服务方面的专营主要是发生于饭店、旅店、加油站等服务行业的特许经营。授予人允许被授人使用其商标、商号、服务标志;所有的被授人都使用与授予人的商标、商号和服务标志,提供相同的服务。如遍布世界各地的麦当劳、假日酒店等都属于此类专营。有时,授予人不仅要向被授人转让商标、商号的使用权,而且还要向被授人传授商品的加工、配置和处理等方面的专门知识和经验以及服务方式等。在这种特许经营中,授予人与被授人之间往往要建立长期的合同关系。授予人对被授人的整个商业模式都要进行关照,严格控制其经销的产品和提供的服务的质量。同时,授予人也要对被授人的经营活动予以协助,如进行国内外的广告宣传,培训被授人的雇员等。

在我国实行改革开放政策的初期,特许经营没有得到太多的重视,因为特许经营项下所转让的技术基本上是商誉和管理技术,相比之下,我国更要生产技术的引进。随着我国经济的发展,特别是随着第三产业的发展,特许经营这种技术贸易方式不断得以迅猛发展。

(二)国际特许经营协议的主要内容

由于特许经营这种技术贸易方式以商标和商号的使用权作为主要的转让标的,并十分强调双方当事人在经营方面的同一性,所以,特许经营协议与其他类型的技术贸易合同相比,有自己明显的特色。这里,以快餐业中的特许经营为例,介绍一下特许经营协议的主要内容。

1. 特许的授予

授予人依据合同所规定的条件,许可被授人使用授予人的商标、商号和服务标志经营快餐业务。

特许期限为____年,自被授人的快餐店开始营业之日起计算。

特许的有效地域:以被授人的快餐店为圆心,以____公里为半径的圆面积。

2. 授予人提供的服务

授予人保证在特许协议的有效期内,尽力维持快餐店商誉,并向被授人提供下列服务:提供建筑物、设备、家具、装潢、标志的设计图纸与方案,并使其与授予人的快餐店相一致;在特许人的培训中心和快餐店内,为被授人提供开业培训;在被授人的快餐店内为被授人提供开业指导和协助;为被授人的快餐店的开业而进行市场促销活动;向被授人提供授予人的秘密的商业政策和经销指南、有关市场调研和促销的资料、提供烹饪技巧、食物处理方法以及新的饭店服务方式、标准化的财务、成本控制系统。

3. 特许费与其他费用

特许费的构成包括特许初付费和提成费。

在合同签署后的____天内,被授人须向授予人支付____元的特许初付费,其中包括____元的服务提供费,____元的开业促销费。

被授人每月须向授予人支付提成费,提成费率为销售额的____%。每月的提成费应于下一个月的第____日之前支付。

被授人每月还须向授予人支付广告和促销费,其数额为销售额的____%。每月的广告和促销费应于下一个月的第____日之前支付。广告和促销费将由授予人根据市场情况予以使用。

被授人应保证其财务账目准确完整。在每一财会年度结束后的____天内,被授人均须向授予人提交经公共会计师确认后的年度财务报表。授予人有权在适当时间查验被授人的财务账目,以核实其所报告的销售额的准确程度。

4. 人员培训

被授人自己或其指派的员工将在授予人的培训中心接受培训。培训的具体安排通过协议的附件加以规定。

5. 经营的标准及一致性

为了在产品、服务、外表和市场营销方面保持严格的一致性,以增进授予人与被授人的共同利益,双方同意:

未经授予人特别授权,被授人不得改变其快餐店的外部形象。

被授人将以授予人所允许的方式,在其快餐店的外面展示授予人的商号和商标。授予人将确定商号及商标标识的颜色、尺寸、设计及展示方位。未经授予人同意,被授人不得在这些标识上添加任何其他标识。

被授人将通过授予人或授予人指定的第三人购买或租赁设备及家具。这些设备和家具必须符合授予人的标准。合同附件所列的设备是被授人在其经营过程中必须使用的设备。被授人应保证这些设备始终处于良好的工作状态。

被授人必须严格按照授予人的配方标准来提供快餐店的食物。未经授予人许可,被授人不得出售任何其他食品、饮料或其他商品。被授人的快餐店所提供的食物必须使用印有授予人的商标和服务标志的容器。这些容器必须从授予人那里或授予人所同意的其他人那里购买。

除非授予人特别许可,被授人的快餐店的营业时间应为每天的＿＿＿点至＿＿＿点。

如果被授人准备从授予人或授予人指定的人之外的其他供货商处采购设备、食物、容器,必须给授予人足够的时间来确认这些替代供货商的合格性;授予人不得无理地阻止这种采购,除非这些采购物在外表、质量、尺寸以口味等方面不符合授予人的标准。

授予人及其授权的代表人或代理人有权进入被授人的快餐店,以查验被授人是否依据合同所规定的条件和标准从事经营。

6. 保险

被授人在合同有效期内将投保产品责任险,其中,应包括总额为＿＿＿＿＿＿＿元的人身伤害险和总额为＿＿＿＿＿＿元的财产损害险。

被授人将自己承担由快餐店的经营所引起的、针对第三人的任何赔偿责任和合同责任,并对任何起自财产损失、人身伤亡的索赔承担责任。被授人将使授予人不受前述赔偿请求或财产损失、损害的影响。

7. 合同转让

未经授予人同意,被授人不得向他人出售、转让本合同或本合同中的任何权利或利益。如果被授人死亡或丧失能力,授予人将允许依照遗嘱或法律规定,将合同利益转让给被授人的配偶、后嗣或其他血亲或姻亲,如果得到此种合同利益的人可以以令授予人满意的方式加以经营。

8. 特许的限定

被授人保证在合同的有效期内及合同终止之后,不直接或间接地否定或帮助他人否定授予人对其商标、商号及商业秘密的所有权的合法性,或以任何其他行为损害授予人的权利。

除本合同明确授予被授人的权利之外,本合同不得解释为授予被授人对授予人的商标、商号以及商誉具有任何其他的权利与利益。

被授人的广告宣传以及对授予人的商标、商号的其他方式的使用,不得包含任何有损授予人的公共形象的内容。

被授人只能以授予人允许的方式使授予人的商标、商号;未经授予人的书面授权,被授人不得在使用授予人的商标、商号时添加任何其他的文字或标记。

被授人确认,授予人的产品配方和经营方式构成授予人的商业秘密,授予人对其具有完全的财产权。被授人不得将其中的任何部分披露、复制、许可或出售给任何第三人;但被授人的雇员为工作需要可接触其中的有关部分。

被授人不得以授予人的代理人、代表人、合伙人、子公司、合资人或雇员的身份出现;被授人也无权以任何方式约束授予人或给授予人施加义务。被授人应在各种公开的文件中表明对其经营的快餐店的所有权,以及他仅是授予人的被授人。

9. 违约

在出现下列违约事件时,授予人有权解除合同:被授人破产或资不抵债;被授人不按期支付提成费或广告费;被授人不按期提交财务报告;被授人不遵守合同规定的标准;被授人在经营过程中违法或违背政府的有关规定;被授人停止经营或丧失对快餐店的建筑物的占有权;被授人违反本合同的其他规定,并且没有在接到授予人的书面通知后的____天内纠正其违约行为。

除上述条款之外,特许经营合同通常还会就被授人与授予人及其他被授人的竞争关系作出规定。例如,授予人可以要求被授人在合同有效期内以及合同终止后一定期限内,不得经营任何与特许经营合同项下的业务相同的业务;不得引诱授予人或其他被授人的雇员到其企业工作。此外,合同中还应包含合同更改、法律适用、争议解决等项条款。

四、国际技术贸易合同的履行

(一) 国际技术贸易合同履行的主要环节

国际技术贸易合同不仅期限较长,而且当事人之间的权利义务关系也比国际货物买卖合同具有更为丰富的内容,因此它的履行是一个十分复杂的过程。现择其要者分述如下。

1. 技术资料和其他软件的交付

依照合同规定的时间、地点和方式向受方交付技术资料和其他软件是供方的主要义务。国际技术贸易中通常包括机器设备或零部件的买卖,这些硬件的交付与国际货物买卖中的交付完全一致。但技术资料和其他软件的交付则不同于国际货物买卖的交付,其通常是由供方直接交给受方,或通过空运交付给受方。无论采用哪种交付方式,在受方实际收到技术资料和其他软件前,一切责任和风险都应由供方承担,只有当受方收到上述资料并签署了收据后,其风险、费用才移至受方。

在采用空运交付的形式时,供方应在资料发递后将合同号、空运提单号和日期、资料项目及编号、件数、重量、班机号及预计到达受方所在地机场的日期通知受方,以便受方接收上述资料。技术资料应有适于长途运输、多次搬运、防雨、防潮、防散失的坚固包装。包装内应附详细清单,标明文件序号、图号、名称、页数和总页数。包装封面应标明合同号、收货单位和收货人、目的地机场、运输标志、重量、件号、发运机场名称等内容。

由于技术贸易合同标的的真正价值不在于资料本身,而在于资料中所包括的技术内容,因此,如果技术资料在运输中发生损坏、短缺、丢失,受方可在合同约定的期限(如果合同未作约定,则应在合理期限)内要求供方予以补充或更换;供方不能免除继续给付的义务。如果供方未能按合同规定的期限将技术资料交付给受方,受方可依据合同要求其支付违约金,而且违约金的支付通常并不解除供方继续履行交付资料的义务。

2. 价金的支付

国际技术贸易中价金的支付可采用汇付、托收及信用证支付多种方式,但无论采用哪种方式,很少有受方将所有款项一次付清的,受方通常要根据供方合同义务的履行情况分阶段支付价款。在一次总算的情况下,受方可以根据合同规定在收到供方银行开具的保证函后先支付一部分预付款;在收到供方提供的技术资料后再支付一部分价金;其余部分(除合同规定的尾款外)可在供方完成对受方人员的培训及产品考核验收合格后按合同规定另行支付。如果技术的价金是以提成费的形式支付的,则买卖双方还要对价金的支付作出长期安排。

如果合同规定受方须向供方支付预付款,则受方通常会在进行支付之前要求供方提供下列单据:供方所属国政府出具的有效出口许可证影印件或供方所属国政府、商会或供方自己出具的不需要出口许可证的书面文件;形式发票、商业发票;即期汇票正、副本;供方银行出具的以受方为受益人、金额与预付款相同的不可撤销的保函。

在分期付款的情况下,受方每次付款的比例应与供方的合同履行情况相对应。在通常情况下,可在合同生效后30天内向供方支付合同总价款5%～15%的预付款;在收到供方的全部技术资料后向供方支付总价款的50%～60%;在供方完成技术指导、技术培训工作后,向其支付合同总价款的20%左右,在合同产品考核验收完毕时向供方支付总价款的15%左右。

受方可考虑在产品验收合格后的一段保证期内保留一部分尾款（合同总价款的5%～10%，暂不支付给供方），以约束供方履行其保证义务。供方通常不愿接受这种尾款安排，而要求在合同产品验收合格后得到全部价款。作为一种妥协，供方可请一家银行向受方出具一份数额与尾款相同的银行保函。对于受方来说，银行保函也可约束供方履行其保证义务，所不同的是，接受银行保函与保留尾款相比，受方会有利息损失。

3. 技术培训

如果技术贸易合同中包含供方为受方提供技术培训的内容，则应在合同生效后，对人员培训作出安排。在派出培训人员之前，受方应将培训人员的人数、专业情况等通知供方，供方应在一定时间内提出培训计划通知受方，并应协助受方办理有关入境手续。培训费用及其他有关费用的负担应按合同规定支付。供方应使受方人员到正在使用合同所规定的技术的供方企业或其他有关企业进行培训。供方应向受方人员全面传授合同规定的技术与管理方面的知识，并应在培训期间向受方的培训人员提供工作所必要的试验仪器、生产工具、技术资料及防护用品等。在住房、医疗、交通等方面，供方也应为受方人员提供一定的便利。受方的培训人员则应遵守供方所在国的法律，按照计划的规定接受培训。

4. 技术服务

在实践中，供方通常还要为受方提供技术服务。这种服务包括为受方解释说明所提供的资料，帮助受方进行设备的安装、调试、操作和进行质量管理，并协助解决生产中出现的技术问题。供方应在合同规定的时间或根据受方的要求向受方派遣有经验的、技术熟练、身体健康的技术服务人员。受方应为这些人员的入境办理有关手续，并为他们的工作及生活提供方便条件。技术服务的任务、内容和大体工作量应事先在合同中或在专门的技术服务协议中作出相应规定。技术服务的费用可包括在技术贸易的总价金中，也可另行规定。受方应采取措施保障供方人员的人身安全，供方人员应遵守受方所在国的法律及受方的内部规章制度。

5. 设备验收

验收主要是指对相关设备及合同产品的验收。国际技术贸易通常包含关键设备（合同设备）的购买，因此，合同中要规定设备的验收问题。国际技术贸易的目的是使受方能生产出合格的产品（合同产品），所以，产品的验收更为重要。为了保证验收的顺利进行，合同中应规定供方须向受方提供的各项标准，这些标准通常包括：合同设备的标准；合同产品的设计、制造、试验、检验标准；元器件的技术标准。供方所提供的标准可以是供方现行企业标准、供方国家标准或国际标准。供方应按标准设计、制造、试验、检验合同设备；受方应按标准生产合同产品。

如果合同所规定的设备需要订制，则在设备的制造过程中，受方可派遣技术人员前往进行质量监督、最终试验和检验。受方派人监造并不能代替设备抵达受方工厂后的检验,不能免除供方在规定期限内承担的义务和责任。在合同设备抵达受方工厂之后,受方应按合同规定的技术标准对设备逐一开箱检查,供方应派员会同检验。如果供方不能派员参加检验,受方可请当地商检机构派人检验。如果发现问题,受方可凭检验文件要求供方予以更换、修理或补齐。合同设备的安装、试车应在供方技术人员的现场指导下进行。安装试车达到合同规定的标准后,双方应签署安装试车证书一式两份,双方各执一份。

合同应对合同产品考核验收的内容、方法和要求、考核所依据的技术标准、考核地点、时间安排等作出明确规定。必要时应单列附件,详细说明。考核时,应有双方人员在场,由双方人员组成的考核验收小组主持进行。经考核证明合同产品的性能符合合同规定,即通过验收,双方联合签署考核验收证书。如果考核失败,可根据合同规定安排第二次、第三次考核。每次考核失败后均应分清各方的责任,并就下次考核的有关问题达成协议。下次考核之前发生的修理费、更换费、运输费,考核时所需的材料费、工时费,供方派出人员的技术服务费和其他有关费用,应按各方的责任比例,由双方或一方承担。

如果双方当事人对验收失败的责任承担或后果处理不能达成一致意见,则需要根据合同争议解决条款的规定,诉诸仲裁或诉讼程序。

(二) 国际技术贸易合同履行的担保

由于国际技术贸易合同的履行期限较长、当事人的权利义务关系复杂,所以,同国际货物买卖合同比较起来,各方当事人都承担了更多的风险。为了保障国际技术贸易合同的顺利履行,避免可能发生的风险,合同当事人往往要求对方为合同的履行提供担保措施,而银行保函便是最常采用的一种担保形式。

银行保函即是由银行所开具的保函;所谓保函,是一种以款项支付为手段的信用担保,其作用在于保证债务人的债务的履行。国际技术贸易中的银行保函可分为供方银行向受方出具的银行保函和受方银行向供方出具的银行保函。

供方银行向受方出具不可撤销的保函,通常是保证供方按照合同规定向受方交付资料(及设备);如果供方违约,受方可依据保函向保证行索取一定数量的金额。这种保函通常是在受方需要预付一部分价款时而要求供方开出的,凭供方银行的保函,受方才预付款项。供方银行出具的保函通常采用下述格式:

受益人:_____ 公司(甲方)
日期:

就贵公司(以下简称甲方)与_____公司(以下简称乙方)于____年__月__日签定的有关乙方向甲方转让_____产品的专有技术、金额为_____美元的_____号合同(以下简称合同),我们应乙方要求在此开立以贵公司为受益人的金额为合同总价___%,即美元____元的_____号不可撤销的保证函,其金额将随每批资料的交付减少百分之__即____美元。

我行在收到甲方的书面通知说明乙方在合同生效后____个月内,未能按合同附件____的规定履行其交付资料的义务后____天内,愿将上述金额连同按年利____%的利息一起支付给甲方。

本保证函自出具之日起生效,在乙方全部交付完本合同附件____所规定的资料后即告失效。

（乙方银行签字）

受方银行向供方开具不可撤销的保证函,通常是为了保证受方能够如期履行付款义务。受方银行出具的保函通常采用下列格式：

受益人：_____ 公司（乙方）

日期：

就贵公司（以下简称乙方）与_____公司（以下简称甲方）于_____年__月__日签定的有关甲方从乙方受让_____产品的专有技术、金额为_____美元的_____号合同（以下简称合同）,我们应甲方要求在此开立以贵公司为受益人的金额为合同总价__%,即美元_____元的_____号不可撤销的保证函。

合同总价的____%已由甲方先行支付给乙方。

在乙方按合同规定履行其义务而甲方未能按合同第____条规定的条件付款给乙方的情况下,我行在收到乙方的书面通知后的__天内,将甲方应付给乙方的有关金额连同年利__%的利息付给乙方。

按合同____条的规定,如有任何应由乙方付给甲方的违约金或赔款时,甲方有权按合同第____条的规定从任何付款中扣除。

本保证函自出具之日起生效,在甲方支付完最后一笔付款后即告失效。

（甲方银行签字）

国际经济交往中的保函同传统意义上的保证担保有所不同。传统意义上的保证担保具有从属性和补充性。所谓从属性是指依据保证所建立起来的合同关系从属于主合同关系,保证人和债务人享有同样的抗辩权;所谓补充性是指保证人只承担第二债务人的责任,只有当主债务人不履行或无法履行其义务时,保证人才承担代为履约或赔偿的责任。国际经济交往中的保证则使得保证担保成为一项独立的承诺。保函一经出具,保证人就向债权人作出了一种赔偿保证。只要债权人能满足保函所规定的条件,保证人就必须履行偿付责任。由于保函是一项独立的承诺,所以,保证人也随即承担了第一性的付款责任。当主债务人未能履行其债务时,只要债权人能提供保函所规定的书面索赔文件,保证人就须承担偿付责任,而不享有先诉抗辩权。

我国《民法典》对两类保证担保均作出了规定。《民法典》第六百八十七条规定:"当事人在保证合同中约定,债务人不能履行债务时,由保证人承担保证责任的,为一般保证。一般保证的保证人在主合同纠纷未经审判或者仲裁,并就债务人财产依法强制执行仍不能履行债务前,有权拒绝向债权人承担保证责任,但是有下列情形之一的除外:(1)债务人下落不明,且无财产可供执行;(2)人民法院已经受理债务人破产案件;(3)债权人有证据证明债务人的财产不足以履行全部债务或者丧失履行债务能力;(4)保证人书面表示放弃本款规定的权利。"《民法典》第六百八十八条规定:"当事人在保证合同中约定保证人和债务人对债务承担连带责任的,为连带责任保证。连带责任保证的债务人不履行到期债务或者发生当事人约定的情形时,债权人可以请求债务人履行债务,也可以请求保证人在其保证范围内承担保证责任。"

除银行保函之外,备用信用证也是国际技术贸易合同当事人所经常使用的一种履约担保形式。备用信用证是保证人(开证行)应申请人(开证人)的要求向受益人作出的一种书面的无条件付款承诺。在受益人出示备用信用证及备用信用证规定的索赔单据后的一定时间内,保证人即须向受益人支付证下规定的款项。备用信用证最初应用于美国。由于美国联邦及大多数州的法律都禁止银行为其客户开具保函,所以,许多银行就以备用信用证来代替保函。目前,以备用信用证来为客户提供担保的方式已为许多国家的银行所采用。

目前,备用信用证已受国际商会《跟单信用证统一惯例》(UCP600)所规范。同作为支付工具的一般信用证一样,备用信用证的基本特征也在于它独立于基础合同交易。即使备用信用证中含有关于基础合同交易的任何援引,开证行也与该基础合同无关,不受其约束。由于备用信用证独立于基础交易合同,因此,开证行应对受益人满足付款条件后承担第一位付款责任。但在实践中,受益人并不是在其有权获得基础合同项下的某种支付时,就可立即依据备用信用证要求开证行支付,而是要求申请人首先支付;只有在申请人拒绝支付或无力支付时,受益人才可依据备用信用证及其规定的索赔单据,要求开证行向其支付约定的款项。一般的跟单信用证所要求的都是正本货运单据,而作为履约担保手段的备用信用证,通常仅要求可由受益人任意出具的书面陈述(Written Statement),表明申请人已经违约,同时加附汇票。

(三)国际技术贸易的违约救济

国际技术贸易合同的当事人不履行合同或不适当履行合同即构成违约。同其他类型合同的违约救济一样,国际技术贸易合同的违约救济方式也包括损害赔偿、违约金、实际履行和解除合同等。

1. 损害赔偿

在国际技术贸易领域,赔偿损失也是一种基本的违约救济方式。在受方违约的情况下,赔偿损失通常表现为向供方支付应付款项及延迟付款的利息;在供方违约的情况下,赔偿损失的内容则可能是多种多样的,因为供方违约的表现要比受方违约复杂得多。经常出现的情况包括:供方所提供的技术完全无法达到合同所规定的标准;供方提供的技术未能达到合同规定的标准,却可以生产出受方可接受的产品;供方提供的技术未能在合同规定的期限内达到合同规定的标准等。在各种情况下,受方都可要求供方为其违约行为作出赔偿,而无论受方是否有权并且已经解除合同。

2. 违约金

为了便于在违约出现时非违约方可以迅速得到救济,合同当事人可在国际技术贸易合同中对违约金加以约定。例如,合同可规定在下列情况下,供方应向受方支付的违约金数额或计算方法:当合同设备的生产能力低于合同规定标准时;当合同产品的合格率低于合同规定标准时;当合同设备或合同产品的污染指标超过合同规定标准时;当设备的能耗或合同产品的物耗超过合同标准时;当合同设备的生产效率无法达到合同标准时;当合同产品的综合指标低于合同标准时;当合同产品中化学有害物质超过合同标准时。对于在保证期内,由于供方责任而需停产、更换、修理设备仪器者,也可约定供方所应支付的违约金的数额或计算标准。

3. 实际履行

在实践中,强制履行并非一种通常采用的违约救济方式。例如,当受方拒绝按照合同规定向供方支付款项时,供方当然可以请求法院强制受方履行付款义务,但供方更倾向于采取的措施应该是要求保证人依照保函规定向其支付款项。当供方拒绝向受方交付技术资料或以其他方式传授技术时,受方也应有权要求供方实际履行其合同义务(即使依据英美法,实际履行也应该是一种可请求的救济方式,因为一项技术通常是独一无二的),但考虑到这种请求的实施难度及其后果的不确定性,受方也许更倾向于要求供方赔偿其损失。实际履行这种救济方式,大概只有在一方当事人不完全履行其合同义务时才适于采用。

4. 解除合同

为了避免一方的违约行为给对方当事人造成更大的损失,国际技术贸易合同的当事人可事先约定解除合同的条件,例如在合同中规定:"如供方迟延交付技术资料超过 6 个月,受方有权解除合同。"即使合同中没有约定解除合同的条件,一方当事人也可以基于法律的规定而宣告解除合同。宣告解除合同通常只是最初采用的违约救济方式,解除合同并不影响解约人要求违约方赔偿其损失的权利。

第四节 国际技术贸易的政府管理

一、概述

国际技术贸易的政府管理是指各国政府以主权者的身份对国际技术贸易活动所施加的各种影响。

第一,国际技术贸易的政府管理是指政府以第三人的身份对技术交易的当事人的行为加以影响,而政府可以施加这种影响的根据在于政府是代表国家行使主权的。依据国家主权原则,一国政府可以对发生于本国的或由本国人从事的以及影响到本国利益的经济行为实施管辖。

第二,国际技术贸易的政府管理基本上是由不同国家的政府依据各自国家的政策和法律而分别进行的。尽管国际社会曾致力于确立调整国际技术贸易关系的统一立法,但至今仍收效甚微。现存有效的国际条约主要涉及知识产权保护问题,而对国际技术贸易活动的调整,主要由各有关国家依据其本国立法予以实施。

第三,国际技术贸易的政府管理包括各有关国家对国际技术贸易活动所实施的各个方面、各个层次的影响,既包括对国际技术贸易的鼓励,也包括对国际技术贸易的限制;既包括对交易标的的法律地位的确认,也包括对交易方式的规制;既包括对本国人的有关行为的管理,也包括对有关的外国人的行为的管理。

因为国际技术贸易的政府管理体现为主权者的要求,所以这种管理是不容规避的;因为国际技术贸易的政府管理基本上是由各个国家分别实施的,所以这种管理可能是相互冲突的;因为国际技术贸易的政府管理渗透到国际技术贸易的各个领域、各个层次,所以这种管理又是国际技术贸易的当事人时时、处处必须面对的。研究国际技术贸易法不能不对政府管理方面的法律问题予以特别的注意。

与国际货物买卖的政府管理相比,国际技术贸易的政府管理具有明显的特点。如果说国家对货物进出口的限制经常是出于经济利益的考虑,那么一国对国际技术贸易的限制则更多地带有政治上的色彩。商人们的经济利益经常在政府的"保障本国的国家安全""贯彻本国的外交政策"等口号下作出让步。

因政府对国际技术贸易实施管理而经常引起非议的是基于非经济原因(主要是"保障本国的国家安全"和"贯彻本国的外交政策")对国际技术贸易,特别是技术出口所实施控制的场合,因此,实施此类管理的实际效果如何就受到特别的关注。在考察这类政府管理的效果时,主要应考虑两个因素:一是实施这种管理的目标能否达到,二是为实现这一目标所付出的代价是否适宜。

在多数情况下,实施非经济原因的政府管理是为了阻止特定国家(目标国)通过贸易手段获得本国的技术,并进而影响目标国的行为。因此,目标国能否获得实施控制的技术是衡量这种控制是否有效的主要依据。在考虑这一问题时又有两个因素必须注意，一是目标国能否研制出替代技术；二是目标国能否以正常的代价从其他国家获得受控的技术。关于第一个问题，我们知道，对于那些自然资源丰富、工业门类比较齐全、具有一定技术基础的国家来说，在受到控制的情况下开发出某种技术以生产出替代商品往往是可以做到的事情。如世界上的一些国家基于政治目的对我国进行经济封锁时，就曾逼迫我们生产出许多替代物品。如果受到控制的技术确属目标国无力自行开发替代的，那么就需要考虑第二个问题：这种技术或类似的技术是否可由目标国从其他国家以合理的代价获得。这里又进一步涉及两个相关的问题，一是其他国家是否拥有相同或近似的技术；二是这些国家是否愿意同实施控制的国家进行合作。如果对第一个问题的回答是肯定的，同时对第二个问题的回答是否定的，那么实施的控制就很难取得实际的效果。我们可以以美国对华实施的技术出口控制为例。20世纪四五十年代，美国对中国技术出口的控制应该说是较有成效的，因为当时的美国有能力垄断大量的先进技术和相应的产品，而且美国发起的对社会主义国家的出口控制得到了其他一些国家（主要是巴黎统筹委员会，即"巴统"的成员国）的支持。但在最近的几十年，美国对华所实施的技术出口控制却再也很难取得以前那样的效果。这是因为，第一，美国的技术垄断地位在很大程度上已不复存在，大量的先进技术和相应产品都可以从其他国家获得；第二，在"巴统"解散之前的相当长的一段时期内，这个机构的成员国即已开始在对社会主义国家实施出口控制方面离心离德。日本和西欧国家在制定其出口控制清单时总是贯彻着比美国较为宽松的政策。这样，当美国为政治和外交意图而对中国实施技术出口控制时，中国却可以从其他国家获得被控制的技术。1980年前后，当美国政府不准其企业向中国转让核技术时，这些企业却眼睁睁地看着我国筹建的金额达上亿美元的广东核电站项目落入法国人之手。其实，美国在制定其出口控制政策时，也一直都在考虑目标国能否从其他国家获得被控制的商品，以及寻求国际合作问题。美国的《1969年出口管理法》更是明确规定了"国外可得"（foreign availability）问题。该法规定，对于那些从其他国家可以不受限制地获得的数量充足、质量近似的商品，政府不得以"保障国家安全"为由而实施出口控制。但是，该法又留了一个很大的空隙，它允许即使在存在"国外可得"时，总统也可以实施出口控制，"如果总统有充分的证据说明，不实施这种控制会对国家安全造成重大的危害"。正是由于这一例外条款的存在，使得美国政府得以在频频存在"国外可得"的情况下，仍以保障国家安全和贯彻外交政策为由严格地实施出口控制。

在具备"国外可得"的情况下实施政府控制，就很难对目标国产生实质性的影响。这时实施控制的政府只能是在表明一种姿态、一种立场。表明姿态或立场也可以看作是政府控制的一种效果，而且，一个国家显然有必要就某些重大问题表明自己的立场。问题在于，以限制国际技术贸易（主要是限制本国技术出口）的方式来表明本国的立场是否适宜。这里,我们不能不考虑实施这类控制所付出的代价。首先,从经济利益上看,实施这类控制的国家往往要为此付出很大的牺牲。这种牺牲不仅表现为技术未能出口所带来的直接损失,也包括其他一些方面的间接损失。例如由于考虑到该国严格的出口限制政策,潜在的用户会转向其他国家,而使得实施控制的国家的企业失去很多的交易机会。对于实施控制的国家的出口商来说,这意味着利润和再投资机会的减少;对工人来说则意味着工资的降低和失业机会的增多;与出口行业相关的企业也会受到相应的影响。而且,某些技术的出口往往意味着今后一系列的交易,例如设备零部件的提供、技术的更新、买方职工的培训以及技术服务的提供等,因此,禁止一项交易可能意味着一系列交易的丧失。以牺牲上亿美元的交易来表明一种姿态,这很难说是一种适宜的政府控制的效果。为表明姿态所实施的政府控制不仅会牺牲很大的商业利益,而且通常还要付出其他的代价。例如,一国在为表明某种立场而实施政府控制时,往往需要寻求其他国家的合作,如果其他国家不肯进行这种合作,那么它们之间的关系就可能出现裂痕。20世纪80年代初期,美国因为不满意苏联在阿富汗和波兰的所作所为,禁止美国私人及公司所拥有或控制的(包括外国的)实体向苏联提供与石油和天然气的勘探、开采相关的技术和设备。美国禁令的效力扩展到美国人所控制的外国的公司,从而使得一些外国(主要是西欧国家)政府迅速作出反应。西欧国家并不赞成美国对苏联天然气管道工程所持的立场,因此,它们要求本国(受美国人控制的)公司不得理会美国政府的禁令,而必须履行与苏联方面签定的各项合同。美国与西欧国家在这次出口控制问题上的冲突在世界上产生了广泛的影响。它不仅伤害了美国与西欧国家之间现存的关系(为修补这种关系,美国政府后来不得不作出了一定的让步,例如撤销了一些制裁措施),而且还会在一定程度上影响美国与西欧国家未来在国际社会中的地位。从法律制度方面看,这是美国寻求其法律域外适用而受到激烈抵制的一个典型事例,从而必将影响美国今后的法律域外适用的实践。这一切都是美国为表明一种姿态所实施的政府控制所付出的代价。这种代价实在是过于沉重,因为表明一种姿态是有多种方式可以选择的。此外,一国为实施政府控制所采取的不加节制的措施可能给以普遍性国际贸易条约为表现的国际贸易体制带来破坏,而这种国际贸易体制的稳定性是各个国家,包括实施政府控制的国家所努力期待的,这也是不能不予以考虑的一种代价。

  国际技术贸易虽然也是一种贸易行为,但与国际货物贸易相比,国际技术贸易又有许多自身的特点。这些特点决定了政府对国际技术贸易的管理必须有别于对国际货物贸易的管理。第一,国际技术贸易的标的通常为某种技术的使用权,而不是这种技术所生产的产品本身,这就使得技术输入方可能获得在该产业领域跳跃发展的机会,所以,无论是技术交易的双方还是技术输出国和技术输入国,对国际技术贸易的管理都表现出格外的重视和谨慎。第二,国际技术贸易的标的是无形财产,这就决定了政府无法通过关税征缴的方式来对技术的进出口施加控制,而必须考虑采用合同审批的办法或许可证发放的方法。第三,对于技术供方来说,出让技术使用权所承担的最直接的风险是可能培养出一个与自己竞争的对手,因此,它的首先选择应该是出让那些它不准备继续使用的技术;而当它所出让的技术的受方将会对自己产生竞争的威胁时,它便可能对技术受方的生产经营活动施加某种限制,从而消除或在一定范围或程度上削弱这种竞争。对于这种限制市场竞争的行为,各国政府,特别是技术输入国政府不能不加以约束。第四,由于国际技术贸易所涉及的知识产权通常受到严格的地域限制,在一国所获得的知识产权在另一国家并不当然地受到承认和保护,因此,为了保障国际技术贸易的顺利进行,必须解决知识产权的国际保护问题。政府虽然无法通过征收关税的方式来约束技术的进出口,但可以通过制止侵犯他人知识产权的商品进出关境的方式来保障国际技术贸易当事人合法权益的实现。

二、国际技术贸易的合同管理

国际技术贸易作为一种国际商业交往形式,一定要通过合同关系来加以实现。因此,一国政府若想对国际技术贸易实施有效的控制或管理,那么最有效的方式便是对技术贸易合同实行管理。

各国政府对技术进出口合同关系进行干涉的首要原因是为了保证本国的整体利益不受伤害;此外,政府对合同关系的干涉还可以起到维护本国的当事人的利益的作用。合同所确定的当事人之间的权利义务关系是当事人之间协商的结果,如果完全没有外来干涉,这种权利义务关系显然会更多地体现谈判力量较强的一方当事人的意志。所谓的谈判力量是一种综合实力,它包括一方当事人所具有的经济、技术实力,也包括其所掌握的市场信息、谈判技巧等因素。在国际技术市场上,发展中国家的当事人通常处于较弱的谈判地位,为了减轻这些不利条件所带来的劣势,发展中国家往往更注重对技术进出口合同关系的干涉。通过这种干涉,可使具有较强谈判力量的当事人看到他们通过合同谈判所能获得的利益的极限(例如提成率最高为5%),从而不再期望迫使对方当事人作更多的让步。

政府对国际技术贸易合同的管理可分为审批制和登记制两种。所谓审批制是指技术进出口合同以政府的批准为生效条件;所谓登记制是指技术进出口合同的当事人须就所签订的合同到特定的政府部门办理登记手续,虽然合同的效力不以政府对合同内容的认可为前提,但政府可根据登记的内容对合同的履行进行监督,或者在登记过程中即对合同内容的变更提出建议,而当事人对这种建议显然需要给予足够的重视。

在对技术进出口合同施加管理的具体方式上,发达国家与发展中国家之间存在着一定的区别。一般说来,在技术进口方面,发达国家所施加的管理通常表现为一种事后的或被动的控制,也就是说,政府一般并不主动地介入技术交易,不具体审查技术引进合同的内容,而只有当一项交易的合法性被人提出质疑时(政府有时也会根据有关线索而主动发起对某项交易的合法性的调查),政府才会对这一交易进行实际的审查,根据审查的结果作出处理意见。而发展中国家对技术进口的限制则表现为一种事先的和主动的控制,这种控制一般表现为技术引进合同审批或登记制度。技术引进合同以政府的许可作为生效的条件。通过合同审批程序,政府就可以对技术的进口实行普遍的管理和控制,从而较好地实现有关的立法意图。在技术出口方面,发展中国家通常也实行合同的审批制,而发达国家则通常以许可制来对合同实施控制。

技术合同的审批制由于是以政府的批准作为合同生效的条件,因而是对技术进出口合同所进行的最为直接的管理。许多发展中国家都曾经要求技术进出口合同,特别是技术进口合同须报政府审批。联合国贸发会议曾号召发展中国家设立全国性的技术发展与技术转让中心,作为政府对技术转让进行监督与管理的机构,而这一机构的重要职能之一就是技术转让协议的登记、估计和批准。从多数国家的实践看,技术引进合同的审批制度主要包括两方面的内容,一是关于审批程序的规定,二是关于审批标准的规定。

一些发展中国家对技术引进合同加以区分,某些种类的技术引进合同须报政府审批,而其他的技术引进合同则只要求报政府有关机构备案。阿根廷1981年3月制定的技术转让法规定:由外国资本提供资金的当地企业与直接或间接控制它的企业,或与后者的其他子公司订立的技术引进合同须报政府主管部门审批;而其他的技术引进合同则须报政府主管部门备案。这种有选择的合同审批制似乎更具有合理性。它一方面可保证国家的整体利益不受侵害,另一方面又可避免商业行为成为政府行为的附属,避免市场条件在政府行为的干预下而过分扭曲。

技术进出口合同的审批制,从严格意义上讲,应指合同以政府的批准作为生效条件,但也有的国家规定,是否经过政府批准并不影响合同的效力。但事实上,一项合同如果未被政府批准,那么它在这一国家其实是无法被履行的。例如,印度的法律曾规定,如果一项技术引进合同未获政府批准,那么,外国的技术提供者便不能从印度汇回利润、提成费或其他根据技术转让合同所应得的款项;阿根廷的技术转让法虽也规定,未经批准的合同仍有效力,但受方不得从其纳税申报额中扣除他应支付给供方的款项,而根据技术转让协议所支付的全部价款则视为供方所得的净利润。规定技术进出口合同必须报政府机构审批,但又不以此作为合同生效的要件,而是通过控制价款汇出等方式使得合同无法实际履行,这其实同另一些国家所实行的合同登记制具有同样的效果。

技术进出口合同的登记制与审批制的区别在于合同不以政府批准作为生效的

要件，但通过登记程序政府可以对合同内容施加影响，可依据登记内容对合同履行进行监督，对于当事人不申请登记或政府拒绝予以登记的合同，政府还可以通过控制价款汇出等方式而实际地阻止合同的履行。合同的审批制可以使得不能令政府满意的合同无法取得法律效力，合同的登记制则可以使不能令政府满意的合同无法实际履行，因而这两种制度的实际效果是大致相同的。

我国曾长期实行技术进出口合同审批制，所有的技术进出口合同必须经过政府机关的批准方能生效。根据国务院 2001 年 10 月 31 通过的《中华人民共和国技术进出口管理条例》的规定，我国的技术进出口合同审批制已被技术进出口许可制所取代。

三、国际技术贸易的许可证管理

政府可以通过许可证发放的方式，即要求技术的进出口须取得特定政府部门的许可的方式，来对国际技术贸易施加控制。这种方式虽然不表现为政府对技术进出口合同的效力的直接控制，但却可以在事实上决定合同能否得以履行。在这方面美国积累了一定的经验。

在第二次世界大战结束之前，美国并没有一般地限制出口贸易的法律。政府无权在和平时期对出口贸易施加限制。第二次世界大战结束之后，随着轴心国被击败，盟国之间的意识形态的冲突开始加剧，东西方两大阵营的界线日见明朗。以美国为首的西方国家十分害怕共产主义向西方蔓延，并认为，通过限制同东方国家的贸易，可使得共产主义更容易被扼制。在这种思想的指导下，美国国会通过了第一部限制和平时期的出口贸易的法律——《1949 年出口控制法》（*Export Control Act of 1949*）。该法授予美国总统广泛的干预对外贸易的权力。该法规定，为了维护美国的经济利益、外交政策和国家安全，美国总统可以禁止和限制任何物品和技术资料的输出。尽管当时的这一立法只具临时性质，原定于 1951 年失效，但由于后来东西方两大阵营的冲突有增无减，这一出口控制法的效力便一直维持了下去。到了 20 世纪 60 年代末，随着东西方关系的改善，美国的出口控制也开始出现转变。1969 年，美国国会以《出口管理法》（*Export Administration Act*）取代了《1949 年出口控制法》。就像名称所显示的那样，与《1949 年出口控制法》相比，《出口管理法》体现了美国对出口贸易管制的松动。出口控制已不再是一种临时性的、特别的法律措施，而成为一种日常的、规范化的政府管理货物和技术出口活动的手段。

2018 年 8 月 13 日，美国时任总统特朗普签署了《2019 财年国防授权法》（*The National Authorization Act for Fiscal Year 2019*），其中的第十七章 B 部分为《出口管制改革法》（*The Export Control Reform Act*），该法又由《2018 年出口管制法》

(The Export Controls Act of 2018)、《2018年反抵制法》(Anti-Boycott Act of 2018)和"执行机关"(Administration Authority)三部分组成。其中的《出口管制法》废除了美国《1979年出口管理法》第11A、11B、11C节之外的其他条款,成为《出口管理条例》(ExportAdministration Regulations)新的法律依据。

美国总统及商务部依据《出口管制法》所实施的出口管理是对军民两用物品的管理;对于军用品、原子能等方面的物品的出的控制,则由总统和其他政府部门依据其他有关法律进行。通常所说的美国出口控制是指商务部作为主管部门的"商业出口管制"。美国商业出口管制的核心制度是许可证制度,该制度既适用于货物出口管理,也适用于技术出口管理,而该项许可证制度的实施要借助于两份清单,即物品清单和国家清单。所谓物品清单即为美国商务部下属的工业与安全局(Bureau of Industry and Security, BIS)制定的接受出口控制的《商业管制清单》(Commercial Control List, CCL),不同物品的出口接受控制的严格程度不尽相同。所谓国家清单是指BIS确定的"商业国家图表"(Commerce Country Chart, CCC)。相同物品出口到不同国家所受到的控制也不一样。CCC将不同国家分为五个组别。其中,E组国家被称作"支持恐怖主义国家",对这些国家的出口所受到的管制最为严格。中国目前被列于D组,被认为是对美国存在潜在威胁的国家。有200种以上的商品在出口到中国之前需要事先申请许可证。美国出口商在出口技术时必须查看物品清单和国家清单,以明确该项出口是否需要事先申领许可证。

值得注意的是,美国出口控制所涵盖的物品既包括位于美国境内的所有物品,也包括所有原产于美国的物品(无论其位于世界何地),还包括含有(incorporate)受管制的美国原产产品的外国制造货物,与受管制的美国原产软件相"捆绑"(bundled)的外国制造软件,与受管制的美国原产软件混合(commingled)的外国制造软件以及与受管制的美国原产技术相混合外国技术。此外,美国出口管理法意义上的"出口",既包括通常含义上的出口(export);也包括再出口(reexport),指从美国出口至进口国的管制物项,从进口国再次出口至第三国;以及之后的任何再次出口;还包括视同出口(deemed export),例如,在美国境内将受管制的技术向外国人以视觉、口头或书面等方式披露;以及视同再出口(deem reexport),例如在他国向外国公民泄露受管制的技术。

如前所述,我国曾长期实行技术进出口合同审批制度,所有的技术进出口合同都必须经政府批准方能生效。这种合同审批制度虽说是一种有效的进出口管理方式,但在许多情况下却是无谓地增加了企业和政府的负担,制约了国际技术贸易的开展。1994年制定的《对外贸易法》将技术进出口的合同审批制改为许可制。该法的第三章规定,对于进出口的技术应分为准许自由进出口、限制进出口和禁止进出口三类;对于限制进出口的技术实行许可证管理。根据这一规定,1998年6月10日国务院制定的《中华人民共和国核两用品及相关技术出口管制条例》规定了核两用品及相关技术出口的许可证管理制度。该条例要求,从事核两用品及相关技术出口的经营者,须经对外贸易经济合作部登记。未经登记,任何单位或个人不得经营核两用品及相关技术出口。在出口《管制清单》所列的核两用品及相关技术时,应向对外贸易经济合作部提出申请,并提交有关文件。对外贸易经济合作部应自接到申请之日起,会同国家原子能机构或者会同国家原子能机构商国务院有关部门,涉及外交政策的,并商外交部,进行审查,并在45个工作日内作出许可或者不许可的决定。核两用品及相关技术出口时,出口者应当向海关出具出口许可证,依照海关法的规定办理海关手续,并接受海关监督。2001年10月31日国务院制定的《中华人民共和国技术进出口管理条例》更是对技术进出口的许可证管理制度作出全面规定。根据该条例的规定,"国家准许技术的自由进出口;但是,法律、行政法规另有规定的除外"。属于禁止进出口的技术,不得进出口;属于限制进出口的技术,实行许可证管理;未经许可,不得进出口。进出口属于限制进口的技术,应当向国务院外经贸主管部门提出技术进出口申请并附有关文件。国务院外经贸主管部门收到技术进出口申请后,应当会同国务院有关部门对申请进行审查,并自收到申请之日起30个工作日内作出批准或者不批准的决定。技术进出口申请经批准的,由国务院外经贸主管部门发给技术进出口许可意向书。进出口经营者取得技术进出口许可意向书后,可以对外签订技术进出口合同。进出口经营者签订技术进出口合同后,应当向国务院外经贸主管部门提交技术进出口合同副本及有关文件,申请技术进出口许可证。国务院外经贸主管部门对技术进出口合同的真实性进行审查,并在规定工作日内,对技术进出口作出许可或者不许可的决定。技术进出口经许可的,由国务院外经贸主管部门颁发技术进出口许可证。技术进出口合同自技术进出口许可证颁发之日起生效。申请人在办理外汇、银行、税务、海关等相关手续时须出具技术进出口许可证。

2020年10月17日制定的《中华人民共和国出口管制法》进一步完善了我国的技术出口许可制度。根据该法规定,"国家实行统一的出口管制制度,通过制定管制清单、名录或者目录(以下统称管制清单)、实施出口许可等方式进行管理。""出口管制清单所列管制物项或者临时管制物项,出口经营者应当向国家出口管制管理部门申请许可。出口管制清单所列管制物项以及临时管制物项之外的货物、技术和服务,出口经营者知道或者应当知道,或者得到国家出口管制管理部门通知,相关货物、技术和服务可能存在以下风险的,应当向国家出口管制管理部门申请许可:(1)危害国家安全和利益;(2)被用于设计、开发、生产或者使用大规模杀伤性武器及其运载工具;(3)被用于恐怖主义目的。""国家出口管制管理部门综合考虑下列因素,对出口经营者出口管制物项的申请进行审查,作出准予或者不予许可的决定:(1)国家安全和利益;(2)国际义务和对外承诺;(3)出口类型;(4)管制物项敏感程度;(5)出口目的国家或者地区;(6)最终用户和最终用途;(7)出口经营者的相关信用记录;(8)法律、行政法规规定的其他因素。"出口经营者违反上述规定将承担相应的法律责任。

四、国际技术贸易的竞争管理

在国际技术贸易领域中,限制性商业行为一直是各方当事人无法回避的问题,同时也是有关国家所密切关注的问题。

国际技术贸易中的供方通常都会要求受方在技术贸易合同中接受一些限制性商业条款。之所以会出现这种情况,主要有以下两方面的原因:第一,技术的供方必须考虑技术出让之后可能带来的竞争方面的后果,因为技术的受方利用受让的技术所生产的产品不仅会在受方所在国的市场上销售,也可能销售到供方原先所保有的其他市场,甚至销售到供方所在国的市场。因此,技术的供方便会很容易地选择通过限制对方的商业行为的方式来保持自己的有利地位。第二,国际技术贸易的标的通常是具有法定的或事实上的独占权的技术,因此,技术的供方对受方的商业活动所施加的限制较容易被受方接受,而且这种限制并不当然成为有关国家的法律的禁止对象。国际技术贸易从法律角度上观察,其实是某种独占权的分割,而这种独占权或者是法律所直接确认的,或者是事实上存在并由法律所保护的。既然是一种受到法律确认或法律保护的独占权,既然是权利人可以完全排除他人予以行使的权利,那么,权利人在允许他人同自己分享这一权利时,自然可以确定这种权利的分享方式,规定对方当事人可在何种条件下取得行使这种权利的权利。正因为如此,技术的受方对供方所提出的限制性商业条款,通常会考虑接受;而受方所属的国家对这种限制性商业行为也并不是一概予以禁止的。

国际技术贸易中常见的限制性商业行为主要有以下几种。

(1) 搭入(tie-ins),即技术的供方要求技术受方接受其不想购入的技术或物品。在这种情况下,被搭入的技术或物品与供方所意欲受让的技术是否相关并不重要,重要的是被搭入的技术或物品是否为受方愿意接受的。如果技术的受方愿意接受与技术贸易有关或无关的其他技术或物品,则不能认定为搭入。搭入的实际后果不仅是损害了技术受方的利益,更重要的是损害了搭入的技术或物品的经营者的利益,因为通过搭入,使得受方无法自由选择搭入的技术或物品,因而限制了市场竞争。

(2) 搭出(tie-outs),即技术的供方限制受方从其他来源购买技术或物品,可以看出,搭出的效果与搭入的效果其实是一样的。

(3) 一揽子许可(package licenses),即技术的供方要求技术的受方同时就几项专利技术或非专利技术取得许可。如果这种一揽子许可是各方当事人的自愿选择,那么这种一揽子许可应被允许;如果这种一揽子许可是技术供方强迫受方接受的,那么它就是一种限制性商业行为,因为其效果与搭入、搭出在性质上完全相同。

(4) 逾期提成(post expiration royalties),即技术的供方要求受方为过期的技术支付提成使用费,例如,要求为过期的专利技术支付提成费。但如果是由于使用期满前的专利而由双方约定在专利期满后继续支付提成费,那么这种支付应该是被允许的。同样道理,如果双方在技术贸易协议中约定,一方使用另一方的未披露信息,并在约定的期间内向另一方支付特定比例的提成费,而不管在此期间内该项未披露信息是否会成为公众技术,那么这种约定也应该是有效的。当然,当事人也可以约定,在未披露信息转变为公开技术时,停付提成费。

(5) 排他性回馈(exclusive grant-backs),即技术的供方要求受方只能将更新后的技术的使用权赋予供方。在技术贸易协议履行期间,受方有可能对受让的技术加以改进。双方当事人可以在协议中规定供方对改进后的技术有权使用;但如果供方不允许受方将改进后的技术的使用权赋予第三人,则属明显的限制性商业行为。

(6) 地域限制(territorial restrictions),即技术的供方限制受方使用受让技术的地域范围,或者是限制使用受让技术所生产的产品的销售区域。一般来说,地域限制并不当然违法,需要根据每一交易的具体情况来确定供方对受方的地域范围的限制是否属于限制性商业行为。

(7) 否决权(veto power),即技术供方要求受方,或受方要求供方,在得到对方当事人的明确同意之前,不得将技术贸易协议所涉及的技术转让给任何第三方。

(8) 数量限制(quantity restrictions),即技术的供方对受方利用受让的技术生产成品的数量予以限制。

(9) 转售限制(resale restrictions),即技术的供方要求受方对于利用受让的技术所生产出的产品在售出之后的销售或使用施加限制。是否允许这种限制也需视情况而定。如果技术的供方在某一国家就某项技术所生产的产品已赋予某方独占许可或独家代理,那么要求技术的受方在出售其利用受让的技术生产的产品时对转售条件加以限制就可以考虑不予禁止。

(10) 差别提成(royalty discrimination),即技术的供方对不同的受方要求不同的提成率,而价格差别安排(pricing discrimination)几乎在各国都被认定为限制性商业行为。

可见,国际技术贸易领域中的限制性商业行为与一般的限制性商业行为相比,有其明显的特点:第一,这种限制性商业行为通常表现为技术的供方对受方的限制;第二,这种限制的核心内容通常表现为限制受方对受让技术的处理,既包括对技术使用权的限制,也包括对依据该项技术所生产的产品的限制;第三,虽然这种限制通常表现为限制受方的商业行为,但其实际后果则经常是削弱了供方同其他竞争对手的竞争,这样,国际技术贸易中的限制性商业行为不仅可以消除或减弱来自受方的竞争，而且也可以在限制受方行为的同时减弱其他竞争对手同供方的竞争。

国际技术贸易中的限制性商业行为首先影响交易当事人的利益，与此同时，它也会在一定程度上影响当事人所属国（主要是技术输入国）的社会公共利益。各国政府对技术交易中的限制性商业行为的关心，不仅仅是为了本国交易当事人的利益，更主要的是为了本国的社会公共利益，因此才会以社会代表的身份对国际技术贸易中的限制性商业行为进行监督和控制。

在西方发达国家，很早就确立了竞争法或反垄断法体系。这一法律体系即是以垄断行为和其他限制竞争行为作为禁止或限制对象的。这些国家可以依据其反垄断法或竞争法来规制国际技术交易中的限制性商业行为。

发展中国家的反垄断法或竞争法出现得较晚，并且通常是随着其技术引进的立法而发展起来的，或者说发展中国家的反垄断法或竞争法在很大程度上是针对技术引进过程中的限制性商业做法的。在国际技术转让领域中比较活跃的发展中国家对国际技术交易中的限制性商业行为通常制定有针对性很强的立法。

同许多发展中国家的实践相似，我国的竞争法也是随着市场经济的发展，特别是随着技术引进过程中限制性商业行为的经常出现而发展起来的。我国第一次通过列举方式对限制性商业行为加以规范的是1985年制定的《中华人民共和国技术引进合同管理条例》。该条例的第九条规定，"供方不得强使受方接受不合理的限制性要求；未经审批机关特殊批准，合同不得含有下列限制性条款：(1)要求受方接受同技术引进无关的附带条件，包括购买不需要的技术、技术服务、原材料、设备或产品；(2)限制受方自由选择从不同来源购买原材料、零部件或设备；(3)限制受方发展和改进所引进的技术；(4)限制受方从其他来源获得类似技术或与之竞争的同类技术；(5)双方交换改进技术的条件不对等；(6)限制受方利用引进的技术生产产品的数量、品种或销售价格；(7)不合理地限制受方的销售渠道或出口市场；(8)禁止受方在合同期满后，继续使用引进的技术；(9)要求受方为不使用的或失效的专利支付报酬或承担义务"。2001年10月31日国务院制定的《中华人民共和国技术进出口管理条例》对技术进口合同中的限制性条款重新作出列举。该条例的第二十九条规定，"技术进口合同中，不得含有下列限制性条款：(1)要求受让人接受并非技术进口必不可少的附带条件，包括购买非必需的技术、原材料、产品、设备或者服务；(2)要求受让人为专利权有效期限届满或者专利权被宣布无效的技术支付使用费或者承担相关义务；(3)限制受让人改进让与人提供的技术或者限制受让人使用所改进的技术；(4)限制受让人从其他来源获得与让与人提供的技术类似的技术或者与其竞争的技术；(5)不合理地限制受让人购买原材料、零部件、产品或者设备的渠道或者来源；(6)不合理地限制受让人产品的生产数量、品种或者销售价格；(7)不合理地限制受让人利用进口的技术生产产品的出口渠道"。经过比较可以看出，与原有规定相比，新条例已不将"双方交换改进技术的条件不对等"和"禁止受方在合同期满后,继续使用引进的技术"作为限制性条款;同时,新条例对其他限制性条款的表述也更加严谨。而新条例改进最大的地方是不再赋予政府机关认定一项限制性条款是否可以接受的权力,增强了法律的确定性。

2019年3月,修改后的《中华人民共和国技术进出口管理条例》整体上删除了原第二十九条,以保证国内技术转让与技术进出口法律规制的一致性。原条例第二十九条被删除后,对于技术进口合同中限制性条款是否有效的判断,应综合考虑合同法及其司法解释以及《反垄断法》的有关规定。《民法典》第八百六十四条则规定:"技术转让合同和技术许可合同可以约定实施专利或者使用技术秘密的范围,但是不得限制技术竞争和技术发展。"《民法典》第八百五十条则表明:"非法垄断技术或者侵害他人技术成果的技术合同无效。"至于何谓"限制技术竞争和技术发展"或"侵害他人技术成果",可以参考最高人民法院对原《合同法》的相关解释。原《合同法》第三百二十九条规定:非法垄断技术、妨碍技术进步或者侵害他人技术成果的技术合同无效。《最高人民法院关于审理技术合同纠纷案件适用法律若干问题的解释》第十条规定,下列情形,属于合同法第三百二十九条所称的"非法垄断技术、妨碍技术进步":(1)限制当事人一方在合同标的技术基础上进行新的研究开发或者限制其使用所改进的技术,或者双方交换改进技术的条件不对等,包括要求一方将其自行改进的技术无偿提供给对方、非互惠性转让给对方、无偿独占或者共享该改进技术的知识产权;(2)限制当事人一方从其他来源获得与技术提供方类似技术或者与其竞争的技术;(3)阻碍当事人一方根据市场需求,按照合理方式充分实施合同标的技术,包括明显不合理地限制技术接受方实施合同标的技术生产产品或者提供服务的数量、品种、价格、销售渠道和出口市场;(4)要求技术接受方接受并非实施技术必不可少的附带条件,包括购买非必需的技术、原材料、产品、设备、服务以及接收非必需的人员等;(5)不合理地限制技术接受方购买原材料、零部件、产品或者设备等的渠道或者来源;(6)禁止技术接受方对合同标的技术知识产权的有效性提出异议或者对提出异议附加条件。前述《民法典》相关条款取代了原《合同法》的第三百二十九条规定,但最高法院关于"非法垄断技术"的司法解释应仍然适用。同时,2022年修改的《反垄断法》第九条作出如下原则性规定:"经营者不得利用数据和算法、技术、资本优势以及平台规则等从事本法禁止的垄断行为。"该法第二十二条第二款进而规定:"具有市场支配地位的经营者不得利用数据和算法、技术以及平台规则等从事前款规定的滥用市场支配地位的行为。"

国际社会也一直在关注国际技术贸易及其他国际经济交往中的限制性商业行为问题。从20世纪70年代起,联合国贸发会议即根据联合国大会的授权主持进行国际技术转让行动守则的起草工作,而该项拟议中的守则的主要内容之一就是限制性商业行为的确认问题。尽管行动守则的起草工作未能取得预期的成果,也未能形成具有法律约束力的国际文件,但国际社会在这方面的努力仍可对国际技术转让中的限制性商业行为产生某种压力,并为今后的国际造法提供某种借鉴。TRIPS第8节题为:"对协议许可中限制竞争行为的控制",其中表达了各成员方的一项共识:"一些限制竞争的有关知识产权的许可活动或条件可对贸易产生不利影响,并会妨碍技术的转让和传播。"据此,"本协定的任何规定均不得阻止各成员在其立法中明确规定在特定情况下可构成对知识产权的滥用并对相关市场中的竞争产生不利影响的许可活动或条件。如以上所规定的,一成员在与本协定其他规定相一致的条件下,可按照该成员的有关法律法规,采取适当的措施以防止或控制此类活动,包括诸如排他性返授条件、阻止对许可效力提出质疑的条件和强制性一揽子许可等"。TRIPS还鼓励成员方就该事宜进行磋商,推动合作。当然,由于经济发展水平不同,各国在竞争法方面达成共识会比较困难。世贸组织"多哈回合"将贸易与竞争政策列为新的谈判议题,随后又不得不终止该议题谈判的经历可以说明这一点。

五、国际技术贸易的关境管理

政府可以通过实施某种关境或边境措施(border measures)来阻止侵犯他人的知识产权的商品的进出口,从而保护知识产权权利人(国际技术贸易当事人)的合法权益。通过关境措施的实施,可在一定程度上制止未经知识产权权利人授权而生产和销售含知识产权的商品的行为,从而保证技术贸易合同的当事人基于合同所产生的相关权益得以实现。

许多国家都通过立法确立了此类关境措施。美国《1947年关税法》第337条规定,凡是通过不公平的做法将产品进口到美国进行竞争,而进口的产品对美国同类产业带来实质性的损害或损害威胁,或者阻碍了相同类型的工业的建立,美国就可阻止该项产品的进口。美国《1947年关税法》的这一条款是针对一般的来自国外的不公平竞争的,但实践上,这一条款通常被用来阻止侵犯美国的知识产权的商品的进口。如果某一权利人根据初步的证据,认为某批进口商品属侵权产品,那么他可以向美国海关当局提出申请,要求停止该批进口商品的放行。在此期间,他可以向美国的国际贸易委员会提起申诉。如果一项进口商品被确认为侵犯了申诉人的知识产权,那么,国际贸易委员会就可以下令禁止该商品的进口。

世界贸易组织规则体系中的《与贸易有关的知识产权协议》(TRIPS)对知识产权的关境保护问题也作了较为具体的规定。该协议第五十一条规定,各成员国应在符合下列规定的前提下,采用有关程序,以便使有理由怀疑假冒商标的商品或盗版商品的进口可能发生的权利持有人,能够向主管的司法或行政当局提交书面申请,要求海关中止该项商品进入自由流通。对于其他侵犯知识产权的行为,各成员国也可规定同样的申请程序。各成员国还可以设立相应的程序,对于意图从其地域内出口的侵权商品,由海关当局中止放行。

申请采用上述程序的权利持有人,应提供适当的证据足以向主管当局证明,依照进口国的法律,可初步判定(prima facie)其知识产权已受到侵犯;同时还应提供使海关当局可以及时辨别侵权商品的有关该商品的足够详细的说明。主管当局应在合理的期限内通知申请人是否已接受其申请,如果可以确定,还应将海关采取行动的期限告知申请人。主管当局可要求申请人提供足够的担保金或其他相当的保证,以保障被诉方主管当局的利益并防止申请程序被滥用。但提供担保的要求不应被用来不合理地妨碍申诉程序。

如果主管当局决定对有关的商品中止放行,则应及时通知进口商和申请人。在向申请人发出中止放行的通知之后的15日内,如果海关当局未被通知被告之外的当事人已就此案提起诉讼,或者主管当局未就有关商品的中止放行延长期限,则被扣留的商品就应予放行。

TRIPS还规定,各成员国可要求其主管当局在获得侵权发生的初步证据时,主动发起关境保护措施,中止有关商品的放行。在这种情况下,该主当局应有权随时从权利持有人那里获取有关信息,以便于其行使相关的权力;同时,进口商与权利持有人应被立即告知商品的中止放行。

对于被确认为侵权的商品,主管当局有权责令对其加以销毁或以其他方式予以处置;对于假冒商标的商品,主管当局应不准许其在未经改变的状态下重新出口。

TRIPS的签署,使各个成员国承担以关境措施对知识产权予以保护的条约义务,因此,关境措施将成为一种普遍适用的措施,而且各国的立法、司法实践也将大体上趋于一致。

我国于1995年制定了《中华人民共和国知识产权海关保护条例》,并于2003年和2018年做了两次修订。该条例规定,知识产权权利人可以通过将其知识产权向海关备案的方式,请求海关对其与进出境货物有关的知识产权实施保护。知识产权权利人在申请备案时,应当提交申请书。申请书应当包括:知识产权权利人的名称或者姓名、注册地或者国籍等;知识产权的名称、内容及其相关信息;知识产权许可行使状况;知识产权权利人合法行使知识产权的货物的名称、产地、进出境地海关、进出口商、主要特征、价格等;已知的侵犯知识产权货物的制造商、进出口商、进出境地海关、主要特征、价格等。海关总署应当自收到全部申请文件之日起30个工作日内作出是否准予备案的决定。

备案后,知识产权权利人发现侵权嫌疑货物即将进出口的,可以向货物进出境地海关提出扣留侵权嫌疑货物的申请。对于符合规定,且申请人按规定提供担保的,海关应当扣留侵权嫌疑货物,书面通知知识产权权利人,并将海关扣留凭单送达收货人或者发货人。

海关发现进出口货物有侵犯备案知识产权嫌疑的,应当立即书面通知知识产权权利人。知识产权权利人提出申请,并提供担保的,海关应当扣留侵权嫌疑货物,书面通知知识产权权利人,并将海关扣留凭单送达收货人或者发货人。

知识产权权利人在向海关提出采取保护措施的申请后,可以依照相关法律,就被扣留的侵权嫌疑货物向人民法院申请采取责令停止侵权行为或者财产保全的措施。被扣留的侵权嫌疑货物,经海关调查后认定侵犯知识产权的,由海关予以没收。被没收的侵犯知识产权货物可以用于社会公益事业的,海关应当转交给有关公益机构用于社会公益事业;知识产权权利人有收购意愿的,海关可以有偿转让给知识产权权利人。被没收的侵犯知识产权货物无法用于社会公益事业且知识产权权利人无收购意愿的,海关可以在消除侵权特征后依法拍卖,但对进口假冒商标货物,除特殊情况外,不能仅清除货物上的商标标识即允许其进入商业渠道;侵权特征无法消除的,海关应当予以销毁。

第十章 国际服务贸易法

第一节 国际服务贸易法概述

一、国际服务贸易

服务贸易是指一方向对方提供劳务,由对方支付价金的商事交易。

国际服务贸易则是跨越国界的服务贸易。所谓"跨越国界"可以分成两种类型:一是一国境内的服务提供者在本国向位于本国或位于他国的其他国家的当事人提供服务;二是一国的服务提供者到其他国家为当地的当事人提供服务。

从一国角度而言,国际服务贸易也即涉外服务贸易或服务进出口。从构成上看,一国的涉外服务贸易是全球服务贸易的组成部分。

根据世界贸易组织《服务贸易总协定》第一条第二款的规定,国际服务贸易包括以下四种类型。

第一,在一国领土向位于国领土的主体提供服务(可简称为"跨境提供",cross-border supply),例如某一位于中国境内的公司向某一位于美国的公司提供咨询服务。

第二,在一国领土向位于本地的他国的服务消费者提供服务(可简称为"境外消费",consumption abroad),例如某一中国会计师事务所向某一外国银行设在中国的分行提供审计服务。

第三,一国的服务提供者通过在其他国家设立商业机构而提供服务(可简称为"商业存在",commercial presence),例如某一英国律师事务所通过在中国设立机构而向客户提供特定范围的法律服务。

第四,一个自然人在其他国家提供服务(可简称为"自然人存在",presence of natural person),例如某一中国体育教练到某一外国提供训练指导方面的服务。

如果从服务贸易所涉及的领域来对国际服务贸易进行分类,则可把国际服务贸易分为国际运输服务贸易、国际保险服务贸易、国际金融服务贸易、国际通信服务贸易、国际仓储和包装服务贸易、国际旅游服务贸易、国际广告和设计服务贸易以及律师和会计师等从事的专业性国际服务贸易等。

与传统的国际货物贸易相比,国际服务贸易具有以下几方面的特征。

首先,国际货物贸易的交易对象是有形物,有形物的界定比较容易,因此,交易当事人对交易结果的预期比较明确;而国际服务贸易的交易对象是无形物,对无形物加以界定是比较困难的,所以,在国际服务贸易中,当事人通常只能通过对服务提供者、服务提供方式和服务效果的约定来确定交易的结果。可以说,在国际货物贸易中,买卖双方关注的是交易标的,即货物的本身;而在国际服务贸易中,双方当事人更看重的是服务提供者的情况,因为服务提供者的素质将决定其所提供的服务的质量。

其次,在国际货物贸易中,从卖方交付货物到买方接收货物通常需要一定的过程,其中会涉及货物的运输、仓储等环节,并有机会发生货物的再转让;而服务的提供与接受(消费)一般是同时发生的,没有中间环节,也很少会发生服务的再转让。

再次,在国际货物贸易中,货物的供方不必在需方国家出现,不必与需方发生直接的接触;而在国际服务贸易中,则通常需要供需双方的直接接触,甚至需要供方在需方国家开设商业机构,否则服务的提供就难以实现。

由于国际分工和产业结构的调整、经济区域一体化等多方面的原因,国际服务贸易,特别是在金融、运输和旅游等领域中的国际服务贸易,在最近的几十年里得到了前所未有的发展。"二战"结束以来各种高新技术,特别是通信、运输方面的高新技术的采用和普及,为国际服务贸易的发展提供了物质上的条件。发达国家在国际服务贸易方面具有传统的优势,发展中国家的国际服务贸易这些年来来也出现了很大进展。

自实行改革开放政策以来,我国的服务贸易也有了迅速的发展。以交通运输、邮电通讯、金融及保险为主的传统行业不断扩大,与此同时,信息、咨询、广告等新兴服务行业也在蓬勃发展。作为世界贸易组织的成员方,我国已通过签署《服务贸易总协定》而向其他成员方承诺开放航运、旅游、商业零售等诸多部门。对外开放服务贸易市场,引进了许多我国尚属短缺的服务项目,为人民群众提供了更为丰富多彩的生活空间,同时也扩大了我国服务贸易的出口。但由于我国的服务业还处于起步和发展阶段,因而如何在有条件地允许外国服务提供者进入的同时,保护国内服务业的健康发展也是一个非常重要的问题。

二、国际服务贸易法

国际服务贸易法是调整由国际服务贸易所产生的各种社会关系的法律规范的总和。

国际服务贸易所产生的社会关系可以分为三类:一是服务贸易的当事人之间的交易关系;二是有关国家的政府与服务贸易当事人就此所产生的管理关系;三是有关国家之间就国际服务贸易的管理所结成的协调关系。调整上述三类社会关系的法律规范,无论是国内法规范还是国际法规范,均属国际服务贸易法的范畴。

服务贸易当事人之间的关系是一种合同关系，应受合同法的调整。目前国际上并没有调整服务贸易合同关系的统一的实体法规范，因此，当事人之间的交易关系须接受有关国家的合同法的调整。如果相关国家对此类合同的准据法没有强制性规定，那么，当事人就可以约定合同的准据法。服务贸易的当事人与有关国家的政府之间的关系是一种管理与被管理的关系，调整此类关系的法律规范是有关国家的国内法规范。由于服务贸易涉及的领域十分广泛，不同领域的服务贸易需要不同的管理规则，因此，此类规则复杂而繁多。又由于国家对服务贸易的管理涉及商业机构的设立、人员的流动和服务质量的控制等方方面面，所以，国际服务贸易法又与投资法、移民法（人员进出境管理法）、劳动法和质量监督法等存在着交叉关系，这又进一步增加了国际服务贸易法的繁杂程度。国家对国际服务贸易所实施的复杂而琐碎的管理显然会阻碍国际服务贸易的发展，因此，国家间就此问题加以协调就成为必要。世界贸易组织规则体系内的《服务贸易总协定》就是调整、协调这类关系的最基本的法律规则。对世贸组织的成员方而言，在其对国际服务贸易实施管理时，必须注意与其在《服务贸易总协定》之下的义务保持一致。

《服务贸易总协定》的目标是促进国际服务贸易的发展。其序言宣称：希望"建立一个关于服务贸易原则和规则的多边框架，在透明和逐步自由化的条件下扩大服务贸易，以此作为促进所有贸易伙伴经济增长和发展中国家发展的手段"。

《服务贸易总协定》的主体由序言和六个部分（29项条款）组成，总协定的附件和相关的部长决定、谅解，以及以后所达成的部门自由化协议也属于《服务贸易总协定》的组成部分。

在第一部分（范围与定义），总协定明确规定该协定"适用于各成员影响服务贸易的措施"。这些措施可以以法律、行政法规、规章和程序等形式表现出来。这些措施也不必是直接管辖服务贸易的措施，而是只要对服务贸易产生影响，即被纳入服务贸易总协定的管辖范围。

对于什么是国际服务贸易，总协定以列举的方式作出了限定。这一限定将国际服务贸易按提供方式分为四种类型，即跨境提供、境外消费、商业存在和自然人存在。这四种提供方式的定义并不是服务贸易分部门的划分，多数服务贸易部门中都可以同时存在以上几种服务的提供方式。在将国际服务贸易分成四种类型的同时，世界贸易组织还对服务贸易有一个部门的分类目录，将服务贸易分为商业服务、通信服务、建筑及相关的工程服务、分销服务、教育服务、环境服务、金融服务、与医疗有关的服务与社会服务、旅游及与旅行有关的服务、娱乐文化和体育服务、运输服务、其他服务等12个类别。

总协定的第二部分为"一般义务和纪律"。所谓一般义务与纪律，是与具体承诺相对应的。这一部分中规定的义务与纪律，不需要成员另行承诺，除非有例外规定或豁免授权，各成员方均应该予以遵守。总协定为成员方所规定的最为主要的一般义务就是在服务贸易的管理方面实施最惠国待遇原则和透明度原则。除此之外,总协定还要求:各成员有关的国内法规应该合理、客观、公正。有关资格要求、许可要求、技术标准的措施不致构成不必要的服务贸易壁垒(第六条);政府间关于资格承认的双边协议(例如,对服务提供者的许可和认证)应该向其他希望谈判加入这些协议的国家,或者希望达成类似协议的国家开放。承认不得以歧视的方式给予,也不得用作一种隐蔽的贸易限制(第七条);除非在特定的条件下,不能以国际支付限制(外汇管制)来限制服务贸易(第十一条)等。

总协定的第三部分规定了"具体承诺"。各成员对本国服务贸易的开放承诺主要是通过具体承诺表得以实施的。具体服务贸易承诺表类似于1994年关贸总协定下的关税减让表。在具体承诺表中,各成员承诺的义务分为两部分。一部分叫作普遍承诺(Horizontal Commitments),另一部分叫作具体部门承诺(Sector-Specific Commitments)。整个表格同时又分为四列。第一列是部门或分部门名称,第二列是市场准入的限制,第三列是国民待遇的限制,第四列是附加承诺。

普遍承诺适用于承诺表中所列出所有部门,也就是说,其中关于市场准入限制、国民待遇限制和附加承诺,对这些部门一体适用。在具体部门承诺中,各成员按照统一的服务贸易分类目录的顺序,将自己开放的部门一一列出。同时分别按四种不同的服务提供方式,对有关市场准入和国民待遇的限制以及附加承诺也逐一列出。关于市场准入,总协定第十六条规定,除非在承诺表中明确规定,在作出市场准入承诺的部门中,不得维持以下六种市场准入限制:限制提供者的数量;限制服务交易或资产总额;限制服务业务的总量;限制雇佣人数;限制或要求某一服务提供者通过特定类型的法律实体或合营企业提供服务的措施;限制外资持股比例或投资金额。关于国民待遇,总协定第十七条规定,在列入其承诺表的部门中,在遵照其中所列条件和资格的前提下,每个成员在所有影响服务提供的措施方面,给予任何其他成员的服务提供和服务提供者的待遇不得低于其给予本国相同服务和服务提供者的待遇。可见,服务贸易的国民待遇只在具体承诺的部门中给予,而不是一种普遍义务。所谓附加承诺,是各成员就有关资格认可、技术标准和许可规定等事项作出的承诺。

总协定的第四部分规定了今后要继续举行谈判,逐步实现服务贸易的自由化。并对承诺表的进一步谈判与修改作出了一些规定。总协定的第五部分(机构条款)主要规定了争端解决问题。成员方有关国际服务贸易的争端解决适用世贸组织关于争端解决机制的谅解。总协定的第六部分(最后条款)主要对有关名词作出定义并申明附件与协议的不可分割性。

虽然《服务贸易总协定》对成员方的约束还比较有限,但它毕竟在一些重要的领域为国际服务贸易的管理确立了比较明确的规则。作为第一个国际服务贸易管理方面的国际公约,它将对国际服务贸易的发展产生重大影响,同时它也对未来的规则的确立奠定了基础。

同其他国家一样,我国对服务贸易也实行政府管理。《对外贸易法》规定:"中华人民共和国在国际服务贸易方面根据所缔结或者参加的国际条约、协定中所作的承诺,给予其他缔约方、参加方市场准入和国民待遇。""国务院对外贸易主管部门和国务院其他有关部门,依照本法和其他有关法律、行政法规的规定,对国际服务贸易进行管理。"国家基于下列原因之一,可以限制或者禁止有关的国际服务贸易:为维护国家安全、社会公共利益或者公共道德,需要限制或者禁止的;为保护人的健康或者安全,保护动物、植物的生命或者健康,保护环境,需要限制或者禁止的;为建立或者加快建立国内特定服务产业,需要限制的;为保障国家外汇收支平衡,需要限制的;依照法律、行政法规的规定,其他需要限制或者禁止的;根据我国缔结或者参加的国际条约、协定的规定,其他需要限制或者禁止的。

我国对涉外服务贸易所实行的管理方式主要有以下几种。

第一,对服务贸易实行国家垄断。我国曾长期对铁路、航空运输、银行、保险等服务行业实行国家垄断,不准其他实体经营。这相当于对外国的服务提供者封闭了特定范围的服务贸易市场。实行改革开放政策以来,特别是随着我国加入世界贸易组织,我国已按照自己的承诺,陆续对外国人开放了相当大范围的服务贸易市场,例如已允许外资进入银行和保险业。但在其他一些领域(如烟草零售等),我国仍实行国家垄断经营。

第二,直接限制外国人向服务行业投资或限制其提供服务的范围。根据我国政府 2017 年 6 月颁布的《外商投资产业指导目录》,外国投资者不得在下列服务领域投资:空中交通管制;邮政公司、信件的国内快递业务;烟叶、卷烟、复烤烟叶及其他烟草制品的批发、零售;社会调查;中国法律事务咨询(提供有关中国法律环境影响的信息除外);义务教育机构;新闻机构;图书、报纸、期刊的出版业务;音像制品和电子出版物的出版、制作业务;各级广播电台(站)、电视台(站)、广播电视频道(率)、广播电视传输覆盖网(发射台、转播台、广播电视卫星、卫星上行站、卫星收转站、微波站、监测台、有线广播电视传输覆盖网);广播电视节目制作经营公司;电影制作公司、发行公司、院线公司;新闻网站、网络出版服务、网络视听节目服务、互联网上网服务营业场所、互联网文化经营(音乐除外);经营文物拍卖的拍卖企业、文物商店;人文社会科学研究机构。

第三,对外国服务提供者实施间接的限制措施。我国所实施的某些措施尽管可能不是针对涉外服务贸易的,但却可能对服务的进出口、特别是进口产生事实上的阻碍作用。例如我国所实行的人员进出境管理制度和外汇管理制度都可以对涉外服务贸易产生事实上的限制。

我国对涉外服务贸易所实施的上述管理措施与《服务贸易总协定》的规定并不矛盾。如前所述,总协定所设定的义务分为一般承诺的义务和特别承诺的义务两大类,实行最惠国待遇义务和保证管理措施透明的义务等是一般承诺的义务,是各成员方都必须一体遵守的;而特别承诺的义务,如实行国民待遇的义务和市场准入的义务等,则基于各成员的具体承诺。总协定允许成员方根据本国服务贸易发展水平决定承诺与否。一国服务市场的开放范围、开放程度和给予外国的服务及服务提供者何种权利及义务,可由成员方自己作出决定。只要我国对涉外服务贸易所施加的限制不违背总协定所规定的一般义务和我国所作的特别承诺,那么,这种限制就是被总协定所允许的。

第二节　国际货物运输服务

一、国际货物运输服务合同

　　国际货物买卖通常会引起国际货物运输,国际货物运输通常要由货物的买方或买方委托承运人来完成,因此,国际货物运输通常与国际货物买卖相关。当然,也有的国际货物运输与国际货物买卖无关,例如:国际投资者将其作为出资的设备从一国运往另一国。

　　无论产生的原因如何,国际货物运输均表现为一种合同关系。合同的一方当事人为托运人(货方),合同的另一方当事人为承运人(船公司、铁路公司、航空公司等)。合同所规定的基本权利义务关系是:承运人将托运人的货物在约定的期间内运抵约定的地点并交付给特定的收货人;托运人按约定的方式向承运人支付约定的运费。

　　国际货物运输可采用多种方式:国际海上货物运输、国际陆路(铁路、公路)货物运输、国际航空货物运输和国际多式联运等。

　　国际货物运输合同关系可由国际条约(如《统一国际航空运输某些规则的公约》)来加以调整,也可以由有关国家的国内法(如《中华人民共和国海商法》)来加以调整。国际货物运输领域中的国际惯例以及相关国家的判例法当然也可能被用来调整国际货物运输合同关系。

二、租船运输服务合同

　　由于海运具有运量大、成本低、可方便地抵达绝大多数国家等特点,所以,绝大多数国际货物运输是通过海上进行的。

　　从方式上看,国际海上货物运输可分为两类:一类是租船运输,承运人与托运人之间的权利义务关系由租船合同加以确定;一类是班轮运输,承运人与托运人之间的权利义务关系主要由提单加以确定。

　　租船运输通常被分为航次租船运输、定期租船运输和光船租赁运输。事实上,只有航次租船运输才是严格意义上的货物运输合同关系,而定期租船运输和光船租赁运输都是财产租赁合同关系。

所谓航次租船运输,也称定程租船运输或程租(voyage charter),是指承运人按照与托运人的约定,为托运人完成一个或几个航次的货物运输,而由托运人为此支付运费。这种货物运输方式虽然被冠以"租船"的名义,但由于船舶完全由承运人占有和使用,托运人并不实际地控制船舶,所以,从本质上看,这并不是一种由承运人提供财产的租赁合同关系,而是一种由承运人提供服务的运输合同关系。

航次租船运输合同通常包含下列主要条款。

船舶条款:船名、船旗、船级、吨位、建造时间。

货物条款:承运货物的种类、数量及伸缩幅度。

装卸港口条款:确定装卸港的名称,或者笼统地规定装卸区,如"可由租船人选择的中国港口"。

受载日与解约日条款:受载日是托运人应备好货物准备装船的最后期限,如果托运人在受载日未能备妥货物而延误了装船,应承担延迟装船的责任;解约日是承运人应履行装船义务的最后期限,如果承运人在此期限到来时仍未开始履行装船义务,则托运人有权解除合同。从受载日到解约日这期间被称作受载期。

运费的计算及支付条款:运费的计算方式主要有规定运费率和包干运费两种方式,前者以货物的重量或容积为基础来计算运费,后者是一个确定的运费数额,与货物的数量无关。运费的支付方式可分为预付、到付和部分预付部分到付等类型。

装卸率或时间条款:如果承运人不负责装卸货物,就会要求货方在一定的期间内完成装卸作业。可以在合同中规定装货和卸货的最长期限,也可以规定一个卸货的时间比率。

滞期费和速遣费条款:如果货方未能在约定的时间内完成装卸作业,就需要向承运人支付一定的费用,称之为滞期费;如果货方节省了装卸时间,则可以从承运人那里受领一定的费用,称之为速遣费。速遣费的数额通常是滞期费的一半。

在航次租船运输方面存在着一些合同范本,比较经常采用的合同范本有:标准杂货程租船合同(Uniform General Charter,Gencon)、古巴食糖租船合同(Cuba Sugar Charter Party)、澳大利亚谷物租船合同(Australia Grain Charter Party)、太平洋沿岸谷物租船合同(Pacific Coast Grain Charter Party)、威尔士煤炭租船合同(Chamber of Shipping Walsh Coal Charter Party)和油轮程租船合同(Tanker Voyage Charter Party)等。

定期租船运输,也称期租(time charter)是指船舶的所有者或经营者将配备了船员的船舶交付给承租人,由承租人在约定期限内按约定用途使用,并向前者支付租金。由于船舶的所有者或经营者向承租人交付了船舶,并由后者实际地占有船舶并按约定用途使用,所以,定期租船运输是一种财产租赁合同关系,而不是运输合同关系。

定期租船合同通常包含下列主要条款。

船舶条款:船东、船名、船旗、船龄、船级、载重吨、载货容积、注册总吨和净吨、吃水、航速、耗油、船上设备等内容。

航行范围条款:承租人可使船舶航行的地理范围,通常会有明确的限定,例如,不得驶往战争地区、冰冻港口和不安全港口等。

所装货物条款:对于承租的船舶可以装载什么样的货物,合同中通常也要加以约定。有的合同授权承租人使用船舶装载任何法律所允许的货物,有的合同则会禁止承租人以船舶装载易燃、易爆、有毒、有害物品。

租期条款:规定租用船舶的期限。可约定确切的期限,也可以约定有一定伸缩度的期限,如4个月至6个月。

交船时间地点条款:交船时间通常是一段时间,超过此段时间,承租人就有权解除合同;交船地点通常为某一港口或某一港口的引水站。

租金条款:租金可按每船每天若干金额计算,也可按每月每一船舶载重吨若干金额计算。通常规定每半月或每月预付租金一次。承租人不付租金时,出租人有权解除合同。如果出现由于船东的过错致使承租人无法有效地使用船舶的情形,承租人应有权拒付租金。

还船条款:承租人应于租期届满时在约定的港口将船舶交还出租人。还船时的船舶应具备与交船时同样的良好状态与条件。

光船租赁(bare boat charter)是指船舶的所有者或经营者将不配备船员的船舶交付给承租人在特定期限内按约定用途使用,并向前者支付租金。光船租赁是典型的财产租赁合同关系。

三、班轮运输服务合同

班轮运输是指承运人按预定的航行时间表和固定的航线和港口为托运人运送货物而由托运人向其支付运费。

在班轮运输和大多数航次租船运输中,承运人都会应托运人的要求向其签发海运提单。

所谓提单,是指承运人在收到货物或将货物装船之后签发给托运人的用以证明双方已订立运输合同,并保证在目的港按提单所载明的条件交付货物的书面凭证。

虽然在提单签发之前就可能成立了海上货物运输合同,因而,提单并不是合同的全部,但提单却是规定托运人与承运人之间的权利义务关系的最为重要的合同文件。提单的作用主要有三：第一，提单是托运人与承运人之间存在运输合同关系的证明；第二，提单是承运人已从托运人手中接收提单所载明的货物的证明；第三，提单是货物权利凭证。托运人在向承运人提交了货物之后，便失去了对货物的占有，他将来唯一可据以向承运人主张货物的凭据就是提单。

提单中的条款可分为特别约定条款和一般适用条款。特别约定条款记载于提单的正面，其主要内容包括：船名；承运人；托运人；装货港和卸货港；收货人；货物名称、标志、包装、件数、重量或体积；运费及其支付方式；提单签发份数、日期及签发人；货物外表状况良好的注明。一般适用条款记载于提单的背面，主要内容包括：管辖权条款；法律适用条款；承运人责任条款；装货、卸货和交货条款；赔偿责任限额条款；仓面货、活动物和植物条款；双方有责碰撞条款；转船、换船和联运条款和集装箱货物条款。

提单可按照不同的标准加以分类，不同类型的提单代表着不同类型的权利义务关系。

依照签发提单时货物是否已经装船这一标准，提单可分为已装船提单和备运提单。由于备运提单是在货物尚未装船的情况下签发的，从提单本身无法断明装货时间及货物运抵卸货港的时间，因此，对于收货人（通常是国际货物买卖中的买方）来说存在着一定的风险。于是，如果一项国际货物买卖采用的是信用证支付方式，那么，开证银行通常不会接受备运提单。

依照提单上面是否记载关于货物或包装不良的批注，提单可分为清洁提单和不清洁提单。所谓清洁提单是指提单表面未载有不良批注的提单，这类提单表明货物已如数装船而且货物及包装的表面状况良好。所谓不清洁提单是指承运人在提单上加有不良批注的提单。由于不清洁提单表明货物和/或包装存在一定的缺陷，因此，这类提单难以被接受。国际货物买卖交易中的买方申请银行开立的信用证通常要求卖方提交已装船清洁提单，否则不予付款。

依照提单是否可以自由转让，提单可分为记名提单、不记名提单和指示提单。所谓记名提单是指提单上列明了特定的收货人，因此不允许他人凭以提取货物的提单。所谓不记名提单是指提单上不列明收货人的名称，因此任何人都可凭以提取货物的提单。所谓指示提单是指可根据提单上载明的指示人的指示而提取货物的提单。记名提单不能由提单所列的收货人以外的他人提取货物，显然比较安全，但由于其流通性受到限制，因而很少被商人们采用。不记名提单具有很强的流通性，但其安全性较差，因而也不常被采用。指示提单既可以经背书加以转让，又不能被任意的第三人冒用，因此，在实践中被广泛采用的是这种指示提单。

除上述种类的提单之外，实践中还会出现倒签提单和预借提单这两种具有欺诈性质的提单。所谓倒签提单是指提单上签署的日期早于实际的装船完毕日期的提单。由于信用证通常会规定装船日期，如果作为托运人的卖方不能向银行提供表明在此日期之前已完成装船的提单,银行就会拒付货款,所以,一些没有在信用证规定的日期内完成装船的卖方就会要求承运人在提单上签署比实际完成装船日较早的日期。托运人与承运人应对倒签提单承担连带责任。所谓预借提单是指在装船尚未完成的情况下签署的已装船提单。由于信用证中不仅规定了装船期,还规定了议付期,超过这一期限,银行将拒绝受单付款,因此,如果卖方装运过于迟延,那么,即使能得到倒签提单,也可能无法在议付期内到银行议付货款,于是,卖方就可能在货物尚未装完的时候,就从承运人那里"预借"出已装船提单。预借提单与倒签提单一样具有违法的性质。

由提单所确立的承运人与托运人之间的关系可称作提单关系。提单关系是一种合同关系。由于提单的一般条款是承运人事先拟定的,尽管从理论上讲,托运人有机会就提单条款同承运人进行磋商,但实践中这种机会很少,所以,不加制约的提单关系必将有利于承运人方面。法律对提单关系的调整始于国内立法。美国、加拿大和澳大利亚等国在20世纪初即制定了调整提单关系的法律。但以内容有别的国内法来调整国际海运中的提单关系必然会发生冲突。于是,第一部调整提单关系的国际统一立法《统一关于提单若干规则的国际公约》(*International Convention for the Unification of Certain Rules Relating to Bills of Lading*,也称《海牙规则》)在1924年得以制定。随后,国际社会又制定出《维斯比规则》(1977年6月生效)和《汉堡规则》(1992年1月生效)。目前,这三个调整提单关系的国际公约分别在不同的缔约方之间适用,呈现出提单规则的多元状态。

《海牙规则》的立法宗旨是确立承运人最低限度的义务和责任,遏止承运人利用合同缔结过程中的优势地位任意扩大免责范围。关于承运人最低限度的义务,《海牙规则》规定:承运人必须在开航前和开航当时,谨慎处理,使船舶处于适航状态,并妥善地配备船员、装备船舶和配备供应品,使货舱、冷藏舱和船舶的其他载货处所能适宜而安全地收受、载运和保管货物。承运人还必须妥善地管理货物,包括妥善和谨慎地装载、操作、积载、运送、保管、照料与卸载。关于承运人的责任期间,《海牙规则》规定的是从货物装上船起至卸完船止的这期间。关于承运人的责任豁免,《海牙规则》规定了"无过错免责"和"过错免责"两种情况。在多数情况下,承运人可基于自身没有过错而得以免责。在个别情况下,即使货物的损失是由船长、船员等人的过错造成的,承运人也可以免责。此外,《海牙规则》对托运人的义务与责任、运输合同的无效以及索赔与时效等问题也作了规定。

《维斯比规则》的全称是《关于修订统一提单若干规则的国际公约议定书》(*Protocol to Amend the International Convention for the Unification of Certain Rules of Law Relating to Bills of Lading*),是一套以《海牙规则》为基础并对其加以修改的提单规则。《维斯比规则》的立法背景是人们认为《海牙规则》还是偏袒了承运人的利益,于是,《维斯比规则》通过延长诉讼时效、提高承运人的赔偿限额、明确提单的善意受让人的法律地位等项规定，增强了对货方利益的保护。

《汉堡规则》的全称是《1978年联合国海上货物运输公约》(United Nations Convention on the Carriage of Goods by Sea, 1978)。《汉堡规则》通过排除"过错免责"、延长承运人的责任期限、提高承运人的赔偿限额等规定，进一步加重了承运人的义务，因而增强了对货方利益的保护。也正因为如此，虽然该公约已正式生效，但由于缺少海运大国的加入，该公约的实际效力远未达到公约制定者所追求的目标。

2008年12月11日，联合国第63届大会第67次会议通过了联合国贸法会提交的《联合国全程或部分海上国际货物运输合同公约》(United Nations Convention on Contracts for the International Carriage of Goods Wholly or Partly by Sea)，并决定于2009年9月23日在荷兰鹿特丹举行公约的开放签署仪式，因此该公约又被简称为《鹿特丹规则》(The Rotterdam Rules)。联合国贸法会起草该公约的目的是要取代现行的三个国际海上货物运输公约，以实现海上货物运输和包括海运区段的国际货物多式联运法律制度的国际统一。该公约扩大了承运人责任期间，改变了承运人的责任基础，取消了传统的承运人免责事项，提高了承运人责任限额，因此将对航运业及保险业带来重大影响。

四、其他类型的国际货物运输服务

除海上运输之外，国际货物运输还可以采取铁路运输、公路运输、航空运输以及多种方式联运。无论采用何种运输方式，承运人与托运人之间都是一种运输服务合同关系。调整这种合同关系的法律可以是有关国家的国内法规范，也可以是有关的国际条约。具体应适用何种法律则需要冲突规范的指引。

调整国际铁路运输合同关系的国际条约主要有《关于铁路货物运输的国际公约》(《国际货约》)和《国际铁路货物联运协定》(《国际货协》)。调整国际航空货物运输合同关系的国际条约主要有《统一国际航空运输某些规则的公约》(《华沙公约》)、《修改1929年统一国际航空运输某些规则的公约的议定书》(《海牙议定书》)和《瓜达拉哈拉公约》。

1980年通过的《联合国国际货物多式联运公约》则是一个以国际多式联运为规范对象的国际公约。所谓国际货物多式联运，是指承运人以两种或两种以上的运输方式将托运人的货物从一国境内接管货物的地点运至另一国境内指定交付货物的地点。国际货物多式联运可以充分体现集装箱运输的长处：提高装卸效率、提高运输速度、减少货物损失和降低运输成本。它可使传统的"港到港"(port to port)运输发展到"门到门"(door to door)运输。但多式联运也会产生新的法律问题，这主要体现为位于不同的地理区域的不同运输方式在法律适用方面的冲突。

制定《联合国国际货物多式联运公约》就是着眼于这种冲突的解决。公约就国际多式联运合同的当事人的地位、多式联运单据的作用、联运人的责任期限以及诉讼时效等问题都作出了规定。尽管这一公约目前尚未生效,但它可以为有关的国内立法提供借鉴,同时也可为国际多式联运合同当事人如何确立相互间的权利义务关系提供参考。

第三节　国际保险服务

一、国际保险服务合同

保险服务是指一方当事人(保险人)向另一方当事人(投保人)收取保险费,并对后者负有约定范围的赔偿责任的一种合同关系。国际保险服务是跨越国界的保险服务,表现为一国的保险人向他国的投保人提供保险服务和一国的保险人到他国提供保险服务。按照《服务贸易总协定》的划分,保险服务属于金融服务的范围。

保险可按不同的标准进行划分。以保险标的或事故对象的不同,保险可分为:财产保险、人身保险、责任保险和保证保险四大类。所谓财产保险是指以物质财富和与其有关的利益作为保险标的的保险;所谓人身保险是指以人的身体或生命为保险标的的保险;所谓责任保险是以被保险人依法应负的民事损害赔偿责任或经过特别约定的合同责任作为保险标的的保险;所谓保证保险是一种以合同所规定的预期应得的有形财产或预期应得的经济利益为保险标的的保险。

保险人与投保人之间的权利义务关系是由保险合同加以确定的。保险合同的订立应遵循合同法的一般规则。《中华人民共和国保险法》(以下简称《保险法》)第十三条规定:"投保人提出保险要求,经保险人同意承保,保险合同成立。保险人应当及时向投保人签发保险单或者其他保险凭证。保险单或者其他保险凭证应当载明当事人双方约定的合同内容。当事人也可以约定采用其他书面形式载明合同内容。"保险合同的主要条款通常包括以下内容。

当事人的名称和住所。如果在投保人之外另有被保险人或受益人,合同中还应载明被保险人和受益人的名称。

保险标的。在财产保险合同中载明保险标的,可判明投保人对保险标的有无利害关系,有无保险利益。

保险金额。这是合同双方当事人约定的,在保险事故发生后,保险人应赔偿金额的最高限度。在财产保险中,保险金额应根据保险标的价值确定。

保险费。简称保费,是被保险人向保险人支付的费用。

保险危险。这是指造成保险人承担赔偿损失责任的事故原因。凡保险人可能承保的危险称为可保危险。保险人不可能承担责任的危险事故,称为不可保危险。

保险责任期间。在通常情况下，从保险合同成立时起，保险人即开始承担保险责任。保险合同期满时，保险责任即告终止。

此外，保险合同的当事人还可以在合同中就某些特别条款作出约定。

保险人与投保人之间的权利义务关系在受合同条款限定的同时，也须接受相应的法律规范的调整。例如，《保险法》第十五条规定："除本法另有规定或者保险合同另有约定外，保险合同成立后，投保人可以解除合同，保险人不得解除合同。"该法第十六条规定："订立保险合同，保险人就保险标的或者被保险人的有关情况提出询问的，投保人应当如实告知。投保人故意或者因重大过失未履行前款规定的如实告知义务，足以影响保险人决定是否同意承保或者提高保险费率的，保险人有权解除合同。"在上述情况下，即使合同中未作约定，也可以依据法律来明确当事人的法律地位和权利义务关系。

二、国际货物运输保险合同

国际商事交往中最常涉及的保险是财产险，特别是运输中的财产（货物）的保险，而国际货物运输又基本上是通过海运完成的，因此，国际海上货物运输保险自然成为普遍关心的问题。

国际海上货物运输可能遭遇到各种不同的风险，海上货物运输保险人所承保的风险通常被分为海上风险和外来风险。

所谓海上风险，又称为海难，是指海上发生的自然灾害和意外事故。自然灾害是指由于自然界的变异引起破坏力量所造成的灾害；而意外事故是指由于意料不到的原因所造成的事故，主要包括搁浅、触礁、沉没、碰撞、火灾、爆炸和失踪等。

所谓外来风险是指海上风险之外的由于外来原因所引起的风险，又被分为一般外来风险和特殊外来风险。一般外来风险是指货物在运输途中由于偷窃、下雨、短量、渗漏、破碎、受潮、受热、霉变、串味、沾污、钩损、生锈、碰损等原因所导致的风险。特殊外来风险是指由于战争、罢工、拒绝交付货物等政治、军事管制措施所造成的风险与损失，如因运送货物的船只被敌对国家扣留而造成的无法交货的损失。

各种风险对货物所造成的损失分为全部损失和部分损失两类。

所谓全部损失又称全损，是指被保险货物在海洋运输中完全受到损坏。全损又被分为实际全损和推定全损两种。实际全损也称绝对全损，是指保险标的物在运输途中全部灭失或等同于全部灭失，如货物在火灾中被烧毁或被海盗抢劫，水泥受海水浸泡后变硬。推定全损是指保险货物的实际全损已经不可避免，而进行施救、复原的费用加上继续将货物运抵目的港的费用将超过货物的保险价值或超过货物在目的地的价值。

所谓部分损失是指被保险货物的损失没有达到全部损失的程度。部分损失又被分为共同海损和单独海损。共同海损是指载货船舶在海运上遇难时,船方同时为了船货的共同安全,有意而合理地作出的牺牲或支付的特殊费用。共同海损行为所作出的牺牲或支付的特殊费用,是为了使船主、承运人和货主各方不遭受损失而支出的,因此,应由船主、承运人和货主各方按获救财产的价值比例分摊。单独海损是指保险标的物在海上遭受承保范围内的风险所造成的部分灭失或损害,即指除共同海损以外的部分损失。这种损失只能由标的物所有人单独负担。

保险人所承保的风险是以险别的方式加以确定的。所谓险别,其实是保险人承担赔偿责任的条件的种类,它指明保险人对何种风险所引致的何种损失须负赔偿责任。

我国现行的海上货物运输保险的险别通常分为平安险(free from particular average,FPA)、水渍险(with particular average,WPA)及一切险(all risks)三种。

在平安险项下保险人所承担的赔偿责任涵盖:被保险货物在运输途中由于恶劣气候、雷电、海啸、地震、洪水等自然灾害造成整批货物的全部损失或推定全损;由于运输工具遭受搁浅、触礁、沉没、互撞、与流冰或其他物体碰撞以及失火、爆炸意外事故造成货物的全部或部分损失;在运输工具已经发生搁浅、触礁、沉没、焚毁意外事故的情况下,货物在此前后又在海上遭受恶劣气候、雷电、海啸等自然灾害所造成的部分损失;在装卸或转运时由于一件或数件整件货物落海造成的全部或部分损失;被保险人对遭受承保责任内危险的货物采取抢救、防止或减少货损的措施而支付的合理费用,但以不超过该批被救货物的保险金额为限;运输工具遭遇海难后,在避难港由于卸货所引起的损失以及在中途港、避难港由于卸货、存仓以及运送货物所产生的特别费用;共同海损的牺牲、分摊和救助费用;运输契约订有"船舶互撞责任"条款,根据该条款规定应由货方偿还船方的损失。

在水渍险项下保险人所承担的赔偿责任除涵盖平安险的各项责任外,还包括被保险货物由于恶劣气候、雷电、海啸、地震、洪水等自然灾害所造成的部分损失。

在一切险项下保险人所承担的赔偿责任除涵盖水渍险的各项责任外,还包括被保险货物在运输途中由于外来原因所致的全部或部分损失。

在上述险别之外,投保人还可以投保一般附加险(函盖货物短量、受潮、锈损、包装破裂等损失)和特别附加险(函盖因战争、罢工等事件所引致的损失)。

除以险别条款确定赔偿责任的范围之外,保险人还会以除外责任条款列出自己不承担赔偿责任的损失的范围,这种除外损失通常包括:被保险人的故意行为或过失所造成的损失;属于发货人责任所引起的损失;在保险责任开始前,被保险货物已存在的品质不良或数量短差所造成的损失;被保险货物的自然损耗、本质缺陷、特性以及市价跌落、运输延迟所引起的损失或费用等。

关于保险人的责任期限,通常约定"仓至仓"(warehouse to warehouse)规则:自被保险货物运离保险单所载明的起运地仓库或储存处开始运输时起,包括正常运输过程中的海上、陆上、内河和驳船运输在内,直至该项货物到达保险单所载明目的地收货人的最后仓库或储存处所为止。

关于被保险人(托运人)的义务,合同通常约定:当被保险货物运抵保险单所载明的目的港(地)以后,被保险人应及时提货,发现被保险货物遭受任何损失时,应即向保险单上所载明的检验、理赔代理人申请检验;对遭受承保责任内危险的货物,被保险人应迅速采取合理的抢救措施,防止或减少货物的损失;如遇航程变更或发现保险单所载明的货物、船名或船程有遗漏或错误时,被保险人应在获悉后立即通知保险人并在必要时加缴保险费;在向保险人索赔时,必须提供保险单正本、提单、发票、检验报告及索赔清单等有关单证。

第四节 国际支付服务

一、国际支付合同关系

在国际商事交往中,当事人之间的钱款支付通常需要委托银行等金融机构代为进行。于是,就会在委托人(及受益人)与金融机构之间产生一种国际支付服务关系。国际支付服务关系也是一种合同关系:金融机构为委托人(及受益人)完成钱款的收付,后者则需为此支付报酬。

国际支付服务是国际金融服务的一种。所谓国际金融服务,是指银行等金融机构就货币资金的国际融通为当事人所提供的服务。国际金融服务的表现方式有多种多样,如国际贷款服务、国际融资担保服务以及为债券或股票的跨国发行与交易所提供的服务等。

国际支付服务可按支付方式的不同加以分类。常见的国际支付服务有国际汇款服务、国际托收服务以及国际信用证服务。

二、信用证合同关系及其成立

信用证支付是一种常见的国际支付方式。

信用证是开证行依照开证申请人的要求向受益人开出的、承诺在一定的条件下向受益人支付约定的金额的书面文件。信用证的开立,在有关的当事人之间建立了确定的法律关系。

信用证法律关系的当事人应有广义和狭义之分。狭义的当事人仅指开证行与受益人,他们之间的法律关系是信用证法律关系的核心;广义的当事人还包括开证申请人、被指定银行、保兑行等。这里所说的信用证关系仅指开证行与受益人之间的关系。同其他的交易关系一样,信用证关系是一种合同关系。这种关系的产生是基于当事人之间的约定,这种关系的内容是当事人之间对彼此的权利义务的安排。

从信用证不需经受益人的承诺即可生效这一规则出发,我们可以推定,开证本身是一种承诺,因为根据合同法的一般规则,承诺导致合同关系的确立。如果开证行为本身是一项承诺,那么,在此之前一定存在着一项要约。而问题在于,在开证行向受益人开立信用证之前,受益人并未直接向开证行发出任何要求开证的意思表示,因此,应该是有人代理受益人向开证行发出了此项要约,而这个代理人就是开证申请人,即通常情况下的买方。

在实践中,开证行开立信用证的行为是基于开证申请人的请求。在信用证开出之前,受益人并未直接介入信用证开立过程,受益人请求银行为其开立信用证的意思表示是由开证申请人代为作出的。开证申请人的这种代理人的资格的取得是基于买方和卖方之间的货物买卖合同。买卖双方如果约定采用信用证方式支付货款,就会在货物买卖合同中明确约定信用证的开立时间、信用证的种类、信用证金额、信用证的有效期和到期地点以及货物的装运期等。为了保证收汇安全,卖方有时还会要求对开证行的资信地位作出必要的约定。这些规定使得买方向开证行申请开立信用证的行为具有了双重意义:一是作为买方履行合同中规定的开证义务,二是作为卖方的代理人履行代理的义务,买方在提出开证申请时,也是在代卖方向银行提出开立信用证的要约。

买方作为卖方的开证代理人的资格,应该认为是通过买卖合同自动取得的,而不需要另行授权。对于这种"自动取得",应从以下几个方面加以理解。

首先,合同明确规定买方有义务开立以卖方为受益人的信用证,这实际上就是卖方对买方的代理行为的授权,使得买方在申请开证的同时也是代卖方向开证行就信用证的开立提出了要约。为使自己能享有信用证项下的权利,卖方总是要使合同尽可能详细地规定信用证开立事宜,而买方依照这些规定要求开证行开证,无疑是卖方要求开证的意思的明确表达,而且由于这种表达是如此得充分,以至无须由卖方另行向开证行表达此种意思。

其次,买卖双方通常还会在合同中确定开证行或确定选择开证行的标准,如规定信用证应"通过为卖方所接受的银行"开立,这种规定意味着卖方愿意同某银行或某类银行建立信用证关系,买方请求符合合同规定的银行开证即表达了卖方的意愿。

再次,信用证须严格依照买方的开证申请书开立,而开证申请书则须与买卖合同保持一致。在买方提出开证申请之后,卖方已没有必要再重复提出同样内容的开证申请,这显然符合商业交往中的效率原则。

最后,从实践中看,开证行通常是由买方所在地的、与买方有一定的业务往来关系的银行担当的,开证行只有在确认了开证申请人的资信之后才能为其开出信用证;而卖方与开证行分别处于不同的国家且通常没有商业往来关系,由卖方直接向开证行发出开证要约,是很难被银行所接受的,因而须由买方代理开证。

由此，基于买方向开证行提出的开证请求就可以形成两种合同关系，即开证申请人与开证行之间的合同关系和开证行与受益人之间的合同关系。开证申请人与开证行之间的合同关系以开证申请人的申请书为要约，以开证行表示接受申请书的内容并同意按开证申请书确立的内容开出信用证为承诺；开证行与受益人之间的合同关系在形式上也是以开证申请人的开证申请书为要约，以开证行开出信用证为承诺，信用证一经开出就在开证行和受益人之间建立了信用证合同关系。

作为合同关系证明文件的信用证通常不是经合同当事人逐条谈判确定下来的。各银行都备有事先拟定的信用证文本。在开证申请人代受益人提出开立信用证的要约的时候，只需就某些具体的交易条件加以确定，因而信用证是一种定式合同。由于不需就各项交易条件逐一谈判，所以信用证可在短期内迅速开出，从而体现了定式合同所追求的效率原则。但信用证与一般的定式合同相比又有一个明显的特点，即信用证本身很少规定一般的交易条件，这种一般交易条件是通过对国际惯例的援引而加以确立的。各家银行通常都要在其所开立的信用证中表明，该信用证受《跟单信用证统一惯例》的支配。通过将《跟单信用证统一惯例》纳入信用证条款，便使得该惯例对所有各方均具有约束力。据此，我们可以把《跟单信用证统一惯例》的各项规定(除信用证另有明示规定)视为信用证这种定式合同的一般交易条件。

三、信用证合同关系的变更与消灭

实践中经常出现信用证的修改。信用证的修改其实是信用证合同关系的内容的变更。

可以对信用证提出修改的有开证申请人、开证行和受益人。

开证申请人不是信用证合同关系的当事人，因为信用证所约束的仅为开证行(如经保兑，也包括保兑行)和受益人。但由于信用证是基于开证申请人的申请而开出的，在申请人与开证行之间存在着开证申请合同，因而，当发现开出的信用证与开证申请书的规定不一致时，申请人有权要求开证行加以修改。如果这种修改与买卖合同关于信用证的规定相一致，自然不必经过受益人的同意；如果这种修改与买卖合同中的规定不符，除非有受益人的明确同意，否则不仅违背了买卖合同，也超越了卖方对其代理申请开证的授权，因而是无效的。但由于银行没有义务审查买卖合同中关于开证问题的规定，因而没有理由知道开证申请人代理权的瑕疵，所以，在这种情况下，受益人必须通知开证行改证或要求申请人改证。

开证行作为信用证合同关系的当事人，自然可提出修改信用证的要求，但由于跟单信用证通常并非银行主动要求开立，而且银行开立信用证的主要条件均为银行事先单方面拟订，所以，银行主动提出修改信用证的情况鲜有发生。

实践中,经常提出对信用证进行修改的主要是受益人。受益人要求修改信用证又经常是因为信用证的内容与买卖合同的规定不一致。受益人在接到信用证后,经审查发现信用证的规定与合同规定不一致时,可基于同开证行的合同关系而直接向开证行提出改证要求;但在一般情况下,受益人多会选择向开证申请人提出修改信用证的要求。之所以这样做是因为信用证是买方依照买卖合同(代卖方)向银行申请开立的,开证申请人负有依合同的规定开出合格信用证的义务。如买方没有适当履行该义务,卖方当然有权利要求其纠正。

引起信用证合同关系消灭的法律事实主要包括:受益人和开证行(被指定银行)履行了信用证项下的义务以及信用证的有效期届满。

信用证合同关系的消灭通常是由于信用证合同关系的当事人依照信用证的规定履行了义务。开证行义务的履行既可以表现为直接向受益人或其指示人付款,也可以通过授权另一家银行(被指定银行)付款、迟期付款、承兑或议付来完成自己的义务。开证行要在信用证中明示或默示地向受益人表明被指定银行。被指定银行虽在信用证中被规定下来,承担了接受合格单据并向受益人付款的义务,但它并不是信用证合同关系的当事人,它是作为开证行的代理行行事的,即被指定银行是依照他与开证行之间的代理合同来行使权利和履行义务的。在信用证为保兑信用证时,保兑行也是被指定银行,即受益人可以向其交单的银行。保兑行是应开证行的请求或由受益人提出的经开证行授权承担开证行付款承诺以外的一项独立承诺的银行。与其他被指定银行一样,保兑行在以代理行的身份接受了符合信用证规定的单据之后也有权向开证行索偿。但与其他被指定银行不同的是,由于保兑行承担了在开证行承诺以外的一项确定的、独立的承诺而处于与开证行同等的法律地位,因而它介入信用证合同关系之内;受益人可自由选择向开证行或保兑行主张权利,没有先后顺序之分。因而在保兑信用证的情况下,保兑行与开证行一样承担了第一性的付款义务。保兑行在信用证中所承诺的付款义务使得它已成为信用证合同关系中的一方当事人,可以认为保兑行与开证行在信用证关系中是一种连带债权债务关系。

在信用证合同关系中,总是以一方当事人(受益人)的履约作为另一方当事人履行合同义务的前提条件的。受益人向开证行或被指定银行提交合格单据是受益人获得信用证下的款项的前提;受益人不交单,不主张收款的权利,银行自然没有履行付款义务的必要。受益人不交单或不正确交单不会给银行带来损失,只会阻碍自己权利的实现。

使信用证合同关系归于消灭的另外一个经常性的原因是信用证的有效期届满。信用证合同的核心内容是开证行允诺向受益人付款,而这种付款允诺是基于两项严格的条件的,即受益人必须提交特定的单据;单据必须在特定的时间内提交。这两项条件比较起来,时间的限制更为重要。如果提交的单据不符要求,受益人还可能有改正的机会,而如果受益人提交单据的时间超出信用证的规定,则开证行的付款允诺便不复存在。单据必须在特定的期限内提交,是受益人与开证行的事先约定。开证申请人根据买卖合同的规定在开证申请书中指明信用证的有效期,是以受益人的代理人的身份向开证行发出的要约中的一项重要内容,而开证行在信用证中依此列明有效期则是一种承诺。既然开证行的付款义务的时间限制是受益人与开证行的一种事先约定,那么,该项期间的届满自然导致开证行付款义务的解除,导致信用证合同关系的消灭。

第五节 国际工程承包服务

一、国际工程承包服务合同关系

国际工程承包(international engineering contracting)是指根据工程承包合同,由当事人的一方(承包人)承担费用与风险,在规定期限内完成他国的另一方当事人(业主或发包人)所委托的工程建设项目,而业主则应按期接受承包人所完成的工程项目并支付酬金。

对于承包方来说,国际工程承包是一种综合性的输出。承包方在向业主提供服务(劳务)、设备、原材料的同时,还可能进行某些相关技术的转让。同其他类型的国际服务贸易比较起来,国际工程承包服务的标的比较特殊,它不仅是某项技术性劳务,而是技术、劳务和硬件的结合体,即某一具体、完整的工程。有的国际工程承包合同甚至还包括经营管理合同、产品包销合同等。

国际工程承包合同中的承包方是自己承担费用和风险完成工程的建设任务。在承包期内,承包标的的意外损失、工作条件的恶化或物价上涨等风险,通常都要由承包人单方承担,而无权要求业主补偿。

国际工程承包合同的完成是以承包方将一个完整的工程设施移交给业主而体现出来的,业主的主要义务在于按期接受成果并支付价金,因而,相比之下,承包方的义务比较复杂。就一项完整的国际工程承包项目而严,承包方的义务可以包括以下内容。

1. 勘查与工程评价

由承包方对建设地点进行水文、地质勘查,在调查研究的基础上,对拟建设的工程进行技术评价与经济评价,进行可行性研究。

2. 初步设计或基本设计

包括设计工程的规模、产品方案、工艺流程、设备选型、主要设备的清单、建设顺序、工期、所要达到的经济、技术指标。

3. 详细设计或技术设计

在初步设计的基础上，对与建设项目有关的技术问题进一步具体化，包括机械设计、电气设计、仪表设计、建筑物设计等。

4. 机器设备和建筑材料的采购

承包人自己承担费用采购建筑所需要的设备与材料和工厂应配备的机器设备；承包人也可以自己供应建筑机械、材料与生产所需要的机器与设备。

5. 制定施工图

制定施工图即制定建筑、安装施工的详细图纸。

6. 施工与安装

该环节包括派遣工程技术人员和普通工人进行土木工程建设、机器设备的安装与调试等。

7. 人员培训

为了使业主能在接受项目后进行正常的营运，并能对工程与机器设备进行管理与维修，在工程进行的同时，还要由承包人对业主的工程技术人员和普通工人进行必要的培训。

8. 试车

土木工程完工和机器设备安装之后，要进行试车检验，以保证工厂能够正常运行，达到合同规定的指标。

国际工程承包合同可分为统包工程承包合同与分项承包合同两类。

统包工程承包合同也称交钥匙合同(turn-key contract)，是指由承包方为业主完成建设某一工程项目的全部工作，从勘察、可行性研究、初步设计、技术设计、制定施工图、施工安装以及调试，直到把一所能随时开工生产的工厂或可以启用的设施交给业主。

分项承包合同(Separate Contract)，是指由业主将一项总的工程分为若干部分，每个部分包含一个或几个工程项目，分别与各个承包方签订合同，由他们分别承包特定的工程项目。每个承包方只对自己所承包的项目负责。整个工程的协调工作由业主负责。

另有一类合同被称作"产品到手合同"。所谓产品到手合同(Product in Hand Contract)是对交钥匙合同的进一步发展，使承包方的责任进一步延伸。根据一般的交钥匙合同，工程竣工后，经过试车，证明已达到规定指标后，该工程就移交业主；而根据产品到手合同，承包方的责任是在双方商定的期限和条件下解除的。一般来说，承包方往往要承担培训当地技术人员的责任，只有该工厂在当地人员实际控制下经营了相当长一段时间后，才能够解除承包方的责任。这样，与交钥匙合同相比，承包方不仅要承担其自身技术上的不测因素的风险，而且还要承担业主方面技术上的不测因素的风险。从某种意义上说，后一种风险比前一种风险更难把握，因为,业主的技术条件及其他相关因素不是承包方所能控制的。

二、国际工程承包合同的缔结

国际工程承包的成交方式有两种:一种是通过普通的商务谈判,由业主直接或通过代理人与承包人通过谈判达成协议;另一种是通过招标投标的方式成交。普通的商务谈判与其他交易的谈判大同小异,而通过招标投标达成协议则较为复杂。目前,国际工程承包合同基本上都是通过招标投标的方式来达成的。

招标投标是一个复杂的合同订立过程,除招标(Invitation to Tender)和投标(Submission to Tender)两个主要阶段之外,还包括其他一些阶段。现分述如下。

1. 招标准备

招标准备即由发包方制定招标的技术条件与商务条件。

技术条件是指提出建设的主要项目,应安装的主要设备,工程及技术设备的技术指标;商务条件是指合同中应包含的其他条件,例如工程底价、投标人应提供的信贷条件、交易条件和完工期限、承包人应提供的担保及合同的准据法等。

2. 招标

招标可分为公开招标与有选择的招标两种方式。公开招标是由业主邀请一切有资格参加投标的人进行投标;有选择的招标是指业主只通知部分人参加投标。实践中多采取公开招标的方式。

在采取公开招标的方式时,招标人通常要先发布广告,说明工程的性质、投标条件以及期限等,然后,由申请人索取投标文件。投标文件通常包括合同条件、技术细节和投标须知三部分内容。合同条件主要是规定合同的商务条件;技术细节(通包括工程说明、工程量表及设计图纸等)主要是规定合同的技术条件;投标须知则是规定在招标投标过程中,招标人与投标人的权利义务关系。投标须知所包含的内容通常包括以下几方面。

(1) 关于投标保证书的要求。业主通常会要求投标人在投标的时候同时提交一份投标保证书,用于保证投标人不中途退标,否则,投标保证书所设立的投标保证金将不予退还。投标保证书的保证金额通常占投标总额的5%左右,保证期限到定标时为止,一般为3~6个月。中标者可将此保证书转换为履约保证书,对不中标者,保证书即可失效。办理保证书的具体手续是:投标人在银行存入等于或大于保证书金额的存款,银行出具保证书,将投标人相等数额的存款冻结(利息照付),并收取一定手续费。

(2) 关于保密的要求。投标文件具有保密的性质,投标人不得任意泄漏,以防止投标人相互串通,竞相抬高价格。

(3) 关于"不选择最低标"的申明。投标文件中通常都要规定,"业主不约束自已接受最低标价",指的是开标后,业主有权选择任何价格的投标书。业主之所以不约束自己选择最低报价的投标,是因为除了价格因素之外,业主还要考虑投标人资信条件、技术条件、施工经验等。另外,有时投标人的标价会低于成本,如允其承包,势必导致承包人无法按期完工;更有人以低价标书为诱饵,行工程款诈骗之实。

(4) 关于履约保证书的要求。投标人中标后,须提交履约保证书,用以确保合同的履行。履约保证书的办理手续与办理投标保证书相同,保证金额通常为投标总价的10%。保证书有效期至完工为止。如承包人中途违约,则保证金归业主,抵作赔偿损失的费用。

(5) 关于对第三方保险的要求。在合同履行过程中,施工作业可能对现场及周围人员(包括业主及其雇员)的人身与财产造成损害,因此,业主通常会要求承包人为此提供保险。保险费率的高低取决于不同的保险公司就不同险别的报价。

3. 投标准备

投标人在收到投标文件之后,即可进行如下投标准备工作。

(1) 熟悉投标文件与勘查现场。有时业主会组织投标人统一参观现场,并作必要的介绍。对投标文件的各项规定,如开标时间、定标时间、投标保证书、履约保证书、工期、保证期等都要研究清楚,并做好相应的准备,尤其要对图纸、工程说明书、工程量表等仔细阅读和研究。

(2) 计算或核对工作量。对于没有确定工程量的招标工程应当计算工作量;对于有工程量的工程应对重点工程量进行核对。

(3) 对单价进行分析研究。每项单价除了包括工资、材料、机械费及其他直接费用外,还应包括管理费及利润。报价时,要考虑国际市场的行情、特别是当地市场的实际情况,而不能按国内市场行情报价,然后将本国价格折成外币计算。

(4) 开办费(准备工作费)的估算。依据国际惯例,开办费要单独报价。开办费所包含的内容因工程不同和所处国家的不同而有所差异。开办费通常占工程总价的10%~20%,包括施工用水费、施工用电费、施工机具费、脚手架费、工人现场福利费及安全费等。

(5) 价格的汇总与测算。各项单价分析完毕后,就要与工程量逐项相乘,算出每一部分工程费用,再加上开办费用,就能算出全部工程总价。随后还应进行全面自校,从总体上权衡报价是否得当合理。

4. 投标

标书内容经过审定、翻译、复制,并经有关负责人签字与加盖公章后,即可加以密封,与投标保证书一起,在指定时间、地点送给业主或招标委员会。业主或招标委员会经过审查,认为各项手续均符合规定,就会收下标书。

5. 开标与定标

开标分公开开标与不公开开标两种形式。公开开标是指在约定的时间,召集投标人或其代理人,当众拆开标书,公开唱出各投标人所报的标价及其他主要条件,并再次声明,不论报价高低,均有中标希望;不公开开标是指不召集投标人,标书随收随拆,由业主自行选定。

开标后,一般经过 3~6 个月的评标期方能定标。在这段时间内,业主要多方面研究各投标人的报价和其他主要条件,并重点选择几家投标人,对其资金、设备、技术力量、施工水平等进行查询。在评标过程中,业主方面通常会组成一个评标委员会,依据一定的原则和标准对所有投标逐一进行评估,以确定每项投标的实质报价。实质报价不同于书面报价,它是通过对投标中的价格和其他交易条件逐项进行分析和综合后,按照一定的评分标准所计算出来的。

国际工程承包市场的竞争是非常激烈的,投标人在业主评标期间,要加强与业主方面的联系;要物色有活动能力的代理人,进行争取中标的活动。如果放松这方面的工作,即使报价合理,资金、技术力量等条件都很好,也不一定中标。

业主在确定了中标人之后,将与其签署国际工程承包协议,双方的交易就此达成。但双方所签署的协议只是确认合同的成立,并不是合同的全部内容。国际工程承包合同是一整套的合同文件,而不是单一的合同。协议签订后,承包人要向业主提供一份由银行开立的履约保证书(Performance Guarantee),业主也要向承包人提供一份由银行出具的付款保证书(Payment Guarantee),两种保证书都是合同履行的担保形式。

实践中,一些国家对本国能够完成的项目不列入招标项目,而仅就其余部分招标;为本国投标者规定较为优惠的条件,允许本国公司在其报价超过外国公司报价的一定幅度内中标;为本国中标者提供补贴等。上述做法可起到保护本国或本国投标者的利益的作用,但在国际社会中,这些做法也可能引起其他国家的异议。一些国际协议(如反补贴协议、政府采购协议、北美自由贸易区协议等)已在一定范围内涉及上述问题,各有关国家不应使自己的行为违背上述协议的规定。

三、国际工程承包合同中的合同条件

通过招标投标程序所缔结的国际工程承包合同不是一个单一的合同,而是由一系列文件所构成的合同总体,称之为合同文件(Contract Document)。合同文件的构成包括招标通知书、投标文件(合同条件、技术细节、投标须知)、投标书(标单)、中标通知书、协议书等。在这些合同文件中,合同条件是核心内容。

合同条件最初是作为投标文件的一部分由招标人向投标人发出的。合同条件的内容在于规定双方当事人在商务条件方面的权利与义务关系。合同条件由招标人发给投标人时,只具有要约邀请性质;当投标人接受这些条件再反过来向招标人投标时,这些合同条件就已经成为投标人的要约的一部分内容;如果该项投标被选中,则是投标人的要约条件被招标人接受,从而确定了协议关系。

合同条件通常由招标人也即业主事先拟定。目前,国际上通行着某些"标准"的合同条件,这些标准合同条件由国际上有影响的工程技术服务公司或工程公司团体所制定,供各国际工程承包当事人采用。其中影响较大的是由国际咨询工程师联合会(Fédération Internationale Des Ingénieurs Conseils,FIDIC)编制的《土木工程施工合同条件》(简称 FIDIC 合同条件或"菲迪克合同条件")。2017 年 12 月,国际咨询工程师联合会发布了新一版的三类合同条件,分别是:施工合同条件(Conditions of Contract for Construction)(红皮书)、生产设备和设计-施工合同条件(Conditions of Contract for Plant and Design-Build)(黄皮书)和设计-采购-施工与交钥匙项目合同条件(Conditions of Contract for EPC/Turnkey Projects)(银皮书)。2017 版红皮书主要适用于承包商按照业主提供的设计进行施工的项目;2017 版黄皮书适用于(Design and Build,DB)承包模式,在该模式下,承包商根据业主要求,负责项目大部分的设计和施工工作,且可能负责设计并提供生产设备和(或)其他部分工程,还可以包括土木、机械、电气和/或构筑物的任何组合;2017 版银皮书适用于采用设计、采购和施工(Engineering,Procurement and Construction,EPC)及交钥匙模式的工厂、基础设施或类似工程。2017 版三类合同条件均包括通用条件、专用条件编写指南及附件(担保函、投标函、中标函、合同协议书和争端避免/裁决协议书格式等)。三类合同条件的通用条件均为 21 项条款,而且,除了第三条、第五条和第十二条之外,其他条款的标题均保持一致。红皮书的 21 项条款的标题依次为:(1)总则(General Provisions);(2)业主(The Employer);(3)工程师(The Engineer);(4)承包商(The Contractor);(5)分包商(Subcontractors);(6)职员和劳工(Staff and Labour);(7)设备、材料和工艺(Plant Materials and Workmanship);(8)开工、延误与停工(Commencement,Delays and Suspension);(9)竣工验收(Tests On Completion);(10)业主的接收(Employer's Taking Over);(11)接收后的缺陷(Defects after Taking Over);(12)测量与估价(Measurement and Evaluation);(13)变更和调整(Variations and Adjustments);(14)合同价格和支付(Contractor price and Payment);(15)业主提出的终止(Termination by Employer);(16)承包商提出的暂停和终止;(17)对工程的照管和补偿(Care of The Works and Indemnities);(18)意外事件(Exceptional Events);(19)保险(Insurance);(20)业主和承包商的索赔(Employer's and Contractor's Claims);(21)争端与仲裁(Disputes and Arbitration)。与前一版相比,2017 版 FIDIC 合同条件的内容更加丰富,为当事人提供了更多的便利。当然,当事人也可以通过特别约定排除或限制他们不喜欢的条款。

第六节 对国际服务贸易实施政府管理的基本原则

一、政府对国际服务贸易进行管理的原因

同对待国际货物贸易和国际技术贸易一样,政府对国际服务贸易也须进行适当程度的监管,以保证服务的进出口能够符合本国的产业政策、满足消费者的需求,并不会对本国的国家安全和外交政策带来负面影响。

各国对服务业的发展都会有某种产业政策。如果对服务的进出口不加以控制,它所制定的产业政策就无法实现。例如,为了维持服务业的正常竞争,政府必须通过某种措施的制订使新的服务提供者进入市场;对于那些存在着垄断或竞争不充分的行业,政府甚至可以通过制定指导价格等方式直接影响企业的行为。政府还可能以服务提供者的身份直接进入市场,对服务贸易实施影响。

保障国家安全和坚持外交政策也是政府对国际服务贸易施加管理所追求的目标。这里所说的国家安全不仅是通常所指的政治安全和军事安全,也包括经济安全。近年来爆发的全球性和区域性金融危机已经告诉我们,金融业的稳定与否直接决定着国民经济能否正常运转。金融业一旦崩溃,必将给国家经济带来致命的打击。因此,对金融服务等实施严格有效的管理是保障国家经济安全的重要手段。

保护消费者的权益是政府对服务的进出口实施管理所追求的另一目标。与货物不同,服务产品是无形的,因此消费者很难评价产品的质量。在接受服务之前,消费者很难知道产品的品质,甚至在接受服务之后,消费者也无法确切地评价产品的品质。这样就使得政府对服务贸易的管理更为必要。例如,各国所实施的对某些专业服务的执业许可制度就是一种确保服务质量的有效方法。

然而,政府所实施的管理不应对国际服务贸易造成不应有的妨碍。世贸组织成员对国际服务贸易的管理应遵循《服务贸易总协定》所确立的各项原则。

二、最惠国待遇原则

最惠国待遇原则是《服务贸易总协定》所确立的最为基本的原则。《服务贸易总协定》第二条规定:关于本协定所涉及的任何措施,一个成员国给予任何其他国家的服务和服务提供者的待遇,都应立即和无条件地给予其他缔约方的相同服务和服务的提供者;一个成员国可以维持不符合前款规定的措施,但该措施应列入协定的附件,并符合有关的要求;协定的各条款不得解释为可以阻碍任何成员国对毗邻国家提供或给予各种利益,以便为边境地区的仅为两国当地生产和消费的服务的交换提供便利。《服务贸易总协定》所确立的最惠国待遇原则包含以下内容。

第一,《服务贸易总协定》所规定的最惠国待遇原则所适用的领域是"本协定所

涉及的任何措施"。这里所说的措施是指各成员国采用的影响国际服务贸易的各种措施。根据该协定第一条第三款的规定,政府当局执行其职责时所提供的服务不在国际服务贸易的范围之内。至于"措施"一词的含义,《服务贸易总协定》第一条也作了限定:它既包括中央、地区或地方政府或当局所采取的措施,也包括代为中央、地区或地方政府或当局行使权力的非政府机构所采取的措施。

第二,《服务贸易总协定》所规定的最惠国待遇的受惠对象不仅包括服务,还包括服务的提供者。这一点同关贸总协定所规定的最惠国待遇不同,因为关贸总定中的最惠国待遇只及于其他缔约方的产品,而不及于产品的生产者。《服务贸易总协定》将最惠国待遇原则的适用扩展到服务的提供者完全取决于服务贸易自身的特点。在很多情况下,服务与服务的提供者不可分离,如果不向其他成员国的服务提供者(例如外国会计师)提供最惠国待遇,服务的待遇问题也就无从谈起。

第三,《服务贸易总协定》所确定的最惠国待遇原则,除了在第二条中作了一般性规定之外,还散见在其他条款之中。例如,该协定第七条规定,在实施批准、许可或认证服务提供者的标准方面,一个成员国不得以会在各国家之间造成歧视的方式给予承认;该协定的第八条规定,各成员国应确保其领土内的任何一项服务的垄断提供者,在有关市场上提供服务方面,不得以不符合第二条规定的该成员国的义务的方式进行;该协定的第十条规定,就紧急保障措施问题所进行的多边贸易谈判,应以非歧视原则为基础;该协定的第十二条规定,当成员国为保证国际收支平衡而对国际服务贸易施加限制时,不得在成员国之间实行歧视。此外,该协定的第十四条、第十六条和第二十一条的规定也都体现了最惠国待遇原则或非歧视待遇原则。

第四,最惠国待遇原则的适用需要有第三国作为参照国家。同关贸总协定关于最惠国待遇的规定一样,《服务贸易总协定》也是把任何其他国家,而不是把其他成员作为参照者。只要是某个成员在国际服务贸易管理方面给了某个国家某种优惠待遇,不管这个国家是否为《服务贸易总协定》的成员,其他成员都可以要求获得此项待遇。

第五,《服务贸易总协定》关于最惠国待遇的规定位于协定的第二部分,而该部分对各成员国所规定的义务属"一般义务",也就是说,最惠国待遇原则是适用于服务贸易的各个部门的。不论成员方是否将某个服务贸易部门对外开放,在采取有关的管理措施时,都必须遵循最惠国待遇原则。任何成员方在是否开放某一服务贸易部门、在何种程度上开放以及对来自国外的服务和外国的服务提供者实行何种限制等问题上,都不能使得其他成员处于低于第三国的地位。

第六,尽管适用最惠国待遇原则是各成员国的一般义务,但这一原则的适用仍有例外与豁免。所谓"例外"是指《服务贸易总协定》认定成员国在国际服务贸易管理方面的某些差别性安排不在最惠国待遇原则的适用范围之内;而所谓"豁免"则是指允许成员国在特定条件下维持某些与最惠国待遇原则不一致的管理措施。关于"例外",总协定主要规定了两种情况:一是边境服务贸易,二是经济一体化。边境贸易可以作为适用最惠国待遇原则的例外早已得到国际社会的公认;关于经济一体化问题,《服务贸易总协定》的第五条作了较为详细的规定。这条规定的基本精神是:不阻碍成员方成为或加入双方或多方达成的促使服务贸易自由化的协议,但这种协议必须有实质性的部门范围,而且在这种协议的成员之间必须取消或实质性地减少国民待遇原则适用方面的障碍。经济一体化,严格说来是与最惠国待遇原则相背离的,但由于这种安排可在特定范围内促进国际服务贸易的自由发展,因而又与《服务贸易总协定》所倡导的自由贸易原则相一致。如果我们还无法在全球范围内实行自由贸易,那么不妨先从地区范围作起。正是基于这种理念,《服务贸易总协定》才同关贸总协定一样,允许经济一体化组织在贸易管理措施方面实行差别安排。关于"豁免",《服务贸易总协定》第二条第二款允许各成员方根据协定附件规定的条件自行作出选择。实际上,附件并没规定可实行"豁免"的实质性要件,而只是作了程序方面的规定。原始成员可在《世界贸易组织协议》生效之前一次性提出自己的"豁免"清单;之后的任何"豁免"都必须按照《世界贸易组织协议》第九条第三款规定的程序办理。《服务贸易总协定》关于第二条豁免的附件还规定,原则上"豁免"不得超过10年,而且这些"豁免"应被提交下一轮贸易自由化谈判进行讨论。

我国《对外贸易法》第六条规定:"中华人民共和国在对外贸易方面根据所缔结或者参加的国际条约、协定,给予其他缔约方、参加方最惠国待遇、国民待遇等待遇,或者根据互惠、对等原则给予对方最惠国待遇、国民待遇等待遇。"根据该项规定,在加入《服务贸易总协定》之后,我国自然应该按照协定的规定履行自己在最惠国待遇方面的义务。

三、国民待遇原则

《服务贸易总协定》第十七条规定:在承诺清单所列的服务贸易部门,并根据该清单所规定的条件,每个成员在影响服务提供的所有措施方面,给予任何其他成员的服务或服务提供者的待遇,不得低于其给予自己的相同服务或服务提供者的待遇。也就是说,《服务贸易总协定》所确立的国民待遇原则的适用范围是比较有限的。实施国民待遇原则不是一般性义务,而属特别承诺的义务;每个成员只在其所承诺的范围内和条件下赋予其他成员的服务和服务提供者国民待遇。

《服务贸易总协定》所规定的国民待遇原则更注重效果而不是形式。协定规定,一个成员给予其他成员的服务和服务提供者的待遇,即使在形式上有别于其给予本国的服务或服务提供者的待遇,也可以满足前一款的要求;如果一个成员提供的待遇使得其他成员的服务或服务提供者处于不利的竞争条件,那么,即使提供的待遇在形式上与其提供给本国的服务或服务提供者的待遇完全相同,也不能认为该成员已履行了国民待遇原则方面的义务。

在讨论国民待遇原则时不能不涉及国民待遇与"市场准入"的关系。市场准入从其一般意义上讲,是指一国向其他国家允诺开放其本国的商品(包括货物、技术、服务等)和投资市场。在关贸总协定"乌拉圭回合"谈判之前,市场准入这一概念仅在关贸总协定第Ⅳ部分于一个比较广泛的意义上使用,在"东京回合"所达成的一些有关非关税壁垒的协定文件中也没有明确使用市场准入的概念。《服务贸易总协定》虽在第十六条对服务贸易的市场准入作出了一些具体规定,但对市场准入本身却没有规定一个准确的定义。依据第十六条的规定,市场准入是指缔约方以在谈判基础上达成的开放市场的承诺清单中所列举的服务部门及其准入的条件和范围对其他缔约方开放本国的服务贸易市场。依据这一概念,我们似乎可从以下几方面来理解服务贸易的市场准入问题:第一,市场准入是缔约方在相互谈判的基础上达成的允许缔约方的服务和服务提供者进入本国市场的一种承诺,缔约方一旦作出了某种承诺,就意味着将受其约束,因而在某种意义上说,市场准入已成为一个有其特定内含的法律概念,是一方负有的按照其承诺而向他方开放服务市场义务的代名词。第二,市场准入是被限定在特定的范围之内的。如果各缔约方相互之间完全开放服务贸易市场,取消对外国服务和服务提供者的任何限制,那么市场准入的规定也就失去了意义。因而市场准入存在于对市场的限制当中,具体表现在各缔约方允诺的对外开放的服务部门以及准入的条件和限制的承诺清单中,缔约方仅在此范围内受到约束。第三,由于在绝大多数情况下服务和服务提供者的不可分割性,因而市场准入的实施对象既包括服务也包括服务提供者。

在《服务贸易总协定》中,市场准入和国民待遇都是缔约国特殊承诺的义务,都只适用于特别的部门。市场准入条款是《服务贸易总协定》的关键性条款,一个缔约方的服务及服务提供者能否进入另一缔约方的服务市场以及在多大程度上进入该方的服务市场完全取决于另一方的在承诺清单中所作的规定,因而从其功能上说,市场准入措施类似于货物贸易中的关税,起着控制贸易的流向、流量的作用。在服务贸易领域中,对外国服务提供者来说,自由的市场准入加上国民待遇将等于关贸总协定规范货物进口时的零关税加上国民待遇。然而正像关贸总协定的成员国没有义务去维持零关税一样,《服务贸易总协定》的缔约国也没有实行完全的市场准入的义务,各缔约方唯一的真正意义上的义务就是在自由的市场准入和完全的国民待遇方面进行谈判,逐步地向着完全的自由化的方向努力。

市场准入规则确定的是进入市场的条件。依据《服务贸易总协定》第十六条第二款的规定,缔约方对于承诺市场准入的服务部门或分部门,除了承诺单所规定的条件和限制以外,不得再采取下列限制性措施:(1)数量限制措施,如限制服务提供者数量;限制交易量总金额或资产额;限制业务的总量或用数量单位表示的服务提供的总产量;对特定服务部门或服务提供者为提供特殊服务所必须雇佣的自然人的总数量。(2)限制服务提供者的组织形式。(3)限制外资份额。这些规定意味着缔约方不能重复使用承诺清单中已经列入的限制性条件而使得市场准入条款失去意义。如果缔约方在上述限制性措施以外实施了其他的限制,只要这种限制不是歧视性的就不在协定管辖范围之内。

国民待遇规则确定的是进入市场之后的地位问题。在关贸总协定的体制之下,国民待遇原则的适用是强制性的和无条件的,而服务贸易领域中的国民待遇则并非如此,这是因为:第一,由于国民待遇是一种可由各缔约方自行约定的义务,因而各方的国民待遇的适用范围和适用方式必然存在着相当大的差异;而且这种基本上由各方国内法所确定的国民待遇必然具有很大的灵活性和随意性;第二,由于各方的国内法对服务贸易可能作出严格而苛刻的规定,因而外国的服务及服务提供者获得的国民待遇不一定会像一国的货物在关贸总协定的机制下进入他国关境后的效果,在某种意义上,这种苛刻的国内法规范可能成为有效阻止外国服务及其提供者进入的一种更为有效的非关税壁垒。然而国民待遇作为《服务贸易总协定》的一块基石,其宗旨在于反对歧视性安排。依照该协定的规定,当一个公司认为东道国的某些规定是属于歧视性的,例如仅允许当地的公司提供某种服务而自己却无法享受到同等的待遇,假如这一服务领域在东道国承诺单的范围之内,就可以将此事提交本国的有关机构,通过该机构的工作,寻求东道国取消这些歧视性规定。

可见,市场准入与国民待遇是相互联系的。市场准入是在确定进入市场的条件;而国民待遇则是在规定进入市场以后的地位。显而易见,市场准入是适用国民待遇的前提条件,如果不能进入市场,自然就谈不到待遇问题,国民待遇的规定就变得毫无意义;而国民待遇则是市场准入的保证,如果进入市场之后享受不到国民待遇,那么市场准入就失去了意义,而且这种进入也很难维持。

我国《对外贸易法》第二十四条规定:"中华人民共和国在国际服务贸易方面根据所缔结或者参加的国际条约、协定中所作的承诺,给予其他缔约方、参加方市场准入和国民待遇。"该法所规定的只在特别承诺的范围内和条件下对外国服务和服务提供者提供国民待遇与《服务贸易总协定》所确立的国民待遇原则是完全一致的。

四、透明度原则

所谓透明度原则是要求服务贸易管理的制度化和公开化。《服务贸易总协定》所确立的透明度原则,按照该协定第三条的规定,主要包括下列含义。

第一,每个成员应将普遍采用的与《服务贸易总协定》有关或将会影响该协定实施的所有有关措施,迅速予以公布,除遇紧急情况,至迟应于这些措施生效时予以公布。成员方在参加与服务贸易有关的国际协议时,也应予以公布。

第二,应其他成员方的请求,每一成员方都应就前项所提的"普遍采用的措施"和国际协议的情况,向前者作出特别的答复。每个成员方还应建立一个或更多的咨询站,以便回答其他成员方所提出的有关问题。

第三,每个成员方应就其新制定的或修订的、将会对其特别承诺之下的服务贸易产生重大影响的法律、法规或行政指令,及时并至少每年一次向服务贸易理事会予以通知。

第四,《服务贸易总协定》不要求成员方提供机密信息,如果泄露这种信息会妨害法律的实施,或违反公共利益,或者会损害某些特定企业的商业利益,无论这些企业是公共企业还是私人企业。

《服务贸易总协定》所确立的透明度原则属于一般性的义务。强化这一义务的用意在于防止出现不公开的交易,保证最惠国待遇原则和国民待遇原则的实现。《服务贸易总协定》所规定的透明度原则与关贸总协定中的透明度原则相比较,无论是表现形式还是实际作用都是一致的。

我国近年来对外贸管理制度和措施方面的透明度问题给予了充分的重视。但"透明"的前提是相关的法律、法规和其他措施的存在,因此,在注意法律规则公开的同时,我们还应该对有关法律、法规和其他措施的建立和完善给予充分的注意。在这方面,也应该与《服务贸易总协定》所确立的原则保持一致。

五、合理保护原则

《服务贸易总协定》的基本宗旨是促进国际服务贸易的自由化,该协定所确立的最惠国待遇原则、国民待遇原则和透明度原则都体现了这一宗旨。但考虑到各个成员方保护自身利益的需要,《服务贸易总协定》又允许成员方在特定条件下对国际服务贸易施加一定的限制。该协定在前言部分即表现出对"贸易自由化"和"贸易限制"这一对相互冲突的利益尽量加以平衡的努力:"各成员……切望通过一系列的多边贸易谈判早日实现服务贸易的不断的较高水平的自由化,以便在互利的基础上提高所有参加方的利益以及取得权利与利益的总体平衡,同时对国内政策目标给予应有的尊重。"

《服务贸易总协定》所确立的合理保护原则集中体现在第十三条"一般例外"的规定之中。该条规定,只要采取的措施不是在国家之间制造任意的或不公正的歧视,或者作为隐蔽的限制服务贸易的手段,那么,协定不得被解释为阻止成员国采取下列措施:为保护公共道德或维持公共秩序所必须采取的措施;为保护人类、动物或植物的生命与健康所必须采取的措施;为保证不与协定相违背的法律或法规的实施,以防止欺诈行为、处理违约行为、保护个人隐私和保卫安全所必须采取的措施。该条还允许各成员国采取与第十七条规定(有关国民待遇的规定)不相符的措施,以保证对其他成员国的服务和服务提供者的直接税的征收;允许成员国采取与第二条规定(有关最惠国待遇的规定)不相符的措施,以保证该成员能履行其税收协定项下的义务。

《服务贸易总协定》的其他一些条款也都体现了合理保护原则。例如,该协定的第十条(紧急保障措施)和第十二条(对保障收支的限制)都允许成员方在特定条件下,为保护自身利益而对国际服务贸易采取限制措施。

为了保护本国的服务业在国内市场的竞争地位,扶持尚不具备竞争能力的本国服务提供者的发展,依照《服务贸易总协定》的规定,各缔约方可以根据本国的政策目标和发展水平,给予外国服务和服务提供者以合理的限制。在加入世贸组织之后,我国可以在开放服务市场的同时,作出与我国承诺清单和《服务贸易总协定》所允许的例外规定相一致的对外国服务及服务提供者的限制性规定。

首先,我们可依据我国外贸法的有关规定并参照与《服务贸易总协定》的有关条款对外国服务及服务者的市场进入施加一定的限制,这些限制可表现为:(1)国家垄断。对于某些涉及国家安全和社会稳定的行业国家可采取垄断经营的办法,例如空中交通管制系统等。(2)对于涉及国家经济命脉的行业,外资虽可进入但必须在数量、投资方式上作出严格限定,对某些领域的投资可要求采取合资、合作等经营的方式,并不允许外商控股。(3)在业务范围上给予一定程度的限定。如外国律师事务所在我国境内设立的办事处及其成员不得代理中国法律事务,不得向当事人解释中国法律。

其次,根据经济发展目标对外国服务和服务提供者实行必要的监督和管理。外国服务提供者到我国提供服务除设立商业实体之外,还有一些从事各种各样服务的专业服务者。由于服务领域的广泛性、主体的多样性以及行为的分散性,因而需要制定专门的涉外服务贸易管理法规,采取特殊的原则和规定对外国的服务和服务提供者实施必要的管理,以达到我国对外开放服务贸易市场的目的。从管理的角度而不是限制外国人进入我国服务市场或实施不公平的歧视措施规定一些管理办法是不被《服务贸易总协定》所禁止的。

最后,我们应充分利用《服务贸易总协定》对发展中国家作出的例外规定,来保护我国幼稚服务行业的发展。该协定允许发展中国家在承诺市场准入的义务时有"适当的灵活性"。我国服务贸易立法可充分考虑国内的服务业可否借开放得到发展,特别是能否获得商业技术,能否获得销售渠道和信息网络的改善,能否提供有利服务出口的方式等来决定某一服务部门开放的程度,并以此作为同其他缔约方谈判的重要因素。

我国对外开放服务市场采取的是渐进的方式。这种渐进方式体现了合理保护原则。由于我国服务业的整体水平还较低,许多服务行业刚刚起步,竞争力还很有限,因此,尚不具备全面开放服务市场的条件。从以往的实践来看,我们都是首先开放那些具有一定竞争能力的行业,再逐步扩大开放的领域和业务范围。此外,我国《对外贸易法》的第二十六条和第二十七条规定了国家限制和禁止国际服务贸易的情形。这些规定与《服务贸易总协定》所确立的合理保护原则是完全一致的。我国其他一些现行立法关于限制服务进出口的规定,例如法律禁止外商在我国的新闻、出版、广播、电视、电影等行业领域设立企业,也体现了合理保护原则。

第七节 对国际服务贸易实施政府管理的基本措施

一、国际服务贸易管理措施的特点

政府在制定对国际服务贸易实施管理的具体措施时,必须考虑服务贸易的特点。同国际货物贸易相比,国际服务贸易的标的是无形的,因而是不可存储、不可运输的。这样就很难通过海关的边境措施对国际服务贸易施加管理。与国际技术贸易相比,国际服务贸易通常不是一次性的交易,而是表现为由常设的服务提供者对某类服务的需求者反复提供同类的服务产品。因此,政府对国际服务贸易的控制可通过对服务提供者的管理而较为容易地实现。

政府对国际服务贸易所实施的管理措施是多种多样的。由于这些管理措施都可以表现为对国际服务贸易的某项要素(人员、资金、信息、服务产品)的流动的限制,因此,可将政府对服务贸易的管理措施分为:对人员流动的限制措施、对资金流动的限制措施、对服务产品流动的限制措施以及对信息流动的限制措施。

二、人员流动管理

服务贸易通常需要服务的提供者与消费者的直接接触,国际服务贸易则需要人员的跨国流动,因此,政府可通过对人员的跨国流动的限制来对国际服务贸易施加控制。在《服务贸易总协定》第一条第二款划分的四种服务贸易方式,即跨境提供、境外消费、商业存在、自然人存在中,至少境外消费与自然人存在这两种方式涉及人员的跨国流动。政府通过对人员流动进行限制就可以达到控制服务贸易的发生的目的。

对人员的跨国流动的控制可表现为对服务的消费者的流动的控制,也可以表现为对服务的提供者的流动的控制。前者如:一国可以要求出国旅游办理特别的申请、履行烦琐的出境程序,从而限制本国人出境进行服务消费。后者如:各国对来自国外的服务提供者或服务提供者的雇员在学历、语言水平、职业资格方面的限制。繁杂的入境程序要求也属这方面的限制。

在人员的跨国流动的限制上,发达国家与发展中国家存在着意见分歧。对人员流动的过于严格的限制会使发展中国家具有优势的普通劳务出口享受不到服务贸易自由化的好处；而发达国家则出于对就业和社会秩序等问题的考虑，对自然人的跨国流动只承诺了高级劳务的开放。

我国的一些法规对与服务贸易相关的人员流动也施加了一定的限制。例如，根据劳动和社会保障部办公厅、司法部办公厅于1999年9月16日发布的《关于境外就业和对外劳务合作人员职业资格证书办理公证等有关问题的通知》的规定，对外劳务人员须持印有中英文对照并套印"劳动和社会保障部培训就业司职业技能鉴定专用章""劳动和社会保障部职业技能鉴定中心职业技能鉴定专用章"的职业资格证书。对外劳务人员原来所持的职业资格证书由省级以上劳动部门审核或鉴定复核后，统一换证，并在证书照片处盖省级以上劳动行政部门钢印。

关于外国人在我国就业的问题，国家劳动部、公安部、外交部和外经贸部于1999年1月22日发布了《外国人在中国就业管理规定》。依据该规定，国内用人单位聘用外国人须为该外国人申请就业许可，经获准并取得《中华人民共和国外国人就业许可证书》后方可聘用。用人单位聘用外国人从事的岗位应是有特殊需要，国内暂缺适当人选，且不违反国家有关规定的岗位。外国人在中国就业须具备下列条件：年满18周岁，身体健康；具有从事其工作所必须的专业技能和相应的工作经历；无犯罪记录；有确定的聘用单位；持有有效护照或能代替护照的其他国际旅行证件。未取得居留证件的外国人，在中国留学、实习的外国人及持职业签证外国人的随行家属不得在中国就业。特殊情况，应由用人单位按本规定规定的审批程序申领许可证书，被聘用的外国人凭许可证书到公安机关改变身份，办理就业证、居留证后方可就业。

根据《外国人在中国就业管理规定》第十一条的规定，用人单位聘用外国人，须填写《聘用外国人就业申请表》，向其与劳动行政主管部门同级的行业主管部门提出申请，并提供下列有效文件：拟聘用外国人履历证明；聘用意向书；拟聘用外项人原因的报告；拟聘用的外国人从事该项工作的资格证明；拟聘用的外国人健康状况证明；法律、法规规定的其他文件。经行业主管部门批准后，用人单位应持申请表到本单位所在地区的省、自治区、直辖市劳动行政部门或其授权的地市级劳动行政部门办理核准手续。省、自治区、直辖市劳动行政部门或授权的地市级劳动行政部门应指定专门机构具体负责签发许可证书工作。发证机关应根据行业主管部门的意见和劳动力市场的需求状况进行核准，并在核准后向用人单位签发许可证书。

三、资金流动管理

国际服务贸易与资金的跨国流动密不可分。例如，到国外设立保险公司需要将资本投到东道国；出境消费需要将资金携带出境；服务提供者的营业收入需要汇回本国,因此,政府可以通过对资金的跨国流动的限制来实施对国际服务贸易的管理。

对资金流入的限制主要是对资本投入的限制。由于服务产品的不可运输性,使得许多行业不可能远距离提供服务,外国的服务提供者必须以设在东道国的"商业存在"向东道国境内的消费者提供服务。另外一些行业虽然可以远距离提供服务,但是由于交易的频繁发生或者连续进行,服务提供者也倾向于在他国设立"商业存在"以提高服务质量或者减少成本。对于外国投资者在本国设立"商业存在",各国并不是不加选择地一概接受的。东道国通常会对投资的产业领域、投资方式、合营企业中本国投资者与外国投资者的持股比例等加以限制。

对资金流出的限制主要是对投资的资本利得的汇出的限制。东道国政府所实施的这种限制一方面是为了维护本国的外汇收支平衡,另一方面也对国际服务贸易构成了一种壁垒。

我国对资金流动的限制主要体现在对申请在我国设立服务提供机构的审批上。以外国投资者在我国设立外资银行为例,根据2019年9月国务院修订后发布的《中华人民共和国外资银行管理条例》(以下简称《外资银行管理条例》),经我国政府批准,外国投资者可以在我国境内设立以下种类的外资银行:(1)一家外国银行单独出资或者一家外国银行与其他外国金融机构共同出资设立的外商独资银行;(2)外国金融机构与中国的公司、企业共同出资设立的中外合资银行;(3)外国银行分行;(4)外国银行代表处。但外资银行的设立必须满足特定的条件。按照该条例第九条的规定,拟设外商独资银行、中外合资银行的股东或者拟设分行、代表处的外国银行应当具备下列条件:(1)具有持续盈利能力,信誉良好,无重大违法违规记录;(2)拟设外商独资银行的股东、中外合资银行的外方股东或者拟设分行、代表处的外国银行具有从事国际金融活动的经验;(3)具有有效的反洗钱制度;(4)拟设外商独资银行的股东、中外合资银行的外方股东或者拟设分行、代表处的外国银行受到所在国家或者地区金融监管当局的有效监管,并且其申请经所在国家或者地区金融监管当局同意;(5)国务院银行业监督管理机构规定的其他审慎性条件。

根据《外资银行管理条例》,设立外资银行营业性机构,应当先申请筹建,并将有关申请材料报送拟设机构所在地的银行业监督管理机构。拟设机构所在地的银行业监督管理机构应当将申请资料连同审核意见,及时报送国务院银行业监督管理机构。国务院银行业监督管理机构应当自收到设立外资银行营业性机构完整的申请资料之日起6个月内作出批准或者不批准筹建的决定,并书面通知申请人。申请人凭批准筹建文件到拟设机构所在地的银行业监督管理机构领取开业申请表。申请人应当自获准筹建之日起6个月内完成筹建工作。经验收合格完成筹建工作的,申请人应当将填写好的开业申请表连同有关资料报送拟设机构所在地的银行业监督管理机构;拟设机构所在地的银行业监督管理机构应当将申请资料连同审核意见,及时报送国务院银行业监督管理机构。国务院银行业监督管理机构应当自收到完整的开业申请资料之日起 2 个月内,作出批准或者不批准开业的决定,并书面通知申请人。决定批准的,应当颁发金融许可证;决定不批准的,应当说明理由。经批准设立的外资银行营业性机构,应当凭金融许可证向市场监督管理部门办理登记,领取营业执照。

四、产品流动管理

政府对服务产品的跨国流动的限制既可以表现为完全禁止服务产品的跨国流动,也可以表现为对产品流动的限制。

政府的某些管理措施可以完全阻止服务产品的跨国流动。例如,如果一国政府要求刊登的广告必须在其境内制作和拍摄,就会排斥外国广告产品的进入。我国法律曾经规定:外商投资企业的各项保险应当向中国境内的保险公司投保,这也使得外国保险公司的服务产品被完全排除。另外,在像法律、会计这样的专业服务领域,如果一国不承认外国律师意见或者会计师报告的效力,则外国的服务产品进入也会被完全阻隔。

政府的某些措施虽然并不完全制止服务产品的流动,却可能为产品的流动构成阻碍。例如,通过对本国的服务提供者提供补贴,即可使外国服务产品在市场上处于不利地位,从而阻碍外国服务产品的进入。另外,如果一国对外国人的知识产权不能给予充分保护,也可使得外国服务提供者不敢将其服务产品投入该国,从而在事实上也限制了服务产品的流动。

我国的某些法律规定也具有限制服务产品跨国流动的作用。例如,在海上运输服务方面,尽管我国从 1988 年起取消了"国货国运"的政策,但在沿海和内水运输方面,我国同许多其他国家一样,仍实行较为严格的限制。我国《海商法》第四条规定:"中华人民共和国港口之间的海上运输和拖航,由悬挂中华人民共和国国旗的船舶经营。但是,法律、行政法规另有规定的除外。非经国务院交通主管部门批准,外国籍船舶不得经营中华人民共和国港口之间的海上运输和拖航。"再如,根据国务院 2001 年 12 月 19 日通过的《外国律师事务所驻华代表机构管理条例》,外国律师事务所在我国境内设立的代表机构的业务范围受到严格限制。该条例第十五条规定,外国律师事务所的代表机构及其代表,只能从事不包括中国法律事务的下列活动:(1)向当事人提供该外国律师事务所律师已获准从事律师执业业务的国家法律的咨询,以及有关国际条约、国际惯例的咨询;(2)接受当事人或者中国律师事务所的委托,办理在该外国律师事务所律师已获准从事律师执业业务的国家的法律事务;(3)代表外国当事人,委托中国律师事务所办理中国法律事务;(4)通过订立合同与中国律师事务所保持长期的委托关系办理法律事务;(5)提供有关中国法律环境影响的信息。而且,代表机构不得聘用中国执业律师;聘用的辅助人员不得为当事人提供法律服务。这类措施也限制了服务产品的跨国流动。

五、信息流动管理

服务贸易可以表现为信息的传输,因此政府可通过对信息传输的控制来实施对国际服务贸易的管理。

由于信息的传输涉及国家安全、垄断经营和私人秘密等敏感问题,所以各国都采取了很多措施以限制信息的跨国流动。

信息需要以一定的格式流动。与本国传输格式不同的信息进入本国要么没有任何意义,要么需要进行转换从而增加成本。因此,对信息的传输模式的限制显然具有限制国际服务贸易的效果。这一问题在移动通信领域中的表现尤为明显。例如前些年,代表不同利益的各标准化组织围绕最终以谁的技术作为第三代移动通讯的全球标准展开了激烈的竞争。政府对技术标准的影响是不可低估的。有时是否给某种标准的研发以资金支持就直接决定了该项标准能否生存下去。此外,国家还可以通过强制许可打破因为技术标准而产生的垄断。

除技术标准限制以外,各国还使用网络互联的限制,设备供应的歧视,数据处理、复制、存储、使用和传输的限制等措施对信息的流动施加影响。限制信息流动的措施不仅阻碍了电信这样的信息服务贸易的发展,同时由于信息流动又是金融、旅游、运输、仓储、会计、法律等服务提供者提供服务的先决条件,所以信息流动的限制也阻碍了这些服务贸易的进行。

我国近年来制定的一些法律在不同方面对信息流动管理作出规定。例如,2016年11月制定的《中华人民共和国网络安全法》第四十四条规定,"任何个人和组织不得窃取或者以其他非法方式获取个人信息,不得非法出售或者非法向他人提供个人信息"。第五十八条规定,"因维护国家安全和社会公共秩序,处置重大突发社会安全事件的需要,经国务院决定或者批准,可以在特定区域对网络通信采取限制等临时措施"。2021年6月制定的《中华人民共和国数据安全法》第二十四条规定,"国家建立数据安全审查制度,对影响或者可能影响国家安全的数据处理活动进行国家安全审查。依法作出的安全审查决定为最终决定"。第二十五条规定:"国家对与维护国家安全和利益、履行国际义务相关的属于管制物项的数据依法实施出口管制"。2021年8月制定的《中华人民共和国个人信息保护法》第三十八条规定,"个人信息处理者因业务等需要,确需向中华人民共和国境外提供个人信息的,应当具备下列条件之一:(1)依照本法第四十条的规定通过国家网信部门组织的安全评估;(2)按照国家网信部门的规定经专业机构进行个人信息保护认证;(3)按照国家网信部门制定的标准合同与境外接收方订立合同,约定双方的权利和义务;(4)法律、行政法规或者国家网信部门规定的其他条件"。从上述规定可以看出,若一项国际服务贸易涉及信息流动,那么,当事人不仅要注意不得侵害私人的相关权利,更不得违反社会公共利益,否则其行为即可能因为违法而无效。

第十一章 国际投资法

第一节 国际投资法概述

一、国际投资

"投资"这一概念可以从财产和行为两种意义上解释。财产意义上的投资是转化为资本的财产。中国与圭亚那于2003年缔结的《关于促进和保护投资协定》规定,"投资"系指缔约一方投资者依照缔约另一方的法律和法规在缔约另一方领土内所投入的各种财产,特别是,包括但不限于:(1)动产和不动产及其他财产权利,如抵押、留置和质押;(2)公司的股份、股票、债券和其他形式的参股;(3)金钱请求权或合同项下与投资有关的具有经济价值的行为请求权;(4)知识产权,包括著作权、专利、工业设计、商标、商名、工艺流程、专有技术和商誉;(5)法律或法律允许依合同授予的商业特许权,包括勘探、耕作、提炼或开发自然资源的特许权。

美国《双边投资协定范本》所定义的"投资"也是财产意义上的投资,"投资者直接或间接所有或控制的任何财产,只要该财产具有投资的特征,包括资本或其他资源的投入、对收益或利润的期待或者对风险的承担。投资的形式包括:(a)企业;(b)股份、股票以及对企业的其他形式的股权式参与;(c)债券、无担保债券、其他债权票据以及贷款;期货、齐全以及其他衍生品;(e)交钥匙、建设、管理、生产、特许、收益分享以及其他类似合同;(f)知识产权;(g)依据国内法授予的许可、授权、允许及类似权利;(h)其他有形的或无形的动产或不动产以及相关的财产权,例如:租赁、抵押、留置和和质押"。

行为意义上的投资是投资者将其财产转化为资本并维持资本运行的行为。2019年3月15日通过并于2020年1月1日正式施行的《中华人民共和国外商投资法》(以下简称《外商投资法》)第二条规定,"本法所称外商投资,是指外国的自然人、企业或者其他组织(以下称外国投资者)直接或者间接在中国境内进行的投资活动,包括下列情形:(1)外国投资者单独或者与其他投资者共同在中国境内设立外商投资企业;(2)外国投资者取得中国境内企业的股份、股权、财产份额或者其他类似权益;(3)外国投资者单独或者与其他投资者共同在中国境内投资新建项目;(4)法律、行政法规或者国务院规定的其他方式的投资。"这里的"投资"指的是投资行为。

究竟是何种意义上的"投资"需要根据特定的语境而定。从逻辑关系上看,只有实施投资行为,才能够将财产转化为资本,从而形成财产形式的投资,而且,财产的资本化仅仅是投资的开始,投资的真正目的在于通过维持资本运行而获得新的价值。从这个意义上讲,作为行为的投资更值得关注。

如果说投资是一项行为,那么,国际投资则是投资者将其财产于国外转化为资本并维持资本运行的行为。

从上述定义可以看出国际投资具有下列特点。

第一,国际投资并不是单一的交易,它包括将某种财产资本化和维持资本运行这样两个基本过程。

第二,由于国际投资并不仅仅是指财产资本化的过程,而且还包括维持资本运行的全过程,所以,与国际贸易比较起来,国际投资对有关国家,特别是东道国的影响更为深刻而持久。

第三,国际投资是跨越国界的投资活动,因此,对于投资者的母国来说,国际投资表现为资本输出,对于东道国来说,国际投资意味着资本输入。

第四,由于国际投资是跨越国界的投资活动,所以,投资者的投资行为不仅需要得到本国政府的资本输出许可,还需要获得东道国的资本输入许可;不仅需要接受母国政府对资本运行的监管,更需要接受资本输入国政府对其资本运行的监控。

通常所说的国际投资是指国际直接投资。与国际直接投资相对应的概念是国际间接投资。两者的区别在于投资者对资本运行的控制程度不同。由投资者直接控制资本运行的投资为直接投资;投资者并不直接控制资本运行而只是获取投资收益的国际投资为间接投资。通常所说的国际投资为国际直接投资,其表现形式为投资者设立以盈利为目的的企业,或者取得现有企业的股权性质的权利。国际间接投资的表现形式则主要为国际贷款、购买外国股票、债券等。本章所讨论的国际投资为国际直接投资。

从投资者的身份看,国际投资可分为政府投资和私人投资。但以国有资产所从事的投资并不一定是政府投资。以国家所有但由法人经营的财产进行的海外投资仍被视为海外私人投资(overseas private investment)。

从资本运行的期限上看,国际投资可分为中长期投资和短期投资。

尽管资本的输出在资本主义发展到垄断阶段之前即已出现,但大规模的国际投资则开始于19世纪末与20世纪初。"二战"之前的国际投资通常与某些大国的殖民主义扩张同步进行,不是平等的国际经济交往。在这一时期,政府对国际投资的影响,主要表现为作为殖民大国的资本输出国对国际投资者的引导和保护,处于殖民地或半殖民地地位的资本输入国对外来资本几乎谈不上管理和控制。"二战"结束以来,随着社会主义国家的大量出现和第三世界的崛起,国际投资(至少在形式上)逐渐成为一种正常的国际经济交往行为。

国际投资对资本输入国和资本输出国的影响是明显的。

国际投资可对东道国经济产生多方面的积极影响。

首先,外来投资可弥补东道国建设资金之不足。据统计,在改革开放后的40年间(1978—2018),我国累计使用外商直接投资超过2万亿美元。改革开放初期,我国利用外资规模小,方式以对外借款为主。1983年,我国实际利用外资22.6亿美元。[1] 2021年,我国实际使用外资1734.8亿美元。[2] 外资已成为我国经济繁荣和发展的重要动力之一。

其次,外来投资可推动东道国产业升级和产品换代。国际直接投资带来的先进实用技术,可填补国内产业和产品的空白,使老企业的技术装备得到改善,产品实现升级换代,缩小与世界水平的差距。

再次,外国投资者还可以为东道国带来先进的管理经验。从我国的情况看,外商的直接投资,尤其是国际知名跨国公司的在华投资,带来了生产管理、人事管理、财务管理以及经营销售等各方面比较先进的管理经验,为国内其他企业提供了可资借鉴的范例。

最后,外来投资可为东道国增加就业机会和财政收入。2021年8月23日,在国新办举行的"积极贡献商务力量,奋力助推全面小康"发布会上,国家商务部负责人介绍说"外资企业以占市场主体2%的比重,带动了约4000万人的就业,占全国城镇就业人口的1/10,贡献了我国1/6的税收,2/5的进出口。"[3]

此外,外来投资还可推动东道国经济的国际化进程。外国投资者可为东道国带来他们在资本市场、技术开发、营销网络、管理人才与管理经验等方面的国际联系,开拓外贸产品的出口渠道,提高东道国商品的国际竞争能力。

与此同时,资本输入也可对东道国产生一定的负面影响,例如,使东道国的产业结构发生不合理的变化,使东道国的经济依赖于国际上的大的跨国公司,使东道国的居民在生活水平上加重两极分化。此外,有的外国投资者甚至会试图对东道国的政治施加影响。

国际投资对资本输出国的积极作用主要表现在以下几方面。

第一,跨越贸易壁垒。各国政府为了保护本国的企业,往往采取各种政策限制外国产品的进口,如对进口货物征收高关税,或实施进口配额等管制措施;另外,随着经济区域一体化的形成,区域内商品、劳务、人员和资本自由流动各种障碍逐步

---

[1] 引自人民网《中国40年来利用外资规模不断扩大 已成第二大外资流入国》,http://industry.people.com.cn/n1/2018/0830/c413883-30261311.html. 最后访问时间:2018年8月30日。

[2] 引自中华人民共和国中央人民政府网:《2021年全国吸收外资11493.6亿元人民币,同比增长14.9%》,http://www.gov.cn/xinwen/2022-01/13/content_5668066.htm. 最后访问时间:2022年1月13日。

[3] 人民网:《外资企业带动约4000万人就业》,https://baijiahao.baidu.com/s? id=1708925307408-462949&wfr=spider&for=pc. 最后访问时间:2021年8月24日。

消除,其成员国之间贸易份额大大提高,而对集团外国家则筑起一道坚固的贸易壁垒;到这些国家投资设厂,在当地制造并销售产品,就可以跨越这种贸易壁垒。

第二,降低生产成本,增加企业效益。海外投资可利用当地廉价的劳动力、原材料、燃料、动力,节省运输和中间商费用,从而可降低成本,获得较高投资效益。

第三,确保资源的供应。如美国在中东地区投资设厂主要是为了确保石油供应,在马来西亚设厂是为了确保橡胶的来源。在国外设厂开发自然资源,再将其运回国内,其成本比直接进口要便宜得多,并能保证供应,可缓解国内资源不足的矛盾。

第四,带动出口,增加创汇。海外投资通常可以带来设备、零配件、原辅材料、劳务和技术的出口,扩大海外市场。

第五,分散风险,提高竞争能力。如果一个企业的经营完全囿于国内,那么,一旦国内市场出现变故,企业将毫无退路;而将资本投放到国外,扩大经营范围大,即能够分散经营风险。

与此同时,某些资本输出也可能冲击本国的商品输出,引起产品返销,从而减少本国的就业机会。此外,不加限制的资本输出还可能对本国的国家安全和外交政策的实施带来损害。

二、国际投资法

国际投资法是调整因国际投资而产生的各种社会关系的法律规范的总和。

国际投资法的首要调整对象是国家与投资者因国际投资活动所结成的关系。尽管各国政府通常都鼓励本国资本投往海外,以分享海外投资所的利润,推动本国的商品输出及扩展本国的政治影响,但从政治因素和其他某些因素的考虑,又常常对本国资本的输出施加一定的限制,例如禁止向敌对国家进行投资。与此同时,资本输出国还要对本国投资者进行税务、外汇、技术及货物的出口等方面的管理,由此而与投资者结成广泛的关系。与此相比,资本输入国与外国投资者所结成的关系更为广泛。首先,为了吸引外资,资本输入国通常要对外国投资者承诺一定的优惠条件,这种承诺一经法律肯定,即对资本输入国具有某种约束作用;其次,资本输入国要对直接进入本国市场的外国投资进行全面的管理,这些管理可涉及投资领域、出资方式、企业组织形式、原材料进口、产品出口、税金缴纳、外汇汇出等诸多方面。通过施加这些管理,资本输入国可最大限度地发挥外来资本的正面效应,避免或减轻外来资本对本国可能产生的负面影响。

国际投资法不仅调整国家与投资者之间的关系,也调整外国投资者与东道国的自然人法人和其他经济组织(以下统称私人)之间的关系。资本的运行是一个复杂的过程,外国投资者如果不同东道国的私人进行交往,就无法达到预期的目的。例如,外国投资者可能在东道国雇佣职工,要与东道国的企业合资经营,要从东道国的银行借款。当然,外国投资者与东道国的私人所结成的最为经常和广泛的关系当属产品购买和销售关系。只要东道国在上述领域不能给予外国投资者和外国投资以完全的国民待遇,东道国就需要以特别的立法来规范上述关系,这些立法也属于国际投资法的范畴。

国际投资法还要调整国家之间因国际投资活动所结成的关系。为了促进国际投资的开展,国家之间通常要在某些领域(如投资利益的保护)进行某种程度上的合作;为了避免或减少国际投资中出现的偷漏税等情况,国家之间也需要建立联系。国家之间的这类关系也属于国际投资法的调整对象。

在国际投资领域,并不存在像世贸组织这样普遍而系统的国际法律制度,尽管世贸组织也在某些方面涉及国际投资问题;有关投资的国际法渊源主要表现为国家间的双边投资协定和区域性条约中有关投资的章节或条款,此外还存在着一些与投资有关的国际习惯法。除了国际法方面的渊源,国内法也是国际投资法的重要渊源。特别是在政府管理外资方面,国内法是主要的(如果不是全部)依据。

第二节 国际投资的市场准入

一、市场准入的法律属性

市场准入是指一国政府向外国商品和外国资本开放本国市场。

国际投资的市场准入是指东道国允许外国资本进入本国市场。市场准入是国际投资的起点。如果东道国不允许外资进入本国市场,国际投资也就无从实现。

如前所述,一国政府并不当然地承担市场准入的国际法义务。根据国家主权原则,一国对其所属的整个空间具有排他的、最高的权力。因此,除非通过条约而承担了明确的义务,一国是有权禁止外资和外国投资者进入其领土的。据此,又可以推论,一国有权规定外国资本进入其领土的条件。正因为市场准入义务是通过条约而产生的"约定"义务,而不是依据一般国际法所产生的"法定"义务,所以,各国政府在市场准入方面所承担的义务并无固定的标准,而是要看这个国家究竟对其他国家作出了什么样的承诺。

对外国资本的进入的控制是一国对外资实行控制的第一步,也是十分重要的一步。无论是发达国家还是发展中国家,均高度重视市场准入问题。在对外资进入本国市场持谨慎立场的同时,各国又力图打破其他国家对外资进入本国市场的限制。

二、市场准入与国民待遇

国际投资中的市场准入问题与国际贸易中的壁垒问题具有同等性质,或者说,国际贸易中的壁垒其实就是市场准入问题。不同的是:在国际贸易领域,外国货物只有在进入进口国市场之后才能获得国民待遇,而在国际投资领域,在市场准入环节即可以给外国资本国民待遇。在市场准入环节即给外国资本国民待遇被不正确地表述为"准入前的国民待遇"。

国民待遇(national treatment),是指一国政府给予其他国家的自然人、法人及其他实体或来自其他国家的货物、服务和投资等不低于其给予本国自然人、法人及其他实体或本国货物、服务和投资等的待遇。国民待遇原则的实质是非歧视,即平等地对待外国人与本国人,外国货物和本国货物、外国投资和本国投资等。

虽然国民待遇原则反映了"平等""公平竞争"等与市场经济相一致的理念,但是,从国际法角度来看,除非一个国家对其他国家作出允诺,那么它是没有义务向其他国家的人、物和投资等给予国民待遇的。但事实上,绝大多数国家都通过双边协定和多边公约彼此承担了给予对方的人、物和投资等国民待遇的国际法义务。例如,在国际货物贸易领域,世贸组织的164个成员方均基于《关税与贸易总协定》的规定而彼此承担了给予来自其他成员方的货物国民待遇的义务。

然而,一国在对其他国家承担给予国民待遇义务的时候,通常包含着一个前提,即只有在对方的国民和公司等进入本国之后,才能给予其国民待遇;只有在其他国家的货物或投资等进入本国之后,才能给予其国民待遇。例如,《关税与贸易总协定》关于国民待遇的规定是:"任何缔约方领土的产品进口至任何其他缔约方领土时,不得对其直接或间接征收超过对同类国产品直接或间接征收的任何种类的国内税或其他国内费用;"(第三条第二款)"任何缔约方领土的产品进口至任何其他缔约方领土时,在有关影响其国内销售、标价出售、购买、运输、分销或使用的所有法律、法规和规定方面,所享受的待遇不得低于同类国产品所享受的待遇。"(第三条第四款)

关于投资的国民待遇问题,以往的实践也是在外资进入本国之后才给予国民待遇。例如,《中华人民共和国和日本国关于鼓励和相互保护投资协定》第三条第二款规定:"缔约任何一方在其境内给予缔约另一方国民和公司就投资财产、收益及与投资有关的业务活动的待遇,不应低于给予该缔约一方国民和公司的待遇。"这里规定的国民待遇显然是来自对方的投资进入本国市场之后才能享有的。《中华人民共和国和西班牙王国关于促进和相互保护投资的协定》第三条第二款规定:"缔约一方应给予缔约另一方投资者在其境内的投资及与投资有关活动不低于其给予本国投资者的投资及与投资有关活动的待遇。"这里的国民待遇也只能在市场准入之后才能享有。

然而,近年来一些国家一直致力于将投资的国民待遇从市场准入之后提前到市场准入阶段。《美国双边投资协定范本》将国民待遇分为"投资者"的国民待遇和"投资"的国民待遇,其表述分别为:"缔约方给予另一缔约方投资者的待遇应不低于其在国内类似情形下在设立、获取、扩大、管理、实施、运行、出售或其他形式的投资处置给予国内投资者的待遇;""各缔约方给予的投资待遇不应当低于在类似情形下给予在其领土内本国投资者在设立、获取、扩大、管理、实施、运行、出售或其他形式的投资处置方面的待遇。"这里的关键词是"设立"(establishment)、"获取"(acquisition)和"扩大"(expansion)。"设立"就是新建投资,"获取"等同于通过并购所进行的投资,而"扩大"则是增加投资。要求缔约国在对方投资者"设立""获取"和"扩大"时即给予国民待遇即意味着在投资者和投资进入东道国的市场时(市场准入时)即给予国民待遇。这意味着,如果东道国准许本国投资者和投资进入某一市场,那么,就应该同样允许外国投资者和投资进入这一市场。因为《美国双边投资协定范本》所要求的国民待遇从市场准入后迁移至市场准入阶段,因此被许多人称作"准入前的国民待遇"。

事实上,这种国民待遇应称作"市场准入的国民待遇"。"待遇"总是与特定事项相联系的。当国家之间约定,或一国向其他国家允诺给予对方的投资者或投资以"国民待遇"时,一定要明确在何种事项上给予这种待遇。传统上所说的东道国给予进入本国市场之后的外资以"国民待遇",是指外资进入东道国之后,在管理、实施、运行以及出售或其他形式的投资处置方面(也即美国双边投资协定范本所列的"management""conduct""operation""sale"或"other disposition of investments")享有不低于东道国给予其本国国民的待遇。所谓的"市场准入前的国民待遇"也必须明确在何种事项上给外国投资者和外国投资以国民待遇,而这些事项按照《美国双边投资协定范本》的表述即是"设立""获取"和"扩大"。如果不与特定的事项相联结,而只是从时间角度的"之前"或"之后"来表述,是难以确定相关国家在"国民待遇"问题上的权利义务关系的。另外,市场准入"后"的时间范围是确定的,是指进入东道国的市场以及投资存续期间;而市场准入"前"的时间范围是不确定的。严格说来,外国公司从成立时起到进入东道国市场,都属于市场准入"前",而东道国显然无法在此期间给外国投资者国民待遇。因此,市场准入时或市场准入阶段的国民待遇才是准确的表述。

将外资的国民待遇前移到市场准入阶段,并不意味着外国投资者和外国投资在市场准入阶段即可享有与东道国的投资者和投资完全相同的待遇。从当今的国际实践来看,还没有哪一个国家向其他国家允诺过,可以就市场准入给予外国投资者和外国投资以完全的国民待遇。因此,"市场准入阶段的国民待遇"必须与"负面清单"相结合,即对那些不能在市场准入阶段给外国投资者和外国投资国民待遇的产业列出一个清单。

表面上看,一个国家就外国资本可以进入的产业领域是列"负面清单"还是"正面清单"似乎区别不大:"正面清单"未列入的产业就应该属于"负面清单"的内容,而"负面清单"未列入的产业即应属于"正面清单"的内容。既然如此,为什么在制度设计上会有"正面清单"与"负面清单"之争呢?原因主要有两点:第一,产业类型并非固定不变,因此,当出现一个新的产业时,在实行"正面清单"的情况下,它不在清单之内,东道国可自主决定是否允许外资进入这一产业;而如果实行的是"负面清单"制度,那么,未列入"负面清单"的产业即应为外资可以进入的产业领域。所以,实行"正面清单"制度对东道国来说显然是更为主动和稳妥的一种方式。第二,"正面清单"通常是一个国家自行设立和维持的,而"负面清单"则是国家之间交往的结果。双边投资条约和区域协定中的投资章节或条款也往往就市场准入问题为缔约方设立义务,并同时确定下来一份"正面清单"或"负面清单"。无论是"正面清单"还是"负面清单",都意味着一个东道国负有国际义务针对其他国家就清单上所列明(正面清单)或者所未列明(负面清单)领域开放市场准入。对于一个国家自行采取的清单,无论是"正面清单"还是"负面清单",制定者都可以单方面对该清单作出变更。但条约中的清单意味着缔约方的国际义务,故一国无法单方面变更条约中的清单(除非条约另有约定)。若受到条约中市场准入义务的约束,则需要让本国的清单不与国际条约中的清单相冲突:这意味着,如果本国采取的是"正面清单",则需要保证这份清单所列领域不比条约所要求开放的领域更少;而如果本国所采取的是"负面清单",则需要保证清单所列领域不比条约要求开放的领域更多。同时,单方面制定的清单可以由制定者自行解释,而条约中的清单则需要缔约方一致的解释或者由争端解决机构加以解释。[1] 现如今,双边投资条约和区域协定中投资规范中也逐渐以包含"市场准入阶段国民待遇"原则为趋势,这意味着更多条约采取"负面清单"来约束缔约方的市场准入管理。因而,即便一个国家原本自行使用"正面清单"制度,也可能为了国际交往之目的而在条约中同意"负面清单"市场准入义务。在此情况下,"负面清单"使得一个国家在外资准入的产业领域事项上,将原本可以自行决定的问题转换为必须与缔约对方协商确定的事项。

还需要指出的是,世界贸易组织的《与贸易相关的投资措施协议》(TRIMs)并没有给各缔约方施加在投资领域中实行国民待遇的义务。TRIMs的确涉及国民待遇问题,但TRIMs要求的国民待遇并不是外资的国民待遇,而是相关货物的国民待遇。TRIMs所禁止的违背国民待遇原则的投资管理措施是指违背《关税与贸易总协定》第三条的投资管理措施;TRIMs之所以要禁止"当地成分措施"(local content TRIMs)和"贸易平衡措施"(trade-balancing TRIMs),是因为这两类措施使得进口商品处于比本国商品更为不利的地位,而不是因为这些措施使得外资比内资处于更为不利的地位,尽管这些措施可能真的使外资受到歧视待遇。

世贸组织也没有要求各成员在市场准入方面给予外资和外国投资者国民待遇。在世贸组织规则体系中,似乎只有《服务贸易总协定》涉及投资的市场准入问

---

[1] 如在美国诉我国"出版物案"(DS363)中,我方曾试图将我国在"服务贸易减让表"第2D部分(视听服务)对"录音制品分销服务"的承诺,解释为只适用于以物理形式存在的录音制品的分销,而并不包括录音制品的电子化分销,如允许外资从事网络音乐服务。但中方的这一解释并未获得WTO专家组和上诉机构的支持。有关该案的述评,可参见李成钢主编:《世贸组织规则博弈》,343~368页,北京,商务印书馆,2011。

题。那么该协议定是否就市场准入方面的国民待遇问题作出了一般的要求呢？回答是否定的。虽然《服务贸易总协定》第十七条规定，成员方在实施影响服务提供的各种措施时，对满足减让表所列条件和要求的其他成员的服务或服务提供者，应给予其不低于本国服务或服务提供者的待遇。但《服务贸易总协定》对国民待遇的规定，只适用于成员方已作出承诺的服务部门。任一成员方都可以通过与其他成员方的谈判来确定其市场开放的领域和国民待遇的给予。也就是说，如果没有具体的承诺，无论是在市场准入环节，还是在市场准入之后，每个成员方就外国投资者和外国投资的国民待遇问题均不承担一般的义务。

综上所述，依据国家主权原则，任何国家都不得强迫他国家对其开放投资市场，但同时，由于各国经济的相互依赖日益加深，任何国家又都不能完全拒绝外国资本。所以，如何限定外国资本的进入条件就成为国际投资法的首要的内容。当今的国家实践所确立的原则是：除非已对他国作出法律意义上的承诺，一个国家有权从投资者资格、投资领域、出资形式、投资方式等方面来自行确定外国资本进入本国市场的条件。

三、市场准入的限制方式

（一）产业领域限制

一国在接受外国投资时，会对外资所进入的产业领域施加一定的限制，也称投资方向的限制。在投资方向上，东道国与外国投资者之间是有利益冲突的。外国投资者总是力图将其资本投入利润丰厚、收益较快、风险较低的领域；而东道国则希望外国投资者能将其资本投入新兴的产业部门、能采用先进技术的部门和其他东道国急需发展的产业部门。同时，为了保障本国的国家安全和其他重大利益，一国还会限制甚至完全禁止外国资本进入本国的某些领域。

我国在确定实行对外开放政策的同时，即考虑了外资流向的监管问题。1995年6月，经国务院批准，国家计划委员会、国家经济贸易委员会、对外贸易经济合作部发布了《指导外商投资方向暂行规定》。2002年2月，国务院颁布了《指导外商投资方向规定》，对外商投资进入问题作出了更为明确和详细的规定。根据该规定，外商投资项目可分为鼓励、允许、限制和禁止四类。鼓励类、限制类和禁止类的外商投资项目，列入《外商投资产业指导目录》。不属于鼓励类、限制类和禁止类的外商投资项目，为允许类外商投资项目。允许类外商投资项目不列入《外商投资产业指导目录》。

2015年4月8日，国务院办公厅印发《自由贸易试验区外商投资准入特别管理措施（负面清单）》。负面清单列明了不符合国民待遇等原则的外商投资准入特别管理措施，适用于上海、广东、天津、福建四个自由贸易试验区。2017年6月，国家发改委和商务部联合发布了《外商投资产业指导目录（2017年修订）》。这是该目录 1995 年首次颁布以来的第 7 次修订。该目录包含在全国范围内实施的外商投资准入负面清单。

　　2019 年 3 月制定的《外商投资法》第四条规定："国家对外商投资实行准入前国民待遇加负面清单管理制度。前款所称准入前国民待遇,是指在投资准入阶段给予外国投资者及其投资不低于本国投资者及其投资的待遇;所称负面清单,是指国家规定在特定领域对外商投资实施的准入特别管理措施。国家对负面清单之外的外商投资,给予国民待遇。负面清单由国务院发布或者批准发布。"该项规定确立了我国"准入前国民待遇加负面清单"管理制度的法律基础。随后,国家发改委和商务部于 2019 年 6 月发布了经党中央、国务院同意的《外商投资准入特别管理措施(负面清单)(2019 年版)》。2021 年 12 月国家发改委和商务部又发布了《外商投资准入特别管理措施(负面清单)(2021 年版)》(以下简称《外商投资准入负面清单》)同时说明,负面清单之外的领域,按照内外资一致原则实施管理。有关主管部门在依法履行职责过程中,对境外投资者拟投资《外商投资准入负面清单》内领域,但不符合《外商投资准入负面清单》规定的,不予办理许可、企业登记注册等相关事项;涉及固定资产投资项目核准的,不予办理相关核准事项。投资有股权要求的领域,不得设立外商投资合伙企业。从事《外商投资准入负面清单》禁止投资领域业务的境内企业到境外发行股份并上市交易的,应当经国家有关主管部门审核同意,境外投资者不得参与企业经营管理,其持股比例参照境外投资者境内证券投资管理有关规定执行。经国务院有关主管部门审核并报国务院批准,特定外商投资可以不适用《外商投资准入负面清单》中相关领域的规定。在自由贸易试验区等特殊经济区域对符合条件的投资者实施更优惠开放措施的,按照相关规定执行。根据《外商投资准入负面清单》的规定,禁止外资进入的产业领域包括:中国稀有和特有的珍贵优良品种的研发、养殖、种植以及相关繁殖材料的生产(包括种植业、畜牧业、水产业的优良基因);稀土、放射性矿产、钨勘查、开采及选矿;中药饮片的蒸、炒、炙、煅等炮制技术的应用及中成药保密处方产品的生产;邮政公司、信件的国内快递业务;人体干细胞、基因诊断与治疗技术开发和应用;以及图书、报纸、期刊、音像制品和电子出版物的编辑、出版、制作业务等。对于外商投资玉米新品种选育和种子生产、出版物印刷、核电站的建设、经营等须由中方控股。对于外商投资公共航空运输公司须由中方控股,且一家外商及其关联企业投资比例不得超过 25%,法定代表人须由中国籍公民担任。通用航空公司的法定代表人须由中国籍公民担任,其中农、林、渔业通用航空公司限于合资,其他通用航空公司限于中方控股。

　　在调控外资流向方面,除了以负面清单通过法律直接限制和禁止外资的进入领域之外,许多国家还通过制定税收等方面的优惠措施来引导外资投向本国所急需发展的产业。但是,以特殊的税收政策来对外资的投向进行调整,不利于保证市场环境的统一性。多重税率的适用容易造成对市场机制的干扰,因此,以税收优惠来对外资流向加以控制的方法应谨慎采用。我国在1991年制定《中华人民共和国外商投资企业和外国企业所得税法》时，统一了各种外商投资企业所得税的税率，并对以前过于宽泛、繁杂的税收优惠措施进行了一定的调整。但为了保证新的税法对已经依法设立外商投资企业不增加税负，税法的实施细则规定，税法公布前已经办理工商登记的外商投资企业，凡是依照税法实施前的法律、行政法规享有免征、减征企业所得税优惠待遇的，可以继续执行，直至免征、减征期满为止。

（二）投资者资格限制

一国虽然可以普遍地接受外国的自然人和法人在本国的投资，但仍有权对外国投资者的主体资格加以限制，特别是涉及一些重要的产业领域的投资时。例如2019年修订的《中华人民共和国外资银行管理条例实施细则》第五条规定，"有下列情形之一的，不得作为拟设外商独资银行、中外合资银行的股东：(1)公司治理结构与机制存在明显缺陷；(2)股权关系复杂或者透明度低；(3)关联企业众多，关联交易频繁或者异常；(4)核心业务不突出或者经营范围涉及行业过多；(5)现金流量波动受经济环境影响较大；(6)资产负债率、财务杠杆率高于行业平均水平；(7)以不符合法律、行政法规及监管规定的资金入股；(8)代他人持有外商独资银行、中外合资银行股权；(9)其他对拟设银行产生重大不利影响的情形。"不满足资格要求的投资者显然无法进入东道国市场。

（三）投资程序的限定

一国有权自行决定外资进入本国时应该履行何种程序，在这方面，并不存在一般的国际法规范。从实践中看，一国所设立的接纳外来直接投资的程序可分为一般许可制和特别许可制两种类型。一般许可制也可称作注册制，是指外国投资者通过办理公司注册手续即可进入东道国的资本市场。特别许可制也称审批制，是指在注册公司之前，外国投资者必须履行投资项目的审批手续，只有得到东道国政府的批准才可以进入东道国的投资市场。注册制与审批制比较起来，前者对外资进入的审查是形式上的审查，后者对外资进入的审查是实质性审查；前者对外资运行的控制表现为事后控制，后者对外资运行的控制表现为事先控制；前者比较便于外资的进入，后者对外资的进入具有阻碍作用；前者表现出东道国在吸收外资方面具有相当的信心，后者则反映出东道国对吸纳外资的谨慎立场。在实践中，发达国家通常会采用注册制，而发展中国家通常会选择审批制。

我国曾经长期实行外资进入的审批制，只有经过政府的逐一审批程序，外国投资者才能够进入我国市场。拟设立外商投资企业的投资者须向审批机关报送相关的文件。例如，申请设立中外合资经营企业的，中外合营者须共同向审批机构报送：设立合营企业的申请书；合营各方共同编制的可行性研究报告；由合营各方授权代表签署的合营企业协议、合同和章程；由合营各方委派的合营企业董事长、副董事长、董事人选名单;审批机构规定的其他文件。对于设立企业的申请,审批机构应当在法定期限内决定批准或不批准。取得批准证书的申请者应凭批准证书向企业所在地的工商行政管理部门办理登记手续,获取营业执照。营业执照签发日期,即为企业成立日期。

我国商务部于 2016 年 10 月 8 日发布的《外商投资企业设立及变更备案管理暂行办法》事实上已经将我国的外商投资审批制改为注册制。依据该办法,外商投资企业的设立及变更,不涉及国家规定实施准入特别管理措施的,在取得企业名称预核准后,应由全体投资者指定的代表或共同委托的代理人在营业执照签发前,或由外商投资企业指定的代表或委托的代理人在营业执照签发后 30 日内,通过综合管理系统,在线填报和提交《外商投资企业设立备案申报表》。可见,注册(办理营业执照)已经取代审批而成为外商投资程序的核心环节。

2020 年 1 月 1 日起正式施行的《外商投资法》正式废止了外商投资审批制。该法规定:"外商投资准入负面清单规定禁止投资的领域,外国投资者不得投资。外商投资准入负面清单规定限制投资的领域,外国投资者进行投资应当符合负面清单规定的条件。外商投资准入负面清单以外的领域,按照内外资一致的原则实施管理。"(第二十八条)"外商投资需要办理投资项目核准、备案的,按照国家有关规定执行。"(第二十九条)"外国投资者在依法需要取得许可的行业、领域进行投资的,应当依法办理相关许可手续。"有关主管部门应当按照与内资一致的条件和程序,审核外国投资者的许可申请,法律、行政法规另有规定的除外。这意味着,从 2020 年 1 月 1 日起,各级商务主管部门不再受理外商投资企业设立及变更的审批和备案业务,从 1979 年开始实行的外商投资审批制正式终止。依据新的法律法规,外商投资企业应当通过企业登记系统申请外商投资企业登记注册。在依法需要取得许可的行业投资,外商投资企业需要提前取得行政许可,否则无法完成设立登记。在申请登记时,投资人应当承诺是否符合负面清单要求,登记机关对相关申请材料进行形式审查。如果外商投资企业在企业登记系统中填报不实,违规投资负面清单规定禁止投资的领域,或者后续投资活动违反负面清单规定,有关主管部门可以对企业采取责令停止投资活动,限期处分股份、资产或者采取其他必要措施。可见,审批制改为注册制之后,事后(市场准入后)监管变得更为重要。

四、鼓励外资进入本国市场的措施

为鼓励外资的进入,或引导外资进入特定的产业或地区,东道国(特别是发展中国家)往往要向外国投资者提供一定的优惠措施。这些优惠措施大都具有财政让步的性质,比较常见的优惠措施有以下几种。

1. 所得税及其收益税的减免

发展中国家的外资法一般都规定,外商投资企业在创办后的最初几年,可享受减、免所得税和其他收益税的优惠待遇。这种待遇被称作"税收假日"(Tax Holidays)。东道国所赋予的税收优惠措施,有的是适用于所有的外商投资企业的,有的则是适用于某些行业(如机械电子行业)、某些企业(如产品出口达到一定百分比的企业、将所得利润用于再投资的企业)或某些地区(如自由贸易区)的,这反映出一国的经济发展需求和产业政策目标。

2. 关税的减免

关税的减免通常是对用于投资目的而进口的机器设备和原材料等免征其关税的一部或全部。有的国家的法律还规定,外商投资企业的产品出口也可享受减免关税的待遇。

3. 外汇管制方面的优惠

这方面的优惠主要是指在外国投资者汇回利润或清算后的剩余资本时,实行外汇管制的东道国对此不予限制,或降低限制。对于外国投资者获取的投资利润的汇出,各国法律通常不作限制,但也有的国家规定,在盈利的前几年,外国投资者的投资利润不得汇出,或只能汇出一定的比例。对于投资本金的汇出,东道国的限制则更多一些,包括时间方面的限制和数额方面的限制,因为资本本金的数额一般较大,不加限制的转移会给东道国的经济带来不利影响。

除上述优惠措施之外,一些国家还在政府补贴、银行信贷、资源使用等方面给外商投资企业提供优惠待遇。即使是发达国家,为了特定地区或特定行业的发展,也会对外国投资者提供一定的优惠待遇。

我国自实行改革开放政策以来,一直对外资实行各类优惠措施,以鼓励在特定地域的投资、特定产业领域的投资、能带来先进技术的投资、能带动产品出口的投资以及以投资利润再投资。《外商投资法》继续坚持以各种优惠政策吸引特定的外来投资。其中以"投资促进"为标题的第二章规定:"国家根据需要,设立特殊经济区域,或者在部分地区实行外商投资试验性政策措施,促进外商投资,扩大对外开放。""国家根据国民经济和社会发展需要,鼓励和引导外国投资者在特定行业、领域、地区投资。外国投资者、外商投资企业可以依照法律、行政法规或者国务院的规定享受优惠待遇。"并规定"县级以上地方人民政府可以根据法律、行政法规、地方性法规的规定,在法定权限内制定外商投资促进和便利化政策措施。"

长期以来,我国以制订"鼓励外商投资产业目录"的方式调节外商投资的产业领域和地理领域。2022年10月28日,经国务院同意,国家发展改革委、商务部公开发布了《鼓励外商投资产业目录(2022年版)》。新版目录持续鼓励外资投向先进制造业,持续引导外资投向现代服务业,持续引导外资投向中西部和东北地区优势产业。具体的优惠措施包括:第一,外商投资企业在投资总额内进口自用设备,除国家规定不予免税的产品,免征关税;第二,对于集约用地的鼓励类工业项目优先供应土地,并且可以按不低于所在地等别相对应全国工业用地出让最低价标准的70%确定出让底价;第三,在西部地区和海南省投资,还可减按15%税率缴纳企业所得税。

值得注意的是,政府对外来投资实行优惠措施不要违背对其他国家所承担的条约义务。例如,中美双方于2020年1月15日签署的《中华人民共和国政府和美利坚合众国政府经济贸易协议》第2.3条第3项规定,"任何一方都不得正式或非正式地要求或施压对方个人,使用或偏向由己方个人所有或许可给己方个人的相关技术,并以此作为以下事项的条件,其中包括:(1)批准一项行政管理或行政许可要求;(2)在己方管辖区经营,或进入己方市场;或(3)获得或继续获得己方给予的有利条件。"据此,以对方投资者出让技术作为其享受优惠的投资措施的条件即涉嫌违反条约义务。

除具体的外资优惠措施之外,许多国家通过划定一片区域并在区域内实行特殊的经济政策来吸引外资。这样的区域都可以称作经济特区(special economic zone)。

经济特区的出现可追溯至13世纪末,当时的一些欧洲国家出现了自由港(free port)。早期的自由港的作用在于打破封建割据,疏通贸易渠道,促进商品流转。后来,后来,借自由港的经验,许多国家创设了自由贸易区(free trade zone)。自由贸易区实质上是划在一国关境以外的于自由港具有同等地位的区域。所不同的是自由港必须是港口或港口的一部分,而自由贸易区则可设在远离港口的地方。进入自由贸易区的商品(除国家另有限定外)不交关税,也不办理海关手续。商品进区后,可以拆散、储存、分级、分类、修理、加工、重新包装、重新标签、重新出口,海关不予控制。但进区的商品要运进自由区所在国的其他地区,则要办理报关手续,缴纳进口税。

如果说自由港及自由贸易区的主要作用在于吸引外国船只、商品的进入,从而增加各项费用收入,发展转口贸易,那么,20世纪60年代之后所出现的加工出口区(manufacture and export zone)则以吸收外资和国外先进技术,发展国内工业和扩大商品出口为主要目的。各国的加工出口区都会设立一些吸引外资的优良条件,外国投资者既可以在加工出口区内独资兴办企业,也可以与所在国的官方资本或私人资本合办企业或进行其他形式的合作。区内企业所用原材料、零配件和加工设备的进口及产品出口通常可享有关税减免待遇;区内企业还可以较低的税率缴纳企业所得税;外国投资者的所分得的利润或其他收益可自由汇往国外,不受外汇管制的限制。加工出口区的当地政府还在水电供应、通讯、交通等方面为外国投资者提供良好的基础设施和廉价的公共服务。由于加工出口区具备上述优越条件,因而对于吸引外国投资发挥了很大的作用。

我国自1980年以来陆续创办的经济特区、经济技术开发区与其他国家创办的加工出口区具有相同的性质。这些经济特区的创办对吸引外资、促进经济发展也起到了积极的作用。2013年7月3日,国务院常务会议讨论并原则上通过了商务部、上海市政府会同国务院有关部门拟定的《中国(上海)自由贸易试验区总体方案(草案)》。同年9月,国务院印发了《中国(上海)自由贸易试验区总体方案的通知》,上海自贸区建设正式开始。随后,我国又在多地增设了若干自贸区。2021年9月,国务院印发了《关于推进自由贸易试验区贸易投资便利化改革创新的若干措施》,其中包括19条举措,涉及港澳投资、国家登记船舶法定检验、进口贸易、保税维修、医药产品进口、商品期货、网络游戏属地管理、航运管理服务、土地资源配置等多个方面,将有力加快对外开放高地建设,推动加快构建以国内大循环为主体、国内国际双循环相互促进的新发展格局。在上述政策和措施的吸引下,各自贸试验区吸收外资实现了高速增长。

第三节 国际投资方式

一、国际投资方式

在明确了目标国的投资市场是"准入"的之后,投资者接下来要决定的问题是以什么方式进入这个市场,即投资方式问题。

国际投资方式是一个比较宽泛的概念,在不同的语境下有不同的含义。

首先,国际投资方式可以指国际投资所形成的实体的存在形式。国际投资必将形成或改变某种实体(商业存在)。从组织形式看,由投资所形成的实体主要有公司和合伙两类。因此,国际投资方式可分为公司式投资和合伙式投资。

其次,国际投资方式可以指资本的形成方式,是完全由外国投资者出资,还是外国投资者与东道国的投资者合作出资。独资还是合资,通常与筹资难易程度无关,而是基于其他因素的考虑。

再次,国际投资方式可以指投资的对象,是完全新建一个企业,还是投向一个现有的企业。前者可称作新建投资,后者通常表现为企业并购。

此外,虽然国际投资通常是由投资者自身完成的,但某些投资却需要与东道国政府合作完成。因此,国际投资方式可分为独立于政府的投资与政企合作投资。

国际投资方式首先取决于投资者的选择,然而,东道国关于投资方式的法律会限制投资者的选择,例如,投资者可能更倾向于在东道国设立独资经营企业,而东道国的法律却可能要求只能设立内外合资企业;投资者原准备设立合伙企业,而东道国的法律却要求外商投资企业必须采用有限责任公司的组织形式。尽管在投资自由化的大的趋势下,政府对投资方式的限制逐渐减少,但就某些特定产业领域的投资,东道国仍然会保留对投资方式的限制。

二、公司式投资与合伙式投资

从组织形式上看,国际投资最常采用的形式是公司与合伙。采用公司形式的投资又可分为有限责任公司式的投资和股份有限责任公司式的投资。

有限责任公司是指由两个或两个以上的股东共同出资,每个股东以其所认缴的出资额对公司承担责任,公司以其全部资产对其债务承担责任的企业法人。由于有限责任公司组织形式的简便性以及它所具有的资合与人合的特点,使投资者多采取有限责任公司的组织形式。

我国制定的第一步外商投资企业法——1979 年制定的《中华人民共和国中外合资经营企业法》明确规定外商投资只能采取有限责任公司的形式。虽然此后我国先后制定了《中华人民共和国中外合作经营企业法》和《外商投资企业法》,允许外商投资企业采用其他组织形式,但依据这两部法律所成立的中外合作经营企业和外商独资企业多数仍采用了有限责任公司的方式。

股份有限责任公司是指注册资本由等额股份构成并通过发行股票的方式筹集资本,每个股东以其所认购的股份对公司承担有限责任,公司以其全部资产对公司的债务承担责任的企业法人。根据 1995 年 1 月 10 日我国外经贸部颁布的《关于设立外商投资股份有限公司若干问题的暂行规定》,中外股东可以在中国境内共同举办外商投资股份有限公司。中外股东既可以通过发起方式和募集方式,也可以通过改造老企业的方式创立新的股份有限公司,即将其他组织形式的外商投资企业转变为股份有限公司的形式。股份有限公司以资本的结合为基础,广泛地吸收社会资金,从而成为投资者建立大规模企业的有效形式。

合伙企业是指由合伙人依据合伙协议共同出资、合伙经营、共享收益、共担风险,并对合伙企业债务承担无限连带责任的盈利性组织。虽然合伙企业和合伙人因承担无限责任而比公司及其股东承担了更多的风险,但也正因为如此,合伙企业的债权人的利益得到了更好的保障,从而使合伙企业可以更为容易地获得交易对手的信任,获得更多的商业机会并减少交易成本。同时,由于合伙企业的合伙人的人数较少,且通常具有特定的人身信任关系,因此更有利于合伙企业的经营管理。2009 年 11 月,国务院颁布《外国企业或者个人在中国境内设立合伙企业管理办法》,该办法明确规定:2 个以上的外国企业或者个人可以在我国境内设立合伙企业;外国企业或者个人与中国的自然人、法人和其他组织可以在中国境内设立合伙企业。外国企业或者个人在中国境内设立合伙企业,应当遵守我国《合伙企业法》以及其他有关法律、行政法规、规章的规定,符合有关外商投资的产业政策。现行的《外商投资法》规定:"外商投资企业的组织形式、组织机构及其活动准则,适用《中华人民共和国公司法》《中华人民共和国合伙企业法》等法律的规定。"据此,在外商投资企业的组织形式方面,实现了法律制度的内外统一,以往关于外商投资企业组织形式方面的特别规定全部废止。

三、合资式投资与独资式投资

依据资本来源的不同,国际投资可分为合资式的投资与独资式的投资。合资式的投资是指外来资本与东道国资本结合的投资,独资式投资则是指没有东道国资本参加的投资。

合资式投资有广义和狭义之分。广义上的合资是指任何外来资本与东道国资本的联合投资,包括股权式合资和契约式合资;而狭义上的合资单指外国投资者与东道国的投资者共同出资举办股权式企业(equity joint venture)。由于股权式合资企业是以股权作为确定投资者的权利义务的基本依据,因此,股权式合资企业只能采用有限责任公司或股份有限责任公司的组织形式。兴办股权式合资企业是国际投资的重要方式。这种投资方式之所以被普遍采用,是因为对于东道国来说,举办合资企业不仅能吸收外资,而且还可以在同外国投资者的合作过程中获得先进技术和管理经验,并可通过外国投资者的渠道使本国产品进入世界市场;而对于外国投资者来说,举办合资企业便于与东道国的合作,可尽快掌握当地的资源、市场情况,因而有利于企业的经营。

与股权式合资比较起来,契约式合资(contractual joint venture)是一种更为灵活的投资方式。由于这种投资方式不以股权为基础,因此不必办成公司;投资者之间的权利义务关系是靠契约确定下来的。因此,契约式合资可以采用合伙的方式,也可以是各方投资者之间一种长期稳定的契约关系。例如,国际上通行的合作开发(joint exploitation)就是契约式合资的一种形式,通常是指由外国投资者提供资金、设备、技术及管理经验,与东道国合作对东道国境内的自然资源进行开发,并从开发收益中分得一定的货币利润或产品。如果是进行石油合作开发,通常由外国投资者提供资金、设备及技术单独或与东道国合作方一起对东道国特定区域内的石油资源进行勘探并确定有无开采价值。如未能发现有开采价值的油气田,则外方所耗费的资金完全由自己承担;如探明有开采价值的油气田,则双方合作进行开采,外国投资者将依据约定从开采收益中分得利润或油气产品。

独资式投资是指外国的自然人、法人或其他经济组织完全以其自己的资本在东道国投资经营,由此而设立的企业通常称为外商独资企业或外资企业(wholly foreign-owned enterprises)。外资企业与外国企业(foreign enterprises)并非等同的概念。外资企业是外国人出资建立的企业,而外国企业则是指依据外国法律所建立的企业。外国企业可能是内资企业,而外资企业经常是东道国的本国企业。外国企业只有履行了一定的法律程序之后才能在东道国进行经营活动,而外资企业由于是按照东道国的法律组成的,因此成立之后即可在东道国从事生产经营。在东道国设立外资企业曾是国际投资的基本形式。为了完全控制企业的生产经营活动,在相当长的时期内,国际投资者都力图控制其设在东道国企业的股权的全部或绝大多数。东道国也对外资企业这种投资方式持欢迎立场,因为这种投资方式可以在完全没有东道国的资本参加的情况下,为东道国带来新技术、新产品,为东道国创造新的就业机会,并使东道国获得税收收入。但自20世纪60年代起,许多发展中国家开始对外商独资企业这种投资方式加以限制。一些发展中国家曾制定外资企业"本地化"的政策,即要求外商独资企业在一定期限内逐步转变为有东道国资本参加的合资企业;或要求合资企业中东道国资本的比例在一定期限内上升到一个特定的比例。这种政策也被称作外资"淡出"(fade-out)政策。与这种趋势相适应的是许多国际投资者也开始选择与东道国资本合资经营的方式。目前,许多国家已取消了对设立外商独资企业的限制,在这种情况下,具有资金、技术和销售渠道等多方面优势的跨国公司表现出偏好选择独资经营的倾向。一些合资企业也由于东道国投资者不得不出让股份而变成外商独资企业。

在《外商投资法》制定之前,我国曾长期以"合资""合作"和"独资"对外来投资进行分类。我的外资法被统称为"三资企业法"。在《中外合资经营企业法》《中外合作经营企业法》和《外资企业法》三部法律的规范下,外国投资在在我国的投资通常表现为建立合资企业、合作企业和外商独资企业。

中外合资经营企业是依法在我国境内设立的由中外各方共同投资、共同管理、分享收益、分担风险的一种经济组织。合营各方将其出资折成股份,各方按出资比例对企业行使权利,承担义务,属于股权式的经营企业。

中外合作经营企业是中外各方共同出资兴办的、由合作各方按事先约定对企业承担责任、分享收益的一种经营组织。投资者可以依照共同签订的合作企业合同约定出资或提供合作条件,按照合同约定来确定收益或产品分配、风险和亏损的分担、经营管理的方式以及合作企业终止时财产的归属等事项,具有较强的契约属性。但由于我国法律允许中外合作经营企业采用公司形式,而且在实践中绝大多数的中外合资经营企业注册为有限责任公司,因此,中外合作经营企业并非严格意义上的契约式合资企业。

外商独资企业(外资企业)是企业的全部资本均由外国投资者投资的一种经济组织。企业的投资者是外国投资者自己,其盈利、亏损及其他风险自然归属于投资者本人。外资企业是依照中国的法律设立的企业;并非依照中国法律设立的外国企业以及其他经济组织在中国境内的分支机构不是外资企业。

虽然《外商投资法》废止了"三资企业法",中外合资经营企业、中外合资经营企业和外商独资企业因失去了法律依据而难以继续保持原有的组织形式,但即使按照《外商投资法实施条例》第四十四条的规定,现有的外商投资企业在《外商投资法》施行后5年内,依照我国《公司法》《合伙企业法》等法律的规定调整其组织形式、组织机构等,并依法办理了变更登记。从资金来源看,这些企业仍然可以分为合资式投资企业和独资式投资企业。

四、新建投资与并购投资

新建投资是指投资者投资新建一个企业。由于新建一个企业通常要从基建工作开始,因此,新建投资又被形象地称作"绿地投资"。

并购投资是指投资者兼并或收购现有企业。跨国兼并与收购已成为投资者进行国际投资的重要方式。跨国公司通常会着眼于整体投资。它们经常对一个行业的上、中、下游各个阶段的产品的开发、生产、销售和售后服务进行纵向或系统的投资。它们不仅投资某一行业或产业的产品,而且对相关行业和相关产业进行投资。通过兼并或收购现有企业,投资者可缩短投资回报的周期并降低投资风险。新建投资与并购投资都可能为东道国带来资金、技术、管理经验和就业机会,但从总体上看,绿地投资会使东道国增加资本存量,并购并不一定增加资本存量;新建投资通常会带来新的技术和管理经验,并购投资通常不涉及新技术和新经验的引进;新建投资会增加就业机会,而并购投资增加就业机会的效果并不明显;新建投资的投资者通常会长期地拥有和运营其投资的企业,而许多并购投资的投资者并没有这种长期拥有和经营企业的意愿,他们并购某一企业往往是为了在适当的时机再将其转让出去。此外,在发展中国家的投资往往是新建投资,因为在这些国家缺少可被并购的企业;而在发达国家或新型发展中国家的投资则经常会采用并购的方式。

我国在改革开放初期,只允许外国投资者以新建的方式在我国投资。2003年3月,对外贸易经济合作部公布了《外国投资者并购境内企业暂行规定》,为外资并购境内企业提供了规范指引。2006年8月商务部发布2006年第10号令称,由商务部、国资委、国税总局、证监会、国家外管局和国家工商行政管理总局六部门共同签发的《关于外国投资者并购境内企业的规定》,对《外国投资者并购境内企业暂行规定》作出重大修订,自2006年9月8日起施行。2009年6月,商务部对前述规定再次作出修订。

依据修订后的《关于外国投资者并购境内企业的规定》,外国投资者并购境内企业包括股权并购和资产并购两种类型,其中,股权并购又分为外国投资者购买境内非外商投资企业股东的股权或认购境内公司增资两种情形;资产并购又分成外国投资者设立外商投资企业,并通过该企业协议购买境内企业资产且运营该资产,以及外国投资者协议购买境内企业资产,并以该资产投资设立外商投资企业运营该资产两种情况。外国投资者股权并购的,并购后所设外商投资企业承继被并购境内公司的债权和债务。外国投资者资产并购的,出售资产的境内企业承担其原有的债权和债务。

外国投资者股权并购的,投资者应根据并购后所设外商投资企业的投资总额、企业类型及所从事的行业,依照设立外商投资企业的法律、行政法规和规章的规定,向具有相应审批权限的审批机关报送下列文件:(1)被并购境内有限责任公司股东一致同意外国投资者股权并购的决议,或被并购境内股份有限公司同意外国投资者股权并购的股东大会决议;(2)被并购境内公司依法变更设立为外商投资企业的申请书;(3)并购后所设外商投资企业的合同、章程;(4)外国投资者购买境内公司股东股权或认购境内公司增资的协议;(5)被并购境内公司上一财务年度的财务审计报告;(6)经公证和依法认证的投资者的身份证明文件或注册登记证明及资信证明文件;(7)被并购境内公司所投资企业的情况说明;(8)被并购境内公司及其所投资企业的营业执照(副本);(9)被并购境内公司职工安置计划;(10)有关债权债务处置、国有资产变更以及当事人之间是否具有关联关系说明等文件。

外国投资者资产并购的,投资者应根据拟设立的外商投资企业的投资总额、企业类型及所从事的行业,依照设立外商投资企业的法律、行政法规和规章的规定,向具有相应审批权限的审批机关报送下列文件:(1)境内企业产权持有人或权力机构同意出售资产的决议;(2)外商投资企业设立申请书;(3)拟设立的外商投资企业的合同、章程;(4)拟设立的外商投资企业与境内企业签署的资产购买协议,或外国投资者与境内企业签署的资产购买协议;(5)被并购境内企业的章程、营业执照(副本);(6)被并购境内企业通知、公告债权人的证明以及债权人是否提出异议的说明;(7)经公证和依法认证的投资者的身份证明文件或开业证明、有关资信证明文件;(8)被并购境内企业职工安置计划;(9)有关债权债务处置、国有资产变更以及当事人之间是否具有关联关系说明等文件。

依照《外商投资产业指导目录》不允许外国投资者独资经营的产业,并购不得导致外国投资者持有企业的全部股权;需由中方控股或相对控股的产业,该产业的企业被并购后,仍应由中方在企业中占控股或相对控股地位;禁止外国投资者经营的产业,外国投资者不得并购从事该产业的企业。

五、独立于政府的投资与政企合作投资

国际投资是私人的商业行为,投资者需要与政府交往,但两者之间是管理与被管理的关系。然而,有一类投资需要投资者与政府合作完成,即 PPP(Public-Private Partnership)模式的投资。PPP 模式投资通常出现在公共基础设施建设领域。与一般的产业领域不同,公共基础设施领域的投资通常由政府完成,或由政府特许企业完成。政府为了弥补建设资金不足、提高基础设施建设和运营效率,就会考虑与企业合作投资。近年来 PPP 模式投资在我国得到长足发展。国家财政部

于2022年3月发布的《全国PPP综合信息平台管理库项目2021年年报》显示，2021年开工建设项目534个、投资额10 429亿元，同比增加209亿元、增长2.0%，投资转化为实物工作量保持增势。2014年以来，累计开工建设项目4804个、投资额7.6万亿元，开工建设率47.2%。

国际投资领域中常见的PPP投资模式是BOT模式。BOT是英文Build-Operate-Transfer（建设—经营—转让）的缩写，是指政府将一个基础设施项目特许给投资者，由投资者在特许期内从事项目的建设和经营，并在特许期结束后将项目的所有权移交给政府。从BOT中又衍生出BOOT（建设—拥有—运营—移交）、DBFOT（设计—建设—融资—运营—移交）、TOT（转让—运营—移交）以及ROT（改建—运营—移交）等。

BOT投资的运作过程主要包括：特许、建设、经营和移交四个阶段。

1. 特许

特许是指政府将某一基础设施建设的权利许可给投资者。由于基础设施项目通常具有垄断性，不是投资者可以随意投资的领域，因此，必须由政府将这一项目的投资权特别地赋予某一投资者。

在对投资者给予特许之前，政府首先应确定拟建设的项目（如道路、桥梁、隧道和发电厂等）。在项目确定了之后，即可以向潜在的投资者发出招标邀请，请其提交具体的设计、建设和融资方案。在多数情况下，政府会对潜在的投资者进行资格预审。

在收到招标邀请之后，感兴趣的投资者就会对项目的可行性进行深入的研究，如果有意取得该项目的特许权，投资者就会向政府方面提交一份满足招标邀请的要求的标书。

政府方面通过对标书的筛选，可选出暂定中标人。在这一过程中，投标人的报价通常并不是唯一需要考虑的因素。在某些情况下，政府方面也许还会与投标人进一步谈判，对标书内容作出改进。在最后确定了中标者后，政府方面将与中标人签署最后的合同文件，而中标者即可据此组建项目公司，该项目公司即是外国投资者在东道国所设立的外资企业。随后，政府就会通过与项目公司签署特许权协议的方式，授权项目公司建设这一特定的项目。

特许权协议的内容通常包括：特许权的范围、方式及期限；项目工程设计、建造施工、经营和维护的标准；项目的组织实施计划与安排；项目成本计划与收费方案；双方特别约定的权利与义务；项目的转让、抵押、征收与中止；项目的移交；违约责任及争端解决方式。依据特许权协议，政府通常有权对项目公司的活动进行监督、检查和审计。如发现有不符合特许权协议的行为，政府有权要求项目公司采取修正措施，如项目公司拒不接受，政府有权进行处罚。为项目融资的目的，项目公司通常可以采取抵押等方式转移自己基于特许权协议所拥有的权利，但在转让权利的同时也必须转让相关的义务。政府方面通常还会承诺，在现有的特许权项目能够满足需要的情况下，政府方面不再投资重复建设与之有过度竞争性的另一个项目。

2. 建设

与政府签署了特许协议之后，项目公司还要与有关当事方签署贷款合同、建筑合同、供应合同以及其他一些与实施项目相关的合同。随后，项目的建设阶段即正式开始。项目公司将依照合同文件的要求进行项目的建设。在工程竣工之后，项目将通过规定的竣工试验，在项目公司接受而且政府也原则上接受竣工的项目后，建设阶段即告结束。

3. 经营

项目竣工且验收合格之后，项目公司即开始经营此项目。投资者期待着通过特许期内的经营收回投资、获得利润。在经营期内，项目公司可直接对项目实施管理，也可以依据经营协议委托他人对项目进行管理。项目公司有义务在经营期内对项目设施进行保养。在此期间内，无论是项目公司的投资者、项目公司的债权人还是政府方面都有权基于不同的理由对项目的运营情况进行监督。

4. 移交

特许经营期届满之后，项目公司须向政府移交项目。这种移交通常是无偿的，有时政府也会给投资者一些象征性的补偿。项目公司移交给政府的设施应处于良好状态，否则政府将有可能追究项目公司的违约责任。

由于BOT项目通常具有投资大、期限长的特点，而且，政府又是合同的一方当事人，因此，投资者不仅要面临较大的商业风险，还要面对一定的政治风险。在这种情况下，就必须设计出某种风险保障机制。依据目前的实践，项目公司须自行承担项目的融资、建造、运营和维护等方面的商业性风险。对于自然因素可能导致的损失，项目公司应通过商业保险方式转嫁此种危险。对于国家政策、法律、法规的变化可能导致的重大损失，可通过事先在特许权协议中约定调整收费价格、延长特许期限等方式给项目公司一定的补偿。投资者还可以通过参加本国的海外投资保险来抵御国有化、外汇管制、战争等政治性风险。

1995年1月16日，我国对外贸易经济合作部发出《关于以BOT方式吸收外商投资有关问题的通知》。依据该通知的要求，BOT投资方式须纳入我国现行的有关外商投资企业法律和审批体制。外商可以以合作、合资或独资的方式建立BOT项目公司。项目建议书和可行性研究报告批准后，外经贸部门按照现有利用外资的有关法律和审批程序对项目公司合同、章程进行审批。以BOT投资方式吸引外资应符合国家关于基础设施领域利用外资的行业政策和有关法律。政府机构一般不应对项目做任何形式的担保或承诺(如外汇兑换担保、贷款担保等)。如项目确需担保，必须事先征得国家有关主管部门的同意，方可对外作出承诺。同年8

月,国家计委、电力工业部、交通部发出《关于试办外商投资特许权项目审批管理有关问题的通知》,指出:"长期以来,交通、能源等基础设施和基础产业一直是我国国民经济发展的瓶颈。为改善这种状况,按照国家的产业政策,需要积极引导外商投资的投向,将外商投资引导到我国急需发展的基础设施和基础产业上来。对此,国家除继续鼓励外商采用中外合资、合作和独资建设经营我国基础设施和基础产业项目外,在借鉴国外经验的基础上,拟采用建设—运营—移交的投资方式(通称BOT 投资方式),试办外商投资的基础设施项目。"该通知明文规定:"在特许期内,项目公司拥有特许权项目设施的所有权,以及为特许权项目进行投融资、工程设计、施工建设、设备采购、运营管理和合理收费的权利,并承担对特许权项目的设施进行维修保养的义务。政府部门具有对特许权项目监督、检查、审计以及如发现项目公司有不符合特许权协议规定的行为,予以纠正并依法处罚的权力。"该通知还明确提出:"在特许期内,如因受我国政策调整因素影响使项目公司受到重大经济损失的,允许项目公司合理提高收费标准或延长项目公司的特许期;对于项目公司偿还贷款本金、利息和红利汇出所需要的外汇,国家保证兑换和汇出境外。但是,项目公司也要承担投融资、建造、采购、运营、维护等方面的风险,政府不提供固定投资回报率的保证,国内金融机构和非金融机构也不为其融资提供担保。"

此后,我国没有再出台专门就外国投资者参与 BOT 投资的法律文件。然而,基于"市场准入阶段的国民待遇加负面清单"的一般原则,除非是负面清单列出的情形,外国投资者应该与国内投资者具有同样的参与包括 BOT 项目在内的各类 PPP 项目投资的资格。

第四节 国际投资合同

一、国际投资合同的属性

国际投资如同其他国际商事活动一样需要在不同当事人之间签订契约性文件,以明确彼此的权利义务关系。这些契约性文件可统称为国际投资合同。

国际投资合同具有合同的一般属性,是各缔约方平等协商所达成的合意,有效的合同约定对各方当事人构成法律约束,一方违反合同约定时对方可依法寻求救济。

国际投资合同通常是私主体之间签订的,但有时政府会成为投资合同(如各种PPP 协议)的缔约方。在这种情况下,投资合同的属性就成为一个有争议的问题。

有人将所有的 PPP 协议均认定为"行政协议",这是值得商榷的。关于什么是行政协议,并没有一个公认标准。学者们通常将行政协议的特点归纳为同时具备"合同性"与"行政性"。所谓"合同性"是指行政协议本质上是一种合同;所谓"行政性"则是指其所调整的不是（或不仅是）民商事权利义务关系，而必须含有行政法上的权利义务内容。

2014年底修订的《中华人民共和国行政诉讼法》（以下简称《行政诉讼法》）首次在实证法层面肯定了行政协议的概念。我国最高人民法院审判委员会于2019年11月12日通过的《最高人民法院关于审理行政协议案件若干问题的规定》（以下简称《行政协议规定》）第一条规定："行政机关为了实现行政管理或者公共服务目标，与公民、法人或者其他组织协商订立的具有行政法上权利义务内容的协议，属于行政诉讼法第十二条第一款第十一项规定的行政协议。"据此，行政协议应为："行政机关为了实现行政管理或者公共服务目标，与公民、法人或者其他组织协商订立的具有行政法上权利义务内容的协议。"至于什么是"行政法上权利义务"，应解释为"基于行政法所产生的权利义务"。如果政府机关与私主体签订的一项协议处分了或涉及行政法上的权利或义务，那么，就应该认定其为行政协议。至于如何判断一项权利义务是否为"行政法上的权利义务"，可依据两项指标加以测试：一是直接目的标准，二是权利属性标准。所谓直接目的标准是看权利义务的设定或实现是否为了实现行政管理目标，服务于公共利益。行政机关为了城市供水而与私主体签订协议应被认定为是为了实现行政管理目标，为了服务社会公共利益；但如果行政机关是为了改善办公场所的供水系统而与私主体签订协议，尽管可以说改善行政机关办公条件也是为了更好地服务于公共利益，但从直接目的看，还是为了行政机关的自身利益，因而不应被认为是一项行政协议。所谓权利属性标准是看行政机关所处分的权利是其作为行政机关所特有的权利，还是私主体也享有的权利。行政机关通过支付价款而获得某物的所有权是私主体也可以获得或行使的权利，因而，不应将其认定为行政法上的权利；而行政机关特许某私主体承担城市污水治理工程，则是私主体无法享有和处分的权利，因此，应将其认定为行政法上的权利。正因为行政协议从目的上看是为了服务社会公共利益，从政府所行使的权利属性上看不属于私法上的权利，因此，行政协议中会出现一些有别于传统的民商合同的内容。例如，作为协议一方的行政机关享有单方面的协议变更权和解除权，即行政机关可基于公共利益的需要或法律政策的重大调整，单方面变更协议内容或解除协议。

基于上述分析，可以得出如下结论：并非所有的行政机关与私主体所签订的协议都属于行政协议。如果双方签署的协议处分的是民商事的权利义务，那么这种协议即属于传统的民商事合同；只有当行政机关与私主体订立的协议具有行政法上的权利义务内容时，这种协议才属于行政协议。

由于特许经营协议具有很强的行政属性，所以《行政协议规定》第二条明确将政府特许经营协议列为行政协议。因此，如果某一PPP项目涉及特许经营，那么，为实施该项目所签订的特许经营协议应直接认定为《行政协议规定》范围内的行政协议。至于特许经营之外的PPP协议是否属于行政协议,有两类PPP协议需要特别讨论:一类是不直接涉及行政法上权利义务处分的PPP协议,另外一类是PPP协议的从协议和相关协议。

由于PPP的核心特征在于社会资本参与公共项目或公共事业,因而并不必然涉及作为当事人一方的政府机关行政法上的权利义务。因此,必然会存在不具有行政法上权利义务内容的PPP协议。例如,实践中的TOT协议,通常是由私主体从政府或国有企业接手一个现存项目(企业),而不是新建一个项目,其获得该项目的途径是通过有偿受让的方式,而不是政府特许的方式。从交易的直接目的看,政府是为了改善现有某一项目的运营状态,从交易所涉权利义务的属性看,是行政机关与私主体之间的产权交易,交易的实质应为商事交易,而并非行政权利义务的行使或处分。据此,TOT协议不应被认定为行政协议。

在PPP项目存在主协议和从协议的情况下,从协议的属性应该从属于主协议;而与PPP主协议相关的协议的属性则应依据不同情形分别加以判断。在多数情况下,相关协议是PPP主协议的私主体一方为了实施PPP主协议而与其他实体签订的民商事合同,不应因其与特许经营有关联关系而将其认定为行政协议。常见的此类协议有如下几种。

在认定PPP协议是否属于行政协议时,应尽可能地将其认定为民事合同。其理由在于:首先,行政协议的本质是合同。行政协议的属概念是"协议","行政"是其种差。由于PPP协议总体上遵循当事人地位平等、缔约自由、信守约定、违约担责这样一些合同法的基本原则,所以,其合同的属性显然更强烈一些。其次,将PPP协议尽可能地认定为民事合同,也可以为政府一方提供平等的救济机会。由于行政主体一方不可以提起行政诉讼程序,也不能在行政诉讼中提出反诉,这对行政主体一方很难说是公平的。如果将政府机关与私主体之间的协定认定为民事合同,行政机关就可以在纠纷解决程序中与私主体享有同等的权利。

总之,通常情况下的投资合同属于普通的商事合同,而政府作为缔约一方的投资合同的属性应个别考察,不可只因为合同的一方为政府就简单地将其认定为行政合同。政府与私人缔结具有交易性质的投资协议,只要不具有处分行政权力的内容,均应看作是商事合同。

关于投资合同的生效条件,在外资监管比较严格的国家,可能要求政府的批准。我国从1979年开始引进外资,直到《外商投资法》颁布,曾长期实行投资合同审批制。随着投资便利化潮流的兴起,投资合同已经归位于普通商事合同,政府对商事合同的监管可以后移到合同履行阶段。

二、合作投资协议

合作投资协议是两个或两个以上的投资者有关在东道国合作投资所签订的协

议。中外合资经营企业合同与中外合作经营企业合同是典型的合作投资协议。虽然在《外商投资法》实施之后,中外合资经营企业和中外合资经营企业不再成为专门的企业形式,投资者需要按照我国公司法、合伙法等成立公司、合伙等企业,但这并不妨碍投资者之间订立合作投资协议。《民法典》第四百六十七条第二款规定:"在中华人民共和国境内履行的中外合资经营企业合同、中外合作经营企业合同、中外合作勘探开发自然资源合同,适用中华人民共和国法律。"该款规定肯定了合作投资协议的合法存在。合作投资协议的内容与公司章程等文件会有重合之处,但应侧重各方之间权利义务关系的约定,例如,一方是否有以某种技术出资的义务?企业可否适用某一投资方的商标?企业的产品是否由一方投资者包销?等等。

合作投资协议通常包含如下条款。

1. 序言

序言条款除了要载明签约时间、地点和各方当事人之外,通常会写明缔约背景和缔约目的。

2. 定义(definitions)

定义条款对合同中的关键性词语加以界定,以免产生误解。

有的合同还会在定义条款之外另定释义条款(interpretation)。释义条款的作用也在于明确特定词语的含义,但两者表述有所不同。定义通常用 means,释义常用 includes。

3. 合营企业的建立(formation of joint venture)

该条款应写明企业依何国(州、省)法律设立,企业的名称、地址,企业的组织形式,以及组建企业的费用分担等。

4. 企业经营目的与范围(purpose and scope of business)

该条款应写明企业生产的产品或提供的服务的种类,经营规模,未来业务开发等。

5. 资本结构(capital structure)

该条款通常要写明企业的注册资本数额、各方所占比例、各方的出资方式和出资时间等。

货币是最常见的出资形式。但作为出资的货币应该是可以在东道国自由兑换的货币。如果东道国的货币并非可以自由兑换的货币,则外国投资者无法且以东道国的货币出资。各国法律通常允许投资者以建筑物、机器设备或其他实物。但作为出资的实物应该是企业所需要的,并且作价要合理。可约定由第三方对出资的实物进行坚定评估。对于以技术出资的,约定明确技术的权属以及企业适用该项技术的权限,特别是使用该技术生产的产品的销售范围。

各方的出资比例,原则上由各投资者商定;如果东道国对外国投资者的持股比例有特别限制,则必须遵照此种限制性规定。

关于各方出资额的转让是否施加限制,例如是否要经过其他投资者同意,其他投资者的先买权如何行使等,也应作出约定。

6. 专利许可(patent licensing)

如果合作投资的企业需要获得某一投资方的专利技术,而该投资者并不以该项专利技术出资,那么,就需要由该专利技术的持有者将该项技术许可给企业使用。这时,许可协议应由作为许可人的投资者与作为被许可人的企业双方签署,此时,投资协议中的专利许可条款使得许可人就专利许可事项向其他投资者承担了合同义务。

7. 产品销售(marketing arrangements)

该条款需要就投资企业的产品销售约定投资者之间的权利义务关系。企业的产品通常由企业自己销售,有时候也需要由外国投资者协助企业销售其产品,但不宜将产品销售工作完全交给一方投资者。

产品销售条款也可包含原材料购买等事宜的约定。

8. 董事会(board of directors)

关于投资企业的内部治理,应遵循东道国公司法、合伙法等法律的规定,在不违背相关的强行法的情况下,投资者可以就企业的内部治理作出特别约定。例如,采用有限责任公司组织形式的投资企业可以不设立董事会,而设一名执行董事,关于执行董事的选派及职权等事项,可以在投资合同中加以约定。如果设立董事会,则可以约定各方选派董事的名额、任期,董事会的权限等。

在合作投资的情况下,由于股东人数较少,董事又是股东委派或协商产生的,因此,董事会往往取代了股东会的地位,因此,对于董事会的决策程序应给予特别的重视。对于董事会会议的法定人数及表决规则都应该明确约定。虽然"多数裁决"是一般的表决原则,然而,不同的"多数"对于持不同比例的股权的股东意义不同。如果实行"简单多数"的表决原则,则大股东很容易通过自己提出的议案,虽然很有效率,但却可能侵害小股东的利益;如果实行"一致通过"原则,会使小股东事实上享有一票否决权,虽然可以有效保护小股东利益,但可能损害企业的决策效率。因此,比较合理的方式是依表决事项的不同适用不同的表决规则。对于特别重大的事项,例如企业的合并、分立,适用一致通过的表决原则,对于轻微事项适用简单多数原则,对于其他事项适用绝对多数原则。

9. 经营管理(business management)

该条款主要约定企业日常经营管理机构的设立、职责等。例如,设总经理一人,由某一方的投资者推荐,副总经理若干,由其他投资者推荐。为了在投资者之间形成制约机制,还可以约定在副总理中设第一副总经理,某些重要文件要有第一副总经理的签字方为有效。

10. 劳动管理（labour management）

该条款应约定各类员工的聘用、岗位职责即基本待遇等。应注意该条款不得违反东道国关于人员聘用、辞退、最低工资、劳动保险等方面的法律规定。

11. 财务与会计（financial affairs and accounting）

该条款应约定企业财务机构的设置、主要的财务制度、记账方式、记账币种以及利润分配事宜。

12. 合作投资的期限（duration of joint venture）

公司的寿命可以是无限长的，但合作投资的企业可以由投资者约定存续的期限。有的国家对某些行业的投资也会有年限的限制。

13. 解散与清算（dissolution and liquidation）

该条款就投资企业的解散和清算事宜作出约定。应注意该条款不要与东道国的相关法律相冲突。

14. 违约责任（liability for breach of contract）

对违约最好的救济通常是实际履行合同义务。最普遍的救济方式是由违约方向守约方赔偿损失。最无奈的救济方式应该是解除合同，同时要求赔偿损失。

15. 不可抗力（force majeure）

本条款主要约定不可抗力时间的范围及后果处理。该条款通常会约定任何一方因不可抗力而无法履行合同义务时，免除其违约责任。

16. 争议解决（disputes settlement）

该条款通常约定与合作投资有关的纠纷首先应协商解决，若协商不成，则提交仲裁或诉讼解决。应注意，不可同时约定仲裁和诉讼，否则会引起仲裁协议效力方面的纠纷。如果选择仲裁，则应明确仲裁机构、仲裁事项的范围以及仲裁规则的选择。

17. 法律适用（governing law）

该条款约定合同的准据法。应注意东道国的法律是否允许当事人选择合同的准据法。

18. 文字（language）

如果合同用不同文字书写，应该约定不同文字的文本的效力。通常会约定不同文字的合同文本具有同等效力，但这往往无法预防和解决文本效力冲突。可考虑约定第三种文字的合同文本效力优先。例如，一家中国企业与一家德国企业签订的合作投资协议可以在中文文本和德文文本的合同之外，签一份英文文本的合同。出现解释上的不一致时，以英文本的表述为准。

三、股权并购协议

股权并购是国际投资的常见方式，其本质是投资者购买现有企业的股权或认购现有企业增资部分的股权,无论哪种方式都是新的投资者与原有投资者的交易,因此,要以合同方式将交易的内容确定下来。股权并购协议通常包括如下条款。

1. 定义条款(definitions)

需要定义的词语通常有：资产负债表、财务报表、普通股、购买价格、交割日、股东协议、证券法、税收等。

有的合同还会在定义条款中写进"若干解释规则"(certain rules of construction),例如,协议中的标题只为了引用方便,不得认为是对相关条款的限定;单数词语也适用于复数词语,反之亦然,"包括"是指"不限于"等。

2. 股份购买(purchase and sale of shares)

该条款需写明股份的购买、交易的完成以及交易后价格的调整等。

3. 出让方的陈述与保证(representations and warranties of the seller)

股权出让方通常要就下列事项作出陈述属于保证：其自身是合法成立并有效存在、本交易已取得相应授权、交易不与法律相冲突、财务报表真实有效、税收没有问题、合法经营、不存在劳工问题、不存在环保问题、没有诉讼发生、交易的效力等。

4. 受让方的陈述与保证(representations and warranties of purchaser)

股权受让方通常要就下列事项作出陈述属于保证：其自身是合法成立并有效存在、本交易已取得相应授权、交易不与法律相冲突、没有诉讼发生、股权购买是以投资而非转售为目的、股权出让方及目标公司不会向任何第三人支付佣金等。

5. 承诺(covenants)

承诺条款通常约定各方应尽合理的努力以完成本交易,出让方、目标公司及受让方不会不合理地推迟本交易,受让方将保证目标公司的雇员的待遇大体不变,税赋承担方面的承诺,妥善保管账簿等资料,各自承担交易的前期费用。

6. 条件(conditions)

条件条款通常约定各方当事人履行合同义务的前提条件(通常包括没有针对当事人的诉讼或其他程序即将发生、各种必要的政府授权、许可等已经获得、没有禁令或其他强制措施禁止本交易所涉股票的买卖)、出让方及目标公司履行合同义务的前提条件(通常包括受让方作出的陈述与保证是真实和准确的、出让方和目标公司收到受让方的董事会关于本次交易的决议的副本、出让方和目标公司收到股东协议书)、受让方履行合同义务的前提条件(通常包括对方作出的陈述与保证是真实和准确的、目标公司从事其经营业务所需的各种必要的政府授权、许可等均已获得、受让方收到对方董事会关于本次交易的决议的副本、受让方收到出让方在目标公司的董事和高管的辞职函)。

7. 赔偿(indemnification)

赔偿条款约定出让方及目标公司向受让方作出赔偿的情形和程序、损失的界定、赔偿责任限制以及受让方应向对方作出赔偿的约定。须向对方作出赔偿的首要原因是违约,包括违反陈述与保证条款和承诺条款。

8. 终止（termination）

协议终止通常分为各方合意终止、出让方或受让方终止;还应约定终止的效果、协议的延展与放弃。

9. 一般规定（general provisions）

该条款主要规定陈述与保证以及承诺条款在交易完成后的一段时期依然有效;协议未经对方同意不得转让;本协议及附件构成一个整体且替代了先前所有的协议和谅解性文件;除非各方书面同意,本协议不得变更;协议部分内容的无效不影响其他内容的有效性;协议的准据法;协议将制作成数份文本,每份文本均为正本。

在实践中,有些股权并购的投资者购买目标公司的股票是为了获得目标公司上市后可能带来的利益,因此会在协议中作出回购安排。如果目标公司在特定期限内没有上市,或者没有达到特定的业绩目标,则股权的出让方及目标公司有义务回购投资者购得的股份。这类投资行为带有"赌"的性质,与期货交易和期汇交易类似。

四、BOT 协议

BOT 协议通常是外国投资者就某一基础设施建设项目获得东道国政府许可之后,由其在东道国境内成立的项目公司与东道国政府签订的约定相互间权利义务关系的书面协定。

BOT 协议通常包含下列条款。

1. 定义与释义（definition and interpretation）

该条款主要对协议中使用的工程、工程造价、竣工期、运行期和转让日期等重要词语加以解释。

2. 工程（the project）

该条款主要载明工程名称、组成、位置、实施方式等。

3. 工程造价（the project cost）

工程造价包括工程总造价、造价的构成;建造和安装费用;购买设备和材料的费用;管理费用;不可预见费;保险费等。

4. 工程实施义务（responsibilities for project execution）

政府一方通常要承担向投资者提供项目实施所需必要条件的义务,包括批准项目、许可施工、承诺颁发进口许可证、对进口设备等给予关税减免待遇等;投资者则应负责项目设计、工程技术服务、采购、建造和试运行的工作,并约定的转让日期将基础设施转让给政府方。

5. 新建公司（new company）

有的 BOT 协议会约定由协议双方共同投资组建一家新的公司，由该公司运营建成的公共设施。投资者在 BOT 协议下权利义务将转至新建公司。

6. 基础设施的建造（construction of the infrastructure project）

该条款主要约定投资者在基础设施建设过程中所承担的工作内容及相关的权利，譬如：进行细节设计；购买符合现行准的设备和材料；组织施工；与供货商签订设备、材料和服务合同；选择分包商等。投资者从事上述活动时，可能需要与政府一方进行磋商。

7. 工程进度（project schedule）

该条款应约定开工日期、竣工日期、工程变化引起工期延误的处理等。

8. 调试（testing）

双方应商定符合相关法律和标准的基础设施调试计划和程序，确定参加调试的专家；约定调试之后相关事项的处理。

9. 协议生效日及投资者的特惠（effective date and privileged right）

协议生效不意味着投资者必须马上开始履行合同义务；义务的履行通常以某些条件的成就为前提，例如：支付方面向投资者移交施工场地等。

政府方面通常还会向投资者作出给予某种特殊优惠的承诺，譬如允许投资者将利润兑换成某种货币并汇出、雇佣外国人担任工程监理、享受税收减免待遇等。

10. 基础设施的运行（operation of the infrastructure project）

在 BOT 协议中，新建公司将负责基础设施的商业运行，并负责其维修和养护，尽量保持其状况良好。设施运用应遵守东道国的相关法律。双方可约定整个运营期间内的投资收益率。如果未达到约定的收益率，可以考虑通过延长运营期的方式对投资者进行补偿。

11. 所有权的转让（transfer of ownership）

该条款约定在新建公司成立之后，协议双方将把基础设施的所有权转让给新建公司；政府应保护新建公司对基础设施的所有权，不得征收或征用。

12. 赔偿责任（liability）

该条款主要是约定违约赔偿责任。

13. 不可抗力（force majeure）

该条款约定因不可抗力无法履行协议义务时，不承担违约责任。

14. 保险（insurance）

该条款通常会约定由投资者或者新建公司为基础设施的建造及运行投保。

15. 情势变化（change in circumstances）

该条款主要是约定在协议签署之后，如果由于东道国法律法规的变更致使投资者的利益受损，双方应尽量通过协商达成一致意见。

16. 放弃主权豁免权(waiver of sovereign immunity)

在该条款中，由政府一方作出承诺，因本协议是商业协议，因此政府一方放弃主权豁免要求。

17. 协议的准据法与文字(governing law and language)

该条款主要约定协议所适用法律，并明确协议所使用的语言。

如果协议有不同语言的版本，应约定不同文本有不一致表述时，以哪一文本为准。

18. 争议解决(dispute settlement)

该条款通常约定首先以协商方式解决有关纠纷；若协商不成，则将纠纷提交仲裁解决。

第五节　国际投资的政府管理

一、外国投资者及投资在东道国的待遇

外国投资者及投资以特定的方式进入东道国之后，便处于东道国的法律的管辖之下。东道国政府对外国投资者和投资如何管理，取决于东道国对外国投资者和投资给予什么样的待遇。如果东道国向外国投资者和投资提供的是国民待遇，那么，外国资本在运行过程中所受到的政府管理与东道国投资的企业所受到的管理应该是一致的；但如果东道国向外国投资者和投资所提供的并非是国民待遇，那么外国投资者和投资所受到的政府管理就会有别于东道国的投资者和投资。

东道国向外国投资者和投资提供何种待遇，并非东道国政府对外国投资者的承诺，而是东道国政府对外国投资者母国政府的承诺。这种承诺通常是相互的，并通过两国之间的投资协定或是共同参加的区域性经贸安排表现出来。

目前的双边投资协定大多同时规定国民待遇、最惠国待遇、最低待遇或公平合理待遇。例如，2012年9月签署的《中华人民共和国政府和加拿大政府关于促进和相互保护投资的协定》第四条至第六条分别规定了最低待遇标准、最惠国待遇和国民待遇。

关于最低待遇标准，上述协定第四条规定：任一缔约方应按照国际法，赋予涵盖投资公平和公正待遇并提供全面的保护和安全。前款规定的"公平和公正待遇"和"全面的保护和安全"并不要求给予由被接受为法律的一般国家实践所确立之国际法要求给予外国人的最低待遇标准之外或额外的待遇。一项对本协定的其他条款或其他国际协定条款的违反，不能认定对本条款的违反。

关于最惠国待遇，上述协定第五条规定：任一缔约方给予另一缔约方投资者在设立、购买、扩大、管理、经营、运营和销售或其他处置其领土内投资方面的待遇，

不得低于在类似情形下给予非缔约方投资者的待遇。任一缔约方给予涵盖投资在设立、购买、扩大、管理、经营、运营和销售或其他处置其领土内投资方面的待遇,不得低于在类似情形下给予非缔约方投资者投资的待遇。前述"待遇"不包括其他国际投资条约和其他贸易协定中的争端解决机制。

关于国民待遇,前述协定第六条规定:任一缔约方给予另一缔约方投资者在扩大、管理、经营、运营和销售或其他处置其领土内投资方面的待遇,不得低于在类似情形下给予其国内投资者的待遇。任一缔约方给予涵盖投资在扩大、管理、经营、运营和销售或其他处置其领土内投资方面的待遇,不得低于在类似情形下给予其国内投资者投资的待遇。

待遇的几个特点。

第一,外资待遇可分为给外国投资者的待遇和给外国投资者的投资的待遇。外国投资的待遇其实是外国投资者所投资的企业的待遇问题,而外国投资者的待遇其实是外资企业的股东的待遇问题。在市场准入之前,因为尚未形成投资,所以只存在对外国投资者的待遇问题;在市场准入之后,则既存在外国投资者的待遇问题,也存在外国投资者的投资的待遇问题。

第二,国民待遇和最惠国待遇并非有确定标准的待遇,而只是"参照标准"的待遇,是否达到标准需要比较东道国的投资者与投资的待遇,或者比较东道国给第三方的投资者和投资的待遇。故它们也被称为"相对标准"。而且,不是要求同等的待遇,而是要求"不低于"的待遇。因此,严格说来,国民待遇与最惠国待遇并不是"非歧视待遇",而是"非不利歧视待遇"。

第三,与国民待遇和最惠国待遇不同,最低待遇标准并非"参照标准",而是确定标准,也称"绝对标准"。这一待遇标准要求的是"公平与公正的待遇",不需要与他人的待遇相比较。换言之,即使东道国对外国投资者和外国投资给予了国民待遇和最惠国待遇,只要未达到待遇的最低标准,都构成违反条约义务。至于何为"公平与公正待遇",目前所能确定表述的就是习惯国际法所要求的对外国人所能给予的最低待遇,例如,东道国应准许外国人诉诸其法律程序以求得救济。

基于上述分析,东道国在对外国投资者和外国投资实施管理时,在坚持"内外一致"(国民待遇)和"外外一致"(最惠国待遇)原则的同时,还应该注意到"非歧视"待遇并不能完全免除自己在待遇问题上的义务和责任,除非在待遇问题上有例外的规定。

二、国家安全监管制度

外国投资有可能危及东道国的国家安全,因此,无论是在市场准入环节还是在市场准入之后,东道国都会评估一项外国投资对本国安全可能产生的影响。

美国是较早设立外国投资安全审查制度的国家。20世纪70年代，为了应对大量涌向美国的外来资金，美国成立了美国外国投资委员会(The Committee on Foreign Investment in the United States, CFIUS)，负责监视在美外国投资的影响并协调联邦政策。20世纪80年代，出于对日本向美国投资激增的担忧，美国于1988年修订了1950年《国防生产法》(*Defense Production Act*, DPA)，即《埃克森—弗洛里奥修正案》(*Exon-Florio Amendment*)，首次确立了针对在美外资并购进行国家安全审查制度和审查流程。1992年，美国又通过了《伯德修正案》(*Byrd Amendment*)，要求CFIUS对外国政府支持的投资交易进行安全审查。CFIUS对外资进行的国家安全审查大体上可分为三个阶段。首先，CFIUS会在接到有关投资的审查申报(notification)后的30天内对投资计划进行审查(review)，并判定交易是否会带来国家安全风险；其次，如果交易被认定存在风险，则进入为期45天的调查(investigation)阶段；最后，如果投资交易带来的风险无法通过协商解决，CFIUS将对总统作出汇报，后者需要在15天内决定批准或否决该交易。

美国2007年制定的《外国投资与国家安全法》(*Foreign Investment and National Security Act*, FINSA)和2018年制定的《外国投资风险审查现代化法》(*Foreign Investment Risk Review Modernization Act*, FIRRMA)扩大了CFIUS的审查范围，包括被投资的企业是否拥有能进行高科技研发的技术人才、是否涉及公民数据隐私、关键基础设施的相关材料、影响美国的科技和工业领导地位等非常宽泛的审查标准；涉及的投资形式也从兼并、收购和接管扩展到合资和少数股份投资；对有可能危害国家安全的投资，由自愿申报改为强制申报。同时，将CFIUS的成员部门从六个扩展到九个，并增加了五个观察部门和两个依职权参与决策的部门，强化了CFIUS与国家情报部门的联系。

2022年9月15日，美国总统发布了第14083号行政命令，明确列出CFIUS未来审查外资投资时需要考虑的国家安全因素。该行政命令的主要目的之一是指导CFIUS标准化分析所涉交易可能带来的国家安全风险。同时，该命令也着重指出CFIUS在评估外国投资者所构成之威胁时，应考虑各种新出现的、不断变化的威胁，并表明美国商业存在一定脆弱性，若是国家安全威胁者利用这些脆弱性，将会对美国国家安全产生潜在影响。为应对这种风险，该行政命令要求CFIUS加强审查交易对微电子、人工智能、生物技术和生物制造、量子计算、先进的清洁能源、气候适应技术、关键材料以及农业产业基地的基础要素等领域的供应链韧性和安全性的影响。在判断一项交易是否会对美国国家安全构成威胁时将考虑下列因素：(i)外国人士在相关供应链中的参与程度；(ii)美国在相关制造能力、服务、关键矿产资源或其他交易所涉技术方面的能力；(iii)整个供应链的替代供应商(包括位于盟国和伙伴国的供应商)的多样化程度；(iv)作为所涉交易一方的美国企业是否直接或间接为美国政府、能源部门工业基地或国防工业基地供货；及(v)外国投资者在特定供应链中的所有权和控制权的集中程度。

我国也建立了对外国投资的安全审查制度。《外商投资法》第三十五条规定："国家建立外商投资安全审查制度，对影响或者可能影响国家安全的外商投资进行安全审查。"据此，国务院批准公布了《外商投资安全审查办法》，该办法于2021年1月18日开始施行。依据该办法，由国家发展改革委和商务部牵头，承担外商投资安全审查的日常工作。

关于外商投资的范围，该办法的规定与《外商投资法》完全一致，包括：外国投资者单独或者与其他投资者共同在境内投资新建项目或者设立企业；外国投资者通过并购方式取得境内企业的股权或者资产以及外国投资者通过其他方式在境内投资。

关于须由当事人主动申报的投资范围，该办法所限定的是：（1）投资军工、军工配套等关系国防安全的领域，以及在军事设施和军工设施周边地域投资；（2）投资关系国家安全的重要农产品、重要能源和资源、重大装备制造、重要基础设施、重要运输服务、重要文化产品与服务、重要信息技术和互联网产品与服务、重要金融服务、关键技术以及其他重要领域，并取得所投资企业的实际控制权。

当事人向工作机制办公室申报外商投资，应当提交申报书、投资方案、外商投资是否影响国家安全的说明以及工作机制办公室规定的其他材料。工作机制办公室应当自收到当事人提交或者省、自治区、直辖市人民政府有关部门转送的符合规定的材料之日起15个工作日内，对申报的外商投资作出是否需要进行安全审查的决定，并书面通知当事人。工作机制办公室作出不需要进行安全审查决定的，当事人可以实施投资。工作机制办公室决定对申报的外商投资进行安全审查的，应当自决定之日起30个工作日内完成一般审查。经一般审查，认为申报的外商投资不影响国家安全的，工作机制办公室应当作出通过安全审查的决定；认为影响或者可能影响国家安全的，工作机制办公室应当作出启动特别审查的决定并书面通知当事人。经特别审查，如果认为申报的外商投资不影响国家安全的，将作出通过安全审查的决定；如果认为申报的外商投资影响国家安全的，将作出禁止投资的决定；如果认为通过附加条件能够消除对国家安全的影响，且当事人书面承诺接受附加条件的，可以作出附条件通过安全审查的决定，并在决定中列明附加条件。特别审查应当自启动之日起60个工作日内完成。

根据《外商投资法》第三十五条的规定，依法作出的安全审查决定为最终决定。这意味着国家安全审查决定虽然属于具体行政行为，但不可以就此申请行政复议，也不可以提起行政诉讼程序。

三、反垄断监管制度

外国投资有可能对东道国的市场竞争产生负面影响，特别是并购方式的投资容易形成投资企业的垄断地位,因此,许多国家的法律对外国投资实行比较谨慎的反垄断监管。美国1914年制定的《克莱顿法》第七条规定:任何人不得直接或间接并购其他人的全部或部分资产,如果该并购造成实质性减少竞争的效果。欧共体理事会制定的第139/2004号条例《欧共体并购条例》第二条第三款规定:一项并购,尤其是由于其产生或增强企业的支配性地位而严重妨碍共同市场或其相当部分地域的有效竞争的,应当宣布为与共同市场不相容。

　　与国家安全监管不同,反垄断监管会同等地对待外国投资者和本国投资者,即对二者适用同样的法律制度,因为不能证明外国投资者对市场的垄断或其他限制竞争行为在性质上或效果上与本国投资者的同类行为有何不同。我国《外商投资法》第三十三条规定:"外国投资者并购中国境内企业或者以其他方式参与经营者集中的,应当依照《中华人民共和国反垄断法》的规定接受经营者集中审查。"我国《反垄断法》第二十一条规定:"经营者集中达到国务院规定的申报标准的,经营者应当向事先向国务院反垄断执法机构申报,未申报的不得实施集中。"依据《国务院关于经营者集中申报标准的规定》,经营者集中达到下列标准之一的,经营者应当事先向国务院商务主管部门申报,未申报的不得实施集中:(1)参与集中的所有经营者上一会计年度在全球范围内的营业额合计超过100亿元人民币,并且其中至少两个经营者上一会计年度在中国境内的营业额均超过4亿元人民币;(2)参与集中的所有经营者上一会计年度在中国境内的营业额合计超过20亿元人民币,并且其中至少两个经营者上一会计年度在中国境内的营业额均超过4亿元人民币。经营者集中未达到前述申报标准,但按照规定程序收集的事实和证据表明该经营者集中具有或者可能具有排除、限制竞争效果的,国务院商务主管部门应当依法进行调查。所谓经营者集中,包括:经营者合并;经营者通过取得股权或者资产的方式取得对其他经营者的控制权;以及经营者通过合同等方式取得对其他经营者的控制权或者能够对其他经营者施加决定性影响。根据国家市场监督管理总局于2020年10月23日公布的《经营者集中审查暂行规定》的有关规定,经营者集中达到国务院规定的申报标准的,经营者应当事先向市场监管总局申报,未申报的不得实施集中。申报时应提交:申报书;集中对相关市场竞争状况影响的说明;集中协议;参与集中的经营者经会计师事务所审计的上一会计年度财务会计报告以及市场监管总局要求提交的其他文件、资料。市场监管总局应当自立案之日起30日内,对申报的经营者集中进行初步审查,作出是否实施进一步审查的决定,并书面通知经营者。市场监管总局决定实施进一步审查的,应当自决定之日起90日内审查完毕,作出是否禁止经营者集中的决定,并书面通知经营者。

　　2008年9月3日,在我国《反垄断法》实施后的一个月,可口可乐宣布以总价179.2亿港元收购汇源全部股份。9月18日,可口可乐公司按照规定向当时的政府主管部门商务部提交了收购汇源公司的经营者集中反垄断申报材料。11月20

日商务部对该项交易立案审查。12月20日,商务部决定在初步审查的基础上实施进一步审查。在审查过程中,商务部与可口可乐公司就附加限制性条件进行了商谈,要求申报方提出可行的解决方案。可口可乐公司对商务部提出的问题表述了自己的意见,提出初步解决方案及其修改方案。经过评估,商务部认为可口可乐公司的修改方案仍不能有效减少该项交易对竞争产生的不利影响。因此,2009年3月18日,商务部依据《反垄断法》就可口可乐公司收购汇源案的反垄断审查作出裁决,认定该项交易将对市场竞争产生不利影响,依法禁止该项并购。

四、外商投资信息报告制度

要求外国投资者报送相关信息是东道国政府对外国投资施加管理的常见措施。我国以《外商投资法》的相关规定为依据,建立了外商投资信息报告制度。

《外商投资法》第三十四条规定:"国家建立外商投资信息报告制度。外国投资者或者外商投资企业应当通过企业登记系统以及企业信用信息公示系统向商务主管部门报送投资信息。"《外商投资法实施条例》第三十九条规定:"外商投资信息报告的内容、范围、频次和具体流程,由国务院商务主管部门会同国务院市场监督管理部门等有关部门按照确有必要、高效便利的原则确定并公布。商务主管部门、其他有关部门应当加强信息共享,通过部门信息共享能够获得的投资信息,不得再行要求外国投资者或者外商投资企业报送。外国投资者或者外商投资企业报送的投资信息应当真实、准确、完整。"

依据上述规定,国家商务部和市场监管总局于2019年12月公布了《外商投资信息报告办法》。该办法规定:外国投资者直接或者间接在中国境内进行投资活动,应由外国投资者或者外商投资企业根据本办法向商务主管部门报送投资信息。外国投资者或者外商投资企业应当通过企业登记系统以及国家企业信用信息公示系统向商务主管部门报送投资信息。市场监管部门应当及时将外国投资者、外商投资企业报送的上述投资信息推送至商务主管部门。商务部建立外商投资信息报告系统,及时接收、处理市场监管部门推送的投资信息以及部门共享信息等。

外国投资者或者外商投资企业应当按规定通过提交初始报告、变更报告、注销报告、年度报告等方式报送投资信息。

外国投资者在中国境内设立外商投资企业,应于办理外商投资企业设立登记时通过企业登记系统提交初始报告。外国投资者股权并购境内非外商投资企业,应在办理被并购企业变更登记时通过企业登记系统提交初始报告。

初始报告的信息发生变更,涉及企业变更登记(备案)的,外商投资企业应于办理企业变更登记(备案)时通过企业登记系统提交变更报告。

外商投资企业注销或者转为内资企业的,在办理企业注销登记或者企业变更登记后视同已提交注销报告,相关信息由市场监管部门推送至商务主管部门,外商投资企业无须另行报送。

外商投资企业应于每年1月1日至6月30日通过国家企业信用信息公示系统提交上一年度的年度报告。

商务主管部门对外国投资者、外商投资企业遵守本办法情况实施监督检查。商务主管部门可联合有关部门,采取抽查、根据举报进行检查、根据有关部门或司法机关的建议和反映的情况进行检查,以及依职权启动检查等方式开展监督检查。商务主管部门采取抽查方式对外国投资者、外商投资企业履行信息报告义务的情况实施监督检查,应当随机抽取检查对象、随机选派执法检查人员,抽查事项及查处结果及时通过外商投资信息报告系统公示平台予以公示。其他有关部门或司法机关在履行职责的过程中,发现外国投资者或者外商投资企业有违反本办法的行为的,可向商务主管部门提出监督检查的建议,商务主管部门接到相关建议后应当依法及时处理。公民、法人或其他组织发现外国投资者或者外商投资企业存在违反本办法的行为的,可向商务主管部门举报。外国投资者或者外商投资企业未按照本办法要求报送投资信息将承担法律责任。

五、资本输出国对海外投资的管理

资本输出国对海外投资的鼓励是因为海外投资可为本国带来各种利益,但如果对海外投资者的活动缺乏必要的监督管理,那么,本国的海外投资不仅不能带来预期的利益,还可能对本国的利益造成危害。

一国对本国海外投资的管理可分为两个层次,一是为本国的经济利益所施加的管理;二是为本国的政治或外交利益所施加的管理。为经济利益所施加的管理主要体现在下述几个方面。

第一,为保证本国的税收收入所施加的管理。海外投资者具有偷税、漏税的方便条件,特别是大的跨国公司可以通过关联企业之间的转让定价等从事偷税、漏税行为。这些行为不仅减少了资本输入国的税收收入,也减少了资本输出国的税收收入。所以,同资本输入国一样,资本输出国也十分重视对海外投资者的税收方面的管理。许多国家还通过与其他国家订立防止偷税、漏税的双边协定来防止和限制投资者的偷税、漏税行为。

第二,为保护国内投资者的利益所施加的管理。海外投资多由公司进行,为保护股东的利益,各国的法律都赋予公司的股东大会以广泛的权利,其中包括决定公司的经营方针和投资计划,审议批准公司的预算方案、决算方案,对公司的合并、分立、解散和清算作出决议等。通过这些法律规范的适用,可使得从事海外投资业务的公司受到监督,间接地体现国家对海外投资的管理。

第三，为维护市场秩序所施加的管理。在维护市场秩序方面，最直接适用的法律是反托拉斯法和反不当竞争法（可统称为竞争法）。西方发达国家通常主张其竞争法的域外效力，因此，如果投资者于海外设立的企业所从事的活动违反了资本输出国的竞争法，对资本输出国的市场竞争造成消极影响，那么，尽管该企业在国籍上是东道国的企业，该企业所从事的活动可能发生于资本输出国境外，但资本输出国仍可以基于"效果原则"对该企业行使管辖权。

资本输出国为了政治或外交利益对海外投资所施加的管理经常体现在两个方面，一是基于某种政治原因而禁止本国的资本输往某一特定的国家，例如为执行某一国际组织所作出的制裁某一国家的决议而禁止本国的投资者向这一国家投资；二是为了某种政治目的而要求本国的海外投资企业遵守本国的外贸管理法。例如，美国曾经因为不满意苏联在阿富汗和波兰的所作所为，而要求美国公司的海外子公司严格遵守美国的出口管理法，不得向苏联提供与石油和天然气的勘探、开采相关的技术和设备。尽管资本输出国的这种管理措施不一定能收到实际的效果，但这至少表明了一种外交姿态。

第六节 国际投资保护

一、国际投资保护的方式

国家可以通过缔结双边条约的方式来对国际投资者的利益加以保护。国际投资利益的这种保护形式是"二战"结束之后迅速发展起来的。对于资本输出国来说，通过缔结投资保护协定，可以排除本国的海外投资者的某些顾虑，为其分担一定的风险，因而可以起到促进海外投资的作用；对于资本输入国来说，则是以承担国际条约义务的方式，为外国投资提供另一种形式的保护，有利于吸引外资。目前世界上存在的各式各样的投资保护协议通常包含下列内容。

1. 缔约双方彼此给予对方在本国的投资者以公平合理的待遇

公平合理待遇应包含最惠国待遇，即缔约一方保证缔约另一方的投资者及其投资在本国境内的待遇，不低于第三国的投资者在本国境内所享受的待遇。例如，当一国对外国资本采取征收措施时，不应对来自不同国家的投资给予不同的待遇。严格意义上的公平合理待遇还应该包含国民待遇，即缔约一方给予对方投资者及其在本国的投资的待遇不低于其给予本国的投资者及其投资的待遇。从当今的国际实践来看，给外国投资者以国民待遇已成为一种发展趋势。对外国投资的约束不应表现在待遇方面，而表现在市场准入方面。

有的投资保护协议并未规定投资者待遇问题，这通常是因为缔约国之间的其他协议已对此问题作了规定。例如，美日两国之间缔结的《私人投资保护协定》即没有规定对方的投资者在本国的待遇问题,但在《日美友好通商航海条约》中已明确规定相互给予最惠国待遇和国民待遇,并且这种待遇适用于企业的设立和商务活动。

2. 缔约双方彼此保证对方投资者在本国境内的投资安全

非为公共利益、依照法定程序并给予补偿,不得对对方的投资者在其境内的投资实行征收、国有化或采取类似的其他措施。这种规定使一国在外资国有化问题上的立场(通常以国内立法的方式展示)被国际条约确定下来,将一种单方面的允诺转化成一种国际条约义务。

3. 缔约双方彼此允诺,如果对方根据某种事先的担保(保险)协议,对在本国投资的投资者支付了款项,则有权代位行使该项投资人与此有关的实体权利和索赔权或诉讼权

例如,美日两国之间订立的《私人投资保护协定》第二条规定:如果美国政府按照承保规定向任何投资人支付了赔偿金,政府应当承认该投资人在有关资产、货币、债权或其他财产中所享有的一切权利、所有权或利益均因上述赔偿金的支付而转移给美国政府,同时承认美国政府有权代位行使该投资人与此有关的索赔权或诉讼权。代位权的规定使得投资者个人与资本输入国之间的债权债务关系(如果有)转为资本输出国与资本输入国之间的债权债务关系,可免去投资者向东道国追偿债务之苦,从而可有效保护投资者的利益。当然,代位权的行使不仅意味着投资者的各项债权向本国政府的转移,也意味着各项债务的转移,有些投资保护协议即明确约定:缔约方在取得代位权的同时,须受投资者尚存法律义务的约束,也就是说因代位权而取得的请求权应扣除投资者对缔约另一方可能负有的任何债务。

4. 关于投资争议解决的规定

这种规定通常并不涉及私人之间的投资争议,而只是规定缔约国之间或缔约国与对方投资者之间因投资所产生的争议的解决方法。例如美国与罗马尼亚缔结的《投资保证协定》规定,当两国政府对于协定条款的解释和实施发生分歧,或者因一方政府对于按照该协定予以保险的投资根据国际公法提出索赔要求而发生分歧时,应当尽可能通过两国政府之间的谈判予以解决。如果在提出谈判要求后6个月内,分歧不能获得解决,经任何一方政府提出要求,即应将上述分歧提交按照该协定组成的仲裁庭予以解决。中国与法国政府之间缔结的《关于相互鼓励和保护投资的协定》不仅规定了政府间因投资协定的解释和适用所产生的争议的解决方法,而且还规定了缔约一方与另一方的投资者之间关于投资的争议的解决方法,即投资争议的解决应力争通过和解的方式进行;如自争议的任何一方提出争议解决之日起6个月内未能得到解决,则可按照投资者的选择,或者由投资者向接受投资的缔约一方的主管行政当局提出申诉,或者由投资者向接受投资的缔约一方的有管辖权的法院提出司法诉讼。

除投资保护协定之外,国家之间所缔结的其他类型的双边协定也可以具有投资保护的内容,例如两国之间的友好通商航海条约通常也会规定对方国家的投资者在本国的待遇问题、财产权保护问题、经营企业的权利问题等,这些安排也属于国际投资利益的双边保护范畴。

二、国有化限制和补偿制度

资本输入国对外国投资者的投资利益的保护,从一般意义上讲,是指资本输入国政府采取一切措施保证外国投资者在本国的财产权、经营权等各种正当权益免受非法侵害。当不法侵害出现时,投资者可从东道国的行政及司法机构寻求救济。但东道国政府也可能通过国有化措施来直接剥夺外国投资者的投资利益,因此一国在外资国有化方面的立场就成为国际投资者所普遍关注的一个重要问题。

一些国家的立法和学者的著述将国有化和征收加以区别的理由大致包括:第一,国有化是大规模的行为,而征收是对个别人的措施;第二,国有化之后一般持续财产的原先用途,而征收则经常改变财产的用途;第三,从有关国家的立法上看,征收似乎总是伴随着充分补偿。

国有化是指将不属于国家的财产收归国有。从法律上看,国有化是国家强制性地变更财产的所有权的行为。资产阶级革命之后,曾明确地提出了私有财产神圣不可侵犯的法律原则。但这一原则的提出并不妨碍国家在特定条件下对私人财产采取各种强制性措施,包括实行国有化,这也是公认的原则。既然一个国家有权对其本国国民的财产实行国有化,那么,它也当然有权对位于其境内的外国资本实行国有化。其理由在于:首先,在一国境内国家主权是最高的权力;对位于其境内的外国资本,国家可基于属地管辖权而决定对该项财产的处分。其次,一国没有义务向外国人提供超过对本国人所提供的保护;既然一国可以对本国人的资本实行国有化,那么也自然有权对外国人的投资实行国有化。

任何国家都有权对位于其境内的外国投资实行国有化,对此,没有人提出疑义。问题在于,一国对外国人的投资实行国有化是否可以没有任何限制,或者说是否应该有一些标准,据此可以区分出对外国资本的正当的国有化和不当的国有化。在提到这个问题的时候,人们容易联想到西方发达国家的法律就国内一般财产实行国有化所要求的两个条件,即国有化必须是为了公共利益;国有化必须伴有充分的补偿。法国大革命时期制定的《人权宣言》即已提出,除非由于合法证明的公共需要明显要求的时候,并且在公正的、预付赔偿的条件下,任何人的财产权都不受剥夺。美国《宪法》的第五条修正条款也明确规定,非依正当的法律程序,任何人的生命、自由和财产都不得被剥夺;私有财产不得收归公有而无公平的赔偿。但是衡量一个国家的行为的正当与否,不能以另一个国家的法律为标准。确定国家对外国资本实行国有化是否正当的标准只能是国际法规范。

在国家对外国资本实行国有化方面是否存在着国际法规范呢?回答是肯定的。首先,国际社会中存在着大量的或多或少地规定了国有化问题的条约,因此,至少对于这些条约的成员国而言,对外国资本进行国有化是要接受某些约束的。例如,中国政府与意大利政府于1985年签署的《关于鼓励和相互保护投资的协定》规定:"缔约一方为了公共利益,可以对缔约另一方国民或公司在其领土内的投资实行征收、国有化或采取其他类似措施,但应给予补偿。补偿应相当于宣布征收时该项投资的价值。补偿的支付应能兑换和自由转移,并不应不适当地迟延。"这样,中意两国政府之间在国有化问题上就存在一种彼此约束,任意毁弃这种约束就会产生国家责任。其次,由于国际社会中存在着大量的以条约、国内立法和争议解决机构的判决、裁决为表现形式的国家实践,我们甚至可以认为,在对外国资本实行国有化方面存在或正在形成相应的国际惯例。尽管不同国家的国内立法、不同类型的条约关于对外国资本实行国有化的条件的规定不尽相同,但对于下述几个条件,各国的实践基本上是一致的。

第一,对外国资本实行国有化必须是出于国家的公共利益。许多国家的外资法在规定国有化问题时都提到了这一点,许多双边投资保护协议都把"为了公共利益"作为实行国有化的一项前提条件,许多国际文件对此也都加以重申,例如,联合国大会1962年通过的《关于天然资源之永久主权宣言》即指出,收归国有、征收或征用应以公认为远较纯属本国或外国个人或私人利益为重要之公用事业、安全或国家利益等理由为依据。但是,由谁来评价一国对外国资本的国有化是否是为了公共利益呢?国际社会中比较一致的观点是,由实行国有化的国家自己来作这种评价。因为各国普遍认识到,由他国来对实行国有化的国家是否为了公共利益而提出质疑,不仅是难以实现的,而且也是不合理的;是否符合一国的公共利益只有本国最有资格作出评价。

第二,对外国资本实行国有化必须是非歧视性的。所谓非歧视性包括两层含义:其一是指一国在采取国有化措施时,不得在本国投资者和外国投资者之间作出歧视性安排;其二是指在采取国有化措施时,不得在不同外国的投资者之间作出歧视性安排。可以看出,非歧视性安排其实是国际投资领域中的国民待遇原则和最惠国待遇原则在国有化问题上的具体适用。

第三,对外国资本实行国有化必须依照法定的程序。法定程序的要求显然是为了保障实体性的权利。要求国有化行为必须依照法定的程序是为了防止东道国的任意行为,为了给外国投资者以主张合法权利的适当机会。

第四,对外国资本实行国有化必须给予补偿。除个别国家认为补偿不是实行国有化的一个条件外,绝大多数的国家认为实行国有化应伴有一定的补偿,尽管各国对于补偿的范围如何还持有不同的立场。认为补偿不是国有化的条件的国家至少可以提出两方面的理由：首先，实行国有化是一个主权国家的行为，国家有权决定是否给予外国投资者以补偿，换句话说，在国际法上不存在将外国人的财产收归国有时必须给予补偿的规则；其次，一国没有义务向外国人所提供比本国人更为优惠的待遇，因此，如果实行国有化的国家对于其财产被国有化的本国人不予补偿，那么当然也没有义务对外国人进行补偿。可以说，主张在实行国有化时不予补偿的理由是充分的。那么，如何解释补偿原则与不补偿原则之间的冲突呢？应该说，这仍然要从国际法规范的性质这一角度来加以分析。首先，我们不能证明国际法上存在着这样的强制性规范，即对外国人的财产实行国有化时必须给予补偿，因此，只要一个国家没有明示(例如通过条约)或默示地(例如通过承认国际惯例)承担补偿的义务，那么其他国家就没有要求其履行这一义务的法律依据。其次，绝大多数国家坚持国有化必须给予补偿的立场，应该被认为是一项国际惯例；但国际惯例是不能约束那些一贯明确反对适用这一惯例的国家的。所以，即使将补偿原则认定为一项国际惯例，那么，只要一个国家一贯坚持不予补偿的原则，那么这一国家的不补偿行为就不能被认定为是违背国际法的。现在的问题是，作为一项国际惯例，补偿原则的内容到底是什么？是"充分、有效、即时"的补偿还是"适当"的补偿？

  在实行国有化时，应向财产的原所有人提供充分、有效、即时的补偿，这在许多发达国家的国内法中是已经确定了的原则。按照西方学者的解释，提供充分、有效和即时的补偿，体现了对财产原所有人的既得权的尊重，也是为了避免出现不当得利的后果。当其他国家(主要是发展中国家)的国有化措施涉及它们的海外投资者的财产时，西方发达国家便力图证明充分、有效、即时补偿是一项国际标准。充分、有效、即时的补偿标准有时被简称为"赫尔标准"(Hull formula)，因为要求将这一标准认定为国际标准并将其适于对外国人的财产的国有化的补偿是由美国的前国务卿赫尔(Hull)正式提出的。1938年，墨西哥对外国投资的石油公司(主要是美国和英国的公司)实行国有化。美国国务卿赫尔照会墨西哥政府，承认墨西哥政府有权为了公共利益的需要而征用外国资产，但同时他又指出，合法的征用必须伴有充分(adequate)、有效(effective)和即时(prompt)的补偿，并认为这是一项国际标准。英国政府也向墨西哥政府发出照会，也把充分的补偿作为合法的国有化的前提。对此，墨西哥政府的回答是，国际法上并不存在这种标准，而且在国有化的补偿问题上，应该是依据实行国有化的国家的国内法，而不是国际法来确定补偿标准。墨西哥政府将向外国投资者提供补偿，因为墨西哥的宪法是这样要求的；但提供的补偿只能依据墨西哥的国内标准。虽然后来墨西哥政府同美国政府等就补偿的数额达成了协议，但对于是否存在着"充分、有效、即时"补偿这一国际法上的标准，双方并未取得一致意见。

20世纪60年代初,古巴对外国投资(主要是美国的投资)实行了国有化。同墨西哥一样,古巴政府也拒绝承认充分、有效和即时的补偿为国际法上的标准,"赫尔标准"又一次遭到否认。随后不久,联合国大会于1962年通过了《关于天然资源之永久主权宣言》。宣言指出,"收归国有、征收或征用应以公认为远较纯属本国或外国个人或私人利益为重要之公用事业、安全或国家利益等理由为根据。遇有此种情形时,采取此等措施以行使其主权之国家应依据本国现行法规及国际法,予原主以适当之补偿(appropriate compensation)。倘补偿问题引起争执,则应尽量诉诸国内管辖。但如经主权国家及其他当事各方同意,得以公断或国际裁判办法解决争端"。宣言的这一规定表现出发展中国家在补偿问题上的立场(没有接受"赫尔标准"),但也照顾到了发达国家的利益,因为宣言虽然将国内法规定为确立补偿标准的依据,但同时也将国际法作为依据。另外,当时对于"适当补偿"的含义并未加以明确,发展中国家可以认为"适当补偿"是对"赫尔标准"的否定,但美国代表却认为"适当补偿"应被解释为"充分、有效、即时的补偿"。如果说这时发展中国家与发达国家在国有化的补偿标准方面的矛盾还可以调和(至少在表面上),那么,在12年之后联合国大会通过的另外两个重要的国际文件——《建立新的国际经济秩序宣言》和《各国经济权利和义务宪章》中,这一冲突已完全地表露出来。前一个文件在谈到国有化问题时,已不再把国际法作为确定国有化的补偿标准的依据;而后一个文件则更是明确地将国有化的补偿问题作为国内法上的问题(宪章的第二条规定:每个国家都有权将外国财产的所有权收归国有、征收或转移。在收归国有、征收或转移时,应由采取此种措施的国家给予适当的赔偿,要考虑到它的有关法律和规章以及该国认为有关的一切情况。因赔偿问题引起的任何争论均应由实行国有化国家的法院依照其国内法加以解决,除非有关各国自由和互相同意根据各国主权平等并依照自由选择方法的原则寻求其他和平解决方法)。这两个联大文件基本上体现了发展中国家在国有化及其补偿问题上的立场,与西方发达国家所持立场相距甚远,因此,西方发达国家在通过这两个文件时,基本上都投了反对票或弃权票。

我们不仅可以从这些国际文件中看到国际社会多数成员在国有化补偿问题上的一般立场,我们也可以从最近半个世纪以来的一些重要的判决和裁决中看到,所谓"充分、有效、即时"标准并不是一项普遍接受的习惯国际法规则。在1977年的TOPCO-Libyan仲裁案的裁决中,仲裁庭指出,适当补偿是一项习惯国际法规则,这一规则表现在联合国大会通过的《1803号决议》(《关于天然资源之永久主权宣言》)当中。[1] 而对这一决议,无论是发展中国家还是发达国家都表示了赞同的立

---

[1] 见 Texaco Overseas Petroleum Company and California Asiatic Oil Company (TOPCO) v. The Government of the Libyan Arab Republic, *Award on the Merit*, January 19, 1977, at 87.

场。在1981年美国一上诉法院审理的 Banco Nacional 一案中,法官认为,适当补偿原则更接近多数国家的实践;但法官又同时认为,在某些情况下充分补偿即为适当的补偿(the adoption of an "appropriate compensation" requirement would not exclude the possibility that in some cases full compensation would beappropriate)。[1] 在1982年的 Aminoil-Kuwait 仲裁案中,仲裁庭认为联大《1803号决议》所确定的适当补偿原则是对确定的原则的规范化(codifies positive principles);考虑到与案件有关的各种具体情况,仲裁庭认为适用适当补偿标准是适宜的;裁决书中对于"充分、有效、即时的补偿是与习惯国际法相一致的"的主张根本没有提及。[2]

基于上述情况,美国法学会在1986年编纂《对外关系法重述》(*Restatement on Foreign Relations Law*)中,已经以"公正补偿"(just compensation)标准取代了"充分、有效、即时"补偿标准。这是一个折中的标准。"公正补偿"肯定不同于"充分、有效、即时"补偿,不然的话就没有必要进行这种修改;但"公正补偿"大概也不同于"适当"补偿,不然的话也就没有必要回避这两个字的采用。

我们还不能断言,适当补偿原则已成为普遍适用的一般的国际习惯法规则,因为在国有化的补偿标准方面还存在着大量的相反的国家实践。许多的双边投资保护协议都规定了"充分、有效、即时"的补偿,或者规定补偿应等于投资的价值。我国的外资立法一致规定,在对外国投资进行征收时,国家将给予"相应"的补偿;而在我国对外签署的双边投资保护协定中,我们一再承诺,在征收外国资本时,将提供相当于实行征收时外国投资的价值的补偿。墨西哥是最早抵制"赫尔标准"的国家,但在新近制定的《北美自由贸易区协定》中,墨西哥完全接受了"充分、有效、即时"的补偿标准。

如何来识别国有化补偿标准方面的国际法规范呢?

第一,由于绝大多数国家已通过国内立法和国际条约确认,当一国对外国人的财产进行国有化时,应予以补偿,所以,可以认为补偿原则已形成一种习惯国际法;除非一个国家一贯明确反对这一原则,那么,这一原则对任何一个国家都是适用的;这样,一国在对外国人的财产实行国有化时,必须给予补偿。

第二,由于多数国家对补偿原则的理解是"适当补偿",因此,可以认为,适当补偿原则构成了另外一个层次上的习惯国际法;但由于相当一部分国家一贯地明确地否认这一原则的普遍约束力,所以,适当补偿原则只能在承认这一原则的国家之间适用,而不能适用于反对这一原则的那些国家。

---

[1] 见 Banco Nacional de Cuba v. Chase Manhattan Bank, 658 F.2d 875. U.S. Court of Appeals, 2d Cir., August 4, 1981, at 892.

[2] 见 The American Independent Oil Company v. The Government of the State of Kuwait, Final Award, March 24, 1982, at 143.

第三,对于那些承认"赫尔标准"的国家,充分、有效、即时补偿标准,也是一项习惯国际法规范,一项适用范围更为狭小的国际法规范。这一规范也只能在承认其效力的国家之间适用。

第四,如果国家之间所缔结的条约对国有化的补偿标准有明确的规定,那么,在这些国家之间必须依照条约的规定来处理它们之间的有关的权利义务,而不管它们在补偿标准问题上所通常主张的立场,因为,通过特别的允诺,它们已确立了仅适用于它们之间的特别国际法规范。

第五,如果在主张适当补偿原则和主张充分、有效、即时补偿原则的国家之间出现争执,那么,既不应该适用适当补偿原则,也不能适用充分、有效、即时补偿原则;这时所能适用的只能是一般的国际法原则。由于这些基本原则的适用的结果具有一定的不确定性,因此,比较可取的方法是由坚持不同立场的国家事先通过协议在国有化补偿标准问题上作出具体的安排,订立双边投资保护协议就是一种比较成功的实践。

一个相关的问题是:一国通过国内立法所作出的不对外国投资实行国有化的保障的效力如何呢?从法理上看,一国通过国内立法所作出的允诺仅具有自我约束的效力。因为国家对外承担义务的依据只有国际条约和一般国际法。在国际社会还没有把不对外资实行国有化确定为一项国际法上的义务的情况下,当一个国家撤销其先前作出的不对外资实行国有化的承诺时,没有任何国家或个人可以要求撤销允诺的国家承担责任。为了在不国有化问题上给外国投资者提供切实的保障,许多国家都对外缔结了双边投资保证条约。国家通过条约所作的保证与其国内法上的保证大不相同,因为通过条约,一国对另一国承担了确定的条约义务,也即国际法上的义务。如果一国违背了它在条约中所作的承诺,那么对方国家便有权追究其责任。

传统的国有化以改变财产权的归属为特征。然而近年来,不乏东道国演变出不直接从投资者处获得财产权,而是事实上剥夺投资者对其投资相关权益的使用、占有等权益的行为。这些行为也可以被称为"间接征收"。例如,在"谢业深诉秘鲁"投资仲裁案的案情中,中国香港居民谢业深称,其在秘鲁拥有的鱼饲料公司TSG Peru S.A.C(简称 TSG)遭受到秘鲁政府因税收问题冻结银行账户的临时措施,这一措施应当构成间接征收。该案仲裁庭支持了谢业深的主张,认定秘鲁对TSG实施的措施构成间接征收。[1] 该案中请求的法律依据为1994年《中国-秘鲁双边投资协定》,该协定尚未专门规定间接征收相关问题。然而,2009年《中国-秘鲁自由贸易区》详细地阐明了间接征收的认定标准。根据该自由贸易区协定附件

---

[1] 见 Señor Tza Yap Shum v. The Republic of Peru, ICSID Case No. ARB/07/6, *Final Award on Merits*, 7 July 2011.

9 第 2 段规定,"征收可以是直接或间接的:(1)直接征收发生在政府完全取得投资者财产的情况下,包括通过国有化、法律强制或没收等手段;(2)间接征收发生在政府采取的一项或一系列措施效果等同于直接征收的情况下,此时,尽管其举措不属第(1)项所列情况,但政府实质上剥夺了投资者对其财产的使用权"。

三、海外投资保险制度

投资者将其资本投放到其他国家进行生产经营活动,在获取利润的同时,也可能遇到各种风险,既可能遇到商业上的风险,也可能遇到非商业风险,即通常所说的政治风险。相对于商业风险而言,投资者在东道国所可能遇到的政治风险更难预测且无法克服。为减少或者免除本国的投资者在境外投资的风险和所受到的经济上的损害,保证和促进本国对外投资的发展,境外投资保证制度便得到了广泛的运用。世界上许多国家都建立了国内担保机构,以保证本国投资者的合法利益,促进境外投资的发展。

广义上的境外投资保证制度应包括一切为保护境外投资者利益和促进投资发展所作出的法律上的规定,如税收优惠、财政资助、投资保护、信息援助等。狭义上的投资保证制度则仅指境外投资保险制度。在诸多投资保证制度中,境外投资保险制度是受到格外关注的,它是境外投资保证制度中的核心内容。设立境外投资保证制度的国家也主要是以投资保险措施来保护本国投资者的利益。通过设立专门的保险机构承保一定政治风险,当投资者向本国投资保险机构投保后,如承保的风险发生并给投资者带来损失,即由该承保机构予以赔偿。该保险机构在赔偿了保险人的损失后即取得代位权,可依据本国政府与东道国政府签订的双边投资保护协定中的规定,向东道国政府提出赔偿请求。可见,海外投资保险制度是一种国家或其政府直接给予保险或保证的官方保险制度。

境外投资保险机构通常是由国家设立的机构或由是国家授权从事境外投资保险业务的机构。有的国家由政府机构承保海外投资风险,例如,在日本就是由通商产业省来承办投资保险业务的。在美国等国家,海外投资保险机构是政府公司。美国具体承办保险业务的海外私人投资公司的法定资本由国库拨款,公司的董事均由政府任命。有的国家由政府与公司共同负责海外投资保险,保险业务由公司办理,但是否予以保险则由政府决定。海外投资保险机构作为一个政府机构或政府授权的机构,由于有国家作为后盾,因而较一般民间机构来说经济上更有保障,其所担保的投资也更为安全。

根据国务院的授权,中国人民保险公司曾于1983年制定了《投资风险(政治风险)条款》,对投资中可能遇到的政治风险给予承保。2001年12月,中国出口信用保险公司(China Export & Credit Insurance Corporation)由国家出资设立。该公司除提供中长期出口信用保险、短期出口信用保险、国内信用保险、与出口信用保险相关的信用担保和再保险、应收账款管理、商账追收、信息咨询等出口信用保险服务之外,还提供海外投资保险。根据该公司2021年度报告介绍,其海外投资保险业务全年累计承保661.2亿美元,增长5.7%;出具保单953张(新签保单212张),承保项目覆盖印度尼西亚、巴基斯坦、越南、刚果(金)、哈萨克斯坦等90个国家(地区);业务主要分布在电力生产和供应(34.7%)、其他制造业(19.5%)、其他采矿业(17.9%)等行业。

境外投资保险机构的承保范围通常仅为政治风险。政治风险一般包括由于东道国政府对外国投资的财产进行国有化或征用而导致的征用风险;由于政府禁止外国投资者将其获得的本币兑换成外币而无法将其汇回国内的外汇风险;由于东道国发生内乱或战争而导致损害发生的战争风险;由于东道国政府违背允诺而给投资者带来损失的违约风险等。与这些政治风险相对应,境外投资保险险别通常有征用险、外汇险和战争险以及政府违约险。征用险是东道国政府对外国投资者的财产采取了国有化、征用、没收及查封等措施时,保险机构对由这些原因所导致的损失予以赔偿的一个险种。外汇险是由于东道国政府的行为致使投资者的投资本利汇出困难或无法汇出;在有些情况下还包括在企业歇业或资产转移后,投资者应得的资金无法汇回本国。对由此所造成的投资者的损失,保险机构须承担赔偿责任。战争险是由于东道国所发生的战争、革命、内乱及暴动等情况而给投资者带来损害时,保险人予赔偿的一个险种。政府违约险是指由于东道国政府的毁约或违约行为而为外国投资者带来损害时,保险公司负赔偿责任的险种。政府违约包括由于东道国政府经济困难或其他原因未能及时对投资者支付清偿债务、东道国政府违背对投资者的特别承诺等。在发生这种风险时,投资者可能无法求诸司法或仲裁机构对违约的赔偿作出裁决,司法或仲裁机构也可能未在合理的期限内作出裁决或者虽有裁决但无法执行。因而保险机构应对投资者的损失进行赔偿。对于与政治风险有直接关系的一些特殊风险如营业中断风险、货币贬值风险一些国家也给予保险。

与国际实践相一致,中国出口信用保险公司承保的风险也包括征收、汇兑限制、战争及政治暴乱和违约。征收是指东道国采取国有化、没收、征用等方式,剥夺投资项目的所有权和经营权,或投资项目资金、资产的使用权和控制权;汇兑限制是指东道国阻碍、限制投资者换汇自由,或抬高换汇成本,以及阻止货币汇出该国;战争及政治暴乱是指东道国发生革命、骚乱、政变、内战、叛乱、恐怖活动以及其他类似战争的行为,导致投资企业资产损失或永久无法经营;违约是指东道国政府或经保险人认可的其他主体违反或不履行与投资项目有关的协议,且拒绝赔偿。

实行海外投资保险制度的国家一般要对被保险人及其投保的标的进行审查,只有符合一定条件者才能给予保险。审查机构可能是海外投资保险机构本身,审查职责与营业置于一身;也可能是由某一政府机构承担职责,审查机构与保险机构分离。投资者在向保险机构办理保险之前,须向审查机构提出申请,经其同意后才有资格与保险人签订保险合同。因而,被保险人只能是由保险机构或有关部门认定的合格的投资者,如果投资者的资格与规定的不符,投资保险机构不予承保。但各国在合格者的认定标准上不尽相同,美国、日本等国原则上采用国籍标准,德国则采用自然人或法人住所地或居所地标准。

投保的标的范围较广,可包括以动产、不动产及其他物权形式进行的投资;以无形资产的工业产权、商誉等进行的投资等。无论是以何种形式进行的投资,都应有利于投资者本国的经济发展,如有利于带动货物出口,有利于增加本国的就业机会。同时该投资还应有利于东道国的经济发展,只有有利于东道国经济发展的项目才会受到东道国的重视和欢迎,因而受到政治风险影响的可能性较小。

境外投资保险包含代位权制度。代位权是指境外投资保险机构依照与被保险人的约定向其支付保险金之后,即取得了被保险人享有的依法向东道国请求赔偿的权利。代位权的规定是境外投资保险制度得以运作的基础,由保险人代替被保险人向东道国进行索赔即将东道国内的赔偿关系上升到了国家之间的赔偿关系,使得不易获得的赔偿在依照国家之间的协定进行时变得相对规范和简便。

代位权的行使依据在确立海外投资保险制度的国家有所不同。美国等国家是依照与东道国之间签订的投资保护协定行使向东道国政府求偿的权利的。美国与世界上许多国家(包括中国)都签订了双边投资保护协定,美国的海外私人投资者只有向这些国家进行投资,在发生了保险机构承保范围的赔偿责任时,保险机构才能在赔偿保险人之后依投资协定的规定行使代位权。而日本等国家则是依照国际法上外交保护的一般原则来行使代位权,不管本国的投资者在哪一个国家投资,只要遇到保险机构承保范围内的风险,需要索赔时,即可由该保险机构取得代位权向东道国政府请求赔偿,不受是否与东道国订有投资保护协议的限制。

我国在与一些国家签订的相互促进和保护投资协定中对代位权的行使也作出了明确的规定。如我国与德国签订的《投资保护协定》第六条规定,如果缔约一方对在缔约另一方境内的某项投资作出了担保,并向受损害的投资者支付了保险金,在不损害有关争端解决条款的情况下,缔约一方承认,投资者的全部权利或请求权根据法律或法律行为转让给缔约一方,并且承认缔约一方对这些转让的权利或请求权的代位。但缔约一方所取得的权利和请求权不应超出投资者原有的权利或请求权。缔约另一方可以针对代位的权利或请求权提出反求偿。我国和美国签订的《投资保护协定》在代位权问题上除作出了与上述基本相同的规定外,还进一步规定,如果东道国政府的法律不允许美国政府在东道国境内取得投资者的财产利益,东道国政府则应允许美国政府作出适当安排,将其财产利益转给东道国法律所允许占有这一财产利益的实体。这些有关代位权的规定为境外投资保险机构行使代位权提供了依据。

除了双边投资协定所支撑的投资保险之外,国际上还存在着以《多边投资担保机构公约》(Convention Establishing the Multilateral Investment Guarantee Agency)为基础的多边投资保险机制。《多边投资担保机构公约》是在世界银行的主持下,经过多年的酝酿而制定的。在1985年10月举行的世界银行年会上,该公约获正式通过并向世界银行成员国和瑞士开放签署。1988年4月,该公约开始生效。截至2022年10月,已有包括我国在内的154个发展中国家和包括美国、加拿大、英国、法国、德国、意大利、日本在内的28个工业化国家加入了该公约。

缔结该公约的目的在于建立一个多边的投资担保机构,以"鼓励在会员国之间,尤其是向发展中国家会员国融通生产性投资,以补充国际复兴开发银行、国际金融公司和其他国际开发金融机构的活动"(该公约第二条)。依该公约所建立的多边投资担保机构(Multilateral Investment Guarantee Agency,MIGA)是一个具有完全的法人资格的实体,有权签订合同、取得并处分不动产和动产、进行法律诉讼。机构的法定资本为10亿特别提款权,共分10万股,每股票面价值为1万特别提款权,供会员国认购。该机构的基本功能是:在一会员国从其他会员国取得投资时,对投资的非商业风险予以担保(保险)。

机构为国际投资提供四项非商业风险承保业务,其承保的风险包括:(1)货币汇兑险(Currency Inconvertibility and Transfer Restriction),即由于东道国政府的责任而采取的任何措施,限制将货币转换成可自由使用货币或担保权人可接受的另一种货币,并兑出东道国境外;(2)征收险(Expropriation),即由于东道国政府的责任而采取的任何立法或行政措施或懈怠行为,其作用为剥夺担保权人对其投资的所有权或控制权,或剥夺其投资中产生的大量效益;(3)违约险(Breach of Contract),即东道国对担保权人的毁约或违约,并且担保权人无法求助于司法或仲裁部门对毁约或违约的索赔作出裁决,或该司法或仲裁部门未能在根据机构的条例在担保合同上规定的合理期限内作出裁决,或有这样的裁决而不能实施;(4)战争和内乱险(War and Civil Disturbance),即东道国境内的任何地区的任何军事行动或内乱。应投资者与东道国联合申请和经机构董事会特别多数票通过,承保范围还可扩大到上述险别以外的其他特定的非商业性风险。

机构可予以担保的合格投资包括产权投资,其中包括在有关企业中的产权持有人发放或担保的中长期贷款,以及董事会确定的直接投资的种种形式。经董事会特别多数票通过,可将合格投资扩大到其他任何中长期形式的投资。但合格的投资应为新的投资,即要求机构给以担保的申请注册之后才开始执行的投资。合格的投资者主要包括:东道国以外的会员国的国民;在东道国以外的会员国注册并设有主要的业务地点,在商业基础上营业达到公有法人或私有法人;其多数资本为东道国以外的会员国或其国民所有并在商业基础上营业的公有法人或私有法人。公约规定,机构只对在发展中国家会员国领土内所作投资予以担保,而且,该机构缔结任何投资担保合同,均须经东道国政府认可。

机构所缔结的担保合同的担保条件由机构根据董事会发布的条例和规定予以确定,但机构对承保的投资将不承保其全部损失。担保合同要求担保权人在向机构要求支付前,寻求在当时条件下合适的、按东道国法律可随时利用的行政补救方法。在向担保权人支付或同意支付之后,担保权人对东道国其他债务人所拥有的有关承保投资的权利或索赔权由机构代位享有。机构与东道国之间出现争议时,首先应致力于通过谈判协商解决。谈判达不成协议的,任何一方均可要求通过调解程序或仲裁程序解决争议。

国际投资担保机构的运行为国际投资起到了保障作用。根据机构的年报,在2021财年,尽管新冠疫情持续、外国直接投资下滑,MIGA依然发放了52亿美元的新担保,用于40个项目。担保总额的25%用低收入国家和/或脆弱和受冲突影响的局势(Fragile and Conflict affected Situations,FCS),26%用于支持气候融资项目。MIGA的总担保余额为230亿美元,净担保额为91亿美元。

四、投资争端解决制度

《解决国家与他国国民间投资争议公约》(通称《华盛顿公约》)是在世界银行持下制订的,1965年3月18日起在华盛顿开放签字,1966年10月生效。我国于1992年11月1日正式批准《华盛顿公约》,成为该公约的缔约国。缔结该公约的目的就是建立解决投资争议国际中心(International Center for Settlement of Investment Disputes,ICSID),作为处理国家与他国国民之间的投资争议的国际机构。《华盛顿公约》通过设立一种投资争议解决机制来对国际投资者的正当权益提供保障。

依据《华盛顿公约》所设立的解决投资争议国际中心作为一个国际性的常设机构,设有一个行政理事会和一个秘书处,并分别设立一个调停人小组和一个仲裁人小组。行政理事会是中心的权力机关,其职责是制定ICSID的行政和财务规章,制定调解和仲裁程序的规则等。秘书处负责中心的日常行政事务。中心本身并不直接参加调解和仲裁,只是提供调解员和仲裁员名册,供投资者和缔约国选择,依公约组成特别委员会员或仲裁庭进行调解和仲裁。

提交中心仲裁的投资争议必须符合公约规定的下列条件。

第一,凡提交ICSID仲裁的投资争议的当事人,其中一方必须是《华盛顿公约》缔约国或该缔约国的公共机构或实体,另一方则应是另一缔约国的国民,包括自然人、法人及其他经济实体。依《华盛顿公约》的规定,如果某法律实体与缔约国只有相同的国籍,但由于该法律实体直接受到另一缔约国利益的控制,如果双方同意,为了该公约的目的,该法律实体也可被视为另一国国民。

第二，必须有争端当事人各方的书面同意。批准或加入《华盛顿公约》本身并不等于缔约国承担了将某一特定投资争端提交中心调解或仲裁的义务。某一具体争端是否被中心管辖，还必须有缔约国（争端国）与该项目的外国投资者之间的同意。任何缔约国都可以通知中心，它愿意或不愿意将某类争端提交中心管辖，但这种"通知"并不构成"同意"；"同意"必须是双方就某一具体争议作出的共同意思表示。当事人各方一经"同意"，任何一方不得单方面撤回其已经表示的"同意"。某一缔约国的公共机构或实体表示的同意，须经该缔约国批准，除非该缔约国通知中心不需要此项批准。

第三，中心所管辖的争议仅限于由于投资而产生的法律争议，而不能是其他性质的争议。一旦当事人同意在中心仲裁，有关争端就不再属于作为争端一方的缔约国国内法管辖的范围，而是处于中心的专属管辖之下。仅有的例外是，依据《华盛顿公约》第二十六条的规定，缔约国可以要求用尽当地各种行政或司法补救办法，作为其同意根据本公约交付仲裁的一个条件，排斥投资者本国的外交保护。《华盛顿公约》第二十七条第一款规定：缔约国对于它本国的一个国民和另一缔约国根据本公约已同意交付或已交付仲裁的争端，不得给予外交保护或提出国际要求，除非该另一缔约国未能遵守和履行对此项争端所作出的裁决。

仲裁申请应以书面形式提交中心的秘书长。秘书长应将申请书的副本送交被申请人，并予以登记。仲裁庭可以由双方同意的独任仲裁员或三名仲裁员组成。在后一种情况下，由当事各方各自指定一名仲裁员，第三名仲裁员由当事双方协商指定。如在秘书长在发出登记通知后90日内未能组成仲裁庭，则由中心的行政理事会主席任命仲裁庭的组成人员。被指定的仲裁员应当是仲裁小组的人，但不得为争议一方所属的缔约国国民。

仲裁程序应当按照《华盛顿公约》的规定进行。仲裁庭在解决争议的过程中，应适用双方共同选择的法律。如无此项选择，应当适用作为争议一方的缔约国的法律，包括该法律中有关的冲突规则，以及可适用的国际法规则。

仲裁裁决应当以全体成员的多数票作出，并应采用书面形式，由赞成此裁决的成员签署。裁决应当处理提交仲裁庭解决的所有问题，并说明裁决所依据的理由。任何仲裁员都可在裁决书上附具个人的意见。

中心的裁决相当于缔约国法院的最终判决，各缔约国法院不得对它行使任何形式的审查，包括程序上的审查。也不得以违背当地的社会公共秩序为由而拒绝承认与执行。任何一方当事人也不得对裁决提出任何上诉或采取任何除《华盛顿公约》规定以外的补救办法。除依本公约有关停止执行的情况外，当事各方及各有关缔约国法院均应遵守和履行中心的裁决。

第十二章 国际金融法

第一节 国际金融法概述

一、国际金融

金融通常是指货币资金的融通或流通。国际金融则是指国家间的货币资金的融通或流通。"流通"通常是指流转运行,而"融通"除了具有流转运行的含义之外,通常还具有彼此融洽、相互沟通的含义。因此,国际借贷通常被认为是货币资金的融通,而国际贸易的货款支付通常被认为是货币资金的流通。如果货款支付采取延期或分期的方式,则又可以看作是货币资金的融通。

最早的国际金融现象应该产生于国际商品交换。当商品交换活动超越了国界的时候,如果这种交换不是易货贸易,就需要有一种被共同接受的货币作为支付手段;如果不同的国家使用不同的货币,那么,国际商品交换的当事人就需要将本国的货币兑换成他国的货币,或将他国的货币兑换成本国货币。这种不同国家的货币的兑换即为国际汇兑,国际汇兑当是最初的国际金融活动。

资本主义生产方式的建立,促进了商品经济的发展,商品经济在全球范围的扩展又带动了国际金融活动的发展,国际收付结算,国际借贷,以股票、债券方式从事国际投资均已成为日常的国际金融现象。

当今的国际金融活动,有的是依附或服务于其他的国际商事交易,例如国际货物买卖所包含的货款支付,国际直接投资引起的货币资金的跨境出资;有的则是独立的交易,例如国际商业贷款、远期外汇的买卖。随着其他类型的国际商事交易的快速增长和金融衍生品的花样翻新,国际金融已经渗入社会生活的方方面面。

二、国际金融法

调整国际金融关系的法即为国际金融法。

国际金融关系虽然纷纭复杂,但从主体角度考察,这些关系大致可分为三类:一是国际金融交易关系,即地位平等的民商事主体之间因跨国金融交易所结成的关系,如国际借贷关系。参加国际金融交易关系的,不仅包括法人和自然人,也包括国家和政府间国际组织。二是国际金融管理关系,即国家与私人(法人与自然人)因国际金融活动而发生的管理关系,如国家与私人之间就境外债券的发行所结成的管理与被管理关系。三是国际金融协调关系，即国家之间就国际金融活动管理所形成的关系，如有关国家之间就维持汇率稳定所结成的关系。

国际金融与国际投资具有特殊的联系。一方面，由于国际投资通常要借助于资金的跨国流动，所以，国际投资也表现为国际金融现象；另一方面，资金的跨国融通通常又以增值为目的，所以，跨国资金融通也多为国际投资。其中，投资者直接控制资本运行的投资被称作直接投资，是国际投资法的调整对象；投资者不直接控制资本运行的投资被称作间接投资，是国际金融法的调整对象。

三、国际金融法与国际货币法的关系

调整国际金融关系的国际金融法与调整国际货币关系的国际货币法是两个容易混淆的概念，因为它们都涉及货币资金。国际金融法是调整国际金融关系的法；顾名思义，国际货币法应该是调整国际货币关系的法。当某种货币的作用范围超出发行国的国界而被其他国家普遍接受的时候，该种货币即可称之为国际货币，调整与国际货币有关的国家间关系的法律制度即为国际货币法。国际金融法与国际货币法的主要区别在于以下几方面。

首先，货币在国际金融法和国际货币法中的地位不同。国际金融法的调整对象是人们基于"动态的货币"所结成的关系，例如借方与贷方就货币借贷所结成的关系、政府与企业就企业境外发债所结成的关系；而国际货币法所调整的国际货币关系是就"静态的货币"之间的关系所结成的国家间关系。货币关系的本意是不同货币的价值比例关系即汇率；而国际货币法所调整的是这种货币关系背后的国家之间的关系，即在汇率方面国家的权利义务如何。

其次，正因为上述原因，国际金融法与国际货币法所调整的社会关系的类型不同。国际金融法既调整私人间的交易关系，也调整国际与私人间的管理关系，还调整国家间协调关系；而国际货币法所涉及的问题是不同国家发行的货币之间的关系问题，以及该关系背后的货币本位问题，这些领域都是私人无法参与和无法影响的，因此，国际货币法具有纯粹的公法属性。

但国际货币法与国际金融法的确又是紧密联系的。如果不在法律上确定一国货币同他国货币之间的关系，国际金融活动就无法产生，国际金融法也就没有存在的必要。

第二节　国际货币制度

一、布雷顿森林体系之前的国际货币制度

国际货币制度可以看作是国际货币法的别称，其核心是货币本位制度和汇率制度。货币本位制度是指以何物作为货币价值的支撑手段的制度，而汇率制度是

指关于不同国家发行的货币之间的交换比例如何形成的制度。

从历史上看,货币本位制度经历了从金本位(商品本位)向纸币本位(信用本位)的转变;汇率制度则经历了从固定汇率向浮动汇率的转变。

国际金本位制是以黄金作为货币的价值支撑的国际货币制度,是一种自发形成的国际货币制度。1816年英国制定了《金本位制度法》,首先采用了金本位制度。随后,许多比较发达的资本主义国家也都实行了金本位制度,从而使其发展成为国际性的货币制度。国际金本位制度的主要特征是:各国用黄金规定货币所代表的价值,每一货币单位都有法定的含金量;各国货币之间的比价根据货币的含金量来确定;各国保证货币与黄金的自由兑换;黄金可以自由进出口;国家间用黄金进行结算;各国以黄金作为其国际储备。

按货币与黄金联系程度的不同,国际金本位制度可分为金币本位制、金块本位制和金汇兑本位制。金币本位制是以黄金作为货币金属进行流通的货币制度,是一种完全意义上的金本位制。金块本位制已不是严格意义上的金本位制。在金块本位制之下,虽然货币也有法定的含金量,但金币已不再流通,而代之以纸币;黄金作为货币发行的准备金集中于中央银行;纸币与黄金的兑换受到严格的限制;黄金的进出口由中央银行控制。金汇兑本位制是以存放在金币本位制或金块本位制国家的外汇资产作为准备金,以有法定含金量的纸币作为流通手段的一种货币制度,它是一种脆弱的金本位制,带有附庸于他国信用的性质。

从稳定性和可预期性角度看,以金币本位制所代表的金本位制是一种比较理想的国际货币制度,在这种制度下,货币的国内价值相当稳定,各国货币间的汇率也比较平稳,形成固定汇率制。

第一次世界大战使金币本位制遭到了破坏,而20世纪20年代末爆发的世界性经济危机又迫使许多国家放弃了金块本位制和金汇兑本位制。至20世纪30年代中期,国际金本位制度已告崩溃。

二、布雷顿森林体系下的国际货币制度

金本位制度的崩溃使国际货币金融关系陷于混乱状态,对国际贸易和其他形式的国际经济交往带来很大的消极影响。因此,如何建立一个相对稳定的国际货币制度就成为第二次世界大战之后摆在各国面前的一个迫切需要解决的问题。1944年4月,作为世界上最大的债权国的美国与另一个国际金融领域中的大国英国拟定了关于建立国际货币基金的联合声明。在此基础上,1944年7月1日,在美国的新罕布什尔州的布雷顿森林召开了有44国代表参加的联合国国际货币金融会议。会议经过3个星期的讨论,通过了《联合国货币金融会议的最后决议书》以及《国际货币基金组织协定》和《国际复兴开发银行协定》两个附件。上述三个文件

一般统称为"布雷顿森林协定"。以布雷顿森林协定为基础,出现了一个以美元为中心的战后国际货币体系——布雷顿森林国际货币体制。

布雷顿森林国际货币体制主要包括以下内容。

(1) 建立会员国货币平价。各会员国的货币平价要以一定数量的纯金或者含金量为 0.888 671 克的美元(1 盎司黄金＝35 美元)来表示。各会员国的货币平价经货币基金组织公布后,未经基金组织同意,不得任意更改。如会员国的国际收支出现根本性不平衡,可变更其货币平价。如变更的幅度在 10% 之内,会员国可自行调整,事后报基金组织予以追认;若变更的幅度大于 10%,则须得到基金组织的事先同意,否则便可能丧失利用基金组织资金的权利,甚至被取消会员国资格。

(2) 实行固定汇率制。各会员国在其货币平价确定后,就有义务维持汇率的稳定。基金组织规定各会员国的货币汇率在外汇市场上的波动幅度不得超过其货币平价上下 1% 的范围。各会员国有义务对外汇市场进行干预,不使实际汇率背离官方汇率太远。各国政府有义务协助美国政府维持金价的稳定;美国政府则承担在各国政府或中央银行提出要求时按黄金官价用黄金换回美元的义务。

(3) 基金组织通过预先安排的资金融通措施,帮助会员国解决临时性的对外支付困难。按基金组织的规定,会员国认缴份额的 25% 以黄金和可兑换成黄金的货币缴纳,其余部分则以本国货币缴纳。会员国在需要货币储备时,可用本国货币向基金组织购买(实质上是借贷)一定数额的外汇。会员国每年的借款数额不得超过其认缴份额的 25%,借款累计总额不得超过其认缴份额的 125%。

可见,布雷顿森林国际货币体制实际上确立了两项原则:一是固定汇率原则。二是所谓"双挂钩原则",即美元与黄金挂钩;其他货币与黄金或美元挂钩,而汇率的稳定是通过实行"双挂钩原则"来实现的。在这一国际货币体制中,美元处于中心地位。战后西方各国均以美元代替黄金作为清偿对外债务的主要国际支付手段,许多国家以美元作为主要的外汇储备,有的国家还以美元代替黄金作为发行纸币的准备金。因此,"二战"之后所建立起来的这种国际货币体制可称作美元—黄金本位制,或美元本位制。

然而,从 1950 年起,美国的国际收支就不断出现逆差,其黄金储备也随之减少。到 1960 年底,美国的黄金储备已从战后初期的 240 多亿美元下降到 178 亿美元,而美国当时所负短期外债则高达 210 亿美元,这使美元的国际信誉受到很大的动摇。1960 年 10 月,爆发了战后第一次大规模的抛售美元、抢购黄金的美元危机。当时,欧洲主要国家的中央银行达成了一项"君子协定",约定以不超过 35.20 美元 1 盎司的价格买入黄金,以防止美元汇率的下跌。为了维持黄金价格和美元的地位,美国于 1961 年 10 月联合英国、法国、意大利、荷兰、比利时、瑞士和联邦德国 7 国,建立了一个"黄金总库"。"黄金总库"股份的一半由美国承担,其他 7 国承担另外一半。按照协定,每当市场发生金价的大涨或大落时,"黄金总库"就通过抛售或购入黄金来平抑金价。但由于美元信用日益动摇,市场上的金价总是有涨无跌,因此,"黄金总库"实际上总是有卖而无买。1961年11月,美国与英国联合法国、意大利、荷兰、比利时、联邦德国、瑞典、日本和加拿大在巴黎举行会议,并达成了一项"借款总安排"协议,规定货币基金组织在国际短期资本发生巨额流动、可能引起货币危机时,得从这10个国家(后称"十国集团")借入额度为60亿美元的资金,贷给发生危机的会员国,以稳定该国货币。自1962年3月起,美国还陆续与主要西方国家签订了互惠贷款协定,规定当缔约一方的货币发生危机时,可从缔约的另一方借取对方的货币以应付货币危机。但上述种种措施未能改变美元的境遇。1968年3月,大规模的美元危机再度爆发,仅半个月内,美国的黄金储备流失即达14亿美元。为此,美国政府采取了两项应急措施:一是要求英国暂时关闭伦敦黄金市场;二是解散"黄金总库"与实行"黄金双价制",即不再通过抛售黄金来平抑市场金价,允许在官价之外存在自由市场价格。1971年5月、7月和8月,又连续爆发了两次美元危机。1971年8月15日,美国政府不得不宣布:第一,停止美元兑换黄金;第二,征收10%的进口附加税。这引起了西方货币金融市场的一片混乱。为了摆脱危机,"十国集团"于1971年12月集会于华盛顿,经过磋商,达成了《史密森协议》。该协议的主要内容是:第一,美元对黄金贬值7.89%,黄金价格提高到每盎司38美元;第二,停止美元兑换黄金;第三,美国取消10%的进口附加税;第四,汇率波动幅度从原来的不准超过货币平价的上下各1%,扩大到2.25%。《史密森协议》的签订表明,战后建立的以美元为中心的国际货币体制已开始瓦解。

三、《牙买加协议》下的国际货币制度

《史密森协议》签订后,各国已相继实行浮动汇率,以美元为中心的固定汇率制已不复存在。1976年1月,国际货币基金组织"国际货币制度临时委员会"于牙买加首都金斯顿就国际货币制度的改革问题达成了若干协议,称为《牙买加协议》。同年4月,国际货币基金组织理事会通过了《国际货币基金组织协议》的第二次修订案,从此国际货币体系进入了一个新的阶段——牙买加体系。

《牙买加协议》对布雷顿森林体系进行了扬弃。一方面,它继承了布雷顿森林体系下的国际货币基金组织。并且,基金组织的作用还得到了加强。另一方面,它放弃了布雷顿森林体系下的双挂钩制度。《牙买加协议》的主要内容包括以下几方面。

第一,汇率安排多样化。成员国可根据自己的情况选择汇率制度,但必须事先取得基金组织的同意。基金组织有权对成员国的汇率进行监督,以确保有秩序的汇率安排和避免操纵汇率来谋取不公平的竞争利益。

第二,黄金非货币化。黄金与货币彻底脱钩,它不再是货币平价的基础,也不

能用它来履行对国际货币基金组织的义务,成员国货币不能与黄金挂钩;基金组织将其持有的黄金总额的 1/6(约 2500 万盎司)按市场价格出售,其超过官价的部分成立信托基金,用于对发展中国家的援助,另外还有 1/6 按官价归还各成员国。

第三,扩大特别提款权的作用。特别提款权(Special Drawing Right, SDR),亦称"纸黄金"(Paper Gold),创设于 1969 年,是指基金组织在原有的普通贷款权之外,按照各国认缴的份额的比例分配给会员国的一种使用资金的特别权利。未来的国际货币体系应以特别提款权为主要储备资产,成员国可用特别提款权来履行对基金组织的义务和接受基金组织的贷款,各成员国相互之间也可用特别提款权来进行借贷。

第四,扩大基金组织的份额,从原有的 290 多亿特别提款权扩大到 390 亿特别提款权。另外,在增加总份额的同时,各成员国的份额比例也有所调整,前联邦德国、日本及某些发展中国家的份额比例有所扩大,美国的份额比例略有减少。

第五,增加对发展中国家的资金融通数量和限额,除用出售黄金所得收益建立信托基金(trust fund)外,《牙买加协议》还扩大了信用贷款(又称普通资金账户,即 General Resources Account, GRA)的限额,由占成员国份额的 100% 增加到 145%,"出口波动补偿贷款"(financial facility)的份额从 50% 扩大到 75%。

《牙买加协议》对布雷顿森林体系的改革集中在黄金、汇率、特别提款权这三点上。事实上,《牙买加协议》在很大程度上(尤其是在黄金和汇率问题上)是对事实的一种法律追认,有许多问题在这一协议中并没有得到反映和解决。

牙买加体系的运行情况从总体上说还是比较令人满意的。首先,由于该体制比较灵活,适应性强,缩小了汇率浮动可能带来的不利影响,加之国际防范风险的技术有了长足的进展,从而在相当程度上减轻了国际汇率风险。世界经济从整体上是可以接受现行的管理浮动汇率的。其次,在牙买加体系不,各国的政策自主性得到加强,各国开放宏观经济的稳定运行得到了进一步保障。而且,在这段时间内世界各国取得的比较稳定的增长,是在不存在类似于布雷顿森林体系初期,大规模经济重建之类刺激经济增长的强有力的条件下取得的。再次,牙买加体系经受了多次各种因素带来的冲击,始终显示了比较强的适应能力。牙买加体系是在世界经济相对动荡的时期建立起来的,在它运行过程中,更是经受了各种冲击,包括 20 世纪整个 70 年代西方国家通货膨胀居高不下;1974 年和 1980 年石油输出国组织两次大幅度提高油价造成石油危机;20 世纪 80 年代初期爆发的世界性债务危机;20 世纪 90 年代初期经互会货币区瓦解;1997 至 1998 年亚洲金融危机以及 21 世纪初连续爆发的几次全球性金融危机。正是牙买加体系这种貌似"无体系"的体系安排,才可能最大限度地消解各种冲击的震荡,维持国际间的正常交往。牙买加体系的强适应性从反面说明,在世界经济相对动荡的情况下,选择相对灵活的制度安排可能是更明智的选择。

四、现今的货币本位和汇率制度

由于《牙买加协议》确认国际货币基金组织成员的货币要与黄金彻底脱钩,因此,布雷顿森林体系下货币的黄金本位制不复存在,各国货币又回到此前的信用本位状态。各国货币的价值不再具有法定的含金量,人们对某种货币的价值的判断建立在对该货币发行者的信用的判断上。与这种货币本位制相适应,汇率制度也从固定汇率制回到浮动汇率制。汇率是两个不同国家的货币的价值比率,是用一国货币表示的另一国货币的价格,是不同货币进行交换(外汇买卖)的依据。因为没有法定的货币交换比率,不同货币的交换比率只能由市场决定。

货币交换通常是本国货币与外国货币的交换,人们会将外国国币称作外汇。其实,严格说来,外汇是指以外币表示的可以用作国际清偿的支付手段和资产,包括:外国货币,如纸币、铸币;外币支付凭证,如票据、银行存款凭证、邮政储蓄凭证;外币有价证券,如政府贷款、公司债券、股票;特别提款权、欧洲货币单位及其他外汇资产。因此,外汇不限于外国货币,而且,也不是所有的外国货币都是外汇,因为外汇必须具有国际清偿的供能。

不同的外汇在国际金融领域中的活跃程度是不同的,这主要是因为它们所表示的货币在国际上流通时所受的限制不同。各国货币依其所受限制的不同可分为:自由兑换货币、有限度自由兑换货币和不能自由兑换货币。所谓自由兑换货币,根据《国际货币基金组织协定》的解释,是指在国际经常往来的付款和资金转移方面不受限制,不施行歧视性货币措施或多种货币汇率,在另一成员国要求下,随时有义务换回对方在经常性往来中所结存的本国货币。凡是在国际间经常往来的付款和资金转移受到各种限制的货币,属于有限度自由兑换货币。不能自由兑换货币是指只有经过国家特定机关批准才能将本国货币兑换成外国货币的国家的货币。国际经济交往中多以自由兑换货币表示的外汇作为支付手段。

一个国家所公布的外汇汇率,可以用本国货币表示外国货币的价格,也可以用外国货币表示本国货币的价格。前者为直接标价法,后者为间接标价法。世界上绝大多数国家采用直接标价法。

汇率的标价总是有两个,前者为买入外汇的价格(买入汇率),后者为卖出外汇的价格(卖出汇率),买卖之间的差价为银行的业务收入。

依据货币之间的比价的稳定程度,汇率可分为固定汇率和浮动汇率。固定汇率制度是金本位时代流传下来的制度。当时,货币的含金量是决定汇率的基准,黄金输送点,即铸币平价加运费是汇率波动的界限,而这种波动幅度一般只在 0.6% 左右,因而汇率基本上是稳定的。在布雷顿森林体制之下,各国普遍施行的仍是固定汇率制。浮动汇率是指一国货币对外币的汇率不予固定,也不规定上下波动的幅度,中央银行也不承担维持汇率波动幅度界限的义务,任凭汇率在外汇市场上根据供求关系自行浮动。

根据国家主权原则,一国有权自行确定或通过国际协议与他国约定本国货币与他国货币的比价,有权决定是采用固定汇率还是浮动汇率,有权选择对汇率予以干预的各种措施。但一国在行使上述权利的同时,不得损害他国的利益。因此,为转移货币危机、争夺市场而进行的竞争性货币贬值,是为国际社会所反对的。

浮动汇率会带来汇率风险,即在债权债务双方实现货币支付的期限内,因支付货币汇率变动而产生的实际支付增加或实际收入减少的可能性。为避免汇率变动所带来的风险,首先应做好货币的选择。出口商品时,应争取选用硬货币(汇率较稳、有上浮趋势的货币)计价成交;反之,在进口商品时应争取用软货币计价成交。在利用外资时,一般来说借入软货币对借款者有利,借入硬货币则要承担一定的汇率上浮的风险。当然,在选择货币时,还应考虑利率等其他因素。

避免汇率风险的另一个主要途径是在合同中订入保值条款。以前,人们经常在合同中订入黄金保值条款,即以支付货币的含金量为基础,计算出支付总额的含金量。如果在支付期内该货币的含金量发生变动,不论其汇率上浮还是下浮,支付货币的总额仍以原含金量计算。由于《国际货币基金组织协定》第二次修改已切断了货币与黄金的固定联系,因此,黄金保值法已失去了意义。目前人们可选择采用的是外汇保值条款,即在合同中以某种货币计值的同时,将支付总额按当时汇率折合成另外一种较为稳定的货币,并规定,如在支付期内计值货币贬值,即根据用另一种较稳定货币计算的支付总额,按支付日汇率折成合同的计值货币支付。

此外,还可通过远期外汇的买卖来进行货币保值,如出口商可在外汇市场上提前卖出若干天后才能收进的某笔外汇;进口商也可在外汇市场上买进若干天后才需支付的外汇,以避免汇率变动所可能带来的损失。

汇率的波动为外汇投机行为创造了条件。乔治·索罗斯所领导的量子集团即经常利用,甚至操纵利率波动,以通过外汇的买卖从中牟利。例如,当索罗斯认为英镑会对美元会贬值,他就会从货币商手中筹措上百亿英镑并立即兑换成美元,然后期待着英镑对美元贬值,这样他在偿还货币商的英镑时所需要的美元会大大低于他最初卖出英镑时收到的美元。从20世纪70年代开始,索罗斯从这种投机行为中赚到了丰厚的利润。1992年9月,索罗斯曾对英镑发动攻击。当时英镑对马克的汇率是1比2.8,但他相信英镑对德国马克一定会贬值。他以量子基金的120亿美元的资产作为抵押,筹借到数百亿英镑并立即兑换成马克。由于他抛售的英镑数额极大,致使英镑对马克迅速贬值。其他货币商也紧随其后,卖空英镑,买入马克,从而使英镑蒙受巨大压力。根据英国政府的要求,英国中央银行于9月16日用掉价值大约200亿英镑的外汇储备,力图使英镑升值,但毫无效果。9月17日,英国政府不得不放弃一切努力,放任英镑贬值,使英镑对马克的比价跌到1比

2.00。索罗斯在 4 个星期里赚到了 10 亿美元。当然,索罗斯也有失败的时候。1994 年 2 月,他估计日元会对美元会贬值,立即卖空日元。然而,日元顶住了索罗斯的冲击,不断攀升,使量子基金赔掉 6 亿美元。

五、国际货币基金组织

国际货币基金组织(International Monetary Fund,IMF)是维持战后国际货币体制正常运行的中心机构。该组织成立于 1945 年 12 月,截至 2022 年 10 月底,国际货币基金组织成员已达 190 个国家和地区。中国是国际货币基金组织的创始国之一,其合法席位是 1980 年 4 月 18 日恢复的。

IMF 的最高决策机构是理事会(Board of Governors),由各国中央银行行长或财政部长组成,每年秋季举行定期会议,决定该基金组织和国际货币体系的重大问题,如接纳新成员、修改基金协定、调整基金份额等。

IMF 的日常行政工作由执行董事会(Executive Board)负责。该机构由 24 名成员组成,其中,出资最多的美国、日本、德国、法国、英国各指派 1 名成员;中国、俄罗斯和沙特阿拉伯为单独选区,可各自选派 1 名成员;其余 16 名成员由包括若干国家和地区的 16 个选区各选派 1 名,执行董事会成员每两年改选一次。

执行董事会设主席 1 名,主席即为国际货币基金组织总裁,每五年选举一次。总裁在通常情况下不参加董事会的投票,但在双方票数相等时,总裁可投决定性一票。

根据《国际货币基金组织协定》的规定,IMF 在国际金融领域中的职能主要表现在以下三个方面。

第一,确立成员国在汇率政策、与经常项目有关的支付以及货币的兑换性方面需要遵守的规则,并监督实施。反对成员国利用宏观经济政策、补贴或任何其他手段操纵汇率;原则上反对成员国采取任何形式的差别汇率政策。

第二,向国际收支发生困难的成员国提供必要的临时性资金融通,以使它们遵守上述规则,并避免采取不利于其他国家经济发展的经济政策。

第三,为成员国提供进行国际货币合作与协商的场所。

IMF 的基金由各成员国所认缴份额(quota)组成。在《牙买加协议》生效之前,份额的 25% 以黄金缴纳,其余的 75% 以本国货币缴纳。在《牙买加协议》生效之后,以黄金缴纳的 25% 改用特别提款权或可兑换货币缴纳,其余的 75% 仍以本国货币缴纳。对于每个成员国来说,它所认缴的份额的大小将直接决定它在基金组织中的权利的大小。首先,份额的大小将决定成员国在基金组织中的表决权。根据规定,国际货币基金组织的每个成员国都有 250 票的基本投票权,此外,每缴纳 10 万美元(后改为特别提款权)将另外获得一票的投票权。其次,成员国认缴的份额的大小将决定它可从基金组织获得贷款的限额,份额越大,限额也就越高。再次,成员国认缴的份额的大小还决定着它从基金组织获得的特别提款权的数额,两者也呈正比关系。当然,认缴份额的多少并不取决于成员国自己的意志,每个成员国的份额是根据一套复杂的公式计算出来的。由于美国可以认缴的份额多,所以美国在 IMF 中拥有的投票权从未低于 15%,而 IMF 就重大问题通过决议时需要有 85% 的赞成票,因此,美国在该组织中享有事实上的否决权。2016 年 1 月 27 日,国际货币基金组织宣布 2010 年份额和治理改革方案正式生效。根据该方案,美国的份额下降 0.263 个百分点至 17.407%,仍名列第一;日本下降 0.092 个百分点至 6.464%,仍排名第二;德国下降 0.524 个百分点至 5.586%,降至第四位;法、英调整后份额水平为 4.227%,并列第五位。意大利排第七位。印度升至第八位,俄罗斯升至第九位,巴西升至第十位。中国的份额占比则从 3.996% 升至 6.394%,超越德、法、英、意等国,仅次于美国和日本。

随着布雷顿森林体系的瓦解,特别提款权开始与"一篮子货币"挂钩。每隔五年,基金组织都会对决定特别提款权定值的货币篮子进行复审。自 2016 年 10 月 1 日起,特别提款权的价值开始由美元、欧元、人民币、日元、英镑这五种货币构成的一篮子货币的当期汇率确定,届时人民币权重为 10.92%。2022 年 5 月,基金组织执行董事会一致决定,维持现有一篮子货币构成不变,并将人民币的权重提高到 12.28%,自 2022 年 8 月 1 日期执行。

六、国际货币体制的新成员——欧元

欧元(EURO)是从 1991 年 1 月 1 日起,首先在欧盟 11 个成员国范围内正式实施的、具有独立性和法定货币地位的、超国家性质的货币。

欧元的形成经过了漫长的历程。

1969 年 12 月,当时的欧共体成员国在荷兰海牙召开首脑会议,商讨成立欧洲经济与货币联盟。时任卢森堡首相维尔纳主持发表了一份声明,正式提出建立欧洲货币联盟设想。20 世纪 70 年代初美元的大幅变动严重影响了当时欧共体各国的汇率,于是,欧共体在 1972 年 4 月制订了"欧洲货币一条龙计划",同意限制各国货币间汇率浮动。1979 年,欧共体发明了一个共同的记账单位"埃居"(ECU),用以在欧洲货币体系内清算成员国间的国际收支、充当外汇储备以及作为计算中心汇率标准的货币单位,但不用于流通。1989 年 4 月,欧共体公布了关于建立欧洲经货联盟的报告。报告中明确了货币联盟的最终目标是发行统一货币。1992 年 12 月 7 日欧洲联盟条约(《马斯特里赫特条约》,简称《马约》)的签署表明欧盟统一大市场的形成。1995 年 5 月,欧委会发表有关通向单一货币的《绿皮书》,开始了向单一货币进程的具体操作。在 1997 年 6 月举行的欧盟首脑会议上,欧盟 15 个国家就新的欧盟条约《阿姆斯特丹草案》达成一致,标志着历时 15 个月的修改《马约》工作的结束。会议还正式批准了《稳定和增长公约》《欧元的法律地位》和《新的货币汇率机制》三个文件,旨在确保 1999 年 1 月 1 日如期启动欧洲经货联盟。1999 年 1 月 1 日,欧元如期启动,作为参加国的非现金交易的"货币",即以支票、信用卡、股票和债券的方式流通。同时也可继续使用各欧元国本国货币。欧洲央行总务委员会确定欧元与欧元国币间、欧元国货币相互间不可撤销的固定汇率。2002 年 1 月 1 日,欧元纸币和硬币开始在欧元 12 国流通,这 12 国的货币将在 6 个月内停止流通,由统一货币欧元取代。

欧元的出现将对国际货币体制和世界经济区域格局发展变化带来重大影响。统一货币的创设将为成员国在生产核算方面带来方便,避免采用不同货币时所承受的汇率风险,减少各成员国之间贸易、资本流通等经济往来的成本。统一货币实行后,在其市场内部将对经济产生新的刺激,生产要素在不同的领域和地区之间的流动将更加直接和迅捷,从而活跃市场,增强企业活力,促进就业和经济增长。

第三节 国际金融交易

一、国际金融交易的形式

任何涉及外汇收付的交易都可称为国际金融交易。因此,国际金融交易的形式种类繁多。无论是国际货物买卖中的价款支付,还是外国投资者以外汇出资,或是外汇贷款、国际融资租赁以及发行外国债券等,都属于国际金融交易,因为它们都涉及外汇收付,都需要进行国际汇兑。

国际汇兑即为外汇交易,或外汇买卖,是不同国家货币的兑换活动。外汇交易自身就是一种国际金融交易,同时也是其他类型的国际金融交易的基础。

外汇交易可便利国际债权债务的清偿,也有助于当事人消除或减轻汇率风险。同时,外汇交易也可集中国际闲散资金,调剂各国资金余缺。还有一些人将外汇交易作为投资或投机的手段。

外汇交易的当事人主要包括:进出口商和其他外汇需求者、商业银行、中央银行、外汇经纪人以及外汇投机者等。

外汇交易可分为即期外汇交易与远期外汇交易。

即期外汇交易(spot exchange transaction)也称现汇买卖,是指外汇买卖成交后,在两个营业日内办理交割(收付)的外汇交易。大多数即期外汇交易是在成交后的第二个营业日进行交割。如果交易涉及两个国家时,这个营业日一般是这两个国家都营业的日子。如果即期外汇交易是在周末成交的,其交割日一般也应顺延。在即期外汇市场上,一般把提供交易价格的机构称为报价者,通常由外汇银行充当这一角色,而把向报价者索价并在报价者所提供的即期汇价上与报价者成交的其他外汇银行、外汇经纪、个人和中央银行等称为询价者。报价银行在报出外汇交易价格时一向采用双向报价法,即同时报出银行买价与卖价。在直接标价法下,银行报出的外汇交易价格是买价在前,卖价在后;在间接标价法下,银行报出的即期外汇交易价格是卖价在前,买价在后。

远期外汇交易(forward exchange transaction)也称期汇买卖,是指外汇买卖成交后,在合同约定的未来的某一时间按约定的汇率和数额办理交割(收付)的外汇交易。远期外汇交易的交割日可以是在即期交割日(即成交第二个营业日)之后的任何一个约定的日期,但通常约定的日期为3个月。只要远期交易双方同意,远期交易可以延期,也可以在规定的期限内提前交割。

远期外汇交易的汇率应不同于即期交易的汇率。远期汇率必须视两种货币的利率差及期间的长短而作适当的调整。在充分流通的外汇市场上,远期外汇汇率与即期外汇汇率的差异必将充分反应两种货币的利率差。在一个不充分流通的市场中,远期外汇汇率除了包含即期汇率与利率差的因素外,也包含了对未来汇率走势的预测。

在外汇市场上,购买远期外汇的主要是有远期外汇支出的进口商、负有即将到期的外币债务的债务人、输入短期资本的牟利者,以及对于远期汇率看跌的投机者等。其目的主要是避免汇率变动的风险和获取投机利润。

远期外汇交易又可分为商业性远期外汇交易和金融性远期外汇交易,前者是指与商品进出口相联系的期汇买卖;后者是指为金融投资或保值所从事的期汇买卖。

如果人们对汇率变化的预测是错误的,那么,远期外汇交易不仅不能达到保值或投资的目的,反而会带来损失。日本航空公司就曾有过这种失败的经验。作为一家大型航空公司,日本航空公司每年都要筹集大量的美元从美国波音公司购买客机。从飞机的订购到实际交货通常需要2至6年的时间。日航公司的大部分收入都是日元而不是美元,所以在交付贷款时,须把日元兑换成美元。在订货与交货期间,日元对美元的汇率可能发生变化,因此,当所购飞机用日元计算价格时,成本会一下提高或降低许多。为了避免或减轻这种由于汇率变化所带来的损失,日航公司选择了期汇买卖。1985年,日航同一些外汇交易商签订了在未来10年里购买36亿美元的远期外汇合同。按照合同,日航在此后10年将以1美元兑换185日元的汇率购买美元。当时日元币值偏低,这个合同看上去是有利于日航公司的。可是到了1994年,当合同已基本履行完毕的时候,这项交易对日航公司所带来的损失已经是有目共睹的。10年来日元的一再升值完全出乎人们的预料。到1992年,美元对日元的汇率已变成1比120,到1994年,日元的攀升竟使这一比例变成1比99。而日航公司却要一直接受期汇合同的约束,不断地以1比185的昂贵的汇率从交易对手中购买美元。这一交易大约为日航公司带来了 4.5 亿美元的损失。

在很多情况下,国际金融交易是筹措外汇资金的手段,例如从外国银行借款,到国外发行债券或股票上市,通过融资租赁获得租赁物的使用权等。这些类型的国际金融交易的本质是在国际市场上筹措资金,也被称作国际融资。

国际融资的基本方式有两种,一种是合同融资,即通过订立合同从对方获得资金,如银行贷款,另外一类是证券融资,主要是债券融资和股票融资。由于证券具有很强的流通性,因此属于更为灵活的融资方式。

二、国际贷款

(一) 国际贷款的类型与特征

国际贷款可能是最常见的国际金融交易。国际贷款主要包括外国政府贷款、国际金融组织贷款和国际商业银行贷款。

外国政府贷款是一国政府以其财政资金向另一国政府提供的无息或低息援助性贷款。外国政府贷款一般是对比较友好的国家提供的,因而具有援助的性质。基于贷款人与借款人之间的这一特殊关系,外国政府贷款表现出以下特点。

第一,外国政府贷款一般为低息或无息贷款。如果贷款为低息贷款,贷款利率一般在 1% 到 3%。

第二,贷款期限长,一般为 10 年到 30 年。

第三,政府贷款多为项目性贷款。在政府贷款协议中,对贷款使用的目的通常都有明确的规定,贷款只能用于借贷双方所商定的建设项目,不能把贷款用于与项目无关的建设。

第四,外国政府贷款经常被附加一些限制性条件,如在采购方面施加限制,要求借款国必须将贷款的一部或者全部用来购买贷款国的设备、原材料等。

第五,政府贷款的主体都是主权国家,因此这种贷款只能以国家名义对外筹措,其他组织和个人不能成为借款主体。

外国政府贷款由于具有上述特点,从而在一段时期成为我国长期资金的重要来源之一,并取得了良好的经济和社会效益。我国利用外国政府贷款重点支持了交通运输、能源、原材料、邮电通讯等基础设施和基础产业,资助了一批有突出社会效益的项目,改善了中西部地区的投资环境,加快了中西部地区的经济和社会发展。外国政府贷款的利用还促进和加强了我国与贷款国之间的友好关系,使两国之间的经济贸易得到了更快的发展。

国际金融组织贷款是国际性或者区域性的国际金融机构对本组织的成员方提供的贷款。国际金融组织贷款在许多方面类似于外国政府贷款。其特点包括:第一,国际金融组织贷款为优惠性的低息贷款,其利率低于国际金融市场利率;第二,国际金融组织贷款通常为项目性贷款,实行专款专用;第三,国际金融组织贷款所贷款项只占项目总额的一定比例,其余所需资金由借款方自筹;第四,贷款机构对借款人使用贷款实行严格的监督;第五,贷款期限较长。

与外国政府贷款不同的是,国际金融组织的贷款一般是面向本组织成员国中较为贫困的或者暂时出现国际收支不平衡的国家;通过提供贷款和技术上的援助,帮助和促进其经济的发展。

国际金融组织机构可分为全球性的金融机构和地区性的金融机构。全球性的金融机构主要有国际货币基金组织、世界银行集团(包括国际复兴开发银行、国际开发协会和国际金融公司);地区性的金融机构主要有亚洲开发银行、泛美开发银行、非洲开发银行、欧洲投资银行、国际投资银行等。这些全球性或地区性的金融机构都是向本组织的成员国提供贷款,但它们提供贷款的条件和援助对象则各有侧重。如国际复兴开发银行和国际开发协会只向发展中国家政府或政府担保的机构贷款,前者贷款的主要对象是发展程度较高的发展中国家,而后者则以较为贫困的发展中国家为贷款的对象;国际金融公司只对不发达成员国的生产性私营企业贷款。

国际商业银行贷款(国际商业贷款)是指一国商业银行向他国借款人提供的商业性贷款。国际商业贷款的优点在于投向灵活,筹措方便,资金来源充足。但相对于外国政府贷款和国际金融组织贷款,国际商业贷款的债务成本高,借用期限较短,一旦投资效益不理想、资金运转不灵,很容易发生偿债危机,因而使用国际商业贷款偿还风险大。

依照其贷款期限的不同,可将国际商业的贷款分成短期贷款和中长期贷款。短期贷款的借款期限不超过1年,主要包括银行、金融机构之间的同业拆放,短期授信(透支)额度,短期流动资金贷款等。短期贷款手续比较简便,借款人一般不需要提供担保;利率随行就市,按国际金融市场上的市场利率计息;不限定用途,可由借款人自由使用。中长期国际商业贷款是借贷期限在1年以上的贷款,包括银团贷款、项目贷款、出口信贷等。由于期限长,贷款金额大,贷款人的贷款风险增加,因而办理中长期贷款的双方除须签订贷款协议外,还须由借贷人提供担保。

(二)国际银团贷款

国际银团贷款,也称国际辛迪加贷款,是指一家或多家银行牵头,由多家通常分属不同国家的银行组成银行集团,各按承诺金额,共同向借款人提供的中长期贷款。国际银团贷款是较常采用的一种国际商业贷款,其有以下主要特点。

第一,贷款金额较大。由于是多家银行共同向借款人提供信贷,所以国际银团贷款的交易数额可以很大,多在几千万美元至几亿美元之间。

第二，贷款期限较长。国际银团贷款通常是为某一大型项目融资，所以通常都是中长期贷款，贷款期限多为3至10年。

第三，贷款风险较小。虽然国际银团贷款的金额较大、期限较长，但由于银团贷款是由多家银行按约定金额承担的，各贷款人承担的风险也是按贷款金额分摊的，因此，贷款风险得以分散。

国际银团贷款可分为直接型银团贷款和间接型银团贷款两类。

所谓直接型银团贷款是指在牵头行的组织下，由借款人与各贷款银行直接签署同一份贷款协议，各银行依据自己承诺的份额，通过代理行向借款人发放并回收贷款。直接型银团贷款的特点是：第一，牵头银行的特别作用仅在于为银团贷款从事准备工作。在贷款协议签署之后，除非牵头银行担任代理银行，它与其他银行处于平等地位。第二，每个参与银行所承担的权利义务是独立的，而非连带的。各银行按其在银团中的参与份额享有特定的权利、承担特定的义务。第三，尽管贷款协议通常允许贷款银行转让其在贷款中所享受的权利，但这种转让要受到种种限制，因而使得银团成员相对稳定。第四，以代理银行沟通贷款人与借款人的关系。在直接型银团贷款中，各参与银行的贷款通常是通过代理行来统一发放、收回和管理的，参与银行还会授权代理行对借款人的资信和财务状况进行调查和监督、判断并处理违约事件等，从而可简化贷款人与借款人之间的关系。

所谓间接型银团贷款是指由牵头银行先与借款人签订贷款协议，独自承担向借款人发放贷款的义务，然后再由牵头银行将贷款数额分别转给其他愿意提供贷款的银行。牵头银行对贷款的转让不必经借款人同意，借款人只与牵头银行存在权利义务关系。间接型银团贷款的特点在于：第一，牵头银行是借款人的唯一债权人；第二，参与银行和借款人不存在直接的债务债权关系。

实践中的国际银团贷款多为直接型银团贷款。

国际银团贷款的当事人包括借款人、牵头行、代理行、参加行和担保人。有时银团为了吸引更多银行参与贷款，还会设立副牵头行、安排行等虚职。

借款人（borrower）是从国际银团获取商业贷款的一方当事人。借款人可以是政府、银行、公司及国际金融组织等。借款人与牵头行是委托代理关系。借款人要授权牵头行组织银团、配合牵头行起草资料备忘录、接受牵头行和潜在贷款人的信用调查等。借款人与参加行是借贷关系。借款人可依据贷款协议取得贷款，但必须按协议规定使用贷款、按时还本付息。

牵头行（arranger）又称经理行、主干事行等，是银团贷款的组织者。在贷款协议签署之前，牵头行受借款人的委托为其选择贷款银行、起草或安排起草相应的文件、组织借款人、贷款人和担保人三方就贷款协议和担保协议进行谈判及最后文本的签署。在贷款协议签署之后，如果不担任代理行，牵头行与其他参加行即处于平等地位。

代理行(agent)是以银团贷款参加行的代理人的身份就贷款事宜与债款人进行交往的银行。其主要职责包括：(1)代理参加行对借款人发放和收回贷款。在银团贷款中，参加行并不直接向借款人发放贷款，而是按各自的承诺额将款项交代理行汇总，然后再发放给借款人。借款人还款也是通过代理行进行的。(2)代理参加行对贷款的使用进行监督。为了保证贷款的使用符合贷款协议的约定，贷款人往往要求借款人在代理行开立监管账户，通过代理行对该账户的监管，可以防止借款人挪用贷款和其他违约情况的出现。为了及时了解借款人的还款能力，代理行还有权根据贷款协议的规定要求借款人提供有关的财务资料，如资产负债表、损益表、财务状况变动表等，以便各参加行及时掌握借款人的经营状况和资金营运状况。(3)代理参加行处理违约事件。在借款人违约或出现违约前兆时，代理行要确定违约或违约前兆事件是否真实，及时将情况通知各参加行，并就是否需要终止贷款提出建议或作出决定。代理行未按约定履行代理义务需承担违约责任。代理行的代理费通常由借款人承担。

参加行(lenders)是指参加银团、按各自承诺的份额提供贷款并依据贷款协议约定的条件收回贷款、获得利息的银行。参加行有权取得一切与贷款有关的文件，有权通过代理行了解借款人的经营状况，有权独立地向借款人提出索赔要求，并有权建议撤换代理行。

担保人(guarantor)是指以自己的资信就借款人的债务向参加行提供保证担保的机构。担保人是银团贷款的当事人，但不是银团贷款协议的当事人。担保人可以是公司，也可以是政府。担保人在银团贷款中的地位与一般债务担保人的地位相同。

国际银团贷款协议的订立通常需要经过以下各步骤。

1. 借款人取得授权

为使银团贷款协议得以成立，借款人首先应就借款事项获得授权。这种授权既包括借款人内部决策机构对签订银团借款协议作出决定，也包括有关政府机构对借款人以银团贷款的方式从国外获得贷款的批准。

2. 委托牵头行组织银团

借款人就签订国际银团贷款协议取得授权之后，就可以向金融机构出具委托书，委托其以牵头行的身份为其组织银团贷款。委托书应说明委托的事项，载明贷款的主要条件，并以附件的方式提交与贷款有关的各项文件或其复制件。金融机构在收到借款人的委托书之后，可依据借款人及其项目的情况以及国际金融市场的情况来决定是否接受借款人的委托。如果决定接受借款人的委托，则应向借款人提交一份承诺书。承诺书应表明接受借款人的组织国际银团贷款的委托，同时应明确该项国际银团贷款的基本条件，包括代理行的名称、贷款期限、利率、各种费用、税收、贷款的提取、还款的步骤、提前还款、贷款协议所适用的法律以及解决争议的管辖法院等。承诺书中还应表明贷款的承销方式。牵头行可表示以最大努力承销贷款,但对是否能组成银团、取得足够贷款不作任何保证;牵头行也可以承担包销的义务。在银团无法组成时或无法取得足够的贷款时,由牵头行保证按约定的条件向借款人提供全部贷款。借款人在接到金融机构的承诺书后,如果认为其中的各项条件是可以接受的,即可向其出具授权书。授权书应确认各项贷款条件,并授权牵头行选择银团的参加行、聘请律师和相关的咨询机构、准备和起草资料备忘录及贷款协议等有关文件。

3. 确定银团成员

在取得借款人组织银团贷款的授权书后,牵头行需编制一份资料备忘录(information memorandum)发给各金融机构,作为后者决定是否参加银团贷款的参考依据。资料备忘录也称信息备忘录,是由牵头行依据借款人提供的信息编制的。备忘录应包含贷款的主要条件,并详细介绍借款人的法律地位、财务状况及贷款将支持的项目的情况。资料备忘录的内容应尽可能地充分和准确,以使潜在的参加行能据此作出正确的决策。但牵头行不应在备忘录中对潜在的参加行是否应参加银团提出导向性意见。如果牵头行对于备忘录中的虚假陈述有故意或过失的过错,将可能被参加行追究误述责任。如果某一金融机构有意参加银团贷款,就可以在牵头行确定的截止日之前向牵头行发出一份参加承诺函,表明参加银团的意愿和参加的金额。

4. 谈判与签署贷款协议

关于国际银团贷款协议的内容的谈判可分为两个阶段:银团组成之前的谈判与银团组成之后的谈判。银团组成之前的谈判是牵头行与借款人的谈判,谈判的结果是双方就贷款协议的基本条件达成一致。银团组成之后的谈判是牵头行代表银团成员与借款人就贷款协议的具体内容所进行的谈判。由于国际银团贷款协议的条款复杂而繁多,各参加行的立场又不可能完全一致,所以,贷款协议的具体内容的谈判通常是一个比较复杂的过程。在这一阶段中,牵头行既要说服借款人和担保人接受某些条件,又要说服其他参加行放弃某些不可能被借款人或担保人所接受的要求。贷款协议的谈判通常以律师准备的文本为基础。各方当事人对协议的内容取得一致意见时,即可以进行协议的签署。

由于银团贷款协议的当事人较多,为了避免签字时间过长和出现差错,通常会在正式签署之前进行预签。绝大部分合同文本在预签仪式上签署完毕,只留下一份文本在正式签字仪式上签署。贷款协议的附件也可在正式签字仪式上一并签署。

国际银团贷款协议通常包括如下内容。

1. 定义和释义(definitions and constructions)

为了避免贷款协议在解释上产生疑义,对于那些重要的、并且在协议中经常出现的名词术语,需要在协议的开始部分作出定义。国际银团贷款协议中经常下定义的术语有:贷款、银行营业日、抵押、提款、违约事件、担保、利息支付日、利息期、贷款人、贷款人营业场所、基准利率、提款通知、监管账户、项目、项目进度报告、参考行、转让证明书、受让人等。定义与释义都是对名词术语的解释,它们的区别在于,"定义"是给名词术语下定义,其表述通常为"××是指(means)××";"释义"是对名词术语作进一步的解释,其表述通常为"××包括(includes)××"。

2. 贷款总额与份额(amount and participations)

贷款总额条款确定了贷款人的义务范围。协议中不仅要规定贷款总额,还要规定每个参加行所承诺的贷款额。

3. 先决条件(conditions precedent)

先决条件条款规定的不是贷款协议生效的先决条件,而是贷款人向借款人放款的先决条件。先决条件的满足一般表现为借款人通过代理行向参加行提交某些文件或其复制件,通常包括:借款人的章程、营业执照;借款人董事会批准贷款协议的决议及授权人的姓名及借款人现有董事的名单及各自的签字笔迹;有关项目建设的政府批复;担保人的章程、营业执照、金融及外汇经营许可证;担保人董事的名单、职务及批准担保协议的证明及授权代表的名字及签字笔迹;律师事务所出具的法律意见书等。

4. 提款(drawings)

提款条款规定借款人在每一特定期间可要求提款的数额;每次提款的数额界限;借款人向代理行发出提款通知的期限;代理行向参加行发出提款通知的期限等。

5. 利息(interest)

利息条款规定计算利息的期限及利率的确定。如规定 3 个月或 6 个月(通常可由借款人选择)付息一次,按贷款实际发生的天数为利息期的计算基础,利率为 3 个月或 6 个月的基准利率(此前经常被采用的 LIBOR 已于 2022 年 1 月 1 日停止使用),加一定量的利差。

6. 还款及提前还款(repayment and prepayment)

该条款规定借款人的还款日期和每期还款的数额。国际银团贷款不是一次将所有贷款发放完毕,也不是要求借款人一次还完所有贷款。通常的安排是借款人在贷款协议生效后的若干年(月份)内陆续提出贷款,在贷款协议生效后的若干年(月份)之后开始陆续归还贷款。参加行通常不鼓励借款人提前还款,因为提前还款会打乱参加行的资金使用计划,使参加行承担利率变化所带来的损失。所以,国际银团贷款协议通常会对借款人提前还款规定一系列的限制条件,如还款的资金必须是贷款项目本身的直接产出,必须按倒序的还款顺序还款,每次提前还款必须达到一定的数额等。

7. 市场瓦解（market disruption）

市场瓦解条款规定当代理行无法以充足和公平的手段确定基准利率或基准利率过低，不能反映参加行筹措资金的成本时，参加行有权和借款人协商，以确定适当的利率，如果双方无法达成一致，则参加行有权宣告所有贷款提前到期，借款人须立即归还全部贷款。

8. 法律和情势变更（change of law and circumstances）

该条款规定在发生重大法律或其他事实变更的情况下，当事人有权终止贷款协议的效力。协议中所约定的重大法律变更通常包括：第一，有关国家的法律发生了变化，使参加行向借款人提供贷款为非法行为；第二，有关国家的税收发生变化，使参加行的贷款成本大为增加。在前一种情况下，参加行有权终止贷款协议；在后一种情况下，如果借款人不能补偿参加行增加的成本，参加行也有权提前收回贷款，终止协议。

9. 税收和其他扣除（taxes and other deductions）

参加行往往在贷款协议中要求：借款人向参加行所支付的一切本金、利息和其他款项都应是没有任何扣除的；如果按照借款人所在国的法律规定，借款人在付款前必须预扣税款，那么，借款人必须另外将所扣除的税款补足给参加行。

10. 费用（fees and expenses）

费用条款规定借款人须向银行方面所支付的费用（fees）和必须自己承担的花费（expenses）。借款人须支付的费用包括：向所有的参加行支付的承诺费（commitment fee，参加行因承诺提供特定数额的贷款而必须准备相应数额的资金，承诺费是为了弥补参加行由于资金准备所承担的损失）和管理费（management fee）；向代理行支付的代理费（agency fee）；须由借款人自行承担的花费包括与银团的组团和贷款协议的谈判、起草、登记及强制实施相关的所有花费。

11. 付款及债务证明（payment and evidence of debt）

该条款规定参加行如何通过代理行向借款人付款，借款人如何通过代理行向参加行付款，以及代理行如何记载每一笔贷款。

12. 陈述和保证（representations and warranties）

在陈述和保证条款中，借款人要对某些事实加以陈述，并保证其真实性和准确性。如果借款人所作的陈述被证明是不真实、不准确的，则构成违约行为，参加行有权依此追究借款人的违约责任。借款人须作出的陈述与保证通常包括：借款人是依法成立的公司；借款人有权订立此项贷款协议；借款人已经取得签订和履行该项贷款协议的必要授权；借款人签订和履行该贷款协议不违反借款人所在国的法律、法规或借款人的公司章程；该贷款协议是有效的、对借款人具有法律约束力，并能按照协议的规定予以强制执行；该贷款协议的签订、履行、有效性或强制执行等均不需要向任何政府机构办理申报、注册、登记等手续，如果需要，这些手续也均已按照有关规定办理完毕,或完全可以按照有关规定办理;借款人最新的经过审计师审定的财务报表正确地反映了借款人的财务状况;不存在也不将产生可能减少借款人资产的诉讼或仲裁案件;借款人现在或将来都没有对其资产或收入设定任何担保或抵押物权;借款人没有不履行对其或资产有所影响的任何合同、法律文件或抵押权项下的义务,也没有发生违约事件。借款人还须保证,在整个贷款协议的有效期内,上述陈述与保证将一直是真实和准确的。

13. 承诺(undertakings)

承诺条款是确定借款人的某些作为或不作为义务的条款。规定作为义务的承诺被称作积极的承诺(affirmative undertakings);规定不作为义务的承诺被称作消极的承诺(negative undertakings)。

贷款协议中所规定的积极承诺通常包括:借款人将通过代理行向参加行提供经由注册会计师审计的年度财务报表和贷款项目的进度报告;借款人将允许代理行或代理行委托的专业人士在合理的时间内视察贷款项目及各种财务报表;借款人将在出现任何违约或先兆性违约事件时,及时将情况通知代理行;借款人将尽力维持自身现存的组织状况;借款人将遵守适用于借款人的一切法律法规;借款人将按项目的进度报告使用资金,并将项目产生的所有收益打入规定的监管账户;借款人将审慎地从事经营活动,使贷款项目在规定的日期内完工。

贷款协议中所规定的消极承诺通常包括:除非得到多数贷款人(多数贷款人通常被定义为:累计贷款额超出贷款总额 2/3 的参加行;如果尚未放款,累计承诺额超出承诺总额 2/3 的参加行)的书面同意,借款人将不与任何其他机构合并;不采取任何解散、清算等行为;不减少注册资本和实收资本;不变更其经营范围;不出售、转让或以其他方式处置其全部或任何实质部分业务或其财产或资产或收益;不在其资产上设置抵押;不向股东分配利润或任何其他收益;不从监管账户提取任何数量的资金,除非是用于贷款项目或用于归还贷款或提前还款。

14. 违约事件(events of default)

银团贷款协议中通常会列明违约事件的具体表现,其中包括:借款人未按期支付贷款协议项下应付的本金、利息和其他费用;借款人在贷款协议中所作的陈述和保证是错误的或不正确的或使人误解的,或借款人的行为违反了陈述和保证条款;借款人从有关当局取得的授权或许可不再有效;借款人或其子公司宣布破产或清算;任何债权人依法占有了借款人的资产;贷款项目未能如期完成。在违约事件发生之后,代理行可以基于多数贷款人的要求向借款人发出书面通知,宣布终止贷款协议,并要求借款人立即归还所有借款。

15. 抵销和同比分享(indemnities, set-off and rata sharing)

该条款主要规定如果贷款协议项下任何应付金额到期未付,借款人授权各行不需事先通知即可就借款人的任何账户的资产行使抵销权或留置权。如果任何参加行依此所取得的本金和其他金额与其参加份额相比高于其他参加行的比例,参加行同意进行调整,以保证各参加行所取得的金额与其参加份额的比例相一致。

16. 参加行、代理行和牵头行(the lenders, the agent and the arranger)

该条款主要规定对代理行的任命;代理行所享有的权利和义务;代理行的免责条件;并申明牵头行不负有贷款协议项下的义务。

17. 放弃与协议的可分性(waver and severability)

该条款主要规定参加行和代理行的任何权利的不行使不意味着权利的放弃,也不影响该项权利在未来时间的行使;贷款协议的任何部分的违法或无效,不影响其他部分的效力。

18. 转让及贷款人地址(assignment and lending offices)

该条款通常规定借款人不得将贷款协议项下的任何权利转让给第三者;参加行则可以在向借款人发出书面通知之后将自己协议项下的权利转让给第三者;参加行变动地址应通知代理行和借款人。

19. 通知(notices)

该条款规定贷款协议当事人之间的联络方式、联络地点及使用的语言。协议通常要求参加行与借款人之间的联络应通过代理行进行。

20. 准据法和司法管辖(governing law and jurisdiction)

该条款规定贷款协议的准据法和管辖法院。各国通常允许当事人在国际银团贷款协议中对准据法和管辖法院作出选择。实践中,当事人多选择国际金融制度比较健全的国家或地区的法律或法院。

国际银团贷款中的贷款方通常会要求借款人请律师事务所出具一份法律意见书(legal opinion)。法律意见书中通常要确认下列事项。

第一,借款人是依据某国法律所设立并存在的一家公司;该公司目前处于正常营业状态。

第二,借款人具有借款资格:借款人的章程允许借款人从事此类交易;借款人的此次借款行为已经获得国家有关机关的同意或批准。

第三,借款人具有签订国际银团贷款协议的法律能力,并已采取了一切必要的行动以确保有效地签订和履行该贷款协,包括已经召开董事会或股东大会进行批准及授权,上述批准及授权符合公司法规定及公司章程要求,签署协议的人已获得借款人的授权,其签署行为将约束借款人。

第四,根据借款人本国的法律,借款人签署并履行贷款协议是合法、有效的,借款人的还款义务可以得到强制执行。

第五,与此次贷款交易有关的所有授权、批准、同意、许可证、登记注册等事宜均已办理完毕并具有法律效力。

第六,根据借款人本国的税收法律,贷款利息收入将被征收(或免征)利息预提税。

第七,借款人的对外借款行为属于商业行为,而非国家主权行为,因此并不享有司法管辖豁免权。

法律意见书的内容也是金融机构在决定是否参加银团贷款时所要考虑的一个重要因素,因此,尽管律师在起草法律意见书时都会使用"据我们所知""至今为止"等谨慎的措辞,但如果律师对于法律意见书中的错误表述具有故意或过失的过错,其也不能逃避误述的责任。

国际银团贷款中的贷方还可能要求借款人的母公司或政府向其出具一份安慰函(letter of comfort,也称承诺函、安慰信等)。下文是一份由我国某地方政府向牵头行出具的安慰函。

致:A 银行(作为牵头行及代表银团贷款人之代理行)

我市 B 有限公司是由 M 公司和 N 公司双方出资组成的中外合作企业,承建_____项目,该项目已经中央、省、市有关部门审查批准立项,本政府全力支持该公司日常营运。

现 B 有限公司(以下简称"借款公司")向贵行申请组织美元银团贷款,欣悉贵行已作出有关融资安排,银团贷款人为贵行、D 银行、E 银行、F 银行、G 银行(及其继承人和受让人),银团贷款人并于_____年____月____日与借款公司及贵行(作为牵头行及代理行)签订贷款协议。本政府愿意监督借款公司切实遵守贷款协议责任,督促其按时归还贵行安排的银团贷款的本金、利息和费用。如借款公司到期不能按贷款协议规定偿还银团贷款本息及费用时,本政府负责解决借款公司拖欠银团各贷款人的债务,不让银团合贷款人在经济上蒙受任何损失。

××市人民政府

日期:

关于安慰函的性质,不能一概地将其认定为担保文件或非担保文件。判断一项文件的性质应该看其具体的内容表述,而不能仅仅看其标题。如果一项安慰函仅仅表示已知道了借款人的借款行为,并愿意督促借款人履行还款义务,那么,就很难将其认定为担保;但如果安慰函的出具者明确表示愿意履行担保人的义务,那么,就没有理由否认其保证担保的性质。

三、国际融资租赁

国际融资租赁是指一国的出租人按照他国承租人的要求购得租赁物,并将其交给承租人使用,承租人向出人分期支付租金并在租期届满后取得租赁物所有权的一种融资方式。对出租人来说,它是一种通过信贷获取利润的方式;对承租人来说,则是一种筹措资金的方式。国际融资租赁的基本特点是:(1)租赁是在不同国家的当事人之间进行的;(2)融资租赁不转移租赁物的所有权,租赁物的所有权与使用权是分离的;(3)融资租赁是融资与融物相结合,融资租赁不仅具有融通财产设备的作用,更具有融通资金的功能。

国际融资租赁产生于20世纪50年代初的美国。利用先进的科学技术生产出来的机械设备价格昂贵,在销售上遇到了困难,一些发达国家的企业希望从制造商处获得资金上的融通,以有效地利用营运资本;发展中国家的企业由于外汇短缺,也无法购买所需要的设备。制造商为了打开产品的销路,占领世界市场,于是采取了租赁这种带有融资性质的销售方式。

我国在20世纪80年代初就出现了融资租赁,随后得到快速发展。按照我国《民法典》第七百三十五条的规定:"融资租赁合同是出租人根据承租人对出卖人、租赁物的选择,向出卖人购买租赁物,提供给承租人使用,承租人支付租金的合同。"这一定义揭示了融资租赁与传统租赁的区别,即出租人根据承租人对出卖人和租赁物的选择购买租赁物提供给承租人使用。因为存在这一根本区别,融资租赁与传统租赁还存在着诸多的不同之处,从现实中大量的融资租赁合同中的条款可以更加明显地看到这些差异。《民法典》第七百三十六条对融资租赁合同的内容做了简要列举:"融资租赁合同的内容一般包括租赁物的名称、数量、规格、技术性能、检验方法,租赁期限,租金构成及其支付期限和方式、币种,租赁期限届满租赁物的归属等条款。"下面对融资租赁合同的一些较有特色的条款做简要介绍。

1. 租赁物的交付

与传统租赁不同,融资租赁中的租赁物,由于通常是出租人根据承租人的要求从第三方购买的,因此,租赁物其实是出卖人按照承租人的指示向承租人交付的,但承租人要向出租人提交收到租赁物的声明。由于承租人并非买卖合同的当事人,为了使其有权拒收不符合约定的租赁物,出租人应在买卖合同中要求出卖人承担一项义务,即承认承租人对出卖人交付的租赁物享有与受领标的物有关的买受人的权利。当然,如果买卖合同的准据法有此类规定(如《民法典》第七百三十九条),即使合同中不做约定,出租人或承租人也可以依法提出主张。

2. 承租人向出卖人行使索赔权

如果出卖人未按买卖合同的约定履行义务,原则上应由出租人向出卖人提出主张。但为了更有效地解决纠纷,出租人、出卖人、承租人可以约定,出卖人不履行买卖合同义务的,由承租人行使索赔的权利。承租人行使索赔权利的,出租人应当协助。出租人与承租人还可以约定,承租人对出卖人行使索赔权利,不影响其履行支付租金的义务,除非承租人能够证明出租人有重大过错。

3. 租赁物

融资租赁合同应约定:出租人对租赁物享有所有权;出租人应当保证承租人对租赁物的占有和使用;承租人应当妥善保管、使用租赁物;承租人应当履行占有租赁物期间的维修义务;承租人占有租赁物期间,租赁物造成第三人人身损害或者财产损失的,出租人不承担责任。

4. 租金

合同中应约定租金的数额或计算方式。租金的多少是由双方协商确定的。正常的租金应该由出租人购买租赁物的成本和合理的利润构成。承租人应当按约定时间支付租金。承租人经催告后在合理期限内仍不支付租金的,出租人可以请求支付全部租金;也可以解除合同,收回租赁物。

5. 租赁期限届满租赁物归属

出租人和承租人可以约定租赁期限届满租赁物的归属。许多融资租赁合同会约定,如果承租人在租赁期内没有违约,则期满后租赁物归承租人所有。也有合同约定租赁期限届满后租赁物归承租人所有,承租人需向出租人支付象征性的价款,这通常是为了满足合同法中"对价"的要求。如果对租赁物的归属没有约定或者约定不明确且无法作出明确解释的,租赁物的所有权将归出租人。

6. 融资租赁合同无效时租赁物的归属

合同中应当约定,如果融资租赁合同被认定无效,应如何确定租赁物的归属。如果没有约定或者约定不明,租赁物应返还出租人。但如果是因承租人原因致使合同无效,出租人不请求返还租赁物的,租赁物的所有权将归承租人所有,由承租人给予出租人合理补偿。

融资租赁对出租人来说,通常是因为无力寻得低成本的资金而作出的一种替代性选择;而"回购式融资租赁"(承租人将自己的物出售给承租人,再由出租人将物出租给承租人)更是以"租赁"之名取得高融资成本的资金。因此,融资租赁交易中的出租人往往处于不利地位。

四、国际债券融资

国际债券是到他国发行并以当地国家或第三国的货币为面值的债券。

到其他国家发行债券是在国际市场上筹措资金的常见方式,同时也是一种常见的国际金融交易。

按债券采用面值方式的不同,国际债券可分为外国债券和欧洲债券。

外国债券(foreign bond)是一国的债券发行人(借款人)在他国的债券市场上发行的以债券市场所在国的货币为面值的债券,如加拿大人在美国发行的以美元为面值的债券(在美国发行的外国债券也称"扬基债券"),美国人在日本发行的以日元为面值的债券(也称"武士债券")。外国债券的发行通常由债券市场国的金融机构承保,其购买者也基本上是市场所在国的居民。

欧洲债券(Euro-bond)通常是指一国的债券发行人在他国的债券市场上发行

的以另一国家的货币为面值的债券,如日本人在英国发行的以美元为面值的债券,德国人在美国发行的以日元为面值的债券。以日元为面值的称欧洲日元债券;以美元为面值的即为欧洲美元债券。欧洲债券的发行通常由不同银行组成国际辛迪加联合办理,欧洲债券购买人也不限于发行地国家的居民。欧洲债券是20世纪60年代初出现的,从70年代后半期开始获得迅速发展。目前,欧洲债券市场已成为世界上重要的国际债券市场。

国际债券的发行条件是债券发行人与经理承购人及各承购人在发行筹备阶段逐步确定的将要发行的债券的各方面的特性,是对债权债务关系的基本内容的确定。国际债券的发行条件通常包括以下几方面。

1. 发行额

债券的发行额是根据发行人所需资金的数量及市场情况、发行人的信誉、承购人的销售能力等情况,由发行人与经理承购人共同商定的。有的国家的法律规定了债券一次发行的最高限额。

2. 偿还年限

确定偿还年限首先也应考虑发行人对资金的需要,但年限长的债券利率也需相应提高,同时还要考虑当地市场的习惯做法以及当地法律对偿还年限有无具体要求。债券发行属中长期信贷,偿还期限多在5年以上。

3. 偿还方式

债券的偿还方式可大致分为两种:一是期满时一次偿还,二是期中偿还,期中偿还又可分为定期偿还、任意偿还和购回注销。定期偿还是指经过一定宽限期后,每隔一定期间偿还一定金额,期满时还清余额。任意偿还是指在宽限期结束后,由发行人任意偿还债券金额的一部或全部。购回注销是指发行人在市场上买回自己发行的债券,起到偿还作用。

4. 利率

债券利率的确定比较困难。利率过高会影响发行人的利益,利率过低又会使债券难以销售。债券的利率不能低于银行存款利率,同时也应同其他证券的收益进行比较。国际债券一般采取固定利率,每隔一定期限按发行时规定的利率支付一次利息。也有少量的国际债券(特别是欧洲债券)采用浮动利率,每隔一定时间按市场情况调整一次利率。

5. 发行价格

债券的发行价格以债券的出售价格与票面金额的百分比来表示,如票面金额为100美元的债券以99美元的价格出售,其发行价格即为99%。债券出售价格与票面金额的脱离也是平衡发行人与购买人的利益的一种手段。

国际债券的发行条件直接关系到债券发行人、债券购买人(投资人)及债券承购人各方的切身利益,而发行人与承购人在这方面的利益也是不尽一致的,因此,债券发行人对发行条件的确定须持慎重态度。

关于国际债券的发行,目前并没有普遍适用的国际统一立法,当前适用的仍然是有关国家的国内法。在法律适用方面,欧洲债券的发行与外国债券的发行存在着差别。

欧洲债券的发行并不一定接受发行地所在国的证券法的约束,因为债券所涉及的货币并不是当地的货币。也正因为如此,发行欧洲债券时,首先应该考虑的问题便是法律适用。在准备欧洲债券发行条件时,应根据经理承购人等方面的建议,确定债券发行及由此而形成的发行人与承购人及投资者相互间的关系根据何国法律调整。实践中多选择证券法比较发达的国家(如英国、美国)的法律,也有选择发行人国或发行地国的法律的。

债券发行之前须准备好募债说明书(prospectus),便于投资人了解债券发行人及债券的发行状况。说明书的繁简程度应视所适用的法律的要求及市场状况而定。

欧洲债券的发行一般都是通过国际上的大银行联合办理,因为这些大银行信誉卓著、经验丰富,在各主要国际金融中心都设有分支机构,便于组织安排债券的推销。债券发行人首先要选择一家大银行作为经理人(牵头银行),在经理人为几家银行时应确定主经理人(lead manager)。经理人通常也是债券的承购人,因此也称为经理承购人(manager underwriter)。经理人根据发行人的初步要求及其资信情况、市场情况,初步提出发行债券的各项条件,然后由双方商拟债券发行条件、销售条件及其他有关文件。经理人一般还要在发行人的同意下组织一个由银行和证券商参加的承购辛迪加,由该辛迪加及与之相联系的其他银行推行将发行的债券。根据辛迪加及其他银行所能包销的情况,经理人与发行人最后确定债券的发行条件,然后由发行人与辛迪加签订认购总合同。经理人代表辛迪加与各包销银行(承购人)签订认购分合同。最后由承购人将债券推销给投资人。

外国债券的发行则要严格遵守债券发行地国的有关法律规定,须向有关主管机构提交其所要求的各项文件,并按照法定程序进行。如在美国发行美元债券,不仅要遵守联邦的法律规定,还要接受各州的证券法的制约,否则便不得向该州的居民发行。

初次发行外国债券一般都要经过评级过程,由有名的评级公司对发行人的信誉评出等级。如美国的穆迪公司(Moody's Investors Service)的评级级别由高到低分为9级,即 AAA、AA、A、BAA、BA、B、CAA、CA、C。信用级别直接决定了发行人在一国发行债券能否成功。

国际债券市场也分一级市场(发行市场)和二级市场(交易市场)。债券的最初发行和认购形成一级市场;债券销售给投资人和投资人进行转售,形成二级市场。

国际债券的交易可以在证券交易所内进行,也可以在证券交易所外进行。这是因为,第一,同股票上市需具备一定的条件一样,也并不是所有的国际债券都可以在证券交易所挂牌交易,各国政府对债券上市都规定了与股票上市大致相同的条件。第二,债券的投机性较股票要小得多,即使不集中到证券交易所交易也不会给投资者的利益带来多大损害。因此,大部分债券交易是在证券交易所之外进行的。

债券交易一般也都是通过证券商进行的。其基本程序为:债券的买主或卖主委托证券商为其买入或卖出某种债券;证券商按受托顺序以最快的方法转告场内代表人或代理人;场内代表人按委托条件成交后通知证券商;证券商与委托人办理交割手续,将受托买进之债券或卖出之债券所得之价款交付给委托人。

国际债券(特别是外国债券)的交易,应遵守交易地国家的有关法律规定,例如定期向主管机关提交有关债券发行人的经济状况的年度报告、季度报告等,对于已不符合规定条件的上市债券,主管机构可停止其上市。

五、国际股票融资

去外国发行股票也是一种常见的国际融资方式。

在现阶段,股票的跨国发行与交易基本上仍受国内法调整,特别是受股票发行地与交易地所在国的法律调整。

股票的发行有两种情况:一种是新建公司第一次发行股票;另一种是原有股份公司续发新股票,或是独资企业、有限责任公司改为股份公司而发行股票。

原有公司发行股票,可将股票无偿地或以优惠价格分配给原股东,也可将股票认购权只给予本公司职工或有关系的金融机构,也可向社会公开发行。

新建公司的股票则通常公开发行,其方式主要有以下几种。

1. 委托出售

委托出售即由发行股票的公司(出单公司)将其计划发行的全部股票,交由专门协助股票发行的证券发行公司,由后者代表出单公司按双方议定的价格将全部股票投入市场,由公众认购,而证券发行公司则从中取得一定的佣金。有时,在出单公司上市的股票无法全部销售时,证券发行公司有义务按事先的协议购买剩余部分。

2. 股票经纪人认购

出单公司并不将新发行的股票直接投入市场,而是全部交由股票经纪人,由后者按招股说明书规定的价格将股票售出。有些股票经纪人会将前景看好的股票存在手中,以寻机谋取厚利。

3. 自行出售

出单公司直接将股票投入市场,按确定的价格出售。

在发达国家的证券市场,无论是本国公司还是外国公司都可发行股票。但为了保护股票购买者的利益,各国政府都建立了股票发行的审核制度,防止股票发行者投机行骗。股票发行审核制度在大多数国家是与其他证券发行的审核制度相一致的。审核制度可分为两种：一种是注册制，另一种是核准制。在实行注册制的国家，发行人在发行证券之前，须向有关主管机关申请注册。注册申请书必须附有招股说明书、公司章程、经会计师签署的各项财务报表等文件资料。在主管机关核准注册之前，股票发行人可从事一定的准备工作，但不得实际推销股票。在实行核准制的国家，股票发行者并不需要向有关主管机构申请注册，但也须以招股说明书等形式向公众披露股票及发行人的有关情况。

无论是注册制还是核准制，都要求股票发行人详细准备招股说明书并将其公开，有时还要求将其附在认购合同（发行人与中间商订立的合同）之后。

招股说明书（prospectus）通常被认为是向公众要约认购其股票的章程、通知、通函、广告或其他邀请。但招股说明书不是要约，它并不规定股票发行人与购买人之间的权利义务关系。招股说明书不是承担违约责任的基础，而是承担法律责任的依据。因为招股说明书的制作与公开是政府为社会公共利益而施加于股票发行人的义务，各国对招股说明书的制作都有严格的规定。美国证券交易委员会并未对招股说明书的体例格式做专门规定，但从美国《1933年证券法》及其他一些法律文件中可以归纳出招股说明书所应载明的内容。在我国，证监会制定了《招股说明书的内容与格式》，对招股说明书的内容与格式提出具体而明确的规定，要求发行人将一切对投资者进行投资判断有重大影响的信息予以充分披露，以利于投资者更好地作出投资决策。

股票发行人提供的招股说明书所列举的各项事实，必须明确真实，不得弄虚作假，否则要负民事甚至刑事责任。

法律要求发行人做的只是充分披露（full disclosure），并不审查其投资价值。商业风险仍由股票购买者承担。

为保证有关股票和其他证券的发行与交易的法规的实施，许多国家都设有专门的证券管理机构。如美国的"证券与交易委员会"，有权调查股票发行者的真实经营情况、资产和负债情况。在确切掌握有关情况之后，该委员会还可为股票发行者提供担保。

股票市场可分为一级（初级）市场和二级（次级）市场。一级市场为股票发行市场，二级市场为股票交易（买卖）市场。

股票的二级市场由下列要素构成。

1. 经主管机构同意可上市交易的股票

并不是所有的已发行股票都可在交易所中交易，各国对股票上市都规定了若干标准，通常是实力雄厚、业务经营和财务状况良好、信誉较高的企业的股票才能上市。不够上市条件的股票只能在证券交易所之外进行场外交易，也有上市股票为节省佣金而进行场外交易的。

2. 一定人数的、获主管机构批准可代客户下场交易的证券经纪人

证券市场上的证券商可分为三类：一是从发行公司承购证券再行推销的承购商；二是自行从事证券买卖的自营商；三是代客从事证券买卖并取佣金的经纪商，这是证券市场的中坚。各国对证券商实行严格管理，只有具备一定资金和相当的业务经验与信誉的人才可申请成为证券商。证券经纪商的代买代卖活动必须遵守着干规定，有的交易所还要求证券商提交一定的保证金和赔偿基金。

3. 具有一定规模设施、可供公开交易活动的场所

与外汇市场不同，股票市场具有具体的、固定的交易场所，并装备现代化的设施，可为股票交易的当事人提供各种方便条件。

4. 一定人数的、具有股票交易知识和业务技术的工作人员

发达的股票市场通常都拥有一批高水平的业务人员，他们为股票的买卖、保管等提供优质服务。

股票的交易方式可分为现货交易、期货交易与信用交易。

现货交易是在市场成交后的当天下午或第二天，卖者将股票交付给买者，同时买者将现金或支票交付给卖者。

期货交易是在成交后的某一约定日期进行钱货交割。股票的期货交易一般分为1个月、2个月、3个月不等。由于期货交易把成交与交割时间分离得很远投机的成分很大，因此一般股票交易所都规定不作期货交易。

信用交易也称垫头交易，是指股票购买人在买进股票时只向经纪人支付部分价款，其余价款日后以现款偿还，或在行情适合的情况下卖出购进的股票以偿还经纪人的垫款，并向经纪人支付垫付款项的利息。像任何信用形式一样，股票的信用交易容易造成虚假需求，从而增加了股票市场的不稳定因素。

股票交易不是按照股票的票面值，而是按股票的市场价格进行的。股票的市场价格经常随着发行公司的经营盈亏、市场资金的供求及国内外重大政治、经济、军事形势等情况而变动。反映股票价格变动情况的有各种股票指数。

第四节 政府对国际金融的管理

一、政府管理国际金融的特殊性

像对待其他国际商事交易一样，各国政府对国际金融活动也要施加管理，而且是更为严格的管理。所谓更为严格的管理主要表现在以下几个方面。

首先，政府对国际金融的管理不仅涵盖各种金融交易，也包括从事金融交易的主体资格。为了保障金融服务相对人的利益，更是为了有效地减轻金融风险，各国政府都会对银行等金融机构的主体资格作出限定，包括要有足够的资产，足够的经

验,足够的偿付能力以及生存于有完善的金融监管制度的国家和地区。

其次,与贸易和投资领域中的情形不同,各国政府对金融或金融服务的自由化通常持谨慎立场,在金融监管方面较少接受条约约束,而是将金融监管权把握在自己手中。在"乌拉圭回合"谈判中,由于发达国家的预期与发展中国家所能接受的程度差距过大,世贸组织成员不仅未能就金融服务贸易自由化达成一致,也没能就市场准入和国民待遇承诺最低标准达成一致。迄今为止,在金融监管领域还没有产生一套像世贸组织规则那样的普遍适用的公约,也不存在像双边投资保护协定那样体系化的协定群。可以说,与货物贸易和直接投资相比,国际金融交易是各国政府承担国际法义务最少的一个领域。

再次,即使是存在条约约束的情况下,各国政府也经常可以通过援引例外条款或者利用有关条款的语焉不详,限缩自己的国际义务,从而尽可能地按照自己的意愿对国际金融进行监管。世界贸易组织《服务贸易总协定》的《关于金融服务的附件一》第二条规定:"不管本协定任何其他条款作何规定,不应阻止一成员为谨慎原因而采取相应措施,包括为保护投资者、存款人、投保人或金融服务提供者对其负有责任的人而采取的措施,或为确保金融体系的稳定而采取的措施,如果这些措施不符合本协定条款,则它们不应用来逃避该成员本协定下的承诺或义务。"虽然该条款承认的"审慎例外"依然要求其自身符合协定条款,但却经常被作为一种例外机制来运用。许多双边协定、区域协定甚至国内立法也都包含这种"审慎例外"条款。虽然援引该条款的缔约方还需要证明其"审慎"的合法性,但毕竟为"例外"的适用留下了一个机会。

最后,各国的金融监管政策变动频繁。作为世界上第一金融大国的美国就是一个典型的例子。正如有学者所概括的那样,"美国的金融监管史,是一部沿着金融危机—强化监管—金融自由化—放松监管—金融危机螺旋式发展的历史"。[1] 例如,21世纪初金融危机的大爆发爆发促使美国进行了历史上少有的重大金融监管改革,显著强化了金融监管。2010年,美国在《银行控股公司法》中增加了第13款,即沃尔克规则(Volcker Rule),该规则甚至禁止银行从事任何自营交易,并限制其获取和转让、担保和发行担保基金,包括对冲基金或私募股权基金,但某些豁免的情况除外。然而,自特朗普竞选总统开始,放松金融管制的呼声便日益高涨。特朗普上台不久就开始放松对金融体系的监管,沃尔克规则被修改,总统的一些行政措施实际上削弱了强化金融监管的法律的效力。美国又进入了一个放松金融管制的时期。但是可以预言,随着管制的放松将是新的危机的孕育,而新的金融危机又必然驱使美国政府再次走向严格的金融监管。

政府对国际金融实施更为严格的管理,其原因在于国际金融活动比国际贸易

---

[1] 见胡滨:《从强化监管到放松管制的十年轮回》,载《国际经济评论》,2020(5)。

和国际投资更能对各国经济产生重大影响,金融领域出现问题会造成巨大灾难。例如,2008年国际金融危机造成美国约900万人失业、500万房主失去住所、15万亿美元的美国居民财富蒸发。[1]

二、市场准入管理

金融领域的市场准入比较复杂。从投资角度看,市场准入是指投资者在东道国设立机构,并据此在东道国开展金融活动。这种情形在世贸组织《服务贸易总协定》中被称作以"商业存在"方式提供服务。从服务贸易角度看,除了"商业存在"这种方式之外,任何跨越国界提供金融服务都属于"市场准入"问题。因此,一家外国银行向一家中国企业提供贷款,属于市场准入("跨境提供");中国游客在国外接受当地公司的保险服务,也属于市场准入("境外消费");一个自然人到其他国家从事金融服务,还属于市场准入("自然人存在")。实践中,人们往往从服务贸易的角度来看待金融领域的"市场准入"问题。

关于金融领域的市场准入问题,最具影响力的应该是世贸组织的《服务贸易总协定》了。然而,该协定并没有要求各成员方一般地开放金融市场。每个成员方的市场开放到什么程度,完全是各国政府谈判的结果,各成员方只接受自己所作出的允诺的约束。而且,在"不构成对国际服务贸易的变相限制"的情况下,各成员方可以采取以下措施。(a)对公共道德或维持公共秩序进行必要的保护;(b)对人类、牲畜或植物的生命和健康进行必要的保护;(c)谋求与本协定不相抵触的法律或规定的需要,包括与下述有关的:(i)防止瞒骗和欺诈的习惯做法或处理不履行服务合同的结果;(ii)保护、处理个人资料中有关个人隐私的部分,保护个人记录和账户的秘密;(iii)安全问题;(d)只要是出于确保向不被认为是居住在成员方境内的其他成员方的服务提供者,依据有关征税措施,公正而有效地征收所得税的目的而实施差别待遇。

然而,在《服务贸易总协定》项下,在金融市场准入方面,各成员方还是承担了一些条约义务的。比较重要的有两项:第一,在作出市场准入承诺的服务部门或分部门,一成员方除了在其承诺细目表中规定的外,不应在其某一地区分部门或在整个国境内维持或采用下述限定的措施。(a)限制服务提供者的数量,不论是采用数量配额、垄断、专营服务提供者的方式,还是以要求经济需求测试的方式;(b)采用数量配额方式或经济需求测试要求的形式限制服务交易的总金额或资金额;(c)采用数量配额方式或经济需求测试要求的形式限制业务的总量或用数量单位表示的服务提供的总产出量;(d)采用数量配额方式或进行经济需求测试要求的形式对特定的服务部门或服务提供者为提供特殊服务所必须雇佣的自然人的总数

---

[1] 关晋勇:《美国稳金融无视道德风险》,载《经济日报》,2022年4月18日,第4版。

量进行限制;(e)对服务提供者通过特定法人实体或合营企业提供服务进行限制或要求的措施;(f)对外国资本的参加限定其最高股权额或个人的或总体的外国资本投资额进行限制的措施。第二,在市场准入方面,各成员方要相互给予最惠国待遇。《服务贸易总协定》的第二条规定:"有关本协定的任何措施,每一成员方给予任何其他成员的服务或服务提供者的待遇,应立即无条件地以不低于给予其他任何成员方相同的服务或服务提供者。"

世贸组织成员已经通过《服务贸易总协定》及承诺表就金融领域的市场准入彼此作出了承诺。在此基础上,各国还可以通过签订双边或区域性的自由贸易协定,进一步开放自己的金融市场。

2015年6月17日签订的《中国—澳大利亚自由贸易协定》附件三A"不符措施清单"明确列出了中方实体进入澳大利亚金融市场所要接受的限制,包括:第一,要在澳大利亚开展银行业务的实体,必须是法人实体,并获得澳大利亚金融监督管理局(APRA)授权,成为经授权的存款吸收机构(ADI);第二,外国存款吸收机构(包括外国银行)只能通过在澳大利亚本地注册成立的存款吸收子公司或授权分公司(外国ADI),或通过上述二者,方可在澳大利亚开展银行业务;第三,外国ADI不得接受个人及非法人机构低于25万澳元的初始存款(及其他资金);第四,外国存款吸收机构在澳大利亚设立的代表处,不得在澳大利亚开展任何银行业务,包括发布存款广告。此类代表处只允许作为联络点;第五,位于海外的外国银行,只能通过发行债务证券方式在澳大利亚融资,前提是这些证券必须以不低于50万澳元的打包发售/交易,且这些证券及任何关联资料备忘录清楚表明发行银行未依据《1959年银行法》(联邦)在澳大利亚取得授权。

与此同时,《中国—澳大利亚自由贸易协定》附件三B"服务贸易具体承诺减让表"中则列出了中方关于金融市场准入的承诺。例如,关于银行业,中国政府只允许澳方实体"跨境提供"和转让金融信息、金融数据处理以及与其他金融服务提供者有关的软件;就表中所列活动进行咨询、中介和其他附属服务,包括资信调查和分析、投资和证券的研究和建议、关于收购的建议和关于公司重组和战略制定的建议。对于"境外消费"金融服务没有限制。对于以"商业存在"形式提供外汇业务和本币业务,无地域限制。对于澳大利亚金融机构在中国提供服务,无客户限制。对于本币业务,允许澳大利亚金融机构向所有中国客户提供服务。获得在中国一地区从事本币业务营业许可的澳大利亚金融机构可向位于已开放此类业务的任何其他地区的客户提供服务。关于营业许可,中国金融服务部门进行经营的批准标准仅为审慎性的(即不含经济需求测试或营业许可的数量限制)。关于以"自然人存在"方式提供金融服务,不作除水平承诺内容外的其他承诺。

金融领域的市场准入,既可以采用"正面清单"的模式,也可以采用"负面清单"的模式。当然,相对安全一些的应该是"正面清单",因为其内容更为确定。

三、主体及业务管理

政府对国际金融交易主体的管理,主要是限定交易主体的资格,所谓业务管理主要是指限定业务范围。主体资格和业务范围的限定,既可以通过国内立法的方式,也可以通过签订条约的方式,但要注意避免国内法规定与条约规定相冲突。

2019年9月30日修订的《中华人民共和国外资银行管理条例》第九条规定,"拟设外商独资银行、中外合资银行的股东或者拟设分行、代表处的外国银行应当具备下列条件:(1)具有持续盈利能力,信誉良好,无重大违法违规记录;(2)拟设外商独资银行的股东、中外合资银行的外方股东或者拟设分行、代表处的外国银行具有从事国际金融活动的经验;(3)具有有效的反洗钱制度;(4)拟设外商独资银行的股东、中外合资银行的外方股东或者拟设分行、代表处的外国银行受到所在国家或者地区金融监管当局的有效监管,并且其申请经所在国家或者地区金融监管当局同意;(5)国务院银行业监督管理机构规定的其他审慎性条件"。该条例的第十条规定,"拟设外商独资银行的股东应当为金融机构,除应当具备本条例第九条规定的条件外,其中唯一或者控股股东还应当具备下列条件:(1)为商业银行;(2)资本充足率符合所在国家或者地区金融监管当局以及国务院银行业监督管理机构的规定"。该条例还规定,"拟设中外合资银行的股东除应当具备本条例第九条规定的条件外,其中外方股东应当为金融机构,且外方唯一或者主要股东还应当具备下列条件:(1)为商业银行;(2)资本充足率符合所在国家或者地区金融监管当局以及国务院银行业监督管理机构的规定"。

2019年9月30日修订的《中华人民共和国外资保险公司管理条例》第八条规定,"申请设立外资保险公司的外国保险公司,应当具备下列条件:(1)提出设立申请前一年年末总资产不少于50亿美元;(2)所在国家或者地区有完善的保险监管制度,并且该外国保险公司已经受到所在国家或者地区有关主管当局的有效监管;(3)符合所在国家或者地区偿付能力标准;(4)所在国家或者地区有关主管当局同意其申请;(5)国务院保险监督管理机构规定的其他审慎性条件"。

《中国—澳大利亚自由贸易协定》附件三B"服务贸易具体承诺减让表"中也有关于金融机构主体资格的规定。澳大利亚金融机构在中国设立澳大利亚独资银行所须满足的条件为:提出申请前一年年末总资产超过100亿美元。澳大利亚金融机构在中国设立澳大利亚银行的分行须满足的条件为:提出申请前一年年末总资产超过200亿美元。澳大利亚金融机构在中国设立中外合资银行须满足的条件为:提出申请前一年年末总资产超过100亿美元。从事本币业务的澳大利亚金融机构的资格为:申请前在中国营业一年。

在限定金融机构主体资格的同时,各国政府还会限定它们的业务范围,例如,

《中华人民共和国外资银行管理条例》第三章规定,"外商独资银行、中外合资银行按照国务院银行业监督管理机构批准的业务范围,可以经营下列部分或者全部外汇业务和人民币业务:(1)吸收公众存款;(2)发放短期、中期和长期贷款;(3)办理票据承兑与贴现;(4)代理发行、代理兑付、承销政府债券;(5)买卖政府债券、金融债券,买卖股票以外的其他外币有价证券;(6)提供信用证服务及担保;(7)办理国内外结算;(8)买卖、代理买卖外汇;(9)代理收付款项及代理保险业务;(10)从事同业拆借;(11)从事银行卡业务;(12)提供保管箱服务;(13)提供资信调查和咨询服务;(14)经国务院银行业监督管理机构批准的其他业务。外商独资银行、中外合资银行经中国人民银行批准,可以经营结汇、售汇业务"。

与此同时,外资银行营业性机构还需接受国务院银行业监督管理机构的日常监督管理。外资银行营业性机构举借外债,应当按照国家有关规定执行。外资银行营业性机构应当按照有关规定确定存款、贷款利率及各种手续费率。外资银行营业性机构经营存款业务,应当按照中国人民银行的规定交存存款准备金。外商独资银行、中外合资银行应当遵守《中华人民共和国商业银行法》关于资产负债比例管理的规定。国务院银行业监督管理机构可以要求风险较高、风险管理能力较弱的外商独资银行、中外合资银行提高资本充足率。外资银行营业性机构应当按照规定计提呆账准备金。

四、外汇管理

外汇管理,是指一国对外汇买卖、外汇收付、外汇借贷、国际结算、外汇汇率及外汇市场等所实行的管理和控制。发展中国家通常实行严格的外汇管理,也称为外汇管制。

由于外汇管理可以实际地控制外汇的收支,因此是政府实现国际金融管理最为全面和最为有效的手段。所有其他形式的国际金融监管都必须通过外汇管理得以实现。

各国实施外汇管理的目的会有不同,但总体上来看,实施外汇管理的主要目的有:第一,保持本国的国际收支平衡。实施外汇管制的国家所面临的一个共同的问题就是外汇资金的短缺,通过对外汇实施管制,可以将各个企业通过贸易出口所获得的外汇集中起来,使有限的外汇收入发挥更大的经济效益。第二,维持本国货币的汇率的稳定,保证本国经济不受外国商品和资本的冲击。第三,鼓励企业增加外汇收入。实行外汇管制的国家通常都制定某些鼓励对外出口的措施,如实行外汇留成制和外汇分成制等,这些措施的实行可刺激企业的出口创汇积极性,从而增加国家的外汇收入。第四,对外限制外汇支出。一国在鼓励外汇收入的同时,还必须限制外汇的支出。这种限制不仅表现为在总量上对用汇实行限制,也表现为在结构上对不同的贸易用汇采取不同的限制措施。

外汇管理主要包括经常项目外汇管理、资本项目外汇管理和汇率管理等。

经常项目外汇管理又分为贸易外汇管理和非贸易外汇管理。贸易外汇管理是指对进出口商品所需或所得外汇的管理。在实行外汇管制的国家,一般都规定,对进口商品所需外汇,应根据政府颁发的许可证上批准的商品金额向指定银行申请供给(卖给)外汇;而出口商品所收外汇,则必须结售给指定的银行。非贸易外汇管理是指对贸易外汇收支和资本输出入外汇收支以外的其他外汇收支的管理。实行外汇管制的国家通常规定,非贸易外汇收入都须售给国家;非贸易外汇支出则须向外汇管理机关提出申请,获准后方能将外汇汇出或带出。

关于经常项目外汇管理,《国际货币基金组织协定》(以下简称《IMF 协定》)第八条第二节规定:除两种特殊情况外(第七条第三节 b 款规定的"暂时限制稀少货币的自由汇兑"和第十四条第二节规定的"过渡办法"),"各会员国未经基金同意,不得对国际经常往来的付款和资金转移施加限制"。但考虑到某些会员国可能一时难以满足这一要求,《IMF 协定》允许会员国在过渡期内对经常项目外汇采取限制措施。因此,关于经常项目外汇管理,会员国可以按照《IMF 协定》第八条知己额取消外汇限制,也可以按照第十四条的规定先采取过渡性的安排。

资本项目外汇管理是指对资本输出和资本输入用汇所施加的管理。对资本输出输入的管理也是为了更好地保持国际收支平衡,同时也可避免国际收支顺差过大而使本国货币受到上浮的巨大压力,并可防止外国的通货膨胀转嫁到本国。

关于资本项目外汇管理,《IMF 协定》并不要求会员国取消外汇限制。该协定第六条第三节以"资本转移的管制"为题目明确规定:"会员国对国际资本转移得采取必要的管制,但这种管制,除第七条第三节(b)款及第十四条第二节规定者外,不得限制日常交易的支付或者不适当地阻滞清偿债务的资金转移。"因此,在资本项目的外汇管理方面,各国享有很大的自主决定空间。

与上述各项目管理相关的是对外汇汇率和外汇买卖的管理。由于固定汇率制度已被废除,因此,IMF 各会员国不再承担维护汇率稳定的国际义务。根据《IMF 协定》第四条第二节第二款的规定,对于本国货币的汇率,各会员国可以自行决定采取如下安排:"(i)一个会员国以特别提款权或选定的黄金之外的另一种共同标准,来确定本国货币的价值;(ii)通过合作安排,会员国使本国货币同其他会员国的货币保持比价关系;(iii)会员国选择的其他外汇安排。"但该协定仍然要求各会员国在汇率问题上要进行合作,以维护货币体系的稳定。

在实行改革开放政策之前,与我国的计划经济体制和外贸统制相适应,我国实行的是一种高度集中的外汇管理体制。经过多年的改革,我国的外汇管理体制已从全面管制型过渡到部分管制型。1993 年末,中国人民银行发布了《关于进一步改革外汇管理体制的公告》,表明我国开始推行新一轮的外汇管理体制改革。1996

年1月国务院颁布施行并于1997年1月作了部分修改的《中华人民共和国外汇管理条例》(以下简称《外汇管理条例》)初步确立了我国新的外汇管理体制。2008年8月,国务院常务会议根据新的情况对该条例作出新的修订。

根据《外汇管理条例》第三条和第四条的规定,外汇是指"下列以外币表示的可以用作国际清偿的支付手段和资产:(1)外币现钞,包括纸币、铸币;(2)外币支付凭证或者支付工具,包括票据、银行存款凭证、银行卡等;(3)外币有价证券,包括债券、股票等;(4)特别提款权;(5)其他外汇资产"。外汇管理则是对"境内机构、境内个人的外汇收支或者外汇经营活动,以及境外机构、境外个人在境内的外汇收支或者外汇经营活动"的管理。

对经常性国际支付和转移,国家不予限制。经常项目外汇收支应当具有真实、合法的交易基础。经营结汇、售汇业务的金融机构应当按照国务院外汇管理部门的规定,对交易单证的真实性及其与外汇收支的一致性进行合理审查。经常项目外汇收入,可以按照国家有关规定保留或者卖给经营结汇、售汇业务的金融机构。经常项目外汇支出,应当按照国务院外汇管理部门关于付汇与购汇的管理规定,凭有效单证以自有外汇支付或者向经营结汇、售汇业务的金融机构购汇支付。携带、申报外币现钞出入境的限额,由国务院外汇管理部门规定。

关于资本项目外汇管理,《外汇管理条例》规定:境外机构、境外个人在境内直接投资,经有关主管部门批准后,应当到外汇管理机关办理登记。境外机构、境外个人在境内从事有价证券或者衍生产品发行、交易,应当遵守国家关于市场准入的规定,并按照国务院外汇管理部门的规定办理登记。境内机构、境内个人向境外直接投资或者从事境外有价证券、衍生产品发行、交易,应当按照国务院外汇管理部门的规定办理登记。国家规定需要事先经有关主管部门批准或者备案的,应当在外汇登记前办理批准或者备案手续。借用外债应当按照国家有关规定办理,并到外汇管理机关办理外债登记。提供对外担保,应当向外汇管理机关提出申请,由外汇管理机关根据申请人的资产负债等情况作出批准或者不批准的决定。银行业金融机构在经批准的经营范围内可以直接向境外提供商业贷款。其他境内机构向境外提供商业贷款,应当向外汇管理机关提出申请,外汇管理机关根据申请人的资产负债等情况作出批准或者不批准的决定。资本项目外汇支出,应当按照国务院外汇管理部门关于付汇与购汇的管理规定,凭有效单证以自有外汇支付或者向经营结汇、售汇业务的金融机构购汇支付。资本项目外汇及结汇资金,应当按照有关主管部门及外汇管理机关批准的用途使用。外汇管理机关有权对资本项目外汇及结汇资金使用和账户变动情况进行监督检查。

关于金融机构外汇业务管理,《外汇管理条例》规定:金融机构经营或者终止经营结汇、售汇业务,应当经外汇管理机关批准;经营或者终止经营其他外汇业务,应当按照职责分工经外汇管理机关或者金融业监督管理机构批准。外汇管理机关对金融机构外汇业务实行综合头寸管理。金融机构的资本金、利润以及因本外币资产不匹配需要进行人民币与外币间转换的,应当经外汇管理机关批准。

关于人民币汇率和外汇市场管理,《外汇管理条例》规定:人民币汇率实行以市场供求为基础的、有管理的浮动汇率制度。经营结汇、售汇业务的金融机构和符合国务院外汇管理部门规定条件的其他机构,可以按照国务院外汇管理部门的规定在银行间外汇市场进行外汇交易。外汇市场交易的币种和形式由国务院外汇管理部门规定。

可见,外汇管理条例确立了以市场供求为基础的、单一的、有管理的人民币浮动汇率制,对过去官方汇率与外汇调剂市场汇率并存的双重汇率实行并轨;确立了银行间的外汇交易市场,改进了汇率形成机制;确立了外汇收入结汇制,取消了以前的外汇留成、上缴和额度管理制度;确立了银行售汇制,实现了人民币在经常项目下有条件的可兑换,但对资本项目仍实行比较严格的管理。我国现行外汇管理体制克服了旧的管理体制的弊端,有利于充分地发挥市场机制的作用,对于促进我国对外贸易和投资的发展,将会产生积极的影响。

第十三章 国际税法

第一节 国际税法概述

一、国际税收

国际税收是具有涉外因素的税收。

税收是国家为实现其公共职能而凭借其政治权力,依法强制、无偿地取得财政收入的活动。

作为一种财产取得方式,税收的特征有以下几方面。

第一,主权性。征税权只属于国家。任何其他实体都不享有征税权。国家的这种取得财产的方式依据的是政治权力而不是财产权利,后者如物权或债权。国家的税收活动虽然是基于政治权力,但必须通过法律加以确定。

第二,公益性。国家通过征税所取得的收入应用于公共目的。可以从两个方面来理解税收的公益性:一方面,税收收入是维持国家机器正常运转的基本经费来源,而国家机器的运转被认为是服务于全社会的;另一方面,税收被用来向社会提供公共物品(public goods),如城市基础设施等,而公共物品也是服务于全社会的。

第三,强制性。税收由国家单方确定和强制执行,不取决于个别纳税人的意志。税收具有强制性的理由在于:征税权来自于国家主权,而国家主权是一国之内最高的权威。同时,税收又具有公益性,因此,强制性的税收具有正当性。

第四,无偿性。国家向纳税人征税,既没有事先支付的代价,也没有事后支付的补偿。但如前所述,由于国家税收是取之于民,用之于民,因此,税收的无偿性应理解为没有直接的按比例的补偿。

第五,确定性或固定性。国家税收依法而定,因而它是明确的、长期有效的,有别于临时性的捐、费的征缴。

税收具有多方面的功能。

首先,税收是国家取得财政收入的基本手段。没有税收收入,就无法保证国家机器的正常运转。这是税收的最原始、最基本的功能。说它是税收的最原始的功能,是因为最初的征税即是为了获取维持国家这一与社会相脱离的公共权力的费用;说它是税收的最基本的功能,是因为,除维持国家机器运转之外,税收还有其他的功能,如果没有国家机器的正常运转,税收的其他功能也就无法实现。通过征税的方法获得财政收入,优于其他的方法。例如,增发货币也可以增加财政收入,但没有经济依据的增发货币将导致通货膨胀;发行国债也是一种取得财政收入的方法,但债券的发行必须是有偿的,因此,不能大规模发行;国家也可以通过收费的方法取得财政收入,依照"谁受益,谁付费",向公共物品的使用者或受益者收取费用,但收费在多数情况下操作困难。税收则可以克服上述各种方法的缺陷。

其次,税收是国家向社会提供公共物品的资金来源。税收收入不仅被用来支付政府的开销,也被用来服务于社会。现代国家已经不仅仅是社会的"守夜人",它所担负的职能越来越多,包括向社会提供大量的公共物品(包括设施与服务),而其中的费用也主要来自于税收。

最后,税收被国家用来进行宏观控制,调节经济运行。通过征税,国家可参与社会收入的再分配,对各类社会实体的收入及其运用产生重大影响。这种影响可表现为对投资的影响、对储蓄的影响、对产业结构的影响、对各类资源配置的影响等。

依据课税对象的不同,现代各国的税收体系通常由五大课税体系构成,每一课税体系又由若干税种组成。这五大课税体系及其所包含的具体税种如下。

(1) 所得税体系,以所得额为征税对象,包括:所得税、利得税(资本利得、其他利得)、收益税(房产收益、土地收益)等。

(2) 商品税(流转税)体系,以商品流转额为征税对象,包括:营业税(销售税)、增值税、消费税、关税等。

(3) 财产税体系,以财产为征税对象,包括:一般财产税(如财产净值税)、特种财产税(如房产税)、财产转让税(遗产税、赠与税)等。

(4) 行为税体系,以特定行为作为征税对象,包括:屠宰税、契税等。

(5) 资源税体系,以特定自然资源的开发、使用作为征税对象,包括:矿产品税、土地使用税等。

在上述税种中,所得税和商品税往往是主体税种。

税收在很长的历史时期内被限定在一国疆域之内。尽管随着国际贸易的出现,产生了关税征收问题,但税收关系在资本主义生产方式确立之前基本上是一种国内经济关系。随着资本主义生产方式的产生与发展,商品经济空前发达。先是国际贸易的迅速发展,之后又出现了资本输出、技术输出和劳务输出。日益频繁的国际经济交往推动税收突破了本国居民和本国领土的界限,使得税收经常含有涉外因素,如纳税人是外国人、课税对象位于国外等。这种含有涉外因素的税收即为国际税收。国际税收使税收关系复杂化,例如会引发不同国家的税收管辖权的冲突,而税收管辖权的冲突又会导致纳税人税负加重,从而阻碍国际经济交往。从纳税人角度看,为了减轻自己的税务负担,会选择避开税负较重的国家的税收管辖,甚至借政府信息不畅之便通过不法手段逃避纳税义务。

二、国际税法

税法是调整税收关系的各种法律规范的总和。税收关系是指国家或代表国家行使征税权力的国家税务机关因征税、纳税而同纳税人结成的社会关系，以及各相关国家机关因税收方面的权限划分所结成的社会关系。前者为税收征纳关系，后者为税收体制关系。

国际税法是调整国际（跨国）税收关系的各种法律规范的总和。

国际税收关系即具有涉外因素的税收关系。国际税收关系包含涉外因素主要有两种情形：一是纳税主体，即纳税义务人为外国人（包括自然人和法人）；二是纳税客体，即征税对象位于或发生于国外。只要纳税主体与客体中的一个具有涉外因素，这种税收关系即为跨国税收关系或国际税收关系。

国际税收关系首先表现为一国政府同纳税人之间的关系，这是基本的和大量存在的国际税收关系。例如，A国公民长期在B国投资兴办企业，其收入既有从B国取得的部分，也有从A国取得的部分。B国既可以对该公民从B国取得的收入课税，也可以以他长期居住在B国为理由，对他从A国取得的收入课税。而A国则可以以其是A国公民为理由，不仅对他从A国取得的收入课税，而且也对他从B国取得的收入课税。在这里，B国对A国公民的收入进行课税而结成的税收关系和A国对本国公民在B国的收入进行课税而结成的税收关系都是典型的国际税收关系。这类税收关系基本上由一国的法律来规定。对外国人在本国的收入如何课税，对长期居住在本国的外国人的境外所得是否课税，如何课税以及对本国人的国外所得的课税，可由一国自行决定，这是一国行使主权的表现。有关的纳税人必须依照该国的法律规定缴纳税款，其他国家对此都无权质疑。

但一国的涉外税收立法又不是毫无约束的。为了使税收立法更加科学化，有利于促进国家间的经济技术合作，一国在制定涉外税收法规时就不能不考虑参照其他国家的立法实践。同时，为了使税收有利于国际经济交往，国家间还可以通过缔结条约就某些类型的税收征缴承担某种作为或不作为的义务。此时，一国在制定其涉外税收法律法规时，就不应与其承担的国际义务相冲突。

另一类国际税收关系是有关国家之间因涉外税收活动而结成的一种关系。国家税收虽然从本质上说是一国主权范围之内的事情，但由于国家在税收管辖方面存在着冲突，同一纳税人可能要就同一所得向不同的国家纳税，这显然不利于鼓励国际投资和其他方面的国际经济交往。同时，跨国税收引起的其他一些问题，如国际偷税漏税问题，也需要有关国家的合作才能予以解决。因此，出现了另一类跨国税收关系，即国家就跨国税收问题进行某种约定，彼此承担一定的权利义务，以避免税收管辖冲突可能带来的不利情况,并在其他方面进行某种合作。与前一类跨国税收关系相比,国家间所结成的跨国税收关系具有三个基本特征:第一,它是平等主体之间所结成的一种关系,彼此互不从属,而国家与纳税人之间所结成的跨国税收关系则是不是平等主体之间所结成的一种关系,纳税人对国家来说处于从属地位,这种从属关系是基于国家的属人管辖权和属地管辖权所形成的。第二,国家之间的跨国税收关系是自愿结成的,具有任意性,而纳税人与国家所结成的跨国税收关系则出于国家单方面的意志,具有强制性。第三,国家之间的跨国税收关系是由国家间的协定或条约来调整的,而纳税人与国家之间的跨国税收关系则主要(直接)由有关国家的国内法加以调整。

三、国际税法的构成要素

国际税法的构成要素,即构成国际税法的必要因素或必不可少的内容。

由于国际税法包含调整国家与纳税人之间的跨国税收关系和调整国家之间的跨国税收关系的两大类规范,而前者基本上是国内法规范,后者则表现为国际法规范,因此,国际税法的构成要素也可以分为两类,即国内法渊源的构成要素和国际(公)法渊源的构成要素。

由于国际税法的国际法渊源主要体现为国际税收条约,因此,国际法渊源的税法构成要素也即国际税收条约的主要成分或内容。国内法渊源的税法构成要素主要包括以下几方面。

1. 税法主体

税法主体是在税收法律关系中以自己的名义享有权利和承担义务的当事人,包括征税主体和纳税主体两类。

严格说来,由于征税权是国家的主权性权力,因此,征税主体只能是国家。但在实践中,国家经常授权有关政府机关来具体地行使征税权。在我国,由各级税务机关、海关和财政部门具体负责税收征管。其中,税务机关是最重要的、专门的税收征管机关,它负责一般的税收征管;海关负责征收关税、船舶吨税,代征进口环节的增值税、消费税;财政机关曾主要负责农业税收的征管,随着农业税的取消,财政部门负责的税种还有农林特产税、耕地占用税和契税。

纳税主体又称纳税义务人,简称纳税人,是指依照税法规定直接负有纳税义务的自然人、法人和非法人组织。对纳税主体可依不同标准加以分类。例如,在所得税法中,纳税主体可分为居民纳税人和非居民纳税人;在增值税法中,纳税主体可分为一般纳税人和小规模纳税人等。此外,在税收征管和税收负担方面,纳税主体还可以分为单独纳税义务人和连带纳税义务人,实质上的纳税义务人和形式上的纳税义务人等。纳税主体在各个具体的税法或税收条例中不尽相同,它直接影响到征税的范围,因而是各税法或税收条例必须首先加以明确的要素。

2. 征税客体

征税客体,也称征税对象或课税对象,是指征税直接指向的标的,它解决对什么征税的问题。

征税客体在税法的构成要素中居于十分重要的地位。因为它是各税种间相互区别的主要标志,也是进行税收分类和税法分类的最重要的依据,同时,它还是确定征税范围的重要因素。

依征税对象性质的不同,可以将其分为商品税、所得税和财产税三大类。

3. 税目与计税依据

税目与计税依据是对征税对象在质与量的方面的具体化。

税目,是税法规定的征税的具体项目。它是征税对象在质的方面的具体化,反映了征税的广度。

计税依据,也称计税标准、计税基数,简称税基,是指根据税法所确定的用以计算应纳税额的依据,即据以计算应纳税额的基数。计税依据是征税对象在量的方面的具体化。

由于征税对象只有在量化后才能据以计税,因此计税依据的确定是必不可少的重要环节,它直接影响到纳税人的税负。

4. 税率

税率是应纳税额与计税基数之间的数量关系或比率。它是衡量税负高低的重要指标,是税法的核心要素,它反映国家征税的深度和国家的经济政策,是极为重要的宏观调控手段。

税率可分为比例税率、累进税率和定额税率。

比例税率是指对同一征税对象,不论其数额大小,均按照同一比例计算应纳税额的税率。采用比例税率便于计算和征纳,有利于提高效率,但不利于实现公平。比例税率在商品税领域应用得比较普遍。

累进税率是指随着征税对象的数额由低到高逐级累进,适用的税率也随之逐级提高的税率,即按征税对象数额的大小划分若干等级,每级由低到高规定相应的税率,征税对象数额越大,适用的税率越高,反之则相反。累进税率可以分为全额累进税率和超额累进税率。前者是指对征税对象的全部数额都按照与之相对应的该等级税率征税,纳税人负担相对较重,且有时会出现税负的增加超过征税对象的数额的增加的不合理现象。后者是指对不同等级的征税对象的数额,分别按照与之相对应的等级的税率来计税,然后再加总计算总税额。适用超额累进税率实质上仅对高于低等级征税对象数量的部分适用相应的高税率,有利于体现公平精神,因而应用较广。

定额税率是指按征税对象的一定计量单位直接规定的固定的税额,因而也称固定税额。定额税率不受价格变动影响,便于从量计征,因而多适用于从量税。定额税率的适用有时也可能造成不公平的税负。

5. 税收特别措施

税收特别措施包括两类,即税收优惠措施和税收重课措施。

前者以减轻纳税人的税负为主要内容,并往往与一定的经济政策的引导有关,因而也称税收诱因措施;后者是以加重税负为内容的税收特别措施,如税款的加成、加倍征收等。

6. 纳税时间

所谓纳税时间,是指在纳税义务发生后,纳税人依法缴纳税款的期限,因而也称纳税期限。纳税期限可分为纳税计算期和税款缴库期两类。

纳税计算期说明纳税人应多长时间计缴一次税款,反映了计税的频率。纳税计算期可分为按次计算和按期计算。按次计算是以纳税人从事应税行为的次数作为应纳税额的计算期限,一般较少运用。按期计算是以纳税人发生纳税义务的一定期限作为纳税计算期,通常以日、月、季、年为一个期限。按期计算适用较广。

税款缴库期说明应在多长期限内将税款缴入国库,它是纳税人实际缴纳税款的期限。税款缴库期不仅关系到纳税义务的实际履行,而且也关系到国家能否获取稳定、及时的财政收入。

7. 纳税地点

纳税地点是纳税人依据税法规定向征税机关申报纳税的具体地点,它说明纳税人应向哪里的征税机关申报纳税以及哪里的征税机关有权实施管辖的问题。

税法上规定的纳税地点主要有以下几类:机构所在地、经济活动发生地、财产所在地、报关地,等等。

第二节 税收管辖权

一、税收管辖权概述

税收管辖权是指国家就特定人的财产或行为对其征税的权力。

税收管辖权的概念告诉我们哪一国家有权对哪些人的哪些财产或行为进行征税。具体地说,税收管辖权这一概念包含以下三方面的要素。

第一,征税主体。征税主体即为享有税收管辖权的国家。在国际经济交往尚不发达的时候,税收关系往往局限于一国领土范围之内,因此征税主体是单一的。而在当今的国际社会中,由于人们的经济活动经常超越一国的界限,税收关系也变得复杂起来,对同一人的同一财产或行为,可能有不同的国家同时行使征税权。征税主体的增多是国际税收关系有别于国内税收关系的一个显著特征。

第二,纳税主体。纳税主体即按照征税主体单方面规定负有纳税义务的自然人、法人或其他社会实体。税收管辖权的基本作用之一在于确定哪些范围的人须向国家纳税。根据当今的国际实践,纳税主体通常被分为纳税居民(我国税法称"居民个人""居民企业")和非居民(我国税法称"非居民个人""非居民企业")两类。纳税居民须就其环球所得(包括境内收入和境外收入)缴纳所得税,而非居民通常仅就其来源于征税国的所得纳税。

第三,征税对象。征税对象也即征税客体。征税对象的范围是对一国的税收管辖权的重要限定。在国际税收关系中,征税对象主要是跨国所得,既纳税主体通过跨国经济活动所取得的收入。所得可分为总所得与应税所得。前者是指纳税人的各项毛收入的总和;后者是指按照税法规定扣除各项成本和费用之后而应予课税的纯收入。对跨国所得进行征税,主要是针对那些以商业活动为内容而取得的收入,对那些从以非商业活动所取得的收入,尽管是跨国所得,有税收管辖权的国家通常也放弃其管辖,不将其列入课税的范围。如中法两国政府于2014年签订的《关于对所得避免双重征税和防止偷漏税的协定》第十九条规定:"任何自然人是,或者在直接前往缔约国一方之前时曾是缔约国另一方居民,仅由于在该缔约国一方的大学、学院、学校或为该国政府承认的教育机构和科研机构从事教学、讲学或研究的目的,停留在该缔约国一方,从其到达之日起停留时间累计不超过3年的,该缔约国一方应对其由于教学、讲学或研究取得的报酬,免予征税。"

作为课税对象的跨国所得,除营业利润、工资等所得之外,通常还包括财产所得(对纳税人的占有财产额或转让财产所取得的收入进行课税)、股息所得、利息所得、特许权使用费所得、技术费所得(提供技术服务所取得的收入)以及退休金,等等。

将哪些物和行为列入课税对象的范围主要取决于一国的国内立法,但国家间的税收协定或条约也可起到确定有关国家的课税对象的范围的作用。例如前面所列举的中法两国政府的税收协定,就将缔约国另一方的教学科研人员在一定时期的教学、科研收入排除在收入取得地的税收管辖之外。至于缔约国另一方是否将该项所得列为课税对象,则又需根据该国的国内立法来确定。

二、税收管辖权的类型

税收管辖权源自一国主权,因此完全可由一国依其国内立法来单方面确定。除通过双边国际税收协定或多边税收公约当事国自愿对这种权力作一些自我限制之外,一般国际法对一国的税收管辖权的范围并无明确的限制。但是从当今的国际实践来看,各国所主张的税收管辖权无非有两种基本类型:一为居住国税收管辖权,一为收入来源税收管辖权。

1. 居住国税收管辖权

居住国税收管辖权,也称属人主义管辖权,是指一国政府有权对本国纳税居民在本国和世界各地所取得的收入课税。纳税居民既包括自然人也包括法人。

确定某一自然人是否为纳税居民(我国税法中的"居民个人")可采用公民标准和/或居住时间标准。依据前者,只要某一自然人为一国公民,该自然人就是该国的纳税居民,须就其环球所得纳税。依据后者,只要某自然人在一国居住达一定时期,该自然人就是该国纳税居民,应就环球所得纳税。

在确定某一公司是否为纳税居民(我国税法中的"居民企业")时,一般首先要确定该公司是否为该国的法人,而确定某公司是否为某国的法人,各国又有不同的标准。主要有登记地原则、管理和控制中心地原则、资本控制原则和主要营业活动所在地原则。依据登记地原则,只要一个公司在一国登记注册,即成为该国的法人,即使其股份或资本完全由外国人所有。依据管理和控制中心地原则,法人的国籍由其控制和管理中心地所决定。因此,如果某一公司的控制或管理机构设在某国,那么该公司即为该国的公司。管理与控制中心所在地也可以理解为公司的总管理机构所在地,因为公司的总管理机构通常为该公司的管理与控制中心。依据资本控制原则,确定法人国籍的标准主要视其为哪国公民所控制,以掌握法人的控股权的股东的国籍或居住地为该法人的国籍或住所。

在确定了某一公司的国籍之后,本国公司自然要完全接受本国的税收管辖,一般须就其环球所得纳税。对外国公司则还要区分外国居住公司和外国非居住公司。所谓外国居住公司通常是指在本国境内设有"常设机构"的外国公司。对外国居住公司,在纳税上一般实行与本国公司同等对待的原则。但也有的国家的税法规定,外国公司不论是否为居住公司,都仅就来源于本国的收入课税。对外国非居住公司,则仅就其来源于本国的收入课税。

《中华人民共和国个人所得税法》(2018年修订)(以下简称《个人所得税法》)第一条规定:"在中国境内有住所,或者无住所而一个纳税年度内在中国境内居住累计满183天的个人,为居民个人。居民个人从中国境内和境外取得的所得,依照本法规定缴纳个人所得税。"可见,"居所"与"居住天数"是判断一个人的纳税身份的基本标准。所谓"在中国境内有住所",依据《中华人民共和国个人所得税法实施条例》第二条的规定,是指"因户籍、家庭、经济利益关系而在中国境内习惯性居住"。

《中华人民共和国企业所得税法》(2018年修订)(以下简称《企业所得税法》)第二条规定:"企业分为居民企业和非居民企业。本法所称居民企业,是指依法在中国境内成立,或者依照外国(地区)法律成立但实际管理机构在中国境内的企业。"《企业所得税法》第三条规定:"居民企业应当就其来源于中国境内、境外的所得缴纳企业所得税。"

可见,一家外国企业在我国是否设有实际管理机构是判断其纳税身份的重要标准,按照《中华人民共和国企业所得税法实施条例》(以下简称《企业所得税法实施条例》)第四条的规定,《企业所得税法》第二条所称实际管理机构,"是指对企业的生产经营、人员、账务、财产等实施实质性全面管理和控制的机构"。

2. 收入来源税收管辖权

收入来源税收管辖权,也称属地主义税收管辖权,其基本含义为:凡是在本国领土上取得的收入(来源于本国的收入),不论取得收入者是本国人还是外国人,是居民还是非居民,本国政府都有权课税。这一概念还可以做狭义理解,即纳税人仅有义务就其在征税国的境内所得向征税国纳税。做广义理解时,是指一切纳税人都处于一国的收入来源税收管辖权之下,其中的一部分人(纳税居民)还须同时接受征税国的居住国税收管辖权。做狭义理解时,它仅指征税国有权对非纳税居民(纳税居民以外的一切纳税人)来源于本国的所得课税,而不是对他们的环球所得征税。纳税居民则处于征税国的居住国课收管辖之下,就其环球所得纳税。目前人们在谈到收入来源税收管辖权时,通常是就其狭义而言,以同居住国税收管辖权相对应,即征税国对纳税居民行使居住国税收管辖权;对非纳税居民行使收入来源税收管辖权。

《个人所得税法》第一条规定:"在中国境内无住所又不居住,或者无住所而一个纳税年度内在中国境内居住累计不满183天的个人,为非居民个人。非居民个人从中国境内取得的所得,依照本法规定缴纳个人所得税。"

《企业所得税法》第二条规定:"本法所称非居民企业,是指依照外国(地区)法律成立且实际管理机构不在中国境内,但在中国境内设立机构、场所的,或者在中国境内未设立机构、场所,但有来源于中国境内所得的企业。"《企业所得税法》第三条规定:"非居民企业在中国境内设立机构、场所的,应当就其所设机构、场所取得的来源于中国境内的所得,以及发生在中国境外但与其所设机构、场所有实际联系的所得,缴纳企业所得税。非居民企业在中国境内未设立机构、场所的,或者虽设立机构、场所但取得的所得与其所设机构、场所没有实际联系的,应当就其来源于中国境内的所得缴纳企业所得税。"

上述法律规定分别确立了我国对非居民个人和非居民企业的收入来源税收管辖权。

一般说来,发展中国家在国外的投资很少,而国内却有许多外国投资者兴办的企业,因此,这些国家都比较强调收入来源税收管辖权,以维护本国的主权,增加本国的经济收益。发达国家在国外有很多投资,为了增加本国政府的收入,这些国家都主张居住国税收管辖权,以分享本国的海外投资者所赚取的利润。由于发达国家之间相互都有大量的资本输出,因而它们也兼采收入来源税收管辖原则。事实上,目前绝大多数的国家都实行双重税收管辖权,即对纳税居民行使居住国税收管辖权,对非纳税居民行使收入来源税收管辖权。从而使得凡来源于本国的收入,不论纳税居民还是非纳税居民,本国都有权课税;凡属本国纳税居民,不论其收入来源于本国或是外国,本国也都有权课税。双重税收管辖权的行使,扩大了一国的征税来源,使得与一国有关的跨国所得尽可能多地归于该国的税收管辖范围之内。

两种类型的税收管辖权的并存已使不同国家的税收管辖权的冲突成为可能;而多数国家同时行使两种类型的税收管辖权,则无疑加剧了这种冲突。对一笔跨国收入,A国可依据收入来源管辖权对其课税,B国则可能依据居住国税收管辖权也对其课税,从而产生税收管辖权的冲突。对纳税人来说,则意味着就同一笔收入向不同的国家同时负有纳税义务,这显然不利于国际经济交往。如何解决国际间重复课税的问题,便成为国际税法的核心问题之一。

第三节 双重征税

一、重复课税和重叠课税

由于目前世界上大多数国家都同时主张居住国税收管辖权与收入来源税收管辖权,因而极可能出现国际双重征税,即不同国家同时对同一纳税人或同一课税对象行使税收管辖权。

双重征税又可分为重复课税与重叠课税。

重复课税是指两个(甚至两个以上的)国家对同一跨国纳税人就同一课税对象在同一时间内征税。国际重复征税使跨国纳税人须就同一所得承担双重税负,因此不利于国际经济合作和技术交流的开展。为此,国际社会已作出种种努力,试图以适当法律措施来避免或缓解国际重复征税。从目前的情况看,避免或缓解重复征税的途径主要有两种,一是在国内法中规定某种办法避免或缓解重复征税;另一种是通过缔结国际条约避免或缓解重复征税。这些国内立法和国际条约所规定的避免或缓解国际重复征税的措施主要有三类:一是对国外来源的收入免税,通称为免税制;二是将纳税人在收入来源国所缴纳的税款扣除后再加以征税,通称为扣除制;三是在纳税人将国外所得汇回居住国时,将已在收入来源国实际缴纳的税款在居住国按所得税税率应缴纳的税额内抵免,通称为抵免制。

国际重叠课税是指不同的纳税人须就同一项所得纳税。例如,一家德国公司在中国设立一家全资子公司。子公司就其营业所得要向中国政府缴纳企业所得税。德国公司就其从中国子公司获得的税后利润,还需要向德国政府缴纳企业所得税。两次征税的对象均为德国公司在中国的子公司的营业收入。国际重叠课税也会对国际经济交往产生负面影响,因此,国际上也存在着一些相应的减缓措施。

二、免税制

免税制是指征税国政府对纳税人的特定收入不予征税。多数情况是居住国政府对纳税人在收入来源国已缴税的收入不再征税。例如,中国与德国两国政府于2014年3月签订的《对所得和财产避免双重征税和防止偷漏税的协定》第二十三条第二款规定:德国"对来自中国的所得以及位于中国的财产,凡按照本协定可在中国征税的,应当从德国的税基中免除"。

免税制实际上等于居住国放弃了税收管辖权,承认收入来源国的税收管辖权。对于有大量资本输出的国家来说,这无疑会造成财政收入的大量减少。许多人站在发达国家的立场认为,到国外投资在资源、原材料价格、劳动力价格、市场条件等方面都比在国内投资处于有利的地位。如果再给以免税待遇,就会造成资金及技术力量的大量外流,从而影响本国经济的发展。因此,大多数发达国家都不采用这种方法。对广大发展中国家来说,它们自然赞成普遍实行单一的收入来源税收管辖权,因为这些国家很少到国外投资,而是大量吸收外国资本,普遍实行单一的收入来源税收管辖权可大大增加财政收入,并且可使这些国家所实行的对外国投资者的优惠税收措施充分地发挥效力。但是,在大多数发达国家并不放弃居住国税收管辖权的情况下,发展中国家自然也没有理由放弃居住国税收管辖权而采用免税法。

实行免税制在通常情况下是由征税国放弃居住国管辖权。在个别情况下,也有由征税国有条件地放弃收入来源税收管辖权的,如有的国家规定,对外国非居民不是通过设在本国的常设机构取得的利息、特许权使用费实行免税。

有些国家实行免税制是无条件的,如一般地规定对本国居民的国外投资所得免税。有些国家则在采用免税法时附加一定的条件,如规定,居住在本国的跨国纳税人必须将其缴纳外国政府税款以后的所得全数汇回本国,并在股东间进行股息分配。通过这种附加条件的规定,可在鼓励向海外投资的同时,引导投资利润汇回本国,以改善本国的国际收支状况,并扩大国内消费。前述中德两国税收协定第二十三条第二款规定的免税,对于股息收入免税的条件为"仅适用于中国居民公司支付给直接拥有该公司至少25%资本的德意志联邦共和国居民公司(不包括合伙企业)的股息,且该股息在计算股息支付公司的利润时未作扣除。如果支付的股息根据以上规定可以免税,则据以支付股息的股份应免于征收财产税"。

免税制是以承认单一税收管辖权(通常是收入来源税收管辖权)为前提的,因而是从根本上消除国际双重课税的办法。但是,如前所述,由于发达国家与发展中国家之间资本的相互流动极不平衡,而且发达国家与发达国家之间、发展中国家与发展中国家之间资本的相互流动也有多少之分,因此,很难要求各国一律放弃居住国税收管辖权。同样道理，也不能要求各国只行使居住国税收管辖权而放弃收入来源地管辖权。希望通过普遍实行免税法来解决国际双重征税问题难见成效。

三、抵免制

抵免制是指征税国对其纳税居民在国外已被征收的税款，允许在本国税法规定应缴纳的税额中予以抵销。例如，中国与俄罗斯两国政府于 2014 年 10 月签订的《对所得避免双重征税和防止偷漏税的协定》第二十二条第一款规定："中国居民从俄罗斯取得的所得，按照本协定规定在俄罗斯缴纳的税额，可以在对该居民征收的中国税收中抵免。但是，抵免额不应超过对该项所得按照中国税法和规章计算的中国税收数额。"

与免税制不同，抵免制并不是由征税国放弃某一种税收管辖权，而是在承认收入来源税收管辖权的优先地位的同时，保有居住国税收管辖权。其实际后果是，在一定限额内，将跨国纳税人依居住国税收管辖原则本应缴纳给居住国的税款部分地或全部地转让给收入来源国。

根据目前的国际实践，实行抵免制通常要满足下列条件。

第一，只有在国外被课征的税才能抵免，其他非税课征不能享受抵免。

第二，只有所得税才能抵免。

第三，只有已实际缴纳的所得税才能抵免，即税收的权责必须已经发生。

第四，实行限额抵免，即对国外所纳税款的抵免额不能超过国外所得额按本国税法规定的税率所应缴纳的税款额。

第五，抵免通常是在有关国家之间进行的。

美国从 1918 年开始就实行了税收抵免政策，允许纳税人可以在国内缴纳的所得税中抵免在国外已纳的税款。抵免法目前已被许多国家所采用，并成为避免国际双重征税的主要办法。

抵免可分为直接抵免和间接抵免。直接抵免是对跨国纳税人在国外直接缴纳的税款的抵免，如对个人在国外缴纳的工资、薪金等收入的所得税额的抵免，对居住国总公司的国外分公司在国外缴纳的所得税款的抵免等。间接抵免是对跨国纳税人间接缴纳的税款的抵免，一般适用于居住国母公司的外国子公司对外国政府所缴纳的所得税额。由于母公司与子公司是各自独立的经济实体，所以子公司在国外交纳的税款不能从母公司应缴税款中直接予以抵免，但在母公司从子收到股息时，该股息已在国外被课征了所得税，即母公司已间接地向外国政府缴纳一定税款，因而也应该给予一定的抵免。直接抵免对应的是重复课税问题，间接抵免对应的是重叠课税问题。

直接抵免的计算方法比较简单，在外国税率低于或等于本国税率时，其公式为：

国外所得额×居住国税率－国外已纳税额＝应向居住国缴纳的所得税税额

假设某投资人的国外所得为 100 万元，来源国税率为 10％，居住国税率为 20％，则其向本国应缴税额为：

$$100 \text{ 万元} \times 20\% － 100 \text{ 万元} \times 10\% ＝ 10 \text{ 万元}$$

即，该投资人在来源国缴纳的 10 万元的税款可以得到抵免，他只须另向本国缴纳 10 万元的税款。而如果不实行抵免制，他则须向本国缴纳 20 万元（100 万元×20％）的税款。

税收抵免的后果，取决于来源国与居住国两国税率的相差情况。在两国的税率相同的情况下，跨国纳税人在国外缴纳的所得税完全可以得到抵免。当来源国的税率低于居住国的税率时，跨国纳税人则须向居住国补交差额税款。在来源国的税率高于居住国的税率的情况下，跨国纳税人所享受的抵免税额，不能超过按居住国税法规定的税率所应缴纳的税额。

假设某一跨国纳税人在某一纳税期间来自居住国的所得为 100 元，来自外国的所得也是 100 元，在本国税率与外国税率同为 20％ 的情况下，按抵免法该纳税人应向本国政府缴纳的税款为：

$$(100 \text{ 元} ＋ 100 \text{ 元}) \times 20\% － 100 \text{ 元} \times 20\% ＝ 20 \text{ 元}$$

上列算式表明，纳税人须实际向两国政府分别缴纳 20 元税款。纳税人向本国实际缴纳税款等于其就来自本国的所得而应缴纳的税款（100 元×20％＝20 元）。换言之，该纳税人向外国政府缴纳的税款已完全得到抵免。

假设其他情况不变，而外国税率改为 10％，这时按抵免法该纳税人须向本国政府缴纳的税款则应为：

$$(100 \text{ 元} ＋ 100 \text{ 元}) \times 20\% － 100 \text{ 元} \times 10\% ＝ 30 \text{ 元}$$

上列算式表明，纳税人在国外缴纳的税款（10 元）已完全得到抵免，但因为外国税率低于本国税率而形成的差额税款（10 元）则应补交给本国政府。与第一种情况相比，纳税人实际缴纳给两国政府税款的总额未变（10 元＋30 元＝40 元），只是本国政府比在第一种情况下多得税款 10 元，而这 10 元税款产生于外国比本国低的税率。

假设本国税率仍为 20％，而外国税率为 30％，这时，如果仍依上述抵免公式计算，则纳税人应向本国政府缴纳的税款为：

$$(100 \text{ 元} ＋ 100 \text{ 元}) \times 20\% － 100 \text{ 元} \times 30\% ＝ 10 \text{ 元}$$

这样计算的结果，纳税人向本国政府缴纳的税款小于其就来源于本国的所得而应缴纳的税款（100 元×20％＝20 元），也就是说，跨国纳税人不因外国的高税率而受影响（其总的税款支出仍为 40 元），而收入来源国政府则用其高税率挖走了居住国的财政收入。这种情况显然是不合理的。因此，目前各国在采用抵免法的同时普遍规定了抵免限额,即对纳税人在国外已纳税款的抵免不能超过国外所得额按本国税法规定的税率所应缴纳的税款额。因而,此时的算式应为:

$$(100\ 元 + 100\ 元) \times 20\% = 100\ 元 \times 20\% = 20\ 元$$

也就是说,纳税人仍须向本国政府缴纳 20 元的税款;外国税率高于本国税率而形成的差额税款(10 元)须由纳税人本人承担,而无法得到抵免。

抵免限额可分为分国限额和全面限额。

分国限额是指当跨国纳税人从两个以上的国家取得收入时,居住国对其在每一个外国缴纳的税款分别确定出抵免限额。全面限额是指当跨国纳税人从两个以上的国家取得收入时,居住国对其在国外缴纳的全部税款确定出一个总的抵免限额。采用不同的抵免限额,对跨国纳税人的利益会产生重大影响。一般说来,当跨国纳税人在不同的外国有盈有亏时,分国限额法对其比较有利,因为如果这时采用全面限额法就会使其盈亏相互抵销,从而可能加重其税负。而当跨国纳税人在一个外国的所得税超过了限额,在另一个外国的所得税不足限额时,采用全面限额法对其就更为有利,因为这样可以用一国不足的限额去弥补另一国的超限额,使其在某些高税率国家所缴纳的超过限额的税款可以得到抵免。

四、扣除制

扣除制是指居住国在对跨国纳税人征税时,允许纳税人将国外已纳税款从本国应税所得额中予以扣除,其基本公式为:

$$(国外所得额 - 国外已纳税款额) \times 居住国税率 = 向居住国应纳税款额$$

例如,某跨国纳税人从某外国获取的税前所得为 100 元,该外国的所得税税率为 10%,居住国的税率为 20%,按扣除法该纳税人应向居住国缴纳的税款额为:

$$(100\ 元 - 100\ 元 \times 10\%) \times 20\% = 18\ 元$$

扣除制与免税制、抵免制相比有性质上的差别。实行免税制的意义,在于一国放弃(或有条件地放弃)某一种税收管辖权(通常为居住国税收管辖权),承认他国的税收管辖的独占地位,在跨国纳税人已就境外所得向收入来源国政府缴纳了税款时,本国即完全放弃税收管辖权。实行抵免制的意义在于承认收入来源国的税收管辖权的优先地位,同时也保有居住国的税收管辖权,由此,跨国纳税人在国外履行了的纳税义务在居住国可以得到完全承认,只是在特定情况下,跨国纳税人才须向居住国另行缴纳税款。实行扣除制则表明居住国无意放弃某种税收管辖权,或承认外国某种税收管辖权具有优先的地位。跨国纳税人在国外缴纳的税款不能从应向本国缴纳的税款中予以抵销,只能作为某种费用从向本国缴纳税款的计税基数中加以扣除,而且无论在何种情况下,只要扣除该项费用后,跨国纳税人仍有所得,那么就必须向居住国履行纳税义务。

因为上述三种方法在性质上不同,所以使用这三种方法所产生的效果也有很大差别。假设某纳税人的国外所得为100元,在收入来源国与居住国的税率都为20%的情况下,则可得出以下情况:

	免税法	抵免法	扣除法
纳税人国外所得	100元	100元	100元
向收入来源国纳税	20元	20元	20元
向居住国纳税	0	0	16元
纳税人税后所得	80元	80元	64元

假设其他条件不变,而收入来源国的税率改为10%,则:

	免税法	抵免法	扣除法
纳税人国外所得	100元	100元	100元
向收入来源国纳税	10元	10元	10元
向居住国纳税	0	10元	18元
纳税人税后所得	90元	80元	72元

当收入来源国的税率改为30%时,则:

	免税法	抵免法	扣除法
纳税人国外所得	100元	100元	100元
向收入来源国纳税	30元	30元	30元
向居住国纳税	0	0	14元
纳税人税后所得	70元	70元	56元

将上面三种情况加以比较,可以看出:免税制的实际效果在于完全免除了跨国纳税人向居住国纳税的义务,从而消除了国际双重征税,纳税人的税后所得只与收入来源国的税率相关。在采用抵免制的情况下,当收入来源国的税率等于或高于居住国税率时,纳税人也可解除向居住国缴付税款的义务,这时其税后所得也仅与收入来源国的税率相关。而当收入来源国的税率低于居住国的税率时,纳税人须向居住国补交由此而形成的差额税款,但纳税人并不因此而增重税负。在采用扣除制时,无论收入来源国的税率与居住国的税率关系如何,纳税人总是负有向居住国纳税的义务,其税额的大小与收入来源国的税率相关。因此,扣除制并不是避免国际重复课税的好方法,它只能在一定程度上减轻双重课税为跨国纳税人所施加的税负。

五、国际税收饶让

国际税收饶让,也称税收饶让抵免,是指居住国(通常为发达国家)政府对跨国纳税人在收入来源国(通常为发展中国家)应纳而减纳或免纳的所得税也同样给以税收抵免待遇,是关于抵免制适用的一种安排。

作为鼓励外商向本国投资的一种基本措施,发展中国家通常都在一定时期内给外商以免缴或少缴所得税的优惠。但是,在资本输入国采用一般抵免法的情况下,资本输入国所实行的这些税收优惠政策并不能使跨国投资人真正受益,因为由此而减免的税收会经过投资人向居住国补交差额税款而转变为居住国的财政收入。为了改变这种情况,作为资本输入国(通常为发展中国家)便要求资本输出国(通常为发达国家)同意实行税收饶让抵免,而多数发达国家为了鼓励资本输出,也愿意接受这种要求。

实行税收饶让的效果在于资本输入国所规定的税收优惠措施能使投资者真正受益,从而起到促进国际投资的作用。假设 A 国的投资者在 B 国投资,获税前利润 100 元,A 国的税率为 30%,B 国的税率为 20%,但 B 国目前只按 10% 的税率征税。这时,如果 A 国不同意实行税收饶让,则投资人应向 A 国缴纳的税款为:

$$100 元 \times 30\% - 100 元 \times 10\% = 20 元$$

投资人的税后所得为 100 元 - 10 元 - 20 元 = 70 元

投资人承担的税负总额与 B 国实行税收优惠前相同。

而如果 A 国同意实行税收饶让,则投资人应向 A 国缴纳的税款为:

$$100 元 \times 30\% - 100 元 \times 20\% = 10 元$$

投资人的税后所得为 100 元 - 10 元 - 10 元 = 80 元

投资人税负总额中减少的部分相当于 B 国实施税收优惠而对其减征的部分。

目前世界各国对税收饶让所持的态度不一,广大发展中国家普遍要求发达国家采用税收饶让。少数国家拒绝采纳这一做法。一些发达国家虽然同意采用税收饶让,但多数仅限于在预提税上给予饶让抵免。税收饶让不是一国单方面所能做到的,在这个问题上必须取得资本输出国,特别是发达国家的合作。在我国与外国所签订的税收协定中,许多都规定了全部或在一定范围内实行税收饶让的条款。例如,中国与日本两国政府签订的《关于对所得避免双重征税和防止偷漏税的协定》第二十三条第四款规定,"'缴纳的中国税收'一语应视为包括假如没有按以下规定给予免税、减税或者退税而可能缴纳的中国税收数额:(1)《中华人民共和国中外合资经营企业所得税法》第五条、第六条和《中华人民共和国中外合资经营企业所得税法施行细则》第三条的规定;(2)《中华人民共和国外国企业所得税法》第四条和第五条的规定;(3)本协定签订之日后,中华人民共和国为促进经济发展,在中华人民共和国法律中采取的任何类似的特别鼓励措施,经缔约国双方政府同意的"。

六、重叠课税与间接抵免

国际重叠课税的基本表现形式为:在公司将其税后所得以股息的方式分配给

其股东后,股东还要就该笔税后所得再缴纳一次所得税。

重叠课税可能是两次课税,也可能是多次课税,因为公司的股东不仅包括自然人,也包括法人,这样,就同一项公司所得,就会出现多个层次的股东。

国际重叠课税加重了纳税人的负担,影响投资人的积极性,并可能促使公司减少股份资本,增加借贷资本,使公司的资本结构不合理,增加公司债权人的风险。

缓解国际重叠课税可采用多种办法,例如,一国可对来自国外的股息减免所得税,从而避免重叠课税。实践中较常采用的减缓国际重叠课税的方法是实行税收间接抵免。

间接抵免与直接抵免的性质和作用相同,但计算起来要复杂一些,其基本步骤如下。

步骤1:母公司分得的股息(A)除以子公司税后所得(B)乘以子公司向东道国缴纳的税款(C)等于母公司分得的股息所承担的税款(D)。即,

$$\frac{A}{B} \times C = D$$

步骤2:母公司分得的股息加上母公司分得的股息所承担的税款等于抵免前按国内税率计税基数。

步骤3:抵免前按国内税率计税基数乘以国内税率减去母公司分得的股息所承担的税额等于抵免后应补交的税额。

假设某母公司拥有其国外子公司20%的股份,子公司的税前所得为100元,按40%的税率向东道国纳税40元,在税后所得的60元中,付给母公司股息12元,母公司居住国的税率为50%,按上述公式计算如下。

1. 母公司分得的股息所承担的税额为:

$$12 元 / 60 元 \times 40 元 = 8 元$$

2. 抵免前按国内税率计税基数为:

$$12 元 + 8 元 = 20 元$$

3. 抵免后应补交的税额为:

$$20 元 \times 50\% - 8 元 = 2 元$$

上述计算过程可以这样理解:在子公司税前所得100元中有20%(即20元)属于母公司;该税前所得按照母公司居住国税率(50%)应向居住国缴税10元,但可以将子公司向收入来源国缴纳的税款(20元×40%=8元)从中抵免,因此,母公司只需向其居住国缴税2元。

无论哪种计算方法,都可以表明,母公司就其股息所得而间接地向子公司东道国缴纳的税款(8元)已完全得到抵免;母公司向居住国政府补交的2元则为子公司东道国的税率低于母公司本国税率所形成的差额税款。

可以证明,如果母公司的居住国与子公司的东道国实行相同的税率,其效果

为：母公司就其股息所得而间接地向子公司东道国缴纳的税款会完全得到抵免，并且不须向居住国政府补交任何税款。同直接抵免的情形相同，当外国税率高于本国税率时，母公司的居住国自然不会允许外国挖走本国的财政收入，因此，各国在实行间接抵免时也都以不超过抵免限额为条件。

间接抵免不仅适用于母公司来自外国子公司的股息所得的税款计算，也适用于母公司通过子公司而来自其外国孙公司以及孙公司下属的多层外国附属公司的股息所得的税款计算，只是需要分层计算出每一个公司在取得其下属公司的股息时就该笔股息所承担的税额。

第四节 国际逃税、国际避税及相关法律应对措施

一、国际逃税与国际避税

依照通行做法，纳税人逃避税收的行为可分为两类：逃税行为（tax evasion）和避税行为（tax avoidance）。

逃税是指纳税义务人违反税法的规定，不履行自己的纳税义务，不交或少交税款的行为。逃税的手段以欺诈行为为主，如隐匿应税收入、作假账、伪造单据等。法律规定中经常出现的偷税、漏税、骗税等，实际上都已包括在逃税这一概念之中。

避税是指纳税人利用税法上的漏洞或规定不明确之处，或税法上没有禁止的办法，作出适当的税务安排和税务策划，以减少或者不承担他应该承担的纳税义务的行为。避税通常并不认为是违法行为，因此，在实践中大量存在。制订避税方案、策划避税措施等咨询服务业早已应运而生，律师事务所和会计师事务所经常提供此类服务。

由于避税行为至少并不直接违反法律的具体规定，所以各国政府的主要反避税措施是修改、完善相关法律，堵塞避税得以产生的法律上的漏洞。但逃税和避税造成的后果大体相同，即国家税收收入的流失，守法纳税人与逃避税者之间的不公平竞争，以及由此所造成的社会分配不公，等等。因此，对国家来说，控制避税与控制逃税具有同样重要的意义。

二、反国际逃税的措施

跨国纳税人进行国际逃税的手段可分为两类：一类是不向税务机关报送纳税资料，二是向税务机构报送虚假纳税资料。

填报纳税单（tax return）和报送其他纳税资料，是纳税人的一项基本义务。税务机关基于纳税资料来确定纳税人应缴税款。如果纳税人不向税务机关申报纳税资料，就可以匿报应该纳税的财产和所得，就可能逃脱纳税义务。在国际税收领

域，匿报应该纳税的财产和所得变得更为容易，因为对纳税人在国外所拥有的财产或获得的股息、利息以及薪金所得和报酬等收入更难被掌握。

向税务机关报送虚假的纳税资料是纳税人逃税的另一常见手法。其具体方式包括：第一，谎报所得，即纳税人不如实说明所得的真实性质，而是为了减轻纳税义务将一种所得谎报为另一种所得。例如，接受外来投资的公司，可能将股息分配伪报成利息支付，因为利息可以作为费用扣除而股息是不能作为费用扣除的。纳税人通过增加费用扣除，减少应税所得，就达到了少缴税款的目的。第二，虚构成本费用等扣除项目。应税所得等于毛收入减去支出，任何虚构的成本和费用的列支，都会导致应税所得的减少，从而导致纳税额的减少。为了虚报纳税资料，逃税人就需要伪造、篡改凭证，制作假账。许多逃税人都会在收付凭证上做文章，在购入上多开发票，以增加支出额；在售出上少开发票甚至不开发票，以减少收入额。有的纳税人采取设立两套甚至两套以上账簿的办法，应付税务部门的账目监督和核查，以达到逃税的目的。

对于国际逃税行为，各国政府所采取的控制手段包括设立严格的税务申报制度、税务检查制度、所得评估制度以及适用某些特别的程序规则等。

各国通常都会要求纳税人依法办理纳税申报和报送纳税资料，将其规定为一种法定义务，并跟随着严格的法律责任。例如，《中华人民共和国税收征收管理法》（以下简称《税收征收管理法》）第六十二条规定："纳税人未按照规定的期限办理纳税申报和报送纳税资料的，或者扣缴义务人未按照规定的期限向税务机关报送代扣代缴、代收代缴税款报告表和有关资料的，由税务机关责令限期改正，可以处二千元以下的罚款；情节严重的，可以处二千元以上一万元以下的罚款。"第六十三条规定："纳税人伪造、变造、隐匿、擅自销毁账簿、记账凭证，或者在账簿上多列支出或者不列、少列收入，或者经税务机关通知申报而拒不申报或者进行虚假的纳税申报，不缴或者少缴应纳税款的，是偷税。对纳税人偷税的，由税务机关追缴其不缴或者少缴的税款、滞纳金，并处不缴或者少缴的税款百分之五十以上五倍以下的罚款；构成犯罪的，依法追究刑事责任。"在法律责任的威慑之下，匿报或虚报国外财产及收入的情况会减少出现。

各国法律还会授权税务机关对纳税人的缴税情况进行检查，以及时查处各种逃税行为。依据《税收征收管理法》第五十四条和第五十六条的规定，税务机关有权检查纳税人的账簿、记账凭证、报表和有关资料，检查扣缴义务人代扣代缴、代收代缴税款账簿、记账凭证和有关资料；到纳税人的生产、经营场所和货物存放地检查纳税人应纳税的商品、货物或者其他财产，检查扣缴义务人与代扣代缴、代收代缴税款有关的经营情况；责成纳税人、扣缴义务人提供与纳税或者代扣代缴、代收代缴税款有关的文件、证明材料和有关资料；询问纳税人、扣缴义务人与纳税或者代扣代缴、代收代缴税款有关的问题和情况；到车站、码头、机场、邮政企业及其分支机构检查纳税人托运、邮寄应纳税商品、货物或者其他财产的有关单据、凭证和有关资料;经县以上税务局局长批准,查询从事生产、经营的纳税人、扣缴义务人在银行或者其他金融机构的存款账户。纳税人、扣缴义务人必须接受税务机关依法进行的税务检查,如实反映情况,提供有关资料,不得拒绝、隐瞒。

许多国家对于那些不能提供准确的成本费用凭证,因而无法正确计算其应税所得的纳税人,以及那些每年所得数额较小的纳税人,采取评估所得纳税制度。当纳税人不能提供准确的成本和费用凭证,或者由于经营活动的性质,难以计算所得数额时,采用评估所得进行征税是一项可行的办法,同时,也可有效地避免逃税行为的出现。

在程序法方面,一些国家也采用某些特别的规则来应对国际逃税行为。例如在举证责任问题上,一些国家的立法对税务案件中的举证责任作了转移,以利于税务部门对逃税案件的查处。各国法律的一般原则都是主张者负有举证责任。但在税务案件中,要求由税务部门提供证据证明纳税人有逃税行为,对税务部门来说可能是不堪负担的。为此,有的国家在某些税收案件中改变了传统的举证原则,由纳税人证明自己行为的合法性。一般来说,纳税人至少要对以下两种情况提供证据。一是在案件涉及国外事实的情况下,纳税人要对之提供证据。二是纳税人要对某些跨国境交易的正常营业状态提供证据。除非纳税人能够提供相反的证据,对某些支付,特别是对避税地的支付,可被认为是虚构的,不能从应税所得中扣除。即使没有实行举证责任倒置的国家,通常也会规定纳税人有义务配合税务当局的调查,并提供必要的资料。

三、反国际避税的措施

国际避税的实质是要避开一国的税收管辖权,或者是纳税人避开,或者是课税对象避开,于是在实践中就表现为纳税主体的跨国移动和应税所得的跨国移动。

(一) 纳税主体跨国移动及规制

纳税主体的跨国移动包括自然人的跨国移动和法人的跨国移动。

由于在对自然人征税方面,各国一般以国籍和个人在其境内存在住所、居所或居住达到一定天数等法律事实,作为行使居民税收管辖权的依据,因此,自然人就可以采取改变国籍、移居国外、缩短在某一国的居留时间等方式,达到规避向某一国家纳税的目的。

如果是国籍决定了自然人纳税居民的身份,那么纳税人摆脱居住国税收管辖权的根本途径就是放弃其原来国籍,取得他国国籍。但国籍变更要受到有关国家的国籍法和移民法的严格限制,因此,以变更国籍的方式进行国际避税通常是比较困难的。

居住在高税收国的自然人如果在国内外拥有大量的财产和收入,为了避免居住国的高税负,就可以将其居所或住所迁往低税国。这种纯粹为了躲避高税收而移居国外的现象,被称作税收流亡(tax exile)。

有的高税国居民纳税人为了某项特定的避税目的会短期移居他国,待实现了特定的避税目的后,再迁回原居住国。这种情况被称作假移居。假设甲国对资本利得完全不征税,而乙国却征收高额的资本利得税,那么乙国的自然人为了躲避在大量出售股份时须向本国政府缴纳的资本利得税,就可能移居甲国,在甲国出售其股份。乙国的该自然人在出售其股份并躲避了乙国的资本利得税后再迁回乙国。

居所判定标准在很大程度上与一个人在一国的居住时间长短有关。自然人可以采取在一国不住满法定期限的方法来避免在有关国家构成居所。针对连续居住半年或一年的居所判断标准,则可以离境一段时间,使居住日达不到法定的连续居住天数,以此来躲避居民税收管辖权。

基于同样道理,企业也可以通过跨国移动来避开某一国的税收管辖权。

首先,企业可以通过事先选择在低税收或完全免税的避税地注册登记的办法达到规避在某一国作为居民纳税人的纳税义务。避税地,又称避税港(tax harbor)或避税天堂(tax haven),一般指那些对所得和财产不征税或者按很低的税率征税的国家或地区。避税地可以分为三种类型:一是没有所得税和一般财产税的国家和地区。在这些国家和地区,不开征个人所得税、公司所得税、资本利得税、财产税、遗产税、赠与税。所以,又称为"纯避税地"。属于这种类型的国家和地区主要有巴哈马、百慕大、开曼群岛等。二是对外资和外国人实行低税负或对国外来源所得不征税的国家和地区。这些国家和地区仅实行收入来源地税收管辖权,对国外所得完全免税,对来源于境内的收入实行低税率。巴拿马和利比里亚便属于这种类型的避税地。三是对外资提供某些税收优惠的国家和地区。这些国家和地区在实行正常税收的同时,对外来投资的某些经营形式提供特殊优惠。由于上述国家和地区不仅具有无税或低税的优惠条件,而且在公司注册方面又提供便利,在外汇管理方面极其宽松,同时有具有方便的基础设施和优美的自然环境,所以其他国家的投资者自然会选择在这些避税地注册公司,以躲避本国的税收管辖权。

跨国纳税人在避税地所设立的公司通常被称作基地公司。纳税人利用基地公司避税的方式主要有以下几种:第一,以基地公司为持股公司,将位于不同国家或地区的各关联企业的利润以股息的形式汇到基地持股公司账下,以逃避投资者所属国对股息的征税。持股公司还可以利用这些资金在避税地或其他地区从事各种交易,赚取更多的利润。第二,以基地公司为信托公司,将在避税地以外的财产虚构为基地公司的信托财产,这样纳税人可以将实际经营这些信托财产的所得,挂在基地信托公司名下,取得免税或减少纳税的好处。第三,利用基地公司虚构中转销售业务,实现课税对象的跨国转移。

其次,企业可以通过虚假迁出的方式来躲避一国的税收管辖权。在以企业的实际管理和控制中心为标准国家里,企业可以通过改变董事会的开会地点的方式,从外表上把企业的管理中心转移到低税收国家,以试图改变自己的纳税人身份。

再次,企业也可能选择真正的迁移。变更注册地或将企业的管理机构或控制中心真正从一个高税国转移到低税国,是跨国法人摆脱高税收国家居民税收管辖权的最彻底的方式。但真正的法人迁移是一件相当困难的事情。迁移者不仅要承担巨额的迁移费用和停业损失,在当地变处理财产的所得还需要缴纳资本利得税。

既然纳税人可以通过主体的跨国移动的方式来躲避一国本应享有的税收管辖权,有关国家就可以通过严格限制纳税主体的跨国移动的方式来减少国际避税情况的发生。

根据一般的法律规则,一国政府不应禁止其国民或居民移居出境。许多国家的宪法也都明确规定个人的移居权利。但国家仍然可以规定在特定情况下可以禁止自然人离境。例如,许多国家都规定欠税者不得离境。对于那些以避税为目的的移居者,国家可以对移居出境者保留相当一段时间的税收管辖权,使其对原居住国或国籍国仍负有纳税义务。例如,根据美国《国内收入法典》第887节的规定,如果一个美国人以逃避美国联邦所得税为主要目的而放弃美国国籍移居他国,美国在该人移居后的10年内保留对其征税权。美国税务当局通过对该人在美国境内的银行存款、房地产等财产的控制,对该人实行有效的税收征管。

对于自然人以避税为目的的假移居和临时移居,原居住国可以采取不予承认的方法来加以控制。例如,一国可以规定,在某些情况下,一个移居出境者在一定期限内只被认为是临时出境。只有该人在国外居住到一个完整的纳税年度之后,且在这段时间内对本国的任何访问天数全年累计不超过一定日期,才正式认定其移居,否则,仍将其视为本国的纳税居民。

对企业的跨国迁移,各国政府也实行比较严格的控制。

有的国家要求,如果一家公司要结束其本国居民身份迁移出境,必须事先得到有关政府机关的批准。

有的国家对企业向国外(避税地)转移营业和资产进行限制,规定:居民公司如果要将其营业转让给非居民、居民母公司允许非居民子公司发行股票或债券,以及出售子公司等行为,都必须事先得到本国政府的批准。由此可限制企业为避税而向外国公司转让营业,防止一个拥有外国(特别是避税地)分支机构的本国公司随意将其外国分支机构组建成一个独立的当地子公司进行经营活动。与此相关,许多国家还采取措施,防止企业利用公司的组建、改建、兼并或清理进行避税,其中包括要求公司就组建、改建、兼并或清理等业务中产生的利得向政府交税。

一些国家还对来自避税地公司的股息取消延期纳税,以阻止纳税人通过在避税地设立公司的方式规避本国的税收管辖权。所谓取消延期纳税,是指居住国对作为避税地公司股东的本国法人或自然人的来自于避税地公司的所得，不论是否以股息形式汇回，一律计入当年所得征税。针对纳税人通过在避税地设立外国公司，以推延或逃避在美国纳税的行为，美国在1962年即规定了取消延期纳税这一反避税措施。美国法律规定，一个为美国股东所控制的外国公司，其按股权比例应分配给美国股东的利润，即使当年不分配，也要计入各美国股东名下，视为当年分配的股息，并计入当年总所得额中征税。

（二）应税所得跨国移动及规制

国际避税的另一个基本手段是纳税人将国际税收的客体移出一国的税收管辖范围，从而达到避税的目的。国际税收的最主要的客体是跨国所得，因此，为避税目的所进行的客体转移主要表现为所得的国际转移；而对所得实行跨国转移的基本方式就是转让定价(transfer pricing)。

利用转移定价进行国际避税，主要发生在跨国关联企业之间。一个跨国企业的总机构同其分支机构、母公司同其子公司，以及这些分支、子公司同它们各自的下属机构、子公司之间都是互相关联的。从国际税收的角度来定义，所谓关联企业，是指因股权和其他经济因素相互关联到一定程度，需要在国际税收上加以规范的企业；而所谓转让定价就是关联企业之间进行经济交往时脱离市场价格的定价行为。

对于转让定价，可以从以下几个方面加以把握：首先，转让价格不是一种正常的市场价格，它可以大大低于或高于会计成本，甚至可以同会计成本没有任何关系。第二，这种脱离正常定价实践的定价行为只能发生于某一企业集团内部的企业之间。由于它们在同一控制之下，享有共同的利益，所以它们可以不按正常的市场价格来从事商业交易。第三，转让定价的目的是使企业集团的整体税收负担最小化。由于不同的国家实行不同的税法，所以同样的收益或行为在不同的国家就可能处于不同的纳税地位。转让定价就是通过人为的事先安排，使纳税义务人的应税事实从一个税收管辖权下移入另一税收管辖权下，从而达到按照较低的税率纳税的目的。所以实践中的转让定价都是将利润从税负高的企业向税负低的企业转移。例如，在卖方税负高而买方税负低的情况下，转让定价就会低于市场价格；而当卖方税负低而买方税负高时，转让定价就会高于市场价格，这样，在企业集团的整体利润中，就会是更多的部分承担了较低的税负，而较少的部分承担了较高的税负，从而企业集团便从整体上获得了税收利益。

我们可以通过举例来说明转移定价如何在关联企业之间发生。

A国的a公司是一个以生产销售汽车为主的跨国企业，A国的公司所得税税率为30%，属于较高税率之列。a公司在世界各地设有多家关联企业。a公司现有10 000辆汽车要出售给B国的b公司，销售单价为15 000美元/辆，总金额为

15 000美元×10 000辆＝150 000 000美元。为了躲避这笔收入在A国的高税收，a公司通过它设在C国的关联企业c公司来进行这笔交易。a公司以每辆汽车12 000美元的价格将这批汽车卖给c公司，这样反映在A公司账目上的销售收入就是12 000美元×10 000＝120 000 000美元。然后再由c公司以每辆15 000美元的价格卖给b公司。这样，就有30 000 000美元的销售所得反映在c公司的账目上。由于C公司所在的C国是低税国，这30 000 000美元的销售收入就避免了A国的高税收。实际上，a公司只需要把货物直接运到b公司的收货地点，对c公司来说，不过是进行走账处理。

除货物买卖之外，在技术转让、服务贸易、资金借贷等方面也都可以进行这种转让定价安排。

关于转让定价的法律性质，我们只需看一下有关国家的法律是如何规定的。从目前各国的实践来看，似乎越来越多的国家都倾向于给转让定价以否定的评价。也有学者认为，要求关联企业之间的交易适用正常交易原则是不合理的。既然关联企业相互间存在着共同的利益关系，公司有理由向子公司提供比给予无关联的第三方更为优惠的交易条件，因为公司可以期待子公司向它分配股息。从理论上说，每个企业都有为自己的产品或服务定价的权利，但与此同时，企业的定价权也不是毫无限制的，就像在现代社会中每一社会成员的财产权利都不是毫无限制的一样。当一个企业的定价行为违背了社会公共利益时，政府当然可以对企业的这种行为加以纠正。认为企业的定价行为违背了社会公共利益，至少有两方面的理由。第一，转让定价是故意逃避纳税义务。在正常的交易情况下，企业应该向特定的政府缴纳特定的税款；现在，由于企业的刻意安排，使得政府的税收期望落空，损害了一国政府的税收管辖权。第二，转让定价也是一种不正当竞争行为。许多国家的竞争法都把特定情况下的价格差别安排（即价格歧视，price discrimination）作为禁止或限制的对象，因为对不同的交易对手索要不同的价金，可能会产生削弱市场竞争的效果。例如某一企业生产的汽车部件在出售给关联公司时的价格低于出售给其他买主的价格，那么自然会使其他买主在同该关联公司的竞争中处于不利的地位，甚至最终不得不退出竞争市场。

对企业的转让定价行为可予以有效扼制的法律措施就是各国所普遍实行的转让定价税制。因为转让定价所追求的目的主要是减轻本应承担的税负，所以对抗转让定价行为的措施当然要体现在税收制度当中。转让定价税制的基本内容是：关联企业之间的业务往来必须按照独立企业之间的业务往来收取或支付价款和费用，即实行正常交易原则；如果关联企业之间的业务往来没有按照独立企业间的业务往来收取或支付价款和费用而减少其应纳税额时，税务机关有权按照一定的方法对价格进行调整。

美国是最早实行转让定价税制的国家。作为"二战"之后最大的资本输出国，美国依据居民税收管辖权,以税收的方式分享着本国投资者所获取的海外投资利润。为了逃避美国的较高的税负,许多美国的海外投资者便利用与关联企业之间的转让定价来逃避税收或减轻税负。出于防范的目的,美国于1968年在其国内税法上对关联企业的课税问题进行的较为全面的规定,确定了转定价税制的基本内容。依据美国的实践,关联企业之间的贷款利率,应该是在相同情况下,不存在共同控制关系的双方在独立交易中按期收取的利率。一般地说,借款人所在地通行的市场利率,符合正常交易原则的正常利率。另外,美国财政部还规定了正常利率的浮动幅度。关联企业之间提供劳务的收费标准,一般应等于提供劳务一方为此而支出的成本。如果此种劳务是提供一方本身所从事的业务,在考虑正常交易的劳务费标准时,应包含某种利润因素在内。关于财产租赁,正常交易的租费标准一般应根据与财产有关的直接和间接费用,加上一定百分比的财产折旧费计算。如果出租人是经营财产租赁业务的企业,则租费标准中应考虑合理的利润因素。关联企业之间进行专利、商标、特许权等无形资产项目的转让时,其公平的收费标准,首先应比照同无关联企业进行同类交易时的收费标准。如果没有这种可比较的收费标准,则应参考竞争性供方的要价,或某一行业中通常的收费标准来决定。如关联企业之间事先有共同分担开发技术的成本和风险的协议安排,则在该协议项下的技术转让个应再索取费用。关联企业内部有关货物销售的公平交易价格,可按以下四种方法确定和调整:(1)比较价格法,即按关联企业出售给无关联企业的同类货物价格进行调整。(2)转售价格法,即按关联企业购进货物后再出售给无关联的第三方的价格,扣除适当的购销差价确定。(3)成本加利润法,即在无法采用上述两种方法确定价格时,则可依货物的制造成本加上适当利润的办法,确定其公平交易价格。(4)其他方法,当上述三种方法都无法采用时,则由税务机关决定采用其他适当的办法确定交易价格。美国税务当局依据转让定价税制频繁地对转让定价进行调整,取得了明显的效果。因此,美国的做法被许多其他国家效仿。

　　随着改革开放的深入,企业间的转让定价问题逐渐显现,并引起我国政府的关注。1991年制定的《中华人民共和国外商投资企业和外国企业所得税法》第十三条规定:"外商投资企业或者外国企业在中国境内设立的从事生产、经营的机构、场所与其关联企业之间的业务往来,应当按照独立企业之间的业务往来收取或者支付价款、费用。不按照独立企业之间的业务往来收取或者支付价款、费用,而减少其应纳税的所得额的,税务机关有权进行合理调整。"

　　现行的《企业所得税法》第四十一条规定:"企业与其关联方之间的业务往来,不符合独立交易原则而减少企业或者其关联方应纳税收入或者所得额的,税务机关有权按照合理方法调整。企业与其关联方共同开发、受让无形资产,或者共同提供、接受劳务发生的成本,在计算应纳税所得额时应当按照独立交易原则进行分摊。"我国《企业所得税法实施条例》以专门的一章对转让定价税制作出详细规定。

该条例首先对几个重要的概念作出界定。关于什么是"关联方",《企业所得税法实施条例》第一百零九条规定,"关联方,是指与企业有下列关联关系之一的企业、其他组织或者个人：(1)在资金、经营、购销等方面存在直接或者间接的控制关系；(2)直接或者间接地同为第三者控制；(3)在利益上具有相关联的其他关系"。关于什么是"独立交易原则",《企业所得税法实施条例》第一百一十条规定：税法所称"独立交易原则,是指没有关联关系的交易各方,按照公平成交价格和营业常规进行业务往来遵循的原则。"关于什么是"合理方法",该条例第一百一十一条规定：税法"所称合理方法,包括：(1)可比非受控价格法,是指按照没有关联关系的交易各方进行相同或者类似业务往来的价格进行定价的方法；(2)再销售价格法,是指按照从关联方购进商品再销售给没有关联关系的交易方的价格,减除相同或者类似业务的销售毛利进行定价的方法；(3)成本加成法,是指按照成本加合理的费用和利润进行定价的方法；(4)交易净利润法,是指按照没有关联关系的交易各方进行相同或者类似业务往来取得的净利润水平确定利润的方法；(5)利润分割法,是指将企业与其关联方的合并利润或者亏损在各方之间采用合理标准进行分配的方法；(6)其他符合独立交易原则的方法。"根据《企业所得税法》和《企业所得税法实施条例》的相关规定,企业与其关联方之间的业务往来,不符合独立交易原则,或者企业实施其他不具有合理商业目的安排的,税务机关有权在该业务发生的纳税年度起10年内,进行纳税调整税务机关根据税收法律、行政法规的规定,对企业作出特别纳税调整的,应当对补征的税款,自税款所属纳税年度的次年6月1日起至补缴税款之日止的期间,按日加收利息。《企业所得税法》允许企业与税务机关经协商达成预约定价安排。企业可就其未来年度关联交易的定价原则和计算方法,向税务机关提出申请,与税务机关按照独立交易原则经协商、确认后达成协议。

(三)资本弱化及规制

限制借贷资本的比例也属防止国际避税的措施。

公司营运所需要的资金可分为两大部分：一部分是股东的投资,另一部分是公司的借贷资金。投资者对股本资金与借贷资金的比例的选择,除考虑筹资成本等商业因素之外,还会考虑税收因素。由于各国对跨国股息所得和对银行借贷的利息的纳税处理有很大差别,这就使得跨国投资者利用这种税收差别,少投入股本资金,多利用借贷资金,从而达到避税的目的。

当投资者以股本形式进行投资时,在取得经营所得之后,首先要缴纳公司所得税,税后的利润才可以在股东之间以股息的形式分配。股息收入是税后收入。而且,股东在分得股息之后,往往还要缴纳个人所得税。如果股东不是自然人而是公司,股东公司还要缴纳一次公司所得税。此外,各国对跨国股息的分配一般都要征收预提所得税。如果不存在免税制度或税收抵免制度,投资者的税负将进一步加重。与此同时,如果投资者利用银行贷款为企业投资,则不会遇到这样的重叠征税问题,因为银行贷款的利息在各国的税法上一般都可以作为合法支出项目在税前所得中扣除。扣除增多,应税所得就会相应减少,应税所得减少,纳税额当然也随之减少。正是基于上述原因,跨国投资人往往尽量多利用银行借贷资金,而减少自己的股本资金,这类避税安排被称为"资本弱化"。

针对这种现象,一些国家已采取了限制措施。英国早在 1970 年就制定了资本弱化税制;美国 1976 年也建立起资本弱化税制。随后,法国、德国、加拿大等国也相继建立了这一税制。资本弱化税制主要包括两方面内容:一是安全港规则,也称固定债务与股本比率规则,即在税收上对债务资本和权益资本的比例进行限制,如果公司债务对股本的比率在税法规定的固定比率之内,则债务的利息支出允许在税前扣除;如果公司债务对股本的比率超过税法规定的固定比率,则超过固定比率部分的债务利息支出不允许在税前扣除,并将超过固定比率部分的债务利息视同股息征收所得税。二是正常交易规则,即在确定贷款或募股资金的特征时,要看关联方的贷款条件是否与非关联方的贷款条件相同。如果不同,则关联方的贷款可能被视为隐蔽的募股,要按有关法规对利息征税。

(四)"实质重于形式"原则

"实质重于形式"(substance over form)是一项重要的司法原则,即在法律上不承认那些形式上合法而实质上违背立法意图的行为和安排。这一原则已被一些国家运用于对某些避税问题的处理。依据这项原则,税务当局可以不承认无商业理由的活动,戳穿虚假的交易,从而迫使纳税人按正常的商业规则从事经营活动。在税务案件的审理过程中,法院也可以不承认那些符合法律的形式要求却没有充分商业理由的交易。这样一来,以公司形式进行的交易,可能被认为是由个人进行的;通过第三方进行的转手交易,可能被认为是仅涉及两方的直接交易。

第五节 国际税收合作

一、国际税收合作的方式

国际税收需要国际合作。由于具有共同利益,因此,国家在税收的国际合作方面已经取得了一定的成效。在现在阶段,国家在税收方面的国际合作主要通过缔结国际税收条约的方式加以实现,所涉事项主要是税收管辖权的协调和对国际偷漏税的防范。

国际税收条约是指有关国家就跨国税收问题所缔结的书面协议。国际社会很早就致力于通过缔结国际税收条约来解决跨国税收所产生的问题,19 世纪末就出现了有关税收问题的双边条约。第一次世界大战之后,国际联盟财政委员会曾主持通过了对直接税防止双重课征的双边协定以及关于继承、税务管理协助和税务司法协助等范本草案。而后,该委员会又在 1943 年墨西哥城会议上和 1946 年伦敦会议上分别提出了有关避免重复课税的双边条约的范本。第二次世界大战结束后,随着国际经济交往的增多和国际重复课税问题的日趋严重,有关国际税收问题的双边协定大量涌现。据国家税务总局官网公布的数据,截至 2022 年 11 月底,我国共与 109 个国家订立了双边税收条约。

目前世界上存在着两个影响较大税收条约范本。一个是经济合作与发展组织制定的《关于对所得和资产避免双重课税的协定范本》(Model Convention for the Avoidance of Double Taxation with Respect to Taxes on Income and on Capital,简称《经合范本》,2017 年修订),另一个是联合国经济及社会理事会下属的国际税务合作专家委员会拟定的《联合国关于发达国家与发展中国家间避免双重征税的协定范本》(Model Double Taxation Convention between Developed and Developing Countries,简称《联合国范本》,2021 年修订)。两个范本的体例基本相同,但通常认为《经合范本》更着眼于通过降低跨境纳税人在东道国的税负和遵从负担,促进资本、技术等生产要素跨境流动;《联合国范本》则更加注重维护东道国的征税权,从而更有利于发展中国家。尽管这两个范本不具有法律拘束力,但却对国家缔结国际税收条约发挥着重要作用。

二、税收管辖权的协调

如前所述,由于各国均同时主张居住国税收管辖权和收入来源税收管辖权,必然产生税收管辖权的冲突,其表现就是双重征税,而双重征税的结果就是抑制国际商事交易,阻碍经济发展。解决双重征税问题的根本手段是消除不同国家间税收管辖权的冲突。虽然国家可以通过国内立法放弃某种税收管辖权,但更为有效的途径是通过条约商定缔约国各方的税收管辖权的行使范围,由此,不仅可以消除或减轻纳税人的税务负担,也可以在缔约国之间公平地分配税收利益。

为了有效解决双重征税问题,《经合范本》《联合国范本》以及绝大多数的国际税收条约都规定了下列内容。

1. 适用范围

国际税收条约中关于适用范围的规定主要是为了确定该协定于什么时间内、在哪些地域、对哪些纳税人、就哪些税种适用。具体地说,国际税收的适用范围包括时间范围、地域范围、纳税人范围及税种范围。

从时间范围上看,国际税收条约的适用期限即为该条约的整个有效期。国际税收条约中通常并不规定具体的有效期,只要缔约一方不提出终止条约的要求,则条约便持续有效。

国际税收条约所适用的地域范围包括缔约国的全部领陆、领水、领空及其海床和底土。为了避免争议,税收条约通常将其适用的地域范围表述为:缔约国各方有效行使其税收法律的所有区域。

对于纳税人的适用范围,国际税收条约一般都规定,协定适用于为缔约国一方或双方居民的人,非缔约国居民不能主张基于协定所产生的各种权益,但有关无差别待遇条款可能除外。对于"居民"的定义,税收条约通常都规定为"按缔约国法律,由于住所、居所、管理机构所在地,或其他类似的标准,在该缔约国负有纳税义务的人"。

在税种方面,国际税收条约的适用范围通常仅限于所得税。协定中一般都列出对各缔约国所适用的具体税种。有的协定还规定,协定签字后新增加的或代替前面所列税种的任何相同或实质相似的各种税收也归于协定的适用范围。

2. 关键词语定义

为了保证条约的顺利执行,国际税收条约一般都以相当的篇幅对关键词语作出统一明确的解释,如什么是居民,何为公司,哪些机构为常设机构,主管当局在每一缔约国是指哪个或哪些机关,等等。通过这种规定可以避免或减少协定适用时可能出现的争议。

3. 税收管辖权

确定各缔约国对有关的各种所得的税收管辖权是国际税收条约的最基本的作用。国际税收条约所涉及的跨国所得可大致分为营业所得、投资所得和劳务及其他所得三类。国际税收条约对这些所得的税收管辖权通常作如下划分。

(1) 对一般的营业所得,一般适用属人优先原则,即承认居住国的税收管辖权的优先地位,但对于该企业通过设在缔约另一方的常设机构的活动取得,则可由另一缔约国征税。例如中、英两国政府签订的《政府关于对所得和财产收益相互避免双重征税和防止偷漏税的协定》(以下简称《中英税收协定》)第七条第一款规定:"缔约国一方企业的利润应仅在该国征税,但该企业通过设在缔约国另一方常设机构在该另一国进行营业的除外。如果该企业通过设在该另一国的常设机构在该另一国进行营业,其利润可以在该另一国征税,但应仅以属于该常设机构的利润为限。"

(2) 投资所得。对股息、利息和特许权使用费三项投资所得,通常按收入分享原则由收入来源国与居住国分别行使税收管辖权。先由来源国按照限制税率征税,然后由居住国按照本国税率补征差额税款。为此,来源国征税的税率应低于居住国的税率,以使居住国在对同一笔所得征税时,经抵免后仍有一部分税收可得。《中英税收协定》第十条规定:"(1)缔约国另一方居民从缔约国一方居民公司取得的股息,可以在该另一国征税。(2)然而,这些股息也可以在支付股息的公司是其居民的缔约国,按照该国的法律征税。但是,如果该项股息的受益所有人是缔约国另一方居民,则所征税款不应超过该股息总额的百分之十。"

(3) 不动产所得。从不动产取得的所得(包括农业和林业所得),包括从直接使用、出租或者任何其他形式使用不动产取得的所得。一般由不动产所在国行使税收管辖权。

(4) 劳务和其他所得。国际税收条约通常把个人劳务所得分为独立个人劳务所得和非独立个人劳务所得。前者是指从事专业性劳务(如从事独立的科学研究,从事律师、医师职业)或其他独立性质的活动的所得;后者是指由于受雇而取得的薪金、工资和其他类似报酬。一般规定,在收入来源国停留不超过183天的对方国家个人的所得应由对方国家(居住国)征税;但在收入来源国有固定基地的独立劳务所得和受雇于收入来源国的非独立劳务所得应由收入来源国征税。艺术家和运动员的收入应由收入来源国征税。缔约国一方居民作为缔约国另一方居民公司的董事会成员取得的董事费和其他类似收入也应由收入来源国征税。

缔约国就各种所得的税收管辖权的划分,主要取决于有关国家的谈判,但《经合范本》与《联合国范本》对此具有很大的参考价值。

4. 避免双重征税的办法

划定各缔约国的税收管辖权已在很大程度上减少了双重征税的可能性,但在没有确定对某种所得的独占性的税收管辖权之前,双重征税仍有存在的可能。为此,国际税收条约一般都要对避免双重征税的办法作出专门规定。《经合范本》和《联合国范本》都推荐了免税法和抵免法,但实践中以采用抵免法的税收条约为多。许多税收条约还包括税收饶让的内容。

5. 无差别待遇

国际税收条约通常包括无差别待遇条款。《中英税收协定》第二十四条以"无差别待遇"为标题规定:"缔约国一方国民在缔约国另一方负担的税收或者有关条件,不应与该另一国国民在相同情况下,负担或可能负担的税收或者有关条件不同或比其更重。"可见,这里的无差别待遇大体是相当于国民待遇。无差别待遇条款的作用在于保证对方国家的国民在税收方面与本国国民大体处于同等地位,但通常会同时限定一方根据法律仅给予本国居民的税收优惠除外。

6. 相互协商程序

该项规定为解决税收条约解释或实施中产生的问题作出安排。例如《中英税收协定》第二十五条规定:"当缔约国一方居民认为,缔约国一方或者双方的措施,导致或将导致对其不符合本协定规定的征税时,可以不考虑各国国内法律的补救办法,将案情提交本人为其居民的缔约国主管当局。上述主管当局如果认为所提意见合理,又不能单方面圆满解决时,应设法同缔约国另一方主管当局相互协商解决,以避免不符合本协定规定的征税。缔约国双方主管当局应通过协议设法解决在解释或实施本协定时发生的困难或疑义。缔约国双方主管当局为此可以相互直接联系。"可见,这是一种缔约方之间的争议解决方式,但这种程序的发动者为缔约方的居民。虽然居民可以启动条约所规定的程序,但不能直接依据税收条约向任一缔约方提出权利主张。

三、国际偷逃税的防范

国际税收条约的另一个基本作用在于防范国际偷逃税。

以《经合范本》和《联合国范本》为参照的双边投资协定中通常会包含"情报交换"条款。例如《中英税收协定》第二十六条规定:"缔约国双方主管当局应交换为实施本协定的规定所必需的情报,或缔约国双方关于本协定所涉及的税种的国内法律所必需的情报(以根据这些法律征税与本协定不相抵触为限),特别是防止欺诈、偷漏税的情报。情报交换不受第一条的限制。所交换的情报应作密件处理,仅应告知与本协定所含税种有关的查定、征收、执行、起诉或裁决上诉的有关人员或当局(包括法院和行政管理部门)。上述人员或当局应仅为上述目的使用该情报,但可以在公开法庭的诉讼程序或法庭判决中透露有关情报。"但是,任何一方主管当局都没有义务采取与本国法律和行政惯例相违背的行政措施;没有义务提供按照本国法律或正常行政渠道不能得到的情报;也没有义务提供泄漏任何贸易、经营、工业、商业、专业秘密、贸易过程的情报或者泄露会违反公共政策的情报。这种情报交换机制显然可在一定程度上有效地减少国际偷税、漏税行为。

为了通过国际合作防范偷漏税行为,欧洲委员会和经济合作与发展组织于1988年1月25日共同制定了《多边税收征管互助公约》该公约向两组织成员开放。2008年全球金融危机之后,税收征管的国际合作更显必要。于是,经合组织与欧洲委员会于2010年5月通过议定书形式对《多边税收征管互助公约》进行了修订,并向全球所有国家开放,修订后的公约已于2011年6月1日开始生效。我国政府于2013年8月27日签署了该公约。2015年7月,全国人大常委会作出批准该公约的决定,同时也作出多项声明和保留。

《多边税收征管互助公约》规定了情报交换、税款追缴和文书送达三种税收征管协助形式。

关于情报交换,该公约作了如下规定。

在公约涵盖的税种范围内,凡是与缔约方运用或实施相关国内法有可预见相关性的情报,各缔约方均应进行交换;两个或两个以上的缔约方应根据相互协商所确定的程序自动交换涉及不同类别案件且符合第四条规定的情报;尽管没有收到事先请求,在下列情况下,缔约一方如知晓相关情报,应向缔约另一方提供:(1)缔约一方有根据认为缔约另一方可能遭受税收损失的;(2)某纳税义务人在缔约一方取得了减税或免税,因此可能增加其在缔约另一方税收或纳税义务的;(3)缔约一方的纳税义务人与缔约另一方的纳税义务人在一个或多个国家进行商业交易,交易方式可能导致缔约一方或另一方税收减少或双方的税收均减少的;(4)缔约一方有理由怀疑因在企业集团内部人为转移利润而可能造成少缴税款的;(5)缔约一方提供给缔约另一方的情报,可能使缔约另一方获得与评估纳税义务有关的情报。

关于税款追缴,该公约规定:应请求国的请求,在遵守时效和优先权规定的条件下,被请求国应与对待自身税收主张一样,采取必要措施追索请求国的税收主张。

关于文书送达,该公约规定:应请求国请求,被请求国应向收件人送达请求国发出的涉及公约涵盖税种的相关文书,包括与司法判决有关的文书。被请求国应按照其国内法规定的,采用送达实质类似的文书所采用的方式;在可能的情况下,采用请求国要求的特定方式,或采用被请求国法律中与请求国要求方式最接近的方式。

《多边税收征管互助公约》允许缔约方对税款追缴和文书送达作出保留。考虑到我国现有法律制度及税收征管实际,我国在该公约批准书中对税款追缴和文书送达作出了保留。

四、税收全球治理的新起点

为了有效应对经济全球化和数字经济给税收带来的新问题,许多国家和国际组织近年来都在考虑全球范围的税制改革问题。经合组织于2019年首次提出"双支柱"方案,并逐渐得到世界上多数国家的认同。"双支柱"中的支柱一基于认可市场为价值创造作出贡献,数据与劳动力、资本、技术等其他生产要素一样可以获得利润回报,提出赋予市场国新征税权的规则条件,将跨国公司部分剩余利润单独分配给市场国征税,在不同国家之间做了征税权的重新分配。支柱二则将以往的税收条约的约束对象从征税权的划分扩展到税基和税率等税负要素,实施全球最低税率,为各国税收竞争划定底线,以有效抑制跨国企业的逃避税行为。

"双支柱"方案的实施对各类国家都可能带来不利的影响,例如,有大量跨国企业的国家可能因为税收管辖权的重新分配而承受一定的损失,发展中国家未来在运用税收优惠政策方面将会受到一定的限制;而低税地和避税地的税收竞争优势将大大削弱,然而,多数国家愿意接受"双支柱"方案表明该方案一定会给各个国家带来更大的利益,例如,可实质性减少双城征税问题,提高跨国企业税收的确定性,以及推动实现更好的营商环境。

"双支柱"方案若能实施,将使各参与方在税收领域承担更多的国际义务,其国内税法将会受到公约实体规范的制约,也许还会创设一套争端解决机制。因此,可以毫不夸张地说,这将是一个"税收领域的世界贸易组织"。然而,世贸组织的经历也告诉我们,在一个由主权国家所组成的国际社会里,任何一种全球性的治理机制的实施都不会是一帆风顺的。

第十四章 国际经济争端解决制度

一般而言,国际经济法律关系中的权利和义务都能够被顺畅地行使和履行。然而,国际经济法律关系的当事方也时常会围绕的权利行使或义务履行相关事由产生纠纷,这就构成了国际经济争端。当事方往往会倾向于借助一套既定的法律程序来解决争端。确定的法律程序能够保证当事方在解决争端过程中的程序性权益,增加当事方对法律关系稳定性的预期。国际经济争端解决制度就是这样的一系列的提供给争端当事方的既定程序,它具体包括协商、调解、仲裁和诉讼等制度。

第一节 协 商

协商是指争端当事方在没有第三方的参与下,通过平等、自愿的谈判就争端解决达成一致意见。无论是在国内社会还是在国际社会,合法的协商结果一般都会得到法律的承认和支持,具有法律约束力。

与其他争端解决方式相比,协商具有较高的灵活性和保密性,成本低,且通常不影响争端各方未来的合作,因此,往往成为当事方的首选。私人之间的合同以及国家之间的条约通常都会事先约定:一旦争端产生,任何一方都可建议发动协商程序,甚至将协商作为适用其他争端解决方式的前置条件。例如民商事合同中会约定:"凡因本合同引起的或与本合同有关的任何争议,各方应友好协商解决,若无法在争议发生后 30 日以协商方式解决争议,任何一方均有权将争议提交某某仲裁委员会,按照申请仲裁时该会现行有效的仲裁规则进行仲裁。仲裁裁决是终局的,对双方均有约束力。"2007 年 11 月签订的《中华人民共和国政府和法兰西共和国政府关于相互促进和保护投资的协定》第十条规定:"对本协定的解释或适用所产生的任何争议,应尽可能通过外交渠道解决。如争议自缔约任何一方提出之日起 6 个月内未能解决,根据缔约任何一方的邀请,应将争议提交仲裁庭解决。"

以协商的方式来解决国际经济争端应具备一定的条件。

首先,当事者地位必须平等。如果当事者之间存在管辖与被管辖的关系,那么,作为管辖者的一方即可单方面确定被管辖者的责任而不必经过协商程序。因此,协商往往用来解决私人之间的争议或国家之间的争议;国家(政府)与私人之间如果存在商事交易关系,也可以约定通过协商解决相关的争议。

其次,当事者必须自愿履行协商程序。由于当事者之间地位平等,所以任何一方都不能将自己的意志强加给对方,包括不能强使对方同自己就争端的解决进行谈判。即使在谈判过程中,任何一方当事者也都可以随时退出谈判,终止协商程序。

再次,因为以协商的方式解决国际经济争端的实质是由争端当事者自行确定权利、义务和责任,因此当事者的协商过程及协商结果必须符合法律的规定。例如,任何一方都不得威胁或胁迫对方,经协商所达成的协议不得损害第三方的利益等。如果当事者的协商过程或协商后果违反法律的强制性规定,那么协商所形成的协议便是无效的或可撤销的。

私人之间的协商遵循的是合同法的一般规则。通过协商双方就争议事项的解决达成了一致意见,协议即为成立,双方当事人应以书面形式将协议内容确定下来,并签字或盖章。在通常情况下,和解协议成立后即告生效,有的协议可能附加生效条件。协议生效后就如同一般的合同那样具有法律拘束力。如果一方不予遵守,对方即可以通过诉讼或仲裁程序要求对方履行协议之下的义务。

国家之间的协商则应遵循条约法的一般规则。如果通过协商达成一致意见,便在有关国家之间形成一份新的条约,应由缔约国善意遵守。因此,从谈判代表的授权,到双方的磋商程序,乃至协议的生效、协议的解释等也都应该遵循国际条约法的规则。《维也纳条约法公约》不仅是各缔约国所应遵守的,由于该公约其实是习惯国际法的重述,因此,对于公约的非缔约国也具有约束力,当事方必须依据协议的约定履行相应的义务或承担相应的责任。

第二节 调 解

调解是通过不具有管辖权的第三方介入而致使争端当事人达成和解的一种争端解决方式。与协商不同的是,调解由第三方出面为争端当事方的纠纷解决提供帮助或便利;与诉讼和仲裁不同的是,调解程序中的第三方对纠纷解决并不具有管辖权,即争端当事方无须接受第三方的意见的约束。

调解可用以解决各类主体之间的不同纠纷,但常用于私人之间的国际商事纠纷的解决。

一、国际商事调解示范法

联合国贸易法委员会于2002年制定了《国际商事调解示范法》。委员会2018年对该法作了修正,新增了关于国际和解协议及其执行的一节,并更名为《国际商业调解和调解所产生的国际和解协议示范法》(以下简称《示范法》)。《示范法》不具有法律效力,只是为各国制定相关立法提供参考,同时,也对国际商事调解的开展提供借鉴。

关于什么是调解,《示范法》规定:"调解指当事人请求一名或者多名第三人(调解员)协助其设法友好解决合同关系或者其他法律关系所产生的或者与之相关的争议的过程,而不论此种过程以调解或者类似含义的措辞称谓。调解员无权将解决争议的办法强加于当事人。"该定义准确地说明了调解的性质。

《示范法》所称"商业性质关系"的范围十分广泛,包括但不限于下列交易:供应或者交换货物或者服务的任何贸易交易;销售协议;商业代表或者代理;保理;租赁;工程建造;咨询;工程技术;发放许可;投资;融资;银行业务;保险;开发协议或者特许权;合营企业和其他形式的工业或者商业合作;航空、海路、铁路或公路客货运输。

《示范法》规定,对于所发生的争议,调解程序自该争议各方当事人同意参与调解程序之日开始。一方当事人邀请另一方当事人参与调解,自邀请函发出之日起30日内或者在该邀请函规定的其他期限内未收到对该邀请函的接受函的,可决定将此作为拒绝调解邀请处理。

关于调解员的人数及指定方式和程序,《示范法》规定,调解员应为一人,除非当事人约定应有两名或者多名调解员。当事人应尽力就一名调解员或者多名调解员达成约定,除非已约定不同指定程序。当事人可在指定调解员方面寻求机构或个人的协助。可能被指定为调解员的人,应在与此指定有关的洽谈中披露可能对其公正性和独立性产生正当怀疑的任何情形。调解员应自其被指定之时起,并在整个调解程序期间,毫无延迟地向各方当事人披露任何此种情形,除非此种情形已由其告知各方当事人。

关于调解程序,《示范法》规定,当事人可通过提及一套规则或者以其他方式自行约定进行调解的方式。未约定调解进行方式的,调解员可以以其认为适当的方式,在考虑到具体案情、各方当事人可能表达的任何意愿以及迅速解决争议的必要性的情况下进行调解程序。在任何情况下,调解员进行程序都应力求公平对待各方当事人。调解员可同时与各方当事人会面或联系,也可与其中一方单独会面或联系。除非当事人另有约定,与调解程序有关的一切信息均应保密,但按照法律要求或者为了履行或者执行和解协议而披露信息除外。除非当事人另有约定,否则调解员不应担任与调解程序曾经或者目前涉及的争议有关的仲裁员,或者担任与同一合同关系或者法律关系或者任何相关合同关系或者法律关系所引起的另一争议有关的仲裁员。当事人同意调解并明确承诺不在具体规定的期限内或者具体规定的事件发生前对现有或者未来争议提起仲裁程序或者司法程序的,仲裁庭或者法院应承认此种承诺的效力,直至所作承诺的条件实现为止,但一方当事人认为维护其权利需要提起程序的除外。

《示范法》规定,调解程序在下列情形下终止:(1)当事人订立了和解协议的,于协议订立日终止;(2)调解员与当事人协商后声明继续进行调解已无必要的,于声明日终止;(3)当事人向调解员声明终止调解程序的,于声明日终止;或者(4)一方当事人向另一方或者几方当事人以及已指定的调解员声明终止调解程序的,于声明日终止。

《示范法》明确,当事人订立争议和解协议的,该和解协议具有约束力和可执行性。

二、《新加坡调解公约》

《联合国关于调解所产生的国际和解协议公约》(简称《新加坡调解公约》)由联合国国际贸易法委员会拟订,经联合国大会 2018 年 12 月审议通过,并于 2019 年 8 月 7 日在新加坡开放签署。该公约旨在解决国际商事调解达成的和解协议的跨境执行问题。

《新加坡调解公约》适用于调解所产生的、当事人为解决商事争议而以书面形式订立的具有国际性的和解协议。所谓国际性是指,协议在订立时有如下情形:(1)和解协议在订立时至少有两方当事人在不同国家设有营业地;或者(2)和解协议在订立时各方当事人设有营业地的国家不是和解协议所规定的相当一部分义务履行地所在国,或者不是与和解协议所涉事项关系最密切的国家。

不属于该公约适用范围的和解协议包括:(1)为解决其中一方当事人(消费者)为个人、家庭或者家居目的进行交易所产生的争议而订立的协议;(2)与家庭法、继承法或者就业法有关的协议。不适用的原因在于上述协议所涉事项不具商事属性。同时,该公约也不适用于经由法院批准或者系在法院相关程序过程中订立的协议和可在该法院所在国作为判决执行的协议。公约也不适用于已记录在案并可作为仲裁裁决执行的协议。这几类协议不适用公约的原因在于它们事实上已被"并入"司法或仲裁程序。

《新加坡调解公约》对"调解"的界定与《示范法》一致,是指"由一名或者几名第三人(调解员)协助,在其无权对争议当事人强加解决办法的情况下,当事人设法友好解决其争议的过程"。

《新加坡调解公约》的主旨在于解决和解协议的跨国执行问题,为此,该公约第三条规定:"本公约每一当事方(party to the convention)应按照本国程序规则并根据本公约规定的条件执行(enforce)和解协议。"

当事人向公约当事方申请执行和解协议在公约中被称作寻求救济(to seek relief)。当事人在向公约当事方寻求救济时,应向主管机关出具:(1)由各方当事人签署的和解协议。(2)显示和解协议产生于调解的证据,例如,调解员在和解协议上的签名;调解员签署的表明进行了调解的文件;调解过程管理机构的证明；或者在没有上述证据的情况下，主管机关可接受的其他任何证据。主管机关可要求提供任何必要文件，以核实本公约的要求已得到遵守。

如有下列情况之一，公约当事方的主管机关可根据寻求救济所针对当事人的请求拒绝准予救济，但该当事人必须向主管机关提供以下证明。

（1）和解协议一方当事人处于某种无行为能力状况。

（2）所寻求依赖的和解协议根据当事人有效约定的和解协议管辖法律无效、失效或无法履行，或者在没有就此指明任何法律的情况下，根据寻求救济所在公约当事方主管机关认为应予适用的法律无效、失效或者无法履行；或者根据和解协议条款，不具约束力或者不是终局的；或者随后被修改。

（3）和解协议中的义务已经履行或者不清楚或者无法理解。

（4）准予救济将有悖和解协议条款。

（5）调解员严重违反适用于调解员或者调解的准则，若非此种违反，该当事人本不会订立和解协议。

（6）调解员未向各方当事人披露可能对调解员公正性或者独立性产生正当怀疑的情形，并且此种未予披露对一方当事人有实质性影响或者不当影响，若非此种未予披露，该当事人本不会订立和解协议。

此外，如果公约当事方主管机关认定，准予救济将违反公约该当事方的公共政策，或者根据公约该当事方的法律，争议事项无法以调解方式解决。也可拒绝准予救济。

如果已经向法院、仲裁庭或者其他任何主管机关提出了与一项和解协议有关的申请或者请求，而该申请或者请求可能影响到正在寻求的救济，寻求此种救济所在公约当事方的主管机关可在其认为适当的情况下暂停作出决定，并可应一方当事人的请求下令另一方当事人适当具保。

根据调解结果所达成的和解协议在性质上也是一份合同。即使按照协议成立地的法律协议是有效的，也难以保证协议在需要执行的其他国家与而得到承认和保护，因此，如果和解协议的一方不履行协议行下的义务，常需要为确认协议的效力和实现协议的约定而另行提起仲裁或诉讼程序。《新加坡调解公约》生效之后，和解协议的一方当事人在对方不履行协议的情况下，就可以在公约的某一缔约国直接申请救济，即和解协议的执行。在理论层面，《新加坡调解公约》可以同《纽约公约》相媲美；但由于通过调解解决的国际商事纠纷的数量相对较少，因此，从实际作用看，《新加坡调解公约》在短期内还难以同《纽约公约》比肩而立。

第三节 仲　裁

仲裁是指当事者双方依事先或事后达成的仲裁协议，将有关争议提交给某临时仲裁庭或常设仲裁机构进行审理，并作出具有约束力的仲裁裁决的制度。

仲裁既可用来解决私人之间的纠纷,也可以用来解决国家之间的纠纷,还可以用来解决国家与私人之间的纠纷。在多数情况下,仲裁是作为解决私人之间的国际商事纠纷的方式存在的,被称作国际商事仲裁。

仲裁程序的主要法律依据是各国国内法体系中的仲裁法律规范。仲裁法一般需要规定仲裁的订立方式和有效性、仲裁庭的组成和管辖权、仲裁程序、仲裁裁决的作出和执行、法院对仲裁的监督等问题。我国规定仲裁相关问题的主要法律为于1994年通过并于2017年二次修订的《中华人民共和国仲裁法》(以下简称《仲裁法》),此外还包括《民法典》和《民事诉讼法》当中的相关规范。联合国贸易法委员会于1985年制定了《国际商事仲裁示范法》,并于2006年对其进行了修正。与前述《国际商业调解和调解所产生的国际和解协议示范法》性质相同,《国际商事仲裁示范法》不具有法律效力,为各国制定各自的仲裁法以及具体仲裁实践提供参考。据联合国贸易法委员会官方统计,目前85个国家共计118个司法管辖区(jurisdictions)采用的仲裁法是基于《国际商事仲裁示范法》制定的。

一、仲裁协议

仲裁协议是指双方当事人同意就它们之间将来可能发生或者业已发生的商事争议交付仲裁解决的一种书面文件。

仲裁协议本质上是一个合同。缔结仲裁协议表明当事方承诺就所约定事项范围内的争议发生时选择以仲裁的方式解决纠纷,并放弃选择诉讼这一纠纷解决方式。无论是《纽约公约》、联合国贸易法委员会制订《国际商事仲裁示范法》,还是我们所能见到的国内法都规定,仲裁协议必须采用书面形式。常见的仲裁协议有以下几种。

1. 仲裁条款

当事人在合同中订立的,表示双方愿意把将来可能发生的争议提交仲裁的约定。

2. 仲裁协议书

仲裁协议书是指在争议发生前或发生后双方当事人同意将争议交付仲裁的一个专门的协议。

3. 其他书面文件中所包含的仲裁协议

这主要是指双方当事人在其往来信函、电传、传真或其他书面材料中约定将它们已经发生或可能发生的争议提交仲裁的意思表示。这种协议的表现形式不反映在某单一合同中的某一条款或某一专门的协议中,而是分散地表述在上述往来的函件中。

4. 当事人通过对另一个含有仲裁条款的书面文件的援引而达成的仲裁协议

例如,我国和一些国家所缔结的《交货共同条件》规定合同当事人之间的争议应通过仲裁解决,争议应提交被告所在国的仲裁机构仲裁。如果当事人在贸易合同中规定:两国之间缔结的《交货共同条件》构成该合同的组成部分,则《交货共同条件》中的仲裁条款对双方当事人具有约束力。

有效的仲裁协议不仅约束当事人,也约束仲裁机构和法院。

有效的仲裁协议对当事人的约束力主要表现在以下两个方面:一方面,限制当事人行使诉权,对于仲裁协议范围内的争议,只能通过仲裁方法解决;另一方面,为当事人设立按仲裁协议规定提交仲裁并服从仲裁裁决的义务。

仲裁协议对仲裁机构的效力主要表现在以下三个方面:第一,有效的仲裁协议是仲裁机构受理争议案件的依据。如果当事人之间没有签订将争议提交某仲裁机构仲裁解决的协议,则有关仲裁机构就不具有管辖其争议的权力。第二,仲裁机构的管辖权受到仲裁协议的严格限制,它只能受理仲裁协议范围内的争议,对于超出仲裁协议范围的争议无权受理。第三,对仲裁机构行使仲裁权方式的制约。整个仲裁程序都必须按照仲裁协议所约定的仲裁规则进行。

有效的仲裁协议对法院的效力表现在以下两个方面:第一,有效的仲裁协议可以排除法院的管辖权;第二,有效的仲裁协议是法院强制执行仲裁裁决的依据。

仲裁协议独立于基础合同,合同中的仲裁条款也具有独立性。仲裁条款的独立性主要表现在以下三个方面:第一,独立于合同的存在。合同不成立不必然意味着仲裁条款不成立。第二,独立于合同的效力。合同是否有效不影响对仲裁条款效力的判定。第三,独立于合同中的其他条款,即合同中任何其他条款均可与仲裁条款分开,它们存在与否和有效与否,不直接决定仲裁条款是否成立或是否生效。

二、仲裁程序的启动

仲裁程序从当事人提出仲裁申请开始。

仲裁申请是指仲裁协议约定范围内的争议事项发生以后,一方或双方当事人依据仲裁协议,将有关争议提交给协议选定的仲裁机构,请求对所发生的争议进行仲裁的行为。

依照我国《仲裁法》第二十一条的规定,当事人申请仲裁应当符合下列条件。

第一,有仲裁协议。只有有效的仲裁协议,才可成为当事人申请仲裁和仲裁机构行使管辖权的依据,由此作出的仲裁裁决才可能得到法院的承认和执行。

第二,有具体的仲裁请求和事实、理由。仲裁请求是指纠纷发生之后,仲裁申请人依法向仲裁委员会提出的希望通过仲裁维护自己权益的具体的要求或主张。根据当事人仲裁请求的目的和内容的不同,可将仲裁请求分为确认之请求,给付之请求和变更之请求。所谓确认之请求,是指要求仲裁委员会依法裁决确认当事人之间的民事法律关系存在与否,从而消除当事人之间纠纷的仲裁请求。所谓给付之请求,是指要求仲裁委员会依法裁决被申请人履行一定民事义务的仲裁请求。所谓变更之请求,是指要求仲裁委员会依法裁决改变或消灭一定的民事法律关系的仲裁请求,如对违约金数额加以变更的请求。变更之请求的特点是当事人双方对现存的法律关系均无争议,只是一方当事人请求变更这种法律关系的内容。为了支持自己所提出的仲裁请求,当事人还必须提出具体的事实和理由。

第三,属于仲裁委员会的受理范围。所谓属于仲裁委员会的受理范围,是指当事人之间的争议属于仲裁委员会依法可以仲裁的范围。仲裁委员会可以受理的案件,必须属于法律规定仲裁委员会能够行使裁决权的范围。如果当事人之间的争议属于其他机关行使职权的范围,则仲裁委员会不能受理。

仲裁机构受理了当事人的仲裁申请之后的程序主要包括以下内容。

1. 送达仲裁规则和仲裁员名册

向当事人送达仲裁规则,可使当事人了解自己在仲裁程序中的权利和义务;把仲裁员名册送达给当事人,有利于当事人行使选择仲裁员的权利。

2. 提交答辩书

答辩是指仲裁案件的被申请人在承认仲裁机构的仲裁管辖权的前提下,为维护自己的权益,对申请人在仲裁申请书中提出的要求和主张及所依据的证据和理由所作出的答复和申辩。答辩书应明确回答仲裁申请书提出的问题,清楚地阐明自己对争议案件的主张和理由。答辩人通常会先陈述事实,然后再提出自己的意见,反驳申请人的请求。对仲裁请求的反驳,既可以从实体法上反驳,也可以从程序法上反驳。

3. 提出反请求

在仲裁活动中,由于申请人与被申请人双方具有平等的法律地位,因此,被申请人有权针对申请人提出自己独立的反请求,用来抵销或吞并申请人的权利请求,以维护自己的利益。尤其是在那些案情比较复杂的仲裁案件中,双方当事人往往互有过错,此时,采取反请求是有实际意义的。反请求具有相对独立性。尽管反请求是针对申请人的仲裁请求而提出的,没有仲裁请求就没有反请求,但反请求一经提出就独立于申请人的仲裁请求。如果申请人随后撤回仲裁申请,并不能使反请求归于消灭。

4. 财产保全

仲裁中的财产保全是指在当事人提出仲裁申请后和仲裁庭作出裁决前,由于某种原因可能发生财产转移、消耗、毁损、灭失等情况,从而可能使将来所作的裁决不能执行或难以执行时,经一方当事人申请,仲裁机构将当事人的申请提交法院,请求法院采取某种强制措施。仲裁程序中的财产保全应当具备以下条件:第一,申请财产保全一方的当事人必须已经提出给付之请求,如请求给付一定的金钱或物品；第二，申请财产保全时，必须存在裁决不能执行或难以执行的可能性；第三，财产保全的申请必须在案件受理后和裁决作出前提出。

三、仲裁庭审理

仲裁机构受理争议案件后，应当组成仲裁庭开展仲裁活动。根据组成仲裁庭的仲裁员人数的不同，仲裁庭可分为两种：独任制和合议制。

独任制仲裁庭是指由一名仲裁员组成的仲裁庭。独任制仲裁庭的仲裁员由双方当事人共同选定或者共同委托仲裁机构的负责人指定。由一名仲裁员组成仲裁庭审理案件，是一种比较迅速、经济的仲裁方式。但在实践中，由于争议双方当事人往往很难找到共同信赖的人作仲裁员，而且独任仲裁员对案件的认识也可能产生偏差，所以，选择独任仲裁庭的情况并不多见。

合议制仲裁庭是由三名仲裁员组成的仲裁庭。合议制仲裁庭设首席仲裁员，仲裁庭以合议的方式集体对案件进行审理和裁决。合议制仲裁庭的三名仲裁员由当事人双方各自选定的一名仲裁员或者各自委托仲裁机构负责人指定的一名仲裁员与当事人双方共同选定的或者共同委托仲裁机构负责人指定首席仲裁员组成。

仲裁程序中含仲裁员回避制度。同司法诉讼程序中的法官回避一样，仲裁员的回避是为了保障当事人平等地行使权利，保证仲裁员公正地处理案件。由于某些事由可能影响仲裁员对其所经手的争议作出公正的裁决，因而，各国仲裁立法中都将仲裁员的回避作为一项重要制度加以规定。

从国际仲裁实践看，仲裁的审理方式主要包括口头审理、书面审理与混合审理三种。

1. 口头审理

口头审理又称开庭审理，是指由仲裁庭全体仲裁员、当事人或代理人共同参加的案件审理。仲裁员当庭听取当事人的口头陈述与辩论，并对与案件有关的事实进行调查核实。其他有关人士，如证人、专家、鉴定人等也可当庭出具意见。开庭审理有利于查明争议的事实、分清各方当事人的责任、确定应适用的法律。对于那些情节比较复杂的案件，尽管双方当事人在开庭前一般都向仲裁庭提供了大量的书面材料，并阐述了各自的主张，然而，由于仲裁员一般并不了解每件材料的背景，特别是双方提供的材料往往都是对自己有利的，在对同一事实提供不同证明材料的情况下，仲裁员往往很难对这些材料的可靠性作出判断。在口头审理中，通过当事人面对面的交锋，通过证人、专家、鉴定人等的证言与专业意见，通过仲裁庭对当事人及证人、专家与鉴定人的询问，仲裁庭能快捷地查明隐藏在各种错综复杂关系中的事实真相。而且，由于当事人的直接参与，这种审理方式也能得到当事人的信任。

2. 书面审理

书面审理是指仲裁庭不举行开庭,而只根据双方当事人提供的书面材料和其他证据材料(如仲裁申请书、答辩书、合同、往来函电等)以及证人、专家、鉴定人的书面证据材料,对争议案件进行审理。书面审理的特点是当事人或其代理人不必亲自到庭参加仲裁庭对案件的审理,从而节省了时间与费用。对于那些案情比较简单的案件,如果当事人双方同意只进行书面审理,按照一些仲裁机构的仲裁规则,仲裁庭可以作出只进行书面审理的决定。在书面审理过程中,由于当事人不到庭,可能有些关键性的事实与争议不能充分暴露出来,从而不利于案件真相的查明。因此,在仲裁实践中,只进行书面审理的仲裁案件并不多见。特别是在国际商事仲裁中,涉及的争议标的一般都比较大,案情也比较复杂,仅凭书面审理很难达到查明事实真相的目的。

3. 混合审理

所谓混合审理是口头审理与书面审理的结合。这种审理方式集中了上述两种方式的优点,是仲裁实践中广泛采用的审理方式。其做法大体如下:首先,仲裁庭成立后,根据双方当事人提供的书面材料进行初步的书面审理,找出争议的焦点,并确定开庭审理的时间、地点及审理的主要问题。其次,在书面审理的基础上,开庭审理,进一步查明争议的主要事实。在开庭审理中,由于双方当事人或其代理人均应到场,相互之间可以进行辩论,对相对方提供的证据进行质疑,这有助于仲裁庭查明争议的事实。最后,如果开庭审理后仍未查明所有的事实,仲裁庭可以要求双方当事人在开庭之后继续向仲裁庭提供书面材料及证据,并限定最后提交材料的截止日期。在此日期后,仲裁庭可根据双方提供的书面材料,继续进行书面审理。根据一些国家的法律和仲裁机构的仲裁规则,仲裁庭认为有必要收集的证据,可以自行收集,包括就案件中的专门问题向有关专家咨询或者指定鉴定人进行鉴定。在查明争议事实的基础上分清各方应承担的责任,进而作出较为公正的裁决。

仲裁庭调查阶段是案件审理过程中的一个至关重要的步骤,其任务是通过在仲裁庭上全面调查案件事实,审查核实各种证据,为正确解决争议打下基础。

在当事人及其代理人不再提出新的事实和证据,而且仲裁庭认为案件事实已经查清的情况下,仲裁庭即可宣布调查阶段结束,转入仲裁庭辩论阶段。当事人在仲裁庭的辩论,是当事人行使辩论权的集中表现,仲裁庭应当保障双方当事人充分地、平等地行使法律规定的辩论权。申请人和被申请人在仲裁程序开始时提交的仲裁申请书和答辩书是进行庭审辩论的基础。在庭审阶段,双方当事人通过面对面的提问、回答,进一步阐明自己的立场,反驳对方的指控,以期获得仲裁庭的支持。法庭辩论是双方当事人维护自己权益的有利机会,当事人可以针对相对方所依据的事实和理由作出答复和辩解,以帮助仲裁庭在审理中查明事实、分辨是非、公正合理地作出裁决。

在仲裁过程中可以加入仲裁庭调解。所谓仲裁庭调解,也称为仲裁中的调解,是指在仲裁过程中,经仲裁双方当事人的请求或同意,在仲裁庭的主持下,由双方当事人自愿协商,互谅互让,达成协议,以解决双方的争议的一种纠纷解决方式。仲裁调解必须基于双方当事人的自愿,并应在查明事实、分清责任的前提下进行。对于调解达成协议的,既可以制作调解书,也可以制作裁决书,根据调解协议制作的调解书与裁决书有同等法律效力。调解书是在仲裁庭调解成功的情况下,由仲裁机关按照法定程序和方式制作的解决当事人之间合同纠纷以及其他财产权益纠纷的法律文书。调解不成的,应当及时裁决,不能久调不决。在调解过程中,当事人任何一方不愿意继续调解,或者认为无法达成协议时,都有权要求结束调解。

四、裁决

在通常情况下,仲裁庭必须依法作出裁决。国际商事仲裁实践中所依据的法律主要有以下几种。(1)内国法。这通常是通过当事人的意思自治,直接指明某国实体法为解决争议的准据法;或经冲突规范的援引所确定的某国实体法。(2)国际条约和国际惯例。如果当事人间没有特别约定适用某国的实体法,而他们所属国又同为某国际商事条约的缔约国,则可以直接适用该条约;如果当事人没有通过意思自治指明准据法,而他们的合同中却援用了有关国际经贸惯例术语等,则仲裁庭就可以依此国际惯例裁决。(3)公平正义原则。经当事人特别授权,仲裁庭可以综合考虑与合同有关的情况和当事人的行为,依据公平合理原则就争议的解决作出裁决。

在国际商事仲裁中,尽管各国法律明确规定当事人可以协议选择解决争议所应适用的法律,然而在现实生活中,当事人很少行使此项自主权。如果合同发生了争议,双方当事人同意提交仲裁解决,而当事人事先并未选定所应适用的法律,而且不能就法律选择达成一致时,仲裁庭往往适用最密切联系原则,即适用与合同具有最密切联系的国家的法律。

仲裁裁决必须以书面形式作成。仲裁裁决的内容通常包括:仲裁机构的名称和地址,仲裁员的姓名和地址,双方当事人的姓名、住址,代理人和其他参与人的姓名、地址以及作出裁决的日期和地点;有关仲裁裁决背景的事实情况。如,当事人之间签订的合同及其产生的争议,仲裁协议、仲裁申请和仲裁庭的组成情况及仲裁双方当事人的要求和证实其要求的根据等;仲裁庭根据当事人的申诉、抗辩,证据和可适用法律对案件作出的评价,以及从该评价中得出的关于判定双方当事人权利和义务的结论;当事人需承担的仲裁费用。

对于仲裁庭是否应在仲裁裁决中说明其裁决的理由,各国仲裁法和仲裁规则的规定不尽相同。有人认为,仲裁庭没有必要说明作出裁决的理由。原因在于:

简单的裁决可以避免败诉方为试图撤销裁决或反对执行裁决而研究裁决。但大部分人还是认为,当事人不仅应知道仲裁庭的裁决结果,而且还有权知道裁决是如何做成的,为何胜诉或败诉。我国《仲裁法》第五十四条规定:"裁决书应当写明仲裁请求、争议事实、裁决理由、裁决结果、仲裁费用的负担和裁决日期。当事人协议不愿写明争议事实和裁决理由的,可以不写。"由此规定可看出,除非当事人达成协议不写明裁决理由,否则仲裁庭还是要写明裁决理由的。我国《仲裁法》的这一做法与国际仲裁通用的做法是一致的。

仲裁裁决具有既判力和执行力。

仲裁裁决既判力的内容是指仲裁裁决生效后所产生一系列拘束效果或特性,主要包括以下几方面。

1. 稳定性

稳定性是指仲裁裁决一旦形成既判力,作出该裁决的仲裁机关就不得重新审查、变更自己作出的裁决。但既判力的稳定性并不排除仲裁机关对已作出的仲裁裁决进行更正、补充。此外,根据国外的某些仲裁规则,仲裁裁决的稳定性也不排除仲裁机关对已作出的仲裁裁决进行解释。

2. 排他性

排他性是指任何其他机构都不得任意变更已生效的裁决。首先,法院以外的任何其他机构都无法变更仲裁裁决的效力。其次,除非存在法律所规定的情形,裁决一旦作出,即使是法院也不能变更该仲裁裁决。我国《仲裁法》除了在第五十六条规定了仲裁机构有权补充、更正裁决外,不承认法院对仲裁裁决的变更权。我国仲裁法对错误仲裁裁决的救济方法只有撤销裁决、发回重裁和裁定不予执行。这与国际通行做法是一致的。

3. 预决性

预决性是指仲裁裁决的效力及于未来相关争议的审理。仲裁裁决对当事人之间的争议所作的结论具有法律上的权威性,当事人不得就同一事项要求通过司法或仲裁程序再次处理。正因如此,又引出另一法律上的效果,亦即,对已经由生效的仲裁裁决所确认的事实或法律关系,不容许在其他纠纷解决程序中进行争执或重新审核,即裁决对于日后相关的法律问题的处理具有预决的效力,无论法院、行政机关还是仲裁庭,在处理与此裁决处理的事项有关的问题的时候,都应受仲裁裁决的约束。

4. 强制性

仲裁裁决既判力的强制性,主要指当事人对既判力不得自由处分。合同争议及其他财产权益纠纷为仲裁机关裁决之后,除非该裁决的既判力被法院消除,否则,任何一方当事人均不得抛弃该裁决的既判力,约定向其他仲裁机关申请仲裁同一争议的仲裁协议。这一点体现了对当事人意思自治的限制,反映了仲裁与其他民间解决机制的差异。但在有些国家,仲裁裁决的强制性也受到限制,允许双方当事人协议推翻裁决的效力。其理由在于,裁决的效力本来就来自于当事人的仲裁协议,那么当事人自然可以通过协议来否定裁决的效力。

仲裁裁决的既判力是指仲裁裁决对特定争议所具有的不可被更改的效力;而仲裁裁决的执行力则是指裁决所具有的被当事人或法院或执行或实现的效力。实现仲裁裁决主要有两种途径:一是当事人主动履行;二是在当事人不主动履行的情况下,基于对方当事人的请求而由法院强制执行。因此,对仲裁裁决的执行力可分为作为履行根据的效力和作为强制执行根据的效力。

仲裁裁决作为履行根据的效力主要体现在三个方面。首先,有关当事人应主动履行仲裁裁决所确定的义务,否则将承担迟延履行的责任;其次,对方当事人不得为义务主体履行义务设置障碍,否则将承担因此而产生的法律责任;再次,任何第三人都不得否认履行的有效性,都不得妨碍履行,否则也将承担相应的法律责任。

虽然仲裁裁决的效力通常于裁决书作出之日起已经形成,但实际上,仲裁裁决既判力的形成时间与仲裁裁决作为履行根据的产生时间并不完全一致。对于不具有可诉性的仲裁裁决而言,自作出之日起具有完整的既判力,但只有送达双方当事人之日起才具有履行根据的效力。对于具有可诉性的仲裁裁决而言,自作出之日起只具有相对的既判力,因而这时还不能说已具有履行根据的效力。只有在法律规定的期限届满,当事人没有向法院提出撤销裁决的申请,或者当事人虽然在法定期限之内提出了申请但被法院驳回或者申请人撤回了申请的情况下,仲裁裁决的既判力才完全形成,也只有在这种情况下,具有可诉性的仲裁裁决才具有了履行根据的效力。

生效仲裁裁决如同生效的法院判决,其作为强制执行依据的效力主要包括以下两项内容:第一,仲裁裁决确定的权利主体可以根据仲裁裁决书申请强制执行,启动强制执行程序;第二,执行组织可以根据仲裁裁决书和权利主体的申请采取相应的强制执行措施。

五、裁决的境外承认与执行

国际商事仲裁通常会涉及裁决的境外执行,而仲裁裁决的执行总是与仲裁裁决的承认有着密切的关系。所谓对仲裁裁决的承认,是指国家司法机关对于仲裁机关对当事人之间特定法律关系通过仲裁程序作出的具有约束力的仲裁裁决予以认可,并赋予其强制执行效力的司法行为。对仲裁裁决的执行则指司法机关在承认的基础上通过国家强制力使已经生效并且有执行力的仲裁裁决得以实施的司法行为。二者同样属于国家机关的司法行为,虽然是不同的概念,但具有密切的联系,其指向的对象、行为性质相同,而且相互依赖。但二者也有区别,因为承认行为只是对裁决的一种确认、认可,表明了一种态度;而执行则是将裁决列明的义务予以实施,是一种行为过程,仅在当事人申请下才能进行。承认是执行的前提,执行是承认的可能结果。

在仲裁制度的萌芽和发展阶段,各国对仲裁裁决普遍采取一种歧视的态度,即使是本国国内的裁决也须符合法律所规定的各种条件并且履行烦琐的程序,方可得以承认和执行;一项仲裁裁决试图在国外得以执行更是难上加难。胜诉方若想使裁决付诸实现,则只有依所欲执行国的法律在该国法院重新起诉。进入19世纪以来,大工业的迅速发展和交通工具、通信设备的发达,使国际贸易进入一个崭新的阶段。跨国商贸关系的发展促使人们重新重视起仲裁这种解决争议的手段。仲裁的简洁、高效、专业化、秘密化等诉讼制度不具有的优势使之成为多数人所乐于采用的解决其在国际经济往来中产生的纠纷的方式。在这种背景下,各国也开始着手对其有关法律加以修改,显示出对承认和执行外国仲裁裁决的支持态度。从20世纪初,各国开始了通过国际条约解决外国仲裁裁决的承认与执行问题的尝试。1927年缔结的《关于执行外国仲裁裁决的公约》是第一个世界范围内的关于承认与执行外国仲裁裁决的法律文件,具有里程碑的意义。1953年,国际商会向联合国经社理事会提出,在国际范围内执行商事仲裁裁决仍很困难。经社理事会随后成立了一个专门委员会起草关于承认和执行外国仲裁裁决的公约草案。该草案于1955年拟定并提交各国讨论。1958年,《承认和执行外国仲裁裁决的公约》(《纽约公约》)终获通过,并于1959年6月7日生效。该公约的主要内容如下。

1. 外国仲裁裁决的范围

世界各国在国内外裁决的划分上,主要采取两大标准:第一为领域标准,即以仲裁程序的进行国或仲裁裁决的作出国作为规定裁决所属国的标志。第二为准据法标准,即以仲裁裁决是依据本国法还是外国法作出,来确定该裁决是属于本国裁决还是外国裁决。如果是依本国法作出的裁决,则不论裁决地在国内还是国外,均视为本国裁决;如果是依外国法作出的裁决,则视为外国裁决,不视其裁决地为何。《纽约公约》第一条规定,由于自然人或法人之间的争执而引起的仲裁裁决,在一个国家的领土作成,而在另一个国家请求承认和执行时,适用该公约;在一个国家请求承认和执行这个国家不认为是本国的仲裁裁决时,也适用该公约。从这一规定可以看出,《纽约公约》采取了以仲裁裁决地标准为主,以非国内裁决标准为辅的划分方式。作这样的规定是因为仲裁裁决地标准是大多数国家所采用的,裁决地也大多能决定裁决的性质。非国内裁决标准是一个笼统的标准,涵盖了因仲裁程序进行地或适用程序规则地等标准而定为不属本国裁决的一切仲裁裁决。这样规定使《纽约公约》的适用范围扩大,同时也兼容采用各种不同标准的国家的观点,易于被各国所接受。

2. 互惠保留和商事保留

《纽约公约》第一条第三款允许缔约国在加入该公约时,声明对公约的适用范围作"互惠保留"及/或"商事保留"。所谓互惠保留,是指加入时声明只承认和执行在缔约国领土内作出的仲裁裁决,如果不作这样的保留,就可以认为参加国意欲承认和执行任何一个国家所作出的仲裁裁决。对此,一般成员国出于国际法上的平等互利原则,都作了这样的保留。所谓商事保留,是指加入时声明只承认和执行属于商事范围的仲裁裁决。仲裁裁决有很多种,包含的范围广泛,除商事争议外,还有劳动争议、行政争议、外交争议等。各国的国内法一般都规定只对商事仲裁裁决予以承认和执行,故而在加入《纽约公约》时大多数国家都作了此项保留。《纽约公约》允许参与方选择保留其中的任何一项或同时保留二者。

3. 承认和执行外国仲裁裁决的条件

《纽约公约》第四条规定,为了使裁决得到承认和执行,申请承认和执行裁决的当事人应该在申请时提供以下文件。

(1) 经正式认证的裁决正本或经正式证明的副本。

(2) 属该公约第二条提到的仲裁协议正本或经正式证明的副本。

《纽约公约》同时规定,如果仲裁裁决或仲裁协议不是用被请求承认或执行该裁决的国家的官方文字作成,申请承认和执行的当事人应该提供这些文件的该国官方文字的译本。译文应该由官方的或经过宣誓的翻译人员或由外交或领事人员证明。

《纽约公约》的这种规定排除了"双重承认"原则。在此前的《日内瓦公约》中,申请人除了提供上述文件外,尚须提供证明裁决在作成裁决的国家已成为终局的书面证据或其他证据。在必要时,申请人还须提供证据证明裁决系根据仲裁协议作成、协议适用的法律为有效等项。《纽约公约》的草案中曾要求仲裁裁决满足"在裁决地国已是终局的和可操作的,特别是执行尚未被停止"的条件,但最后被多国反对,因为这样会导致双重承认这种烦琐的条件,最后终于被删除。《纽约公约》的这种规定是一种进步。

4. 承认和执行裁决的程序规则

在草拟公约的过程中,一些政府及非政府组织曾希望在公约中拟定可适于执行外国仲裁解决的统一程序规则,或者规定公约范围内的裁决应通过"简易执行程序"得到执行,或规定公约范围内的裁决应按照等同于执行国国内仲裁裁决的程序予以执行。经过讨论,最终认定上述做法均会有不可克服的困难:首先,各国很难共同通过一个统一的程序规则,故第一种建议行不通。其次,各国的法律制度差异甚大,很难就"简易执行程序"取得相似的看法,故第二种建议的意义不大。最后,如果以与执行本国裁决相同的程序执行外国裁决,国内外裁决的不同情况会使这种程序甚为不便或造成时间上的浪费。为了克服这些困难,《纽约公约》最后规定了一条最低标准,即对外国仲裁裁决的承认与执行的程序不应比适用于本国裁决的程序更复杂,同时给予有关国家按自己定下的程序规定进行执行的自由。

5. 拒绝承认和执行外国仲裁裁决的理由

《纽约公约》对可以申请承认和执行的裁决的条件予以放宽,自然需要在另一方面给予限制。限制的方式就是法院依被申请人的请求或依其自身职权,经审查或仲裁裁决具有公约规定的情况时,可以拒绝承认和执行该项裁决。公约对这些情况作了专门的、明确的规定,是为了防止由于拒绝执行的理由缺乏统一性而导致各国随意以各种理由拒绝承认和执行外国仲裁裁决。《纽约公约》规定的拒绝承认和执行外国仲裁裁决的理由可分为两大类七个项目。

第一类是被申请执行人向请求地法院证明有关情况,法院在被申请人的请求下拒绝执行裁决的理由,这些理由包括以下几种。

第一,仲裁协议无效。《纽约公约》规定,仲裁协议的双方当事人,根据对它们适用的法律,当时是处于某种无能力的情况下,或者根据双方当事人选用的法律,或在没有这种选定的时候,根据裁决作出地国家的法律,仲裁协议是无效的,被请求承认或执行裁决的机关,可根据反对裁决的当事方要求,拒绝承认和执行该项裁决。仲裁协议的有效性不仅涉及当事人的缔约能力问题,还涉及仲裁协议的形式等问题,仲裁协议中存在的瑕疵,可使得裁决的效力值得怀疑,也可导致拒绝执行。

第二,违反正当程序。《纽约公约》规定,对裁决执行对象的当事方,没有给予其有关指定仲裁员或者进行仲裁程序的适当通知,或者作为裁决执行对象的当事方由于其他情况未能对案件陈述意见、提出申辩,即属于仲裁程序不正当,可以拒绝执行该裁决。这项规定其实包含了两方面的情况,一是未给予适当的通知,这时所说的"适当",按照国外一些成案的经验,并不需要按照有关国内法规定的方式(如当面送达)及期间进行通知,而是只要达到了足以使当事人知悉关于仲裁员任命和仲裁程序进行的充分信息的目的即可。二是未能提出申辩。无论进行诉讼还是仲裁,均应遵守陈述机会平等原则,也就是说,必须为当事人有效地提供陈述案情、进行申辩的机会。未能遵守该原则极有可能造成裁决结果有失公正。但是,如果已经适当通知了被诉人,被诉人仍拒绝参加仲裁或者在仲裁中持不积极态度,则可认为被诉人是有意效弃机会。在适当通知后,被诉人拒绝参加仲裁,可以进行缺席审理,作出缺席裁决,在这种情况下提出未能申辩的理由是不成立的。正当程序原则还要求仲裁员应将一方当事人的论点和证据通知另一方当事人,并允许另一方当事人就这些论点和证据发表自己的看法。

第三,仲裁员超越权限。《纽约公约》规定,仲裁员(庭)所作的裁决涉及仲裁协议所没有包括的争执,或者仲裁内含有对仲裁协议范围以外事项的决定,属于仲裁员超越当事人赋予权限的情况,当事人可请求法院拒绝承认执行该裁决。

第四,仲裁庭组成或仲裁程序不当。如果被诉人证实仲裁庭的组成或仲裁程序同当事人间的协议不符,或者与进行仲裁地国的法律不符,可以拒绝执行裁决。

迄今为止,在依《纽约公约》执行裁决的程序中,被诉人以仲裁庭组成及仲裁程序不当而提出抗辩的情况寥寥无几。因为当事人就仲裁庭的组成多订有协议,这使得在实践中很少出现仲裁庭构成与当事人协议不符的情况。对于仲裁程序亦然。在当事人的协议中,一般都明确指定适用某一特定仲裁机构的仲裁规则。仲裁规则使当事人关于仲裁程序的协议具体化。因此,仲裁程序与当事人协议不符的情形也很少发生。如当事人未就此项订立协议,仲裁庭的组成也多注意符合仲裁地法;仲裁程序一般都遵循仲裁地有关法规,况且有关法规一般都给予仲裁员较大的程序自由。所以这种拒绝执行裁决的理由在实践中很少出现。

第五,裁决尚无约束力或已被撤销。《日内瓦公约》原来要求裁决必须在作成裁决的国内已成终局的,即不能被提出异议、上诉或请求撤销等情况使裁决的效力未定,这要求申请执行人举证,从而带来"双重承认"和"双重执行令"的情况,给仲裁执行带来了很大麻烦。《纽约公约》以"约束力"一词代替了"终局"一词,并将拒绝执行裁决理由的举证责任转移给被诉人一方,使执行程度变得简单。对于何种情况下仲裁裁决视为无约束力,各国法律的规定和法院的判决无一定的说法,一些学者主张此问题应依支配仲裁的有关法律规定。

第二类理由是被请求承认和执行的管辖机关可以主动地依自身职权决定拒绝承认和执行外国裁决的理由,这些理由包括以下几种。

第一,争议标的或事项的不可仲裁性。争执的事项,依照这个国家的法律,不可以用仲裁方式解决,即仲裁行为本身不符合该国的法律政策。各国均有对不能付诸仲裁的争议作出的规定,如果依裁决作出国的法律,该事项可以仲裁解决,而依裁决执行国的法律,该事项不能以仲裁解决,法院可拒绝执行。

第二,承认或执行裁决将和这个国家的公共秩序相抵触。公共秩序(ordre public,大陆法系的提法)或公共政策(public policy,英美法系的提法)是各国的法律,特别是涉外法律和国际条约常用的一个条款,其作用主要是保护法院地的基本道德信念和政策。严格地说,本类理由的第一项,也属于公共政策的一部分。在实践中,一般援引公共政策条款所提出的事实包括仲裁员不公正、裁决中未附理由等。此外,各国的风俗、文化、历史、宗教信仰各方面的背景不同,其所主张的公共秩序保留的问题也会各异。

需要注意的是,无论是从《纽约公约》的措辞还是从意图上讲,上述两类理由都是可由法院自行选择是否作为拒绝承认和执行外国仲裁裁决的理由的。虽然具有上述某项理由,法院仍可以置之不理而执行该裁决。

我国在1986年以前一直没有参加关于承认和执行外国仲裁裁决的国际公约,而只是在与其他国家订立通商航海条约或其他条约时提到执行问题,一般规定执行裁决的程序、条件及方法,按照执行地的法律办理,因而,关于执行仲裁裁决的程序和条件问题,主要规定在我国的国内立法中。1986年12月2日,我国决定加入

《纽约公约》,该公约于 1987 年 4 月 22 日对我国生效。我国在加入《纽约公约》时,作出了互惠保留和商事保留的声明,即我国仅对在另一缔约国领土内作出地仲裁裁决的承认和执行适用该公约;同时仅对依照我国法律属于契约性和非契约性商事法律关系引起的争议适用该公约。1991 年 4 月 9 日,我国《民事诉讼法》公布并实施,其中涉及对外国仲裁裁决的承认和执行问题。该法第二百六十九条(现行《民事诉讼法》第二百九十条)规定:"国外仲裁机构的裁决,需要中华人民共和国人民法院承认和执行的,应当由当事人直接向被执行人住所地或者其财产所在地的中级人民法院申请,人民法院应当依照中华人民共和国缔结或者参加的国际条约,或者按互惠原则办理。"据此,我国在承认和执行外国仲裁裁决方面,分为两类情况,依据两种标准。一类是属于《纽约公约》范围内的仲裁裁决,按该公约规定办理;一类是非属《纽约公约》规定范围的裁决,如非缔约国的裁决或缔约国的非商事裁决,按互惠原则办理。

第四节 诉 讼

诉讼是通过法院的审判活动来解决当事人之间的纠纷。

无论是私人之间的国际商事争端,还是国家之间的国际经济纠纷,或是私人与国家之间涉及经济问题的纠纷,都可通过诉讼加以解决。

一、私人之间的诉讼

以诉讼方式解决的纠纷多为私人之间的国际商事纠纷。这种国际商事诉讼事实上是在一国的国内法院进行的。有管辖权的法院既可以是双方当事人共同属国的法院,也可以是当事人一方的属国的法院,还可以是双方当事人的属国之外的第三国的法院。一个国家的法院可以对某一国际经济法上的纠纷行使管辖权,一定是因为这一国家与这一纠纷具有某种联系,构成这种联系的因素通常包括:被告住所地、被告所在地、合同成立地或履行地、侵权行为地、物之所在地、船舶登记地、船舶扣留地,等等。双方当事人对法院的共同选择也使得该法院获得对特定案件的管辖权。

在私人之间的国际商事诉讼程序中,各方当事人的诉讼地位是平等的。

国际商事纠纷通常是合同纠纷,法官裁判案件所依据的实体法应为案件所涉合同的准据法,在不违背有关国家的强行法的情况下,双方当事人对准据法的选择通常会得到法官的确认。

法院在审理国际经济案件时所适用的程序法则为法院地法。

一国法院就国际商事纠纷所作出的判决,可基于国际公约或双边协议或互惠原则在其他国家得到承认和执行。

二、国家之间的诉讼

当一国认为另一国违背了国际经济法下的义务时,可以向有管辖权的法院提起诉讼,请求法院责令其承担法律责任。

有权对国家之间的诉讼行使管辖权的首先是联合国国际法院。根据《国际法院规约》的规定,国际法院的诉讼当事者仅限于国家,任何组织、团体或个人均不得成为诉讼当事者。但也不是一切国家都可以在国际法院提起诉讼,按照《国际法院规约》第三十五条的规定,"法院受理本规约各当事国之诉讼",而"法院受理其他各国诉讼之条件,除现行条约另有特别规定外,由安全理事会定之"。

即使具有在国际法院提起诉讼的资格,也不是说只要一国在国际法院提起诉讼,另一国家就必须接受国际法院的管辖。国际法院的管辖权从本质上说仍是一种任意(自愿接受的)管辖权而不是强制管辖权。根据《国际法院规约》第三十六条的规定,国际法院所管辖的案件可分为三类:一是各当事国提交的案件;二是条约或协约中特别约定的事件;三是当事国事先接受了国际法院的"任意强制管辖"的案件。所谓"任意强制管辖"是指"各当事国得随时声明关于具有下列性质之一切法律争端,对于接受同样义务之任何其他国家,承认法院之管辖为当然而具有强制性,不须另订特别协定"。

联合国国际法院的判决属于终局判决,任何当事国都不得上诉。对于不履行法院判决的,经一方当事国请求,联合国安理会如认为有必要,可采用适当方法执行该判决。

由于国际社会是以主权国家为成员的社会,不存在中央政府,当然也没有国内法意义上的立法、行政和司法机构,因此,即使联合国国际法院被称作"法院",它也不具有国内法院那样的属性,例如不可规避的强制管辖权、必须遵循的诉讼程序规则、判决可被强制执行等。从这个意义上说,许多国际组织或其他形式的安排所设立的纠纷解决机构(如世界贸易组织争端解决机构)到底是"司法"还是"仲裁",其实区别的意义不大。它们既不是国内法中的司法,也不是国内法中的仲裁。

三、国家与私人之间的诉讼

国家与私人之间的诉讼可分为国家诉私人与私人诉国家两种情形。

国家可基于合同(国家契约)关系对私人提起诉讼。在其他情况下,国家可基于行政管理关系而直接要求私人履行特定义务或承担某种责任。

私人对国家的诉讼则要受到国家主权豁免原则的限制。除非一国明示或默示地放弃了管辖豁免的特权,否则任何国家的法院均不能对其行使管辖权。

另外,如前所述,私人如果可以诉国家,那么,他提出权利主张的依据应该是有关国家的国内法,而不应该是国际法。

第十五章 结 语

在讲授《国际经济法》这门课程的最后一堂课中,我们通常会引领学生回过头来重新审视一下国际经济法,并给国际经济法做一个最简洁的概括,期待同学们无论将来是否还会接触法律的这一分支,都会对国际经济法有一个清晰而深刻的印象。在即将读完这本教材的时候,我们也希望与读者朋友一道梳理出国际经济法最基本的脉络。

第一节 贯穿国际经济法的三条主线

我们可以用一个"一"、两个"二"和三个"三"来概括我们对国际经济法的认知。

所谓一个"一"是指国际经济法是一个庞杂的法律规则体系。

首先,同任何其他的法律部门一样,国际经济法也是一套法律规则,规则或者说规范是这套体系的基本构成单位。思考任何国际经济法律问题都不能离开法律规则。国际经济法与国际经济、国际政治等有种广泛而密切的联系,孤立地看待国际经济法规则难以对其形成深刻和准确的理解。然而,撇开法律规则来讨论国际关系、世界经济,就是根本没有进入国际经济法的领域。所以,对于国际经济法,要有规则意识。

其次,国际经济法不仅是一套法律规则,而且这套规则是成体系的。所谓成体系是说国际经济法足够多,而不是零散的规则。同时,这些规则之间是有逻辑关系的。例如,说到国际贸易,国际经济法中就含有覆盖货物贸易、技术贸易和服务贸易这三大贸易领域的规范体系。如果单看货物贸易,国际经济法中则既有关于市场准入的规范,又有关于市场准入之后的规范;既有约束关税的规则,又有约束非关税措施的规则;既有约束普通关税的规则,又有约束特别关税的规则。与一些传统的法律部门相比,国际经济法的体系还有相当多的漏洞。即便如此,我们也应该对国际经济法有一个整体性的把握,由此才能做到纲目有序,纲举目张。所以,对于国际经济法,要有体系意识。

最后,国际经济法是一套庞杂的规则体系,所谓"庞",是指这套规范的体系很大。即使用尽毕生精力,恐怕也难以阅尽其全部规则。在通常情况下,我们不知道某一规则的内容为何,但我们知道可以在国际经济法体系的哪个部位找到这个规则。更重要的是,国际经济法这套规则体系不仅"庞"而且"杂"。所谓"杂",是指这套规则含有相当多的不一致的、相互冲突的规则。在面对一种规则的同时,还要考虑有可能存在不同内容的规则,早做准备,以妥善处理规则的冲突。所以,对于国际经济法,要有矛盾意识。

所谓两个"二",是说国际经济法有两类主体、两类渊源。

国际经济法的主体可谓形形色色,但经过高度抽象就只剩下两大类,一类是国家,由政府所代表;另一类是私人,包括自然人,也包括各类企业。私人在国际经济法领域中的身份是交易者,主要是参与私人之间的交易,偶尔也会参与私人与国家的交易;国家在国际经济法中的身份主要是管理者,管理的对象主要是私人之间的交易行为。如果戴上国际经济法的"眼镜",那么,我们遇到的所有的"人"只有这样两类,我们要做的识别就是如此简单。

基于此种现实,国际经济法的渊源也就有两大类:国内法渊源与国际法渊源。私人的行为本来只受国内法约束,但现今也存在着一些规范私人之间交易关系的国际公约;约束国家的法律可表现为国际法,而约束政府——国家的代表的法律还包括国内法。因此,当需要判断私人与国家的权利义务的时候,我们必须沿着国内法和国际法这两个方向去寻找法律依据。

所谓三个"三",是指国际经济法调整三类社会关系,调整三类社会关系的法律规范分别属于民商法、经济法和国际公法三大部门法,因此,任何国际经济法问题都会涉及三类法律问题,即民商法问题、经济法问题和国际公法问题。

法律永远是以某种社会关系为调整对象的,国际经济法也不例外。由于国际经济法的主体被归结为国家与私人两类,所以两类主体之间可以且只能结成三种关系,即私人与私人之间的关系、国家与国家之间的关系和国家与私人之间的关系。国际经济法所调整的私人之间的关系只能是民商事关系,国际经济法所调整的国家之间的关系只能是具有经济内容的合作与协调关系,而国际经济法所调整的国家与私人之间的关系是那些与经济或商事有关的管理关系。

因此,所谓国际经济法其实由三大类法律规范构成:调整私人之间交易关系的法律规范在性质上是民商法;调整国家间关系的法律规范在性质上是国际公法;而调整国家与私人之间关系的法律规范则属于经济法或行政法。这三类法律组合在一起是符合现实逻辑的。市场经济必然是全球性的经济,因此,必然会有私人之间的跨国交易出现,而这种主体地位平等的财产流转关系自然落入民商法的调整范围;市场经济既是自由的,又是受到政府管理的,但政府对私人跨国交易的管理必须有法律遵循,于是,国际经济法就有了第二类规范:经济法或者行政法。各国对跨国交易的管理必然会产生冲突,为了避免或解决国家间的冲突并实现合作,就需要调整国家间关系的法律,这就是国际公法。

可见,上述三类关系是密切相连的,调整这三类关系的法律也是有逻辑地组合在一起的。这就是国际经济法和它所调整的国际经济关系的基本脉络。因此,国际经济法律问题其实是国际民商法问题,或者是涉外经济法或行政法问题,或者是经济领域的国际公法问题。从教学角度看,民商法、经济法或行政法以及国际公法是国际经济法的先修课程。甚至可以说,学好了这些先修课程几乎就相当于掌握了国际经济法的知识体系和理论逻辑。这也是为什么美国的法学院没有国际(经济)法学科,也没有我们这么多的国际经济法的课程,但美国律师却可以主导国际经济法律业务的原因。

综上,国际经济法的三条主线即是三类法律规范调整下的三类国际经济关系;三类关系交织于两类主体之间,而三类法律规范既包括国内法,也包括国际法,由此,构成了国际经济法这一庞杂的法律规则体系。

第二节 研习国际经济法的三重境界

王国维先生曾巧妙地以古词名句来描述作学问的三种境界。他说:古今之成大事业、大学问者,必经过三种之境界。"昨夜西风凋碧树。独上高楼,望尽天涯路。"此第一境也。"衣带渐宽终不悔,为伊消得人憔悴。"此第二境也。"众里寻他千百度,蓦然回首,那人却在灯火阑珊处。"此第三境也。国际经济法的研习也可以分为三重境界,这三重境界分别是"知其然""知其所以然"和"不以为然"。所谓"知其然",是指知道国际经济法是什么;所谓"知其所以然",是指理解国际经济法为何如此;而"不以为然"则是指对现存国际经济法及理论的质疑。

一、凭借分析归类方法来知国际经济法之"然"

在研习国际经济法的时候,首先应凭借分析归类方法来"知其然",即通过"分析"与"归类"来认识国际经济法这一知识体系。

所谓"分析"就是将研究对象由整体分为若干部分,并分别加以考察的一种认识活动。简单地说,分析就是拆分,将一个整体拆成不同的部分加以认识。儿童拆玩具是一种"分析",年轻人拆电脑也是一种"分析"。我们学习和研究国际经济法时,也是将国际经济法拆分之后加以认识的。一部国际经济法的教科书会分为国际贸易法、国际投资法、国际金融法和国际税法等章节,这就是拆分后的国际经济法。再如,我们通常将国际经济法的渊源拆分为国际条约、国际惯例、国内立法等;我们还将国际条约拆分为造法性条约与契约性条约、公法性条约和私法性条约等。拆分研究对象是为了更准确地认识研究对象。"分析"是人们认识事物的最基本的、最常用的方法。我们常说"我们分析了……";各类学位论文在"研究方法"部分最常介绍的也是"分析的方法"。但事实上,许多人的"分析"并不透彻,甚至对研究对象根本没有进行任何"拆分",因此,很难对研究对象实现正确的认识。

人们习惯于说"条约高于国内法"。其实,这里的"条约"和"国内法"都是需要拆分而未被拆分的。首先,"条约"本身是一个泛称,是指国家之间缔结的具有法律约束力的各种书面协议。在作出"条约高于国内法"这一判断之前,首先要对条约进行拆分。按照多数国家的实践,有以国家名义签订的条约,有以政府的名义签订的条约,还有以政府部门的名义签订的条约。这几类条约显然不在一个效力等级,这自然会影响"孰高孰低"的判断。同时,因为要比较条约与"国内法",还需要对国内法加以拆分。其实,"国内法"也是泛称,包括宪法与我们通常所说的广义的"法律"。在我国,根据立法者的身份的不同,广义的"法律"又可以进一步拆分为全国人大及其常委会制定的法律、国务院制定的法规与国务院部门制定的规章。概括来说,"国内法"依据效力等级不同可以拆分为宪法、法律、法规和规章。如此拆分之后,我们就会对"条约高于国内法"的判断产生质疑,难道某一政府部门对外签订的一项协议在效力上会高于全国人大制定的法律吗?显然不会。至于《维也纳条约法公约》所规定的"一当事国不得援引其国内法规定为理由而不履行条约",说的并不是条约效力高于国内法,反而恰恰说明,即使国内法禁止履行条约义务,条约义务也并不因此而免除。

"归类"是指按照事物的种类、等级或性质将其归于一定的位置或系列当中。归类工作的核心是对认识对象的定性。确定了对象的种类、等级或性质之后,将其置于应有的位置或系列就是一件比较容易的事情了。所以,"归类"其实包含"定性"与"分配"这样两个过程。国际私法中的"识别"其实就是归类问题。

归类在法律与法学上都十分重要,只有先确定某项行为或某项关系的属性,才能确定其法律上的意义或法律后果。例如,一家公司向另一家公司交付设备,后者分期向前者支付款项,它们之间是设备买卖关系还是设备租赁关系?只有定性分类之后,才可以确定所应适用的法律以及当事人之间的权利义务关系。

国际经济法研究中的归类或识别问题尤为重要。这是因为,首先,国际经济法是一个包含不同"法域"的"跨部门法",因此,我们经常需要识别,以明确我们所考察的事实和法律问题属于何种法域。其次,国际经济法的规则体系庞杂,除了跨部门法的特征外,其还涉及贸易、投资、金融等多个领域,也同时涉及国家与私人不同主体之间不同层次的关系,而我们个人的认知能力又非常有限,很容易出现判断错误。最后,正如我们之前所提到的那样,相比其他传统法律部门和学科,国际经济法和国际经济法学还很年轻,基本理论尚不成熟、周延,而实践中新的规则又不断出现,就经常导致似是而非的判断。认为我国法院应优先适用世界贸易组织规则就是一例。

"分析"是"归类"的前提,"归类"是"分析"的目的。只有将认识对象拆分、打散,才有可能对其加以分类;如果仅仅是将认识对象加以拆分,而不进行后续的定性和归类工作,那么,拆分就是没有意义的。分析是为了认识事物的个性,而归类则是关注事物的共性。通过分析与归类这两步认识过程,即可对国际经济法有一个大体准确的把握。

二、从国际经济关系出发来知国际经济法之"所以然"

"知其所以然"涉及如何理解国际经济法的问题,其要点在于从国际经济关系出发来理解国际经济法。

法律是调整社会关系的,有什么样的社会关系就会有什么样的法律。从这个意义上说,法律具有依附性,依附于特定历史时期的社会关系。社会关系发展到哪里,法律就跟随到哪里。因此,由国际经济关系出发理解国际经济法,就可以树立国际经济法的整体观、本源观和发展观。

国际经济法的整体观就是要以国际经济法所调整的社会关系为边界,以国际经济法整体为背景来思考国际经济法的具体问题。以国际经济关系的参加者为标准,可以将国际经济关系分为私人之间的国际经济关系、国家之间的国际经济关系以及国家与私人之间的国际经济关系。这是一个开放的体系、包容的体系,无论国际经济领域未来如何扩展,这三类关系大概不会改变。基于上述理解,我们在接触国际经济法的任何问题时都应将其置于这样一个体系中加以观察和考虑。例如,在考虑国际投资法律问题时,我们就应该分别考察:私人之间关于国际投资行为所形成的交易关系的相关民商事法律问题、国家对私人的国际投资行为进行管理的经济法律问题以及国家之间协调与合作管理国际投资行为的相关国际条约法律问题。当我们面对一个国际合资项目时,不仅要关注合资双方的契约安排,还要关注这种契约安排会受到相关国家(主要是资本输入国和资本输出国)什么样的规制,还要关注相关国家在进行这些规制时受到哪些国际义务的约束。

国际经济法的本源观就是如何看待国际经济法的产生与存在。从国际经济关系出发来理解国际经济法就会发现,国际经济法的产生与存在均基于社会实践而不是某种先验的东西。从本质上看,国际经济法源于国际社会的经济现实,从法的创设方式来看则是国家意志协调的产物。20 世纪 40 年代以前,主要是"实力导向"的国际经济秩序,这种秩序缺少具有普遍约束力的多边国际法规则。因此,许多学者为"二战"以来国际经济法律体系的快速发展所鼓舞,并称赞具有普遍约束力的多边国际法规则所支撑的"规则导向"的国际经济秩序的建立。当然,与前者相比,"规则导向"的国际经济秩序是一种进步。然而,这些规则及其形成的秩序仍然是国家之间博弈的结果,体现了国家实力在规则形成过程中的影响。

国际经济法的发展观是如何看待国际经济法的演变过程的立场和观点。人类社会出现了国家之后,就具备了产生国际经济关系的条件。但由于各种因素的限制,在很长的历史时期内,国际经济关系的发展过程非常缓慢。国际经济关系成为一种日常的社会现象,是资本主义生产方式确立之后的事情。从16世纪中叶到18世纪中叶,西欧一些国家由于生产力的发展,普遍采用工场手工业方式,使社会分工逐步细化,商品生产不断扩大。在国内市场已经形成之后,这些国家的生产开始突破国界向国外发展。人类社会进入20世纪之后,国际经济关系迈入了一个更快的发展时期,同时也带动了国际经济法的快速发展。因此,我们必须动态地、历史地看待国际经济法。如果我们只观察事物发展的某个阶段,那么它的发展可能是直线的;但如果全过程地考察,我们就会发现这种直线经常会改变。回顾历史,我们可以看到,世贸组织体系这样的普遍性规则只是最近几十年才出现的。如果没有19世纪的双边贸易协定的积累,就不会出现"二战"之后的GATT/WTO体制。同样的道理,今天以各种区域安排表现出来的"碎片化"的造法,正在为未来的"完整化"的造法积蓄能量。

三、以"知其然"和"知其所以然"为基础的"不以为然"

所谓"不以为然"是对国际经济法的现有制度和理论的质疑。"不以为然"是要以"知其然"和"知其所以然"为底气的,否则你的"不以为然"就很可能是"不知所云"。

对国际经济法有了准确的认知("知其然")和理解("知其所以然")之后,就基本上具备了"不以为然"的能力,但这还不够。能够"不以为然"且被他人认可为"理所当然",还需要具备批判思维习惯和逻辑表达能力。

批判思维的基本特征在于拒绝轻信盲从,善于自主判断。因此,具备批判思维的人更能发现问题,更能作出正确的判断。对于一项判断,例如"世贸组织上诉机构可以创设先例",许多人会不假思索地接受,而具有批判思维习惯的人就会探究:这是什么人说的?什么时候说的?在什么场合下说的?为什么这样说?以及是如何说的?了解了这些信息之后,才有可能对这一判断作出独立的评估,可能接受,也可能"不以为然"。

逻辑表达能力也很重要。仅仅提出质疑还不是"不以为然"的全部,还需要让读者、让听众接受你的观点,这就需要论证,而论证的过程就是一个有逻辑地表达的过程。无论是"证伪"还是"证成",都需要借助逻辑的力量(社会科学难以通过实验加以证明)。我们经常感到一篇博士学位论文的结构不合理,这直接表明作者缺乏逻辑表达能力,他的"不以为然"就难以服人。

国际经济法作为一个庞杂的规则体系一直处于演变之中,但只要把握住了它的三条主线,就会发现万变不离其宗。研习国际经济法是一个辛苦的过程,但通过努力而依次进入三重境界也会给你带来成功的喜悦。